中国审判案例要览

（2009年商事审判案例卷）

国 家 法 官 学 院
中国人民大学法学院 编

编审委员会主任 王胜俊
编审委员会副主任 曾宪义 万鄂湘

人 民 法 院 出 版 社
中国人民大学出版社

图书在版编目（CIP）数据

中国审判案例要览．2009年商事审判案例卷/国家法官学院，中国人民大学法学院编．—北京：人民法院出版社，2010.11

ISBN 978-7-5109-0130-0

Ⅰ.①中… Ⅱ.①国… ②中… Ⅲ.①审判-案例-汇编-中国-2009 ②经济纠纷-审判-案例-汇编-中国-2009 Ⅳ.①D920.5 ②D925.118.25

中国版本图书馆CIP数据核字（2010）第173672号

中国审判案例要览（2009年商事审判案例卷）

国家法官学院
中国人民大学法学院 编

责任编辑 钱小红 樊 军 赵作楝
出版发行 人民法院出版社 中国人民大学出版社
印 刷 三河市艺苑印刷厂
经 销 新华书店
开 本 787×1092毫米 1/16
字 数 843千字
印 张 33
版 次 2010年11月第1版 2010年11月第1次印刷

人民法院出版社
地 址 北京市东城区东交民巷27号（100745）
电 话 （010）67550520（责任编辑） 67550516（出版部）
67550551 67550558（发行部）
网 址 http://courtpress.chinacourt.org
E - mail courtpress@sohu.com

中国人民大学出版社
地 址 北京中关村大街31号（100080）
电 话 （010）62511242（总编室） 62511398（质管部）
82501766（邮购部） 62514148（门市部）
62515195（发行公司） 62515275（盗版举报）
网 址 http://www.crup.com.cn http://www.ttrnet.com（人大教研网）

书 号 ISBN 978-7-5109-0130-0
定 价 138.00元

再版前言

为了反映我国审判工作概貌，指导审判实践，促进法学研究，向海内外介绍我国法制建设的成就和执法水平；同时，也为中国司法工作者、立法工作者和教学、研究人员提供有价值的参考资料，1991年，最高人民法院中国高级法官培训中心[①]与中国人民大学法学院决定共同编纂《中国审判案例要览》，逐年从全国各级人民法院审结的各类案件中选编部分案例分四卷出版，即刑事审判案例卷、民事审判案例卷、商事审判案例卷[②]、行政审判案例卷。由于知识产权审判案例、交通运输审判案例数量较少，不足以独立成卷，故按案例性质分别编入商事卷或刑事卷等分卷。

在本书编写过程中，对案件事实、审判过程、裁判理由、处理结果等，都完全尊重办案实际，具有客观性、真实性。为了便于读者了解具体的审判过程，收入了各审级的审判组织、诉讼参与人、审结时间、诉辩双方的主张、认定的案件事实、采信的证据和适用的法律条文。为了使读者易于理解适用法律的理由和涉及的法学理论观点，由编纂者写了解说，并对裁判的不足之处加以评点。

该书从1992年6月编纂出版第一本以来，到目前为止已连续编纂出版了12年，并出版了英文版，向世界各国发行。该书最初由中国人民公安大学出版社出版，从1996年起由中国人民大学出版社出版，从2003年起由中国人民大学出版社与人民法院出版社共同出版。该书的编纂出版，在国内外引起了强烈反响，得到法学界、法律界的高度评价。该书曾获得国家新闻出版署颁发的全国优秀法学著作一等奖第一名和北京市第三届哲学社会科学优秀成果特等奖。

我们奉献给读者的《中国审判案例要览》，希望能够对读者有所帮助，能够对我国的法制建设发展进程有所裨益。我们在编写过程中，得到了全国各级人民法院的领导及有关工作人员、中国人民大学法学院师生和海内外人士的关心和帮助，得到了香港中华法律网有限公司总裁梁美芬博士的大力支持，在此谨致谢意。

《中国审判案例要览》编审委员会

2004年6月

---

① 现为国家法官学院。

② 2000年以前为经济卷。

前　言

十多年来，随着中国改革开放的深入发展，社会主义民主和法制建设有了长足的进步，与此同时，人民法院的审判工作也有很大的进展。除了刑事审判和民事审判外，又逐步开展了经济审判、行政审判、交通运输审判。全国法院每年审结各类一审案件已达300万件左右。审判程序日趋完善，审判工作质量不断提高。我们认为，有必要系统地选编法院审判案例，向海内外介绍中国审判实践的情况，展示中国法制建设的成就；同时，也为中国司法工作者、立法工作者和教学、科研人员提供一些有价值的参考资料。为此，中国高级法官培训中心①和中国人民大学法学院共同合作，从1992年起逐年选编一部审判案例综合本，分别收入前一年审结的案例。每部分为刑事审判案例卷、民事审判案例卷、经济审判案例卷、行政审判案例卷，共四卷。由于交通运输审判案例数量少，不足以独立成卷，故按案例性质分别编入经济和刑事卷。书名定为《中国审判案例要览》。

在本书编写过程中，对案件事实、审判过程、裁判理由、处理结果等，都完全尊重办案实际，具有客观性、真实性。为了便于读者了解具体的审判过程，收入了各审级的审判组织、诉讼参与人、审结时间、诉辩双方的主张、认定的案件事实、采信的证据和适用的法律条文。为了使读者易于理解适用法律的理由和涉及的法学理论观点，由编者写了解说，并对裁判的不足之处，加以评点，有的版本还以附录形式加了少量的必要的法律名词解释。

我们奉献给读者的这部案例要览，希望能够对读者有所帮助，得到读者的喜爱。这是我们的初次尝试，疏漏不足之处在所难免，诚恳地欢迎各界人士提供宝贵的意见，帮助我们改进编写工作，以使今后出版的案例要览日臻完善。

我们在编写工作中，得到了各级人民法院的领导与工作人员、中国人民大学法学院师生和有关方面的关心和帮助，美国福特基金会及其驻中国办事处也给予了很大的支持。在此谨致谢意。

《中国审判案例要览》编审委员会

1992年12月

---

① 现为国家法官学院。

前言

《中国审判案例要览》编审委员会

杨万明	中华人民共和国最高人民法院刑事审判第四庭庭长	杨大文	中国人民大学法学院教授、博士生导师、中国法学会婚姻法学研究会顾问
赵大光	中华人民共和国最高人民法院行政审判庭庭长	许崇德	中国人民大学法学院教授、博士生导师、中国法学会宪法学研究会名誉会长
高贵君	中华人民共和国最高人民法院刑事审判第五庭庭长	赵中孚	中国人民大学法学院教授、博士生导师
高憬宏	国家法官学院院长	高铭暄	中国人民大学法学院教授、博士生导师、中国法学会刑法学研究会名誉会长
梁书文	中华人民共和国最高人民法院原民事审判第一庭庭长、国家法官学院兼职教授	黄京平	中国人民大学法学院教授、博士生导师
曹士兵	国家法官学院副院长	程荣斌	中国人民大学法学院教授、博士生导师
曹守晔	中华人民共和国最高人民法院中国应用法学研究所副所长	韩大元	中国人民大学法学院院长、教授、博士生导师、中国法学会宪法学研究会会长
		戴玉忠	中国人民大学刑事法律科学研究中心主任、教授、博士生导师

《中国审判案例要览》编辑部

《中国审判案例要览》各卷正副主编、主编助理

（一）刑事审判案例卷

<table>
<tr><th colspan="3">中国人民大学法学院</th><th colspan="2">最高人民法院</th></tr>
<tr><td>主　　编</td><td>黄京平</td><td>中国人民大学法学院教授、博士生导师</td><td>高憬宏</td><td>国家法官学院院长</td></tr>
<tr><td>副 主 编</td><td>陈卫东</td><td>中国人民大学法学院教授、博士生导师、中国法学会诉讼法学研究会副会长</td><td>杨万明
高贵君</td><td>中华人民共和国最高人民法院刑事审判第四庭庭长
中华人民共和国最高人民法院刑事审判第五庭庭长</td></tr>
<tr><td>主编助理</td><td>时延安</td><td>中国人民大学法学院副教授</td><td>孙本鹏
刘　流</td><td>国家法官学院培训部主任、教授
国家法官学院教授</td></tr>
<tr><td>编　　辑</td><td colspan="2">刘计划、陈　磊、齐晓伶、郭　莉、安　军、徐俊驰、聂慧苹</td><td>唐世银</td><td></td></tr>
</table>

（二）民事审判案例卷

<table>
<tr><th colspan="3">中国人民大学法学院</th><th colspan="2">最高人民法院</th></tr>
<tr><td>主　　编</td><td>王利明</td><td>中国人民大学党委副书记兼副校长、教授、博士生导师、中国法学会副会长兼民法学研究会会长</td><td>杜万华</td><td>中华人民共和国最高人民法院民事审判第一庭庭长</td></tr>
</table>

（四）行政审判案例卷

	中国人民大学法学院		最高人民法院	
主　　编	韩大元	中国人民大学法学院院长、教授、博士生导师、中国法学会宪法学研究会会长	赵大光	中华人民共和国最高人民法院行政审判庭庭长
副主编	胡锦光	中国人民大学法学院副院长、教授、博士生导师	李广宇	中华人民共和国最高人民法院行政审判庭副庭长
			金俊银	国家法官学院科研部主任、教授
主编助理	李元起	中国人民大学法学院副教授	蔡小雪	中华人民共和国最高人民法院行政审判庭审判长
			赵建华	国家法官学院副教授

编　　辑　王贵松、陆徐元

《中国审判案例要览》通讯编辑

范跃如	北京市高级人民法院
刘晓虹	北京市高级人民法院
刘艳芳	天津市高级人民法院
麻胜利	河北省高级人民法院
马云跃	山西省高级人民法院
奇牡丹	内蒙古自治区高级人民法院
兆　晖	辽宁省高级人民法院
石　金	吉林省高级人民法院
赵良宇	黑龙江省高级人民法院
朱　妙	上海市高级人民法院
张本勇	上海市高级人民法院
戚庚生	江苏省高级人民法院
程　浩	江苏省高级人民法院
周毓敏	江苏省南京市中级人民法院
沈　杨	江苏省南通市中级人民法院
周耀明	江苏省无锡市中级人民法院
江　勇	浙江省高级人民法院
张兴苗	浙江省绍兴市中级人民法院
张志松	浙江省宁波市中级人民法院
李令新	安徽省高级人民法院
庞　梅	安徽省高级人民法院
李相如	福建省高级人民法院
李春敏	福建省高级人民法院
胡　媛	江西省高级人民法院
赵　峰	山东省高级人民法院
王　磊	山东省高级人民法院
闫泉水	河南省高级人民法院
刘叶静	湖北省高级人民法院
汪家乾	湖北省宜昌市中级人民法院

黄金波　　　　湖北省宜昌市中级人民法院
陈　健　　　　湖南省高级人民法院
唐　竞　　　　湖南省高级人民法院
梁展欣　　　　广东省高级人民法院
曾　艳　　　　广西壮族自治区高级人民法院
贺利研　　　　广西壮族自治区高级人民法院
林书斌　　　　海南省高级人民法院
傅海燕　　　　海南省海口市中级人民法院
陈飞霞　　　　重庆市高级人民法院
蒋　敏　　　　四川省高级人民法院
石佳宏　　　　贵州省高级人民法院
施辉法　　　　贵州省贵阳市中级人民法院
自　宁　　　　云南省高级人民法院
冯丽萍　　　　云南省昆明市中级人民法院
张　勇　　　　陕西省高级人民法院
王占强　　　　甘肃省高级人民法院
官　却　　　　青海省高级人民法院
石　燕　　　　新疆维吾尔自治区高级人民法院

目　录

一、合同案例

二、公司（股权）、企业案例

三、保险、金融案例

四、知识产权、不正当竞争案例

五、海商海事案例

六、商事程序性案例

一、合同案例

1. 福建省福清市鑫富铜业有限公司诉漳州雅色五金制造有限公司买卖合同案

（增值税专用发票的证明效力）

（一）首部

1. 判决书字号

一审判决书：福建省龙海市人民法院（2008）龙民初字第8号民事判决书。

二审判决书：福建省漳州市中级人民法院（2008）漳民终字第259号民事判决书。

2. 案由：买卖合同纠纷。

3. 诉讼双方

原告（被上诉人）：福建省福清市鑫富铜业有限公司。

法定代表人：孙可福，该公司总经理。

委托代理人（一、二审）：朱国志，福建宇凡律师事务所律师。

被告（上诉人）：漳州雅色五金制造有限公司。

法定代表人：刘朝晖，该公司总经理。

委托代理人（一、二审）：白宝聪，福建明证律师事务所律师。

4. 审级：二审。

5. 审判机关和审判组织

一审法院：福建省龙海市人民法院。

独任审判：审判员：陈忠伟。

二审法院：福建省漳州市中级人民法院。

合议庭组成人员：审判长：郑通斌；代理审判员：姚若贤、胡凯。

6. 审结时间

一审审结时间：2008年1月16日。

二审审结时间：2008年4月15日。

（二）一审情况

1. 一审诉辩主张

原告诉称：2005年1月4日，原告福建省福清市鑫富铜业有限公司（以下简称鑫富铜业公司）与被告厦门雅色工贸有限公司（以下简称厦门雅色公司）的前身厦门雅色五金制造有限公司签订了一份《铜棒购销合同》，合同约定：铜棒制作规格、价格、数量、运输方式、付款方式等事项。合同签订后，原告依约履行。2006 年 11 月，原告交付了四批成品，扣除退货部分，被告实际接收的数量为 1773.40 公斤，价款为人民币 105823.86 元（含税）。原告于 2006 年 12 月 12 日向被告开具一张金额为 105823.86 元的增值税发票（No：00563210），提示被告付款，但被告届期未付。经原告多次催讨，被告均以资金周转困难为由至今未付，请求判令被告给付定作铜棒的价款人民币 105823.86 元及逾期付款利息（从 2007 年 1 月 13 日起至付款日止，逾期付款按日万分之二点一计算）。

被告辩称：原告开具增值税发票时，被告已用现金的方式支付给原告 105823.86 元，本案债务已履行完毕，原告主张不能成立，请求驳回原告的诉讼请求。

2. 一审事实和证据

福建省龙海市人民法院经公开审理查明：2005 年 1 月 4 日，鑫富铜业公司与厦门雅色公司签订了一份《钢棒购销合同》，合同约定：由鑫富铜业公司按照厦门雅色公司的实际要求或确认的样品为准制作铜棒；重量以厦门雅色公司实称重量为准；交期为厦门雅色公司下单后三天内到货，配合急料赶货；鑫富铜业公司负责全程运输；价格以双方协商确认单价为准，根据市场行情调整（含税）；付款方式为 45 天现结等事项。合同签订后，鑫富铜业公司即凭厦门雅色公司每次下单为其制成成品运送至其仓库，由厦门雅色公司的仓管员签收，双方据此结算。2005 年 11 月，厦门雅色公司搬迁至漳州角美龙池开发区，更名为漳州雅色五金制造有限公司，双方继续履行上述合同。2006 年 11 月，鑫富铜业公司交付了四批成品，扣除退货部分，雅色五金公司实际接收的数量为 1773.4 公斤，价款为人民币 105823.86 元（含税）。鑫富铜业公司于 2006 年 12 月 12 日向雅色五金公司开具一张金额为 105823.86 元的增值税发票（No：00563210），并于 2007 年 6 月 2 日发律师函致雅色五金公司，提示雅色五金公司付款，但雅色五金公司届期未付。

上述事实有下列证据证明：福建省福清市鑫富铜业公司提供的《铜棒购销合同》、请购单、出库单、退仓单、增值税专用发票、税票、收款凭证等证据。

3. 一审判案理由

福建省龙海市人民法院根据上述事实和证据认为：鑫富铜业公司与雅色五金公司签订的定作合同系双方当事人的真实意思表示，未违反法律法规的强制性规定，合同合法有效。关于本案债务是否履行问题，雅色五金公司主张其收到鑫富铜业公司增值税发票时已支付款项，有增值税发票为证，但没有其他证据证明，增值税发票并非付款凭证，根据双方的交易习惯，雅色五金公司不能提供其他相应证据证明其主张，应承担举证不能的法律后果，其主张不予以支持。鑫富铜业公司依约履行义务，雅色五金公司负有履行付款的义务。鑫富铜业公司的诉讼请求于法有据，予以支持。

4. 一审定案结论

福建省龙海市人民法院依照《中华人民共和国合同法》第五十二条第二款、第五款、第七十六条、第一百零七条的规定，判决如下：

漳州雅色五金制造有限公司应于本判决生效后 10 日内付给福建省福清市鑫富铜业有限公司价款人民币 105823.86 元及利息（利息从 2007 年 1 月 13 日起至还款之日止，按双方约定的利率日万分之二点一计算）。

如果未按判决指定的期间履行给付金钱义务，应当依照《中华人民共和国民事诉讼法》第二百三十二条之规定，加倍支付迟延履行期间的债务利息。本案案件受理费 1207 元，由漳州雅色五金制造有限公司负担。

（三）二审诉辩主张

上诉人漳州雅色五金制造有限公司上诉称：（1）上诉人在收取被上诉人增值税发票时，已根据被上诉人要求用现金支付货款105823.86元，原审认定上诉人没有付款不当，应予纠正。（2）本案双方当事人在《铜棒购销合同》中并没有约定利息如何计算，原审判决利息按双方约定的利率日万分之二点一计算毫无根据。请求撤销一审判决，改判驳回被上诉人的诉讼请求。

被上诉人福建省福清市鑫富铜业有限公司辩称：增值税发票并非当然的付款凭证，上诉人收取增值税发票不能推定为已付款；上诉人认为已付款的主张与双方约定及以往的交易习惯不符；一审判决判令上诉人按日万分之二点一计付利息是正确的。请求驳回上诉，维持原判。

（四）二审事实和证据

福建省漳州市中级人民法院经审理，确认一审法院认定的事实和证据。

（五）二审判案理由

福建省漳州市中级人民法院根据上述事实和证据认为：上诉人应支付被上诉人价款人民币105823.86元。理由如下：（1）从举证责任的角度看，上诉人应承担举证不足的法律后果。上诉人认为在收到被上诉人的增值税专用发票时已随即将现金给付完毕，但上诉人只有被上诉人开具的增值税专用发票，缺乏其他已付款的证据相印证，而被上诉人对上诉人付款事实又不认可时，该增值税专用发票属间接证据，不足以认定被上诉人已收到本案讼争货款。所以上诉人的举证责任尚未完成，应承担相应的法律后果。（2）从双方以往的多次交易情况看，上诉人一般都在被上诉人开出增值税专用发票后1个月后通过银行转账付款。综上，上诉人认为货款已经全部付清，不存在拖欠的主张缺乏依据，不予采纳。本案双方当事人在合同中并没有约定逾期付款的利息应按何标准计算，按照法律规定，可按中国人民银行同期同类贷款利率计付。上诉人上诉提出双方当事人并没有约定利息如何计算的理由有理，应予支持。本案双方当事人买卖的铜棒不属于特别定作的产品，本案案由应为买卖合同纠纷。原审定性不当，应予纠正。

（六）二审定案结论

福建省漳州市中级人民法院依照《中华人民共和国合同法》第八条、第一百五十九条、第一百六十一条和《中华人民共和国民事诉讼法》第一百五十三条第一款第（二）项的规定，判决如下：

变更龙海市人民法院（2008）龙民初字第8号民事判决为上诉人漳州雅色五金制造有限公司应于本判决生效后10日内付给被上诉人福建省福清市鑫富铜业有限公司价款人民币105823.86元及利息（利息从2007年1月13日起至还款之日止，按中国人民银行同期同类贷款利率计付）。

本案一审案件受理费1207元由漳州雅色五金制造有限公司负担。二审案件受理费2414元由漳州雅色五金制造有限公司负担2114元，福建省福清市鑫富铜业有限公司负担300元。

（七）解说

本案的主要争议焦点是增值税专用发票能否作为已付款的凭证。人民法院审理商事案件过程中，被告为了证明原告交货后，被告已支付货款给原告的事实，往往将原告开具给被告的增值税专用发票作为证据提交法院以证明其已经付款，尤其是在双方未订立书面合同的情形下，增值税专用发票有时甚至是被告能提供的唯一证据。二审法院认为仅有增值税发票不能认定付款事实，理由如下：（1）在使用一般发票进行买卖交易的场合，通常情况下是在付款后再开具发票，或是开具发票行为与付款行为同时进行，发票在此种情况下可以作为付款凭证，证明已付款的事实。但在使用增值税发票进行交易的场合，这种专用发票具有证明销售方已尽纳税义务和购买方进项税额的作用，因而它就又具有了确定最终应付价款准确数额的作用，但并不能起到物权凭证的作用。（2）被告以收到对方的增值税专用发票时，已随即将现金给付完毕，因自认为属“票款两清”，但被告仅有原告开具的增值税专用发票，缺乏其他证据印证，而原告对被告已付货款并不认可时，该增值税专用发票属典型的单方证据，不足以证明案件事实。（3）被告以原告出具增值税专用发票为证据，而主张原告收到了被告的货款，其仅仅依据间接证据作为定案的依据，但只有间接证据尚不能形成完整的排他的证据链，故不足以据此认定原告收到货款的事实，只能认为被告的举证责任尚未完成。（4）从双方以往的多次交易情况看，被告一般都在原告开出增值税专用发票1个月后通过银行转账付款。因此本案中被告主张以增值税发票证明付款的事实，其仍需另外举证补强，以其他证据如进账单、支票存根等付款凭证来作为已付款的依据。

（福建省漳州市中级人民法院　姚若贤）

2. 青海新世纪幕墙窗业有限公司诉青海安东建筑有限公司买卖合同案

（工程技术专用章的效力）

（一）首部

1. 判决书字号：青海省西宁市城北区人民法院（2008）北民廿初字第31号民事判决书。

2. 案由：买卖合同纠纷。

3. 诉讼双方

原告：青海新世纪幕墙窗业有限公司（以下简称幕墙窗业公司），住所地：西宁市城中区南川东路71号。

法定代表人：刘建林，该公司董事长。

委托代理人：李静平，该公司职员。

被告：青海安东建筑有限公司（以下简称安东公司），住所地：西宁市宁张路1号。

法定代表人：李兆宁，该公司总经理。

委托代理人：毕水宾，该公司办公室主任。

4. 审级：一审。

5. 审判机关和审判组织

审判机关：青海省西宁市城北区人民法院。

合议庭组成人员：审判长：赵文生；审判员：倪艳丽；人民陪审员：代素英。

6. 审结时间：2008年4月21日。

（二）诉辩主张

原告诉称：2005 年 5 月 16 日，我公司与被告青海安东建筑有限公司第二建筑公司签订了供货合同，合同约定：由我公司供给被告塑钢推拉窗户，每平方米 225 元，共计约 2400 平方米，总价款为 54 万元。合同签订后，我公司向被告提供了价值 142890 元的塑钢窗窗框，被告仅支付货款 9 万元，剩余货款以种种借口推脱不付，导致我公司无法继续履行合同。2006 年 1 月 5 日，经与被告办理人员徐谋齐协商，被告承诺在 2006 年 1 月 8 日前一次性支付剩余货款 52890 元，但因徐谋齐未能带公章，导致补充协议未能签订。2006 年 1 月 6 日，徐谋齐在补充协议上亲笔签字承诺：在 2006 年 1 月 22 日前，一次性付清欠款。事后，我公司多次催要欠款，被告至今未能给付。现我公司向法院提起诉讼，要求被告立即支付塑钢窗欠款 52890 元，并承担相应的银行利息；要求被告承担 3%的违约金；本案诉讼费由被告承担。在诉讼中，原告将其诉讼请求变更为：要求被告立即支付塑钢窗欠款 52890 元，并承担本案诉讼费。

被告辩称：我公司与原告没有任何购销关系，我公司也不拖欠原告的任何货款，原告的行为属滥用诉权。

（三）事实和证据

青海省西宁市城北区人民法院经公开审理查明：2005 年 5 月 16 日，徐谋齐与原告幕墙窗业公司签订了承揽合同一份，该合同加盖了“青海安东建筑有限公司工程技术专用章”，但该印章与被告安东公司持有的“青海安东建筑有限公司工程技术专用章”不是同一枚印章。合同约定：原告幕墙窗业公司向安东公司第二项目部经理周永强负责修建的世全工地供应塑钢推拉窗，合同总价款为 54 万元。合同签订后，原告幕墙窗业公司按约履行了供货义务。在原告幕墙窗业公司提供了价值 142890 元的塑钢推拉窗后，徐谋齐以现金的方式支付原告幕墙窗业公司货款 9 万元，剩余货款 52890 元未能按期支付，导致原告幕墙窗业公司中止履行合同。2006 年 1 月 5 日，原告幕墙窗业公司经结算，自行制作了一份补充协议，该协议载明：“已付工程款玖万元整，下欠伍万贰仟捌佰玖拾元整。”徐谋齐于 2006 年 1 月 6 日在该协议上签字承诺：“按甲方拨款时间第一次大约在 12 号左右给付资金贰万，第二次在甲方拨款同步情况下付清。大约在 06 年元月 22 号左右付清。”此后，安东公司第二项目部经理周永强及徐谋齐未能向原告幕墙窗业公司支付货款，且于 2006 年年底时撤离工地。原告幕墙窗业公司在无处索要货款的情况之下，多次要求安东公司支付货款。在催收未果的情况下，遂以安东公司为被告，向法院提起诉讼，请求判令被告安东公司向其支付塑钢推拉窗款 52890 元。

另查明：原告幕墙窗业公司在与徐谋齐签订合同和履行合同的过程中，未与安东公司的相关人员进行过联系，也未向安东公司核查徐谋齐和安东公司第二项目部的基本情况。安东公司第二项目部系周永强自行组建施工队伍挂靠在安东公司名下的，并未作为安东公司的分支机构在工商部门登记备案，也未领取营业执照。安东公司未为周永强刻制行政或合同印章，也未将公司的行政或合同印章交给周永强使用。徐谋齐不是安东公司的正式员工，也不是安东公司的临时聘用人员。现周永强、徐谋齐的具体住处原、被告均不知晓。

上述事实有下列证据证明：

在庭审中，原告为支持其诉讼请求向本院提供的证据：

1. 2005 年 5 月 16 日原告与徐谋齐签订的承揽合同 1 份，用以证明原告与被告之间存在合同关系。

2. 补充协议1份、2005年12月1日青海安东建筑公司第二项目部制作的“通知”复印件1份，用以证明被告认可双方之间的合同关系，且支付货款9万元。

被告为支持其反驳主张，向法庭提供如下反驳证据：

1. 青海安东建筑有限公司工程技术专用章1枚、发票复印件1份，用以证明2005年5月16日合同上所盖印章与其公司所持有的印章不是同一枚印章。

2. （2005）市证经字第147号公证书复印件1份，用以证明青海安东建筑有限公司第二项目部的经理是周永强。

（四）判案理由

青海省西宁市城北区人民法院根据上述事实和证据认为：安东公司第二项目部不属于安东公司领有营业执照的分支机构，不具有独立对外开展经营活动的民事主体资格，周永强作为第二项目部的经理，其没有代表安东公司对外签订合同的权利，更无权利委托徐谋齐以安东公司的名义对外签订合同。因此，徐谋齐与原告幕墙窗业公司签订合同的行为并不是职务行为。在此情况下，安东公司是否应对徐谋齐的行为承担民事责任，首先要分析徐谋齐与安东公司之间是否存在代理关系。根据本院查明的事实，安东公司并未给第二项目部经理周永强刻制行政公章或合同专用章，也未将公司的行政公章或合同专用章交给周永强使用，这表明安东公司并未概括性地授权第二项目部经理周永强对外开展经营活动，而且原告幕墙窗业公司也未能提供证据证明其与徐谋齐签订合同是经过安东公司以书面或其他形式授权，或事后安东公司追认徐谋齐的行为，又未能提供证据证明安东公司参与了该合同的实际履行。因此，徐谋齐与原告幕墙窗业公司签订合同的行为应属其个人行为，并不代表安东公司的真实意思，徐谋齐与安东公司之间不能构成代理关系，该合同对安东公司不具有法律约束力。另外，如果说安东公司授权周永强对外开展经营活动的事实成立，而周永强转委托的行为未征得安东公司的同意，周永强转委托的行为又不是为了保护安东公司的利益而为之，所以周永强转委托的行为只能由周永强承担。

徐谋齐与安东公司之间不存在代理关系，安东公司并不当然免责，还要分析徐谋齐的行为是否构成表见代理。在本案中，安东公司与周永强之间的挂靠关系是一种违法的行为，当挂靠人对外从事经营活动导致善意的第三人误认为挂靠人是经过被挂靠人的授权而与其发生交易行为，从而产生债务时，被挂靠人因其存在的过错应对善意第三人承担民事责任，是基于表见代理的制度产生的。但从《中华人民共和国合同法》第四十九条“行为人没有代理权、超越代理权或者代理权终止后以被代理人名义订立合同，相对人有理由相信行为人有代理权的，该代理行为有效”的规定可以看出，相对人必须是尽了合理的注意义务后，仍无法发现行为人不具有代理权的情况下，才能构成表见代理。在本案中，原告幕墙窗业公司在与徐谋齐签订合同时，原告幕墙窗业公司未尽合理的注意义务，其自身存在明显的过错。这主要表现在：其一，原告在未审查安东公司第二项目部的营业执照或周永强、徐谋齐相关的授权委托手续的情况下，与徐谋齐签订合同；其二，建筑企业持有的工程技术专用章已提醒了合同相对人这枚印章的用途是受到限制的，相对人看到这枚印章后，原则上没有理由与工程技术专用章的持有人签订合同。徐谋齐在与原告幕墙窗业公司签订合同时，所使用的工程技术专用章的真假不论，原告幕墙窗业公司作为一名商事主体，根据商事交易习惯，其应当知道建筑企业所持有的工程技术专用章的用途是有局限性的，其也应当知道工程技术专用章用于签订合同时，会对合同的效力产生争议，而原告未能认真审查。其三，原告在与徐谋齐签订合同时，其明知周永强是项目部的经理，徐谋齐是受周永强的委托，而不去核查徐谋齐的身份情况和徐谋齐与被告之间的隶属关系。由此可见，原告幕墙窗业公司在与徐谋齐签订合同时未尽到合理的注意义务，不属善意第三人，因此徐谋齐的行为不能构成表见代理，被告安东公司不应对徐谋齐的行为承担法律责任。

本案中，原告与徐谋齐所签订的合同名为承揽合同，实际上双方之间存在的是买卖合同关系，所以本案以买卖合同纠纷处理比较合适。

综上所述，徐谋齐与原告幕墙窗业公司签订合同的行为，未经被告的授权或事后追认，也未能构成表见代理，应属徐谋齐或周永强的个人行为，该合同对被告安东公司不具有法律约束力，原告幕墙窗业公司要求被告安东公司支付货款 52890 元的诉讼请求缺乏法律和事实依据，本院不予支持。

（五）定案结论

青海省西宁市城北区人民法院依照《中华人民共和国民事诉讼法》第六十四条、第一百零七条、第一百二十条，《中华人民共和国合同法》第八条、第六十条、第一百三十条之规定，作出如下判决：

驳回原告青海新世纪幕墙窗业有限公司要求被告青海安东建筑有限公司立即支付塑钢窗欠款 52890 元的诉讼请求。

本案诉讼费 1122 元，由原告青海新世纪幕墙窗业有限公司承担。

（六）解说

本案是一起涉及“工程技术专用章”的买卖合同纠纷案件，处理结果恰当，令人信服。当前，在西宁市已发生多起不法分子利用挂靠建筑公司承揽工程，利用该建筑公司项目部的名义大肆骗取材料款的案件，在转卖渔利后，即逃之夭夭，留下巨额债务和大量的诉讼给建筑公司，导致建筑公司损失惨重。在本案中，对建筑企业来讲，如何确认“工程技术专用章”在买卖合同中的效力和相关当事人的行为能否构成表见代理是一个很普遍、很有必要的法律问题。

在商事活动中，供货人在发现合同相对人持有建筑企业的“工程技术专用章”与其签订合同的情况下，供货方应当意识到这枚印章用途是受到限制的，其原则上没有理由与工程技术专用章的持有人签订合同。本案的原告作为一名商事主体，根据商事交易习惯和结算惯例，其应当知道建筑企业所持有的工程技术专用章的用途是有局限性的，也应当知道工程技术专用章用于签订合同时，会对合同的效力产生争议，但原告未能认真审查，且在合同签订后，又未能向被告提出确认，负有明显过错，合同对被告没有约束力。在类似案件中，供货方要想规避自己的商业风险，必须要及时行使告知义务和收集相关证据，在诉讼中要向法院提供建筑企业在其后的合同履行中存在付款行为、接受材料的行为、接受供货方提供发票等行为追认了“工程技术专用章”的效力，或提供构成了表见代理的表象的证据，使其有理由相信“工程技术专用章”的持有人有权以建筑企业名义采购材料等，则建筑企业还是要承担相应责任。

（青海省西宁市城北区人民法院　赵文生）

3. 北京市同兴昌商贸有限公司诉北京延庆经济开发区管理委员会买卖合同案

（招投标文件的效力）

（一）首部

1. 判决书字号

一审判决书：北京市延庆县人民法院（2008）延民初字第02404号民事判决书。

二审判决书：北京市第一中级人民法院（2008）一中民终字第13564号民事判决书。

2. 案由：招标投标买卖合同纠纷。

3. 诉讼双方

原告（上诉人）：北京市同兴昌商贸有限公司（以下简称同兴昌公司），住所地：北京市房山区大安山乡西苑村村东。

法定代表人：封毅，该公司总经理。

委托代理人（一审）：徐跃，该公司业务员。

委托代理人（一、二审）：李顺存，北京李顺存律师事务所律师。

被告（被上诉人）：北京延庆经济开发区管理委员会（以下简称开发区管委会），住所地：北京市延庆县湖南东路1号。

法定代表人：王文岳，该委员会主任。

委托代理人（一、二审）：高延鹤，该委员会招标办主任。

委托代理人（一、二审）：胡云，该委员会法律顾问。

4. 审级：二审。

5. 审判机关和审判组织

一审法院：北京市延庆县人民法院。

独任审判：代理审判员：徐应举。

二审法院：北京市第一中级人民法院。

合议庭组成人员：审判长：支建成；代理审判员：朱英俊、刘慧。

6. 审结时间

一审审结时间：2008年8月25日。

二审审结时间：2008年10月30日。

（二）一审诉辩主张

原告诉称：2008年4月，被告就2008年冬季供暖燃煤采购事项进行招标，原告参加竞标，领取了招标文件。原告对招标文件指明的条件进行研究和测算后，在被告约定的时间内原告审慎地提交了投标文件，并且缴纳了竞标保证金5万元，后原告收到了被告发出的中标通知书。在签订合同时，原告发现被告拟签合同文本的主要条款并未在招标文件中载明，尤其是付款时间一项，原告无法接受，导致合同不能签订。原告要求被告退还竞标保证金，被告拒绝。原告认为被告的行为违背了民事行为诚实信用原则，按照《合同法》的规定，合同条款应当包括履行的期限、地点和方式，因为被告的招标文件未写入合同主要条款，造成合同不能最终签订的责任在被告，被告不退还竞标保证金没有法律依据，据此提起诉讼，请求依法判令被告退还原告竞标保证金5万元。

被告辩称：2008年4月，被告招标办公室就2008年冬季供暖燃煤采购事项进行招标，4月10日发布招标公告，4月21日至4月24日9时为投标期限，4月24日进行公开竞标。经过竞标，原告成为一区锅炉房供煤的中标单位，4月24日被告向原告发出中标通知书，但原告未按招标文件规定交纳保证金，而是以合同条款未协商一致为由拒绝签订供煤合同，致使此次招标流产，给被告造成重大经济损失。被告招投标程序合法，经过公开、公正、公平竞标，原告成为中标单位，招标结果有效，招标文件及实施方案对原告与被告均具有约束力，根据招标文件第六条第（六）项的规定，如果中标的投标公司不按规定签订合同的，竞标保证金不予退还，原告在收到中标通知书后未按规定签订供煤合同，所以无权要求退还竞标保证金。关于供煤合同付款方式问题，原告在领取招标文件时对付款方式进行了咨询，当时招标办工作人员已经明确答复，从2008年12月20日至2009年4月20日分五次平均支付，原告对付款方式是了解的也是认可的，如果原告认为招标文件主要条款不全，可以提出质疑，招标办可以组织答疑，但原告未提出质疑。另外，锅炉房冬季燃煤供应是分期履行的，采用分期付款符合合同的履行方式，历年锅炉房付款方式都是如此，不存在不公平的问题。招标文件虽然对付款时间没有约定，但是事后可以补正，原告中标后双方对此进行了数次协商，被告已经让步对付款方式进行调整，原告三次同意又三次反悔，因煤炭价格上涨原告已经没有签订合同的诚意，才导致双方最终未能协商一致。综上，原告要求被告退还竞标保证金，没有事实和法律依据，请求法院依法驳回原告的诉讼请求。

（三）一审事实和证据

北京市延庆县人民法院经公开审理查明：2008年4月，被告就2008年冬季供暖燃煤采购事项进行招标，被告编制的招标文件对招标项目进行了介绍，规定了项目数量、规模和质量要求，并对投标人资格、投标文件、投标有效期等提出了具体要求。招标文件要求，中标公司必须在签订供煤合同前交纳保证金，金额为中标总煤价的20%；中标公司必须在中标后1周内签订供煤合同，否则作为自动放弃；6月底必须储存总用煤量80%以上；竞标方案及报价表的递交时间为2008年4月21日至2008年4月24日9时；投标公司应在递交竞标方案的同时向招标方缴纳竞标保证金5万元，未按规定缴纳竞标保证金的方案将被视为无效方案；未中标的投标公司竞标保证金，在评选结束后当时退还，中标的投标公司竞标保证金不退还，转为信誉保证金；如果中标的投标公司不按规定签订合同的，竞标保证金视为放弃不予退还。竞标方案合同主要条款部分规定了招标方和投标方的权利义务。2008年4月24日，原告向被告缴纳竞标保证金5万元，同日经公开竞标，原告成为被告一区锅炉房供煤的中标单位，被告向原告送达了中标通知书。后被告要求原告按照招标文件规定交纳20%的保证金并签订书面供煤合同，原告认为被告未将付款方式和时间写入招标文件，被告提供的合同文本中的付款方式和时间不能接受，故不同意签订书面供煤合同，双方因此发生纠纷，经协商未果，原告诉至本院，要求被告退还竞标保证金5万元。庭审中，经询问，双方当事人均认可煤炭价格已经发生较大变化，即便被告同意原告提出的付款方式，签订书面供煤合同已无可能。

上述事实有下列证据证明：

1. 延庆经济开发区物业服务中心燃煤采购招标文件1份，证明原告参加了投标活动，合同条款中没有付款方式和期限。

2. 中标通知1份，证明原告参与投标并中标的事实。

3. 收据1份，证明原告向被告交纳了5万元竞标保证金的事实。

4. 锅炉房供煤合同1份，证明被告让原告签订的合同内容未在招标文件中体现。

5. 双方当事人的陈述，证明案件事实经过。

（四）一审判案理由

北京市延庆县人民法院根据上述事实和证据认为：被告为解决冬季供暖燃煤采购事项编制招标文件进行公开招标，原告接受被告提供的招标文件，按招标文件规定缴纳了竞标保证金，并且原告在整个招标投标过程中未对招标文件提出异议，所以招标文件应认定为双方当事人的真实意思表示，该招标文件不违反国家法律法规强制性规定，合法有效，双方当事人应严格遵守。被告发出的招标公告是要约邀请，原告针对招标文件的内容进行响应是要约，被告确定原告中标并向原告发出中标通知书是承诺，整个招标投标过程合法有效，原告收到中标通知后，应按招标文件规定交纳中标总煤价的20%的保证金、签订书面供煤合同，而原告未与被告签订书面供煤合同，导致合同最终不能成立，对此原告应承担相应的缔约过失责任。原告主张导致合同不能签订的原因是招标文件未规定付款方式和时间，这属于被告的过失，应由被告承担相应责任，本院认为招标文件第八条已经规定了合同主要条款，原告如果认为招标文件有遗漏应在投标前向被告提出，而原告未在招标投标过程中提出，并且付款方式和时间可以依据《合同法》的有关规定补正，所以原告以此为由拒绝签订书面供煤合同显然不能成立。

（五）一审定案结论

北京市延庆县人民法院根据《中华人民共和国合同法》第五条、第十四条、第十五条、第十六条、第四十二条第（三）项，《中华人民共和国招标投标法》第十九条第一款、第四十六条之规定，判决如下：

驳回原告北京市同兴昌商贸有限公司的诉讼请求。

案件受理费525元，由原告北京市同兴昌商贸有限公司负担。

（六）二审情况

1. 二审诉辩主张

上诉人（原审原告）及其委托代理人诉称：其一，由于招标文件的重大瑕疵影响了供煤合同的签订，开发区管委会应向同兴昌公司退还5万元投标保证金。根据《招标投标法》第十九条的规定，拟签订的合同的主要条款是招标文件的必备内容，从合同法理来看，合同当事人、标的、双方的权利义务、履行期限和方式是合同的必备条款，影响合同的成立和履行。缺乏合同的必备条款而事后又不能补正的，合同不能成立，且有过错的一方应承担法律责任。涉案招标文件第八条未将供煤合同的履行方式载明，是供煤合同不能签订的重要原因，因为付款方式直接关系供方的期待利益。根据行业惯例，如果招标人不明示付款期限，同兴昌公司有理由相信供煤合同的付款方式是即时清结，但事后开发区管委会提出付清煤款的时间为同兴昌公司履行义务后1年，这必然给同兴昌公司带来巨大的财产损失。其二，一审法院认定供煤合同不能成立的责任在同兴昌公司，未考虑涉案招投标合同的特殊情形。供暖合同的签订已经超出了招投标合同的范围，因为双方另行磋商的供煤合同的付款方式——供煤合同的主要条款是招投标合同之外的条款。由于双方就付款方式不能达成一致的意思表示，才使供煤合同不能成立。同兴昌公司中标后，发现拟签订的合同之付款时间未予列出，遂向开发区管委会提出异议，双方为此进行了多次磋商，开发区管委会还组织召开了两次党委会研究此事，但双方最终未能达成一致意见，使供煤合同未签订。一审法院认定同兴昌公司在投标前和投标过程中未采取补正措施，与实际情况不符。其三，开发区管委会的行为已经摒弃了招投标合同，一审法院再机械地适用《招标投标法》进行裁判，有违公平正义。根据《招标投标法》的规定，招标文件的内容一旦确定，招标方即不能随意更改，否则会侵犯其他投标人的平等竞争权，故开发区管委会与同兴昌公司就付款方式的另行协商是对招投标合同的抛弃。涉案招投标与《招标投标法》规定的招投标合同之内容、程序严重不符，因为开发区管委会在对招投标合同的要约承诺之后又拿出另外一份合同与同兴昌公司进行协商，实质上是重新签订一份供煤合同。同兴昌公司因此请求法院依法撤销一审法院判决，在查清事实后予以改判。

被上诉人（原审被告）辩称：服从一审法院判决。其针对同兴昌公司的上诉理由答辩称：(1) 招标文件和招投标过程合法有效，招标文件对双方当事人具有约束力。同兴昌公司在收到中标通知书后未按招标文件的规定交纳中标总煤价20%的履约保证金，并以未协商一致为由拒签供煤合同，根据招标文件第六条第（六）项的约定，开发区管委会有权不予退还竞标保证金。(2) 根据《招标投标法》的规定，同兴昌公司对于招标文件中付款方式不明确的问题“可以提出质疑，招标办可以组织答疑”，而同兴昌公司未在招投标过程中提出异议。(3) 锅炉房冬季燃煤供应是分期履行的，采用分期付款方式符合合同的履行方式，故在付款时间上不存在不公平的问题。锅炉房冬季燃煤供应合同不属于买卖合同，而是基于买卖关系、保管关系形成的承揽关系，保证锅炉房燃煤供应、燃煤质量和保管等条件都要在供暖期结束后才能得到检验，分期付款符合合同履行的实际情况，即时清结不符合合同性质和履行方式。(4) 同兴昌公司所谓签订供煤合同是另外一个法律关系的主张没有事实和法律依据，其将中标后签订供煤合同与招投标割裂开来，违背《招标投标法》的基本原则。

2. 二审事实和证据

北京市第一中级人民法院除认定一审法院查明的事实外，另查明：如果中标的投标公司不按规定签订供煤合同，竞标保证金视为放弃不予退还之内容，系招投标文件第六条第（六）项；招标文件第八条（“合同主要条款及协议书写格式”）中未载明开发区管委会付款的时间。

3. 二审判案理由

北京市第一中级人民法院根据上述事实和证据认为：一审法院判决之论理正确。同兴昌公司的上诉请求缺乏确凿、有效的事实根据，本院不予支持。一审法院根据查明的事实，正确适用法律，作出的判决并无不当，应予维持。

4. 二审定案结论

北京市第一中级人民法院依照《中华人民共和国民事诉讼法》第一百五十三条第一款第（一）项之规定，判决如下：

驳回上诉，维持原判。

一审案件受理费525元及二审案件受理费1050元，均由北京市同兴昌商贸有限公司负担。

（七）解说

本案的争议焦点在于招标文件未载明付款期限是否导致中标无效，进而影响供煤合同的签订，开发区管委会是否应向同兴昌公司退还5万元投标保证金。

虽然本案确实存在招标文件未载明付款期限的问题，但同兴昌公司在投标前和投标过程中未就此提出异议的情形表明：要么开发区管委会在此间已将付款期限告知同兴昌公司，要么就是同兴昌公司愿意于中标后再与开发区管委会协商付款期限。如果是第一种情况，即与开发区管委会一审中的抗辩理由吻合，同兴昌公司在领取招标文件时对付款方式进行了咨询，当时招标办工作人员已经明确答复从 2008 年 12 月 20 日至 2009 年 4 月 20 日分五次平均支付；如果是第二种情况，同兴昌公司即应预知与开发区管委会协商后可能产生的不同后果。基于此，同兴昌公司以付款方式直接关系供方的期待利益为由，将供煤合同未能签订的责任归于开发区管委会在招标文件第八条未将供煤合同的履行方式载明，显然于理不合。同兴昌公司提出的开发区管委会系供煤合同未能签订的有过错一方一说不能确凿成立，其亦不能有效证明影响供煤合同签订的原因是招标文件的重大瑕疵。所以，同兴昌公司要求开发区管委会退还 5 万元投标保证金的事实根据不足。

《合同法》第十二条第一款和第六十一条关于履行期限和方式是合同的一般性条款，当事人如果在已生效的合同中未约定付款期限，可以协议补充等规定，表明付款期限一般应为合同中的应有条款。同兴昌公司称中标后发现拟签订的合同之付款时间未予列出，遂向开发区管委会提出异议，双方为此进行了多次磋商，开发区管委会还组织召开了两次党委会研究此事，这表明开发区管委会已经尽力采取补正措施，只不过时过境迁煤价急遽上涨，导致同兴昌公司再签订合同必然会造成更大的损失，这是供煤合同不能签订的真正原因。

关于开发区管委会的行为已经摒弃了招投标合同，如果一审法院再机械地适用《招标投标法》进行裁判，有违公平正义。根据《招标投标法》的规定，招标文件的内容一旦确定，招标方即不能随意更改。结合前面有关付款期限是否告知的评述，本案投标人在未于投标前和投标过程中就付款期限事宜提出质疑的情况下，同兴昌公司上诉提出的开发区管委会与同兴昌公司就付款方式的另行协商是对招投标合同的抛弃一说自然不能认定。

综上，一、二审法院认定招标文件合法有效，同兴昌公司收到中标通知后，未按招标文件规定签订书面供煤合同，导致合同最终不能成立，应承担相应的缔约过失责任是正确的。

（北京市延庆县人民法院　徐应举）

4. 北京福郁华混凝土有限公司昌平分公司诉中国第二冶金建设有限责任公司等买卖合同案

（合同及结算单上手写加注条款的效力）

（一）首部

1. 判决书字号

一审判决书：北京市昌平区人民法院（2004）昌民初字第 1857 号民事判决书、（2005）昌民再初字第 08437 号民事判决书。

二审判决书：北京市第一中级人民法院（2006）一中民终字第 1140 号民事判决书。

再审判决书：北京市第一中级人民法院（2007）一中民再终字第 15458 号民事判决书。

2. 案由：买卖合同纠纷。

3. 诉讼双方

原告（被上诉人）：北京福郁华混凝土有限公司昌平分公司，住所地：北京市昌平区兴寿镇麦庄村。

法定代表人：郭来功，该公司总经理。

被告（上诉人）：中国第二冶金建设有限责任公司，住所地：内蒙古自治区包头市昆曲钢铁大街106号。

法定代表人：颜维华，该公司董事长。

被告：北京市三冶建安建筑工程有限公司，住所地：昌平区崔村镇西辛峰村工业园内。

法定代表人：范玉国，该公司总经理。

4. 审级：二审、再审。

5. 审判机关和审判组织

一审法院：北京市昌平区人民法院。

原审合议庭组成人员：审判长：王玉民；人民陪审员：刘玉江、门晋方。

再审合议庭组成人员：审判长：梁宏；人民陪审员：屈宝玲、辛桂珍。

二审法院：北京市第一中级人民法院。

合议庭组成人员：审判长：张明华；代理审判员：张印龙、梁志雄。

再审法院：北京市第一中级人民法院。

合议庭组成人员：审判长：杨淑敏；审判员：邹锋；代理审判员：刘玉红。

6. 审结时间

一审审结时间：2005年11月10日。

二审审结时间：2006年3月20日。

再审审结时间：2008年5月5日

（二）一审情况

1. 一审诉辩主张

原告北京福郁华混凝土有限公司昌平分公司（以下简称福郁华公司）诉称：2003年8月6日，我单位与中国第二冶金建设有限责任公司（以下简称二冶公司）签订了《商品混凝土买卖合同》，合同签订后，我方依约为二冶公司提供了2945578.65元的混凝土，但二冶公司没有给付货款。后其公司与北京市三冶建安建筑工程有限公司（以下简称三冶公司）合谋，将合同终止，并将债务全部转移至三冶公司。为了履行合同，我单位又为三冶公司提供了487900.5元的混凝土，但货款仍未给付。故要求二冶公司、三冶公司给付货款3433479.15元及利息。

三冶公司辩称：欠款事实无异议，但现在开发商没给我单位拨款，我单位无力支付货款。

二冶公司辩称：我单位的项目经理部不能代表单位签合同，因此该合同没有法律效力，因福郁华公司与三冶公司又签订了新的合同，且在合同中写明任何问题均与我单位无关，故我单位不同意给付货款。

2. 一审事实和证据

北京市昌平区人民法院经审理查明：2003年8月6日，二冶公司为甲方，福郁华公司为乙方，签订《商品混凝土买卖合同》，约定：由福郁华公司为二冶公司提供混凝土，用于二冶公司的高丽营住宅小区一期工程，付款方式为：工程竣工 2003 年 12 月 30 日之前付 60%，余款待工程款结清后付清。该合同分别加盖“北京福郁华混凝土有限公司昌平分公司”和“中国第二冶金建设有限责任公司北京工程项目经理部”的公章。二冶公司驻北京办事处主任李永生，于 2003 年 10 月 20 日在该合同的第四页添写“此合同作废，进行合同转移，条款不变”。

2003 年 10 月 25 日，福郁华公司向二冶公司开出《商品混凝土买卖结算清单》，载明货款合计金额 2945578.65 元，结算的是 2003 年 8 月 6 日至 2003 年 10 月 20 日期间的货款。付款单位签章处标明“方量属实”，并加盖“北京市三冶建安建筑工程有限公司合同专用章”，李永生于 2003 年 10 月 26 日又在该《结算清单》上注明：“此量属实，由北京三冶建筑公司负担此项费用的支付，中国二冶与福郁华的购货买卖合同中止，作废。北京三冶与福郁华再签订的合同中包含此项费用内容，以后任何问题与中国二冶无关。”

2003 年 10 月 20 日，二冶公司给付福郁华公司转账支票一张，金额为 50 万元，出票人签章处盖有“中国第二冶金建设有限责任公司财务专用章”和李永生的个人名章，此转账支票未能兑付。后二冶公司未给付福郁华公司货款。

三冶公司在一审法院的庭审笔录中，均不承认债务转移的事实。该公司表示其于 2003 年 10 月 21 日进场施工。

3. 一审判案理由

北京市昌平区人民法院审理认为：福郁华公司与二冶公司签订《商品混凝土买卖合同》后，实际供应了 2945578.65 元的水泥。在 2003 年 10 月 20 日，三方达成了债务转移协议。原告同意二冶公司将合同义务全部转移给三冶公司，故原告要求二冶公司承担货款给付义务没有法律依据，不予支持。原告要求三冶公司给付货款事实清楚，予以支持。

4. 一审定案结论

北京市昌平区人民法院依照《中华人民共和国合同法》第六十条、第八十四条、第一百零九条之规定，判决如下：

（1）被告北京市三冶建安建筑工程有限公司给付原告北京福郁华混凝土有限公司昌平分公司货款 3433479.15 元，判决生效后 10 日内给付；

（2）被告北京市三冶建安建筑工程有限公司给付原告北京福郁华混凝土有限公司昌平分公司货款 3433479.15 元的利息，从 2004 年 1 月 1 日起计算，至判决给付之日止，按中国人民银行同期贷款利率计算；

（3）驳回原告北京福郁华混凝土有限公司昌平分公司的其他诉讼请求。

该判决三方当事人均未上诉。

（三）一审再审情况

1. 一审再审诉辩主张

福郁华公司于 2005 年 5 月向原审法院提出再审，请求因债务转移未经过其同意，债务仍应由二冶公司承担。北京市昌平区人民法院对本案提起再审。再审时福郁华公司将对三冶公司的起诉撤回，只要求二冶公司给付货款 2945578.65 元。

2. 一审再审判案理由

北京市昌平区人民法院认为：福郁华公司与二冶公司北京工程项目经理部签订的《商品混凝土买卖合同》，二冶公司主张其项目经理部未经授权，对外签订的合同无效，对此原审法院认为，二冶公司承包工程的项目经理部，以二冶公司的名义对外签订合同后，合同已实际履行，即二冶公司已将福郁华公司提供的混凝土用于其承包的工程中，并在2003年10月20日给福郁华公司的转账支票上盖有本公司财务专用章，况且，该合同不具有《合同法》规定的无效合同的情形，因此应认定合同有效。因二冶公司的北京工程项目经理部不具有独立承担民事责任的主体资格，福郁华公司要求二冶公司承担给付货款的民事责任，符合法律规定。《合同法》明确规定，债务人将合同的义务全部或部分转移给第三人的，应当经债权人同意。本案买卖合同及结算清单上标注的有关债务转移的文字，均是二冶公司的委托代理人李永生单方添写，因此，二冶公司应对其主张的三方同意债务转移的事实承担举证责任。二冶公司在诉讼中不能提供证据证明福郁华公司是同意债务转移的，因此二冶公司应承担举证不能的法律后果，应履行合同义务，给付福郁华公司货款。原审判决认定债务转移，证据不充分，再审予以纠正。合同约定的付款方式为：工程竣工2003年12月30日之前付60%，余款待工程款结清后付清，福郁华公司未能举证证明工程款已结清，故只有60%的货款到了给付期限，到期部分原审法院给予支持，其余货款待工程款结清后给付。福郁华公司要求二冶公司支付迟延给付货款的利息，依法应予支持。福郁华公司撤回对三冶公司的起诉，符合法律规定，依法准许。

3. 一审再审定案结论

北京市昌平区人民法院依据《中华人民共和国民事诉讼法》第一百八十四条、最高人民法院《关于适用〈中华人民共和国民事诉讼法〉若干问题的意见》第二百零一条、《中华人民共和国合同法》第八条、第八十四条的规定，作出如下判决：

（1）撤销本院（2004）昌民初字第1857号民事判决；

（2）中国第二冶金建设有限责任公司给付北京福郁华混凝土有限公司昌平分公司货款1767347.19元，于本判决生效后10日内付清，并自2004年1月1日起按中国人民银行逾期付款的利率给付利息，至此款付清时止。

原审及再审案件受理费各27178元，由北京福郁华混凝土有限公司昌平分公司负担16662元（已交纳），由中国第二冶金建设有限责任公司负担37694元，于本判决生效后7日内交纳。

（四）二审情况

1. 二审诉辩主张

上诉人二冶公司上诉称：债务已转移给三冶公司，货款应由三冶公司负担。

被上诉人福郁华公司同意原判。

2. 二审事实和证据

北京市第一中级人民法院经审理查明的事实与证据与原审法院再审期间经审理查明的事实与证据基本一致，另（2004）昌民初字第1857号案双方在2004年4月8日的庭审笔录中陈述福郁华公司与三冶公司的合同上填写的合同订立时间虽然为2003年8月6日，但双方实际盖章、签署订立的时间是2003年10月20日。

3. 二审判案理由

北京市第一中级人民法院根据上述事实和证据认为：上诉人二冶公司上诉中提出其曾与被上诉人福郁华公司在2003年8月6日签订过合同，该合同中已经供货的数量包含在被上诉人福郁华公司与三冶公司的合同中，根据上诉人二冶公司的陈述和本案现有证据表明福郁华公司与二冶公司的合同已经依法成立，受法律保护，故本院对原审法院合同有效的认定予以采纳。二冶公司上诉中对原审法院判决确定的应付货款的数额未提出异议，认为该笔应付货款应由三冶公司负担，根据现有证据表明该笔应付货款是福郁华公司与二冶公司的合同中产生的，二冶公司属于该笔应支付货款的债务人，债务人将合同义务全部或者部分转移给第三人的，应当经过债权人同意，2003 年 10 月 20 日二冶公司交给福郁华公司 50 万元转账支票的事实及 2003 年 10 月 25 日福郁华公司交付给二冶公司《结算清单》的事实，表明福郁华公司作为债权人未同意二冶公司将债务转让，现也没有书面证据证明福郁华公司同意二冶公司将本案项下应付货款的债务转让给三冶公司，故本院对上诉人二冶公司有关福郁华公司同意其将债务转让给三冶公司的上诉理由及其上诉请求不予采纳。综上，原审法院适用法律正确，处理并无不当。

4. 二审定案结论

北京市第一中级人民法院依照《中华人民共和国民事诉讼法》第六十四条第一款、第一百三十条、第一百五十三条第一款第（一）项、第一百五十八条，最高人民法院《关于民事诉讼证据的若干规定》第四十一条第（二）项、第四十七条第一款之规定，判决如下：

驳回上诉，维持原判。

（五）二审再审情况

1. 二审再审诉辩主张

二冶公司不服生效判决，向北京市第一中级人民法院提出申诉，称债务已转移给了三冶公司，故不同意支付货款。

福郁华公司辩称：债务人二冶公司转让债务，并未经其公司同意，故不同意二冶公司的申诉请求。

2. 二审再审事实和证据

北京市第一中级人民法院再审经审理查明事实和二审基本相同，另查：福郁华公司与三冶公司所签《商品混凝土买卖合同》的落款时间是 2003 年 8 月 6 日，但在原审法院庭审时，福郁华公司和三冶公司均确认该合同实际盖章、签署订立的时间 2003 年 10 月 20 日。

3. 二审再审判案理由

北京市第一中级人民法院根据上述事实和证据认为：(1) 所有二冶公司的声明，均是李永生标注的，福郁华公司并未同意标注内容。(2) 三冶公司也在庭审中不同意承担二冶公司的债务。(3) 债务转移必须由三方达成协议。本案中，福郁华公司、二冶公司、三冶公司未就债务转移达成书面协议。所以，该债务应由二冶公司承担。

4. 二审再审定案结论

北京市第一中级人民法院依法作出如下判决：维持原判。

（六）解说

本案关键在于二冶公司拖欠福郁华公司的债务是否已转移至三冶公司。本案中，三方并未形成正式的债务转让协议。所以，只能综合分析案件事实，判断从法律上能否推定债务已转移。本案的关键证据是合同以及结算清单，而其上手写加注条款的效力关系全案法律关系的认定。

1. 合同中手写加注的条款是否有效？合同即为双方达成的协议，是双方一致、真实的意思表示。所以，从法理上讲，只要双方都同意加注的条款内容，此条款即和合同的原有条款同样有效。《合同法》第七十七条规定，当事人协商一致，可以变更合同。而变更的形式，可以为补充条款，也可以为补充协议。加注的条款即是补充条款的一种表现形式。

(1) 二冶项目经理部及李永生能否代表二冶公司？2003 年 8 月 6 日，二冶公司与福郁华公司签订《商品混凝土买卖合同》，该合同分别加盖“北京福郁华混凝土有限公司昌平分公司”和“中国第二冶金建设有限责任公司北京工程项目经理部”的公章。二冶公司驻北京办事处主任李永生，于2003年10月20日在该合同的第四页添写“此合同作废，进行合同转移，条款不变”。

该合同的主体是福郁华公司和二冶公司，项目经理部是二冶公司的分支机构。二冶公司对项目经理部应该有相应的施工事务方面的授权，以便其代表公司处理事务。这些授权依常理判断，肯定包含购买建筑材料事项，因为这是施工过程中最基本、最常见的事务。即使二冶公司对其项目经理部没有购买建筑材料事项的授权，福郁华公司也有理由相信项目经理部有这项代理权，即福郁华公司构成法律上的善意第三人。所以，如果二冶没有授权其项目经理部，项目经理部对二冶公司也将形成表见代理，对福郁华公司也必须负授权人的责任。同理，李永生作为二冶公司驻北京办事处主任，也可推定其有权代理二冶公司处理购买建筑材料事务。而且，在本案中，双方都不否认项目经理部和李永生能够代表二冶公司。

（2）手写加注条款是否有效？李永生加注的条款是手写的，而合同原文是打印体。此条款直接否定了本合同的效力，是对合同的重大变更。依据法理和合同法规定，此条款必须经过合同的相对方认可。而事实上，福郁华公司方在合同中并没有确认此合同条款，在庭审中也表示此条款是二冶公司私自加注，其不知情。二冶公司也没有证据证明福郁华公司同意此条款。所以，此条款无效。

2. 本案中结算清单上手写加注条款的效力。买卖结算清单是卖方向买方出具的对供货数量及货款数额的确认单据。出具清单的行为是单方行为，不同于合同。但只要接收方认可此单据记载的内容，买卖结算清单即可佐证买卖合同关系的存在。本案中，三冶公司和二冶公司都确认了结算清单中记载的供货数量。而结算单的出具对象是二冶公司。

二冶公司由李永生在结算单中标注“此量属实，由北京三冶建筑公司负担此项费用的支付，中国二冶与福郁华的购货买卖合同中止，作废。北京三冶与福郁华再签订的合同中包含此项费用内容，以后任何问题与中国二冶无关。”首先，“此量属实”说明二冶公司认可此结算单是向其出具的，也说明其承认自标注之日起双方存在买卖合同关系。其次，“由北京三冶建筑公司负担此项费用的支付，中国二冶与福郁华的购货买卖合同中止，作废。北京三冶与福郁华再签订的合同中包含此项费用内容，以后任何问题与中国二冶无关”，这是二冶公司关于债务转移的单方表示，是其拿到结算清单后标注的，并没有经福郁华公司认可，不构成转移债务的合意。所以，此标注内容无效。

三冶公司在结算清单付款单位签章处标明“方量属实”。因为出具结算清单的行为是单方行为，出具方福郁华公司已写明接收方为二冶公司，所以，三冶公司无权在付款处盖章签字。同时，其标注“方量属实”，也只能说明其认可供货量，并不能说明其接受二冶公司债务转移的债务。

综上，二冶公司和三冶公司的单方标注行为不能证明债务已转移至三冶公司。

3. 二冶公司向福郁华公司开具的转账支票的效力。支票是一种支付行为，证明交付方和接收方存在债权债务关系。二冶公司向福郁华公司开具转账支票，内容是支付混凝土货款。二冶公司不能证明其和福郁华公司之间还有其他混凝土买卖合同。而且开具支票的时间为2003年10月20日，而本案诉争协议的结算期间是2003年8月6日至2003年10月20日，两相吻合，可以推定此转账支票即是二冶公司为支付本案诉争合同的货款而开具的。也即证明二冶公司此时仍承认应由其承担付款责任。

4. 关于二冶主张三冶公司系依约代其履行债务的问题。二冶公司提出其公司与三冶公司的买卖合同中约定，二冶公司与福郁华公司签订的《商品混凝土买卖合同》作废，所有经三冶公司确认的工作量均由三冶公司支付。因该协议只是二冶公司与三冶公司双方签订的合同，福郁华公司并非该协议的一方当事人。依照合同相对性原则，该协议不能约束福郁华公司，只能证明三冶公司曾经同意代二冶公司履行债务。又根据《合同法》第六十五条："当事人约定由第三人向债权人履行债务的，第三人不履行债务或者履行债务不符合约定，债务人应当向债权人承担违约责任"的规定，三冶公司不履行债务时，债权人福郁华公司有权要求二冶公司履行合同义务。

综上，结合 2003 年 10 月 20 日二冶公司交给福郁华公司 50 万元支票及福郁华公司向二冶公司提供结算清单的事实，足以证明福郁华公司不同意将二冶公司应承担的债务转移至三冶公司。所有的证据和查明的事实能够形成一个完整的证据链条，证明二冶公司欠福郁华公司的债务并没有转移至三冶公司，其应承担诉争合同的付款责任。

（北京市第一中级人民法院　申志鹏）

5. 山东清华紫光凯远信息技术有限公司诉神州数码（中国）有限公司买卖合同案

（关于质量异议期是否属于除斥期间）

（一）首部

1. 判决书字号：北京市海淀区人民法院（2008）海民初字第 1579 号民事判决书。

2. 案由：买卖合同纠纷。

3. 诉讼双方

原告：山东清华紫光凯远信息技术有限公司（以下简称凯远公司），住所地：山东省青岛市南海路 11 号。

法定代表人：张明全，该公司董事长。

委托代理人：刘锐，北京市富华邦律师事务所律师。

被告：神州数码（中国）有限公司（以下简称神州数码公司），住所地：北京市海淀区上地东路 5 号神州数码大厦。

法定代表人：郭为，该公司总经理。

委托代理人：周俊武，北京市金诚律师事务所律师。

4. 审级：一审。

5. 审判机关和审判组织

审判机关：北京市海淀区人民法院。

合议庭组成人员：审判长：赵晨；审判员：贾琤、谢东。

6. 审结时间：2008 年 4 月 15 日。

（二）诉辩主张

原告凯远公司诉称：2001 年 6 月 27 日，我方与神州数码公司签订了包销协议，约定：我方向神州数码公司购买 1000 台 800＋型摩托罗拉宝典（每台单价 950 元）和 200 台 828 型摩托罗拉宝典（每台单价 1650 元）。我方于 2001 年 7 月 17 日收货后，发现 800＋宝典存在严重质量问题。同时，神州数码公司也未履行合同约定的配合我方进行销售培训，协助我方销售等义务。神州数码公司的货物给我方造成严重损失。货物存在的质量问题如下：1. 现在未出售的 800＋宝典 829 台，我方已经对其中的 806 台进行了证据保全公证，在保全的宝典中有 547 台未粘贴进网许可证；2. 所有 800＋宝典外包装盒标明的型号为 800＋，使用手册和 VCD 光盘标明的型号均为 800，而用户保修手册上标明的型号均为 828，样品主机外壳上未标注产品型号；3. 我方于 2002 年 2 月将 175 台 800＋宝典送青岛市产品质量监督检验所进行了检验，其中 114 台接收不到传呼台的无线信号。另我公司因为销售 800＋宝典，广告支出为 180458 元、场地人工费分别为 12811 元和 30798.75 元、降价和搭配手机销售造成直接经济损失 14783.58 元、检验和公证费用 9000 元和 3800 元、仓储运输费 5000 元、应得利益损失 326038 元。故我方诉至法院，要求神州数码公司承担我方未售出的 829 台 800＋宝典退货责任，判令神州数码公司退还货款 787550 元，赔偿我方合同履行后应得利益 326038 元，并承担本案诉讼费。

被告神州数码公司辩称：我方不同意凯远公司的诉讼请求。理由如下：1. 凯远公司提出质量异议已超过双方约定期限，如未在约定验收期限内验收，则视为已予验收。协议第九条约定收到货物 7 日内验收，如 7 日内未验收，就视为验收合格。凯远公司直到起诉前才向我方提出质量异议；2. 凯远公司提供的证据不能证明我方产品有质量瑕疵。青岛市产品质量监督检验所出具的检验报告不能作为货物质量不合格的依据，因该检测机构是由凯远公司单方选择的，该监督所并非权威检验摩托罗拉宝典的机构，其主体的独立性不能不令人质疑，凯远公司送检的货物已置于其保管控制之下近 1 年，在送检时包装已经开封，因此送检的宝典样品状态不能证明与我方交货时的状态是一样的。故检验报告不能证明本案合同项下货物的质量问题，两者缺乏必要的关联性。所检报告不能证明货物内在质量性状，不能接收传呼台信号的原因是多种的，可能是呼台设置的基站不够，不能覆盖到客户所在区域，或客户所在区域产生屏障，也可能是客户操作不当所致。3. 凯远公司要求退货并赔偿损失的主张没有依据，且凯远公司单方要求退货是违反约定的，故请求驳回凯远公司的起诉。

（三）事实和证据

北京市海淀区人民法院经公开审理查明：2001 年 6 月 27 日，凯远公司与神州数码公司签订包销协议，约定凯远公司向神州数码公司购买 100 台 800＋型摩托罗拉宝典，200 台 828 型摩托罗拉宝典，800＋宝典每台含税价格 950 元，828 宝典每台含税价格 1650 元。付款方式为买方于 2001 年 6 月 30 日之前向卖方支付 3 个月银行承兑汇票，汇票金额为 128 万元。风险及所有权转移条款约定：合同产品损失风险及所有权应在交付至装运给买方的承运人时转移给买方。在货物交付后，买方应在实际可行的情况下尽快验收该项货物，如果交货后 7 日内未予验收，则在该 7 日内应视为已予验收。合同签订后，2001 年 6 月 29 日凯远公司给付神州数码公司货款 128 万元。2001 年 7 月 17 日凯远公司收到神州数码公司提供的货物，并当即开箱。2002 年 2 月 1 日凯远公司将其未销售的 175 台“摩托罗拉 800＋宝典”进行了检验，青岛市产品质量监督检验所出具了检验报告。在检验报告勘验记录样品描述一节，记录如下“175 台样品由 7 个大纸箱包装，已开封。每大包箱内装有 25 台样品，每台样品由一纸盒包装，包装盒未封口”。2002 年 7 月 16 日凯远公司向青岛市第二公证处申请诉讼证据保全公证，公证员对凯远公司存放在该公司 1608 室的“摩托罗拉宝典 800＋”进行了查验、清点。证实有“摩托罗拉宝典 800＋”806 台，其中有进网许可证 259 台，无进网许可证 547 台。该公证书及现场记录对公证时在凯远公司处的“摩托罗拉宝典 800＋”806 台包装是否开封未进行描述。

上述事实有下列证据证明：

1. 包销协议 1 份。

2. 增值税专用发票 4 张。

3. 设备验收单复印件 1 份。

4. 摩托罗拉 800 宝典使用手册。

5. 包装盒内神州数码公司制作的宝典 828 的用户保修手册。

6. 检验报告。

7. 4 份投诉信。

8. 证据保全公证书。

9. 催告函。

10. 青岛万利通信息网络有限公司情况说明。

11. 2 份质量监督局发票及 1 份公证处发票。

12. 销售报表及出库单。

13. 凯远公司广告。

14. 凯远公司副总经理雷文给神州数码公司副总经理的邮件。

（四）判案理由

北京市海淀区人民法院根据上述事实和证据认为：凯远公司与神州数码公司之间签订的买卖合同，未违反法律规定，故应属有效。

凯远公司称神州数码公司提供的宝典 800＋的大部分未粘贴入网许可证，并提交了检测报告及证据保全公证书予以证明，但该证据本院认为并不能证明所检测的产品及所保全的产品即是神州数码公司所供产品，对此凯远公司并未进一步举证。凯远公司作为专业经营网络电子产品的公司，其应当知道寻呼机必须要粘贴入网许可证的强制性规定，否则不允许销售，且凯远公司称收货当时就开箱检查，其完全可以在当时就注意到入网许可证的问题，凯远公司未就此提出异议（其自称提出了，但未举证证明），显属过错。综上，本院对凯远公司关于神州数码公司所供产品未粘贴入网许可证的主张不予认定。

凯远公司称神州数码公司所供产品标识混乱、货物存在质量问题。根据双方在合同中对风险及所有权转移的约定：在货物交付后，买方应在实际可行的情况下尽快验收该项货物，如果交货后 7 日内未予验收，则在该 7 日内应视为已予验收。现凯远公司不能提供证据证明其在合同约定的异议期内向神州数码公司提出过质量异议，故应当视为其对质量的认可。

根据有关法律规定，当事人对自己提出的主张有责任提供证据，现凯远公司提供的证据不能证明其诉讼请求成立，故对凯远公司要求神州数码公司承担未售出的 829 台摩托罗拉 800＋宝典的退货责任、退还货款 787550 元、赔偿经济损失 256651.33 元及合同履行后应得利益 326038 元的诉讼请求，本院不予支持。

（五）定案结论

北京市海淀区人民法院依照《中华人民共和国合同法》第八条之规定，判决如下：

驳回山东清华紫光凯远信息技术有限公司的诉讼请求。

案件受理费16861元，由山东清华紫光凯远信息技术有限公司负担（已交纳）。

（六）解说

质量异议期是否属于除斥期间？

权利行使的期间限制在民法上主要有三种：其一为诉讼时效，适用于请求权；其二为除斥期间，适用于形成权；其三为权利失效期间，无论请求权、形成权、抗辩权，均有适用之余地。

1. 买受人的检验通知应当理解为一种权利。权利者，实现一定利益的法律上之力也。但是，权利也需要当事人积极行使，否则权利人的受法律保护的利益也将因除斥期间或者诉讼时效等期间的经过而难以保障。但我们很难说，“积极行使”本身构成了一种义务。对检验、通知设定的质量异议期，和除斥期间、诉讼时效一起，构成促使买受人积极行使瑕疵担保权利的限制期间。在质量异议期内迅速、及时地为检验通知，与在法定期间内及时向出卖人行使瑕疵请求权，都在于积极保障自己的合法利益，这一点并无本质区别。更何况在提出质量异议的同时，要求出卖人承担瑕疵担保责任的也未为不可，很难说此时一方面在履行义务、一方面在行使权利。因而，买受人向出卖人通知标的物的瑕疵状况，应当理解为行使权利，并且这一权利不妨称之为异议权。

2. 买受人检验通知的权利应当理解为形成权。民法上的权利根据其行使方式与法律效果的不同，分为支配权、请求权、形成权、抗辩权。就买受人的瑕疵通知这一法律行为而言，其一，并不需要出卖人的承诺认可，只需通知到达便可保全买受人的瑕疵权利。其二，瑕疵通知事实上改变了买卖双方的既存法律关系状态。因为，未及时检验并通知瑕疵将视为货物质量合于合同之约定，这里的“视为”是法律拟制，或者说是一种不可反驳的推定，更加表明了立法者的立场是推定出卖人交付的货物为无瑕疵的货物。故此，买受人的瑕疵通知的确构成了对这种既存权利义务状态的改变，使得瑕疵担保权利从隐藏状态中显现出来。其三，买受人通知瑕疵情况以后，其瑕疵权利的最终实现，依然有赖于请求权的实施。由此，应当将买受人检验、通知权利理解为形成权，而质量异议期则是限制这一形成权的期间。

3. 是权利失效期间还是除斥期间？限制形成权的期间有除斥期间和权利失效期间。权利失效期间，系依据诚实信用原则对权利的行使加以例外的限制，使用时必须特别慎重。就要件而言，必须有权利在相当期间内不行使之事实，并有特殊情况，足使义务人正当信任权利人已不欲履行其义务，致权利人再为行使有违诚信原则。权利失效之要件，须从严认定，以避免软化权利效能，使债务人履行义务之道德趋于松懈。而质量异议期的经过所产生的法律效果为法律所明确规定，并不需要依据诚实信用原则进行利益衡量和价值判断之后确定。并且，商事买卖双方往往约定了检验期，并且该检验期往往并不长，除非是明显的表面瑕疵，否则很难说该期间的经过便足使义务人正当信任权利人已不欲其履行义务。笔者认为，质量异议期经过的法律效果之发生，主要不在于诚实信用，而在于交易的迅捷与买受人利益保护的平衡，将质量异议期解释为权利失效期间，并不适宜。因此，将质量异议期解释为除斥期。

（北京市海淀区人民法院　贾　琤）

6. 王小琴诉中国农业银行镇江市京江支行等买卖合同案
（不动产善意取得与房屋承租人的优先购买权）

（一）首部

1. 判决书字号：江苏省镇江市润州区人民法院（2008）润民一初字第 622 号民事判决书。

2. 案由：买卖合同纠纷。

3. 诉讼双方

原告：王小琴，女，1952 年 4 月生，汉族，镇江市丹徒区农村信用合作社退休职工，住镇江市网巾桥。

委托代理人：黄红霞、李长云，江苏丹凤律师事务所律师。

被告：中国农业银行镇江市京江支行（以下简称京江支行），住所地：镇江市中山西路 53 号。

负责人：朱国庆，该行行长。

被告：中国农业银行镇江市分行（以下简称镇江市分行），住所地：镇江市电力路 19 号。

负责人：刘坚，该行行长。

两被告共同委托代理人：王彦民、严瑛，中国农业银行镇江市京江支行职工。

被告：张浩东，男，1972 年 8 月生，汉族，住镇江市京口区东门坡。

委托代理人：王湘、陈冰，江苏镇江甘露律师事务所律师。

被告：镇江市诚信拍卖行有限责任公司（以下简称拍卖行），住所地：镇江市运河路 6 号 6 楼。

法定代表人：苏文，该公司董事长。

委托代理人：沈凯、宋梅林，该公司经理。

4. 审级：一审。

5. 审判机关和审判组织

审判机关：江苏省镇江市润州区人民法院。

合议庭组成人员：审判长：金之祥；人民陪审员：马卓毅、姚向群。

6. 审结时间：2008 年 10 月 7 日。

（二）诉辩主张

原告王小琴诉称：原告系被告京江支行的职工，被告京江支行在 1992 年将坐落于本市润州山路 3 号 5 幢 303 室的房屋分配给原告承租使用。2007 年 7 月被告京江支行出卖该房屋并委托被告拍卖行进行拍卖。被告张浩东于 2007 年 7 月 4 日拍得该房屋。因被告京江支行未依法告知原告出卖房屋的事实，被告张浩东与被告拍卖行恶意串通，侵犯了原告的优先购买权。现要求法院判决两被告之间的房屋买卖无效，确认被告张浩东与被告拍卖行之间的拍卖成交确认书无效。

被告京江支行辩称：被告在讼争房屋处置前于2007年7月以书面形式告知原告享有优先购买权，且被告拍卖行亦在报纸上刊登拍卖公告，故房屋买卖关系合法有效。原告的诉讼请求不能成立，请求驳回原告的诉讼请求。

被告镇江市分行的辩称意见同上。

被告张浩东辩称：被告于2007年8月10日通过公开拍卖的形式拍得讼争的房屋，且支付了合理的对价，并办理了房产登记。故两被告之间房屋买卖合同合法有效，被告张浩东与被告拍卖行之间的拍卖成交确认书亦合法有效。故请求判决驳回原告的诉讼请求。

被告拍卖行辩称：被告于2007年7月25日接受镇江市分行的委托拍卖含讼争房屋在内的35处房产。被告于2007年7月31日在本市《京江晚报》刊登拍卖公告，公告拍卖的标的及拍卖会的时间。被告张浩东于2007年8月10日在拍卖会拍得讼争房屋。因被告工作人员失误，在给被告张浩东的拍卖成交确认书上将时间误打为2007年7月4日。因拍卖程序合法有效，请求法院驳回原告的诉讼请求

（三）事实和证据

江苏省镇江市润州区人民法院经公开审理查明：原告原系第一被告的职工，1992年第一被告将位于本市润州山路3号5幢305室的房屋分配给原告承租使用，后将房屋调整为润州山路3号5幢303室（面积约为20平方米，该房屋无产权证及土地证）。2007年7月被告京江支行发出书面通知给原告，通知内容为：王小琴同志，你现使用的住房（润州山宿舍303室），为中国农业银行镇江市京江支行名下职工住宅房，属农行资产。根据股改要求和外部监管部门的规定，应予处置。在同等条件下，你对该住房有优先购买权。原告亦在该通知上签名。2007年7月25日被告镇江市分行与被告拍卖行签订拍卖业委托拍卖合同，合同约定由被告拍卖行拍卖被告镇江市分行所有的包括讼争房屋在内的35处房产，并要求在2007年8月10日前在镇江举办的拍卖会上对上述标的进行拍卖等内容。2007年7月31日被告拍卖行在本市《京江晚报》刊登拍卖公告，公告拍卖标的即包括讼争房屋在内的35处房产，拍卖时间2007年8月10日上午10时及拍卖地点。2007年8月1日被告张浩东至被告拍卖行办理竞买登记手续。2007年8月10日被告张浩东以37900元的价格拍得讼争房屋。当日被告张浩东与被告拍卖行签订两份拍卖成交确认书（分别为1页和2页），其中2页的拍卖成交确认书上将拍卖时间打印为2007年7月4日。2007年8月17日被告张浩东支付了拍卖价款及佣金。2008年4月8日被告张浩东领取了该房屋的所有权证。2008年6月2日被告张浩东起诉原告要求其房屋迁让。2008年6月17日原告诉至本院要求确认被告之间的房屋买卖合同无效、拍卖成交确认书无效。审理中，四被告坚持各自的辩称意见，均要求驳回原告的诉讼请求。原告承认其于2007年7月16日在被告京江支行2007年7月发出的通知上签名。由于双方意见不一，调解不成。

上述事实，有原告提供的房屋租赁合同1份、电费交费卡1张、拍卖成交书1份、（2008）3闰民一初字第566号民事诉状1份、被告京江支行提供的通知1份、被告张浩东提供的拍卖成交确认书2份、收据2份、房屋产权证1份、被告拍卖公司提供的拍卖业拍卖委托合同1份、拍卖公告1份、竞买登记书1份、拍卖成交确认书2份、第六场拍卖会（2007年8月10日）档案资料1套以及原、被告的陈述予以证实。

（四）判案理由

江苏省镇江市润州区人民法院根据上述事实和证据认为：被告张浩东通过公开拍卖的形式拍得本市润州山路3号5幢303室房屋并支付相应的对价，且办理了房产登记手续。被告

张浩东受让该房屋时应属于善意，故应认定房屋买卖合同有效，被告张浩东已合法取得讼争房屋的所有权。原告王小琴承租讼争房屋，作为承租人对该讼争房屋依法享有优先购买权。被告京江支行虽在公告拍卖前书面通知原告享有优先购买权，但通知中没有给予原告合理的期限，也没有注明购买的方式。在未征得原告的明确意思表示情况下，被告镇江市分行即委托被告拍卖行公开拍卖了讼争房屋，致使原告不能行使优先购买权。故被告京江支行及被告镇江市分行存在一定的过错，对此应当承担相应的民事责任。如果原告有损失，可另行向侵权人主张。原告称被告张浩东于 2007 年 7 月 4 日拍得该房屋之意见，从拍卖公告等证据综合分析，可认定拍卖成交确认书（2 页）上打印的时间系笔误。原告的该项意见与客观事实不符，故本院不予采纳。原告称被告张浩东与被告拍卖行恶意串通之意见，无证据证明，本院亦不予采纳。故对原告要求确认房屋买卖合同及拍卖成交确认书无效的请求，本院不予支持。

（五）定案结论

江苏省镇江市润州区人民法院依照《中华人民共和国民事诉讼法》第一百二十八条、《中华人民共和国合同法》第二百三十条、《中华人民共和国物权法》第九条、最高人民法院《关于贯彻执行〈中华人民共和国民法通则〉若干问题的意见（试行）》第一百一十八条之规定，作出如下判决：

驳回原告王小琴的诉讼请求。

案件受理费 160 元，由原告负担。

（六）解说

本案中，原告王小琴作为争议房屋的承租人，享有优先购买权，而被告张浩东通过拍卖取得了房屋的所有权并进行了所有权登记。本案争议的焦点也就是这两种权利发生冲突时法院应优先保护谁的权利？

房屋承租人的优先购买权，即义务人（房屋所有人）在出卖该房屋时，承租人在与第三人同等的条件下有优先买受该房屋的权利。我国《合同法》第二百三十条规定：“出租人出卖租赁房屋的，应当在出卖之前的合理期限内通知承租人，承租人享有以同等条件优先购买的权利。”最高人民法院《关于贯彻执行〈中华人民共和国民法通则〉若干问题的意见（试行）》第一百一十八条规定：“出卖人出卖出租房屋，应提前三个月通知承租人，承租人在同等的条件下，享有优先购买权；出租人未按此规定出卖房屋的，承租人可以请求人民法院宣告该房屋买卖无效。”《城市私有房屋管理条例》第十一条规定：“房屋所有人出卖出租房屋，须提前三个月通知承租人。在同等条件下，承租人有优先购买权。”可见房屋承租人的优先购买权一直为我国民事立法所支持。本案中，原告作为争议房屋的合法承租人，依法享有优先购买权，被告中国农业银行镇江市京江支行、中国农业银行镇江市分行在拍卖原告承租的房屋时，未依法有效地通知原告参加拍卖行使优先购买权，侵犯了原告的权益。

被告张浩东通过参与拍卖活动，有偿取得了争议房屋的所有权并到房屋登记部门进行了所有权登记。被告张浩东购买房屋没有过失，是善意的，其行为符合《物权法》关于不动产善意取得的法律规定。原告称被告张浩东与被告拍卖行恶意串通之意见，并无证据证明。因此，法院依法驳回了原告的诉讼请求。

（江苏省镇江市润州区人民法院　金之祥）

7. 武汉市新世纪拍卖有限公司诉武汉市农村信用合作社联合社营业部拍卖合同案

（司法机关的司法行为属于不可抗力的认定）

（一）首部

1. 判决书字号

一审判决书：湖北省宜昌市西陵区人民法院（2006）西民初字第692号民事判决书。

二审判决书：湖北省宜昌市中级人民法院（2007）宜中民二终字第00015号民事判决书。

2. 案由：拍卖合同纠纷。

3. 诉讼双方

原告（被上诉人）：武汉市新世纪拍卖有限公司（以下简称新世纪拍卖公司），住所地：武汉市江岸区云林路31号中环大厦B座27楼3号。

法定代表人：佘义根，该公司董事长。

委托代理人（一、二审）：陈建春，湖北建和律师事务所律师。

被告（上诉人）：武汉市农村信用合作社联合社营业部（以下简称武汉信合营业部），住所地：武汉市江汉区台北路100号。

法定代表人：张凯，该营业部总经理。

委托代理人（一审）：童坦，湖北泓泰安信律师事务所律师。

委托代理人（二审）：范倜，湖北泓泰安信律师事务所律师。

委托代理人（二审）：徐军，该公司职员。

4. 审级：二审。

5. 审判机关和审判组织

一审法院：湖北省宜昌市西陵区人民法院。

合议庭组成人员：审判长：汪邦国；审判员：左树青；代理审判员：张端。

二审法院：湖北省宜昌市中级人民法院。

合议庭组成人员：审判长：邓爱民；审判员：荣幸；代理审判员：车志平。

6. 审结时间

一审审结时间：2007年1月18日。

二审审结时间：2008年12月3日（2007年8月30日湖北省宜昌市中级人民法院作出中止审理的裁定，2008年11月20日恢复对本案的审理）。

（二）一审情况

1. 一审诉辩主张

原告及其委托代理人诉称：2004年9月23日，武汉信合营业部委托新世纪拍卖公司将其所有的宜昌市三峡商城部分房屋进行公开拍卖。同年12月8日，武汉信合营业部向新世纪拍卖公司出具拍卖委托书。2005年1月9日，李凤玲以801.2万元总成交价竞买得拍卖标的物宜昌市三峡商城44套房屋，新世纪拍卖公司出具了《现场成交确认书》，在办理房屋过户手续时，宜昌市房地产管理局告知，该房屋已被湖北省高级人民法院查封。新世纪拍卖公司将查封情况告知武汉信合营业部。经武汉信合营业部同意，新世纪拍卖公司将收取的拍卖房款及佣金退还给李凤玲。后李凤玲经诉讼得到赔偿违约金160.24万元。武汉信合营业部与新世纪拍卖公司在拍卖合同中约定："保证对拍卖标的拥有无可争议的所有权或处分权"，"拍卖标的的权属状况和委托人声明不一致或重大瑕疵，拍卖人有权中止拍卖，并有权追究委托人的法律责任"。因拍卖标的被查封，导致拍卖合同无法履行，拍卖佣金收入无法实现。请求法院判令武汉信合营业部赔偿新世纪拍卖公司佣金损失44.154万元，其中李凤玲应支付的佣金损失为36.054万元，武汉信合营业部应支付的佣金损失为8.1万元。

被告及其委托代理人答辩称：本案系委托拍卖合同纠纷案，不能将李凤玲诉武汉信合营业部拍卖纠纷案作为本案的基础。拍卖合同无法履行的原因是湖北省高级人民法院的司法行为，系意外事件，武汉信合营业部无过错，不应承担责任。新世纪拍卖公司违反了不得告知委托人信息的约定，有过错责任，违约行为相互抵销。请求驳回原告新世纪拍卖公司的诉讼请求。

2. 一审事实和证据

湖北省宜昌市西陵区人民法院经审理查明：2004年6月30日，新世纪拍卖公司与武汉市农村信用合作社联合社签订《资产拍卖业务合作协议》，双方约定由新世纪拍卖公司为武汉信合营业部及其所属的区联社、营业部、信用社提供资产拍卖服务，双方还对佣金、服务的质量标准、合作的期限等进行了约定。同年9月23日，新世纪拍卖公司与武汉信合营业部签订《委托拍卖合同》，合同约定由武汉信合营业部委托新世纪拍卖公司拍卖其拥有的、位于湖北省宜昌市三峡商城的房屋。该合同第一条规定，委托人保证对拍卖标的拥有无可争议的所有权或合法处分权；第四条约定，全部拍卖成交款超过3050万元的部分作为佣金；第七条约定，拍卖方不得对第三人泄露委托人的身份；第八条约定，拍卖标的的权属与委托人不一致的，拍卖人可以中止拍卖活动并追究委托人的责任；双方还对其他事项作出了约定。在合同的附件中，有拍卖标的的清单和拍卖标的物的瑕疵说明。同年12月8日，武汉信合营业部向新世纪拍卖公司出具了委托书，要求新世纪拍卖公司对其持有的三峡商城部分房屋（房屋所有权证号为西陵字第0172438号）进行拍卖。2005年1月9日，李凤玲填写了《竞买登记表》，并交纳了50万元的拍卖保证金，在新世纪拍卖公司提供的《拍卖特别告知》、《拍卖须知》文件上签名。在该《拍卖特别告知》第一条规定，本标的受武汉信合营业部委托进行；第五条规定，买受人须支付拍卖佣金，佣金比例为拍卖成交价的4.5%；第十条规定，拍卖人须于2005年3月督促办理房屋过户手续；第十二条约定，非因买受人的原因导致拍卖协议无法履行的，拍卖人支付成交价20%的赔偿金给买受人。李凤玲于当天参加拍卖会，并以801.2万元总成交价竞买得拍卖标的物宜昌市三峡商城44套房屋，新世纪拍卖公司为李凤玲出具了《现场成交确认书》。李凤玲当天支付了房屋成交款50万元，同年2月3日、2月5日先后支付成交款5万元和2万元。3月31日，在办理房屋过户手续时，宜昌市房地产管理局告知，湖北省高级人民法院已于2004年12月作出(2001)鄂执字第7—3号民事裁定书，裁定查封了本案拍卖标的的房屋，查封期限自2004年12月8日2005年12月8日。新世纪拍卖公司知悉情况后，将查封情况函告武汉信合营业部。同年7月21日，李凤玲与新世纪拍卖公司达成补充协议，约定由新世纪拍卖公司退还拍卖款100万元及佣金7万元。因李凤玲与本案双方当事人不能就赔偿达成一致，李凤玲于2005年提起了民事诉讼，湖北省宜昌市中级人民法院作出(2006)宜中民二终字第00263号民事判决书,判决由新世纪拍卖公司、武汉信合营业部连带向李凤玲赔偿违约金160.24万元,并已执行完毕。

上述事实有下列证据证明:

(1)《委托拍卖合同》、委托书。

(2)拍卖须知、拍卖特别告知。

(3)现场成交确认书。

(4)宜昌市西陵区人民法院(2005)西民初字第756号民事判决书、宜昌市中级人民法院(2006)宜中民一终字第00263号民事判决书。

(5)拍卖标的瑕疵说明。

(6)《资产拍卖业务合作协议》。

(7)拍卖须知。

(8)拍卖特别告知。

3. 一审判案理由

湖北省宜昌市西陵区人民法院经审理认为:新世纪拍卖公司与武汉信合营业部签订《委托拍卖合同》合法有效,双方当事人均应履行各自的义务。新世纪拍卖公司受武汉信合营业部委托,对宜昌市三峡商城44套房屋进行拍卖并成交,新世纪拍卖公司已经履行了主要合同义务,但因竞买房屋被查封,表明武汉信合营业部对拍卖标的状况未详细了解,违反了“保证对拍卖标的拥有无可争议的所有权或处分权”的约定,构成了违约行为,应依法承担责任。虽然查封不是武汉信合营业部过错所致,但其不具有法定或约定的可以免除责任的情形,武汉信合营业部以此为由,辩称不承担违约责任的观点无法律依据,该观点人民法院不予支持。因武汉信合营业部违约导致拍卖协议无法实际上履行,给新世纪拍卖公司造成了损失,即佣金收入无法按约定收取,新世纪拍卖公司有权要求赔偿。经庭审查明,新世纪拍卖公司与李凤玲约定佣金比例为拍卖成交价的4.5%,计算佣金收入为36.054万元,符合法律规定,可以认定为新世纪拍卖公司的佣金收入,双方在《委托拍卖合同》中明确约定全部拍卖成交款超过3050万元的部分作为佣金,而新世纪拍卖公司进行拍卖成交款没有超过3050万元,其要求收取佣金没有依据。虽然与武汉市农村信用合作社联合社签订的《资产拍卖业务合作协议》有收取佣金的比例,但该协议对武汉信合营业部无约束力,新世纪拍卖公司以该协议约定佣金的比例来主张损失也无法律依据。在拍卖过程中,新世纪拍卖公司在《拍卖特别告知》中标明了拍卖标的的委托人,违反了《委托拍卖合同》的有关约定,但该行为并未给武汉信合营业部造成损失,也无违约责任的约定,武汉信合营业部以此为由主张违约相互抵销的辩解无法律依据,其观点人民法院不予支持。

4. 一审定案结论

湖北省宜昌市西陵区人民法院依照《中华人民共和国合同法》第一百二十三条,《中华人民共和国拍卖法》第六条、第三十条、第四十四条、第五十六条、第五十八条之规定,判决如下:

(1)武汉信合营业部赔偿新世纪拍卖公司赔偿佣金损失36.054万元,本判决生效后10日内履行,逾期履行,按《中华人民共和国民事诉讼法》第二百三十二条的规定办理;

(2)驳回新世纪拍卖公司的其他诉讼请求。

案件受理费12780元,由新世纪拍卖公司负担2300元;由武汉信合营业部负担10480元。

（三）二审诉辩主张

上诉人上诉称：（1）原审适用法律错误。原审认定“武汉信合营业部对拍卖标的未尽详查义务”，但我方认为，武汉信合营业部是根据湖北省高级人民法院（2001）鄂执字第7—2号民事裁定书而合法取得本拍卖标的的所有权的，基于对人民法院生效法律文书的信赖，武汉信合营业部不再对该标的物的权属状况负有注意义务，而原审法院苛求武汉信合营业部对此负有注意义务，没有法律根据。原审还认为，武汉信合营业部对本案标的不能过户“不具有法定或约定的可以免除或减轻责任的情形”，但我方认为，本案标的不能过户的原因系湖北省高级人民法院（2001）鄂执字第7—3号民事裁定书对本案标的进行了查封，该情形显属不可抗力，而不可抗力是法定的免除或减轻责任的情形。（2）新世纪拍卖公司在拍卖过程中向买受人泄露了委托人的真实身份，并于低于约定的拍卖底价进行拍卖，均给我方造成了损失，应承担赔偿责任。综上，即使认定我方对此负有责任，应可相互抵销，故请求二审法院撤销原判决，并驳回新世纪拍卖公司的诉讼请求。

被上诉人答辩称：双方于2004年9月23日就本案拍卖标的签订了《委托拍卖合同》，而湖北省高级人民法院于2004年12月7日才对该标的进行查封，故本案的委托合同是有效的，因为湖北省高级人民法院的该查封无溯及力。由于本案系劳务合同，新世纪拍卖公司已按照合同的约定履行了全部的义务，而该合同不能实际履行的原因系武汉信合营业部的过错所致，武汉信合营业部对此应承担赔偿责任。新世纪拍卖公司损失为：若仅计算直接损失为264940元，若仅计算直接损失与间接损失为411671.66元，若仅计算佣金损失为441540元。综上，原审查明的事实清楚，适用法律正确，应予维持。

（四）二审事实和证据

二审庭审中，上诉人补充提交如下证据：

湖北省高级人民法院（2008）鄂民监一再审终字第00008号裁定书。内容为该裁定书认定李凤玲于2005年1月9日与新世纪拍卖公司签订的《拍卖特别告知》、《拍卖须知》及《拍卖成交确认书》为无效。拟证明经生效法律文书认定新世纪拍卖公司与武汉信合营业部所签订的《委托拍卖合同》无效。

被上诉人补充提交如下证据：

证据一：新世纪拍卖公司与陈镇斌签订的《委托合同》一份。内容为新世纪拍卖公司为履行与武汉信合营业部的《委托拍卖合同》，委托陈镇斌在湖北省宜昌市进行招商广告的发布等拍卖的前期工作，并约定支付劳务费25万元。

证据二：新世纪拍卖公司的员工工资表（复印件）若干份，差旅、借支单（复印件）若干份，合计金额14940元。

新世纪拍卖公司申请证人陈镇斌对证据一的真实性出庭作证。陈镇斌对证据一的真实性进行了证实。

被上诉人以上述两证据拟证明其为履行与武汉信合营业部的《委托拍卖合同》而支出的直接费用为264940元。

湖北省宜昌市中级人民法院认为：新世纪拍卖公司所提交的证据一系合同原件，该合同另一方当事人陈镇斌对证据的真实性予以了证实，且考虑到新世纪拍卖公司为履行其与武汉信合营业部的《委托拍卖合同》必然要进行大量的前期工作，故对该证据予以采信。由于新世纪拍卖公司所提交的证据二系复印件，且不能证明与本案的关联性，故对该证据不予采信。武汉信合营业部提交的湖北省高级人民法院（2008）鄂民监一再审终字第00008号裁定书并未认定双方签订的《委托拍卖合同》无效，故该证据无证明力。

湖北省宜昌市中级人民法院确认一审法院查明的事实属实。宜昌市中级人民法院另查明：(1) 湖北省高级人民法院（2001）鄂执字第7—3号民事裁定书未向武汉信合营业部送达，对此双方当事人均无异议，二审法院予以确认；(2) 新世纪拍卖公司为履行其与武汉信合营业部的《委托拍卖合同》而需支出25万元的费用。

（五）二审判案理由

湖北省宜昌市中级人民法院认为：双方于2004年9月23日就本案拍卖标的签订了《委托拍卖合同》，对各自权利义务作了明确约定，在签订合同时，武汉信合营业部对本案标的的权利并无瑕疵，故该合同为有效合同。但在该合同的履行过程中，因湖北省高级人民法院（2001）鄂执字第7—3号民事裁定书查封了该拍卖标的，致该拍卖合同的目的无法实现，且双方当事人均表示若该合同被认定为有效，则应予解除，故本院确认该合同解除。该《委托拍卖合同》的目的无法实现而予以解除的原因系湖北省高级人民法院对该拍卖标的查封行为，因该司法行为显属双方当事人不能预见、不可避免并不能克服之情形，故属不可抗力。由于解除合同的原因系不可抗力，故各方当事人均无过错。原审法院认定武汉信合营业部对合同之不能履行存在过错并因承担全部违约责任，不符合《中华人民共和国合同法》第一百一十七条之规定，属适用法律错误，应予纠正。虽然武汉信合营业部对本案合同之不能履行具有法定的减轻或免除的责任的情形，但考虑到本案合同的性质及新世纪拍卖公司履行了合同的主要义务且需支付25万元费用的实际情况，为避免实体处理结果显失公平，本院酌情认定武汉信合营业部应对该25万元费用进行赔偿。武汉信合营业部辩称因新世纪拍卖公司泄露了委托人身份构成违约，应承担违约责任，本院认为，由于双方对该违约责任的承担方式并无约定，且该行为并未对武汉信合营业部造成实际损失，故本院对该抗辩不予支持。

（六）二审定案结论

湖北省宜昌市中级人民法院根据《中华人民共和国民事诉讼法》第一百五十三条第一款第（二）项之规定，判决如下：

1. 维持湖北省宜昌市西陵区人民法院（2006）西民初字第692号民事判决第二项；

2. 变更湖北省宜昌市西陵区人民法院（2006）西民初字第692号民事判决第一项为：武汉信合营业部在本判决生效后10日内赔偿新世纪拍卖公司损失25万元。

如果未按本判决指定的期间履行金钱给付义务，应依照《中华人民共和国民事诉讼法》第二百二十九条之规定，加倍支付迟延履行期间的债务利息。

本案一审案件受理费12780元，由武汉信合营业部负担8000元，由新世纪拍卖公司负担4780元；二审案件受理费12780元，由武汉信合营业部负担8000元，由新世纪拍卖公司负担4780元。

（七）解说

1. 异案司法行为的法律属性。本案被告认为本案标的不能过户的原因系湖北省高级人民法院（2001）鄂执字第7—3号民事裁定书对本案标的进行了查封，该情形显属不可抗力，而不可抗力是法定的免除或减轻责任的情形。该理由成立。

(1) 不可抗力的含义、标准及法律后果。《中华人民共和国合同法》第一百一十七条第二款规定："本法所称不可抗力，是指不能预见、不能避免并不能克服的客观情况。"可见，不可抗力包含三层意思，即不能预见、不能避免、不能克服。不能预见是从主观方面来讲的，不能避免并不能克服是客观要件，不可抗力的认定应从主客观方面综合分析，即从性质上说不可抗力具有客观性，与当事人主观意志无关，但在认定不可抗力事件时，要看当事人主观上是否尽到了合理的注意，据此来判断当事人主观上有否过错，两个标准缺一不可，否则不能认定为不可抗力。不可抗力作为法定免责事由，在民法理论上已成定论，且已为世界各国立法所普遍确认。《中华人民共和国民法通则》第一百零七条规定："因不可抗力不能履行合同或者造成他人损害的，不承担民事责任。"《中华人民共和国合同法》第一百一十七条第一款规定："因不可抗力不能履行合同的，根据不可抗力的影响，部分或者全部免除责任，但法律另有规定的除外。"

（2）本案中湖北省高级人民法院的查封行为是否为不可抗力。在我国，关于司法机关的司法行为是否属于不可抗力，法律没有明确规定，也无司法解释。但是根据不可抗力的含义，结合司法行为的特点，我们可以认定司法行为应属于不可抗力。司法行为由国家司法机关根据案件事实和法律法规作出，从应然上讲，当事人可以根据法律规定和行为事实预测行为的法律后果，但是在实际案件中，由于影响案件认定的因素较多，比如证据的收集和固定、当事人的诉讼能力、法官的认识和审判水平等，因此案件的发展和后果具有一定的不可预知性，也非当事人能掌控。因此，司法机关的司法行为对于当事人来说往往无法预测，也无法控制，司法行为具有不可抗力的主客观性，但是如果当事人是恶意利用合法司法行为达到非法目的则应予排除不可抗力的适用，此种情况下需要抗辩一方承担举证责任。本案湖北省高级人民法院的查封行为系异案引起，且发生在《委托拍卖合同》签订之后，这是委托方武汉信合营业部无法控制且主观上不愿发生的，不存在利用司法行为阻碍拍卖目的实现的理由。综上，应认定本案湖北省高级人民法院的查封行为属不可抗力。

2. 关于责任归属及损失承担问题。关于新世纪拍卖公司由于拍卖所支付的费用承担问题，究竟是应由其自己承担，还是由委托方武汉信合营业部承担，抑或由双方共同分担，需要从双方是否存在过错及有无从中获利等方面进行考察。

（1）委托方和受托方有无过错。在本案中，新世纪拍卖公司按照与武汉信合营业部签订的《委托拍卖合同》，实施了拍卖程序所必要的行为，认真履行了拍卖义务，并无不当，也无违反合同约定的行为，只是在办理房屋过户手续时，才得知拍卖标的已被法院查封，导致买受人李凤玲在签署成交确认书，并支付部分成交款后却无法取得拍卖标的物的所有权。因此买受人李凤玲要求拍卖人新世纪拍卖公司承担违约责任。导致拍卖房屋无法过户转让，进而使拍卖目的无法实现的根本原因系湖北省高级人民法院的查封行为，而此查封行为，拍卖人新世纪拍卖公司事前并不知晓，也无法控制，因此，拍卖人新世纪拍卖公司在本次拍卖中并无过错。那么，委托人武汉信合营业部对于湖北省高级人民法院的查封行为有无过错呢？由于武汉信合营业部是根据湖北省高级人民法院(2001)鄂执字第7—2号民事裁定书而合法取得本拍卖标的的所有权的，基于对人民法院生效法律文书的信赖，武汉信合营业部不再对该标的物的权属状况负有注意义务，且武汉信合营业部对湖北省高级人民法院的查封行为在签订《委托拍卖合同》无法预知，也无恶意制造诉讼使拍卖标的被查封的主观动因和客观行为。本案标的不能过户的原因系湖北省高级人民法院(2001)鄂执字第7—3号民事裁定书对本案标的进行了查封，该情形应属不可抗力。可见，委托人武汉信合营业部在本次拍卖中也无过错。

（2）委托方和受托方利损情况。新世纪拍卖公司由于在履行拍卖义务中，支出了一定的费用，包括物质支出和时间支出，而且由于拍卖协议无法实际上履行，以致无法按约定收取佣金收入。因此，新世纪拍卖公司在本次拍卖中的损失包括直接损失和间接损失。直接损失是在拍卖过程中支出的合理开支，新世纪拍卖公司委托陈镇斌在湖北省宜昌市进行招商广告的发布等拍卖的前期工作，支付劳务费25万元，有相关证据证实，这部分费用应认定为新世纪拍卖公司为拍卖支付的合理费用；新世纪拍卖公司主张的员工工资、差旅费用等（14940元）为合理开支，由于证据不充分，且提供的证据与本案缺乏关联性，因此，该部分费用不能认定为新世纪拍卖公司的损失。间接损失是期待利益，即拍卖成功可以获得的佣金收入，新世纪拍卖公司与李凤玲约定佣金比例为拍卖成交价的4.5%，计算佣金收入为36.054万元，符合法律规定，可以认定为新世纪拍卖公司的佣金收入，新世纪拍卖公司按照与武汉信合营业部在《委托拍卖合同》中明确约定全部拍卖成交款超过3050万元的部分作为佣金，而新世纪拍卖公司进行拍卖成交款没有超过3050万元，其要求收取此部分佣金没有依据。虽然新世纪拍卖公司与武汉市农村信用合作社联合社签订的《资产拍卖业务合作协议》有收取佣金的比例，但该协议对武汉信合营业部无约束力，新世纪拍卖公司以该协议约定佣金的比例来主张损失也无法律依据。而武汉市农村信用合作社联合社由于拍卖协议无法实际上履行，也无法获得拍卖成交价款。因此委托方武汉信合营业部和受托方新世纪拍卖公司在此拍卖中均无获利情况，却各有损失。

（3）新世纪拍卖公司的损失应由何方承担。在本案中委托方武汉信合营业部和受托方新世纪拍卖公司均无过错，那么新世纪拍卖公司在拍卖中所遭受的损失由谁承担呢？本案拍卖协议的目的无法履行系湖北省高级人民法院的查封行为所致，该查封行为属不可抗力，《中华人民共和国合同法》第一百一十七条第一款规定：“因不可抗力不能履行合同的，根据不可抗力的影响，部分或者全部免除责任，但法律另有规定的除外。”因此，武汉信合营业部和新世纪拍卖公司均可部分或全部免除责任。但是受托方新世纪拍卖公司是在为委托方武汉信合营业部的利益进行拍卖活动的过程中支付了必要费用的，虽然武汉信合营业部由于拍卖未完成并无实际收益，但是本次拍卖的目的却是为了委托人的利益，根据公平原则，可以由委托方武汉信合营业部给予一定的经济补偿。由于拍卖人新世纪拍卖公司为拍卖前期工作支出的25万元系合理开支，是为了促使拍卖合同得以履行的必要投入，《中华人民共和国合同法》第四百零七条之规定：“受托人处理委托事务时，因不可归责于自己的事由受到损失的，可以向委托人要求赔偿损失。”新世纪拍卖公司为拍卖前期工作支出的25万元，如果拍卖成功，那么，新世纪拍卖公司可以通过收取佣金补偿这部分开支，但是由于本次拍卖无法实际履行，新世纪拍卖公司无法收回这部分开支，从而实际遭受损失，由于这部分损失是在处理委托事务时发生，并且是不可抗力的原因造成，因此，此部分费用由委托人武汉信合营业部承担比较合理。关于间接损失，即预期佣金收入，不应由委托方武汉信合营业部承担，佣金收入作为期待利益，具有不确定性，如果此部分损失由委托方武汉信合营业部承担，则过于加大委托方的责任和风险，也有失公平，并且，从社会效果来讲，由委托方承担预期佣金收入的损失也会对拍卖行业的成长产生负面影响，使潜在的委托人放弃拍卖。因此，对于受托方对间接损失的主张，不应支持。

3. 新世纪拍卖公司泄露了委托人身份的行为如何定性。武汉信合营业部辩称因新世纪拍卖公司泄露了委托人身份构成违约，应承担违约责任，并主张该违约责任与其赔偿新世纪拍卖公司损失的责任相互抵销。虽然新世纪拍卖公司泄露了委托人武汉信合营业部身份违反《委托拍卖合同》，确实构成违约，但是由于双方对该违约责任的承担方式并无约定，且该行为并未对武汉信合营业部造成实际损失，二审法院对武汉信合营业部的该主张不应支持是合理的。

（湖北省宜昌市中级人民法院　车志平）

8. 王荣明诉芜湖永捷房地产开发有限公司商品房买卖合同案

（违约责任的认定、附属设施履行期限的确定）

（一）首部

1. 判决书字号：安徽省芜湖市弋江区人民法院（2008）弋民一初字第 162 号民事判决书。

2. 案由：商品房买卖合同纠纷。

3. 诉讼双方

原告：王荣明，男，1956 年 7 月 31 日生，汉族，住芜湖市镜湖区汤家北巷官塘新村。

委托代理人：王巨峰，安徽安江律师事务所律师。

被告：芜湖永捷房地产开发有限公司（以下简称永捷公司），住所地：芜湖市中山路步行街新百大厦北楼七层。

法定代表人：任金荣，该公司总经理。

委托代理人：刘朝晖，安徽深蓝律师事务所律师。

委托代理人：万烨，该公司职员。

4. 审级：一审。

5. 审判机关和审判组织

审判机关：安徽省芜湖市弋江区人民法院。

合议庭组成人员：审判长：沈世鸿；审判员：朱顺旺；人民陪审员：缪理敏。

6. 审结时间：2008 年 7 月 31 日。

（二）诉辩主张

原告王荣明诉称：原告于 2007 年与被告永捷公司签订商品房买卖合同，在被告预售过程中，对小区出入通道的位置、进户门内开、垃圾采集点等进行了明确标识，但在交付房屋时，被告违反约定将进户门改为外开，其他相关设施如规划中居委会用房、北回车通道、北回车场门卫室、公共厕所未建，商辅北车行通道、商业铺面、商辅通道、地下停车库未交付使用，垃圾采集点未建在规划的地点，上述违约行为改变了原告方所购房屋部分结构及周围环境，使该房屋的整体使用功能部分丧失、价值贬低、存在一定安全隐患。现要求被告：（1）赔偿原告违约损失 3352.50 元（2007 年 9 月 30 日至 2007 年 12 月 15 日按购房款的日万分之二点一计算）并承担自 2007 年 12 月 15 日至实际履行下列请求第 2 项全部内容之日止的违约责任（按购房款日万分之二点一计算）；（2）继续履行合同义务。具体为：第一，进户门内开；第二，继续履行合同，包含：①依约设立垃圾采集点；②地下车库、北车行通道、北回车场、商业铺面通行车道、商业铺面、居委会用房、公共厕所、门卫，其中第②项系逾期交付。

被告永捷公司辩称：对于原告所起诉的第二个诉讼请求中第二项的内容不存在，我方已全部或正在履行过程中；当时将进户门外开，没有告知用户是事实，但在交房后短时间内已向各位购房户发出通知，告知他们到指定地点登记，由我公司在承诺期限内将进户门改为内开，并本着诚信的原则赔偿因此项更改给购房户所造成的实际损失；原告方按日万分之二点一计算赔偿标的没有法律依据，双方并没有约定计算标准。

（三）事实和证据

安徽省芜湖市弋江区人民法院经公开审理查明：2007 年 3 月 6 日，原告王荣明及张宝珍与被告永捷公司签订了《商品房买卖合同》，购买由被告永捷公司开发的“江城国际（瑞虹苑）”项目内商品房各一套，双方就相关商品房位置、价款、面积、交付期限、逾期交付价款及商品房的违约责任、与商品房相关的基础设施、公共配套建设、权证办理作出具体约定，另合同附件三份，其中附件一为原告方所购房屋户型平面图，附件二为装饰、设备标准具体项目，附件三为补充协议（合同未尽事项，双方另签补充协议，但双方没有另行签订）。2007 年 9 月 30 日被告永捷公司将经验收合格的商品房交付给原告，原告方收受所购商品房后发现被告单方将合同附件一上标识的进户门内开更改为外开，且在入住后发现相邻两户在开关门时可能给（在门的开关范围内）有关人员造成人身和财产安全隐患。经与被告永捷公司交涉，被告永捷公司于 2007 年 10 月 22 日制定格式告知书，注明“为方便业主实际生活……在预约登记之日起 1 月之内，委托专业公司将进户门改装为向内开启。如放弃或不同意改装，今后发生一切问题均由业主自行负责”，但该告知书送达时原告本人没有签收，且进户门至今未进行改装。此后原告方根据被告方在出售房屋时作为宣传的“江城国际一瑞虹苑”平面图，认为被告方将通向学校的大门（实为原告读图理解错误，该大门实际不存在）和朝南的主通道取消，未在约定的地点设立垃圾采集点，地下停车库、北车行通道、北回车场、商业铺面通行车道、商业铺面、居委会用房、公共厕所、门卫（应为门卫工作场所）等均未实际投入使用，从而因周围环境的改变使原告方所购房屋整体使用功能部分丧失、价值贬低。为此双方曾数次交涉未果，原告方遂于 2008 年 2 月 29 日诉诸本院要求判如所请。

庭审中，合议庭针对原告方第一项诉讼请求进行释明：若违约金请求可能得不到支持，是否选择“恢复原状、赔偿损失”的单项请求，原告方明确表示不同意该选择，坚持要求被告方承担违约金责任，同时要求被告方将进户门更改为内开。

本案审理过程中，针对原告方第二项诉讼请求所列各设施实际投入使用情况进行了实地勘查：垃圾采集点确已设立，但不在原平面图标识的位置；地下车库业已交付物业管理公司，仅因入住使用率原因而部分开放；其余公共、基础设施均为在建或已建未实际投入使用。庭审中被告承诺于 2008 年年底全部实际投入使用。

另王荣明在与被告签订的《商品房买卖合同》中，张宝珍系合同当事人之一，在本案诉讼过程中，考虑到节约诉讼成本及便于处理相关事务，且讼争标的为合同权利而非物权，故由原告一人作为代表其他买受人参加诉讼，张宝珍出具了相关书面承诺说明材料：即由原告王荣明一人作为原告参加诉讼，其愿承担全部诉讼后果。经审查该承诺符合“当事人诉权自治”原则，且未侵害他人合法权益，本院决定予以准许。本院将上述情况告知被告，被告表示没有异议。

原告王荣明提交证据如下：（1）身份证复印件，证明原告的身份情况及主体资格；（2）商品房买卖合同复印件（不包括附件三）一份，证明双方权利义务的约定，第七条第（2）项中约定逾期交付违约金为房价款的万分之二；（3）照片复印件一组，证明被告以总平面图的形式对附属及公共设施（北回车场、居委会用房、门卫、北车行出入口、商铺出入口、公共厕所、垃圾采集点）作了具体的承诺，应视为合同的一部分；（4）照片（进户门）

一组，证明进户门外开对原告的人身和财产安全等存在隐患；(5) 照片四张，证明因被告将进户门外开，原告及其他情况相同的购房业主曾向被告提出过异议；(6) 照片复印件一张，证明地下停车场至今不能使用，给原告的生活带来很多不便。

被告永捷公司提交证据如下：(1) 企业法人营业执照复印件一份，证明被告的主体资格；(2) 项目竣工验收备案证（复印件）一份，证明被告交付的商品房已通过综合验收，已具备交房条件；(3) 交房流转表、交房验收交接表各一份，证明被告已履行交房义务，原告已对房屋验收并对房屋完成了接收手续；(4) 告知书（复印件）一组，证明被告告知业主对进户门改造进行登记；(5) 挂号清单（复印件）一组，证明被告已将告知书送交原告及其他情况相同的购房业主；(6) 总平面图（复印件）一份，证明平面图上所有朝南的主通道都没有取消。

法院针对双方当事人所举证据认证如下：对原告方所举证据 (1)，被告方没有异议，可以确认原告方主体适格；对原告方所举证据 (2)，被告永捷公司对其真实性没有异议，但双方约定的违约金计算方式系为商品房逾期交付违约责任负担所设，其他方面的违约应根据合同约定及法律规定予以确认。另原告主张的第二项诉请中所包含的其他基础、公共设施在合同中没有明确约定交付使用期限，应根据其他证据予以综合认定。原告在举证中已明确将合同“附件三”不作为证据提交，限于当事人诉权自治，故对此不宜评定；对原告方所举证据 (3)，应为被告在出售商品房过程中对商品房环境性质量陈述的销售广告，依法可视为合同内容，但具体交付使用期限应根据合同约定及法律规定确认；对原告方所举证据 (4)，可以认定被告在交付商品房时单方将进户门由约定的内开更改为外开的事实存在，且相邻两户在开、关门时可能使相对方人身和财产造成安全隐患；对原告方所举证据 (5) 为相关照片，被告方未予认可，故仅产生视觉效果，若欲达到其证明目的，还应提供相应证据予以佐证，否则不能实现其证明目的；对原告方所举证据 (6)，经庭审核实，已实际开通使用，仅因利用率原因未全部开通，故应由业主委员会等相关组织与物业管理公司进行协调，被告是否违约应考虑已审理查明事实及合同约定予以综合认定。

对被告永捷公司所举证据 (1)、(6) 原告方没有异议，应予确认；对被告永捷公司所举证据 (2)，可以确认被告所出售的商品房系通过相关行政部门验收合格，具备出售条件，但与本案诉辩双方讼争焦点无关联性；对被告永捷公司所举证据 (3) 的真实性可以确认，原告方仅对部分设施签字认可，对未签署意见部分不能借此推定原告方没有异议，且即使原告方在相关交接流转表上已签名，也不能证实原告自愿放弃对合同标的瑕疵的异议权；对被告永捷公司所举证据 (4)、(5) 系同一组证据，可以认定被告在认识到其自主更改进户门开门方式后承诺恢复原状、赔偿损失，但不能证实原告业已收到告知书，且该承诺应依法经双方当事人协商一致后，方为有效。

（四）判案理由

安徽省芜湖市弋江区人民法院根据上述事实和证据认为：原告王荣明与被告永捷公司于2007年3月6日签订的《商品房买卖合同》，系双方当事人真实意思表示，经审查其形式和内容合法，应为有效的民事行为，对双方当事人具有法律拘束力。被告永捷公司在销售商品房过程中作为宣传的“江城国际—瑞虹苑”平面图标识，应系商品房销售广告或宣传资料，因该平面图对所出售的商品房整体效果及相关设施作出了具体说明和允诺，对原告方购买该商品房的确定具有重大影响，根据法律规定，应视为合同内容，对双方当事人也具有法律拘束力。

被告永捷公司在经有关部门验收合格后，将验收合格的商品房交付给原告方，原告方签署了《房屋验收交接表》，但该交接手续中仅含有电、水、煤气读数及相关钥匙的交接，其他情况均没有双方明确意见，即为空白。原告方入住后，发现原先约定的进户门内开被被告永捷公司更改为外向开启，相邻两户在开关门时可能给（在门的开关范围内）有关人员造成人身和财产安全隐患，应认定被告方未全面履行合同约定的义务，属违约行为。原告方借此要求被告永捷公司将进户门由现在的外开更改为向内开启，其请求应予支持，由此造成的实际损失依法应由违约方即被告永捷公司承担。但该违约行为在合同中没有明确约定违约责任承担方式，应根据我国《合同法》相关规定予以确定，法律没有明确规定的，应由双方当事人协商，协商一致的以该协商意见处理，若协商不一致，则应根据合同的有关条款及交易惯例进行处理：受损害方（即原告方）应依法“根据标的的性质及损失的大小，可以合理选择请求修理、更换”。但在本案中，原告方要求参照双方合同中约定的“房屋迟延交付违约金计算方式”给付违约金，因该违约行为非为根本违约（致合同目的不能实现），故参照该约定显然与法不符，且经庭审中当庭释明（可以选择将进户门改回内开，所造成的所有损失由被告方负担）后，原告方仍坚持要求参照该约定要求被告方承担违约金，故应当驳回原告方此项诉讼请求。对原告方要求被告将进户门内开的请求符合法律规定，可予支持。由此造成的相关损失，被告永捷公司表示愿意负担。但鉴于原告并未选择损害赔偿权利的主张，限于当事人诉权自治原则，对此不宜在本案中处理。另被告永捷公司抗辩认为其公司已于 2007 年 10 月 22 日所发出的更改进户门告知书，原告没有选择更改，故应认定其单位已履行告知义务，对此本院认为因被告永捷公司没有证据证明该告知书已实际送达原告，且被告永捷公司在告知书中所设“如放弃或不同意改装，今后发生一切问题均由业主自行负责”义务，系单方行为，于法无据，故对此抗辩不予采信。

原告王荣明第二项第 2 小项关于继续履行合同的诉讼请求，本院认为，经审理查明：垃圾采集点确已设立，但不在原平面图标示的位置；地下车库业已交付物业管理公司，仅因入住使用率原因而部分开放；其余公共、基础设施均为在建或已建未实际投入使用。庭审中被告承诺于 2008 年年底全部实际投入使用，因上述各基础或公共设施均在“江城国际－瑞虹苑”平面图标示予以明示，但未注明实际交付使用期限，且合同中也未有约定，故应参照双方合同有关条款和根据交易习惯及日常生活经验法则推定：垃圾采集点的更改，被告负有说明的义务，即系相关规划要求或方便全体业主生活所为，在本案审理中，被告未针对上述情况举证证明，应承担举证不能责任，即应视为违约，但双方当事人在合同中没有约定此项违约的责任承担方式，具体损失主张方未举证证明，考虑该垃圾采购点也实际更改且也被综合验收，要求被告按照原合同约定地点履行也不可能，故针对该项请求本院不宜支持；地下车库的实际使用情况，因被告方已实际交付物业管理公司，仅因使用率原因而未全部开通，故应有业主委员会或业主与物业管理公司交涉，属物业管理服务合同关系，在本案中不宜处理；商业铺面的交付涉及该铺面买受人与出卖人之间的合同约定，即涉及他人合法权益的行使，根据“民事权利不得滥用”原则而不宜在本案中作出规定；其余基础、公共设施——北车行通道、北回车场、商业铺面通行车道、居委会用房、公共厕所、门卫（应为门卫工作场所），对于这些小区设施交付时间，合同中并没有约定交付期限，被告方承诺于 2008 年年底交付使用，也没有法律规定或合同约定依据，故可以推定为全部小区房屋竣工交付时一并交付使用，庭审中双方当事人均没有举证证明该小区房屋业已全部竣工交付，根据相关法律规定“履行期限不明确的，当事人可随时要求履行，但应当给对方必要的准备时间”，现原告方要求被告继续履行，应予支持，具体履行期间本院酌定为于本判决生效后3个月内予实际交付使用。

（五）定案结论

安徽省芜湖市弋江区人民法院根据《中华人民共和国民法通则》第一百零六条第一款、第一百一十一条、第一百一十二条第一款，《中华人民共和国合同法》第六十条、第六十一条、第六十二条第一款第（四）项、第一百零七条、第一百一十二条、第一百一十三条第一款，参照最高人民法院《关于审理商品房买卖合同纠纷案件适用法律问题的解释》第三条之规定，判决如下：

1. 被告永捷公司在本判决生效后1个月内将原告王荣明所购商品房进户门更改为向内开启；

2. 被告芜湖永捷房地产开发有限公司于本判决生效后3个月内将“江城国际一瑞虹苑”内相关基础、公共设施：北车行通道、北回车场、商业铺面通行车道、居委会用房、公共厕所、门卫工作场所实际交付使用；

3. 驳回原告其余诉讼请求。

本案受理费50元，由原告方负担20元，被告方负担30元。

（六）解说

需要说明的是，与本案同时起诉的涉诉小区业主共有42户，其诉讼请求与依据事实基本雷同，故经原告方申请，本院决定合并审理。

本案的争议焦点问题是被告违约行为是否属根本违约，即产生违约金的计算方式及依据；附属设施履行期限约定不明该如何确定。

1. 关于被告违约行为是否属根本违约的认定。根本违约实际上是属于实际违约中法律后果最严重的一种，其表现形态为因合意一方或双方的违约行为造成契约目的无法实现的后果，如一般买卖合同中不能支付对价或标的物不能交付。本案中，被告未按照出售商品房时明示的图纸规划，将所出售的商品房进户门由内开改为外开，产生的不良影响是部分相邻两户在开关门时发生碰撞，可能给（在门的开关范围内）有关人员造成人身和财产安全隐患。但从涉诉商品房买卖合同目的来看，不影响购买人的实际居住和享有该商品房的所有权性质等，由此可以得出，这一违约行为造成了购买人的商品房使用过程中的不便，属瑕疵履行，而非根本违约。因双方对此违约行为未在涉诉合同中约定违约金，故该违约行为是否适用涉诉商品房买卖合同中关于违约金的约定？根据最高人民法院《关于审理商品房买卖合同纠纷案件适用法律若干问题的解释》精神，该违约行为不产生解除合同和参照同类违约金约定条款执行的效力，而应当依照《中华人民共和国合同法》第一百一十一条规定，“质量不符合约定的，应当按照当事人的约定承担违约责任。对违约责任没有约定或者约定不明确，依照本法第六十一条仍不能确定的，受损害方根据标的的性质以及损失的大小，可以合理选择要求对方承担修理、更换、重作、退货、减少价款或者报酬等违约责任”。本案中，鉴于当事人诉求，经释明，原告方仍坚持违约金请求，对此应当予以驳回。但考虑到社会效果，形成的判决意见是依据双方合同约定，由“被告永捷公司在本判决生效后一个月内将原告王荣明所购商品房进户门更改为向内开启”。

2. 关于公共附属设施履行期限约定不明确如何确定。由于被告方在出售房屋时作为宣传的“江城国际一瑞虹苑”平面图标识，将学校的大门（实为原告读图理解错误，该大门实际不存在）、朝南的消防通道、垃圾采集点、地下停车库、北车行通道、北回车场、商业铺面通行车道、商业铺面、居委会用房、公共厕所、门卫（应为门卫工作场所）等公共附属设施在该平面图标识予以明示，致原告认为上述设施应当在商品房交付使用时一并投入实际使用，但被告未能及时投入实际使用，从而使其所购商品房因周围环境的改变使所购房屋整体使用功能部分丧失、价值贬低，属被告违约，结合上述更改门向违约，而要求被告承担违约金和继续履行。针对原告违约金请求已作阐述，不作另赘。关于公共附属设施，虽双方在商品房买卖合同中没有明确约定，但根据最高人民法院《关于审理商品房买卖合同纠纷案件适用法律若干问题的解释》第三条规定，“商品房的销售广告和宣传资料为要约邀请，但是出卖人就商品房开发规划范围内的房屋及相关设施所作的说明和允诺具体确定，并对商品房买卖合同的订立以及房屋价格的确定有重大影响的，应当视为要约。该说明和允诺即使未载入商品房买卖合同，亦应当视为合同内容，当事人违反的，应当承担违约责任”，由此可以界定上述平面图标识的宣传内容应视为合同内容，但何时交付系本案的争议之一。依照我国《合同法》第六十一条规定，“合同生效后，当事人就质量价款或者报酬、履行地点等内容没有约定或者约定不明确的，可以协议补充；不能达成补充协议的，按照合同有关条款或者交易习惯确定”，若合同双方不能达成协议，依合同条款或者交易习惯也不能确定的，则依照第六十二条规定，“…履行期限不明确的，债务人可以随时履行，债权人也可以随时请求履行，但应当给对方必要的准备时间…”，综上，原告方请求被告继续履行，应予支持，但已经交付使用的部分公共设施不在此列；余未交付使用的，合同中并没有约定交付期限，被告方承诺于2008年年底交付使用，没有法律规定或合同约定依据；原告方认为应于商品房交付时一并投入使用的理由也不充分，因上述权利义务内容非为双方协商后载入书面合同，而是由公示的平面图标识的宣传内容推定为合同内容，较为公平的理解应为该平面图标识的宣传内容是针对全体小区业主，本案审理过程中双方当事人均没有举证证明该小区房屋业已全部竣工，并实际交付使用，根据公平原则，可以推定上述公共设施应于全部小区房屋竣工交付时一并交付使用，故综合诉辩双方意见，具体履行期限本院酌定为于本判决生效后3个月内予实际交付使用。

本案作出判决后，原、被告均没有在法定上诉期限内提出上诉。

（安徽省芜湖市弋江区人民法院　沈世鸿）

9. 王智诉海南泰信实业有限公司等房屋买卖合同案

（关联企业关系的认定及其责任的承担）

（一）首部

1. 判决书字号

一审判决书：海南省海口市美兰区人民法院（2005）美民一初字第164号民事判决书。

二审判决书：海南省海口市中级人民法院（2007）海中法民一终字第1086号民事判决书。

2. 案由：房屋买卖合同纠纷。

3. 诉讼双方

原告（被上诉人）：王智，男，1960 年 6 月 1 日生，汉族，住广东省深圳市沿河路新秀村。

委托代理人（一、二审）：韩兰英、钱金森，山东省天华律师事务所律师。

被告：海南泰信实业有限公司（以下简称泰信公司），住所地：海南省海口市滨海大道南洋大厦 506 室。

法定代表人：吴勇，该公司董事长。

被告：海南皇冠假日滨海温泉酒店有限公司（以下简称皇冠公司），住所地：海南省海口市龙昆北路 2 号珠江广场帝豪大厦 1608 室。

法定代表人：王冰，该公司董事长。

被告（上诉人）：海南华源置业有限公司（以下简称华源公司），住所地：海南省海口市美兰区广场路 1 号。

法定代表人：钱锋，该公司董事长。

委托代理人（一、二审）：冯春萍，海南方圆律师事务所律师。

4. 审级：二审。

5. 审判机关和审判组织

一审法院：海南省海口市美兰区人民法院。

合议庭组成人员：审判长：王沈；审判员：傅海燕；人民陪审员：张美文。

二审法院：海南省海口市中级人民法院。

合议庭组成人员：审判长：熊鹤祥；审判员：李燕；代理审判员：梁琼。

6. 审结时间

一审审结时间：2007 年 5 月 15 日。

二审审结时间：2008 年 4 月 16 日。

（二）一审诉辩主张

原告诉称：2000 年 1 月 18 日，原告与泰信公司签订泰字 0000032 号和泰字 0000033 号《商品房购销合同》两份，约定原告购买泰信公司开发的酒店式公寓两套，建筑面积分别为 38 平方米（阿波罗中心酒店 5 层 537 号房）和 87 平方米（阿波罗中心酒店 5 层 553 号房）。同时，原告与泰信公司签订《委托经营协议》，约定原告委托泰信公司经营原告所购买的阿波罗中心酒店 5 层 537 号房和 553 号房。合同签订后，原告按约支付了全部购房款人民币 585842 元。但泰信公司没有依约为原告办理房屋权属证书，也一直没有按照约定进行年度利润分红。对此，原告认为，原告与泰信公司签订的《商品房购销合同》合法有效，原告按约付款后，泰信公司应当将合同约定的阿波罗中心酒店 5 层 537 号房和 553 号房产权登记到原告名下；但泰信公司却将已经出售给原告的房屋恶意转让到其设立的皇冠公司名下，明显是恶意串通，损害了原告的利益，是无效民事行为，泰信公司应依法承担违约责任，继续履行与原告的商品房购销合同。皇冠公司在控股华源公司期间又将皇冠酒店转让到华源公司名下，明显是再次恶意转移房屋，损害了原告的合法权益，也是无效民事行为。因此，三被告恶意串通转移房产和资产，损害了原告的合法权益，应承担连带责任。而且，皇冠酒店始营业至今，根据原告与泰信公司签订的《委托经营协议》，原告依法享有取得分红的权利。为此，特诉请判令：（1）依法确认被告泰信公司和被告皇冠公司之间关于海口市美兰区广场路 1 号皇冠酒店阿波罗中心酒店 5 层 537 房和 553 房的转让行为无效；（2）依法确认被告皇冠公司和被告华源公司之间关于皇冠酒店阿波罗中心酒店5层537房和553房的转让行为无效；（3）依法判令被告泰信公司继续履行与原告签订的泰字0000032号和泰字0000033号《商品房购销合同》，将购买的房屋产权登记到原告名下；（4）依法判令被告泰信公司按照原告与被告泰信公司签订的两个《委托经营协议》向原告支付利润分红205044.70元；（5）依法判令被告泰信公司支付原告违约金人民币29292.1元；（6）依法判令被告皇冠公司、被告华源公司共同与被告泰信公司承担连带责任；（7）本案诉讼费、保全费、律师代理费、差旅费由三被告负担。

被告泰信公司与被告皇冠公司均未答辩。

被告华源公司辩称：（1）我公司与皇冠公司签订的房产转让是有效的，我公司与皇冠公司或其他公司没有存在恶意串通；（2）我公司与原告没有任何关系，不是房屋买卖相对方，也无债权债务关系，请求法院驳回原告对我公司的诉请；（3）原告要求的违约金或差旅费、律师代理费与我公司无关，我公司对原告所有诉请均不承担连带责任。

（三）一审事实和证据

海南省海口市美兰区人民法院经公开审理查明：2000年1月18日，泰信公司（甲方）和原告（乙方）签订泰字0000032号《商品房购销合同》一份，约定甲方以协议出让方式取得位于海南省海口市原琼山新市区东营滨海旅游区99480.049平方米的土地使用权，并将其在该地上开发建设的南海传说温泉疗养度假中心（海南皇冠假日滨海温泉酒店前称，以下简称皇冠酒店）酒店式公寓项目中的阿波罗酒店5层537号房出售给乙方，建筑面积为38平方米；该商品房为预售商品房，每平方米人民币4422.26元，总金额为168046元；除上述房款外，甲方依据有关规定代政府收取各种税费；乙方应当在1999年12月31日前支付房款人民币58046元，在双方交接该商品房时，乙方应累计支付全部房款人民币168046元；乙方逾期付款时应按累计应付款的5%向甲方支付违约金，合同继续履行；甲方须于2000年12月18日前将经竣工验收合格并符合规定装饰和设备标准的商品房交付乙方使用；如甲方逾期超过两个月交付商品房，则视为甲方不履行本合同，甲方应按乙方累计已付款的5%向乙方支付违约金，合同继续履行；在乙方付清应付款之日起10天内，双方对该商品房进行验收交接、交接钥匙、签署房屋交接单；如果甲方的过失造成乙方不能在双方实际交接之日起365天内取得房地产权属证书，乙方有权提出退房，甲方须在乙方退房要求之日起30天内将乙方已付款退还给乙方，并按已付款的2%赔偿乙方损失；乙方的房屋仅作酒店用途使用，乙方使用期间不得擅自改变该商品房之房屋结构和用途；甲方保证在交接时该商品房没有产权纠纷和财务纠纷，保证在交接时已清除该商品房原由甲方设定的抵押权；如交接后发生该商品房交接前即存在的财务纠纷，由甲方承担全部责任；本合同经甲、乙双方签字之日起生效，自生效之日起80天内，由甲方向琼山市房产管理局申请登记备案。

同日，泰信公司（甲方）和原告（乙方）签订泰字0000033号《商品房购销合同》一份，约定甲方将其开发建设的南海传说温泉疗养度假中心酒店式公寓项目中的阿波罗酒店5层553号房出售给乙方，建筑面积为87平方米；该商品房为预售商品房，单位售价为每平方米4802.25元，总金额为417796元整；除上述房款外，甲方依据有关规定代政府收取各种税费；乙方于1999年12月31日前支付房价款人民币127796元，甲方须于2000年12月18日前，将经竣工验收合格及符合规定装饰和设备标准的商品房交付乙方使用；在乙方付清应付款之日起10天内，双方对该商品房进行验收交接、交接钥匙、签署房屋交接单；若因甲方责任在乙方付清全部应付款之日起30天后仍未进行验收交接，乙方有权按本合同上述约定追究甲方违约责任；其他条款内容与双方签订的泰字0000032号《商品房购销合同》内容一致。

2000年1月18日，原告与泰信公司分别签订编号为0000032号及0000033号《委托经营协议》两份，约定原告委托泰信公司对其购买的“南海传说”阿波罗中心酒店5层537号房（建筑面积为38平方米）和5层553号房（建筑面积为87平方米），作为酒店用途进行经营管理及物业管理；自2000年12月18日起，视为原告正式将其购买的上述公寓移交泰信公司经营管理，泰信公司承诺在接受原告委托经营管理期间，免收原告的物业管理费。

上述合同签订后，原告于2000年1月18日向泰信公司支付阿波罗中心酒店5层537号房和553号房的首付款合计人民币185842元，于2000年3月16日以电汇方式支付余款40万元。至此，原告已向泰信公司付清上述两套房屋的全部购房款合计人民币585842元。在合同履行过程中，泰信公司没有履行为原告办理房屋权属证书的义务，也一直没有按约定给原告年度利润分红。遂引起讼争。

另查明：海南南海传说酒店管理有限公司由泰信公司与海南元创生态产业有限公司（以下简称元创公司）共同出资组建，于2000年9月18日注册成立，于2001年7月更名为皇冠公司。2001年1月16日，泰信公司与皇冠公司分别签订《皇冠酒店项目建设合同转移协议书》、《关于海南皇冠滨海温泉酒店原客房买卖合同转移的协议》各一份，约定泰信公司将其所有的位于海口市美兰区广场路1号皇冠酒店中的阿波罗中心酒店、波赛东公寓酒店、雅典娜公寓酒店的房产权移交皇冠公司，泰信公司与原购房户签订的客房买卖合同的权利、义务也随之转至皇冠公司，由皇冠公司享有合同权利，并同意承担泰信公司原签合同的责任和义务。2002年2月8日，泰信公司将皇冠酒店的阿波罗中心酒店15875.46平方米的房屋产权过户到皇冠公司名下。同年4月29日，皇冠公司股东会决议修改公司章程，将注册资金变更为6500万元，其中泰信公司将其名下皇冠酒店99480.049平方米的土地使用权作为新增加资本投入皇冠公司，总投资5700万元，占出资比例的88%；元创公司投资800万元，占出资比例的12%。同年5月26日，皇冠公司经验资后向工商行政管理部门申请办理了注册资金及股东出资比例变更登记手续。同年10月18日，皇冠公司股东会决议再次修改公司章程，将注册资金由6500万元增加至15000万元，其中泰信公司投资8700万元，占出资比例的58%；另一股东变更为上海原创投资发展有限公司（以下简称上海原创）投资6300万元，占出资比例的42%；具体为上海原创以7560.003017万元的债权转为资本公积，泰信公司21102.953132万元的债权转为股权（其中：8500万元作为实收资本，12602.953132万元作为资本公积）。2003年2月10日，皇冠公司向工商行政管理部门申请办理了股东变更及其出资比例变更登记手续，其中上海原创投资6300万元，占42%股权；泰信公司投资4950万元，占33%股权；福建三农集团股份有限公司（以下简称福建三农）投资3750万元，占25%股权。

2004年9月20日，华源公司由中国华源集团有限公司（以下简称中国华源）与上海华源投资发展（集团）有限公司（以下简称上海华源）发起组建，注册资金为15000万元。同年9月24日，皇冠公司与华源公司签订《房地产买卖契约》一份，约定皇冠公司自愿将皇冠酒店阿波罗中心酒店的房地产（建筑面积12725平方米）出售给华源公司，房地产成交价格为人民币27867750元，华源公司于2004年10月1日前一次付清给皇冠公司；皇冠公司于2004年10月1日将上述房地产正式交付给华源公司。同年9月25日，华源公司因中国华源与上海华源不能履行其出资义务而召开股东会议决定：同意中国华源将其在华源公司认缴的14250万元股东权转由皇冠公司认缴出资；同意上海华源将其在华源公司认缴的750万元股权中的600万元转由皇冠公司认缴出资；150万元转由上海原创认缴出资。同日，中国华源、上海华源、皇冠公司、上海原创四方签订《股权转让协议》一份，约定中国华源愿将其认缴华源公司95%的股权转由皇冠公司认缴出资；上海华源愿将其认缴华源公司5%股权中的4%转由皇冠公司认缴出资，1%转由上海原创认缴出资；股权转让后，皇冠公司拥有华源公司99%股权，上海原创拥有华源公司1%的股权，股东根据公司章程及《公司法》的规定享有相应的权利和承担相应的义务。同年9月27日，华源公司股东皇冠公司、上海原创召开股东会议，就海南兴平会计事务所对皇冠公司名下的皇冠酒店资产、债务等整体评估决议如下：皇冠酒店房屋、土地使用权、设施、设备以及全部资产评估值为人民币51627万元，作价5.14亿元投入华源公司，其中实收资本14850万元，其他应付款36550万元。同日，皇冠公司股东上海原创、福建三农也召开股东会议，也作出同华源公司两股东相同的决议。经会计事务所验资后，华源公司的原始股东变更为：皇冠公司出资额14850万元，出资比例为99%；上海原创出资额150万元，出资比例为1%。

2004年9月28日，中国华源、皇冠公司、华源公司三方签订《协议书》一份，约定为了明确债权债务关系，在实际履行中国华源与皇冠公司以及西安飞天科工贸集团有限责任公司（以下简称西安飞天）2004年9月7日签订的《补充协议（二）》时，皇冠公司将其名下皇冠酒店的房屋、土地使用权、设施设备以及全部资产经评估作价为人民币51400万元（其中股权投资14850万元，债权投资为36550万元）投入华源公司，并持有华源公司99%的股份；现经三方确认，其中债权投资的36550万元，华源公司以受让中国华源对皇冠公司的债权冲抵，华源公司无需向皇冠公司支付该36550万元的债权，然后由中国华源受让皇冠公司99%的股份。同年9月28日，中国华源与皇冠公司签订《协议书》一份，约定，根据上述股权转让协议，中国华源应向皇冠公司支付转让款人民币14850万元，因皇冠公司原对中国华源负有债务，双方以及西安飞天曾于2004年9月7日签订《补充协议（二）》确认：双方签订的股权转让协议中约定的由皇冠公司将持有的华源公司99%股份转让给中国华源，是抵偿皇冠公司和西安飞天对中国华源的债务，中国华源无需再向皇冠公司支付任何股权转让款。双方确认，当股权转让经工商部门合法登记，中国华源合法取得华源公司99%股份后，双方就股权转让产生的债权债务亦归于消灭。同年10月9日，皇冠公司和中国华源签订《股权转让协议》一份，约定，皇冠公司将持有的华源公司99%的股权转让给中国华源，转让价为人民币14850万元；中国华源已充分了解了华源公司转让前的资产情况，并愿意以现有的资产状况受让上述股权；上述股权转让后，中国华源拥有华源公司99%的股权；中国华源应于2004年12月31日之前，向皇冠公司支付完毕上述股权转让款；本协议自双方盖章并经华源公司股东会议通过后生效。同年10月9日，华源公司召开股东会议一致通过股东变更及出资额决议。2004年9月29日，皇冠公司将其名下的皇冠酒店阿波罗中心酒店12725平方米（包括原告所购买的5层537号房和553号房）的房屋产权过户登记至华源公司名下。同年10月28日，皇冠公司将其名下原有的62655.94平方米的土地使用权过户至华源公司名下。

再查明：皇冠酒店原名为南海传说温泉疗养度假中心酒店，发展商为中国华源与泰信公司。2004年之前，泰信公司、皇冠公司及上海原创的法定代表人均为吴勇。2004年3月12日，中国华源因与西安飞天及皇冠公司的股权转让合同纠纷、欠款纠纷分别向上海仲裁委员会申请仲裁，并申请对西安飞天及皇冠公司价值合计18000万元的财产进行财产保全。为此，上海仲裁委员会将中国华源的财产保全申请提交给上海市浦东新区人民法院（以下简称浦东法院）裁定执行。2004年3月16日，浦东法院裁定查封了皇冠公司名下包括原告购买的皇冠酒店的全部房产及其他财产。同年12月15日，中国华源以其双方就上述纠纷已达成协商意见为由申请撤回仲裁。同年12月22日，上海仲裁委员会作出准予中国华源撤回仲裁申请的决定书。

上述事实有下列证据证明：

1. 商品房购销合同、委托经营协议，证明原告与泰信公司之间的房屋买卖合同关系及原告将所购房屋委托给泰信公司经营的事实，还证明泰信公司没有依约为原告办理房屋权属证书，也一直没有按照约定进行年度利润分红。

2. 原告的付款收据，证明原告已根据购房合同的约定，付清全部的购房款。

3. 皇冠酒店项目建设合同转移协议书、关于海南皇冠滨海温泉酒店原客房买卖合同转移的协议，证明泰信公司将皇冠酒店全部的债权债务，包括与原购房户签订的客房买卖合同的权利、义务都转移给皇冠公司，由皇冠公司享有合同权利和承担泰信公司原签合同的责任和义务。

4. 泰信公司的企业档案资料，皇冠公司的企业档案资料，华源公司的企业档案资料、公司变更登记资料，华源公司股东会决议、章程修改案，证明泰信公司是皇冠公司的股东，皇冠公司又是华源公司的原始股东等三家公司的关联关系，还证明2004年之前，泰信公司、皇冠公司及上海原创的法定代表人均为吴勇。

5. 中国华源、上海华源、皇冠公司、上海原创的股权转让协议，中国华源、皇冠公司、华源公司的协议书以及中国华源、皇冠公司的协议书，证明皇冠公司与华源公司之间恶意串通，将原告所购买的房屋通过非法抵债方式转移到华源公司名下，损害了原告的合法权益。

6. 皇冠酒店的房地产买卖契约及其房地产变更、过户登记资料，证明泰信公司、皇冠公司与华源公司之间恶意串通，将原告所购买的房屋通过非法抵债方式转移到华源公司名下，损害了原告的合法权益。

7. 华源公司的土地使用权证及阿波罗中心酒店553、537号房的房屋产权证，证明皇冠公司与华源公司之间恶意串通，将原告所购买的房屋通过非法抵债方式转移到华源公司名下，损害了原告的合法权益。

8. 售房广告，证明皇冠酒店原名为南海传说温泉疗养度假中心酒店，发展商为中国华源与泰信公司。

9. （2004）浦民保字第4、5号民事裁定书及协助执行通知书、（2004）沪仲案字第0088号、0089号仲裁决定书，证明浦东法院于2004年3月16日根据仲裁委的申请，裁定查封了皇冠公司名下包括原告购买的皇冠酒店的全部房产及其他财产的事实。

10. 当事人的陈述笔录。

（四）一审判案理由

海南省海口市美兰区人民法院根据上述事实和证据认为：

1. 关于本案合同的效力问题。原告与泰信公司签订的皇冠酒店阿波罗中心酒店553、537号两套房的《商品房购销合同》，是双方真实意思表示，内容合法、主体适格，属有效合同，受法律保护。由于原告所购买的上述两套房屋是作为产权式酒店用途的，原告在签约后已支付了全部的购房款，履行完合同约定的义务，依法应当取得两套房产的权属及相关权益。虽然合同约定泰信公司须于2000年12月18日前将房屋交付原告使用，原告在双方实际交接之日起365天内取得房地产权属证书，但泰信公司在房屋建好后即直接投入经营使用，没有按约定为原告办理房屋权属证书，已构成违约，应承担相应的违约责任。即泰信公司应按照约定偿付给原告王智逾期办证违约金29292.1元（585842元×5%）。

2. 关于泰信公司、皇冠公司及华源公司的法律关系及应承担的法律责任问题。第一，从本案案情看，泰信公司、皇冠公司与华源公司实际上的关系及其实施的三个行为是：一是泰信公司出资发起设立皇冠公司，并将其名下的资产——皇冠酒店的全部财产及其债权债务转移给皇冠公司；二是皇冠公司将皇冠酒店的房屋（包括原告所购买的5层537号房和553号房）、土地使用权、设施、设备以及全部资产评估后作价5.14亿元投入华源公司，其中股权投资14850万元，其他作为债权投资，为此享有华源公司99%的股权；三是皇冠公司将其拥有华源公司99%的股权以抵债方式全部转移给中国华源，并办理了股东变更登记手续，中国华源取代皇冠公司成为华源公司的新股东。第二，关于皇冠公司的法律责任问题。泰信公司作为皇冠公司的投资公司，已于2001年1月将皇冠公司阿波罗中心酒店的房屋、土地使用权等资产转让给皇冠公司。虽然皇冠公司同意承担泰信公司对原告所签合同的责任和义务，但泰信公司的债务转让行为并未经过原告的同意，因此，皇冠公司并不是该债务转移后唯一的债务人或承继人，而是加入该债务与原债务人泰信公司共同承担责任的新债务人，故原告有权选择同时对泰信公司和皇冠公司主张债权。原告没有证据证明泰信公司与皇冠公司之间转让皇冠酒店的行为存在恶意串通，故原告要求认定该转让行为无效的诉请缺乏事实与法律依据，本院不予支持。皇冠公司作为泰信公司上述债务的新债务人，在接收泰信公司已出售给原告的房屋后，继续用于酒店经营收益，却未依据其承诺继续履行原购房合同，为原告办理相应的房屋过户手续。因此，皇冠公司应对原告的上述债务与泰信公司共同承担连带责任。第三，关于华源公司的法律责任问题。首先，关于华源公司对皇冠酒店财产的取得问题。从皇冠公司、华源公司相互之间的股权取得及公司股东变更过程来看，中国华源与上海华源虽为华源公司的发起人，但因其不能履行出资义务而转由皇冠公司及上海原创认缴出资。2004年9月，皇冠公司在与华源公司签订《皇冠酒店阿波罗中心酒店房地产买卖契约》后，又将其名下皇冠酒店阿波罗中心酒店的房屋（包括原告所购买的房屋）、土地使用权、设施、设备以及全部资产作价51627万元投入华源公司。可见，皇冠公司是华源公司的原始股东，根据其实际投资而持有华源公司99%的股权。但是，由于企业所有财产是对其经营中形成的全部债务的一般担保，任何人不得随意转移。法律赋予债权人在获得权利实现时以法人所有财产平等受偿的权利，除享有优先受偿权的债权人外，任何人不享有特权，即不能以牺牲某一债权人的利益为代价来保障其他债权人债权的实现。故尽管皇冠公司与华源公司以及皇冠公司和有关债权人达成的债务转移协议对合同各方当事人具有法律约束力，但因华源公司接收皇冠公司相关财产的行为，客观上造成了皇冠公司对所有债权人的债权进行担保的法人财产减少，该财产转移行为侵害了原告等其他债权人的权利。故皇冠公司以股权抵债方式及华源公司以吸收入股方式接收皇冠酒店相关财产的约定对其他债权人不发生法律效力。其次，对于皇冠公司转让华源公司99%股权给中国华源的行为。从形式上看，双方当事人签订了股权转让合同，甚至还在工商部门办理了股权变更登记，具备了法律规定的股权转让要件，但双方实质上是以股权转让的方式进行房地产项目及土地使用权的转让及抵债。上述行为表面上看似乎是合法的抵债与转让，但实质上已规避了在房地产项目及土地使用权转让中应当符合的法定条件及以正常价格转让时应当缴纳的税收。而且，中国华源在皇冠酒店预售广告发布中已以开发商的身份参与销售，并在股权转让协议中明确表示已充分了解了华源公司转让前的资产情况。显然，中国华源在明知皇冠酒店的部分房产已售给他人的情况下，仍同意以抵偿其债权的方式受让华源公司的控股股权及皇冠酒店的房产，并将其产权过户到华源公司名下，使原告无法取得房屋的所有权。可见，华源公司取得对皇冠酒店已出售给原告房屋的产权及中国华源取得皇冠公司在华源公司99%的股权并非属于善意取得，而属于恶意串通，损害原告与国家利益的行为，应确认无效，不受法律保护。故对于原告要求确认皇冠公司和华源公司之间关于皇冠酒店阿波罗中心酒店5层537房和553房的转让行为无效的诉请合法有效，应予以支持。基于皇冠公司对华源公司的上述投资，原告作为未转移债务的债权人，根据企业法人财产原则要求华源公司在接收皇冠公司财产范围内对皇冠公司股权转移前的债务承担偿还责任时，华源公司不得以其股东与皇冠公司之间的约定对抗原告的诉讼请求。况且，由于原告所购买的上述两套房屋已被过户到华源公司名下并由其经营使用，故华源公司应在接收皇冠公司财产范围内承担皇冠公司对皇冠酒店原购房者所应承担的权利与义务，即华源公司应继续履行泰信公司与原告签订的泰字0000032号和泰字0000033号《商品房购销合同》，并在接收皇冠公司51627万元资产范围内对皇冠公司的债务承担连带责任。

3. 对于原告与泰信公司签订的《委托经营协议》，因双方尚未对经营分红进行结算确认，且属于另一法律关系，故本院对原告主张利润分红的诉请不作处理，原告可另行主张。

4. 关于原告主张本案律师代理费及其差旅费的诉请，因原告未提供相应的证据，故本院不予支持。

（五）一审定案结论

海南省海口市美兰区人民法院依照《中华人民共和国合同法》第八条、第五十九条、第八十四条、第八十六条，最高人民法院《关于审理商品房买卖合同纠纷案件适用法律若干问题的解释》第十条，《中华人民共和国民事诉讼法》第六十四条第一款、第一百三十条之规定，缺席判决如下：

1. 被告泰信公司与原告王智签订的编号为0000032号和0000033号《商品房购销合同》有效，由被告华源公司继续履行；

2. 被告泰信公司须于判决发生法律效力之日起10日内偿付给原告王智违约金29292.1元；

3. 被告皇冠公司与被告华源公司对被告泰信公司的上述债务承担连带责任；

4. 驳回原告王智的其他诉讼请求。

如果未按本判决指定的期间履行给付金钱义务，应当依照《中华人民共和国民事诉讼法》第二百三十二条之规定，加倍支付迟延履行期间的债务利息。

案件受理费13212元，由被告华源公司承担6606元，由原告承担6606元；诉讼保全费3449元，由被告华源公司承担。

（六）二审情况

1. 二审诉辩主张

上诉人华源公司上诉称：一审判决认定事实不清，证据不足，适用法律错误。请求：（1）撤销一审判决；（2）驳回王智的诉讼请求；（3）判令本案一、二审诉讼费用由王智、泰信公司和皇冠公司共同承担。主要事实和理由：（1）一审判决认定事实不清。一审判决没有证据证实华源公司在皇冠酒店的预售广告发布中以开发商的身份参与销售或广告发布。华源公司对涉案房产预售情况并不知晓，华源公司调查了解涉案房产的真实情况，最权威最可靠的途径是通过房产登记机关的登记证明，而涉案房产的权属登记上并不存在任何权利限制，皇冠公司是其唯一的产权人，没有预售登记记录。另，华源公司与皇冠公司并无恶意串通。皇冠公司拖欠华源公司的款项达18000万元，经多次催告仍不归还，华源公司向上海仲裁委员会申请仲裁后，又申请浦东法院查封了当时属于皇冠公司名下皇冠酒店的不动产及其动产，查封时，土地的使用权及酒店的大部分房产的所有权（约占酒店整个房产的97%）登记在皇冠公司名下，查封时，产权登记在其他个人名下的，均没有查封。本案涉案房产当时均登记在皇冠公司名下，因此华源公司取得原皇冠酒店的部分不动产，是合法的债权债务的清偿行为，不存在恶意串通。（2）华源公司获得的资产是股东会决议及验资报告中所列明的“房屋、土地使用权、设施、设备等全部资产”，并不包括泰信公司在经营中形成的对外债务。因此，华源公司没有理由对其债务承担民事责任。

被上诉人王智答辩称：一审判决认定事实清楚，适用法律正确，应当驳回华源公司的上诉，维持原判。主要事实和理由：一审判决认定中国华源在皇冠酒店预售广告发布中以开发商的身份参与，有证据予以证明，该公司还以其他行为参与了华源公司的其他经营活动。泰信公司与皇冠公司转让房产是恶意的，皇冠公司将房产转让给华源公司也是恶意的，一审判决认定正确；中国华源始终没有给华源公司出资，其与皇冠公司之间的债权债务关系也没有证据予以证实，涉案房产不能自恶意受让的皇冠公司名下再次被转至华源公司名下。泰信公司将涉案房产转让给皇冠公司时，两公司的法定代表人均是吴勇一人，可以推定皇冠公司明知该房产已出售给王智，故其转让行为是恶意的。

原审被告泰信公司、皇冠公司在二审中均未提交答辩意见。

2. 二审事实和证据

海南省海口市中级人民法院经审理查明：王智与泰信公司签订购房合同时，涉案房产占用的土地使用权证及规划许可证分别于1999年4月5日、1998年12月21日登记在泰信公司名下，证号分别为：琼山籍国用（1998）字第29—0007号、琼山土规建证（1998）108号。

另查明：涉案537号、553号房产的所有权已于2004年9月29日登记在华源公司名下，证号为：海房字第HK077781号、海房字第HK077750号。

又查明：在南海传说温泉疗养度假中心酒店的发布广告中载明“南海传说温泉疗养度假中心凭借总公司华源集团雄厚的经济实力，已经在国内一些重要的旅游城市选址规划，建立产权式连锁酒店”，又载明“酒店作为南海传说控股公司——上市公司中国华源集团及其数十家控股公司的会议……”。

二审查明的其他事实与一审法院查明的事实相同。

二审期间，各方当事人均没有提交新的证据。

3. 二审判案理由

海南省海口市中级人民法院根据上述事实和证据认为：（1）关于王智与泰信公司签订的房屋买卖合同效力问题。王智与泰信公司签订的涉案537、553号两套房的购房合同是双方真实意思表示，内容不违反法律、行政法规强制性的规定，该合同合法、有效，应受法律保护，双方当事人均应依约履行自己的合同义务。（2）关于泰信公司将涉案房产转让给皇冠公司的效力及其相关权利义务的承担问题。泰信公司作为皇冠公司的股东之一，皇冠公司对泰信公司的经营状况应当清楚。泰信公司与皇冠公司约定，泰信公司将包括涉案房产在内的酒店项目整体转移给皇冠公司，并将涉案房产的产权办至皇冠公司名下，皇冠公司承诺承担泰信公司的相应责任。根据《中华人民共和国合同法》的规定，债务的转让应以债权人同意为要件，而该协议没有经过债权人王智的同意，对王智不具法律效力。皇冠公司加入到王智与泰信公司的购房合同关系中，与泰信公司作为连带债务人，共同对债权人王智负责，属债的加入。皇冠公司应在其接受泰信公司的财产范围内对泰信公司原有的债务承担连带责任。(3) 关于皇冠公司将其所有的皇冠酒店房产评估作价投资至华源公司，其债务承担的问题。皇冠公司将其名下的酒店房产、土地使用权、设备等全部资产作价投资华源公司，成为华源公司的原始股东。皇冠公司是独立法人，根据法人财产原则，其核心是企业法人以自己所有的财产对外独立承担民事责任，法人财产原则具体体现为企业债权债务承继原则和企业债务随企业财产变动原则，即在当事人对企业遗留债务的承担没有约定，因企业财产负有对企业债务的一般担保性质，受让方应承担相应的责任。另，依据当时的《中华人民共和国公司法》第十二条“公司向其他有限责任公司、股份有限公司投资的，除国务院规定的投资公司和控股公司外，所累计投资额不得超过本公司净资产的百分之五十”之规定，皇冠公司的投资行为违反该禁止性规定。华源公司应在其接受的财产范围内对皇冠公司的债务承担连带清偿责任。(4) 关于皇冠公司将其持有的华源公司的股份以抵偿债务的形式转让给中国华源的法律效力问题。股份转让协议属于有偿合同，转让标的对价应是该类合同的必备条款。华源公司主张由于皇冠公司与中国华源存有债务关系，皇冠公司将其在华源公司中的99%股权转让给中国华源，以抵偿其债务，但上诉人华源公司没有提供涉及皇冠公司与中国华源之间存在债务的相关证据及生效的法律文书，仅提供上海仲裁委员会（2004）沪仲案字第0088号、0089号决定书，两决定书的内容均为：准予申请人中国华源撤回仲裁申请。并没有确认皇冠公司与中国华源存在债权债务关系。另，即使皇冠公司与中国华源存在债权债务关系，但因法律赋予债权人在获得权利实现时以对方法人所有财产平等受偿的权利，除享有优先受偿权的债权人外，任何人不享有特权，不能以侵害某一债权人的利益为代价来保障其他债权人债权的实现。在债务人有多个债权人的情况下，债务人将其全部财产抵偿给其中一个债权人，因而使该债务人丧失了履行其他债务的能力，侵犯了其他债权人的合法权益，应当认定该抵偿协议无效。因此，皇冠公司将其持有的华源公司股权转让给中国华源没有法律依据，其转让行为无效。

综上所述，由于涉案房产的产权均已办至华源公司名下，且华源公司接受皇冠公司的财产高于皇冠公司对王智的债务，华源公司应在接受皇冠公司财产的范围内对其债务承担连带清偿责任。一审判决认定事实清楚，适用法律正确，应予以维持。上诉人华源公司的上诉请求缺乏事实及法律依据，不予支持。

4. 二审定案结论

海南省海口市中级人民法院依照《中华人民共和国民事诉讼法》第一百五十三条第一款第（一）项之规定，判决如下：

驳回上诉，维持原判。

二审案件受理费13212元由海南华源置业有限公司负担。

（七）解说

皇冠酒店作为中国国内首批产权式酒店的示范，其开发商在完成对外售房后，并不按约定办理房屋产权过户等相关的手续，致使众多国内、香港及东南亚的海外华侨等购房人因购房合同的履行问题纷纷向海南省各级法院提起系列集团诉讼，引起了极其不良的社会反应。本案作为上述系列集团诉讼中较有普遍代表性的一例，由于法律关系复杂、责任混同不清、社会影响较大，曾经多次向上级法院请示等原因中止审理。因此，要准确认定该案的法律责任，首先必须理清其法律关系。本案法律关系的主线为：一是原告与泰信公司之间的购房合同关系；二是泰信公司、皇冠公司与华源公司之间的关联企业关系。对于原告与泰信公司之间的购房合同关系，事实清楚，系双方当事人真实意思表示，且不违反法律、行政法规强制性规定，应属有效合同。针对泰信公司、皇冠公司与华源公司之间关联企业关系的认定及其法律责任等则需从以下几个方面分析：

1. 对于泰信公司、皇冠公司与华源公司之间的关联企业关系的认定。本案中，虽然泰信公司、皇冠公司与华源公司之间的关系比较复杂，但主要把握准三个关键的行为，即：一是皇冠酒店的发展商为中国华源与泰信公司，泰信公司出资发起设立皇冠公司，并将其名下的资产——皇冠酒店的全部财产及其债权债务转移给皇冠公司；二是皇冠公司将皇冠酒店的房屋（包括原告所购买的5层537号房和553号房）、土地使用权、设施、设备以及全部资产评估后作价5.14亿元投入华源公司，其中股权投资14850万元，其他作为债权投资，为此享有华源公司99%的股权；三是皇冠公司将其拥有华源公司99%的股权以抵债方式全部转移给中国华源，并办理了股东变更登记手续，中国华源取代皇冠公司成为华源公司的新股东。而且2004年之前，泰信公司、皇冠公司及上海原创（华源公司另一股东）的法定代表人均为吴勇。从上述三个行为与相关事实中不难看出，泰信公司、皇冠公司与华源公司之间的关联企业关系。对上述三家公司关联企业的认定，基本奠定了本案处理的基础。

2. 针对债的加入及关联企业之间人格混同的法律责任及法律适用问题。

（1）泰信公司作为皇冠公司的股东，皇冠公司对泰信公司的经营状况应当清楚。泰信公司将包括涉案房产在内皇冠酒店的全部财产及其债权债务转移给皇冠公司，虽然皇冠公司同意承担泰信公司的相应责任，但泰信公司的债务转移并未经过债权人（即原告）的同意，故皇冠公司加入到原告与泰信公司的房屋买卖合同关系中，并不是该债务转移后唯一的债务人或承继人，而是加入该债务与原债务人泰信公司共同承担责任的新债务人。皇冠公司与泰信公司作为连带债务人，共同对原告负责，属债的加入，原告有权选择同时对泰信公司和皇冠公司主张债权。因此，经本院释明后，原告要求皇冠公司在其接受泰信公司的财产范围内对泰信公司原有的债务承担连带责任是合法有据的。

（2）虽然泰信公司与皇冠公司在法律上仍表现为独立人格，但从泰信公司转移资产给皇冠公司、皇冠公司投资设立华源公司的行为过程中，足以证明其从属公司的经济地位已发生倾斜，其公司财产已基本丧失独立性，基本上已沦为空壳公司。对于关联企业债权人的原告而言，企业本应以其各自所有的全部财产对其承担责任，但由于关联企业人格的混同及财产的随意移转，模糊了独立企业法人之间的界限，几乎无从辨别关联企业各自所有的财产。作为关联企业而言，皇冠公司将其名下的酒店房产、土地使用权、设备等全部资产作价投资至华源公司，成为华源公司的原始股东并占有华源公司99%的股权的投资行为，明显违反了当时（2004年修改）的《公司法》第十二条“公司向其他有限责任公司、股份有限公司投资的，除国务院规定的投资公司和控股公司外，所累计投资额不得超过本公司净资产的百分之五十”的禁止性规定；而华源公司接收皇冠公司相关财产的行为，客观上造成了皇冠公司对所有债权人的债权进行担保的法人财产减少，该财产转移行为侵害了其他债权人的权利。但华源公司在辩解中却提出，该公司获得的资产是股东会决议及验资报告中所列明的“房屋、土地使用权、设施、设备等全部资产”，并不包括皇冠公司在经营中形成的对外债务，没有理由对其债务承担民事责任，其理由明显缺乏事实与法律根据，本院不予采纳。损失是就某一特定法律关系而言的。就本案来说，无论是股权转让的无效民事关系，还是抵债行为的侵权关系，泰信公司和皇冠公司的财产已被华源公司取得并占有，原告的损失已实际产生。因此，根据现行《公司法》的相关规定，华源公司应在接受皇冠公司财产范围内对皇冠公司的上述债务承担连带责任。

此外，从本案的审判实务中还应注意到，法官要善于权衡公司利益、股东责任与债权人利益的保护，分清公司股东或者关联企业中的控股股东通过不正当关联交易、逃避纳税、转移财产等一系列侵害了公司利益，部分甚至完全使公司丧失了偿债能力，却以股东与公司人格分离，公司对其债务独立承担责任为由主张免责的真相，准确适用法律。

（海南省海口市中级人民法院　傅海燕）

10. 中国光大银行苏州分行诉韦翔塑胶（昆山）有限公司等借款合同案
（民事诉讼中所产生的律师费承担）

（一）首部

1. 判决书字号

一审判决书：江苏省苏州市中级人民法院（2007）苏中民二初字第128号民事判决书。

二审判决书：江苏省高级人民法院（2008）苏民二终字第0065号民事判决书。

2. 案由：借款合同纠纷。

3. 诉讼双方

原告（被上诉人）：中国光大银行苏州分行，住所地：江苏省苏州市三香路206号。

负责人：王兰凤，该分行行长。

委托代理人（一审）：朱小波，苏州新天伦律师事务所律师。

委托代理人（一、二审）：朱雷，苏州新天伦律师事务所律师。

被告（上诉人）：韦翔塑胶（昆山）有限公司，住所地：江苏省昆山市青阳北路159号。

法定代表人（一审）：庄连美云，该公司董事长。

法定代表人（二审）：庄金殿，该公司董事长。

委托代理人（一审）：张晓达，上海耀良律师事务所律师。

委托代理人（一审）：朱东兴，北京市合川律师事务所律师。

委托代理人（二审）：赵继周，上海博恩律师事务所律师。

委托代理人（二审）：陈孟钊，上海博恩律师事务所律师。

被告（上诉人）：东莞韦旭鞋业有限公司，住所地：广东省东莞市长安镇咸西村。

法定代表人：庄佳颖，该公司董事长。

委托代理人（一、二审）：朱东兴，北京市合川律师事务所律师。

4. 审级：二审。

5. 审判机关和审判组织

一审法院：江苏省苏州市中级人民法院。

合议庭组成人员：审判长：潘亮；代理审判员：沈国栋、吴岚。

二审法院：江苏省高级人民法院。

合议庭组成人员：审判长：王蕴；审判员：孔燕；代理审判员：段晓娟。

6. 审结时间

一审审结时间：2007 年 12 月 15 日。

二审审结时间：2008 年 5 月 14 日。

（二）一审情况

1. 一审诉辩主张

原告中国光大银行苏州分行（以下简称光大银行）诉称：2006 年 6 月 12 日，光大银行与韦翔塑胶（昆山）有限公司（以下简称韦翔公司）签订《综合授信协议》，约定在 6000 万元最高授信额度内，光大银行为韦翔公司提供承兑汇票以及国内公开有追索权保理等融资业务。2006 年 6 月 30 日，光大银行与东莞韦旭鞋业有限公司（以下简称韦旭公司）签订《最高额保证合同》，韦旭公司自愿为韦翔公司在综合授信额度内的 2000 万元债务承担连带保证责任。2006 年 11 月 24 日至 2007 年 4 月 10 日，光大银行陆续与韦翔公司签订了 7 份《银行承兑协议》，为韦翔公司开立了总额为人民币 4675 万元的承兑汇票，韦翔公司按照约定缴纳 50%的保证金。截至起诉之日，韦翔公司尚有总额为 935 万元人民币的承兑汇票未到期，扣除保证金，敞口为 467.5 万元。因韦翔公司已产生重大诉讼，其经营及财务状况发生重大变化，严重影响了光大银行债权的实现，现依法提起诉讼，请求判令：(1) 韦翔公司立即兑付未到期汇票项下贷款本金 467.5 万元并承担至实际清偿日的利息及逾期罚息；(2) 韦翔公司承担光大银行主张债权产生律师费的违约损失 103100 元；(3) 韦旭公司承担连带赔偿责任：(4) 韦翔公司和韦旭公司共同承担本案诉讼费用。

被告韦翔公司辩称：因承兑汇票尚未到期，光大银行诉称为韦翔公司垫付款项的事实不存在，光大银行没有任何经济损失，其诉讼请求没有事实和法律依据，请求依法驳回。

被告韦旭公司辩称：本案中光大银行与韦翔公司之间不存在借贷关系，光大银行从垫付承兑汇票款项时才开始享有对韦翔公司的请求权，因承兑汇票未全部到期，光大银行起诉时没有诉权。

2. 一审事实和证据

江苏省苏州市中级人民法院经公开审理查明：2006 年 6 月 12 日，韦翔公司与光大银行签订了编号为苏光银授（2006）02－011 号《综合授信协议》一份，约定：在 2006 年 6 月 12 日至 2007 年 6 月 12 日期间内，韦翔公司可向光大银行申请使用各项具体业务形成的债务本金最高余额为 6000 万元，其中申请使用银行承兑汇票的债务本金最高余额为 2000 万元，保证金比例为 50%；因韦翔公司违约给光大银行造成的任何损失，韦翔公司均负有全部赔偿义务；担保方式为：保证人韦旭公司与光大银行签订《最高额保证合同》等内容。2006 年 6 月 30 日，韦旭公司与光大银行签订了编号为苏光银保 T（2006）02－008 号《最高额保证合同》，该合同约定：为了确保 2006 年 6 月 12 日韦翔公司与光大银行签订的编号为苏光银授（2006）02－011 号《综合授信协议》的履行，保证人愿意向光大银行提供最高额连带责任保证担保，以担保韦翔公司按时足额清偿其在《综合授信协议》项下产生的全部债务；所担保的主债权最高本金余额为综合授信额度 6000 万元中的 2000 万元整；担保的范围包括韦翔公司在主合同项下应向光大银行偿还或支付的主债权本金、利息、复利、违约金、实现债权的费用（包括诉讼费、律师费、执行费等）和其他应付费用。

2006年11月24日、2007年1月23日、2007年3月14日、2007年3月19日、2007年3月20日、2007年3月30日、2007年4月10日，以韦翔公司为承兑申请人，光大银行为承兑银行，双方先后签订七份银行承兑协议，约定：由光大银行承兑韦翔公司出票的银行承兑汇票，韦翔公司应于承兑行承兑之日在光大银行开立韦翔公司保证金账户，并存入汇票金额50%作为保证金；如果承兑行在银行承兑汇票项下垫付任何款项，该等垫付款项目自垫付之日起即转成承兑申请人欠付承兑行的逾期贷款，无需签订其他形式的合同和协议，承兑申请人对该逾期贷款承担还款义务，并须按日利率万分之五的逾期罚息利率向承兑行支付利息，直至逾期贷款本息全部清偿为止，如承兑申请人未能支付该等利息，承兑行有权计收复利。七份银行承兑协议所涉汇票的到期日分别为2007年5月24日、2007年7月23日、2007年7月14日、2007年7月19日、2007年7月20日、2007年9月30日、2007年10月10日。七份银行承兑协议签订后，光大银行按约承兑了汇票，韦翔公司亦按约存入保证金；汇票到期后，光大银行为上述汇票足额付款。后韦翔公司仅归还了部分垫付款，至2007年12月5日，韦翔公司仍结欠光大银行垫付款本金4621483.85元及逾期利息266293.21元。

另查明：光大银行因本案诉讼聘请江苏苏州新天伦律师事务所实际支付的律师费为103100元，该律师费用系以《江苏省苏州市律师服务计件收费标准》中确定的收费标准计算。

上述事实有下列证据证明：

(1)《综合授信协议》，证明存在光大银行为韦翔公司提供授信服务的合同及各方的权利义务。

(2)《最高额保证合同》，证明韦旭公司对本案诉争债务承担保证责任。

(3)《银行承兑协议》和银行承兑汇票，证明光大银行按照《综合授信协议》向韦翔公司提供了相应的信用服务。

(4) 垫付款利息计息表，证明光大银行就本案所涉借款尚未得到清偿的利息数额。

(5) 律师费发票，证明光大银行因本案诉讼聘请江苏苏州新天伦律师事务所实际支付的律师费为103100元。

3. 一审判案理由

江苏省苏州市中级人民法院根据上述事实和证据认为：韦翔公司与光大银行签订的《综合授信协议》以及《银行承兑协议》系当事人的真实意思表示，且不违反法律规定，应为合法有效。《银行承兑协议》明确约定：承兑行在银行承兑汇票项下垫付任何款项，该等垫付款项目自垫付之日起即转成承兑申请人欠付承兑行的逾期贷款，无需签订其他形式的合同和协议，承兑申请人对该逾期贷款承担还款义务，并须按日利率万分之五的逾期罚息利率向承兑行支付利息。韦翔公司认为该条款无效的答辩理由，不予支持。

韦翔公司未能按约足额交存承兑汇票票款，是造成本案纠纷的主要原因，为此，韦翔公司除了应归还光大银行垫付承兑汇票票款并承担相应利息外，还应承担相应的违约责任。韦翔公司在《综合授信协议》中承诺因其违约赔偿光大银行任何损失，该损失应当包括承担光大银行为实现其债权而支付的律师费，故光大银行要求韦翔公司归还垫付款及其利息，并赔偿律师费损失的诉讼请求，应予以支持。韦旭公司与光大银行签订的《最高额保证合同》亦为合法有效，依照保证合同的约定，韦旭公司应对韦翔公司的上述债务，包括本案的诉讼费用、律师费承担连带保证责任。

4. 一审定案结论

江苏省苏州市中级人民法院依照《中华人民共和国合同法》第二百零六条、第二百零七条，《中华人民共和国担保法》第二十一条之规定，作出如下判决：

（1）韦翔公司于判决生效之日起 10 日内归还光大银行垫付票款本金 4621483.85 元及逾期利息 266293.21 元，并支付自 2007 年 12 月 6 日起至偿还之日止所欠金额以日万分之五计算的利息；

（2）韦翔公司赔偿光大银行律师费损失 103100 元；

（3）韦旭公司对韦翔公司的上述债务承担连带清偿责任。

（三）二审诉辩主张

上诉人上诉称：（1）韦翔公司与光大银行之间未签订书面贷款合同，不存在借贷合同法律关系，从而也不存在韦旭公司为借贷合同提供保证；（2）韦翔公司与光大银行之间关于垫付的承兑汇票项下款项自垫付之日起转为逾期贷款计收罚息并在承兑申请人未支付利息时计收复利的约定违反了《中华人民共和国合同法》和《贷款通则》关于贷款合同的强制性规定，为无效条款，且光大银行垫付款项之前与韦翔公司之间无任何现金交付即不存在贷款，没有贷款就没有逾期贷款，有关垫付款转为逾期贷款的约定在逻辑上不能成立；（3）光大银行按协议签发承兑汇票为韦翔公司提供信用支持而非贷款支持，光大银行垫付承兑汇票项下款项履行的是票据法义务，韦翔公司因此与光大银行之间存在一般债权债务关系，但不是贷款合同关系；（4）一审法院在未同韦旭公司进行沟通且也无证据证明韦旭公司无还款能力或可能采取隐藏、转移、出卖其财产措施的情况下超过诉争标的数十倍错误查封了韦旭公司财产；（5）韦翔公司与光大银行协议中约定的违约金过高，一审中韦翔公司依法申请予以减少但一审法院未予调整；（6）光大银行未在法庭要求的限期内提供证据，应视为光大银行放弃了举证权利；（7）光大银行起诉时诉争的承兑汇票均未到期，光大银行尚未垫付款项，其起诉造成的律师费损失应由其自行承担。综上，请求将一审判决第一项中利息部分改判为韦翔公司支付光大银行自实际垫付款项之日起至判决书生效之日止的每笔垫付款项按照中国人民银行同期贷款基准利率分别计算的利息，撤销一审判决第二项关于韦翔公司赔偿光大银行律师费损失的内容，撤销一审判决第三项关于韦旭公司对韦翔公司前几项债务承担连带清偿责任的内容，上诉费由光大银行承担。

被上诉人辩称：根据其与韦翔公司《综合授信协议》，在其 2007 年 12 月 6 日垫付了承兑汇票项下款项之后，就产生了逾期利息；一审中其已经就韦翔公司经营状况不良、企业处于停顿等待破产的情况进行了说明，因此起诉主张权利是适当的，一审判决亦是在其垫款实际发生之后作出的。综上，原审判决认定事实清楚，适用法律准确，请求驳回上诉，维持原判决。

（四）二审事实和证据

二审期间韦翔公司提供中国人民银行《关于调整金融机构存、贷款利率的通知》（银发〔2004〕251 号）、韦翔公司与光大银行《国内保理业务申请书》，以证明其支付的利息标准应按中国人民银行的规定以及和双方之间其他贷款标准相同的利率；韦翔公司提供其在交通银行、上海浦东发展银行等三张银行对账单，以证明其在光大银行起诉时账户上有充足的金额以支付光大银行的到期汇票垫付款。对于韦翔公司提供的证据，韦旭公司质证称同意韦翔公司的意见，光大银行拒绝质证。对于中国人民银行《关于调整金融机构存、贷款利率的通知》（银发〔2004〕251号）、韦翔公司与光大银行《国内保理业务申请书》，因与本案事实不具关联性，江苏省高级人民法院不予采信；对于三份银行对账单，江苏省高级人民法院确认其真实性。

江苏省高级人民法院经审查，确认了一审查明的事实。另查明：韦翔公司（甲方）与光大银行（乙方）签订的《综合授信协议》第十条规定："在发生以下情形之一时，乙方即有权调整最高授信额度和授信期限，并有权终止向甲方提供综合授信：……4. 甲方正在或即将遭受重大经营困难或风险；……8. 甲方违反本协议约定的承诺事项；……11. 发生任何其他的事件或产生任何其他的情形，依乙方的分析或判断，已经导致或即将导致甲方的偿债能力下降或乙方权益的损害。"第二十一条规定："授信期内，承担以下通知义务：……2. 在授信期内，甲方涉及重大诉讼、仲裁或其他司法程序，或甲方经营状况、财务状况发生重大变化，可能影响乙方债权实现时，甲方均应立即通知乙方。"第二十二条规定："甲方违反本协议或具体业务合同的任何一项约定，均构成对本协议的违约；乙方有权提前收回额度项下任何融通资金，并有权终止本协议。因甲方违约给乙方造成的任何损失，甲方均负有全部赔偿之义务。"双方在该份《综合授信协议》项下签订的七份本案诉争涉及的《银行承兑协议》对前述约定亦再次作出基本相同的约定。

光大银行称其起诉时韦翔公司经营状况不良、企业处于停顿等待破产的情形，但未提供证据证明，韦翔公司与韦旭公司亦不认可。

还查明：一审中光大银行提供诉争承兑汇票已到期的相关证据，韦翔公司和韦旭公司以超过举证时限为由拒绝质证，二审期间各方当事人确认在本案诉讼过程中诉争汇票已全部到期，光大银行垫付了相应汇票项下的款项。

又查明：一审法院根据光大银行申请裁定查封韦翔公司和韦旭公司存款470万元或相应价值的其他财产，因韦翔公司和韦旭公司账户上存款余额不足，一审法院依法查封了韦旭公司的房产。

（五）二审判案理由

江苏省高级人民法院根据上述事实和证据认为：本案二审的争议焦点为：（1）韦翔公司与光大银行之间法律关系的性质以及效力；（2）韦翔公司是否应支付光大银行律师费及支付相应的利息、复利的标准是否有法律依据；（3）韦旭公司是否应当承担连带保证责任。韦翔公司和韦旭公司关于光大银行超过举证期限举证和原审法院超标的查封的上诉意见，因相关事实已查明，该上诉意见没有事实和法律依据，不能成立，不作为本案争议焦点。

1. 关于韦翔公司与光大银行之间法律关系的性质以及效力问题。韦翔公司与光大银行之间在《综合授信协议》基础上订立《银行承兑协议》，由光大银行为韦翔公司开具银行承兑汇票，双方之间形成合同关系，协议中约定光大银行在垫付承兑汇票项下款项时该垫付款即转成韦翔公司的逾期贷款并计收罚息，未能支付情形下计收复利，该约定是双方当事人的真实意思表示，并不违反法律的强制性规定，应为有效。韦翔公司和韦旭公司认为韦翔公司与光大银行之间未订立贷款合同，未交付现金，从而韦翔公司不应按照贷款合同下的逾期贷款支付罚息和复利，韦旭公司也不应承担保证责任的上诉理由没有事实和法律依据，不能成立。

2. 关于韦翔公司是否应支付光大银行律师费及支付相应的利息复利的标准是否有法律依据的问题。韦翔公司应当按约定标准支付光大银行复利，不应支付光大银行律师费损失。首先，关于复利计算的约定是双方真实意思表示，未违反法律强制性规定，也并未在双方之间造成权利义务严重失衡的情形，依法无调整的必要，韦翔公司和韦旭公司关于此点的上诉理由没有事实和法律依据，不能成立。其次，根据最高人民法院《关于民事诉讼证据的若干规定》第二条，当事人对自己提出的诉讼请求所依据的事实或者反驳对方诉讼请求所依据的事实有责任提供证据加以证明。没有证据或者证据不足以证明当事人的事实主张的，由负有举证责任的当事人承担不利后果。光大银行在其开具的银行承兑汇票均未到期、亦未实际垫付的情况下聘请律师，起诉要求韦翔公司支付汇票项下贷款本金和利息并赔偿律师费损失，但诉讼中光大银行始终未提供证据证明韦翔公司存在经营状况不良、企业处于停顿等待破产的情形，且韦翔公司与韦旭公司对此亦予以否认，故应由光大银行承担不利的后果；同时在韦翔公司和光大银行订立的主合同中，约定的赔偿损失范围并未明确包含律师费。综上，对韦翔公司和韦旭公司主张其不应承担光大银行律师费损失的上诉请求，本院予以支持。

3. 关于韦旭公司是否应当承担连带保证责任的问题。韦旭公司应当承担连带保证责任。韦旭公司和光大银行签订《最高额保证合同》，承诺对韦翔公司在与光大银行《综合授信协议》项下的全部债务承担最高额连带保证责任，该承诺是其真实意思表示。本案诉争债务是韦翔公司在与光大银行《综合授信协议》项下产生的，本金数额未超过最高额保证的范围，韦旭公司应按约承担连带保证责任，其关于韦翔公司与光大银行之间未签订书面贷款合同，不存在借贷合同法律关系，从而韦旭公司也不应为逾期贷款本息的偿付承担保证责任的上诉理由没有事实和法律依据，不能成立。

综上，韦翔公司和韦旭公司主张其不应承担光大银行律师费损失的上诉请求，应予支持；韦翔公司、韦旭公司的其他上诉请求没有事实和法律依据，应予驳回。原审判决认定本案基本事实清楚，适用法律正确，但对于光大银行律师费损失部分的处理失当，应予纠正。

（六）二审定案结论

江苏省高级人民法院依照《中华人民共和国合同法》第二百零六条、第二百零七条，《中华人民共和国担保法》第二十一条，《中华人民共和国民事诉讼法》第一百五十三条第一款第（二）项之规定，判决如下：

1. 维持江苏省苏州市中级人民法院（2007）苏中民二初字第128号民事判决第一项、第三项；

2. 撤销江苏省苏州市中级人民法院（2007）苏中民二初字第128号民事判决第二项；

3. 驳回光大银行要求韦翔公司、韦旭公司连带赔偿律师费损失103100元的诉讼请求。

（七）解说

《民事诉讼法》和《诉讼费用交纳办法》明确规定了民事诉讼中案件受理费、申请费等诉讼费用由败诉方负担的原则，但对于民事诉讼中通常会产生的律师费如何负担，我国现行法律未作出统一的规定，只有在为数较少的部门法和司法解释中确定律师费应由债务人或过错方承担，如《中华人民共和国担保法》及其司法解释规定：保证、抵押和质押担保范围内的责任，权利人为了实现该权利所支付的费用，都应当由债务人或者保证人、抵押人和质押人承担；最高人民法院《关于适用〈中华人民共和国合同法〉若干问题的解释（一）》第二十六条规定：债权人行使撤销权所支付的律师费、差旅费等必要费用由债务人负担；第三人有过错的，应当适当分担；最高人民法院《关于审理著作权纠纷案件与审理商标权纠纷案件适用法律若干问题》规定：人民法院根据当事人的诉讼请求和具体案情，可以将符合国家有关部门规定的律师费用计算在赔偿范围内。由于现行法律规定的不明确和不统一，在审判实务中对于律师费用的承担也有当事人各自承担和由败诉方承担两种处理意见。

我们认为，律师费应当由败诉方承担的观点具有合理性，近年来有关法律和司法解释也陆续就某些特定领域纠纷的律师费承担问题作出由债务人或过错方负担的明确规定。但考虑到我国目前对此问题无统一规定的立法现状及我国现阶段律师提供法律服务的实际状况，在审判实务中处理律师费承担问题时仍应慎重，充分考虑到案件的实际情况，平衡好债权人和债务人、守约方和违约方等不同当事人的利益。具体到合同纠纷案件中，处理律师费用的承担问题应注意以下几个方面：

1. 关于应否保护守约方律师费用损失所应坚持的司法原则。（1）现阶段遵循有约定的加以保护、无约定的不予保护的原则。（2）对于有无约定的判断标准，坚持相对从宽审查原则。对于诸如"实现债权的费用由违约方承担"或"因诉讼产生的损失由违约方承担"的约定，应认定其包含了律师费用由违约方承担的意思。但对于"因违约而产生的一切损失由违约方承担"的约定，不应认定其包含了律师费用由违约方承担的意思。本案中韦翔公司与光大银行在主合同中约定"因韦翔公司违约给光大银行造成的任何损失，韦翔公司均负有全部赔偿义务"，该约定未包含律师费用由违约方承担的意思，光大银行要求韦翔公司承担其律师费用没有依据。

2. 关于应由违约方承担的守约方律师费用损失的范围。（1）认定应由违约方承担的守约方律师费用损失范围，应以守约方所聘请的律师事务所所在地的省级司法行政部门所作的相关收费规定作为参照标准。（2）对于守约方支付的律师费用中未超出上述规定的收费幅度上限的部分，应当予以保护。但需指出的是，如律师费用没有实际发生，则对于守约方来说没有实际损害结果，守约方如未提供其委托律师代理诉讼并实际支付律师费用的证据，则不应当支持其请求。

3. 关于守约方部分胜诉情形下违约方所应承担的守约方律师费用问题。守约方的诉讼请求部分成立的，应当参照守约方诉讼请求得到支持的部分在其整个诉讼请求中所占的比例计算违约方所应承担的律师费用。

4. 法院不主动审查和处理律师费的承担问题。对于诉讼费用的负担，无论当事人对此是否提出明确请求，法院都应根据诉讼费用由败诉方负担的原则作出决定。而由于我国《民事诉讼法》规定的诉讼费用不包括律师费，律师费承担的依据在于违约方或过错方应承担守约方或非过错方的损失，因此法院对于律师费承担问题的确定也不同于对诉讼费用作出的决定，而应按照民事诉讼的不告不理原则，在当事人未在诉讼请求中明确提出要求对方承担律师费的，法院不应对律师费的承担问题进行审查和处理。

慎重对待律师费用承担的问题，其中一个重要原因是避免当事人尤其是合同纠纷的守约方滥诉，给对方造成不必要的损失。在本案中，光大银行在其开具的银行承兑汇票均未到期、亦未实际垫付的情况下聘请律师，起诉要求韦翔公司支付汇票项下贷款本金和利息并赔偿律师费损失，但诉讼中光大银行始终未提供证据证明韦翔公司存在经营状况不良、企业处于停顿等待破产的情形，且韦翔公司与韦旭公司对此亦予以否认。在此情况下，即便本案诉争合同中有违约方承担守约方律师费的约定，因光大银行要求韦翔公司承担其律师费损失，却没有提供证据证明其起诉时韦翔公司有违约行为，应承担举证不能的不利后果。故本案韦翔公司和韦旭公司不应承担光大银行律师费损失。

（江苏省高级人民法院　段晓娟）

11. 北京世纪中基房地产开发有限公司诉北京世纪中基投资有限公司借款合同案

（法人真实意思表示的判定）

（一）首部

1. 裁定书字号：北京市第一中级人民法院（2007）一中民初字第13310号民事裁定书。

2. 案由：借款合同纠纷。

3. 诉讼双方

原告：北京世纪中基房地产开发有限公司（以下简称房地产公司），住所地：北京市西城区月坛北街2号月坛大厦A502室。

法定代表人：葛坚，该公司董事长。

委托代理人：樊巍，北京市微明律师事务所律师。

委托代理人：夏文清，北京市微明律师事务所律师。

被告：北京世纪中基投资有限公司（以下简称投资公司），住所地：北京市海淀区太月园一号楼二层202室。

法定代表人：姜斌，该公司董事长。

委托代理人：夏雨，该公司职员。

委托代理人：刘凯湘，北京市时代九和律师事务所律师。

4. 审级：一审。

5. 审判机关和审判组织

审判机关：北京市第一中级人民法院。

合议庭组成人员：审判长：鲁连印；代理审判员：李利；人民陪审员：张波。

6. 审结时间：2008年11月28日。

（二）诉辩主张

原告房地产公司诉称：投资公司于2006年7月18日向房地产公司借款人民币5000万元，后经房地产公司多次催要，至今未还。请求判令投资公司立即返还房地产公司借款人民币5000万元，全部诉讼费用由投资公司承担。

被告投资公司辩称：房地产公司的真正法定代表人是葛坚，变更法定代表人为范晓光的材料是伪造的，提起本案诉讼并没有通过房地产公司董事会或股东会决议，起诉状上只加盖了房地产公司的公章，没有法定代表人的署名。被告通过另一行政诉讼，已撤销了北京市工商行政管理局变更房地产公司法定代表人为范晓光的行政行为。现在房地产公司的法定代表人已经恢复为葛坚，并于2008年11月4日办理了变更后的公司营业执照副本，上面注明房地产公司的法定代表人是葛坚。现在葛坚作为房地产公司的法定代表人，反对提起本案诉讼，并申请撤回本案诉讼。

（三）事实和证据

北京市第一中级人民法院经审理查明：原告房地产公司的法定代表人原为葛坚，2007

年 10 月 12 日，经房地产公司申请变更法定代表人为范晓光。范晓光任房地产公司法定代表人后，房地产公司于 2007 年 10 月 16 日向本院提起本案诉讼。2007 年 12 月 19 日，葛坚以不服上述法定代表人准予变更登记为由，以北京市工商行政管理局为被告，以房地产公司为第三人，诉至北京市海淀区人民法院。经北京市海淀区人民法院一审审理及本院二审审理，作出行政判决书判决撤销了北京市工商行政管理局准予房地产公司法定代表人葛坚变更为范晓光的登记行政行为。2008 年 10 月 17 日，葛坚作为房地产公司的法定代表人以对被告投资公司提起的诉讼非公司真实意思表示为由，代表原告房地产公司申请撤回对被告投资公司的起诉。2008 年 11 月 4 日，房地产公司的法定代表人由范晓光变更为葛坚。

经询问，房地产公司的委托代理人表示公司对提起本案诉讼并未作出过书面的股东会决议或董事会决议，并认为因葛坚系投资公司的大股东，其个人利益与房地产公司利益有直接冲突，故在本案中不能代表房地产公司行使包括申请撤诉的任何权利。投资公司表示其作为房地产公司的股东不同意提起本案诉讼。

另查明：房地产公司及投资公司均认可房地产公司的股东由投资公司及国澳实业有限公司组成，各占 50%的股份；董事会成员 3 人，实行一人一票，董事会对所议事项采取一票否决。

（四）判案理由

北京市第一中级人民法院依据上述事实裁定认为：虽本院受理本案时，房地产公司的起诉状上加盖有该公司公章，但现房地产公司的法定代表人葛坚以提起本案诉讼非房地产公司真实意思为由申请撤回对投资公司的起诉，而房地产公司的委托代理人明确表示葛坚没有申请撤诉的权利，上述冲突使房地产公司提起本案诉讼的意思表示处于矛盾和不确定的状态。这种状态有赖于房地产公司的股东会或董事会等作出明确的是否提起诉讼的决议，来证明其明确的意思表示。但现无证据证明房地产公司股东会或董事会已经或能够作出确定的意思表示，故房地产公司提起本案诉讼的意思表示不确定，本案应属不予受理的情况。因本案已经立案，故应裁定驳回房地产公司的起诉。

（五）定案结论

北京市第一中级人民法院依照《中华人民共和国民事诉讼法》第一百零八条之规定，裁定如下：

驳回原告北京世纪中基房地产开发有限公司对被告北京世纪中基投资有限公司的起诉。

（六）解说

本案争议的焦点是如何判断法人对外的真实意思表示。在司法实践中，加盖公司公章或者有法定代表人签字的书面文件，均可以视为法人的意思表示。然而，本案的问题是：加盖公司公章的文件与有法定代表人签字的文件对同一事项出现了相反的意思表示，此时法院该如何取舍。

出现本案的问题，正是我国现在比较混乱的法人意思表示机制导致的。从立案层面来说，只要起诉状中加盖了法人的公章，就视为是法人的意思表示予以立案，而不论该意思表示是否是法人的真实意思表示，更不论该公章是否是伪造或者盗取。而在审理阶段，出现了带有法定代表人签字的具有相反意思表示的撤诉状，此时出现了三种解决思路：（1）只认盖有公章的起诉状。因为即便是法定代表人，法院也需要法人出具盖有法人公章的“法定代表人身份证明书”，此时公章的效力应高于法定代表人的签字。（2）只认带有法定代表人签字的撤诉状。因为公章应该由法定代表人掌控，在法定代表人失去对公章掌控的情况下，应该以法定代表人意思表示为准。（3）对起诉状和撤诉状均予以认可，都视为法人的真实意思表示，将二者视为前后相继的两个法人意思表示，并以后者为最终意思表示，即最终支持撤诉状的意思表示。这一点，从“撤诉状”这一形式本身可以导出，因为所谓撤诉便是认可前者是合法的起诉，否则便无“撤诉”可言。

以上三种意见最终都未被采纳。此处，审理案件的法官回避了两者效力之争——以法人意思表示不明确为由予以裁定驳回起诉。依据是《民事诉讼法》关于起诉的必要条件之一是有“具体”的诉讼请求和理由，而“明确”是“具体”的题中应有之义，不明确便是不具体，在起诉状和撤诉状表达意思不统一的情况下，在双方均主张自身才是法人的真实意思表示的情况下，难谓法人意思表示明确，难谓诉讼请求和理由具体，所以以裁定的方式驳回起诉，于法有据。审理案件的法官也已认识到片面追求形式意义上的法人意思表示所产生的弊端，而开始追求实质意义上的法人意思表示，即要求本案当事人通过股东会决议的形式来产生最终明确的法人意思表示，从而绕开了公章和签字之争。

（北京市第一中级人民法院　李　利）

12. 北京中新油房地产开发有限公司诉北京广大制药厂等借款合同案

（公民与企业之间借贷行为的效力认定及逾期利息的处理）

（一）首部

1. 判决书字号：北京市昌平区人民法院（2008）昌民初字第9285号民事判决书。

2. 案由：借款合同纠纷。

3. 诉讼双方

原告：北京中新油房地产开发有限公司，住所地：北京市昌平区长陵镇政府街39号。

法定代表人：张勇，该公司总经理。

委托代理人：周丽红，北京中鑫隆金融法律咨询服务有限责任公司职员。

被告：北京广大制药厂，住所地：北京市昌平区科技园区智通路15号。

法定代表人：沈庆利，该制药厂总经理。

委托代理人：李金星，该制药厂行政总监。

委托代理人：路焜，北京市信利律师事务所律师。

被告：沈庆利，男，1959年10月6日生，汉族。

委托代理人：王永增，该制药厂财务总监。

委托代理人：路焜，北京市信利律师事务所律师。

4. 审级：一审。

5. 审判机关和审判组织

审判机关：北京市昌平区人民法院。

合议庭组成人员：审判长：刘宝东；人民陪审员：孙士清、侯俊安。

6. 审结时间：2008 年 12 月 18 日。

（二）诉辩主张

原告北京中新油房地产开发有限公司（以下简称中新油公司）诉称：原告于 2006 年 5 月 12 日同二被告签订了《还款协议书》。二被告保证在 2006 年 8 月 12 日归还原告欠款 423 万元整。但至今未还，为了维护原告的合法权利，故起诉，请求：（1）判令二被告归还欠款人民币 423 万元整；（2）逾期未还的欠款违约金人民币 6099660 元，按还款协议书中规定的每日按欠款额的 2‰计算，自 2006 年 8 月 12 日开始计算，截至 2008 年 8 月 3 日；（3）欠款利息人民币 639500 元；（4）本案诉讼费由二被告承担。审理中，经本院询问，中新油公司明确其第（3）项诉讼请求的计算方法为按 423 万元本金，以同期银行贷款利率为准，日期是 2006 年 8 月 12 日到 2008 年 8 月 3 日。

被告北京广大制药厂（以下简称广大厂）辩称：（1）本案的基本事实：2004 年 4 月 23 日，广大厂与中新油公司签订《借款协议》，约定广大厂向中新油公司借款 300 万元，并约定了高额利息。其中 30 万元的利息在借款本金中预先扣除，即实际借款是 270 万元，但广大厂为中新油公司开具 300 万元的往来款发票。因广大厂资金紧张，未能按期归还借款。2006 年 5 月 12 日，双方签订《还款协议书》，将原借款本金 270 万元及利息共计 423 万元统一称为欠款，约定在《还款协议书》中统一归还，并约定了 2‰罚金。（2）双方之间的协议属于企业借贷合同，违反了有关金融法规，属无效合同。中国人民银行《贷款通则》第六十一条、最高人民法院《关于审理联营合同纠纷案件若干问题的解答》第四个问题第（二）条、最高人民法院《关于对企业借贷合同借款方逾期不归还借款的应如何处理的批复》等明确规定：企业借贷合同违反有关金融法规，属无效合同。广大厂与中新油公司之间的协议属于企业借贷合同，因此属于无效合同。（3）自然人沈庆利的被告主体不适格。本案的借款是广大厂与中新油公司之间的借款，不属于沈庆利的个人借款，沈庆利只是广大厂的法定代表人，不应由其个人偿还广大厂的欠款。虽然沈庆利以自然人身份为还款协议提供了抵押担保，但因双方未办理抵押登记手续，该抵押自始未成立，沈庆利的抵押担保人身份也就自始不存在，所以其不应承担责任。（4）还款协议 2‰罚金的约定违法，应属无效。首先，该协议为企业借贷合同，因违反法律规定而属于无效合同，相应的罚金条款的约定也属无效。其次，虽名为罚金，但实质为变相的高利贷，2‰是国家基准贷款利率的十几倍，该约定以罚金之名行收取高额利息之实，明显违反法律规定，属无效的约定。综上所述，广大厂的实际借款金额为 270 万元，预先扣除的利息不应计算在内。自然人沈庆利的被告主体不适格，不应承担责任。广大厂与中新油公司之间的协议属于企业借贷合同，违反有关金融法规，为无效合同。基于无效合同的处理原则，广大厂愿意归还借款本金。

被告沈庆利辩称：沈庆利本身抵押责任不存在，还款责任应该由广大厂来承担，其他意见同被告广大厂的答辩意见。

（三）事实和证据

北京市昌平区人民法院经公开审理查明：2006 年 5 月 12 日，中新油公司（甲方）与广大厂、沈庆利（乙方）签订《还款协议书》：“截至 2006 年 5 月 12 日，乙方北京广大制药厂和自然人沈庆利共同拖欠甲方北京中新油房地产开发有限公司肆佰贰拾叁万元整人民币（4230000 元）未还。甲乙双方经友好协商在平等自愿的基础上订立本还款协议：一、乙方保证在 2006 年 8 月 12 日向甲方归还欠款肆佰贰拾叁万元整人民币（4230000 元）。二、乙方如逾期还款，则甲方每日按欠款额的 2‰向乙方收取罚金，如逾期超过 10 日则甲方有权处理乙方的所有资产和财产以及自然人沈庆利抵押给甲方的一套房产。三、为了最大限度保护甲方的合法权益，乙方以其名下所拥有的位于北京市朝阳区的资产（资产清单详见本协议的附件一）作为还清上述欠款的抵押担保，如乙方未完全按上述期限还清上述全部欠款，乙方愿意接受甲方住所地的北京市昌平区人民法院的强制执行。四、本协议一式肆份，甲、乙双方各执贰份，具有同等法律效力。本协议自甲、乙双方签字盖章之日起生效。”同日，沈庆利作为承诺人向中新油公司出具《个人承担连带还款责任承诺书》：“北京中新油房地产开发有限公司：鉴于北京广大制药有限公司截至2006年5月12日欠北京中新油房地产开发有限公司人民币肆佰贰拾叁万元整人民币（4230000元）未还，为最大限度保护北京中新油房地产开发有限公司的合法权益，我沈庆利个人作为北京广大制药有限公司的最大股东自愿承诺：对上述欠款我沈庆利个人愿意承担连带还款责任，并以我个人的全部财产作为还清上述欠款的抵押担保，如北京广大制药有限公司未完全按上述期限还清上述全部欠款，我愿意接受北京市昌平区人民法院的强制执行。”后各方当事人未办理抵押登记。

2004年4月23日，广大厂为中新油公司开具发票一张，金额为300万元，项目为往来款。

上述事实有下列证据证明：

1. 北京中新油房地产开发有限公司与北京广大制药厂、沈庆利的还款协议书。

2.《个人承担连带还款责任承诺书》。

3. 北京广大制药厂出具给北京中新油房地产开发有限公司的往来款发票。

（四）判案理由

北京市昌平区人民法院根据上述事实和证据认为：

1. 关于本案的法律关系。首先，中新油公司与广大厂之间存在借款合同关系，中新油公司并非金融机构，不具有对外出借资金的相应资质，其向广大厂出借资金，违反了我国关于企业之间不准横向借贷的法律强制性规定，属扰乱国家金融市场管理秩序的违法行为，该借款合同关系应认定无效。根据无效合同的处理原则，广大厂应将基于该无效合同取得的款项返还给中新油公司。返还的本金数额，应按照《还款协议书》确定的423万元计算，对于被告实际借款270万元的主张，本院不予采信。

其次，中新油公司与沈庆利之间存在的关系。关于沈庆利的身份，依据2006年5月12日中新油公司与广大厂、自然人沈庆利签订的《还款协议书》，可以认定沈庆利系还款协议的当事人拖欠中新油公司423万元的事实，沈庆利应为主债务人之一，中新油公司请求按沈庆利作为主债务人向其主张权利，符合法律规定，对于沈庆利主张的其被告主体不适格的抗辩意见，本院不予采信。沈庆利作为主债务人，依据最高人民法院《关于如何确认公民与企业之间借贷行为效力问题的批复》的规定，其与中新油公司系民间借贷合同关系，该借款合同关系应认定有效。

2. 关于本案的其他问题。首先，关于原告的违约金诉讼请求。中新油公司与广大厂之间存在的借款合同关系无效，其要求广大厂支付违约金，没有法律依据；中新油公司与沈庆利之间借贷合同关系有效，双方约定，如逾期还款，则中新油公司每日按欠款额的2‰收取罚金，现中新油公司请求按此约定计算违约金，因双方系平等民事主体，而罚金这一概念不能用于平等民事主体之间，故中新油公司的请求没有法律依据，本院不予支持。

其次，关于原告的利息的诉讼请求。在中新油公司与广大厂之间存在的借款合同关系无效的情况下，中新油公司根据同期贷款利率的标准向广大厂主张利息，于法相悖，故中新油公司向广大厂主张利息的请求本院不予支持；中新油公司与沈庆利之间借贷合同关系有效，沈庆利未按照还款协议书约定的2006年8月12日的期限还款，依照《中华人民共和国合同法》第二百零七条之规定，沈庆利应当按照约定或国家有关规定支付逾期利息，利息的计算标准可按照2003年12月10日中国人民银行发布的《关于人民币贷款利率有关问题的通知》第三条的规定计算，即在借款合同载明的贷款利率水平上加收30%～50%，因该计算标准高于中新油公司请求的标准，故中新油公司请求按中国人民银行同期贷款利率的标准计算利息（按423万元本金，计算日期自2006年8月12日至2008年8月3日），本院予以支持，该利息经计算为561966.13元。

（五）定案结论

北京市昌平区人民法院依照《中华人民共和国合同法》第五十二条第（五）项、第五十八条、第一百九十六条、第二百零七条，最高人民法院《关于如何确认公民与企业之间借贷行为效力问题的批复》之规定，判决如下：

1. 在本判决生效后10日内，被告北京广大制药厂、被告沈庆利返还原告北京中新油房地产开发有限公司借款423万元；

2. 在本判决生效后10日内，被告沈庆利支付原告北京中新油房地产开发有限公司逾期利息561966.13元；

3. 驳回原告北京中新油房地产开发有限公司的其他诉讼请求。

如果被告北京广大制药厂、被告沈庆利未按本判决指定的期间履行给付金钱义务的，应当依照《中华人民共和国民事诉讼法》第二百二十九条之规定，加倍支付迟延履行期间的债务利息。

案件受理费87615元，由原告北京中新油房地产开发有限公司负担42480元（已交纳），由被告北京广大制药厂、被告沈庆利负担45135元（于本判决生效后7日内交纳）。

（六）解说

本案中主要的争议在于被告沈庆利与原告中新油公司之间的法律关系的效力认定和逾期利息的处理问题，沈庆利作为自然人，中新油公司作为法人，双方之间成立借贷合同关系，那么应该如何认定公民与企业之间借贷行为的效力，如何确定利息和逾期利息呢？下文将针对这几方面逐一论述。

1. 公民与企业之间借贷行为的效力认定。司法实践中，对于公民与企业之间借贷行为的效力认定主要参照1999年2月9日最高人民法院公布的《关于如何确认公民与企业之间借贷行为效力问题的批复》（法释〔1999〕3号），即公民与非金融企业（以下简称企业）之间的借贷属于民间借贷。只要双方当事人意思表示真实即可认定有效。

本案中，中新油公司与广大厂、沈庆利是在平等自愿的前提下签订的合同，不存在欺诈、胁迫下作出不真实的意思表示，沈庆利真实的意思表示是作为广大厂的共同债务人向中新油公司借款，故其在借款到期后有义务向中新油公司偿还借款。

2. 逾期利息的处理意见。对于逾期归还本金或利息的，一般可分为以下三种情况处理：(1) 无息借贷中，义务人逾期返还本金，权利人如主张逾期利息，则逾期部分的利息按照最高人民法院《关于人民法院审理借贷案件的若干意见》第九条、《关于贯彻执行〈中华人民共和国民法通则〉若干问题的意见（试行）》第一百二十三条规定，“可参照银行同类贷款的利率计息”，由义务人承担责任；(2) 利率明确的借贷，义务人逾期返还本金或利息的逾期利息可以参照2003年12月10日中国人民银行发布的《关于人民币贷款利率有关问题的通知》第三条的规定：关于罚息利率问题。逾期贷款罚息利率由现行按日万分之二点一计收利息，改为在借款合同载明的贷款利率水平上加收30%～50%。也就是说贷款利率上加收30%～50%即为罚息，并以此参数来计算逾期利息，同时充分考虑当事人的意思自治。本案中新油公司请求的罚息标准低于该标准，故应以当事人请求的标准计算罚息。(3) 利率有争议的借贷纠纷且逾期返还本金的，应先解决争议部分，即确定利率，然后由借款方承担相应逾期违约责任。

（北京市昌平区人民法院　刘宝东　李戍环）

13. 中国长城资产管理公司大连办事处诉鞍山市工业燃料总公司等借款合同案

（保证人在债权人的催款通知单上签字或盖章行为的法律后果）

（一）首部

1. 判决书字号：辽宁省鞍山市中级人民法院（2007）鞍民三初字第280号民事判决书。

2. 案由：借款合同纠纷。

3. 诉讼双方

原告：中国长城资产管理公司大连办事处，住所地：大连市西岗区花园广场1号。

负责人：谷云凯，该办事处主任。

委托代理人：于文胜，辽宁卫尊律师事务所律师。

委托代理人：刘洪梅，辽宁卫尊律师事务所律师。

被告：鞍山市工业燃料总公司（以下简称燃料公司），住所地：鞍山市铁西区南三道街65号。

法定代表人：王兴强，该公司经理。

被告：鞍山热电新材股份有限公司（以下简称热电公司），住所地：鞍山市铁西区振兴路21号。

法定代表人：乔通，该公司总经理。

委托代理人：李淼，该公司职员。

4. 审级：一审。

5. 审判机关和审判组织

审判机关：辽宁省鞍山市中级人民法院。

合议庭组成人员：审判长：王娟；代理审判员：王卓、李春放。

6. 审结时间：2008年2月29日。

（二）诉辩主张

原告及其委托代理人诉称：1996年2月14日至2004年9月20日，燃料公司与中国工商银行鞍山市分行（以下简称工行鞍山分行）签订了三份短期借款合同。热电公司提供保证担保，并与工行鞍山分行签订了保证合同。合同签订后，工行鞍山分行按合同约定履行了自己的全部义务，但二被告在合同到期后一直没有偿还借款。至今尚欠借款 274.6 万元及利息。2005 年 7 月 15 日，工行鞍山分行将上述债权转让给原告。故原告诉至法院，请求判令燃料公司偿还原告借款本金 274.6 万元及利息 2388067.14 元；热电公司承担连带保证责任；二被告承担本案诉讼费用。

被告燃料公司未答辩。

被告热电公司辩称：原告诉我公司的请求与事实不符。燃料公司所欠的借款本金由三部分组成，我公司只担保了一笔，即 1998 年 6 月 17 日发生的 258.5 万元，其余两笔没有担保，另外原告的诉请已经超过两年的保证期间。

（三）事实和证据

辽宁省鞍山市中级人民法院经公开审理查明：1996 年 2 月 14 日，工行鞍山分行与燃料公司签订借款合同一份。约定：燃料公司向工行鞍山分行借款 7 万元，还款期限至 1996 年 11 月 15 日，借款利率为月息 11.055‰。1998 年 1 月 26 日，工行鞍山分行与燃料公司签订借款合同一份。约定：燃料公司向工行鞍山分行借款 9.1 万元，还款期限至 1998 年 8 月 26 日，借款利率为月息 7.92‰。1998 年 6 月 17 日，工行鞍山分行与燃料公司签订借款合同一份。约定：燃料公司向工行鞍山分行借款 258.5 万元，还款期限至 1999 年 5 月 20 日，借款利率为月息 7.26‰。同日，工行鞍山分行与热电公司签订保证合同一份。约定，热电公司为燃料公司的 258.5 万元借款提供连带责任保证，保证期间为两年，自借款人不履行债务之日起计算。上述合同签订后，工行鞍山分行按合同约定履行了向燃料公司支付借款共计 274.6 万元的义务。但合同到期后，燃料公司未能履行还款义务，热电公司亦未承担相应的保证责任。至今尚欠借款本金 274.6 万元及利息。2000 年 6 月 20 日、2002 年 4 月 17 日、2003 年 5 月 16 日工行鞍山分行向燃料公司发出三份催收逾期贷款本息通知书，燃料公司均盖章予以确认。2004 年 9 月 28 日，鞍山市铁东区公证处出具公证书一份，证明工行鞍山分行于 2004 年 9 月 15 日向燃料公司送达了中国工商银行督促履行保证责任通知书。2005 年 7 月 15 日，原告与中国工商银行辽宁省分行签订债权转让协议一份。约定：工行鞍山分行将对燃料公司的该三笔债权转让给原告，具体每笔贷款债权见本协议所附转让债权清单。债权转让清单中列明，合计转让金额为 274.6 万元，其中 258.5 万元借款担保人为热电公司，截至 2005 年 5 月 20 日，燃料公司表外利息余额为 2388067.14 元。2005 年 11 月 3 日，原告与中国工商银行辽宁省分行共同在《辽宁日报》上刊登了债权转让及催收公告。督促二被告向原告履行义务。

另查明：原告提供了两份逾期贷款催保通知单（回执），该通知单上均有热电公司的盖章，但无具体日期记载。原告在庭审中明确表示一份是在 2000 年发出的，一份是在 2004 年 9 月 20 日发出的。举证期限内原告未能提供其他督促热电公司履行保证责任的证据。

再查明：燃料公司于 2003 年 7 月 18 日因未参加企业年检，被工商管理部门吊销营业执照。

上述事实有下列证据予以证明：

1. 借款合同，证明工行鞍山分行与燃料公司之间存在合法有效的借款关系。

2. 保证合同，证明热电公司为工行鞍山分行与燃料公司之间的借款提供连带责任保证。

3. 贷款支取凭证，证明燃料公司在签订借款合同后支取了相应的借款。

4. 债权转让协议，证明工行鞍山分行向本案原告转让债权的事实。

5. 债权转让清单，证明债权转让的具体内容。

6. 催收通知，证明工行鞍山分行向借款人燃料公司履行了相应的催收借款的义务。

7. 催保通知，证明工行鞍山分行督促保证人热电公司履行保证责任。

8. 工商行政管理机关行政处罚决定书，证明燃料公司被工商行政管理部门吊销营业执照的事实。

9. 债权转让及催收通知，证明本案原告与工行鞍山分行在完成债权转让后，履行了相应的通知及催收义务。

（四）判案理由

辽宁省鞍山市中级人民法院根据上述事实和证据认为：工行鞍山分行与燃料公司签订的三份借款合同、与热电公司签订的保证合同均合法有效。借款合同期满后，燃料公司未履行还款义务，属违约行为，应承担相应的违约责任。工行鞍山分行已将此笔债权转让给原告，符合法律规定。根据《中华人民共和国合同法》第二百零五条“借款人应当按照约定的期限支付利息”、第二百零六条“借款人应当按照约定的期限返还借款”、第二百零七条“借款人未按照约定的期限返还借款的，应当按照约定或者国家有关规定支付逾期利息”、《中华人民共和国民事诉讼法》第一百三十条“被告经传票传唤，无正当理由拒不到庭的，或者未经法庭许可中途退庭的，可以缺席判决”的规定，燃料公司应向原告履行偿还借款本金及利息的义务。

关于热电公司提出保证范围及超过保证期间一节。由于原告提供的保证合同明确了保证担保的金额为258.5万元，所以热电公司关于保证范围的辩解成立，应认定其提供保证担保的范围为258.5万元。关于保证期间，借款合同约定的借款期限为1998年6月17日至1999年5月20日，保证合同约定的保证期间为两年，自借款人不履行债务之日起计算。本案的保证期间应为1999年5月21日至2001年5月21日。工行鞍山分行诉称其曾于2000年向热电公司发出催保通知。但由于该催保通知上没有具体日期的记载，故该催保通知不能成为计算保证债务诉讼时效具体起始日期的证据。即便从充分保护债权人的角度考虑，把催保通知单上的日期推定为2000年12月31日，那么按原告所述有热电公司盖章的第二份催保通知单回执为2004年9月20日签收，亦超过保证债务的诉讼时效。最高人民法院《关于适用〈中华人民共和国担保法〉若干问题的解释》第三十四条第二款规定：“连带责任保证的债权人在保证期间届满前要求保证人承担保证责任的，从债权人要求保证人承担保证责任之日起，开始计算保证合同的诉讼时效。”因热电公司享有诉讼时效期间届满的抗辩权，其有权以该项抗辩权对抗原告的请求，所以，在保证债务超过诉讼时效期间的情况下，热电公司仅在催保通知单回执上盖章的行为，并不能成为热电公司承担保证责任的理由。原告的此项诉讼请求，本院不予支持。

（五）定案结论

辽宁省鞍山市中级人民法院依照《中华人民共和国合同法》第二百零五条、第二百零六条、第二百零七条，最高人民法院《关于适用〈中华人民共和国担保法〉若干问题的解释》第三十四条第二款及《中华人民共和国民事诉讼法》第一百三十条，作出如下判决：

1. 被告鞍山市工业燃料总公司于本判决生效后10日内，偿还原告中国长城资产管理公司大连办事处借款本金274.6万元及利息2388067.14元；

2. 驳回原告中国长城资产管理公司大连办事处的其他诉讼请求。

案件受理费23869元，保全费5000元，合计28869元，由被告鞍山市工业燃料总公司承担。因此款原告已垫付，被告鞍山市工业燃料总公司在履行上述给付义务时加付此款给原告。

（六）解说

该案涉及的主债权债务事实比较清楚，法律关系明确，在法律适用上亦不存在难点，所以应支持原告的该项诉讼请求。

该案值得研究的问题在于超过保证期间、超过主债务的诉讼时效期间或保证债务的诉讼时效期间，保证人在债权人的催款通知单上签字或盖章行为的法律后果。

1. 超过保证期间的情形。超过保证期间，这里是指连带保证的债权人在保证期间内未向保证人主张权利或一般保证的债权人在保证期间内未对债务人提起诉讼或仲裁的情形。由于保证期间是除斥期间，在上述情形下，保证人已经在实体上免除了保证责任，因此，保证人在催款通知单上盖章的行为并不能导致其承担保证责任的后果。

2. 主债务或保证债务已超过诉讼时效的情形。由于保证人享有诉讼时效期间届满的抗辩权，其有权以该项抗辩权对抗债权人的请求，所以，在主债务或保证债务超过诉讼时效期间的情况下，保证人仅在催款通知单上签字或盖章的行为，并不能成为保证人承担保证责任的理由，法院也不能因此认定保证人应承担保证责任。

3. 保证责任的再生。在超过保证期间或主债务、保证债务超过诉讼时效期间情况下，如果保证人有为已过保证期间或诉讼时效期间的主债务重新提供保证的意思表示，应视为保证人与债权人重新达成了保证合同，保证人应承担保证责任。

还应强调的是，最高人民法院《关于超过诉讼时效期间借款人在催款通知单上签字或者盖章的法律效力问题的批复》，是针对债务人的，即针对借款合同的借款人的签字盖章行为作出的规定，不应把这个司法解释扩大适用到保证人。

（辽宁省鞍山市中级人民法院　李春放）

14. 丛淑敏诉临西县氮肥有限责任公司等借款合同案

（外资企业全部资产出售后企业债务承担）

（一）首部

1. 判决书字号

一审判决书：北京市海淀区人民法院（2007）海民初字第143号民事判决书。

二审判决书：北京市第一中级人民法院（2008）一中民终字第14193号民事判决书。

2. 案由：借款合同纠纷。

3. 诉讼双方

原告（被上诉人）：丛淑敏，女，1962年6月12日生，住北京市海淀区。

委托代理人（一审）：李兴华，北京市李兴华法律咨询事务所执行董事。

委托代理人（一、二审）：张广岭，中国人民解放军总参谋部陆航部干部。

被告（上诉人）：临西县氮肥有限责任公司（以下简称临西氮肥公司），住所地：河北省临西县县城西陈林。

法定代表人（一审）：吴元杰，该公司董事长。

管理人（二审）：邢台博海清算事务有限公司。

委托代理人（一审）：王冰，北京市君泰律师事务所律师。

委托代理人（一审）：梁仁壮，北京市永开律师事务所律师。

委托代理人（二审）：李建卫，邢台博海清算事务有限公司职员。

被告（被上诉人）：邢台联洋化工有限公司（以下简称联洋公司），住所地：河北省临西县县城新郊。

法定代理人：刘静，该公司董事长。

被告：临西县发展改革局（以下简称临西发改局）。

法定代表人：张延先，该局局长。

委托代理人（一审）：王冰，北京市君泰律师事务所律师。

委托代理人（一审）：梁仁壮，北京市永开律师事务所律师。

委托代理人（二审）：王法扬，该局干部。

4. 审级：二审。

5. 审判机关和审判组织

一审法院：北京市海淀区人民法院。

合议庭组成人员：审判长：王实；审判员：李春荣、赵霞。

二审法院：北京市第一中级人民法院。

合议庭组成人员：审判长：金着；代理审判员：咸海荣、梁睿。

6. 审结时间

一审审结时间：2008 年 4 月 10 日。

二审审结时间：2008 年 11 月 28 日。

（二）一审情况

1. 一审诉辩主张

原告丛淑敏起诉称：2001 年 1 月 2 日，丛淑敏与联洋公司签订了借款协议书，约定由丛淑敏筹措资金借给联洋公司 100 万元，以解决企业资金困难问题。借款期限 5 年，计息标准为 15%。丛淑敏分别于 2001 年 1 月 3 日和 2001 年 3 月 3 日筹措了 40 万元和 60 万元借给联洋公司，该公司分别给丛淑敏出具了借条。现还款期限早已届满，但联洋公司对上述借款却分文未还。另外，根据已经发生法律效力的判决书，可以确定临西氮肥公司应当在接受资产 370 万元人民币的范围内承担连带责任；临西发改局应当在接受资产 20 万元人民币的范围内承担连带责任。现丛淑敏诉至法院要求联洋公司偿还借款 100 万元，临西氮肥公司、临西发改局承担连带还款责任，诉讼费由被告承担。

被告联洋公司经一审法院公告送达出庭传票无正当理由拒不到庭，在一审时亦未提交书面答辩状及相关证据。

被告临西氮肥公司答辩称：首先，临西氮肥公司与丛淑敏之间无任何合同关系。联洋公司对临西氮肥公司不享有债权，故作为联洋公司债权人的丛淑敏对临西氮肥公司无任何权利。即使联洋公司对临西氮肥公司拥有债权，根据双方 2003 年 12 月 17 日所签订协议，双方之间的所有债权债务关系都已经归于消灭。临西氮肥公司从联洋公司购买的只是该公司的机器设备、厂房等资产，双方之间签订的只是买卖这些资产所有权的合同，而不是收购或兼并联洋公司的协议。因此，联洋公司的所有债权债务与临西氮肥公司无关。其次，临西氮肥公司从联洋公司取得的人民币370万元资产并非未支付对价，其对价就是联洋公司的636名员工对联洋公司拥有的370万元债权变成了该636名员工在临西氮肥公司所拥有的370万元的股权。因此，临西氮肥公司不应在所谓的370万元资产范围内再对联洋公司的债权人承担责任。债转股这种处理方式，改变的只是临西氮肥公司给付370万元转让款的对价形式而已，即由给付转让款变为给付股权，并非没有支付对价。再次，即便临西氮肥公司以钱款的形式支付该笔转让费，按照《公司法》及相关法规的规定，此款也必须全部用于清偿联洋公司对其职工拖欠的工资及生活费。在工资、保险等费用未还清之前，丛淑敏作为联洋公司的外部债权人，根本无权也不可能从此款中得到清偿。故临西氮肥公司不同意丛淑敏的诉讼请求。

被告临西发改局答辩称：本案不属于人民法院受理民事案件的范畴，丛淑敏对临西发改局的起诉应属于行政诉讼，故应当依法予以驳回。关于临西发改局取得联洋公司20万元资产的问题，仅仅是凭借原临西县经贸局给临西县会计师事务所的函中“20万元上交临西发改局”这么一句文字表述，再无其他任何证据予以证明。故临西发改局不同意丛淑敏的诉讼请求。

2. 一审事实和证据

北京市海淀区人民法院经公开审理查明：2001年1月2日，丛淑敏（甲方）与联洋公司（乙方）签订借款协议，内容如下：“为了联洋公司的运行和发展，乙方请求甲方为企业筹借资金人民币100万元。计息标准：乙方按年利率15%付给甲方；计息时间：以乙方出具的借款收条为准，借用时间定为5年；本协议如发生纠纷，双方同意在甲方所在地人民法院诉讼；本协议一式二份，各持一份，双方必须严格执行以上条款。”2001年1月3日，联洋公司向丛淑敏出具收条一张，内容如下：“今借到丛淑敏现金40万元。”2001年3月3日，联洋公司向丛淑敏出具收条一张，内容如下：“今借到丛淑敏现金60万元。”上述协议及收条上均加盖有联洋公司的公章，亦有经办人丛登明的签字。

2002年联洋公司法定代表人向原临西县经济贸易局致函：“经美国联洋公司董事会研究决定，我方现提出终止合同（2000年8月1日签订）。同时，我方全权委托丛登明先生（总经理）处理合同终止事宜。”

2002年8月1日，临西县经济贸易局（甲方）与临西氮肥公司（乙方）签订的企业资产买卖合同书，内容如下：“第二条、成交价格及付款方式：一、成交价格：甲、乙双方同意确定本合同第一条资产买卖范围成交价为1160万元；二、付款方式：乙方代为甲方偿还债务，其代为偿还的债务如下：1. 欠县劳动局原氮肥厂职工的养老保险金、内退人员的生活费、已退休人员计算到70岁的费用共计5854436.23元；2. 欠职工的工资、风险金、生活补偿费、职工遗属补助费共计5723216.29元；3. 代为县经贸局偿还债务后，仍应付给县经贸局22347.48元……”

2002年9月26日，原临西县经济贸易局出具给临西县会计师事务所的函件载明：“根据县政府的部署，在广泛征求原临西县氮肥厂岗上岗下职工意见的基础上确定，组成以吴元杰为首的临西县氮肥有限责任公司，于2002年9月22日正式启动生产。并对所有资产作价1160万元卖给氮肥有限责任公司。其中：370万元用于债转股；580万元偿还原欠职工养老金；190万元偿还原下岗职工欠款；20万元上交我局。”

2002年10月17日，联洋公司被工商行政管理部门吊销企业法人营业执照。

中共邢台市委办公室和邢台市人民政府办公室邢台办字（2005）53号通知载明：将发展计划局、经济贸易局、乡镇企业局、政府经济体制改革办公室合并，设置发展改革局。

2006年5月1日，邢台亨昌会计师事务所出具的亨昌会审字（2006）第30号经济责任审计报告载明：临西氮肥公司由吴元杰和全体股东以1160万元，从联洋公司买断企业所有权，成立新的有限公司。该公司注册资本为420万元，其中法人股50万元、职工股370万元（全部为负债转入实收资本）。

江苏省江都市人民法院（2006）江民二初字第112号民事判决书认定：联洋公司被吊销营业执照后，在其未依法清算的情况下，原临西县经贸局对该公司的资产进行了处置，且无证据证明接受资产方支付了对价，导致联洋公司丧失了对外清偿债务的能力，侵害了外部权利人的利益。因此，接受联洋公司资产的临西氮肥公司和原经贸局应对联洋公司所欠债务承担相应的连带责任。判决：联洋公司给付原告江都市利达新型绝热节能厂27.3万元，并支付逾期付款利息；被告临西发改局对联洋公司应清偿的上述债务，在接受资产20万元人民币范围内承担连带责任；被告临西氮肥公司对联洋公司应清偿的上述债务，在接受资产370万元人民币范围内承担连带责任。临西发改局对判决不服，提出上诉。江苏省扬州市中级人民法院（2006）扬民二终字第97号民事判决书判决驳回上诉，维持原判。

上述事实有借款协议、借据、江苏省江都市人民法院（2006）江民二初字第112号民事判决书、江苏省扬州市中级人民法院（2006）扬民二终字第97号民事判决书、河北省临西县人民法院（2007）临民二初字第30号民事判决书、企业资产买卖合同书及双方当事人陈述在案佐证。

3. 一审判案理由

北京市海淀区人民法院根据上述事实和证据认为：合法的借贷关系受法律保护。联洋公司向丛淑敏借款，有借款协议书及借据为证，事实清楚，证据充分，丛淑敏要求联洋公司偿还借款之诉讼请求，有合法依据，予以支持。根据庭审调查及已经发生法律效力的判决书对相关事实的认定，可以确定在对联洋公司进行清算后，有关部门对联洋公司的所有资产作价1160万元卖给临西氮肥公司，其中370万元用于债转股。根据现有证据，不能证明临西氮肥公司向联洋公司支付了对价，导致联洋公司丧失了对外清偿债务的能力，损害了债权人的合法权益，故临西氮肥公司应当对联洋公司所欠债务承担相应的民事责任。临西氮肥公司提交的该公司与联洋公司委托代理人丛登明、张俊德于2003年12月17日签订的关于联洋公司遗留问题的协议，目前不能确认该协议的真实性，即使该协议是真实有效的，因丛淑敏不是此协议的合同一方当事人，故该协议不能对抗丛淑敏提出的债权主张。

根据中共邢台市委办公室和邢台市人民政府办公室邢台办字（2005）53号通知，可以认定原临西县经济贸易局的相关权利义务转由临西发改局承受。丛淑敏起诉要求临西发改局在人民币20万元内承担连带责任，而非对其对联洋公司进行清算的具体行政行为不服提起的诉讼，故丛淑敏对于临西发改局提起的诉讼属于人民法院受理民事案件的范围。但从目前的举证情况，不能证明临西发改局收到了该20万元，故丛淑敏要求临西发改局在人民币20万元范围内承担民事责任之诉讼请求，不予支持。

4. 一审定案结论

北京市海淀区人民法院依据《中华人民共和国合同法》第一百零七条、《中华人民共和国民事诉讼法》第一百三十条之规定，判决如下：

（1）联洋公司于判决生效后7日内给付丛淑敏借款人民币100万元，并按年息15%的标准给付自2001年3月3日至实际还款之日止的利息；

（2）临西氮肥公司对联洋公司应清偿的上述债务，在接受资产370万元人民币的范围内承担连带责任；

（3）驳回从淑敏要求临西发改局承担民事责任之诉讼请求。

案件受理费15010元，由联洋公司、临西氮肥公司负担，于本判决生效后7日内交纳。

（三）二审诉辩主张

上诉人（原审被告）临西氮肥公司上诉称：（1）一审判决责令上诉人承担还款责任所依据的事实错误。联洋公司与上诉人是既无合作，又无投资联系的各自独立的法人企业。上诉人所取得的资产尽管曾为联洋公司占有和使用，但该占有和使用已因联洋公司违约，与临西县经济贸易局的合同解除，使临西县经济贸易局复得本来的权利，临西县经济贸易局有权对自己所有的财产进行处分，故上诉人购买临西县经济贸易局出售的资产无论是否支付对价均与联洋公司没有任何关系。（2）事实上，上诉人接受临西县经济贸易局的资产已支付了对价。对于370万元资产的对价，既然资产转让双方采取债转股的形式，上诉人的工商登记材料中确实也有636名原联洋公司职工的债转股出资，一审法院既认可了370万元债转股存在的事实，又认为该370万元资产未给付对价，显然相互矛盾。（3）一审法院关于遗留问题协议的真实性不能确认且该协议不能对抗被上诉人债权主张的认定错误。一审法院在被上诉人未对该证据的真实性提出异议的情况下，作出否认该证据真实性的认定，显然是错误的。另外，遗留问题协议中明确约定从协议签字之日起，联洋公司与上诉人之间再无任何纠葛，由此可知，联洋公司与上诉人之间所有的债权债务关系已于2003年12月17日之后都归于消灭，故一审法院判令上诉人承担连带责任没有法律依据。综上，请求二审法院撤销一审判决主文第二项，驳回被上诉人针对上诉人的诉讼请求；由其他当事人承担一、二审案件受理费。

被上诉人（原审原告）从淑敏答辩称：从淑敏与联洋公司之间存在借款关系，上诉人应对此承担连带清偿责任。一审判决认定事实清楚，适用法律正确，应予维持。

（四）二审事实和证据

北京市第一中级人民法院经审理查明的事实与一审法院查明的事实一致。另经北京市第一中级人民法院补充审理查明：河北省临西县人民法院于2008年9月3日裁定受理临西氮肥公司破产清算，同日，指定邢台博海清算事务有限公司担任管理人。上述事实有各方当事人在二审审理期间的陈述在案佐证。

（五）二审判案理由

北京市第一中级人民法院根据上述事实和证据认为：从淑敏为了向联洋公司主张债权，向一审法院提交了借款协议及收条，上述证据足以证明联洋公司与从淑敏之间存在借款合同的法律关系，该法律关系是双方当事人的真实意思表示，且未违反相关法律、行政法规的强制性规定，应确认有效。从借款协议及收条的内容中可以看出，联洋公司欠付从淑敏款项的事实存在，故联洋公司应按照借款协议的约定承担还款责任。

本案中，原临西县经济贸易局将联洋公司的资产以1160万元的价格予以出售，临西氮肥公司接收了联洋公司包括生产设备、办公楼房、生产区和生活区及电力使用权等全部资产，而作为对价给付的1160万元中并无新资产的注入，均是临西氮肥公司对企业资产整体出售前所遗留债务的承诺。这种买受企业资产的价格构成势必造成联洋公司偿债能力的下降，同时加大了债权人回收债权的风险，而这一切都是在本案债权人从淑敏并不知情且无法干预的情况下发生的。根据债务应随资产走的原则，本案中，临西氮肥公司偿还联洋公司对外债务的责任不能免除，一审法院对此处理亦无不当；针对临西氮肥公司称一审法院关于遗留问题协议的真实性不能确认，且该协议不能对抗丛淑敏债权主张的认定错误的上诉理由，虽然遗留问题协议中约定有"本协议签字之日起，原联洋公司与政府，原联洋公司与临西氮肥公司再无任何纠葛"的内容，但因丛淑敏并非签订遗留问题协议的任何一方，且根据双方之间的协议不能损害善意第三方的合法利益的原则，该协议并不对丛淑敏产生约束力，临西氮肥公司的该点上诉理由不能成立。综上，一审判决认定事实清楚，适用法律正确，应予维持。

（六）二审定案结论

北京市第一中级人民法院依照《中华人民共和国民事诉讼法》第一百五十三条第一款第（一）项之规定，判决如下：

驳回上诉，维持原判。

一审案件受理费19136元、保全费5520元，由邢台联洋化工有限公司、临西县氮肥有限责任公司负担（于本判决生效后7日内交至一审法院）。

二审案件受理费19136元，由临西县氮肥有限责任公司负担（已交纳）。

（七）解说

联洋公司是由原国有企业临西氮肥厂经过公司制改造后成立的外商投资企业，后由于经营管理不善，外方终止合同。之后，临西县经贸局将联洋公司全部资产卖给新成立的临西氮肥公司，临西氮肥公司为此支付的对价是将职工对联洋公司拥有的370万元债权进行了债转股，并承担联洋公司所欠的部分债务。本案表面上看是由外资企业出售全部资产后引发的纠纷，实际上本案所涉诸多问题都是国企改制中产生的问题。

本案的主要争议焦点是外资企业全部资产出售后企业的债务承担问题，由于我国目前法律和司法解释尚无相应规定，导致本案呈现一定的复杂性和特殊性。本案为我们今后处理企业改制中存在的类似问题提供了较好的司法解决路径，具有一定的案例指导意义和启示作用。

1. 临西县经贸局与临西氮肥公司签订的企业资产买卖合同书的效力问题。本案中该企业资产的所有者是联洋公司，临西县经贸局作为政府部门无权处分联洋公司的企业资产，其签订的资产买卖合同在未经联洋公司追认的情况下是否属于无效合同。审理法院结合本案的具体情况和最高人民法院关于不轻易认定企业改制合同无效的精神，考虑到联洋公司已经被吊销营业执照，企业已无资产可供执行，636名职工对联洋公司的债权转股权行为已经办理变更登记手续；所欠职工养老金和下岗职工的债权没有着落等现实因素，如果贸然认定资产买卖合同无效，容易引发职工失业、所欠职工养老金和下岗职工的债权无法保障、政府公信力降低等社会不稳定因素。此外，考虑到现行法律、法规对企业改制的法律形式及实施程序并没有进行界定，审理法院在二审中确定了资产买卖合同的效力，这对处理本案所涉经济和社会问题更为有利，更能使判决体现法律效果和社会效果的统一。

2. 本案的法律适用问题。由于我国对于外资企业全部资产出售后企业的债务承担没有相应法律规定。目前关于企业改制主要适用的是2003年2月1日施行的最高人民法院《关于审理与企业改制相关的民事纠纷案件若干问题的规定》，但根据最高人民法院（2003）民二外复第13号的规定，外商投资行为不受上述司法解释的调整。审理法院考虑到联洋公司本身就是由国有企业临西氮肥厂公司制改造而来，且本案中存在的职工债转股、养老金和下岗职工债权等问题也是当时企业改制时遗留的问题，因此参照最高人民法院《关于审理与企业改制相关的民事纠纷案件若干问题的规定》的精神，根据债务随资产走的原则，作出判决。

即在当事人对企业遗留债务的承担没有约定，或者虽有约定但违反法律的强制性规定，或者未经债权人事先同意或事后认可损害国家利益和善意第三人利益的情况下，因企业财产负有对企业债务的一般担保责任，受让方按照该原则，根据不同情况承担相应的责任。

3. 临西氮肥公司是否应当在其接收的370万元资产范围内就联洋公司的债务承担连带责任问题。本案中，临西氮肥公司认为，其作为依法批准成立的独立法人企业，与联洋公司无隶属关系，虽然受让并使用了联洋公司的主要资产，但该权利是根据临西县经济贸易局与临西氮肥公司签订的企业资产买卖合同书支付对价合法取得的。对于联洋公司与丛淑敏的债务，由于联洋公司并未通知临西氮肥公司，临西氮肥公司亦未表示同意承接该债务，因此不发生债务转移的后果，故该债务仍应由继续存续的联洋公司承担。

审理法院认为，联洋公司将公司的全部资产从公司剥离出来，转让给了临西氮肥公司，即使存在联洋公司与临西氮肥公司所签的遗留问题协议，根据债务随资产走的原则，未经债权人事先同意，接受财产的企业应当在接收财产价值范围内对出让方的债务承担连带责任。本案中，虽然联洋公司的全部资产及部分债务进入了临西氮肥公司，部分债务保留在原企业，从形式上是公平合理的，但是在上述转移过程中由于没有通知所有债权人，即丛淑敏未得到任何通知，其造成的后果是驾空了丛淑敏的债权。因为联洋公司已将企业的全部资产剥离给了临西氮肥公司，虽然联洋公司仍保留法人地位，但只是一个空壳，没有留下实际的、有效的、可变现的财产来承担债务。因此，如果资产受让方临西氮肥公司不承担连带责任，则债权人的权利就很难实现。

4. 本案的启示意义。本案虽已审结，但因本案的审理而引发出一个值得探讨的法律问题，即我国《公司法》中并未对公司在正常经营业务以外出售全部或重大资产时的债权人权利保护作出相关规定。《公司法》立法上的这一空白，造成实践中处理类似案件时无法可依，只能比照相关法律的原则性规定进行类推，这样做极易引发执法尺度不统一的问题。对此，笔者认为，公司出售全部或重大资产属于公司的重大变更事项，即使受让方支付了对价，对公司债权人的权利也会产生重大影响，因此应当赋予债权人相应的权利，即当公司出售全部或重大资产时，应当提前通知债权人，债权人可以要求公司清偿债务或提供相应的担保。如果公司未通知债权人，则由公司和资产买受人对债权人承担连带责任，资产买受人承担连带责任以其受让的资产价值为限。

（北京市第一中级人民法院　卫　鑫）

15. 姚建平诉韩湧等借款合同案
（瑕疵股权转让）

（一）首部

1. 判决书字号

一审判决书：青海省西宁市中级人民法院（2007）宁民二初字第21号民事判决书。

二审判决书：青海省高级人民法院（2008）青民二终字第7号民事判决书。

2. 案由：借款合同纠纷。

3. 诉讼双方

原告（上诉人）：姚建平，武汉新兴均安化工有限公司总经理。

委托代理人（一、二审）：董博俊，辉湟律师事务所律师。

委托代理人（一、二审）：韩伟宁，辉湟律师事务所律师。

被告（被上诉人）：韩湧，青海省搏兴新型建材有限公司总经理。

委托代理人（一、二审）：赵永智，君剑律师事务所律师。

被告（被上诉人）：青海省搏创工贸有限公司（以下简称搏创工贸公司），住所地：西宁市花园南街8号院2号楼1单元202室。

法定代表人：韩道生，该公司董事长。

委托代理人（一、二审）：张蓉，汇元律师事务所律师。

被告（被上诉人）：青海省搏兴新型建材有限公司（以下简称搏兴建材公司），住所地：西宁市大通县解放南路221号。

法定代表人：韩湧，该公司经理。

委托代理人（一、二审）：张蓉，汇元律师事务所律师。

4. 审级：二审。

5. 审判机关和审判组织

一审法院：青海省西宁市中级人民法院。

合议庭组成人员：审判长：赵甲宁；审判员：刘红、李冰。

二审法院：青海省高级人民法院。

合议庭组成人员：审判长：祁得春；审判员：马成宗；代理审判员：黄斌。

6. 审结时间

一审审结时间：2007年11月22日。

二审审结时间：2008年2月19日。

（二）一审情况

1. 一审诉辩主张

原告姚建平诉称：2006年初被告搏创工贸公司法定代表人韩湧与其协商，以搏创工贸公司及所在的武汉新兴均安化工有限公司（以下简称均安化工公司）和自然人李海霞作为出资人，三方共同出资设立搏兴建材公司，新公司注册资金为人民币500万元。商定后，韩湧提出因搏创工贸公司资金紧张，需向姚建平借款240万元，作为成立新公司的出资款，2006年3月2日姚建平委托他人与被告韩湧签订了一份《借款协议》，协议约定：“借款使用期限不超过15年，若2006年3月2日签订的合作出资成立搏兴建材公司的协议未满15年而终止，则必须在终止合作且清算后90天内还清借款。”协议签订后，原告姚建平即在2006年3月22日前分两次将240万元借款电汇给了被告韩湧，韩湧将此款作为被告搏创工贸公司的出资投入被告搏兴建材公司。被告搏兴建材公司成立后，因种种原因导致三方无法合作，经协商原告姚建平、李海霞将持有搏兴建材公司的全部股份转让给了被告搏创工贸公司，三方于2006年8月3日签订了《股权转让协议》。同日，原告姚建平与被告韩湧、搏创工贸公司签订了一份《还款协议》，协议签订后，被告搏创工贸公司不履行协议约定的担保抵押登记手续，致使还款协议未能生效。在双方合作终止的情况下，被告韩湧、搏创工贸公司应立即依约偿还借款240万元。由于二被告不履行偿还借款的义务，故向人民法院提起诉讼，请求判令：(1) 被告韩湧、搏创工贸公司偿还借款人民币240万元，被告搏兴建材公司承担连带清偿责任；(2) 被告承担自起诉之日到判决之日期间的欠款利息及全部诉讼费用。

被告韩湧辩称：其向原告姚建平借款240万元的事实属实，但按借款协议约定，借款使用期限不超过15年，若2006年3月2日签订的合作出资成立搏兴建材公司的协议未满15年而终止，则必须在终止合作且清算后90天内还清借款。按约定还款条件尚未成就，现合作企业并未清算，姚建平现无权索要借款，而且也无诉权，同时正是根据本借款协议的约定，韩湧与搏创工贸公司签订并履行了借款协议，如原告姚建平现违约收回借款将给本人造成难以承受的损失。因此人民法院应依法驳回原告姚建平的起诉。

被告搏创工贸公司辩称：我公司作为本案被告主体不适格，向原告姚建平借款的是韩湧个人，而不是我公司，我公司与原告没有债权债务关系。2006年3月2日，我公司与均安化工公司、自然人李海霞三方签订《合作协议》，约定我公司出资240万元，均安化工公司出资235万元，李海霞出资25万元，三方共同成立“搏兴建材公司”。由于我公司资金紧张，于2006年3月26日向韩湧个人借款240万元，并约定借款期限15年，还款时间为2021年3月25日前，该借款与姚建平无关。原告姚建平要求我公司承担偿还240万元借款责任不符合法定条件，另韩湧与姚建平之间借款按约定并未到期，我公司与韩湧之间的借款也未到期，故姚建平要求偿还借款无法律依据，我公司不应对原告承担240万元借款的偿还责任。请依法驳回原告对我公司的诉讼请求。

被告搏兴建材公司辩称：我公司与姚建平不存在债权债务关系，要求我公司承担连带清偿责任没有事实根据和法律依据。搏兴建材公司系搏创工贸公司、均安化工公司、李海霞三方签订《合作协议》后成立的，三方于2006年3月3日共同制定了公司章程，但作为搏兴建材公司的股东均安化工公司、李海霞一直没有履行出资义务，韩湧虽然是我公司的法定代表人，但不是股东，韩湧的借款不能与公司股东出资联系起来，我公司也未向姚建平借款，与其无任何债权债务关系。请依法驳回原告对我公司的诉讼请求。

2. 一审事实和证据

青海省西宁市中级人民法院经公开审理查明：2006年3月2日，搏创工贸公司、均安化工公司、李海霞三方协商签订了一份共同出资组建搏兴建材公司的《合作协议》，该协议约定：搏创工贸公司出资240万元，均安化工公司出资235万元，李海霞个人出资25万元。搏兴建材公司注册资金为500万元。由于搏创工贸公司资金紧张，该公司时任法定代表人韩湧向均安化工公司总经理姚建平个人提出借款240万元，双方签订了一份借款协议，该协议约定借款年利率为6%，每年度末付息，借款期不超过15年，提供借款期限为2006年3月25日前，还款期限为2021年3月25日前，若2006年3月2日三方签订的合作出资成立搏兴建材公司的协议未满15年而终止，则韩湧必须在终止合作且清算后90天内还清借款。借款协议签订后，姚建平于2006年3月22日前分两次将人民币240万元电汇给了韩湧，韩湧收到借款后，以出借方式把240万元借给搏创工贸公司。搏创工贸公司将此款作为出资款投入搏兴建材公司。搏兴建材公司成立后，因种种原因导致三方之间产生矛盾，均安化工公司、李海霞实际未按《合作协议》的约定向搏兴建材公司出资。后经搏创工贸公司、均安化工公司、李海霞协商，将均安化工公司、李海霞持有的搏兴建材公司的股份全部转让给了搏创工贸公司，三方于2006年8月3日签订了《股权转让协议》，同日姚建平与韩湧、搏创工贸公司签订了《还款协议》，协议签订后韩湧、搏创工贸公司未按还款协议约定办理担保抵押登记手续，致使该协议未能生效。

三方签订股份转让协议后，未向工商行政管理部门办理股东变更手续，也未进行清算。

另查，搏创工贸公司法定代表人韩湧于2006年9月5日变更为韩道生。

对上述事实当事人均予以认可，法院予以确认。

3. 一审判案理由

青海省西宁市中级人民法院根据上述事实和证据认为：本案的争执焦点主要有两个：一是240万元借款应由谁承担还款责任？二是归还借款的条件是否成就？

对于第一个争执焦点，韩湧与姚建平之间的借款关系是建立在搏创工贸公司、均安化工公司、李海霞三方合作共同出资组建搏兴建材公司的基础上。借款用途也很明确，是用于搏创工贸公司向搏兴建材公司的出资款，该款实际由搏创工贸公司作为自己的出资款投入到搏兴建材公司。韩湧虽然是借款人，但搏创工贸公司是该借款的实际使用人，因此韩湧、搏创工贸公司应共同承担归还借款的责任。姚建平请求韩湧、搏创工贸公司共同承担归还借款责任的理由成立。搏兴建材公司系三方共同出资成立的具有独立法人资格的公司，借款是搏创工贸公司作为三方合作的出资款投入到搏兴建材公司的，其与该债权债务关系无关，姚建平要求其承担连带清偿责任理由不能成立。

对于第二个争执焦点，双方在《借款协议》中关于还款期限有两条约定，即：(1) 借款期限不超过15年，即2021年3月25日前；(2) 若2006年3月2日签订的合作成立搏兴建材公司的协议未满15年而终止，则在终止合作且清算后90天内还清借款。根据协议约定，归还借款的条件均未成就。2006年8月3日均安化工公司、李海霞、搏创工贸公司三方虽然签订了《股权转让协议》但未办理股东变更手续，李海霞、均安化工公司现仍是搏兴建材公司的股东，三方签订的《股权转让协议》并未生效，因此不能证明三方的合作关系已终止。原告姚建平主张合作关系已终止，还款条件已成就不能成立。

4. 一审定案结论

青海省西宁市中级人民法院依照《中华人民共和国民事诉讼法》第一百二十八条之规定，判决如下：

(1) 驳回原告姚建平要求被告韩湧、搏创工贸公司偿还借款240万元及承担自起诉之日到判决之日期间欠款利息的诉讼请求；

(2) 驳回原告姚建平要求被告搏兴建材公司承担连带清偿责任的诉讼请求。

（三）二审诉辩主张

上诉人姚建平上诉称：一审判决认定事实错误，从而导致错误的判决结果。一审法院认为，因未办理股东变更手续，所以上诉人所在的均安化工公司及自然人李海霞仍是被上诉人搏兴建材公司股东，均安化工公司、李海霞及被上诉人搏创工贸公司三方订立的《股权转让协议》并未生效，据此认定还款条件仍未成就。上诉人认为一审法院的认定明显违背《公司法》的规定，且与三方合作关系早已终止的客观事实不符。且搏创工贸公司是实际使用人理应偿还借款，搏兴建材公司承担连带清偿责任。

被上诉人韩湧答辩称：一审判决认定事实清楚，适用法律正确，审判程序合法，请二审法院依法驳回上诉人上诉，维持原判。上诉人与被上诉人之间的《借款协议》约定十分明确，三方合作在借款期限未满15年而终止，则在终止合作日清算后90天内还款。但并未办理股东变更登记，李海霞和均安化工公司现仍是搏兴建材公司股东，因此三方合作关系并未终止。这是无可辩驳的客观事实，所以姚建平主张还款条件已成就的上诉理由根本不能成立。

被上诉人搏兴建材公司、搏创工贸公司答辩称:其与姚建平和韩湧之间的债权债务没有关系,上诉人要求其对240万元借款承担连带清偿责任缺乏法律和事实依据。上诉人不能要求实际使用人及公司替股东偿还债务。请求二审法院维护被上诉人的合法权益。

（四）二审事实和证据

青海省高级人民法院经审理查明：2006年3月2日搏创工贸公司、均安化工公司、李海霞三方协商签订了一份共同出资组建搏兴建材公司的《合作协议》，该协议约定：搏创工贸公司出资240万元，均安化工公司出资235万元，李海霞个人出资25万元。搏兴建材公司注册资金为500万元。同时，搏创工贸公司时任法定代表人韩湧与均安化工公司总经理姚建平签订了一份《借款协议》，该协议约定姚建平借给韩湧240万元，借款期不超过15年，即还款期限为2021年3月25日前，若2006年3月2日三方签订的合作出资成立搏兴建材公司的协议未满15年而终止，则韩湧必须在终止合作且清算后90天内还清借款。借款协议签订后，姚建平于2006年3月22日前分两次如约将人民币240万元电汇给了韩湧。韩湧收到借款后，以出借方式把240万元借给搏创工贸公司。搏创工贸公司将此款作为出资款投入搏兴建材公司。搏兴建材公司经工商局注册登记成立，注册资本金500万元，股东为搏创工贸公司、均安化工公司、李海霞。均安化工公司、李海霞实际未按《合作协议》的约定向搏兴建材公司出资。后2006年8月3日经三方协商，约定将均安化工公司、李海霞持有的搏兴建材公司的股份全部转让给搏创工贸公司并签订了《股权转让协议》。

姚建平当庭向法院提交了西宁市人民检察院2008年1月22日给其的复函（该函称“你所控告的大通县工商局不认真履行职责，涉嫌渎职问题，我院已受理，现正在调查之中。”）及《公司变更登记申请书》复印件用以证明双方的股权转让已经向工商局申请变更且已领取了新的营业执照。

法院认为，姚建平在二审庭审过程中提供的上述两份证据，虽然形成于一审判决前但由于当事人受条件所限无法及时取得，故法院认为其可以作为新证据予以质证。

韩湧、搏创工贸公司、搏兴建材公司答辩称《公司变更登记申请书》是复印件并只是申请书不能证明已经办理了变更登记。

法院认为，《公司变更登记申请书》只提供了复印件无法证明其真实性，缺少证据的主要特性，法院不予认可。西宁市人民检察院2008年1月22日的复函，不能直接证实姚建平所要证明的事实，法院不予支持。

另查明：上诉人与被上诉人之间除上述借款、股权转让关系外无其他债权、债务关系。

（五）二审判案理由

青海省高级人民法院根据上述事实和证据认为：

1. 搏创工贸公司、搏兴建材公司是否承担责任的问题。2006 年 3 月 2 日，韩湧作为借款人，姚建平作为出借方，双方签订了一份《借款协议》。《借款协议》中借款人是韩湧个人，且并没有其他证据证明在签订《借款协议》时韩湧是以公司法人名义履行公司职务。《借款协议》的借款人与出借人双方十分明确，姚建平跨越合同的相对性要求搏创工贸公司、搏兴建材公司承担责任的诉讼请求没有事实基础和法律依据，法院不予支持。

2. 股权转让协议是否生效及还款条件是否成就。2006 年 8 月 3 日，搏创工贸公司、均安化工公司、李海霞协商，三方签订了《股权转让协议》，将均安化工公司、李海霞持有的搏兴建材公司的股份全部转让给了搏创工贸公司。《股权转让协议》是否生效应从以下方面考察，合同当事人在法律上是否具有缔结合同的行为能力，即均安化工公司是否是搏兴建材公司的股东。虽均安化工公司至今未向搏兴建材公司履行出资义务，但是否实际出资不是取得股东资格的决定性条件，不能仅以未出资而否定股东资格，股东身份的认定，应当以公司登记文件的记载为依据。在搏兴建材公司的公司章程、工商登记中均记载均安化工公司为搏兴建材公司的股东。所以，均安化工公司拥有搏兴建材公司的股权，其签订《股权转让协议》主体适格。该协议的意思表示是否真实关键在于出让人均安化工公司是否对受让人搏创工贸公司构成欺诈，即出让人是否告知受让人现有资本的真实情况。在本案中的受让人搏创工贸公司，是搏兴建材公司的老股东且两公司的法定代表人曾是同一人。搏创工贸公司对出让人均安化工公司注册资本金不到位的事实是知道的，故双方当事人意思表示真实不存在欺诈行为。

对于股权转让合同是否以工商变更登记为生效条件。工商登记不属于《合同法》规定的法律、法规规定应当办理批准登记手续生效的情况，工商登记手续与合同效力分属不同的法律关系，其成立生效分别依据不同的法律根据，登记仅仅是为公示权利，并不决定合同效力。只要当事人意思表示真实并不违反法律禁止性规定，股权转让合同一经签订即生效，对当事人双方均具有约束力。

因此，本案中签订协议的双方主体资格适格，意思表示真实，该转让协议的标的不属于法律、法规规定应当办理批准登记的，虽未办理有关变更登记手续但并不足以影响合同效力，所以该《股权转让协议》一经签订即生效。韩湧提出《股权转让协议》及公司章程约定须办理工商登记、批准，协议才能生效的抗辩理由，不能成立。姚建平上诉称，自搏创工贸公司、均安化工公司、李海霞签订股权转让合同之日起，已经合作终止，韩湧应依约履行还款义务。法院认为，三方签订的股权转让协议已经生效，且并无其他债权债务需清算。所以，双方的合作关系可以认定为终止且清算，姚建平的上诉理由予以支持。原审法院适用法律错误，理应撤销原审判决。

（六）二审定案结论

青海省高级人民法院根据《中华人民共和国民事诉讼法》第一百五十三条第二款第（三）项的规定，判决如下：

1. 撤销青海省西宁市中级人民法院（2007）宁民二初字第 21 号民事判决书；

2. 韩湧于本判决生效之日起 90 日内偿还姚建平借款 240 万元及 2007 年 1 月 23 日到判

决生效之日期间的银行同期贷款利息；

3. 驳回姚建平要求青海省搏创工贸有限公司偿还借款及青海省搏兴新型建材有限公司承担连带清偿责任的诉讼请求。

本案一、二审案件受理费44020元，诉讼保全费1520元由韩湧承担。

（七）解说

本案从表面来看是关于借款合同的纠纷，但实际上是涉及瑕疵股权转让效力的认定。狭义的瑕疵股权在当前公司实践中并不鲜见，其隐性负面效果在近年来持续凸显。狭义的瑕疵股权仅是指出资人违反《公司法》和公司章程的规定，未足额出资或出资的财产权利有瑕疵，该类瑕疵股权也可称之为出资瑕疵股权。笔者认为，在审理瑕疵股权转让纠纷案件时要注意以下几个方面的问题：

1. 出资瑕疵股权转让的效力认定。关于股东在公司设立时未出资或未足额出资，或者在公司设立后抽逃出资，其与他人签订的股权转让合同是否有效的问题，在我国理论、实践中主要有三种观点：其一，股权转让合同无效。该观点认为，股东是向公司投入资金并依法享有权利、承担义务的人，基于股东地位而对公司主张的权利，为股东权。认股人也只有在履行缴纳股款的义务后，才能取得股权，享有股东地位。股东未出资意味着不具备股东资格，因此所签订的股权转让合同当然无效。其二，应视公司是实行实收资本制、折衷资本制，还是授权资本制而定。在实行实缴资本制下，只有缴足注册资本后公司才能成立，只有公司成立后出资的认股人才是股东，未出资的认股人不能成为公司股东，其转让股权行为无效；而在实行认缴资本制的公司中，公司成立时认股人只要实际缴付部分出资即成为公司股东，并负有按约缴足出资的义务，股东未按约缴足出资的，应承担出资不足的责任，但不影响股东的地位，其转让股权不影响股权转让合同的效力。其三，认为股权转让合同效力待定。该观点认为，在这种情况下合同是否有效，关键并不在于股东的身份，而在于出让人是否对受让人构成欺诈。出让人未告知受让人注册资本到位的真实情况，受让人对此也不明知或应知的，受让人可以以欺诈为由主张合同无效或撤销合同。受让人明知或应当明知注册资本未到位的真实情况仍接受转让的，意味着受让人必须承担补足注册资本的义务，股权转让合同有效。

笔者认为，股权转让合同的生效以出让方具有股东资格为前提，出让方不具有股东资格就无从谈起转让股权，该类股权转让合同当然因主体不适格而导致合同的无效。瑕疵股权转让合同的效力认定的核心问题就是出资人出资瑕疵是否具有股东资格。对于瑕疵出资者是否具备股东资格的问题，不论在理论界还是实务界都存在很大争议，最主要观点有否定说和肯定说这两大类。否定说认为，出资是投资者享有股东权利、承担股东义务的必要前提，因此，既然是未实际出资或虚假出资的，那么就不能取得特定股东的身份。肯定说认为，股东出资瑕疵并不必然否定其股东资格，其以股东身份而行使权利或获取利益也并不因此而不正当。

笔者认为，有限责任公司股东出资瑕疵本身原则上不影响瑕疵股权转让合同的效力。理由是：首先，认为出资瑕疵即无股东资格的看法既缺乏法律依据，又有损于公示效力。我国《公司法》规定："有限责任公司成立后，发现作为设立公司出资的非货币财产的实际价额显著低于公司章程所定价额的，应当由交付该出资的股东补足其差额；公司设立时的其他股东承担连带责任。"那么，如果否认其股东资格，就等于否认了其与公司之间的任何法律关系，则对其填补出资义务责任的追究也就丧失了法律依据。基于此，有学者明确地指出：简单地以股东未出资而否定其股东资格是与法理不符的。其次，股东未履行出资义务，并不改变其已有的股东资格，这种资格取决于公司章程和股东名册的记载，更重要的是工商行政部门注册登记的确认，这些文件不能证明该股东已履行出资义务，但却是证明其资格的基本依据。

公司设立时股东未依约出资导致公司注册资本未达到法定最低限度的，属于虚假出资骗取公司登记的行为。无论该股东是否实际出资，均应当认定其不具有合法的股东资格。因为虚假出资骗取公司登记的，应认定公司设立无效。公司不具备法人资格，各出资人均不应认定为公司股东，他们应当按照合伙关系对内对外承担民事责任。

转让人对公司的实际情况未予隐瞒则不构成欺诈，受让人不能以出让人未适当履行出资义务为由主张撤销股权转让合同。

2. 股权转让形式瑕疵的认定。股权转让形式瑕疵主要指股权转让因未办理变更登记而产生的纠纷。在实践中，因股权转让欠缺登记而涉讼的纠纷大量存在。在我国现行法律体系中，要求股权转让进行登记的法律规范主要是《公司法》第三十三条、第七十四条，《公司登记管理条例》第三十五条的规定，即股权转让后，应分别办理公司变更登记和工商变更登记。当产生形式瑕疵的股权转让纠纷时，未经登记的股权转让合同具有效力，但只能在双方当事人之间生效，在公司登记前不能对公司及其他股东主张；工商变更登记属于公司的义务，对股权转让效力不发生影响，如公司未办理工商变更登记的，受让方可依法要求公司补办登记，但在登记前不得对抗第三人。

股权转让合同是否违反法律法规禁止性规定，是否未办理审批手续的问题。在我国法律、法规禁止性规定主要是指《公司法》和有关法律对股权转让的强制性规定，往往是针对某些特殊的股权转让。这是法律、法规对特殊股权转让要求必须具备的形式要件，但确认批准生效主义或登记生效主义的法律依据只能限于法律和行政法规中的强行法律规范。未经有关部门批准、同意的合同当然未生效。但在审判实践中，对于那些虽然在股权转让时未依法履行审批手续，但一审庭审结束前补办了批准手续的，应认定合同有效。

（青海省高级人民法院　黄　斌）

16. 吴志定诉新昌县福灵羊毛衫厂等借款合同案

（投资人连带责任）

（一）首部

1. 判决书字号

一审判决书：浙江省新昌县人民法院（2008）新民二初字第239号民事判决书。

二审判决书：浙江省绍兴市中级人民法院（2009）浙绍商终字第11号民事判决书。

2. 案由：借款合同纠纷。

3. 诉讼双方

原告（被上诉人）：吴志定，男，1947年7月15日生，汉族，农民，住新昌县小将镇方泉村。

委托代理人（一审）：娄瀛洲，新昌大市聚法律服务所法律工作者。

被告（被上诉人）：新昌县福灵羊毛衫厂，住所地：新昌县小将镇方泉村方口自然村。

法定代表人：董小桂妃，投资人。

委托代理人（一审）：顾东明，浙江啸天律师事务所律师。

被告（上诉人）：刘昌勇，男，1978 年 5 月 30 日生，汉族，农民，住新昌县小将镇方泉村。

委托代理人（二审）：顾东明，浙江啸天律师事务所律师。

4. 审级：二审。

5. 审判机关和审判组织

一审法院：浙江省新昌县人民法院。

合议庭组成人员：审判长：陈晓军；审判员：吴亚非；代理审判员：陈祥敏。

二审法院：浙江省绍兴市中级人民法院。

合议庭组成人员：审判长：孙志萍；代理审判员：李志、秦善奎。

6. 审结时间

一审审结时间：2008 年 10 月 23 日。

二审审结时间：2009 年 3 月 16 日。

（二）一审诉辩主张

原告诉称：2001 年，被告新昌县福灵羊毛衫厂分别多次向原告借款，原借款凭证号码为 No0015386、No0015375、No015376、No0015377。2006 年 2 月 3 日，No0015386、No0015375 二份借据经被告结转欠原告本金 10000 元，利息 8300 元，合计人民币 18300 元，约定年息壹分计算。2006 年 2 月 14 日，原借据凭证号码为 No015376 经结转，本金 10000 元，利息 8000 元，合计人民币 18000 元，约定年息壹分计算。2006 年 12 月 30 日，原借据凭证号码为 No0015377 经结转，本金 5600 元，利息 3900 元，合计人民币 9500 元，约定年息壹分计算。上述三笔款经原告多次催讨，被告于 2007 年 9 月份付原告利息 2000 元，其余本息未付。原告请求法院判令：（1）被告新昌县福灵羊毛衫厂立即归还原告本金人民币 45800 元，利息 6643.16 元，并支付自起诉之日起至还清款日止年息按 10‰计算的利息，利随本清；（2）被告刘昌勇对上述款项承担连带清偿责任。2008 年 10 月 23 日，原告变更诉讼请求中的利息计算方法为年息 10%。

被告新昌县福灵羊毛衫厂辩称：（1）被告新昌县福灵羊毛衫厂的负责人和投资人均是董小桂妃，董小桂妃与刘昌勇的转让是否合法，系另一行政法律关系，不是本案审理范围；（2）被告没有向原告借款，原告起诉的借款均是转入而来，本案法律关系不是民间借贷关系；（3）原告不具有原告主体资格，2006 年 2 月 3 日、2006 年 2 月 14 日该两笔借款纠纷的原告应该是俞娟芬，而不是吴志定；（4）被告并不是适格的被告，虽然三份收款收据都有被告的盖章，但借款人均是刘其林，并不是被告，刘其林死亡后仍然应由债务人承担还款责任；（5）原告计算利息错误，不能重复计算，只能按收款收据本金计算，年息壹分，应理解为一年总的利息是一分；（6）被告归还的是本金 2000 元，而不是利息 2000 元。请求驳回原告诉讼请求。

被告刘昌勇提交答辩状辩称：（1）本案的被告是新昌县福灵羊毛衫厂，其不是适格的被告；（2）新昌县福灵羊毛衫厂的负责人应为董小桂妃；（3）本案并非民间借贷，而是债权债务转让纠纷或第三人自愿加入债务纠纷，债务人应为刘其林，新昌县福灵羊毛衫厂不是债务人；(4) 利息不能重复计算利息，年息壹分是一年总的利息一分，归还的2000元是本金而不是利息；(5) 刘其林与原告之间是存款而非借款关系，此行为已涉嫌非法吸收公众存款。请求驳回原告诉讼请求。

(三) 一审事实和证据

浙江省新昌县人民法院经公开审理查明：吴志定与俞娟芬系夫妻，刘其林（已死亡）和董小桂妃系夫妻，刘昌勇为刘其林、董小桂妃之子，新昌县福灵羊毛衫厂的投资人为刘其林。2006年2月，俞娟芬将2001年在新昌县福灵羊毛衫厂刘其林处的全部债权转让给原告吴志定。2006年2月3日，被告新昌县福灵羊毛衫厂向吴志定出具收款收据一张，载明"原俞娟芬存刘其林处本金10000元，存款转入利息8300元"；2006年2月14日，被告新昌县福灵羊毛衫厂向吴志定出具收款收据一张，载明"俞娟芬存刘其林处本金10000元，存款转入利息8000元"；2006年12月30日，被告新昌县福灵羊毛衫厂向吴志定出具收款收据一张，载明"吴志定存刘其林处本金5600元，存款转入利息3900元"；三张收款收据均有被告新昌县福灵羊毛衫厂的发票专用章和当时投资人刘昌勇的签名，并注明年息壹分。2007年9月，被告新昌县福灵羊毛衫厂付给原告吴志定人民币2000元。后经原告催讨，被告没有还本付息。2008年3月6日，原告吴志定起诉至本院，要求判令被告新昌县福灵羊毛衫厂立即归还借款人民币45800元，利息6643.16元，并支付自起诉之日起至还清款日止年息按10‰计算的利息。2008年4月9日，原告申请要求追加刘昌勇为共同被告，要求其承担连带清偿责任。2008年10月23日，原告在庭审时以利息计算错误为由，变更诉讼请求中的利息计算方法为起诉时至还清款日止按年息10%计算的利息。

上述事实有下列证据证明：

1. 2006年9月2日独资企业工商登记情况，证明当时新昌县福灵羊毛衫厂的负责人是刘昌勇，投资人也是刘昌勇。

2. 借据凭证3份，证明新昌县福灵羊毛衫厂在2006年2月3日、14日、12月30日经结算向原告借款本金45800元，及对利息进行约定的事实。

3. 新昌县小将镇方泉村村民委员会证明和吴志定户口本各1份，证明吴志定与俞娟芬系夫妻。

4. 俞娟芬证明1份，证明其2001年在刘其林处的债权已转给吴志定。

5. 营业执照1份和独资企业基本状况1份，证明当前新昌县福灵羊衫厂的负责人和投资人是董小桂妃。

(四) 一审判案理由

浙江省新昌县人民法院根据上述事实和证据认为：俞娟芬与刘其林、吴志定与刘其林之间虽然名为"存款"，但从其性质看实为民间借贷，且有关机关也没有认定该行为为非法吸收公众存款行为，故被告刘昌勇辩称系非法吸收存款的意见不能成立。俞娟芬与刘其林、吴志定与刘其林之间的借贷关系不违反法律禁止性规定，本院认定为合法有效。俞娟芬有权在法律许可范围内行使其权利，可以将债权转让给原告吴志定。2006年2月3日、2006年2月14日、2006年12月30日，被告新昌县福灵羊毛衫厂和刘昌勇向吴志定出具了收据，并注明利息的行为，表明：(1) 被告新昌县福灵羊毛衫厂已经知道俞娟芬将债权转让给原告吴志定，并自愿承担了刘其林对俞娟芬和吴志定所负的债务；(2) 俞娟芬和原告吴志定也同意由被告新昌县福灵羊毛衫厂承担债务清偿责任。根据《中华人民共和国合同法》第八十条的规定，债权人转让权利的，应当通知债务人，现原告吴志定与被告新昌县福灵羊毛衫厂以旧收款收据换取新收款收据的行为，可以视为俞娟芬转让债权的行为已经通知债务人新昌县福灵羊毛衫厂，对债务人发生法律效力。被告新昌县福灵羊毛衫厂和当时的投资人刘昌勇向吴志定出具新的收款收据的行为，表明新昌县福灵羊毛衫厂与吴志定之间产生新的债权债务关系，该约定系双方当事人的真实意思表示，不违反法律规定，本院认定为合法有效。新昌县福灵羊毛衫厂的企业性质系个人独资企业，根据《中华人民共和国民事诉讼法》第四十九条、最高人民法院《关于适用〈中华人民共和国民事诉讼法〉若干问题的意见》第四十条的规定，新昌县福灵羊毛衫厂具有民事诉讼主体资格。根据《中华人民共和国个人独资企业法》第二条的规定，投资人以其个人财产对企业债务承担无限责任，新昌县福灵羊毛衫厂和投资人刘昌勇对债务应当承担无限责任。本案中，原投资人刘昌勇与董小桂妃转让个人独资企业的行为，只是引起新昌县福灵羊毛衫厂投资人发生变化，并不能消除原企业而产生新企业，新昌县福灵羊毛衫厂具有法律人格上的延续性，其转让之前所欠之债，应由新昌县福灵羊毛衫厂承担。根据《中华人民共和国合同法》第八十四条规定，债务人将合同义务全部或者部分转让给第三人的，应当经债权人同意。新昌县福灵羊毛衫厂的投资人虽然变更为董小桂妃，转移债务的行为没有得到债权人吴志定的同意，并不能免除原投资人刘昌勇的责任。故被告刘昌勇辩称其不是适格被告主体，缺乏法律依据，本院不予支持。二被告辩称年息壹分系一年总的利息为一分，与日常生活常识和交易习惯不符，二被告辩论意见本院不予支持，原告提出的年息一分就是年利率10%的意见，本院予以支持。原、被告双方虽然约定年息一分，利息计入本金计收复利，但原告将利息计入本金计算复利，其利率并没有超过银行同类贷款利率的4倍。根据最高人民法院《关于人民法院审理借贷案件的若干意见》第六条、第七条的规定，本院可以支持。双方约定的借款期限已经超过一年，根据《中华人民共和国合同法》第二百零五条的规定，2007年9月归还的2000元，应当为利息而非本金。双方对借款期限没有约定，债权人可以在合理期限内返还。被告新昌县福灵羊毛衫厂在原告吴志定催讨后，应当及时归还本金和利息，被告刘昌勇应当承担连带清偿责任。原告的诉讼请求合法，本院予以支持。被告新昌县福灵羊毛衫厂和刘昌勇经传票传唤，无正当理由拒不到庭应诉，本案可以缺席判决。

（五）一审定案结论

浙江省新昌县人民法院依照《中华人民共和国民事诉讼法》第一百三十条，《中华人民共和国合同法》第八条、第七十七条、第六十条、第二百零六条，最高人民法院《关于人民法院审理借贷案件的若干意见》第六条、第七条的规定，作出如下判决：

1. 被告新昌县福灵羊毛衫厂归还原告吴志定人民币45800元，利息6643.16元，并支付自2008年3月7日起至判决确认之日止按年息10%计算的利息，限于本判决生效之日起10日内付清；

2. 如果被告新昌县福灵羊毛衫厂未按本判决指定的期间履行给付金钱义务，应当依照《中华人民共和国民事诉讼法》第二百二十九条之规定，加倍支付迟延履行期间的债务利息；

3. 被告刘昌勇对上述债务承担连带清偿责任。

本案受理费1112元，由新昌县福灵羊毛衫厂负担，于判决生效后7日内缴纳。

（六）二审情况

1. 二审诉辩主张

上诉人（原审被告）刘昌勇诉称：(1) 上诉人不是本案的适格被告。本案的原始债务人是刘其林，2006年，上诉人结转了4份借款本息，一审判决据此认定债务转移，但债务转移的前提是须征得债务人的同意，而当时刘其林已经死亡，故债务转移一说不成立。上诉人认为本案应是第三人自愿加入债务而引起的一个纠纷。根据《中华人民共和国合同法》第六十五条的规定，上诉人不承担违约责任，也不是本案的适格被告。(2) 一审判决计算利息存在错误。2006 年 2 月 3 日、2 月 14 日、12 月 30 日中的利息 8300 元、8000 元、3900 元均不能再计算利息。被上诉人变更利息计算方法为年息 10%没有事实依据。(3) 上诉人结转债务的理由是因为其是刘其林的儿子，但其继承的财产少于实际遗产，根据我国《继承法》的规定，继承的实际遗产价值不足以清偿债务的，继承人没有义务以自己的财产为被继承人履行完全清偿义务。(4) 本案被上诉人主张权利超过诉讼时效。(5) 上诉人、原审被告新昌县福灵羊毛衫厂不参加原审法院开庭是因为害怕人身受到伤害，而不是无正当理由。综上，要求二审法院撤销一审判决，改判驳回被上诉人的诉讼请求。

被上诉人吴志定辩称：刘昌勇父亲的所有债权、债务已经转移到刘昌勇名下，被上诉人主张的利息请求也没有超过银行贷款利率的 4 倍，一审判决认定事实清楚，适用法律正确，请求二审法院驳回上诉，维持原判。

2. 二审事实和证据

浙江省绍兴市中级人民法院经审理，确定一审法院认定的事实和证据外，另查明：上诉人刘昌勇在其父亲刘其林因车祸死亡后，与其母亲董小桂妃、弟弟订立协议书一份，约定原新昌县福灵羊毛衫厂的债权债务均由刘昌勇负责接收与承担，其母亲、弟弟对刘昌勇所继承的新昌县福灵羊毛衫厂不具有任何权利。

3. 二审判案理由

浙江省绍兴市中级人民法院根据上述事实和证据认为：本案有三个法律关系，一是俞娟芬与刘其林的借贷法律关系；二是俞娟芬将其对刘其林的债权转让给吴志定的债权转让法律关系；三是刘其林与刘昌勇的债务转移法律关系。上诉人刘昌勇对一审法院作出的前两个法律关系均属于有效民事法律关系未提出异议，但对原审法院对第三个法律关系的认定提出异议。债务转移对债务人而言只会免除其全部或部分债务，不会损害其利益，故法律没有规定债务转移需要经过债务人的同意，上诉人提出债务转移需要债务人同意的观点不能成立，本院不予采信。新昌县福灵羊毛衫厂及上诉人向吴志定出具收款收据是将刘其林对吴志定的债务自愿转移到其名下，而不是约定代刘其林偿还，故上诉人认为本案系第三人代为履行合同而引起的纠纷的观点也是不能成立的。2006 年 9 月新昌县福灵羊毛衫厂的工商登记材料显示投资人是刘昌勇，2007 年的工商登记资料虽然显示投资人为董小桂妃，但根据刘昌勇和董小桂妃的内部约定，刘昌勇仍然对新昌县福灵羊毛衫厂的债务承担责任。因此，上诉人刘昌勇应当承担向吴志定归还借款并支付利息的民事责任。现上诉人认为“其主体不适格及其继承刘其林的遗产不足以清偿债务，故其不应承担涉案债务”的上诉意见因缺乏事实与法律依据，不予采纳。双方约定利息计入本金收复利，且其利率并没有超过银行同类贷款利率的 4 倍。根据合同自由原则及最高人民法院《关于人民法院审理借贷案件的若干意见》第六条、第七条的规定，可以支持，上诉人提出一审法院对利息计算错误的上诉理由不能成立。在二审中，上诉人刘昌勇认可年息壹分的真实意思就是年利率 10%，故被上诉人吴志定按年息 10%主张利息符合双方的约定，也不违反法律的禁止性规定，应予支持。本案并没有明确约定借款归还的具体时间，债权人吴志定收到收款收据的时间并不是其权利受到侵害的时间，上诉人主张本案超过诉讼时效的观点不能成立。人民法院有保护开庭当事人人身安全的能力，上诉人将避免人身受到伤害作为一审拒不到庭的理由明显不当。

4. 二审定案结论

浙江省绍兴市中级人民法院依照《中华人民共和国民事诉讼法》第一百三十条、第一百五十三条第一款第（一）项之规定，作出如下判决：

驳回上诉，维持原判。

二审案件受理费人民币 1112 元，由上诉人刘昌勇负担。

（七）解说

本案涉及的主要问题是个人独资企业投资人的责任问题。根据《个人独资企业法》第二条规定，个人独资企业是指在我国境内设立的，由一个自然人投资，财产为投资人个人所有，投资人以其个人财产对企业债务承担无限责任的经营实体。从法律上看，我国的个人独资企业具有独立的经营实体地位，具有明显的非法人团体属性，具有人格、财产、利益、责任相对独立的特点。《个人独资企业法》第三十一条规定："个人独资企业财产不足以清偿债务的，投资人应当以其个人的其他财产予以清偿。"在立法上，采取了补充主义，只有当个人独资企业的财产不足清偿债务时，才以其个人的其他财产承担清偿责任。

就本案而言，原投资人刘昌勇与现投资人董小桂妃转让新昌县福灵羊毛衫厂的行为，只是引起新昌县福灵羊毛衫厂投资人发生变化，并没有消除原企业也没有产生新企业，该企业具有法律人格上的延续性，其转让之前所欠之债，应由其企业承担，这样既有利于交易安全和经济秩序的稳定，同样有利于企业的延续经营。

由于债权人无法完全掌握个人独资企业的投资人的行为，投资人转让企业完全可以在债权人不知情的情况下进行，其可以在抽走企业财产的情况下，把企业转让给没有偿债能力的第三人，由没有偿债能力的企业和第三人承担责任，而自己免于债权人的追索，从而达到逃债的目的。因此，法院判决由原投资人对个人独资企业承担连带清偿责任，符合促进交易、保护交易安全的市场经济法制原则和立法精神。

（浙江省新昌县人民法院　陈晓军）

17. 徐淑芳诉上海谊林房地产实业有限公司借款合同案

（私自录音证据的真实性认定）

（一）首部

1. 判决书字号：上海市宝山区人民法院（2008）宝民二（商）初字第 554 号民事判决书。

2. 案由：借款合同纠纷。

3. 诉讼双方

原告：徐淑芳，女，1958 年 6 月 27 日生，汉族，住上海市宝山区泰和路。

委托代理人：杨振裕，上海市诚建成律师事务所律师。

被告：上海谊林房地产实业有限公司，住所地：上海市宝山区同济路 1115 号。

法定代表人：朱大毛，该公司董事长。

委托代理人：胡其明，上海市光明律师事务所律师。

4. 审级：一审。

5. 审判机关和审判组织

审判机关：上海市宝山区人民法院。

合议庭组成人员：审判长：陆昊罡；代理审判员：陈然；人民陪审员：王文菁。

6. 审结时间：2008 年 10 月 18 日。

（二）诉辩主张

原告徐淑芳诉称：2004 年 3 月 1 日，被告为启动上海市宝山区友谊路 197 弄 20 号地块武装部原址改造项目，解决前期开发资金不足的问题，故与其签订《借款协议书》一份。协议约定：被告向原告借款人民币 50 万元，年利率为 7.9%，归还本金和利息后协议自然终止。2008 年 4 月，原告因其子结婚所需，故于当月 1 日及 15 日两次向被告催讨借款，被告均同意归还借款并支付约定利息，但始终未有实际行动。原告无奈之下，只得提起诉讼，请求判令被告归还借款 50 万元、支付利息 164583 元并承担本案诉讼费用。

被告上海谊林房地产实业有限公司辩称：原、被告之间确实存在上述借贷关系，但是原告出借款项之后从未向其进行过催讨，因此原告的起诉业已超过诉讼时效，对其诉讼请求应当依法予以驳回。

（三）事实和证据

上海市宝山区人民法院经公开审理查明：被告为房地产开发企业。2004 年，因开发上海市宝山区人民武装部原址改造项目前期资金不足，故决定在公司内部筹措资金。该项目的联建单位为案外人上海宝房（集团）吴淞物业管理有限公司（以下简称吴淞物业公司）。原告为吴淞物业公司的员工，因受该公司的指派而至双方所组之工程项目部担任出纳职务。原、被告双方商定好借款事项后，被告于同年 3 月 2 日将其拟好并加盖公章、落款日期为同月 1 日的《借款协议书》交由原告签字。该协议书约定：原告向被告出借款项 50 万元，用于上述房产开发项目的工程施工配套费用；借款期限为 1 年，自 2004 年 3 月 1 日起至 2005 年 2 月 28 日止；借款利率为年利率 7.9%，如超过一年，不足两年的按超过月数的月利率计算利息；借款范围仅限该公司内部职工；借款到期归还本金及利息后协议自然终止。原告在该协议书上签字之前，已经于前日将 50 万元借款交付被告，被告为此向原告出具了收据。原告主张该款出借被告当时，被告曾向其口头承诺待新房建成后为此交付原告房屋一套，故虽然借款协议约定的还款期限早已到期，但是原告因为等待分房而一直未向被告催讨借款。嗣后新房虽然建成，但被告却因与吴淞物业公司合作开发该房产项目发生纠纷而被该公司诉至上海市第二中级人民法院，以致该项目所建房产均被法院查封。因原告原系吴淞物业公司员工，因此被告违背承诺，拒绝答应再行分配其住房。审理中，被告对此不予认可。2008 年 4 月 1 日，原告和与其同样出借款项给被告的陈海滨（已另案诉至该院）等人至被告处找其法定代表人朱大毛催讨借款。双方协商还款过程中，原告事先未经朱大毛同意，私下将录音机藏其随身所带包内对双方谈话内容进行了录音。同年 4 月 15 日，原告又至朱大毛的住所向其催讨借款，双方因此发生争执，朱大毛为此打 110 报警电话报警。上海市公安局宝山分局友谊路派出所接报后即派警员至现场处理。经调处后，该所出警人员在“110 接处警登记表”上记明案情为：“双方因经济纠纷引起矛盾，告知双方到有关部门解决。朱大毛同意，公司资金解冻以后就将钱归还徐淑芳，并办理相关手续。”但因被告嗣后始终拖延不付，原告遂涉诉。

另查明：原、被告之间除了本案借款纠纷外，并无其他债权债务关系。

原告为了证明其主张，向法院提交了下列证据：

1. 原、被告双方于2004年3月2日签订的《借款协议书》1份，证明双方当事人之间存在借贷关系。

2. 被告于2004年3月1日出具给原告的收据1份，证明原告已经于该日将50万元借款交付被告。

3. 录音光盘及根据其内容整理的书面材料各1份，证明原告于2008年4月1日向被告法定代表人朱大毛催讨借款，朱大毛亦答应还款。

4. 上海市公安局宝山分局友谊路派出所提供的110接处警登记表1份，证明原告于2008年4月15日再次向被告法定代表人朱大毛催讨借款，双方因此争执，朱大毛为此报警，并在当时又一次答应归还原告借款。

被告经质证后，对上述证据1、2、4的真实性均无异议，但认为证据4的内容指向不明，无法据此认定即为本案借款纠纷，即使能够加以确定，亦不代表原、被告双方在诉讼时效期满后又达成了新的还款协议，而仅能说明原告是在诉讼时效期满后向被告主张过权利；虽然认可经书面整理之材料的内容与录音光盘的内容是一致的，但是对于录音证据的真实性及合法性则均予以否认，认为即使录音光盘的内容真实存在，因该录音系原告在未经被告法定代表人同意的情况下采取私下偷录的方式而取得，故根据最高人民法院《关于未经对方当事人同意私自录音取得的资料能否作为证据使用问题的批复》的规定，即使其内容属实也不得作为证据使用。

（四）判案理由

上海市宝山区人民法院根据上述事实和证据认为：本案的争议焦点在于原告的起诉是否已经超过了法律规定的诉讼时效。如已超过，则其依法不应享有胜诉权；如未超过，则被告理应按其确认的欠款事实如数归还原告借款并支付协议约定的利息。

首先，诉讼时效期间为自权利人知道或者应当知道其权利被侵害之日起两年。基于双方当事人一致确认自2005年3月1日起至2007年2月28日为止的两年之内，原告并未向被告主张过债权，而被告亦没有主动向原告表示过同意履行还款义务，即本案诉讼时效并不存在中断事由，故被告关于本案诉讼时效期间已于2007年2月28日届满的抗辩理由成立，对此应当予以采纳。

其次，虽然最高人民法院曾经作出《关于未经对方当事人同意私自录音取得的资料能否作为证据使用问题的批复》，将录音证据的合法性标准限定为经对方当事人同意，但是我国现行法律对非法证据的判断标准为是否以侵害他人的合法权益或者违反法律禁止性规定的方法而取得，即除以侵害他人的合法权益（如故意违反社会公共利益和社会公德侵害他人隐私）或者以违反法律禁止性规定的方法（如窃听）取得的证据外，其他情形不得视为非法证据。本案中，原告未经被告法定代表人朱大毛的同意私下录音的行为，实际上是对被告在诉讼外同意履行债务的证据保全，并不符合上述两种情形，故对本案录音证据的合法性可予确认，该证据对本案事实具有证明力。

再次，虽然被告对上述录音证据及相应的书面整理材料的真实性均不予认可，但是鉴于其认可书面整理材料的内容与录音光盘的内容相一致，因此法院对书面整理材料进行了审核。查明书面整理材料反映的内容为原告于2008年4月1日与被告的其他债权人一起至被告处向其法定代表人朱大毛催讨借款和相互协商还款的经过。故该证据如被确认，其能够证明的事实明显对被告不利。为此法院询问被告是否申请对该录音证据进行鉴定，并向其释明在其否认录音真实性的情况下，完全可以依据鉴定结论对该证据进行反驳，从而证明其主张成立。但是被告不但拒绝提出申请，而且拒绝在原告提出申请的情况下，由其法定代表人配合提供语声样本进行鉴定。对此法院明确告知被告拒不配合调查可能承担的不利诉讼后果，但是被告仍然坚持不予配合。由此，法院认为被告的行为明显有违常理，反过来说明录音证据的真实性值得肯定，故根据最高人民法院《关于民事诉讼证据的若干规定》第七十五条之拒证推定规则，推定原告的主张成立，即其确实曾经于2008年4月1日向被告法定代表人催讨过借款，而被告法定代表人对此亦作出了同意还款的意思表示。

最后，基于原、被告双方在审理中一致确认除本案借款纠纷外，双方之间并无其他债权债务关系，故法院认定原告提交的“110接处警登记表”所指向的事实即为本案借款纠纷，而别无其他可能存在。因该登记表明确载明被告法定代表人同意待其公司资金解冻后就将借款归还给原告，并办理相关手续，故法院确认被告已经于当时再次向原告明确作出了同意履行还款义务的意思表示。

综上，法院认为虽然原告的债权请求权已于2007年2月28日诉讼时效期间届满，但因被告嗣后于2008年4月1日及同年4月15日两次向原告作出了同意履行还款义务的意思表示，故应当视为其对原有债务已重新作出确认，因此本案的诉讼时效期间亦应自该时起重新起算。被告向原告作出上述同意履行义务的意思表示后，又以诉讼时效期间届满为由进行抗辩，纯属无理，故对其主张不应予以支持。由此，原告的债权应受法律保护，对其诉讼请求应当予以支持。

（五）定案结论

上海市宝山区人民法院根据《中华人民共和国民法通则》第九十条、第一百零八条、第一百三十五条、第一百三十七条，《中华人民共和国民事诉讼法》第一百二十八条，最高人民法院《关于民事诉讼证据的若干规定》第六十八条、第七十条第（三）项、第七十五条及最高人民法院《关于审理民事案件适用诉讼时效制度若干问题的规定》第二十二条的规定，作出如下判决：

1. 被告上海谊林房地产实业有限公司归还原告徐淑芳借款50万元；

2. 被告上海谊林房地产实业有限公司支付原告徐淑芳上述借款的利息164583元。

案件受理费10446元由被告上海谊林房地产实业有限公司承担。

（六）解说

本案是一起公民与企业之间的借款合同纠纷。案件的争议焦点为原告的起诉是否已经超过了诉讼时效，对此审理的关键在于对原告提交的录音证据如何进行认识和把握。主要涉及以下两个方面：

1. 关于偷录取得之录音证据的合法性。证据是能够用来证明案件事实的客观依据，但是并非所有的证据都具有可采性，只有那些符合法律规定的形式并以合法的方法和手段收集的证据才具有证据能力，才可以用来作为认定案件争议事实的依据，否则，将会因为丧失证据资格而不被采纳。有鉴于此，对证据的合法性（尤其是来源）进行审查成为证据判断的核心内容之一。

《民事诉讼法》对当事人收集证据的方法并未作出明确的规定，但最高人民法院通过《关于未经对方当事人同意私自录音取得的资料能否作为证据使用问题的批复》，首次确立了我国民事诉讼中的非法证据判断标准，同时将录音证据的合法性标准限定为必须经对方当事人同意，规定凡未经对方同意私自录制取得的录音资料不能作为证据使用。然而通过审判实践来看，采用如此苛刻而严厉的标准无异于在事实上排除了录音资料作为一种证据类型存在的价值。因为实践中一方当事人同意对方当事人录制谈话内容作为证据保全的情形是极其罕见的，所以绝大多数情况下当事人只能采取偷录的方式，但是一旦当事人将其提交法院，对方就可以援用该《批复》的规定要求排除其证据效力，致使审判人员即使确信其内容真实也无法对权利人予以保护，从而严重损害了司法的权威性。由此，最高人民法院通过《关于民事诉讼证据的若干规定》第六十八条重新明确了非法证据的判断标准，即除以侵害他人的合法权益（如故意违反社会公共利益和社会公德侵害他人隐私）或者以违反法律禁止性规定的方法（如擅自将窃听器安装到他人住所进行窃听）取得的证据外，其他情形不得视为非法证据。本案中，法院据此认定原告在与被告法定代表人协商还款的过程中，未经同意私下录音的行为，实际上是对被告在诉讼外同意履行债务的证据保全，从而确认由此取得的录音证据之合法性，值得肯定。

2. 关于如何确认录音证据的真实性。如果涉案录音证据的合法性可以确认，那么随即需要对其真实性加以审查判断。审判实践中，提交录音证据的对方当事人如对其不予认可，一般会向法院主动提出申请，要求对其进行鉴定，并依据相反的鉴定结论对其进行反驳，从而达到否定其真实性的目的。但是，如果对方当事人仅否认其真实性而并不提出申请，甚至在提交证据一方当事人愿意对录音证据申请鉴定的情况下也不配合，则应当如何处理？在此情况下，如有其他证据对录音证据加以印证，法院当然可以根据最高人民法院《关于民事诉讼证据若干问题的规定》第七十条第（三）项确认其证明力。但如果该录音证据是提交方当事人唯一的证据，则诉讼将不可避免地陷入僵局，使得法院对案件事实的认定发生困难。本案中，法院根据案情，灵活运用最高人民法院《关于民事诉讼证据若干问题的规定》第七十五条之妨碍举证的推定（拒证推定）规则，在明确告知当事人无理拒不配合调查可能承担的不利后果后，作出录音证据的内容属实的推定并据此判决被告败诉的做法，无疑对司法实践中类似情况的处理具有一定的借鉴意义。

需要进一步加以指出的是，本案所用推定其实与最高人民法院《关于民事诉讼证据若干问题的规定》第七十五条的内容并不完全相符，因为被告并非持有证据无正当理由拒不提供，而是在原告已经向法院提交录音证据的情况下无理拒不配合进行鉴定，而该录音证据的内容不利于被告，即适用推定的前提条件不同，但是从公平分配举证责任的角度来说，其所能起到的作用是完全相同的，可以让当事人信服。本案中，法院据此判决被告败诉后，被告不仅没有为此提出上诉，反而自觉按照判决结果向原告履行了付款义务，就足以说明这一点。

（上海市宝山区人民法院　陈　然）

18. 浙江华恒进出口有限公司诉傅新伟等民间借贷案
（配偶是否作为共同被告应视情况而定）

（一）首部

1. 判决书字号：浙江省绍兴县人民法院（2008）绍民二初字第601号民事判决书。

2. 案由：民间借贷纠纷。

3. 诉讼双方

原告：浙江华恒进出口有限公司，住所地：绍兴市胜利东路香舍丽都322号。

法定代表人：徐明，该公司执行董事。

委托代理人：杜平，浙江鉴水律师事务所律师。

被告：傅新伟，男，1964年1月12日生，汉族，住绍兴县柯岩街道梅墅水庄东区。

被告：单惠玉，女，1960年7月19日生，汉族，住绍兴县杨岩街道得胜桥北岸。

委托代理人：单惠成，男，1957年12月28日生。

委托代理人：虞新强，男，1975年4月6日生。

4. 审级：一审。

5. 审判机关和审判组织

审判机关：浙江省绍兴县人民法院。

合议庭组成人员：审判长：黄关水；代理审判员：陈维、刘青红。

6. 审结时间：2008年8月15日。

（二）诉辩主张

原告诉称：被告傅新伟、单惠玉系夫妻关系。2007年2月至10月，被告傅新伟在承包原告的一个纺织面料部时，因经营资金不足向原告借款人民币100万元。后被告傅新伟因经营不善，至承包结束后尚欠原告借款382091元，原告多次催讨未果。上述债务系两被告夫妻共同债务，应由两被告共同偿还。故诉至法院请求判令两被告立即归还借款382091元，并承担本案诉讼费。

被告傅新伟辩称：对原告的陈述无异议。原告的纺织面料部是其个人承包经营的，但该事项其已告诉过被告单惠玉。承包投入的资金是被告傅新伟以登记在个人名下的商铺的房产证作为抵押向原告借的，但双方没有办理抵押登记手续。

被告单惠玉辩称：其于2005年6月8日因煤气爆炸导致身体多处烧伤。从2007年年初起，被告傅新伟就未曾照顾她的生活。该债务是傅新伟因经营所欠，不是用于家庭生活，单惠玉本人未参与经营，被告傅新伟既没有提及承包经营的事，也没有说明他用房产证抵押的事。所以该借款与被告单惠玉无关，请求法院驳回原告对被告单惠玉的诉讼请求。

（三）事实和证据

浙江省绍兴县人民法院经公开审理查明：2007年2月16日，原告浙江华恒进出口有限公司和被告傅新伟签订《承包协议》一份，约定由被告傅新伟承包原告的纺织面料部，若傅新伟需流动资金，应提供相应的抵押（用款抵押协议另定）。协议签订后，原告陆续供应被告傅新伟流动资金，以支付被告的业务款项。2007 年 4 月 30 日、6 月 28 日，被告傅新伟与原告签订《借款协议》各一份，约定傅新伟因承包经营所需分别于 2007 年 4 月 4 日、6 月 28 日向原告借款 30 万元和 70 万元，于 2008 年 4 月 3 日、2007 年 12 月 27 日前归还。原告和被告傅新伟的承包经营关系结束后，经双方结算，原告实际为被告傅新伟支付业务款项 1136567.37 元，扣除被告傅新伟已支付的款项，被告傅新伟尚欠原告 382091 元，傅新伟于 2007 年 10 月 26 日出具欠条一份予以确认。

另查明：被告傅新伟与被告单惠玉于 1988 年 1 月 3 日登记结婚，傅新伟曾于 2007 年 8 月 22 日向本院起诉要求与单惠玉离婚，本院于 2007 年 9 月 24 日判决驳回傅新伟的诉讼请求。

上述事实有下列证据证明：

1. 2007 年 10 月 26 日由原告傅新伟出具的欠条 1 张，以证明被告傅新伟在 2007 年 2 月至 10 月间共向原告借款 100 万元，经结算，尚欠原告 382091 元的事实。

2. 2007 年 2 月 16 日《承包协议》1 份，以证明原告和被告傅新伟签订承包合同，双方约定若被告傅新伟需其他流动资金，则需提供抵押，用款协议另定的事实。

3. 2007 年 4 月 4 日、6 月 28 日《借款协议》各 1 份，以证明被告傅新伟向原告协议借款共 100 万元的事实。

4. 付款通知单 26 页，以证明原告实际为被告傅新伟支付业务款 1136567.37 元。

5. 明细账 1 份（计 8 页），以证明结算后被告傅新伟在原告公司账上的余款为 617909 元，被告还应支付原告 382091 元，与傅新伟出具的欠条相印证。

6. 调取于绍兴县档案馆的结婚登记申请书 1 份，以证明两被告系夫妻关系。

7. 经被告单惠玉申请，本院调取了（2007）绍民二初字第 3670 号案卷中的庭审笔录和民事判决书各 1 份，以证明被告傅新伟与单惠玉 2007 年 4 月开始分居的事实。

8. 绍兴县柯桥街道港越社区居民委员会出具的证明 1 份，以证明被告单惠玉在 2005 年 6 月 8 日被烫伤后，由于身体原因，没有能力参与原告和傅新伟之间的经营活动。

（四）判案理由

浙江省绍兴县人民法院根据上述事实和证据认为：

1. 原告与被告傅新伟签订的承包协议系双方真实意思表示，内容不违反法律法规的强制性规定，合法有效。协议签订后原告根据协议提供给被告流动资金，后双方约定款项性质为借款，由被告傅新伟负责归还，该约定符合法律规定，应予准许。故原告要求被告傅新伟归还借款的诉讼请求，理由正当，本院予以支持。

2. 本案争议焦点在于被告单惠玉是否应作为本案共同被告承担共同还款责任。最高人民法院《关于适用〈中华人民共和国婚姻法〉若干问题的解释（二）》第二十四条规定："债权人就婚姻关系存续期间夫妻一方以个人名义所负债务主张权利的，应当按夫妻共同债务处理。但夫妻一方能够证明债权人与债务人明确约定为个人债务，或者能够证明属于婚姻法第十九条第三款规定情形的除外。"原告也是以该条文为依据要求被告单惠玉承担共同还款责任的。被告单惠玉虽然提供了相关证据证明其与被告傅新伟已于 2007 年 4 月分居及其因烫伤无法参与经营活动的证据。但这些证据尚不完全符合"但夫妻一方能够证明债权人与债务人明确约定为个人债务，或者能够证明属于婚姻法第十九条第三款规定情形的除外"的情形。但是，首先，本案讼争的借贷关系有别于一般的借贷关系，与原告浙江华恒进出口有限公司签订《承包协议》的合同相对方是被告傅新伟，本案讼争的款项也是原告为履行承包协议提供给被告傅新伟的流动资金，用于支付傅新伟的业务款项而转化成的借款。该借贷关系的原始基础是原告与被告傅新伟之间的《承包协议》，根据合同的相对性原则，应由傅新伟来承担因双方的协议产生的不利后果。其次，虽然傅新伟与原告签订《承包协议》之时两被告尚未分居，被告单惠玉也无法提供证据证明该债务系傅新伟的个人债务。但考虑到被告傅新伟出具欠条之日双方已处于分居状态，单惠玉参与傅新伟经营的可能性亦较小。同时，傅新伟的经营活动存在连续性，事实上也无法分清其所欠的 382091 元产生于两人分居之前还是分居之后。夫妻共同承担对外债务最基本的原因是夫妻两人分享了对方对外活动所得，如果一方没有享受另一方对外活动所得，自然无须承担另一方对外活动所产生的债务。虽然分居不等于两人没有经济往来，但当两人已到达诉讼离婚的境地，特别是由傅新伟提出离婚，单惠玉没有享受到两人分居之后傅新伟的经营所得的可能性更大。本案中，原告亦无法提供证据证明讼争的债务系两人分居之前产生的债务，故应将单惠玉排除在被告之列为宜。再次，从判决的社会性来考虑，被告单惠玉被严重烫伤，伤势尚未痊愈，如判令其承担 30 余万元的债务，对其日后生活颇为不利。而傅新伟的还款能力较强，将单惠玉排除在还款人之列，对原告的债权最终得以实现的影响较小。综上，在该借贷关系中原告要求单惠玉作为共同被告履行合同义务，本院不予支持。

（五）定案结论

浙江省绍兴县人民法院依照《中华人民共和国民法通则》第八十五条、第一百零八条，作出如下判决：

1. 被告傅新伟应归还原告浙江华恒进出口有限公司借款人民币 382091 元，限本判决生效之日起 10 日内付清；

2. 驳回原告浙江华恒进出口有限公司对被告单惠玉的诉讼请求。

如被告傅新伟未按判决指定的期间履行给付金钱义务，应当依照《中华人民共和国民事诉讼法》第二百二十九条的规定，加倍支付迟延履行期间的债务利息。

案件受理费 7031 元，财产保全申请费 2480 元，共计 9511 元，由被告傅新伟负担。

（六）解说

最高人民法院《关于适用〈中华人民共和国婚姻法〉若干问题的解释（二）》第二十四条的出台，对债权人利益起到了良好的保护作用。但是在商事审判司法实践中存在只要是个人为被告就将其配偶列为共同被告的趋势。这种做法是否合适，是否值得推广值得深思。其一，从案件执行的实际效果来看，我国执行相关法律允许将被执行人的配偶追加为被执行人。因注意此时的追加为法院依职权追加，与案件审理时的共同被告不同，这种作法无需经过答辩、开庭、判决等程序，更为节约司法资源。在案件审理中不列配偶为被告，也使得案件性质更加单一、案件争议更加明了。其二，是否所有负义务的案件都可以列配偶为被告，笔者认为，该司法解释只限于借贷类案件中适用更为合理。其余案由的案件均根据合同相对性原则仅列合同相对人为被告。

（浙江省绍兴县人民法院　陈　维）

19. 李文诉许传禄租赁合同案

（房屋登记效力）

（一）首部

1. 判决书字号：山东省乳山市人民法院（2008）乳商初字第118号民事判决书。

2. 案由：租赁合同纠纷。

3. 诉讼双方

原告（反诉被告）：李文，男，1959年10月1日生，汉族，住乳山市农行宿舍楼。

委托代理人：宋爱军，男，汉族。

被告（反诉原告）：许传禄，男，1951年3月2日生，汉族，住乳山市黄山小区。

委托代理人：辛健，乳山新欣法律服务所工作人员。

第三人：冯亚琳，女，1990年12月10日生，汉族，住乳山市世纪花园。

法定代理人：迟淑芝，女，1968年7月21日生，汉族，系第三人冯亚琳之母。

4. 审级：一审。

5. 审判机关和审判组织

审判机关：山东省乳山市人民法院。

合议庭组成人员：审判长：王洪堂；审判员：宋文安、王慧。

6. 审结时间：2008年11月11日。

（二）诉辩主张

原告诉称：2003年2月26日，经与被告协商，本人以年租金6000元人民币，将本人位于乳山市向阳街东端（向阳小区）18号门市房，租给被告使用，双方协商租赁期限为一年，即2003年3月1日至2004年2月28日，以后年租金随行就市。租期一年一签，同时与被告签订了书面房屋租赁协议。自2004年2月28日后，双方再没有签订书面协议，一直以口头协议方式延续履行租赁协议。2008年3月1日，被告租赁期限已到，本人通知被告房屋不再租赁，请被告在一个月内撤离。经多次通知被告，要求被告交付租金，并搬离门市房，已过5个月，被告既不交房租，又不搬离，被告这种行为，严重侵害了本人的合法权益，现要求：（1）解除与被告之间的房屋租赁协议；（2）被告给付2008年3月1日至2008年7月8日的房租4000元；（3）被告撤离本人的门市房，并由被告承担本案的一切费用。

被告反诉并辩称：2003年2月26日，反诉原、被告经协商，租赁反诉被告所有的向阳小区20＃南18号门市房，建筑面积25.08平方米。合同签订后，反诉原告依约按时、足额交纳房屋租赁费。2008年2月下旬，租赁到期前，原、被告对租赁房屋买卖问题，口头商定，以20万元的价格由反诉原告购买，3月11日，付给反诉被告购房款12万元，定于4月中旬办理房屋过户手续并付清余款。4月16日，反诉原告以反诉被告李文的名义，在银行当场办理本、外币活期一本通，存入79500元，加上租房时预交押金500元，购房款共20万元。由于反诉被告房屋设定抵押，无法办理房屋过户手续而延搁。本诉起诉后，经查，反诉被告将租赁的门市房卖给冯亚琳。反诉原告认为，反诉原告系房屋的承租人，租赁房屋的买卖，反诉原告享有优先权。反诉原、被告就租赁房屋买卖已达成协议，且已付大部分购房款，买卖合同成立，是有效行为。反诉被告又将房屋卖给他人，其买卖行为违反法律规定，属于无效行为。本诉原告要求解除租赁，索要租赁费及搬出租赁房的诉请，没有事实根据，请求法庭依法驳回其诉讼请求。并要求确认反诉原告与被告的房屋买卖行为有效，确认反诉被告与他人的房屋买卖行为无效并予以撤销，诉讼费用由反诉被告承担。

第三人法定代理人迟淑芝述称：2008 年 6 月下旬，其从好日子宣传单看到，位于乳山市向阳小区 20＃南 18 号门市房对外出售。2008 年 7 月初（具体日期记不清），便到吉祥房产交易公司（中介机构）了解相关情况。并与房主李文达成口头协议，双方同意以 24 万元的价格买卖该门市房。2008 年 7 月 9 日上午，其付完 24 万元房款后，同房主李文到房管局和行政大厅将李文名下的门市房过户到其女儿冯亚琳名下。现有房产证、土地证和房主李文出具的收款条为证。至于李文与许传禄之间的纠纷，与其无关。

（三）事实和证据

山东省乳山市人民法院经公开审理查明：2003 年 2 月 26 日，原告李文与被告许传禄签订房屋租赁协议书，甲方李文，乙方许传禄。双方约定租赁本案争议门市房，租赁期限自 2003 年 3 月 1 日至 2004 年 2 月 28 日；年租金 6000 元人民币，一次性交给甲方，次年租金随行就市进行商议，并且一年一租，一年一交租金。乙方另交 500 元作为押金，合同解除后甲方退给乙方。

2008 年原、被告口头协议由被告以 20 万元的价格购买原告门市房，3 月 11 日，被告付给原告购房款 12 万元；2008 年 4 月 16 日，被告许传禄以李文的名义存款 79500 元，其后又于 2008 年 4 月 22 日和 4 月 23 日分别取款 45500 元和 34000 元，存款余额为 0 元。

2008 年 7 月 9 日，李文与迟淑芝达成口头买房协议，李文为迟淑芝写下“收到买房款 240000 元”的收条，并于同日与冯亚琳签订了房屋买卖合同、填写了房地产买卖申请审批表，依该申请，房屋转让申报价格为 15 万元，评估价格为 18.5 万元。同日，乳山市房产管理局向冯亚琳核发了房屋所有权证书。

该案争议门市房位于城区向阳小区 20＃南，2006 年 11 月 29 日，该房产上设定抵押权，权利人乳山市午极农村信用社，权利价值 15 万元，抵押期限两年。2007 年 12 月 28 日，原告向乳山市农村信用合作联社还款本息合计 15 万元，2008 年 7 月 9 日，该房产上抵押权进行了注销登记。

2008 年 7 月 4 日，原告写下要求解除与被告买卖合同、催收房租和搬离门市房的通知，并快递送达被告，被告称 7 月 10 日收到该通知。

上述事实有下列证据证明：

1. 房屋租赁协议书 1 份，拟证实 2003 年 2 月 26 日原告与被告签订房屋租赁协议，双方约定一年一租，押金 500 元。

2. 农村信用社还款凭证 1 份，拟证实原告于 2007 年 12 月 28 日还款 15 万元，门市房抵押已结清。

3. 原告出具的收条 4 份，拟证实自 2003 年 3 月至 2008 年 2 月 28 日被告按时足额交纳租赁原告门市房租赁费，双方存在租赁关系。

4. 原告 2008 年 3 月 11 日出具的收被告购房款 12 万元的收条 1 份，拟证实原告将租赁的门市房卖给承租方即被告，且已收被告的购房款，房屋买卖合同已经成立。

5. 存折复印件 1 本，拟证实 2008 年 4 月 16 日，被告两次向以原告李文名字在中国银行开户的存折上存入共计 79500 元购房款，此存折待原、被告办理房屋过户手续后交给原告。

6. 原告 2003 年 2 月 26 日出具的收条 1 份，拟证实原告收被告水电押金 500 元，此押金在房屋租赁期满后原告应返还给被告，用于抵购房款。

7. 自乳山市房产管理局获取的房屋登记情况 30 页，拟证实原告于 2006 年 11 月 29 日在午极农村信用社设定为期两年抵押，原告将出租的门市房于 2008 年 7 月 9 日以 18.5 万元低于原、被告商定的价格卖给冯亚琳，属无效民事行为，应予撤销。

8. 特快专递单 1 份，拟证实 2008 年 7 月 10 原告邮寄函件。

9. 国有土地使用证复印件 1 份。

10. 房屋所有权证复印件 1 份，拟证实本案争议门市房已经过户到第三人名下。

11. 税款凭证和发票复印件共 4 张，拟证实办理房屋产权和土地使用权所花费的费用和所需要的手续。

(四) 判案理由

山东省乳山市人民法院根据上述事实和证据认为：原、被告之间签订的租赁合同符合法律规定，为双方当事人真实意思表示，为有效合同。原、被告 2008 年口头协议由被告以 20 万元的价格购买原告门市房，3 月 11 日，被告付给原告购房款 12 万元。该买房合同亦为双方当事人真实意思表示，合同业已成立并且部分履行，为有效合同。原、被告之间租赁关系因该买房合意而解除。

2008 年 7 月 8 日，第三人冯亚琳之母迟淑芝通过房产中介机构与原告达成口头购买门市房的协议，协议约定买房款 24 万元。2008 年 7 月 9 日，迟淑芝向原告支付 24 万元买房款，并将房屋过户到冯亚琳名下。2008 年 7 月 9 日，乳山市房产管理局向冯亚琳核发了房屋所有权证书，2008 年 7 月 23 日，乳山市国土资源局向冯亚琳核发了国有土地使用权证书。

既然第一个买卖合同没有办理过户登记，因此房屋的所有权还保留在卖方的手中，卖方当然享有包括处分权在内的所有权的四项权能。与第二个买方签订买卖合同，无非是卖方行使处分权的体现。至于第一个买方，未过户登记意味着其尚未取得所有权，而仅仅享有对房屋的债权。按照民法原理，债权是不能对抗第三人的，因此也就不可能被第三人所侵犯。

前后两个买卖合同都是有效的。但由于其标的是同一的，房屋只能实际交付给一个买方，只有一个买卖合同能够被卖方所实际履行。该案第三人，基于合法有效的合同并办理了过户登记手续，所取得的房屋所有权合法有效，应当受到法律的保护。原告基于第一个合法有效的合同而产生出实际交付房屋并过户的义务，但房屋已经归属他人，原告失去了继续实际履行合同的能力。

自原、被告买房合同成立之日起，租赁关系解除，原告不得再行主张租金请求权。原、被告对口头买卖合同的成立时间不能达成一致，因此 2008 年 3 月 11 日 12 万元买房款交付的日期视为买卖合同成立之日，对于 2008 年 3 月 1 日至 2008 年 3 月 10 日的租金请求应当予以支持。

自 2008 年 3 月 11 日至 2008 年 7 月 8 日，房屋所有权仍属于原告，租赁合同解除，但被告实际占有原告所有的房屋进行经营，导致原告不能对房屋进行使用，应当比照租赁合同中租金的约定由被告给付原告实际使用费，租金数额按照上一年度年租金 7000 元进行计算。

原告要求被告撤离门市房的诉讼请求，缘自原告向第三人履行交付房屋的瑕疵担保义务，对于该项诉讼请求应当予以支持。

（五）定案结论

山东省乳山市人民法院依据《中华人民共和国合同法》第四十四条、第九十三条、第一百一十条、第一百五十条，《中华人民共和国物权法》第九条、第十五条，《中华人民共和国民法通则》第一百三十四条之规定，判决如下：

1. 原告李文与被告许传禄签订的房屋买卖合同为有效合同；

2. 原告李文与第三人冯亚琳签订的房屋买卖合同为有效合同；

3. 被告许传禄自本判决生效之日起10日内向原告李文支付租赁费及房屋使用费共计2512元（租金自2008年3月1日计算至2008年3月10日，房屋使用费自2008年3月11日计算至2008年7月8日）；

4. 被告许传禄自本判决生效之日起10日内搬离本案争议房屋。

如果未按本判决指定的期间履行给付金钱义务，应当依照《中华人民共和国民事诉讼法》第二百三十二条之规定，加倍支付迟延履行期间的债务利息。

案件受理费150元（原告已预交75元），由原、被告各负担75元；反诉案件受理费50元，由原、被告各负担25元。

（六）解说

本案在实质上是普通一房二卖中两个买卖合同的效力问题。

普通一房二卖是指卖方以同一房屋为标的，在与一方当事人签订买卖合同但尚未办理过户登记时，又与第三方签订买卖合同，从而导致两个合同买方均希望获得同一房屋的利益冲突。最终谁能获得该房屋，取决于先后两个合同的效力及履行。

1. 两个房屋买卖合同均为有效合同。本案争议的焦点在于两个房屋买卖合同的效力。《中华人民共和国民法通则》第五十五条规定："民事法律行为应当具备下列条件：（一）行为人具有相应的民事行为能力；（二）意思表示真实；（三）不违反法律或者社会公共利益。"同时，《中华人民共和国合同法》第五十二条规定了合同无效的情形，该条规定："有下列情形之一的，合同无效：（一）一方以欺诈、胁迫的手段订立合同，损害国家利益；（二）恶意串通，损害国家、集体或者第三人利益；（三）以合法形式掩盖非法目的；（四）损害社会公共利益；（五）违反法律、行政法规的强制性规定。"

由此可见，本案两个房屋买卖合同均符合合同生效的一般要件，且没有合同无效的情形。我国也无相关法律或行政法规将房屋买卖过户登记规定为房屋买卖合同的生效条件，本案当事人亦未作出这种约定，因此，本案第一个房屋买卖合同是有效的。第二个买卖合同，其效力同样应当予以肯定。既然第一个买卖合同没有办理过户登记，因此房屋的所有权还保留在卖方的手中，卖方当然享有包括处分权在内的所有权的四项全能。与第二个买方签订买卖合同，是卖方行使处分权的体现。至于第一个买方，未办理过户登记即未取得所有权，而仅享有对房屋的债权。按照民法原理，债权是不能对抗第三人的，因此也就不可能被第三人所侵犯。一房二卖案件中的第一个买方，由于尚未取得房屋的所有权，因此不能声称第二个合同侵犯了其所有权。第二个合同既然不属于侵犯他人合法权利的合同，当然不应被认定为无效。

2. 登记是房屋产权转移的生效要件。本案两个买卖合同均是有效的，那么房屋产权究竟应由哪方取得？登记在物权变动中，究竟起着什么作用？我国物权变动，以登记为生效要件，其含义是不动产物权因法律行为而变动时，须有物权变动的意思表示以及履行登记之法定形式，方能发生物权变动之效力。在登记生效主义下，物权变动不经公示，就不发生效力，不仅不能对抗第三人，即使在当事人之间也是不能发生物权变动的效力的。

由此可见，本案中，冯亚琳经过产权变更登记，依法取得了房屋产权，成为房屋的合法所有人，而李文与许传禄所签的房屋买卖合同虽然是有效的，但由于其没有办理产权登记，因而不能发生物权转移的效力。但李文基于合法有效的合同而产生出实际交付房屋并过户的义务，由于他没有履行该义务，因此理应承担违约责任。鉴于房屋已经归属他人，李文失去了继续实际履行合同的能力，因此许传禄可以要求卖方支付违约金或者赔偿损失。

（山东省乳山市人民法院　王　慧）

20. 中铁八局集团第一工程有限公司诉成都雷宝建筑机具租赁有限公司租赁合同案
（租赁物致第三人损害）

（一）首部

1. 判决书字号

一审判决书：成都铁路运输法院（2007）成铁民初字第 58 号民事判决书。

二审判决书：成都铁路运输中级法院（2008）成铁中民终字第 4 号民事判决书。

2. 案由：租赁合同纠纷。

3. 诉讼双方

原告（被上诉人）：中铁八局集团第一工程有限公司，住所地：重庆市九龙坡区杨家坪兴胜路 8 号。

法定代表人（一审）：孟小瑜，该公司董事长。

法定代表人（二审）：罗磊，该公司董事长。

委托代理人（一审）：黎洛滨，该公司职工。

委托代理人（一、二审）：卢子彬，四川大家律师事务所律师。

被告（上诉人）：成都雷宝建筑机具租赁有限公司，住所地：成都市乡农寺街 59 号金港商城 A 座 710 室。

法定代表人：何耀邦，该公司经理。

委托代理人（一审）：曾家壮，男，汉族，1965 年 10 月 30 日生。

4. 审级：二审。

5. 审判机关和审判组织

一审法院：成都铁路运输法院。

合议庭组成人员：审判长：李西川；审判员：唐明、刘成德。

二审法院：成都铁路运输中级法院。

合议庭组成人员：审判长：李本善；审判员：王化明、钟欣。

6. 审结时间

一审审结时间：2007 年 12 月 10 日。

二审审结时间：2008 年 3 月 24 日。

（二）一审诉辩主张

原告诉称：2006 年 4 月 27 日，原告与被告签订《塔机租赁格式合同》，根据该合同的约定，被告提供塔机两台供原告在石棉县大岗山水电站永久大桥项目工地使用。同年 9 月 6 日上午 11 时 20 分，由被告操纵人员操纵的其中一座塔吊钢丝绳突然断裂，吊钩及吊钩下所吊的精轧螺纹钢垫板在落下时击中了正在作业的民工张吉强头部，造成其头部遭受重创并从高空坠落后当场死亡。事故发生后，原告与死者的家属达成了赔偿处理协议，一次性支付了死者张吉强家属各项费用总计 21.7 万元。同时，由于该起事故的发生，原告正常的工程进度也受到严重影响，工地停工时间长达 8 天。综上所述，被告没有尽到对合同标的物起码的瑕疵担保义务，对原告已经支付的各项费用和损失应当承担赔偿责任。故请求法院判令：被告赔偿原告已经支付给死者张吉强家属的各项费用总计 21.7 万元及因该起事故导致工地停工 8 天的损失，本案诉讼费用由被告承担。

被告辩称：双方具有塔机租赁的合同关系是事实，我方提供的两台塔机在租赁时都是经检验合格的。在启用塔机时双方都签订有《塔机启用单》，表明原告在启用该塔机时对塔机的质量状况是予以认可的。本案导致张吉强死亡的原因是否是因塔机钢丝绳断裂从而导致所吊放的物品直接击中头部，现在无法查清，且原告在施工现场没有安装防护网，没有督促死者张吉强佩戴安全帽等安全保护措施，亦没有按照相关法律法规的规定给张吉强办理社会保险，因此对张吉强意外发生的工伤事故，理应比照《工伤保险条例》对其进行赔偿，而这种赔偿与被告无关。综上，请求法院驳回原告的诉讼请求。

（三）一审事实和证据

成都铁路运输法院经公开审理查明：2006 年 4 月 27 日，原告与被告签订《塔机租赁格式合同》，该合同约定，由被告提供 QTZ5013 型塔机两台供原告在石棉县大岗山水电站永久大桥项目工地使用，租金 19000 元/月。同时该合同还约定由被告负责塔机的拆卸、安装，并由被告提供塔机专职操作司机 2 名和指挥工 2 名，塔机的日常维护、保养等工作均由被告负责。合同签订后，2006 年 6 月 1 日及同年 6 月 26 日，被告依约将两台经检验合格的塔机交付原告工地使用，双方签署有《塔机启用单》。同年 7 月 1 日，因工地施工需要，双方再次签订《补充协议》，由原告向被告租赁塔机使用的标节 4 节，并于当日签署增加标节的《启用单》。2006 年 9 月 6 日，正在施工的其中一台塔机的钢丝绳突然断裂，导致正在该工地施工的民工张吉强当场死亡。事故发生后，原告与死者张吉强的妻子于 2006 年 9 月 12 日达成《关于张吉强意外死亡善后一次性处理协议》，向张吉强的家属赔偿了各项费用共计 21.7 万元。

另根据原、被告的当庭陈述认可，本案涉及的两台塔机已经由被告收回，双方对两台塔机的租赁费用已经另案起诉，并由四川省石棉县人民法院调解结案，在该案中，双方确认本案原告尚欠本案被告塔机租赁费 143583 元未支付。

上述事实有下列证据证明：

1. 原、被告双方均不持有异议的《塔机租赁格式合同》、《补充协议》、《塔机启用单》、《检验报告》，证明双方的租赁合同关系。

2. 石棉县公安局挖角派出所《证明》、长江勘测规划设计研究院大渡河大岗山水电站准备工程监理部《情况说明》，证明租赁物塔机发生事故致人死亡的情况。

3. 石棉县公安局《刑事技术鉴定报告文书》，证明受害人死亡的原因。

4.《关于张吉强意外死亡善后一次性处理协议》、死者张吉强之妻周吉容收到赔偿费用21.7万元的《收条》，证明事故发生后，原告已向受害人家属给予赔偿的事实。

（四）一审判案理由

成都铁路运输法院根据上述事实和证据认为：

1. 关于被告应否对张吉强的死亡承担赔偿责任的问题。首先，从石棉县公安局挖角派出所《证明》“因塔吊钢丝绳断裂导致作业人员张吉强死亡的事故。经查，情况属实”的记载、长江勘测规划设计研究院大渡河大岗山水电站准备工程监理部《情况说明》“因塔吊钢丝绳断裂导致张吉强死亡的事故”的记载以及石棉县公安局《刑事技术鉴定报告文书》“死者张吉强因受外力作用于头部，致颅脑严重损伤而伤亡”的内容可以看出，张吉强无论是被塔吊吊放的物品直接砸中头部伤亡还是由于塔吊钢丝绳断裂引起的其他原因导致的伤亡，塔机的钢丝绳突然断裂是致其死亡的直接原因。另外，被告亦未提供死者张吉强未按安全作业规定进行作业、原告未安装安全防护网以及有其他致死可能的相关证据。

其次，关于断裂钢丝绳的权属问题，原告提供了2006年9月7日一份《货物托运单》想以此证明钢丝绳是由被告购买的，但该托运单的时间是2006年9月7日，而本次事故的发生时间是2006年9月6日，显然，此次购买的钢丝绳不可能是事故发生时所使用的钢丝绳，且该《货物托运单》系复印件，被告亦提出了异议，故对该证据不予以采纳。同时，被告亦未提供证据证实发生事故断裂的钢丝绳是由谁购买的。双方均无法举证证实断裂钢丝绳的权属问题。法院认为，双方于2006年4月27日签订的《塔机租赁格式合同》是双方真实意思的表示，且不违反法律的强制性规定，应当确认为合法有效。从双方合同第18条“塔机在进场时由甲方配备质量合格的标高长度新钢丝绳一付……”以及第19条“超过标高的钢丝绳及电缆材料由乙方购买，质量、品牌由甲方认可，增加的材料费由乙方承担，甲方负责免工费更换……”的内容可以看出，钢丝绳应当由被告在租赁塔机时一并配备，如有需要增加标高，原告可以购买，但必须经被告认可。结合2006年7月1日双方签订的《补充协议》及同日双方签字认可的《塔机启用单》，法院认为，无论断裂钢丝绳由哪方购买、权属归谁，根据双方合同的规定，被告必须对原塔机配属的设备及增加的标节、钢丝绳质量、品牌等予以认可，才能投入使用，而断裂的钢丝绳正是经被告认可后投入使用的设备之一，钢丝绳的质量责任应由被告承担。

再次，根据双方《塔机租赁格式合同》第10条第（4）项“塔机进出场的装车、卸车、运输安全和塔机的组装、拆除过程中的安全均由甲方负责”，第14条“甲方随塔机配备具有合法有效操作证的专职司机2名，专职指挥工2名”，第18条“……塔机的维修、保养由甲方负责，维修保养所产生的费用由甲方承担”及第20条“甲方负责塔机的日常保养与定期保养（包括清洁保养和润滑保养）及故障维修，并承担由此发生的费用……”等约定可以看出，本案被告不仅向原告提供所租赁的塔机，还负责塔机的安装、拆卸、日常保养和维修，并提供操作司机和指挥工等服务。亦即被告负有安装、操作、日常保养及维修各方面的管理职责和安全保障义务。综上，可以得出这样的结论，即死者张吉强的死亡是由于塔机钢丝绳断裂导致的，断裂的钢丝绳是经被告认可后投入使用的，塔机的操作、维护、保养等日常管理职责和安全保障义务又是被告负有，而被告不能证明其对租赁的塔机进行了妥善的维修、保养等工作，不能证明其对塔机的日常管理中不存在过错，亦不能证明钢丝绳的断裂是由于原告的原因所导致。因此，依照《中华人民共和国民法通则》第一百二十六条“建筑物或者其他设施以及建筑物上的搁置物、悬挂物发生倒塌、脱落、坠落造成他人损害的，它的所有人或者管理人应当承担民事责任，但能够证明自己没有过错的除外”的规定和最高人民法院《关于审理人身损害赔偿案件适用法律若干问题的解释》第十六条“下列情形，适用民法通则第一百二十六条的规定，由所有人或者管理人承担赔偿责任，但能够证明自己没有过错的除外：（一）道路、桥梁、隧道等人工建造的构筑物因维护、管理瑕疵致人损害的”和最高人民法院《关于民事诉讼证据的若干规定》第四条“下列侵权诉讼，按照以下规定承担举证责任：（四）建筑物或者其他设施以及建筑物上的搁置物、悬挂物发生倒塌、脱落、坠落致人损害的侵权诉讼，由所有人或者管理人对其无过错承担举证责任”的规定，作为本案涉及两台塔机的所有者和管理者的被告应当对自己所有并管理的塔机造成第三人的伤害承担赔偿责任。并且，用人单位原告在支付受害人相应的工伤保险待遇后，对侵权的直接责任人被告有权进行追偿，故原告要求被告支付其代为先行支付给死者张吉强赔偿金的诉讼请求符合法律的规定，应予支持。

至于赔偿数额问题，因工伤保险属于法定保险，其范围和数额应当法定，用人单位原告与死者张吉强妻子周吉容在《关于张吉强意外死亡善后一次性处理协议》中对超出法定范围和数额的困难补助金和交通费的约定，属于二者之间关系，不能对外发生法律效力，对该部分无权向直接责任人被告追偿。因此该协议赔偿项目依据国务院 2003 年公布的《工伤保险条例》赔偿的丧葬补助金、工亡补助金、供养直系亲属的一次性抚恤金，应予支持。原告向死者张吉强家属支付的困难补助金和交通费 49138 元，不能向被告主张。综上所述，法院确定被告应当向原告支付的赔偿款为 217000－49138＝167862 元。

2. 关于停工损失的问题。原告举出了《现金支付凭证》和工资表、《通知单》及附表、《钢架桥租赁合同》及票据、施工机械租赁协议书及票据、塔机租赁合同及票据、《施工合同》等证据来证明因发生塔吊钢丝绳断裂导致的人身伤亡事故，而使原告的工地产生停工 8 天的损失。被告认为上述证据与本案所审理的追偿纠纷无关，未予质证。法院认为，原告的停工损失固然存在，但由于原告对损失所提交的证据不能充分证明领取工资的人员和租赁的设备是否在工地现场，也不能证明停工 8 天的合理性，故根据最高人民法院《关于民事诉讼证据的若干规定》第二条“当事人对自己提出的诉讼请求所依据的事实或者反驳对方诉讼请求所依据的事实有责任提供证据加以证明。没有证据或者证据不足以证明当事人的事实主张的，由负有举证责任的当事人承担不利后果”的规定，法院不予以支持。

（五）一审定案结论

成都铁路运输法院依照《中华人民共和国民法通则》第一百二十六条、最高人民法院《关于审理人身损害赔偿案件适用法律若干问题的解释》第十六条和最高人民法院《关于民事诉讼证据的若干规定》第二条的规定，作出如下判决：

1. 被告成都雷宝建筑机具租赁有限公司于本判决生效后 10 日内向原告中铁八局集团第一工程有限公司支付赔偿款 167862 元。

如果未按本判决指定的期间履行给付金钱义务，应当依照《中华人民共和国民事诉讼法》第二百三十二条之规定，加倍支付迟延履行期间的债务利息。

2. 驳回原告中铁八局集团第一工程有限公司的其他诉讼请求。

案件受理费 4555 元，由原告承担 2000 元，被告承担 2555 元。

（六）二审情况

1. 二审诉辩主张

上诉人上诉称：第一，原审作出的“原告要求被告支付其代为先行支付给死者张吉强赔偿金的诉讼请求符合法律规定”的认定无法律依据。本案事故发生的经过、原因及事故性质的认定违反国家法律程序的规定，且没有事实依据，其作出的认定无法律效力。张吉强是原告的员工，原告应无条件为其员工购买工伤保险，发生工伤后由劳动保障部门的工伤保险经办机构予以全额赔偿。若原告没有为员工购买工伤保险导致其支出工伤赔偿款，是其与员工之间的工伤赔偿关系，这是原告的责任，与被告无关。第二，按合同约定超过标高的钢丝绳由原告购买，此钢丝绳的产权属原告，原告无法出具此绳是被告购买或认可的证据，被告使用的是原告提供的钢丝绳，原审中原告没有对其无过错举证；且被告也按国家规定对钢丝绳进行了维护与保养，西南交大工程检测中心的检测报告中关于钢丝绳维护保养的有关项目均为符合与合格，原告没有对此报告提出异议，也说明被告对钢丝绳的维护与保养得到了原告的同意和认可，证明被告对钢丝绳的维护与保养不存在过错，被告依法不应承担任何责任。第三，原审依据石棉县公安局挖角派出所《证明》、长江勘测规划设计研究院大渡河大岗山水电站准备工程监理部《情况说明》以及石棉县公安局《刑事技术鉴定报告文书》来证明张吉强的死亡原因，根据《生产安全事故报告和调查处理条例》的规定，这三家单位不能组成法定的事故认定小组，故依据这样的证据所形成的结论是不正确的。同时，根据石棉县公安局《刑事技术鉴定报告文书》，被告认为吊钩及吊钩所吊的精轧螺纹钢垫板并没有砸中张吉强头部造成其头部重创，且这三家单位及原告也无证据证明张吉强是在钢丝绳断裂的同时掉下去的，所以导致张吉强死亡的直接原因是高坠而亡但不是钢丝绳断裂。综上，原判认定事实不清，适用法律不当，请求撤销原判，驳回原告的诉讼请求。

被上诉人答辩称：用人单位是否为劳动者购买劳动保险与本案无关；根据合同约定，被告负责塔机的日常维护、操作和使用，且钢丝绳由被告提供，这是不争的事实；本案涉及的事故处理是符合法律规定的，《生产安全事故报告和调查处理条例》是 2007 年 3 月 28 日通过，6 月 1 日开始实施，不适用于本案；石棉县公安局《刑事技术鉴定报告文书》是公安机关依法行使职权的结果，是认定本案责任的法定依据。综上，被告的上诉理由无事实依据，请求驳回上诉，维持原判。

2. 二审事实和证据

成都铁路运输中级法院经审理，确认一审法院认定的事实和证据。

3. 二审判案理由

成都铁路运输中级法院认为：本案中，被上诉人与上诉人因塔机租赁使用过程中致人死亡而产生的民事赔偿责任由哪一方当事人承担的纠纷，其实质是双方因履行租赁合同产生的纠纷，双方签订的《塔机租赁格式合同》和《补充协议》系各方真实意思表示且不违反法律行政法规的强制性规定，合法有效，双方均应按约定享有权利和承担义务。

关于双方争议的张吉强是否因塔机钢丝绳断裂导致死亡的问题，法院认为，在被上诉人提出的证据中，挖角派出所出具的《证明》“……发生一件因塔吊钢绳断裂导致作业人员张吉强死亡的事故……经查，情况属实”的内容和准备工程监理部出具的《情况说明》“……发生一件因塔吊钢绳断裂导致作业人员张吉强死亡的事故……”的内容，以及石棉县公安局《刑事技术鉴定报告文书》作出的“死者张吉强因受外力作用于头部，致颅脑严重损伤而死亡”的结论，能够相互印证形成证据锁链，且上述证据真实合法，上诉人亦未提出相反的证据予以否定，故对上述证据予以采纳，对张吉强是因塔机钢丝绳断裂导致死亡的事实予以确认。因此，原审关于“张吉强无论是被塔吊吊放的物品直接砸中头部伤亡还是由于塔吊钢丝绳断裂引起的其他原因导致的伤亡，塔机的钢丝绳突然断裂是致其死亡的直接原因”的认定并无不当，上诉人提出的导致张吉强死亡的直接原因是高坠而亡但不是钢丝绳断裂的上诉理由不能成立，法院不予支持。至于上诉人提出的“本案事故发生的经过、原因及事故性质的认定违反国家法律程序规定”的上诉理由，因被上诉人在事故发生后是否将事故情况上报国家有关部门属于行政法规调整的范围，不影响本案民事法律关系的审理，故该上诉理由不能成立，法院不予支持。

关于上诉人是否应在本案中承担民事责任的问题，法院认为：（1）双方在合同中约定上诉人应随塔机配备专职操作司机且操作司机在任何情况下不得听从非正式指挥工的信号和口令，上诉人并负责塔机的维修和保养等，证明塔机的操作使用、管理均在上诉人的掌控之中，上诉人应承担保证塔机安全正常使用的责任；（2）合同虽然约定超过标高的钢丝绳由被上诉人购买，但同时约定其质量、品牌由上诉人认可，因此，根据2006年7月1日双方签署的关于增加标节及附着的《塔机启用单》，即使超过标高的钢丝绳由被上诉人购买，其使用也得到了上诉人的认可，上诉人对钢丝绳的安全正常使用亦应承担相应的责任，但事实上上诉人并无证据能够证明超过标高的钢丝绳由被上诉人所购买；（3）本案中，双方于2006年7月1日就增加标节事宜签订《补充协议》并于同日签署《塔机启用单》，西南交通大学工程检测中心于同年7月2日对包括钢丝绳在内的塔机各项指标进行检测，就该事实应注意以下两点：一是检测中心的检测时间（7月2日）在塔机增加标节的启用时间（7月1日）之后，二是《检验报告》中载明的塔机提升高度为40米，而合同约定的标塔高度为36米，进一步说明检测中心检测时塔机已增加标节且检测时间确已在增加标节的启用时间之后。对此，法院认定该检测是在超过标高的钢丝绳已启用的情况下作出的，但现上诉人以该《检验报告》来证明自己提供出租的塔机包括钢丝绳在内的各项指标合格，恰好说明超过标高并于2006年9月6日断裂的钢丝绳是由上诉人提供，法院予以确认。综合以上理由，法院认为，上诉人作为塔机出租人，应保证塔机正常安全使用，但其出租的塔机于使用过程中发生钢丝绳突然断裂并致人死亡的事故，根据《中华人民共和国合同法》第一百零七条“当事人一方不履行合同义务或者履行合同义务不符合约定的，应当承担继续履行、采取补救措施或者赔偿损失等违约责任”的规定，上诉人违反合同中关于该公司所提供的塔机必须是机况完好的约定，应对事故的发生承担民事责任。本案事故发生后，被上诉人作为用工单位按照国务院《工伤保险条例》等行政法规和文件的规定，及时与死者家属签订赔偿协议并支付赔偿款，妥善进行了善后处理，其行为并无不当，已支付的赔偿款应视为被上诉人在履行本案塔机租赁合同过程中的损失，应当由实际责任人上诉人承担，故被上诉人有权要求上诉人赔偿被上诉人由于张吉强死亡所支付的费用。根据《工伤保险条例》第三十七条的规定，被上诉人向死者家属支付的赔偿款中的丧葬补助金、供养亲属抚恤金和一次性工亡补助金属法定赔偿，但被上诉人向死者家属赔偿的家庭困难补助金及交通费则属双方约定赔偿，超出了上诉人在订立租赁合同时可以预见的损失范围，故依据《中华人民共和国合同法》第一百一十三条“当事人一方不履行合同义务或者履行合同义务不符合约定，给对方造成损失的，损失赔偿额应当相当于因违约所造成的损失，……但不得超过违反合同一方订立合同时预见到或者应当预见到的因违反合同可能造成的损失”的规定，上诉人应赔偿被上诉人已向张吉强家属支付的丧葬补助金、供养亲属抚恤金和一次性工亡补助金共计167862元，但法院对被上诉人支付的家庭困难补助金及交通费49138元请求上诉人赔偿的主张则不再予以支持。综上，原审关于上诉人向被上诉人支付赔偿款167862元的判决结果并无不当，应予维持。关于上诉人提出的“被上诉人没有为员工购买工伤保险导致其支出工伤赔偿款，是其与员工之间的工伤赔偿关系，与上诉人无关”的上诉理由，因被上诉人是否购买工伤保险并不从根本上否定上诉人应承担的民事责任，故法院对该上诉理由不予采纳；上诉人提出的“钢丝绳的产权属被上诉人”、“上诉人对钢丝绳的维护与保养不存在过错，上诉人依法不应承担任何责任”等上诉理由，因与法院查明的事实不符，法院不予支持。

综上所述，原判认定事实清楚，审判程序合法，判决结果并无不当，应当予以维持。上诉人提出的上诉理由和请求均不能成立，法院不予支持。

4. 二审定案结论

成都铁路运输中级法院根据《中华人民共和国民事诉讼法》第一百五十三条第一款第（一）项的规定，作出如下判决：

驳回上诉，维持原判。

一审诉讼费用按原审判决执行。二审案件受理费 3235 元，诉讼保全费 1320 元，共计 4555 元由成都雷宝建筑机具租赁有限公司承担。

（七）解说

本案系租赁物发生质量事故导致第三人人身损害所产生的损失赔偿纠纷。本案引发的法律问题有三个方面：

一是出租人应承担租赁物质量瑕疵担保责任。在租赁合同法律关系中，出租人应当保证租赁物能够正常、安全使用，如果租赁物在使用过程中因质量问题造成他人人身、财产损失，根据《中华人民共和国合同法》第一百一十一条“质量不符合约定的，应当按照当事人的约定承担违约责任”的规定，出租人应承担相应的民事责任。本案中，被告出租的塔机因钢绳断裂造成原告工人死亡，违反了原、被告双方在合同中关于被告应保证塔机正常、安全使用的约定，因此，依照《中华人民共和国合同法》第一百零七条“当事人一方不履行合同义务或者履行合同义务不符合约定的，应当承担继续履行、采取补救措施或者赔偿损失等违约责任”的规定，被告应就该事故造成的损失承担民事责任。

二是工伤赔偿是否能够取代民事赔偿。工伤赔偿与民事赔偿由不同的法律调整，两者之间的关系在审判实践中长期存在争议。根据最高人民法院《关于审理人身损害赔偿案件适用法律若干问题的解释》（下称《解释》）第十二条第一款“依法应当参加工伤保险统筹的用人单位的劳动者，因工伤事故遭受人身损害，劳动者或者其近亲属向人民法院起诉请求用人单位承担民事赔偿责任的，告知其按《工伤保险条例》的规定处理”的规定，说明在一般情况下，劳动者发生工伤事故后，只能向用人单位主张工伤赔偿，而不能主张民事赔偿。但《解释》第十二条第二款同时规定，“因用人单位以外的第三人侵权造成劳动者人身损害，赔偿权利人请求第三人承担民事赔偿责任的，人民法院应予支持”，说明在因第三人侵权造成劳动者人身损害的情形，劳动者可以主张民事赔偿责任，即工伤赔偿与民事赔偿并不矛盾。本案中，原告职工张吉强在工作时，因被告提供出租的塔机钢绳质量问题导致其死亡，属于因用人单位以外的第三人行为造成的工伤事故，故受害人家属既可以选择向该第三人（即本案被告）要求民事赔偿，也可以选择向用人单位（即本案原告）要求工伤赔偿，现受害人家属虽然选择向用人单位要求工伤赔偿，但并不能因此免除被告本应承担的民事赔偿责任。一方面，原告在向受害人家属作出工伤赔偿后，有权向实际侵权人即本案被告进行追偿；另一方面，原告已支付的工伤赔偿款项可以视为原告在履行租赁合同过程中的损失，该损失也应由违约方即被告来承担。

三是工伤赔偿与民事赔偿的范围。根据《工伤保险条例》第三十七条“职工因工死亡，其直系亲属按照下列规定从工伤保险基金领取丧葬补助金、供养亲属抚恤金和一次性工亡补助金”的规定，本案中，原告向死者家属支付的赔偿款中的丧葬补助金、供养亲属抚恤金和一次性工亡补助金属法定赔偿，上述款项应由实际责任人被告来承担，但原告向死者家属赔偿的家庭困难补助金及交通费则属双方约定赔偿，超出了被告在订立租赁合同时可以预见的损失范围，故依据《中华人民共和国合同法》第一百一十三条“当事人一方不履行合同义务或者履行合同义务不符合约定，给对方造成损失的，损失赔偿额应当相当于因违约所造成的损失，……但不得超过违反合同一方订立合同时预见到或者应当预见到的因违反合同可能造成的损失”的规定，被告应赔偿原告已向死者家属支付的丧葬补助金、供养亲属抚恤金和一次性工亡补助金，但对原告支付的家庭困难补助金及交通费则不再予以赔偿。

（成都铁路运输中级法院　钟　欣）

21. 陕西宇澳电器有限公司诉中建八局基础设施建设有限公司等承揽合同案
（工程承包价的确定）

（一）首部

1. 判决书字号

一审判决书：陕西省蓝田县人民法院（2007）蓝民二初字第54号民事判决书。

二审判决书：陕西省西安市中级人民法院（2008）西民四终字第36号民事判决书。

2. 案由：承揽合同纠纷。

3. 诉讼双方

原告（上诉人）：陕西宇澳电器有限公司（以下简称宇澳电器公司），住所地：西安市三桥赵家堡工业园。

法定代表人：王锋，该公司经理。

委托代理人（一审）：刘军平，西部法制报法律服务中心法律工作者。

委托代理人（一、二审）：杨振江，西部法制报法律服务中心法律工作者。

被告（被上诉人）：中建八局基础设施建设有限公司（以下简称中建八局基础设施公司），住所地：上海市浦东新区源深路388号八方大楼308室。

法定代表人：梁新向，该局局长。

委托代理人（一、二审）：沈祖民，该公司法律顾问。

被告（被上诉人）：西（安）合（肥）西部大通道陕西境蓝田—商州高速公路LS—A5标中国建筑第八工程局项目经理部（以下简称中建八局项目部），住所地：西安市蓝田县辋川乡。

负责人：汤连生，该项目部经理。

4. 审级：二审。

5. 审判机关和审判组织

一审法院：陕西省蓝田县人民法院。

合议庭组成人员：审判长：张孝安；审判员：牛富玲、黄娟。

二审法院：陕西省西安市中级人民法院。

合议庭组成人员：审判长：田任华；审判员：曹卫军；代理审判员：张熠。

6. 审结时间

一审审结时间：2007 年 10 月 12 日。

二审审结时间：2008 年 3 月 20 日。

（二）一审情况

1. 一审诉辩主张

原告诉称：2006 年 4 月 11 日，中建八局项目部以中建八局基础设施公司名义与宇澳电器公司签订一份电力工程施工《合同协议书》，约定由宇澳电器公司在 LS—A5 合同段新建 315KVA、400KVA、500KVA 变压器各 1 台及 300 米的高压电线架设，每台变压器安装总、分柜、补偿柜（含电表）等，合同签订后，宇澳电器公司如约按时完成上述电力工程施工。中建八局项目部于 2006 年 3 月 16 日邀请供电单位向阳公司协同中建八局基础设施公司单位领导、专业人员及宇澳电器公司三方对该工程进行了验收和交接。依照合同第 5 条的约定，中建八局项目部于 2006 年 4 月 27 日向宇澳电器公司支付预付款 30 万元后，尚欠工程款 30 万元，宇澳电器公司多次催款，中建八局项目部至今未能偿付。中建八局项目部是中建八局基础设施公司下设的分支机构，为维护宇澳电器公司的合法权益，请求两被告互负连带责任偿付拖欠的工程款 30 万元，赔偿迟延履行违约金 2 万元。

被告中建八局基础设施公司辩称：只欠宇澳电器公司工程款 20 万元，变压器没有通电，不存在验收之事，宇澳电器公司请求的违约金应予驳回。

被告中建八局项目部辩称：已向宇澳电器公司支付 30 万元，另外 10 万元支付给向阳公司。

2. 一审事实和证据

陕西省蓝田县人民法院经公开审理查明：2006 年 4 月 11 日，中建八局项目部以中建八局基础设施公司委托代理人的名义与宇澳电器公司签订《合同协议书》。合同约定：由宇澳电器公司给中建八局项目部在蓝商高速公路 LS—A5 合同段新建 315KVA、400KVA、500KVA 变压器各 1 台，架设 300 米高压电线，给每台变压器安装总、分柜、补偿柜（含电表）；发包方式为包工包料；工程承包总价 60 万元，该费用包含宇澳电器公司为中建八局项目部最终供应上施工用电的所有费用，由于双方任何一方的原因造成合同不能履行或不能完全履行，由责任方承担违约责任等。合同签订后，中建八局项目部交付了 30 万元工程款，宇澳电器公司亦于 2006 年 4 月 26 日向中建八局项目部支付了合同约定的所有新建变压器、柜及架设的 300 米高压电线。2007 年 6 月 27 日，宇澳电器公司请求中建八局基础设施公司和中建八局项目部互负连带责任偿付拖欠的工程款 30 万元，赔偿违约金 2 万元诉至法院。庭审中，宇澳电器公司主张合同中不含为中建八局项目部供应上施工用电的约定，中建八局基础设施公司和中建八局项目部均持相反主张。经询宇澳电器公司，宇澳电器公司不同意对已完成交付的工程费用进行评估。

上述事实有下列证据证明：

（1）合同协议书。

（2）产品交付清单。

（3）当事人陈述。

3. 一审判案理由

陕西省蓝田县人民法院根据上述事实和证据认为：中建八局项目部以中建八局基础设施公司委托代理人的名义与宇澳电器公司签订的合同，出于双方自愿，符合法律规定，故应认定为有效合同。中建八局基础设施公司应当承担因合同纠纷产生的民事责任。依照该合同的约定，宇澳电器公司在为中建八局项目部最终供应上施工用电后，中建八局项目部才能全部支付60万元工程款。由于宇澳电器公司只是履行了合同约定的新建变压器等部分的义务，而没有为中建八局项目部最终供应上施工用电，故宇澳电器公司的行为属部分履行合同。但合同未明确约定新建变压器等和供应上施工用电的具体费用，宇澳电器公司既不同意进行费用评估，又不接受中建八局项目部欠其工程款20万元的主张，致无法确定宇澳电器公司已实际完成工程所花费用。宇澳电器公司请求缺乏相应证据佐证，对其主张不予支持；宇澳电器公司请求赔偿2万元迟延履行违约金，因为宇澳电器公司本身已违约，亦不予支持。

4. 一审定案结论

陕西省蓝田县人民法院根据《中华人民共和国民事诉讼法》第六十四条第一款之规定，判决如下：

驳回原告陕西宇澳电器有限公司对被告中建八局基础设施建设有限公司及被告西（安）合（肥）西部大通道陕西境蓝田—商州高速公路LS—A5标中国建筑第八工程局项目经理部的诉讼请求。

案件受理费6100元，邮寄费100元，共计6200元，由原告陕西宇澳电器有限公司负担（已预交）。

（三）二审诉辩主张

上诉人（原审原告）上诉称：宇澳电器公司是包工包料的施工单位，不是电力供应商，电力供应不属上诉人的职权范围。合同中约定的其为被上诉方最终供应上施工用电的所有费用是指其交付后设备出现问题，包括更换安装配件等费用；一审中被上诉人要求对工程进行评估，又拒绝交纳评估费用。施工用电的费用应由被上诉方支付。按照合同约定被上诉人应支付30万元工程款。被上诉人也当庭愿意支付上诉人20万元，原审法院未全面审查合同，从而作出错误的判决。故请求依法撤销原审判决书，依法改判由被上诉人偿付拖欠上诉人工程款30万元、赔偿迟延履行违约金2万元，合计32万元，并由被上诉人承担一、二审诉讼费用。

被上诉人（原审被告）共同答辩称：原审判决认定事实清楚，适用法律准确。上诉人除购买机器和安装外，还应通电并交付使用，合同约定向上诉人支付的60万元费用包括通电费用。

（四）二审事实和证据

陕西省西安市中级人民法院经审理查明的事实和证据与陕西省蓝田县人民法院查明的事实和证据基本一致。

另查明：西安航天动力机械厂出具证据，证明2006年6月9日其厂向中建八局项目部收取的供电保障费10万元为蓝商高速公路LS—A5合同段的由宇澳电器公司AS标为项目部新建的315KVA、400KVA、500KVA三台变压器通电所用费用。

（五）二审判案理由

陕西省西安市中级人民法院根据上述事实和证据认为：宇澳电器公司与中建八局项目部以中建八局基础设施公司的名义签订的承揽合同，系双方当事人的真实意思表示，合同依法成立双方当事人均无异议。合同不违反法律法规的禁止性规定，应确认为有效合同。鉴于中建八局项目部不具备法人资格，不能独立承担民事责任，中建八局项目部在合同中的民事责任应由中建八局基础设施公司承担。宇澳电器公司上诉称其是施工单位，不是电力供应商，其无权决定供电问题。由于双方在合同中明确约定工程款中包括通电费用，故其该项主张，不予支持。宇澳电器公司上诉称中建八局项目部欠付其工程款的数额为 30 万元，由于双方在签订合同第 2 款中明确约定："本工程承包总价为陆拾万元，此费用含乙方（宇澳电器公司）为甲方（中建八局基础设施公司）最终供应上施工用电的所有费用。"但宇澳电器公司仅新建了变压器、柜及架设高压电线，未通电，中建八局项目部在宇澳电器公司不解决通电事宜后，又向西安航天动力机械厂交付了 10 万元用电保障费自行解决了通电问题。依据诚实信用原则，中建八局基础设施公司支付给宇澳电器公司的工程款应扣除该项费用。宇澳电器公司称合同中约定的"最终供应上施工用电的所有费用"，是指其交付后设备出现问题，更换安装配件的费用理由不充分，且无事实和法律依据，本院不予采信。中建八局基础设施公司在一审庭审中已承认其仅支付了 30 万元工程款，仍欠付宇澳电器公司 20 万元工程款，对此承认已构成自认的证据，而原审判决驳回宇澳电器公司的诉讼请求不妥，依法应予改判。

（六）二审定案结论

陕西省西安市中级人民法院根据《中华人民共和国民事诉讼法》第一百五十三条第一款第（三）项的规定，判决如下：

1. 撤销陕西省蓝田县人民法院（2007）蓝民二初字第 54 号民事判决；

2. 本判决生效后 15 日内由中建八局基础设施公司支付宇澳电器公司工程款 20 万元；

3. 驳回宇澳电器公司的其他诉讼请求。

一、二审案件受理费共计 12300 元，由宇澳电器公司负担 4100 元，中建八局基础设施公司负担 8200 元。

（七）解说

本案争议的焦点问题是：原、被告签订的合同中约定的 60 万元工程承包价是否包含"通电"费用。

"通电"是行业术语，是指变压器等大型供电设施被安装调试完好后，在电力供应商提供电力商品时，由具体部门负责保障该供电设施畅通的一种专门化活动；而"供电"则是指由电力供应商向消费者提供电力商品，消费者向电力供应商支付所使用的该商品价值的活动。显然，通电与供电是有着本质区别的，而本案原、被告签订的合同约定的 60 万元工程款中应包含通电费用，其理由为：（1）从合同的内容上看，原、被告明确约定了 60 万元工程承包总价所包含的内容——由宇澳电器公司给中建八局项目部在蓝商高速公路 LS－A5 合同段新建 315KVA、400KVA、500KVA 变压器各一台，架设 300 米高压电线……该费用包含宇澳电器公司为中建八局项目部最终供应上施工用电的所有费用。按照电力行业规范，新安装变压器等大型用电设施后应先通电，然后才由电力供应商向消费者提供电力商品，即供电。因此，该 60 万元承包总价包含通电费用，当然不包括使用电力商品的费用，即供电费用。（2）从合同属性来看，合同是当事人意思自治的形式表现，根据合同签订时的客观现状，中建八局项目部在修建蓝商高速公路时无电几乎无法施工，急需用电，宇澳电器公司也非常明白这一点，双方签订合同所要实现的目的就是只要有电力供应商供电，中建八局项目部就能正常用电，这才是双方签订合同时的真实意思。因此，通电费用应包含在合同约定的工程总价款之中。(3) 从宇澳电器公司的抗辩理由来看，几乎是答非所问，缺乏法律依据。中建八局项目部在签订合同时不会要求宇澳电器公司为自己供电，因为合同双方都明白电力是由供电公司供应的，宇澳电器公司没有供电能力，宇澳电器公司混淆了通电和供电的区别。(4) 从合同履行的事实上看，因宇澳电器公司未完成通电这一合同义务而未完全履行合同，导致中建八局项目部不得不寻找他人来替宇澳电器公司完成通电这一事实，并支付相关费用 10 万元。因此，该笔通电费用应由本应承担该义务的宇澳电器公司承担。

综上分析，双方对工程承包总价款 60 万元无异议，宇澳电器公司也承认中建八局项目部已支付其工程款 30 万元，因此未付的 30 万元工程款应扣除因通电而由中建八局项目部支出的 10 万元费用后，由中建八局项目部将该未付的 20 万元支付给宇澳电器公司。但是因中建八局项目部是以中建八局基础设施公司的委托代理人的名义与宇澳电器公司订立合同，且中建八局项目部不具备法人资格，因此该 20 万元应由中建八局基础设施公司付给宇澳电器公司。另外，因宇澳电器公司违约在先，中建八局基础设施公司享有先履行抗辩权，因此宇澳电器公司要求的迟延履行违约金不能成立。

（陕西省蓝田县人民法院　王鹏晖）

22. 广西壮族自治区河池市建筑工程公司诉中国农业银行罗城仫佬族自治县支行建设工程施工合同案

（诉讼时效、违约金）

(一) 首部

1. 判决书字号

一审判决书：广西壮族自治区河池市中级人民法院（2008）河市民二初字第 2 号民事判决书。

二审判决书：广西壮族自治区高级人民法院（2008）桂民一终字第 204 号民事判决书。

2. 案由：建设工程施工合同纠纷。

3. 诉讼双方

原告（上诉人）：广西壮族自治区河池市建筑工程公司（原为广西河池地区建筑工程公司）（以下简称河池建筑公司），住所地：河池市建设路 48 号。

法定代表人（一审）：覃铖，该公司经理。

法定代表人（二审）：韦春兰，该公司总经理。

委托代理人（一、二审）：朱其敏，该公司项目经理。

委托代理人（一、二审）：黄乃道，金城江律师事务所律师。

被告（上诉人）：中国农业银行罗城仫佬族自治县支行（以下简称农行罗城支行），住所地：罗城县东门镇解放路72号。

代表人：廖鸿敏，该支行副行长（主持全面工作）。

委托代理人（一审）：谢建勇，该支行副行长。

委托代理人（一、二审）：余芳谊，中国农业银行河池分行职员。

委托代理人（二审）：吕海聂，创想律师事务所律师。

4. 审级：二审。

5. 审判机关和审判组织

一审法院：广西壮族自治区河池市中级人民法院。

合议庭组成人员：审判长：张世道；审判员：覃再娟、谢永乐。

二审法院：广西壮族自治区高级人民法院。

合议庭组成人员：审判长：梁文；审判员：周蹈、倪庆宁。

6. 审结时间

一审审结时间：2008年6月27日。

二审审结时间：2008年11月20日。

（二）一审诉辩主张

原告诉称：原告与被告分别于1993年10月12日、1994年12月4日签订了两份《建设工程施工合同协议》，约定由原告承建被告1至4号的住宅楼，于1995年工程全部竣工，经有关管理部门验收合格。1996年原告提交了相关的结算资料给被告，被告则委托了其上级行（农行河池分行）的咨询部和职工技协审核编制结算，1至4号楼结算金额4108496.7元，门面工程及材料费一次性包死为13万元，并形成7份《建筑工程结算书》且已经分别送达建设方和施工方，但至今被告未对结算书给予认可和付款。从1993年10月14日至1997年2月5日止，被告以预拨工程款方式先后付民工工资、材料费37.9万元（含已付清的门面工程材料费13万元），尚欠448496.7元至今未付。原告经多次催索未果。为维护原告的合法权益，特诉诸法院，请求判令被告支付尚欠工程款448496.7元；被告支付违约金40万元（以工程款40万元为基数，时间从1996年8月1日至2008年3月1日，共计4076天，按日5‰计算，即400000元×5‰×4076天＝815200元，只请求其中40万元，其他放弃）；诉讼费由被告承担。

被告辩称：（1）原告的诉讼请求已超过诉讼时效。理由是：我支行与原告分别于1993年10月12日、1994年12月4日签订了两份《建设工程施工合同协议》。签订合同后，原告即施工建房，我行也按工程进度及时拨款，但原告未能按照工程进度施工，直到1996年止，原告才将所建工程先后交付使用。在建房前后，我行已按工程进度拨给原告工程款386万元。从2005年1月后，未见原告提出任何要求付款的请求。依据《民法通则》的规定，诉讼时效为两年，故本案已过诉讼时效。（2）原告没有按合同约定履行义务。依据7份工程结算书计算的工程总价款为4048078.57元，而不是原告诉称的4238496.7元，我行在施工过程中和工程竣工结算后已支付工程款共计386万元。但原告所承建的工程中有两栋楼（共计2845平方米）未能达到优良等级，故应扣除原告的工程款14225元。另外，原告所建的楼房在工程保修期内出现质量问题，且未按我行的要求进行修复，现我行已使用质保金对楼房出现的部分质量问题进行修复，修复费共202403.93元，该款亦应当扣除。（3）原告要求支付40万元违约金无法律依据。我行已按合同约定全部付清款项不存在违约行为。原告工程质量未能达到优良等级依约应罚款 14225 元，再加上我行支付的修复费 202403.93 元，依据 7 份结算书的工程款共计 4048078.57 元，在扣除上述两项工程款后，我行应支付原告工程款总额为 3831449.64 元，实际上我行已支付工程款 386 万元，故不存在违约行为。综上，原告提出的结算金额部分无依据，我行已按合同约定支付了全部工程款，不存在违约行为，且原告从 2005 年 1 月之后未提出任何请求事项，已过诉讼时效。故请求人民法院予以驳回。

（三）一审事实和证据

广西壮族自治区河池市中级人民法院经公开审理查明：1993 年 10 月 12 日和 1994 年 12 月 4 日，原告与被告分别签订了两份《建设工程施工合同协议》（以下简称《合同书》），合同约定由原告承建被告 1 至 4 栋住宅楼。其中第一份合同约定住宅楼的建筑面积 1500 平方米，合同价款 45 万元，于 1993 年 10 月 15 日开工建设，到 1994 年 7 月 30 日竣工；第二份合同约定住宅楼的建筑面积 2500 平方米，合同价款 90 万元，开工日期 1994 年 12 月 4 日，竣工日期 1995 年 11 月 30 日。两份合同均约定：承包方式：原告包工包料；合同结算方式：按实际发生的工程量、材料单价和本地区定额站调价文件以及有关规定，由原告编制工程决算经被告复查，报县建设银行核准。如工程质量达优良等级，被告则按建筑面积每平方米 3 元的标准增加合同价款给原告；反之，如工程质量达不到优良等级，被告按建筑面积每平方米 5 元对原告进行处罚。如工程质量达不到合格，需要返工或修整的一切费用由原告承担，且工期不予顺延。工程竣工验收合格后，除扣除工程总价金额（决算数）的 5%作为工程保修金外，工程余款一次付清给原告。在工程竣工验收合格后，原告应当编制出工程决算交被告复查，被告须在 20 天内复查完毕并交县建设银行核准。如决算经核准后 20 天内被告不付清工程款，则按每天拖欠部分的 5‰作为违约金支付给原告。至于建筑工程的保养内容、范围、期限，按照城乡建设环境保护部（84）城建字第 79 号文（该文规定保修期如下：民用与公共建筑、一般工业建筑、构筑物的土建工程为 1 年；建筑物的照明电气、上下水管线安装工程为 6 个月；建筑物的供热、供冷系统为一采暖、供冷期；室外的上下水和水区道路为 1 年等）及有关规定执行，由原告向被告出具建筑工程保修书，保修期满，被告将保修金及银行存款同期利息退还原告。工程自竣工结清工程款后和保修期满后《合同书》自然失效。合同自签订之日起生效。除此之外，两份合同还对原、被告的权利义务、设计变更、竣工验收、违约与争议等事项作了明确约定。两份合同签订后，双方还到罗城县公证处办理了公证手续。原告如期进场施工，并在规定的期限内完成了 4 栋住宅楼建设任务。工程竣工后，原告先后编制工程决算交给被告复查，但被告复查后未依约将决算资料送交罗城县建设银行核准，而是根据上级行的要求把决算资料报请其上级行审查核准。经被告上级行咨询服务部和职工技协审查复核后，于 1995 年 6 月 12 日和 1996 年 2 月 12 日、6 月 18 日、6 月 20 日、7 月 31 日分别编制了 5 份《建筑工程预（结）算书》和 2 份《建筑安装工程预（结）算书》，该 7 份结算书核定，四栋住宅楼总建筑面积为 5691.36 平方米，工程造价共计 4108397.7 元。该 7 份结算书已分别送给了原、被告双方，但双方均没有在结算书上签章认可。之后，原、被告双方以及设计单位、质量监督部门对工程分别进行了验收，并于 1995 年 5 月 23 日和 1996 年 3 月 28 日（该时间为质量监督部门在竣工验收单上最后签署的日期）分别制作了 4 份《建筑工程竣工验收单》，其中甲栋（一号住宅楼）和乙栋（二号住宅楼）的工程质量被评定为优良；丙栋（三号住宅楼）和丁栋（四号住宅楼）的工程质量被评定为合格。在工程尚未验收前，被告就提前使用。从 1993 年 10 月 14 日起至 1999 年 2 月 13 日止，原告向被告分别领取了 32 笔共计 386 万元的工程款（其中 1998 年 12 月 14 日支付的 50000 元属于工程交付使用后的维修费用）。由于原告承建的 4 栋住宅楼在被告使用后出现质量问题，1996 年 7 月 25 日被告在向罗城县建筑工程质量监督站申请对住宅楼建筑质量复检报告的同时（但其未能提供罗城县建筑工程质量监督站的复查结果），亦要求原告进行修复。现双方对工程质量存在哪些问题没有确认，也没有罗城县建筑工程质量监督站对工程质量检查结果，故工程质量存在问题无法确认。1998 年 12 月 13 日，原告向被告书写一份《关于拨付工程维修费及工程尾款的函》，要求被告从 1998 年 12 月 14 日起支付维修费和工程余款，并要求被告把工程款拨付到原告单位的账户内，不能直接给朱其敏施工队。被告一直未付工程款而引发本案。

在诉讼中，鉴于中国农业银行河池分行咨询服务部和职工技协对原告承建的 4 栋住宅楼工程所编制的 5 份《建筑工程预（结）算书》和 2 份《建筑安装工程预（结）算书》均没有得到双方当事人的签章确认。本院在开庭审理前曾召集原、被告双方到庭释明是否对工程造价进行鉴定，双方均表示同意中国农业银行河池分行咨询服务部和职工技协作出的工程结算，不再另行鉴定。另外，被告辩称，因工程存在质量问题，其支付维修费 202403.93 元，但开庭后，被告仅能提供维修费发票 13 张，金额 313374.34 元，支付时间从 1997 年 6 月 27 日至 2000 年 12 月 29 日。上述 13 张维修费发票项目只记载："维修费、房屋维修费、修缮费、修厕所、修理费"，并没有记载具体修复的项目、范围、单价、施工人员或单位等内容，属于修复内容不明确，无法认定其所修复的工程就是原告所承担的工程。

（四）一审判案理由

广西壮族自治区河池市中级人民法院根据上述事实和证据认为：原告与被告于 1993 年 10 月 12 日和 1994 年 12 月 4 日分别签订的两份《建设工程施工合同协议》，主体适格，内容没有违反法律、行政法规的禁止性规定，均属有效合同，双方当事人应当切实遵守和履行。归纳原、被告双方的诉辩意见，本案讼争的焦点在于：（1）原告起诉是否超过诉讼时效；（2）被告已付了多少工程款；（3）被告支付的修复费能否抵扣工程款；（4）被告尚欠多少工程款；（5）原告请求给付违约金的理由是否成立。

1. 关于原告起诉是否超过诉讼时效问题。从本案事实看，原告起诉没有超过诉讼时效。理由是：其一，原告在工程竣工验收合格后编制了工程决算并交给被告复查，但被告没有自行复查，而是将原告编制的工程决算交由上级部门复查，当其上级行复查后所编制的 7 份结算书交给原、被告，双方均没有对该 7 份结算书进行确认，故该结算结论一直处于一种不确定状态，应视为工程未作最终结算。由于工程未结算，原告无法知道其应得的工程款数额，亦无法知道其权利被侵害。其二，依照合同约定，被告对原告编制的工程决算复查后应交给罗城县建设银行核准，决算核准后应在 20 天内付清工程款，但被告未依约将复查决算交给罗城县建设银行。因此，原告无法确定最后的付款时间，诉讼时效期间也就尚未开始计算。其三，原告主张其从 1998 年 8 月 9 日至 2007 年 4 月 10 日多次向被告催款及向有关部门反映要求解决拖欠工程款问题，并提供了 10 份《报告》证明。对此，被告否认收到该 10 份《报告》，只承认于 2005 年 1 月收到原告另一份报告，但原告没有相关证据证实。对被告主张于 2005 年 1 月收到一份报告原告亦不认可，被告同样不能提供证据证明。因此，本案不存在诉讼时效期间的开始计算和中断的事由。在被告没有提供证据证明原告知道或者应当知道被告拒绝支付工程款，原告依据双方签订合同取得工程款的权利受到侵害的情况下，其向法院请求保护的诉讼时效期间并没有开始起算。综上，被告主张本案诉讼时效超过的理由不能成立。

2. 关于被告已付多少工程款的问题。原告在本案请求的是住宅楼工程款，并没有请求另一法律关系的门面工程款，只是在陈述本案事实时主张被告所支付工程款386万元中包括有门面工程款13万元，不应将该13万元计在被告已付的住宅楼工程款中，该13万元是于1995年4月28日和同年6月5日分别支付的两笔工程款。被告则主张该13万元是支付住宅楼工程款。对此，本院认为，根据被告提供的从1993年10月14日至1999年2月13日所支付给原告的32笔共计386万元的工程款凭据记载，均是被告以预付工程款、基建款为用途支付给原告，凭据上并没有注明付款用途是支付门面工程款，而且原告在举证期限内未能提供支付门面款的证据，因此，原告主张支付的工程款中包含门面工程款，没有事实依据，不予采信。被告提出的这一抗辩有确凿的证据佐证，其理由成立，应予采纳。另外，由于原告主张的门面工程与本案涉讼的住宅楼建设工程施工合同是两个不同的法律关系，不属于本案审理的范畴，如原告有证据证明其为被告承建了门面工程，可通过其他途径解决。双方当事人对被告支付工程款数额386万元无异议，应当确认该工程款为支付住宅楼工程款。

3. 关于被告支付修复费能否抵扣工程款的问题。本院认为，被告主张从应付的工程款中扣除修复费的理由不能成立，理由是：其一，虽然事实上原告承建工程存在质量问题，但双方对工程存在哪些质量问题没有确认，而且在工程未经验收之前，被告就使用了工程，故被告又以部分质量存在问题为由主张权利，不予支持；但是原告应当在建设工程的合理使用寿命内对地基基础工程和主体结构质量承担民事责任。其二，被告提供的13张修复费凭据没有具体记载修复的项目、范围、单价、施工人员或单位等内容，修复内容不明确，不能反映修复的工程与原告承建工程有关联，而且被告辩称支付修复费为202403.93元与其提供的凭据修复费合计313374.34元存在矛盾。其三，被告在工程尚未验收之前已使用工程，但何时使用无法确定，故确定被告在验收单最后落款之日即1996年3月28日开始使用工程，当日起算保修期。双方在合同中约定最长保修期为1年，按1年保修期计算，原告承建工程保修期届满之日是1997年3月27日。被告提供的13张修复费凭据支付时间从1997年6月27日至2000年12月29日，该期间已超过了合同约定的保修期。所以，被告主张从工程款中扣除修复费的抗辩理由不成立，不予支持。

4. 关于被告尚欠多少工程款的问题。双方当事人对中国农业银行河池分行咨询服务部和该行职工技协结算4栋住宅楼工程款4108397.7元无异议，本院予以确认。被告已支付工程款386万元，剩余工程款为248397.7元。但因原告承建的住宅楼有两栋建筑面积共计2845平方米经验收达不到优良，被告要求依合同约定按每平方米扣除工程款5元，共计扣除14225元，该主张有事实依据，应予以支持。扣除工程未达优良的款项后，被告至今尚欠原告工程款234172.7元。

5. 关于原告请求给付违约金的理由是否成立的问题。原告承建工程竣工验收合格后，其编制了工程决算交给了被告，被告又将原告编制的工程决算交由其上级部门复核，但被告上级部门复核作出结算书后，被告既没有将复核结算书交给罗城县建设银行核准，又没有对其上级部门复核结算书认可，拖延结算时间和支付工程款，其行为已构成违约，应向原告支付逾期支付工程款违约金。至于违约金起算之日问题，根据双方签订两份合同第十六条第一项的规定，决算经核准后20天内被告不结算付清工程款，每天按拖欠部分的5‰支付违约金给原告。被告于诉讼之后才对其上级部门的复核结算予以确认，应视为被告对原结算的追认，由于被告未依约将复核结算交给罗城县建设银行核准，故被告应在其上级部门复核结算书签署最后日期起20天内付清工程款，逾期则支付违约金。7份复核结算书最后编制日期是1996年7月31日，被告应在同年8月20日前付清除质保金之外的工程款，逾期则起算违约金。质保期届满后，被告未依约退还质保金亦应支付逾期付款违约金。至于违约金按何种标准计算问题，本院认为，虽然合同约定按日5‰计算违约金，但原告按该标准计算违约金明显高于其实际造成的损失，应当予以适当减少。根据公平原则，应以实际损失为基础，兼顾预期利益等因素来确定违约金计算标准，故违约金应按中国人民银行发布的同期逾期贷款利率计算，理由是：其一，双方是参考签订合同时银行逾期贷款利率来约定违约金计算标准，而当时银行贷款利率相对较高，尔后银行多次调低了贷款利率；其二，被告逾期支付工程款，造成原告实际损失是支付银行贷款利息，按中国人民银行发布的同期逾期贷款利率计算违约金足以补偿原告的损失。据此，应按中国人民银行发布的同期逾期贷款利率计算违约金。具体违约金计算如下：（1）从1996年8月21日（逾期支付工程款之日）至1997年3月27日（保质期届满之日）止，共217天，以扣除质保金之后尚欠工程款本金28752.84元（234172.70元－4108397.70元×5‰）按银行同期逾期贷款利率分段计算，违约金为2098.15元；（2）从1997年3月28日（应当支付质保金之日）至2008年3月1日（原告请求计算截止之日）止，共3932天，以尚欠工程款本金234172.70元按银行同期逾期贷款利率分段计算，违约金为186386.48元。违约金共计188484.63元。

综上所述，原告要求被告支付尚欠的工程款理由正当，但其请求给付的工程款数额与实际欠款数额不一致，应以审理确定的尚欠工程款234172.70元为准由被告支付。原告要求被告支付违约金40万元过分高于实际造成的损失，应当予以适当减少。被告辩称工程质量达不到优良要求按合同规定每平方米5.00元扣除工程款及其主张所支付的款项是住宅楼工程款的理由成立，予以采纳。被告的其他抗辩理由不成立，本院不予支持。

（五）一审定案结论

广西壮族自治区河池市中级人民法院依照《中华人民共和国民法通则》第一百零八条、第一百一十一条、第一百一十二条第二款和最高人民法院《关于审理建设工程施工合同纠纷案件适用法律问题的解释》第十三条的规定，判决如下：

1. 被告中国农业银行罗城仫佬族自治县支行支付给原告广西壮族自治区河池市建筑工程公司工程款234172.7元；

2. 被告中国农业银行罗城仫佬族自治县支行支付给原告广西壮族自治区河池市建筑工程公司违约金188484.63元；

3. 驳回原告广西壮族自治区河池市建筑工程公司的其他诉讼请求。

案件受理费12284元，由原告广西壮族自治区河池市建筑工程公司负担6166元，被告中国农业银行罗城仫佬族自治县支行负担6118元。

（六）二审情况

1. 二审诉辩主张

上诉人河池建筑公司上诉称：1993年10月12日、1994年12月4日，河池建筑公司分别与农行罗城支行签订两份《建设工程施工合同协议》，由河池建筑公司承建农行罗城支行的4栋职工住宅楼。在此期间河池建筑公司又为农行罗城支行增建了大门、值班室及1间当街门面，价格包死为13万元。农行罗城支行预拨和支付的工程款为386万元，其中河池建筑公司在1995年4月27日与农行罗城支行领取的8万元和1995年6月5日领取的5万元，是农行罗城支行支付的门面工程款，河池建筑公司所写给农行罗城支行的领条已说明所领款内容。领条存在农行罗城支行，但农行罗城支行拒不提供这两张领条。按证据规则，农行罗城支行应承担不提供证据的不利后果。请求：（1）认定农行罗城支行拖欠工程款总额为364172.7元，而一审只判决给234172.7元。要求二审在一审认定的农行罗城支行欠款的数额上再加判13万元及利息8万元；（2）违约金应按合同约定拖欠工程款的日5‰计算。

农行罗城支行答辩称：双方签订两份合同并不包括门面工程，也没有增加该项目和签证单以及证据证明，领取工程款386万元包括门面工程款是不正确的；吴兰贵的证言不能够证明已付工程款里面包括门面工程款；农行罗城支行在本案中没有欠河池建筑公司的工程款，不存在支付违约金的问题，河池建筑公司要求支付违约金及一审判决农行罗城支行支付18万元违约金无事实与法律依据。

上诉人农行罗城支行上诉称：（1）本案已超过诉讼时效，一审法院以7份结算书没有经过双方签字认可，一直处于未确定状态为由，认为没有超过诉讼时效，完全脱离了本案的客观事实。本案工程从1996年竣工至今已过12年之久，且剩余的20万元质保金因河池建筑公司承包的该工程存在严重的质量问题，农行罗城支行另外请施工队进行修缮，花去费用30多万元。因此，根本不存在还欠其工程款的事实。（2）农行罗城支行已按7份结算书的结算结果，依约将工程款支付给了河池建筑公司，剩余的20万元工程款是5%的质保金，由于工程出现严重质量问题，已经动用质保金进行修复，根本不存在质保金退还的问题。且即使房屋没有质量问题，质保期届满后应主张权利，而河池建筑公司在已过12年后才主张返还质保金，已超过诉讼时效。（3）一审法院认定本案没有超过诉讼时效，判令农行罗城支行支付违约金18万元，没有事实和法律依据，自相矛盾。一审判决认定事实不清，适用法律错误，请求：撤销一审判决，驳回河池建筑公司的全部诉讼请求并由其承担一、二审诉讼费。

河池建筑公司答辩称：（1）农行罗城支行认为诉讼时效已过的理由不能成立。双方订立的合同还在生效范围内，诉讼时效在河池建筑公司起诉时才开始。按照合同约定农行罗城支行对河池建筑公司编制的工程结算复查后应交给罗城建行核准。农行罗城支行认为余下的20多万元为工程保证金，主张工程保证金超过诉讼时效是不成立的。河池建筑公司没有怠于行使其权利，而是多次积极地向农行罗城支行主张其权利。（2）农行罗城支行上诉称维修费开支30多万元没有事实依据。（3）农行罗城支行应依约支付违约金。

2. 二审事实和证据

广西壮族自治区高级人民法院经审理，确认一审法院认定的事实和证据。

另查明：河池建筑公司在一审庭审中确认农行罗城支行在工程竣工交付使用后，曾经要求河池建筑公司进行维修，河池建筑公司未进行维修，河池建筑公司于1999年12月13日向农行罗城支行发出《关于拨付工程维修费及工程尾款的函》，载明：为了确保维修贵行住宅楼有关项目，同时保证专款专用，我公司要求贵行从1998年12月14日拨维修费起，把所有的工程款一律拨到我公司在罗城县建行的户头，如贵行还直接拨款给朱其敏施工队，维修项目受到影响等其他问题，我公司将不负任何责任。

还查明：广西壮族自治区河池市建筑工程公司由广西河池地区建筑工程公司于2003年1月1日更名而来。

3. 二审判案理由

广西壮族自治区高级人民法院根据上述事实和证据认为：

（1）关于河池建筑公司是否承建了大门及门面工程，农行罗城支行是否拖欠河池建筑公司的工程款，数额是多少的问题。河池建筑公司在本案中主张其完成了大门等工程的施工，其旨在于证明农行罗城支行所付的386万元工程款中包含了13万元大门等工程的工程款，而工程款的支付指向应依付款人农行罗城支行的意思表示而确定，农行罗城支行主张其所付的386万元工程款均为本案工程款，河池建筑公司也无证据证明其中13万元为大门等工程的工程款，河池建筑公司在本案中也并未主张农行罗城支行支付13万元为大门等的工程款，故一审判决认定386万元工程款中并不包含该13万元是正确的。河池建筑公司认为一审判决认定的农行罗城支行尚欠的工程款中少了13万元，主张加判13万元及利息的上诉请求，无事实与法律依据，不能成立，本院不予支持。

由于河池建筑公司在本案没有主张农行罗城支行支付大门等工程的13万元工程款，该工程并非本案审理的范围，是否由河池建筑公司完成了该工程，不宜在本案中认定，故本院不作认定。双方当事人在本案中均认可本案工程造价依据中国农业银行河池分行咨询服务部及该行职工技协所审查复核的造价，即4108397.7元，因两栋楼工程质量没有到达优良，而依合同约定应扣减河池建筑公司14225元工程款，因而农行罗城支行在本案应向河池建筑公司支付的工程款数额为4094172.7元，其中质保金205419.89元。农行罗城支行主张因工程的质量问题，已将质保金全部使用，但其就所主张的202403.93元维修费用而举证之33万元票据，均为保修期之后产生的费用，且并未注明用于本案工程，不能够证明已经发生了维修行为及产生了维修费用，并未完成其基本举证义务，不足以支持其抗辩主张，也没有其他证据足以证明确实发生了维修事实和维修费用。依照最高人民法院《关于民事诉讼证据的若干规定》第二条“当事人对自己提出的诉讼请求所依据的事实或者反驳对方诉讼请求所依据的事实有责任提供证据加以证明。没有证据或者证据不足以证明当事人的事实主张的，由负有举证责任的当事人承担不利后果”的规定，本院对农行罗城支行主张的其不应支付工程质保金的抗辩主张不予支持。由于本案工程保修期已届满，农行罗城支行应将质保金支付给河池建筑公司。扣除农行罗城支行已经支付的工程款386万元，其尚应向河池建筑公司支付234172.7元工程款。

（2）关于农行罗城支行在履行合同中是否违约，违约金应如何计付的问题。本案的两份《建设工程施工合同协议》为双方当事人自愿协商一致所订立，系双方的真实意思表示，无违反我国法律、法规的内容，且主体适格，均为有效合同。河池建筑公司依约完成工程施工，工程质量合格，已交付农行罗城支行使用，并编制了工程决算书交农行罗城支行复查，已完全履行了合同。农行罗城支行既未按合同的约定将该工程决算书交罗城建行审核，也未按结算书向河池建筑公司支付工程款，拖欠工程款234172.7元，故农行罗城支行已经构成违约，应依据合同约定向河池建筑公司支付违约金。本案违约金虽是双方当事人协商一致所约定的，是双方的真实意思表示，但按拖欠工程款的日5‰的标准计付，显然超过了河池建筑公司的实际损失。违约金具有惩罚性与补偿性的双重作用，一审法院依据农行罗城支行的请求，根据公平原则，以实际损失为基础，兼顾预期利益等因素予以适当调整为按中国人民银行发布的同期逾期贷款利率计付，既对农行罗城支行的违约行为起了惩罚作用，又弥补了河池建筑公司的损失，符合《中华人民共和国合同法》的相关规定，并无不当。河池建筑公司主张应按日5‰的标准计付违约金的诉讼请求有悖于法律规定，本院不予支持。

（3）关于本案是否超过诉讼时效的问题。依据双方当事人在本案合同中的约定，本案工程的结算是在工程竣工验收合格后，河池建筑公司编制出工程决算交农行罗城支行复查，农行罗城支行应在20天内复查完毕交罗城建行核准，决算核准后20天内结清，否则按日5‰支付违约金，故农行罗城支行的付款时间为决算核准后的20天内，届满之次日即为本案诉讼时效的起算时间。农行罗城支行在本案中并不依约将决算交给罗城建行复查，也没有付款，违反了合同的约定，显然，本案的付款时间没有确定。从保护债权人合法权益及诚实信用的原则出发，对本案中由于农行罗城支行不依约在20天内将结算资料提交罗城建行审核，也未告知河池建筑公司，且没有明示其主张按河池农行的审核结论作为结算依据，并取得河池建筑公司的同意，双方并未就工程结算达成一致，故一审判决认定河池建筑公司无法确定最后的付款时间，本案未超过诉讼时效是正确的。农行罗城支行认为本案已超过诉讼时效无事实与法律依据，本院予以驳回。

4. 二审定案结论

广西壮族自治区高级人民法院依照《中华人民共和国民事诉讼法》第一百五十三条第一款第（一）项及最高人民法院《关于民事诉讼证据的若干规定》第二条之规定，判决如下：

驳回上诉，维持原判。

二审诉讼费12284元（河池建筑公司已预交4450元，农行罗城支行已预交12284元），由河池建筑公司负担4450元，农行罗城支行负担7834元。农行罗城支行多交的诉讼费4450元，由本院退回。

（七）解说

本案从工程竣工到起诉，经历了漫长的时间，为此双方当事人在诉讼中存在诸多争议焦点。

1. 关于本案诉讼时效的起算。《民法通则》第一百三十七条规定："诉讼时效期间从知道或者应当知道权利被侵害时起计算。"在合同纠纷案中，如何认定"知道或者应当知道"是确定诉讼时效起算的关键，无诉讼时效的起算就谈不上诉讼时效的中断和中止。一般合同之债的诉讼时效起算有两种情形：一是合同有约定履行期限的，诉讼时效期间从履行期限届满之日起算；二是合同没有约定履行期限的，诉讼时效期间从债权人要求债务人履行义务的宽限期届满之日起计算。本案双方当事人在合同中约定，工程竣工验收合格后，由河池建筑公司编制工程决算交付农行罗城支行复查，农行罗城支行应在20天内复查完毕并交付罗城建行核准，决算核准后20天内结清工程款，否则按日5‰支付违约金。上述约定可见，当事人是约定了支付工程款的履行期限，即在罗城建行核准决算次日起20日内，农行罗城支行应当付清工程款。如农行罗城支行在此期间不付清工程款，河池建筑公司从罗城建行核准决算次日起第21天应当知道其权利被侵害，当天诉讼时效开始计算。但是，农行罗城支行未依约将工程结算书送交罗城建行核准，双方当事人亦不签字认可结算，工程款最终没有确认，导致支付工程款时间不能确定，从而无法确定诉讼时效起算之日，因此，河池建筑公司起诉之前本案不存在诉讼时效起算，本案未超过诉讼时效。至于河池建筑公司称其向农行罗城支行及有关部门送达了主张权利的《报告》，但河池建筑公司未能提供《报告》具有主张权利的内容及送达对方的证据，而且农行罗城支行对该主张予以否认，因此，不能认定河池建筑公司在起诉之前向农行罗城支行主张了权利，诉讼时效没有起算，也就不存在诉讼时效中断的事由。故一、二审认定本案未超过诉讼时效是正确的。

2. 关于工程质量问题是反诉还是反驳。在建设施工合同纠纷案中，往往发包人提出工程质量问题并要求减少工程款，该主张是反诉还是反驳，审判实践中做法不一。笔者认为，发包人提出的质量问题，应当视为反驳，不宜视为反诉。因为工程质量是承包人的义务，如出现质量问题，由此产生的修复费用当然由承包人负担，承包人支付修复费来源于工程款或自有资金，故发包人主张减少工程款应与承包人的诉求一并审理，无须提出反诉。当然，发包人主张减少的工程款超过承包人诉求的部分应视为反诉，如发包方对超过承包人诉求部分不提出反诉的，法院不应支持。否则，出现不诉反而获取赔偿的结果，对诉讼另一方当事人是不公平的，亦不符合反驳的要件。本案中农行罗城支行要求减少因工程质量支付的修复费用，法院基于上述理由视该主张为反驳予以审理。发包方提出质量问题应负举证责任，本案农行罗城支行要求从工程款中扣减修复费用，但未能提供证据证明其主张，自然得不到法院的支持。

3. 关于诉求与当事人陈述的关系。河池建筑公司起诉请求给付的是 4 栋住宅楼的尚欠工程款及逾期付款违约金，并不请求给付大门、值班室及当街门面的工程款共计 13 万元，但其又诉称农行罗城支行已付的工程款中包括有大门等工程款 13 万元在内，农行罗城支行已付清大门等工程款，主张从已付的工程款中扣除该 13 万元之后，余款作为农行罗城支行已付住宅楼工程款。河池建筑公司在诉讼中认为其已对大门等工程款提出了请求，法院应当支持。一、二审法院审理认为，河池建筑公司在本案没有请求大门等工程款，故不予审理。笔者认为，河池建筑公司主张大门等工程款已提出了诉讼请求，是混淆了诉讼请求与案件事实陈述的概念。诉讼请求是指民事权利主体认为自己的民事权益受到侵害或与他人发生争议时，向人民法院提出给予司法保护。诉讼请求是诉的范畴，诉有程序意义上的诉和实体意义上的诉之分。陈述是指当事人在诉讼进行中，向人民法院所作的关于案件事实情况的叙述和承认。当事人陈述是一种诉讼证据。本案河池建筑公司提出的大门等工程款应当在已付工程款中扣除，其实是对本案事实的陈述。因为：其一，河池建筑公司自认为其承建大门等工程包死价为 13 万元，农行罗城支行已支付了这部分工程款，双方结算清楚，不存在纠纷，固然就没有起诉请求的必要。其二，河池建筑公司陈述农行罗城支行已付的工程款中包括大门等工程款，该陈述的目的是证明农行罗城支行少付住宅楼工程款 13 万元，是对住宅楼工程款的主张，而不是对大门等工程款的主张。由于河池建筑公司对自己的陈述无证据佐证，且农行罗城支行不予承认，故法院不采信该陈述，即不采信该证据。

住宅楼施工合同并没有约定大门等工程，且农行罗城支行否认河池建筑公司承建大门等工程，故大门等工程独立于住宅楼之外的工程，属于另一法律关系，河池建筑公司可就大门等工程款问题另案处理。

4. 关于人民法院对约定违约金过高行使释明的问题。违约金具有补偿性和惩罚性的双重性质。虽然根据合同自由原则，当事人可以自由约定违约金，但是国家对违约条款也予以干预，即《合同法》第一百一十四条第二款规定：“约定的违约金低于造成的损失的，当事人可以请求人民法院或者仲裁机构予以增加；约定的违约金过分高于造成的损失的，当事人可以请求人民法院或者仲裁机构予以适当减少。”根据该法条的规定，人民法院在当事人未提出要求调减或者调增违约金的情况下，不得主动对约定违约金标准进行调整。笔者认为，人民法院不主动对违约金是否过高进行审查，并不是人民法院在明知约定的违约金过分高于所造成的损失时可以无动于衷，人民法院可以对当事人进行必要的释明。因为有的当事人对该法律规定不熟知，有的双方当事人的争议往往纠缠于是否违约而非违约金是否高低，对此人民法院可以就违约金是否过高的问题进行释明，以维护民法的公平和诚实信用原则。本案双方于 1993 年和 1994 年订立合同约定违约金日 5‰，该约定违约金当时没有过高，但过后至今，银行大幅调低利率，逾期付款利率随之调低，为此最高人民法院对逾期付款违约金应当按照何种标准计算问题相应作出了几个司法解释，故河池建筑公司于 2008 年诉求按日 5‰计算逾期付款违约金，明显高于实际造成的损失。在诉讼中，由于农行罗城支行只是以其没有违约为抗辩，对约定违约金过分高于造成的损失没有意识到要求人民法院予以适当减少。为此，一审法院进行了释明，农行罗城支行在法院释明后要按银行活期存款利率标准计算违约金。一审法院根据逾期付款造成河池建筑公司的实际损失，并考虑违约金具有惩罚性，按银行同期同类逾期付款利率标准计算违约金，既对农行罗城支行的违约行为起了惩罚作用，又弥补了河池建筑公司的损失，体现了以合同正义原则适度限制合同自由原则的立法思想。

（广西壮族自治区河池市中级人民法院　覃春燕）

23. 李宗铭诉四川龙浩公路投资有限公司等建设工程施工合同案

（违法分包）

（一）首部

1. 判决书字号：四川省自贡市自流井区人民法院（2008）自流民二初字第213号民事判决书。

2. 案由：建设工程分包合同纠纷。

3. 诉讼双方

原告：李宗铭，男，汉族，1960年5月16日生，中国农业银行自贡市分行职工。

委托代理人：郭宏伟，四川宏宗律师事务所律师。

被告：四川龙浩公路投资有限公司（以下简称四川龙浩公司），住所地：自贡市自流井区汇川路汇川大厦。

法定代表人：孙晓东，该公司董事长。

委托代理人：刘波，该公司副总经理。

被告：四川省自贡路桥总公司（以下简称四川路桥公司），住所地：自贡市自流井区。

法定代表人：陈建伟，该公司总经理。

委托代理人：钟鹏，该公司总经理。

委托代理人：陈易伟，四川群久律师事务所律师。

被告：自贡市平全实业有限公司（以下简称平全实业公司），住所地：自贡市沿滩区个私园区。

法定代表人：刘全平，该公司经理。

委托代理人：贾平，四川拓宇律师事务所律师。

4. 审级：一审。

5. 审判机关和审判组织

审判机关：四川省自贡市自流井区人民法院。

合议庭组成人员：审判长：王勇；审判员：董新国、聂巨良。

6. 审结时间：2008年9月26日。

（二）诉辩主张

原告诉称：2006年，被告四川龙浩公司将省道S305H合同段公路建设工程发包给被告四川路桥公司承建；同年4月16日，四川路桥公司与被告平全实业公司签订《省道S305H合同段劳务合同协议书》约定，将该段的劳务协作工作发包给被告平全实业公司，合同标的5896411元。同年的5月16日，平全实业公司与原告签订《省道S305H合同段劳务合同协议书》约定，总标的5457121元，将平全实业公司与四川路桥公司签订的合同权利义务转移给原告。其后原告作为实际施工人按照合同约定履行了义务，施工工程经验收合格已交付使用，但被告平全实业公司仅支付工程款4758000元，且各方未办理结算。原告请求判令原告与被告平全实业公司签订的《省道S305H合同段劳务合同协议书》为无效合同；判令被告四川路桥公司与被告平全实业公司签订《省道S305H合同段劳务合同协议书》为无效合同；判令被告四川龙浩公司、被告四川路桥公司以该二被告间签订的合同价格及调差方法与原告结算，并直接向原告支付工程款；并判令被告共同承担本案诉讼费。

被告四川龙浩公司辩称：自贡捷通公路有限公司（以下简称自贡捷通公司）在2007年4月10日之前负责建设管理省道S305线隆雅路富顺县至荣县段。后自己通过BOT招投标的模式与自贡市交通局签订《投资协议》后接管至今，在2006年6月6日至2007年4月10日期间，由自己与自贡捷通公司共同管理。2007年4月11日后，经四川省发改委批文确认自己的业主身份，正式进行管理。H合同段施工合同是被告四川路桥公司与原业主自贡捷通公司签订，并已于2005年底进场施工。自己接受该项目后，考虑到承包人的资金压力，已将原合同约定的工程款支付比例由原80%增加至90%。H合同段共计量工程款1910.99万元，已支付工程款1633.11万元，支付比例为88.52%，根据交通部建设规范及合同规定，余下的工程款应待交工验收审计后支付，同时应留5%作为质保金待两年质保期届满后支付。诉争所涉及的工程属改建工程，一直是在保证道路通行的情况下施工，虽已初步通车，但未进行交、竣工的验收，也未进行审计，故不应当再支付工程款。同时本案纠纷系H合同段的协作单位之间的内部纠纷，故自己不应当承担责任。请求驳回原告的起诉。

被告四川路桥公司辩称：本案中原告是与刘全平个人签订的《省道S305H合同段劳务合同协议书》，三被告与原告间未订立过建设施工合同，原告起诉三被告主体错误，原告请求确认被告与原告签订的《省道S305H合同段劳务合同协议书》无效不成立；而被告四川路桥公司与被告平全实业公司签订的施工合同属另一法律关系，与原告无关，原告请求确认二者之间签订的《省道S305H合同段劳务合同协议书》无效也不成立；同时，因原告与被告四川龙浩公司、被告四川路桥公司无合同关系，无法律上的权利义务关系，故其主张直接与二者结算、并收取工程款及三被告承担诉讼费的请求不成立；且本案工程未经验收，更无质监部门鉴定，不具备支付全额工程款的条件，故请求驳回原告的诉讼请求。

被告平全实业公司辩称：原告是与刘全平个人签订的《省道S305H合同段劳务合同协议书》，三被告与原告间未订立过建设施工合同，原告起诉三被告主体错误。原告请求确认被告与原告签订的《省道S305H合同段劳务合同协议书》无效不成立；而被告四川路桥公司与被告平全实业公司签订的施工合同属另一法律关系，与原告无关，原告请求确认二者之间签订的《省道S305H合同段劳务合同协议书》无效也不成立；同时，因原告与被告四川龙浩公司、被告四川路桥公司无合同关系，无法律上的权利义务关系，故其主张直接与二者结算、并收取工程款及三被告承担诉讼费的请求不成立；且本案工程未经验收，依据相关法律的规定，不具备收取全额工程款的条件，故请求驳回原告的诉讼请求。

（三）事实和证据

四川省自贡市自流井区人民法院经公开审理查明：自贡捷通公司在2007年4月10日前负责建设管理省道S305线隆雅路富顺县至荣县段。后被告四川龙浩公司通过BOT招投标的模式与自贡市交通局签订《投资协议》后接管，并于2006年6月6日至2007年4月10日与自贡捷通公司共同管理。2007年4月11日，经四川省发改委批文确认被告四川龙浩公司的业主身份后，被告四川龙浩公司才正式进行管理。

本案诉争工程所涉及的省道S305线隆雅路富顺县至荣县段H合同段施工合同是被告四川路桥公司与原业主自贡捷通公司签订，被告四川路桥公司已于2005年底进场施工。

2006年4月16日，被告四川路桥公司（甲方）与被告平全实业公司签订《省道S305H合同段劳务合同协议书》约定，被告四川路桥公司将其承建的省道S305H合同段中段K41＋567－K44＋770（K41＋630－K41＋750除外）路基的挖方填方、排水防护和涵洞工程交被告平全实业公司承包承建；承包方式采取工、料、机承包方式，合同为单价合同，单价不包括建设工程营业税，且不因任何情况（水文地质变化、材料涨价等）而变化调整；验工计价与劳务费拨付方式为每20日～25日由甲方对设计图范围内已完成项目进行检查验收，质量合格工程量予以计量并按审核资料和合同单价进行计价，约定概算总造价为5896411元。

2006年5月16日，刘全平（甲方）与原告签订《省道S305H合同段劳务合同协议书》约定，将前述省道S305H合同段中段K41＋567－K44＋770（K41＋630－K41＋750除外）的路基挖方填方、排水防护和涵洞工程交原告承建。其合同涉及的主要内容与前述合同基本一致。同时双方签订工程涉及项目单价和概算量的《工程清单》，约定概算总造价为5457121元。刘全平以个人的名义在“法定代表人或委托代理人栏”签章。原告组织人员以被告四川路桥公司H段项目部的名义进行施工。2007年12月17日，被告四川路桥公司的工作人员在“刘全平组06年完成情况”明细表中备注“挖方量已包括郭板坡及凉风坡滑坡数量，此量有待工程完工后业主统一进行复核，最终决算以核准工程量为准；所有工程量与彭工所核工程量一致，其中挡墙工程量已包括曹队长处挡墙，但挡墙已被拆除重做，是否剔除，最终决算时再行研究决定”。履行中，原告共计向被告平全实业公司领取工程款48笔共计4758000元。

另查明：被告平全实业公司设立于2000年12月20日，刘全平为该公司的法定代表人。2008年6月16日其变更工商登记的经营范围，增加劳务服务的经营范围。省道S305H段公路已通车，但未实际办理交、竣工的相应手续。

上述事实有下列证据证明：

1. 被告四川路桥公司的《企业法人营业执照》复印件1份，证实被告的主体资格。

2. 被告平全实业公司的《企业法人营业执照》复印件1份，证实被告的主体资格及被告具有劳务服务资质和经营许可。

3. 被告平全实业公司的工商登记基本情况登记表复印件，拟证实该被告的合法主体资格，及刘全平为该公司的法定代表人，同时证实该被告不具有承包建设施工工程的资质。

4. 2006年4月16日，被告四川路桥公司与被告平全实业公司签订《省道S305H合同段劳务合同协议书》复印件1份，证实二被告间的合同关系。

5. 2007年5月16日，被告平全实业公司与原告签订的《省道S305H合同段劳务合同协议书》复印件1份，证实双方的合同关系及原告与被告平全实业公司对工程项目的单价及数量的约定。

6. 2007 年 2 月 1 日，自贡捷通公司出具的自捷司〔2007〕7 号《关于省道 S305 线隆雅路富荣段改建工程桥、涵台背回填有关问题的通知》复印件 1 份，拟证实该公路段工程中，存在工程量的调减，应当扣减相应价款。

7. 2008 年 4 月，刘全平出具的证明复印件 1 份，拟证实诉争的工程由原告承建的事实。

8. 被告四川路桥公司与被告平全实业公司签订的《临时路面补充协议》复印件 1 份，证实二被告间签订的劳务协议的情况及原告实际履行的工程存在工程增加的情况。

9. 2007 年 9 月 27 日，自贡市公路水运质量监督站出具的《交（竣）工质量鉴定报告》复印件 1 份，拟证实公路验收需进行相应的鉴定。

10. 2007 年 12 月 7 日出具的《刘全平组 06 年完成情况表》复印件一份，拟证实被告四川路桥公司认可原告所完成的工程量。

11. 2007 年 12 月 7 日，被告四川路桥公司《关于省道 S305 线 H 合同段半幅路基精平交工的会议纪要》复印件 1 份，拟证实该公路段工程中，存在工程量的调减，应当扣减相应价款。

12. 2008 年 5 月 16 日《省道 S305H 合同段关于 K42＋880 右侧卤水管爆管事故赔偿的说明》复印件 1 份，证实原告是该公路段的实际施工人，主体资格合法及该公路段工程款，应当扣减相应赔款。

13. 原告出具的收款单复印件 18 份，拟证实被告支付原告工程款 4758000 元。

（四）判案理由

四川省自贡市自流井区人民法院根据上述事实和证据认为：刘全平以个人名义与原告签订《省道 S305H 合同段劳务合同协议书》，但双方约定完成的工程系依据被告平全实业公司与被告四川路桥公司签订合同所取得，且刘全平系公司法定代表人，故其行为属表见代理，该合同应当视为被告平全实业公司与原告所签订。该合同的标题虽为劳务合同协议书，但纵观全文可看出其实质是被告平全实业公司向被告四川路桥公司承包该工程后，再交由原告承包的建设工程施工合同，而此合同与被告平全实业公司同被告四川路桥公司签订的《省道 S305H 合同段劳务合同协议书》，虽合同条款基本一致，但涉及合同价款部分明显不同，故原告诉称“被告平全实业公司将其与被告四川路桥公司签订的合同权利义务转移给原告”的理由不成立。原告及被告平全实业公司并无建设工程施工的承建资质，以被告四川路桥公司 H 段项目部的名义进行施工，规避了国家对建设工程施工主体资质的规定，依据《中华人民共和国合同法》第五十二条第（五）项及最高人民法院《关于审理建设工程施工合同纠纷案件适用法律问题的解释》第一条第（一）项的规定，其合同应属无效。因原告是与被告平全实业公司签订承包合同，根据合同的相对性的原则无权直接向被告四川路桥公司、被告四川龙浩公司主张民事权利，更不能主张他人间签订的合同无效而直接向该二被告主张结算。但原告已实际履行了该工程的相关合同的义务，依据最高人民法院《关于审理建设工程施工合同纠纷案件适用法律问题的解释》第二条原告可在工程经验收合格后，参照合同约定向被告平全实业公司主张民事权利。且本案合同约定的公路虽已通车，但未实际办理交、竣工的相应手续，原告也未能举证证实已具备支付剩余工程款的条件。故原告主张被告四川龙浩公司、被告四川路桥公司以该二被告间签订的合同价格及调差方法与原告结算，并直接向原告支付工程款的请求不当，不予支持。

（五）定案结论

四川省自贡市自流井区人民法院依照《中华人民共和国合同法》第五十二条第（五）

项、第二百六十九条第一款，最高人民法院《关于审理建设工程施工合同纠纷案件适用法律问题的解释》第一条第一款、第二条的规定，作出如下判决：

1. 原告李宗铭与被告自贡市平全实业有限公司签订的《省道 S305H 合同段劳务合同协议书》无效；

2. 驳回原告李宗铭的其他诉讼请求。

本案受理费 10800 元，由原告李宗铭、被告自贡市平全实业有限公司各负担 5400 元。

（六）解说

本案是承包公司将其承建工程以“劳务外包”的形式，非法转包给无建设资质的公司后又转包给无建设资质的个人，借用承包单位的资质完成施工后，因实际施工人出现亏损，起诉请求确认转包合同无效，按原发包合同进行结算的案件，非常具有典型性。出现这类问题的原因在于，建设行业目前市场准入门槛低、技术含量低；市场供大于求，竞争非常激烈，建设施工企业承揽建设工程非常困难，为了揽到工程项目，竞相降低利润，施工中通过采取虚报工程量等其他不正当手段以提高施工的成本来提高自己的利润。这种没有资质的施工企业或资质等级不够的企业借用他人名义承揽工程、违法分包或转包的现象很多，既造成了建设市场的混乱，也扰乱了国家经济秩序。前些年国务院对此也组织过专项清理，但最终没有取得预期的效果。很大程度上是因为建设行业没有得到规范所致，最终造成施工企业拖欠农民工的工资等问题越来越严重。为此，最高人民法院于 2004 年 9 月 29 日通过法释〔2004〕14 号《关于审理建设工程施工合同纠纷案件适用法律问题的解释》（以下简称《解释》）来规范司法实践活动，但在具体的适用中，存在相当多的当事人（实际施工人）错误理解或曲解《解释》的规定进行诉讼的情况。该案的实际施工人就是按照自己的“理解”而提起诉讼的，其诉讼请求是不应得到支持的。理由如下：

根据《解释》第一条第（二）项的规定，建设工程施工合同具有没有资质的实际施工人借用有资质的建筑施工企业名义的情形，应当根据《合同法》第五十二条第（五）项的规定，认定无效。这种自己没有资质，需要借用别人的名义才能进入建设市场的行为，其本身就规避了国家对市场经济主体的管理。这种行为的资金和管理成本都很低，可以要求很低的工程价格，保证不了工程质量，正规的企业很难与其竞争，实际上也是一种不正当竞争行为。而建筑产品是群众居住的房屋或公共设施，直接涉及社会公共安全和人民群众的生命财产安全，《建筑法》明确规定禁止建筑施工企业超越资质等级承揽建筑工程。所以，借用资质等级必然导致合同无效。那么合同无效后，实际施工人可否利用合同无效，主张超越其合同约定的工程款呢？答案是否定的。现在建筑施工行业的这类无效施工合同很多，虽然工程质量合格了、具备法定交付使用条件，但是应当如何计算工程款呢？因为《合同法》关于无效合同的处理有两个原则：第一是能够返还的应当返还，不能返还的折价补偿；第二是因为履行无效合同造成的损失由双方当事人按照导致无效合同过错来进行分担。施工合同属于承揽合同，是加工不动产的特殊承揽，是把劳动力、建筑材料和企业管理中的费用体现在施工的过程中，即履约的过程是不间断地把费用物化到建筑产品的一个过程，建设施工无效不能适用返还原则，只能适用折价补偿。而折价补偿是一个据实结算的标准，建设施工合同无效，只能够据实结算，折价补偿。如果合同无效以后，按照工程定额标准进行结算，就会产生一种不良导向，施工行业就会利用合同无效，争取获得更多利润，这与规范整顿建筑市场的目的正好相悖。而根据合同相对性的原则，按已签订的合同约定价款作为无效合同工程款的折价标准，最能反应当前的供需关系，把它作为当事人的利益平衡点是恰当的。所以《解释》第二条规定："建设工程施工合同无效，但建设工程经竣工验收合格，承包人请求参照合同约定支付工程价款的，应予支持。"故本案应当驳回原告主张按原发包合同进行结算的请求。

（四川省自贡市自流井区人民法院　王　勇）

24. 福建佳日工程有限公司诉福州市第三建筑工程公司等建设工程施工合同案

（一）首部

1. 判决书字号

一审判决书：福建省福州市仓山区人民法院（2008）仓民初字第562号民事判决书。

二审判决书：福建省福州市中级人民法院（2008）榕民终字第3174号民事判决书。

2. 案由：建设工程施工合同纠纷。

3. 诉讼双方

原告（被上诉人）：福建佳日工程有限公司（以下简称佳日公司）。

法定代表人：王佳财，该公司董事长。

委托代理人：（一、二审）：谢林，福建金海湾律师事务所律师。

被告（上诉人）：福州市第三建筑工程公司（以下简称市三建）。

法定代表人：余家滨，该公司总经理。

委托代理人（一、二审）：刘国田，福建元一律师事务所律师。

被告：福建农林大学（以下简称农林大学）。

法定代表人：郑金贵，该大学校长。

委托代理人（一、二审）：林辉、林培芳，福建方圆统一律师事务所律师。

4. 审级：二审。

5. 审判机关和审判组织

一审法院：福建省福州市仓山区人民法院。

合议庭组成人员：审判长：黄山；代理审判员：檀章陈；人民陪审员：黄宇。

二审法院：福建省福州市中级人民法院。

合议庭组成人员：审判长：林玫；代理审判员：薛闳引、吴帆。

6. 审结时间

一审审结时间：2008年10月7日。

二审审结时间：2008年12月17日。

（二）一审诉辩主张

原告佳日公司诉称：原告与被告市三建于2003年11月签订一份《消防工程分包合同》，市三建将其承包的农林大学图书馆改扩建工程的消防工程分包给原告施工。合同签订后，原告依约进场施工并完全履行了施工之责，建设方农林大学曾在施工过程中追加消防工程施工量。本案工程于2005年1月13日取得福州市公安消防支队的《建筑工程消防验收意见书》，工程验收合格。被告农林大学随即接收并实际使用。被告市三建于2006年9月15日确认原告所施工的工程造价为人民币1816104元，按合同市三建应支付原告工程款人民币1289433.84元。可两被告拒不履行工程决算及付款的义务，原告多次向被告市三建要求支付工程款，但其至今仅付917000元，尚欠372433.84元。另查，被告农林大学也未向被告市三建付清工程款，根据最高人民法院《关于审理建设工程施工合同纠纷案件适用法律问题的解释》第二十六条第二款的规定，被告农林大学应在其欠付的工程价款范围内对原告承担连带付款的责任。为此，要求判令：（1）被告市三建立即支付原告工程款372433.84元及逾期付款违约金（以372433.84元为本金，按日万分之二点一，自2006年10月15日计至被告还款之日止，暂计至2008年1月5日止，约为34957元）；（2）判令被告农林大学与被告市三建对原告承担连带付款责任；（3）判令两被告承担本案诉讼费用。

被告市三建辩称：本案剩余的工程款尚不具备付款的条件，合同明确约定："乙方（佳日公司）所增补的经建设方（农林大学）审核确认后的工程款，甲方（市三建）应于同建设方结算后一个月内付清"，而事实上原告所提的《福建农林大学图书馆改扩建工程决算书》未经农林大学审核确认，不符合合同约定。市三建在该决算书上的签章并不是对原告工程项目造价的确认，市三建在原告的决算书上除盖章外同时签上"同意送审"字样，其意思非常明显，市三建仅同意将此结算书报送发包方农林大学审核，并不是确认其造价金额。此外，合同约定市三建按佳日公司所完成的工程进度款的71%支付给佳日公司即可。现工程造价决算还未经市三建和农林大学双方审核确认，市三建仅需支付与佳日公司约定的工程暂定价108万元的71%工程进度款即可，而市三建已向佳日公司支付了917000元，远远超过了合同的约定，市三建并未违约。现要求驳回原告的诉讼请求。

被告农林大学辩称：被告农林大学与被告市三建订立《建设工程施工合同》，原告与被告市三建订立《消防工程分包合同》，根据合同相对性原理，原告只能向与其有分包合同关系的被告市三建主张权利，与被告农林大学无关。原告以最高人民法院《关于审理建设工程施工合同纠纷案件适用法律问题的解释》第二十六条第二款为由，要求被告农林大学承担连带付款的责任是不能成立的，该解释的"实际施工人"是指没有施工资质的主体，本案原告并非没有施工资质，其与被告市三建之间是合法有效的分包关系，该解释并不适用本案。此外，被告农林大学与被告市三建的《建设工程施工合同》中约定，"工程结算后支付工程款的90%"，但工程完工后被告农林大学多次要求被告市三建进行工程结算，被告市三建至今不予结算。现被告农林大学已付给被告市三建工程款约93%，超过了90%，故不存在拖欠被告市三建工程款的事实，原告要求被告农林大学承担连带付款责任无任何事实与法律依据。现请求判令驳回原告对被告农林大学的诉讼请求。

（三）一审事实和证据

福建省福州市仓山区人民法院经审理查明：2003年8月20日，被告农林大学与被告市三建订立《建设工程施工合同》，由市三建承包农林大学的图书馆改扩建工程。2003年11月，被告市三建与原告佳日公司订立《消防工程分包合同》，合同约定：甲方市三建同意将其总承包的福建农林大学图书馆改扩建工程的消防工程分包给乙方佳日公司施工。承包范围：消防电系统工程、消防水系统工程、固定式气体灭火系统工程（含预埋）。合同工程造价及付款方式：（1）合同暂定价（不含税价）为人民币108万元整，按福建农林大学图书馆改扩建工程安装工程及设备工程主送审最终审核总价的71%。注：①因图纸变更及建设方要求所增加的工程量，经建设方审核确认后，所增加的工程造价的71%作为乙方所增补的工程造价，另行计算。②若甲方要求乙方开具工程发票，甲方应为乙方办理本工程的完税凭证。(2) 付款方式：①该工程封顶后3天内，甲方按乙方所完成的工程进度款的71%支付给乙方。②以后甲方每个月按乙方当月完成的工程进度款的71%支付给乙方。③乙方所增补的经建设方审核确认后的工程款，甲方应于同建设方结算后一个月内付清。合同还对工程质量要求及执行标准、承包方式、工期、双方权利及责任等作了约定。被告农林大学对此分包并无异议，原告按合同进行了工程施工。其间，农林大学还在施工过程中追加消防工程施工量。2005年1月13日，该工程通过消防部门验收，同年3月工程交付农林大学使用。工程施工期间市三建支付给佳日公司工程款人民币917000元。完工后，佳日公司向市三建提出工程决算书，按原合同内造价加上图纸工程量与原投标工程量清单核对后所增加工程量、设计变更、签证部分减去核定减少金额，工程总造价为人民币1816104元。2006年9月15日，市三建在该决算书签字“同意送审”并盖章。嗣后，原告多次向被告市三建催收工程余款372433.84元（按1816104元的71%，即1289433.84元扣除已付的917000元计算而出）。该公司均以工程未经发包方审核确认并未工程决算为由推托不付。原告遂诉至我院要求被告市三建立即支付上述工程余款及逾期付款违约金，并由被告农林大学承担连带付款责任。庭审中，被告农林大学表示己方曾多次通知被告市三建进行工程决算但其一直未进行决算，并当庭通知市三建3日内与农林大学进行决算，否则市三建应承担由此造成的法律后果，但至今市三建仍未与农林大学进行工程决算。此外，原告具备建筑业企业资质证书，具有消防设施工程专业承包壹级资质等级，可承担各类消防设施工程的施工。

上述事实有下列证据证明：

1.《消防工程分包合同》。

2. 福建农林大学图书馆改扩建工程消防专题会审纪要。

3. 决算书。

4.《建筑工程消防验收意见书》。

5. 致函及国内特快专递邮件详情单。

6. 建筑业企业资质证书。

7.《建设工程施工合同》。

8.《2006年4月10日关于尽快办理工程结算函》。

9.《2006年7月20日关于尽快办理工程结算函及挂号函件收据》。

10. 农林大学支付给被告市三建工程款凭证。

（四）一审判案理由

福建省福州市仓山区人民法院根据上述事实和证据认为：原告佳日公司与被告市三建签订的《消防工程分包合同》，系双方当事人真实意思的表示，内容并不违反法律法规的禁止性规定，原告也具备消防设施工程专业承包资质等级，作为发包方的被告农林大学对此亦无异议，故该合同应认定为有效，双方均应依约全面履行。被告市三建在原告完成并交付工程后无正当理由不与被告农林大学进行工程的审核确认及结算，致使其拖欠原告佳日公司的工程款未能结清，市三建以自己不积极作为导致的后果拒绝向佳日公司支付剩余工程款，该行为与我国民法规定的公平原则及诚实信用原则相悖，现佳日公司请求市三建支付拖欠的剩余工程款，应予支持。从2006年9月15日，市三建在佳日公司提出的工程决算书上签字“同意送审”并盖章的行为看，市三建对该决算书上的工程款金额无异议，故原告请求剩余工程款以决算书确认金额按合同约定的比例减去已付金额的计算方式并无不妥，该请求可予支持。至于逾期付款违约金，因其适用应当以当事人双方通过事先约定为前提，而原告与被告市三建的分包合同并无此约定，原告也未向法院提供双方有此口头或书面约定的证据，故原告要求被告支付逾期付款违约金之主张本院不予采纳。此外，原告还要求按最高人民法院《关于审理建设工程施工合同纠纷案件适用法律问题的解释》第二十六条第二款之规定，由被告农林大学承担连带付款的责任，但该解释的“实际施工人”是指无效合同的承包人，本案原告并非没有施工资质，其与被告市三建之间是合法有效的分包关系，该解释并不适用本案，原告此项请求本院不予支持。

（五）一审定案结论

福建省福州市仓山区人民法院根据《中华人民共和国民法通则》第四条、《中华人民共和国合同法》第一百零九条之规定，判决如下：

1. 被告福州市第三建筑工程公司应于本判决生效之日起 10 日内向原告福建佳日工程有限公司支付工程款人民币 372433.84 元；

2. 驳回原告福建佳日工程有限公司对被告福州市第三建筑工程公司的其他诉讼请求；

3. 驳回原告福建佳日工程有限公司对被告福建农林大学的诉讼请求。

案件受理费 7410 元，由原告负担 710 元，被告福州市第三建筑工程公司负担 6700 元（该款已由原告代垫，被告福州市第三建筑工程公司应于本判决生效后 10 日内迳付原告）。

（六）二审情况

1. 二审诉辩主张

上诉人（原审被告）市三建诉称：（1）佳日公司一直未将讼争的消防工程的首竣工资料交给市三建，是市三建无法与一审被告农林大学结算工程款的根本原因，市三建拒绝向佳日公司支付剩余工程款，并非一审判决认定的“无正当理由”；（2）佳日公司所提交的《福建农林大学图书馆改扩建工程决算书》既未经市三建签字盖章确认，也未经发包人农林大学审核，市三建仅同意将此决算书报送发包方审核，并不是确认其造价金额；（3）目前工程造价决算还未经总承包方与发包方双方审核确认，市三建依据双方约定的暂定价 108 万元的 71%支付工程进度款 766800 元即可，而市三建实际已支付给佳日公司 917000 元，已远超过双方在《消防工程分包合同》中约定的数额；（4）余下工程款应按合同约定待“甲方与建设方结算后一个月内付清”，该约定属于附期限民事法律行为，一审判决对余下工程款的支付条件的认定，缺乏事实与法律依据。由于余下工程款尚不具备付款条件，一审判决市三建付款是错误的。请求：（1）撤销一审判决的第一项，并依法驳回被上诉人对上诉人的诉讼请求；（2）由被上诉人承担本案的诉讼费用。

被上诉人（原审原告）佳日公司辩称：（1）市三建掌握全套工程资料，佳日公司在本案工程中是以市三建的名义参与施工的，佳日公司从未直接与农林大学及监理单位联系，所有现场施工的《工程工作联系单》、《工程现场签证单》均是由市三建自行制作及签章，并送交农林大学及监理单位审核，市三建、佳日公司及农林大学分别持有原件，佳日公司所有资料如施工图均是市三建向佳日公司移交，根本不存在需要佳日公司向市三建移交所谓的资料的情形。市三建在讼争决算书上签章“同意送审”表明其掌握全部工程资料且已作出自己的工程决算的结论。根据《福建省消防条例》的规定，要进行消防验收必须提供全部的施工资料包括设计图、施工图、产品合格证、施工内业资料等，且向相关部门提起验收要求的是建设单位和施工单位。本案中，市三建与农林大学向福州市消防支队申请验收，讼争工程早于

2005年1月13日就验收合格，即市三建早已取得了讼争工程的全部竣工资料。市三建从未就讼争工程与农林大学进行决算，也从未通知或告知佳日公司应移交何种资料以便决算。故本案不存在所谓的佳日公司未向市三建移交竣工资料的问题。(2) 市三建在讼争决算书上加盖公章并由负责人签名，承诺按该结论与佳日公司进行决算，表明其确认讼争决算书。(3) 佳日公司应得工程款包括讼争消防工程分包合同的定价（根据市三建与农林大学总包合同内招标文件所确定的消防工程造价1522505元的71%计算，暂定108万元）以及因设计变更及农林大学要求增加并经农林大学审核的工程造价的71%。市三建向佳日公司支付工程进度款是按农林大学审核佳日公司完成的工程造价的71%支付，并非市三建所称的在此基础上再按71%支付工程进度款。故市三建应向佳日公司支付的合同内工程进度款是1080978元，市三建尚有163978元的合同内工程款未支付，而非其所述的其已支付的工程款远超过合同约定的金额。(4) 讼争合同虽约定了市三建支付工程款的条件，但由于其为了自己的利益不正当阻止该条件成就，依法应视为该条件已成就，故市三建应向佳日公司支付工程余款372433.84元。

一审被告农林大学辩称：一审判决正确。市三建与农林大学的工程款的认定应以审计厅审计结论为准。

2. 二审事实和证据

福建省福州市中级人民法院经审理，确认一审法院认定的事实和证据。

另查明：佳日公司曾于2006年12月8日、2007年12月12日向市三建公司发函催促其尽快与农林大学完成决算并支付工程余款。

3. 二审判案理由

福建省福州市中级人民法院根据上述事实和证据认为：讼争《消防工程分包合同》合法有效，佳日公司依约完成讼争消防工程并经福州市公安消防支队消防验收合格，市三建应依约支付工程款。根据《中华人民共和国消防法》，申请建设工程消防验收的主体是工程的建设单位与施工单位，依照福建省消防信息网公布的办事指南这一周知事实，建设单位申请建筑工程竣工消防验收，应提交工程竣工图、施工单位的施工记录、工程选用的消防产品清单及合格证等申请材料，本案讼争工程消防验收合格，应认定工程建设单位农林大学及施工单位市三建公司持有上述资料。市三建作为专业建筑公司，了解办理工程决算所需资料，其在讼争决算书上签章并签注“同意送审”的意见，应视为其认可讼争消防工程决算所需资料齐备，具备向建设单位农林大学送审决算的条件。事实上，讼争工程竣工直至本案一审终结，市三建均未曾提出佳日公司未交竣工资料致使其无法与农林大学决算，其上诉理由与事实不符，本院不予采纳。上诉人在讼争决算书上签注“同意送审”并加盖公章即表明其确认该决算书并同意以该决算书作为其关于讼争消防工程的决算意见向建设单位报送，上诉人关于其并未确认讼争决算书的上诉理由不能成立。虽然讼争《消防工程分包合同》约定佳日公司完成的工程造价以农林大学审核结果为确定依据且增加工程量的工程款于市三建与农林大学结算后一个月内付清，但市三建自讼争工程竣工以来经农林大学及佳日公司多次催促无正当理由未与农林大学办理决算并以此为由拒付佳日公司剩余工程款，市三建以自身消极不作为为由阻却佳日公司实现其合法权益有违诚实信用原则及公平原则，一审据此判令市三建依照其确认的决算书向佳日公司先行支付剩余工程款并无不当，待市三建与农林大学决算后，农林大学最终确认的讼争工程的造价少于讼争决算书的，市三建可就多支付的价款向佳日公司主张不当得利；农林大学最终确认的讼争工程的造价高于讼争决算书的，佳日公司亦可向市三建主张差额部分。

4. 二审定案结论

福建省福州市中级人民法院依据《中华人民共和国民事诉讼法》第一百五十三条第一款第（一）项的规定，判决如下：

驳回上诉，维持原判。

本案二审案件受理费人民币 7410 元，由上诉人福州市第三建筑工程公司负担。

（七）解说

本案争议的焦点为讼争的工程款是否具备付款的条件。双方合同明确约定："乙方（佳日公司）所增补的经建设方（农林大学）审核确认后的工程款，甲方（市三建）应于同建设方结算后一个月内付清。"而此案的建设方与甲方未进行结算，市三建据此抗辩付款条件未成就，原告请求应予驳回。一般情况下，合同的条款只要没有违反法律、行政法规的禁止性规定，对合同双方具有约束力，本案在审理过程中，突破该合同的约定，判令被告市三建应向原告佳日公司支付工程款。这样判决是基于以下几点原因：第一，2005 年 1 月 13 日该工程通过消防部门验收，同年 3 月工程交付建设方农林大学使用，至今已使用 3 年多。第二，工程完工后，佳日公司向市三建提出工程决算书，2006 年 9 月 15 日，市三建在该决算书签字"同意送审"并盖章，说明市三建对该决算书上的工程款金额无异议。嗣后，原告多次向被告市三建催收工程余款，但该公司均以工程未经发包方审核确认并未工程决算为由推托不付。第三，庭审中，被告农林大学表示己方曾多次通知被告市三建进行工程决算但其一直不来决算，并当庭通知市三建 3 日内与农林大学进行决算，否则市三建应承担由此造成的法律后果，但至今市三建仍未与农林大学进行工程决算，综上，一、二审法院认为，被告市三建在原告完成并交付工程后无正当理由不与被告农林大学进行工程的审核确认及结算，致使其拖欠原告佳日公司的工程款未能结清，市三建以自己不积极作为导致的后果拒绝向佳日公司支付剩余工程款，该行为与我国民法规定的公平原则及诚实信用原则相悖，故作出上述判决。

（福建省福州市仓山区人民法院　黄　山）

25. 钦州国星油气有限公司诉广西钦州金湾大酒店保管合同案

（入住酒店后保管关系的认定）

（一）首部

1. 判决书字号

一审判决书：广西壮族自治区钦州市钦北区人民法院（2008）钦北民初字第 125 号民事判决书。

二审判决书：广西壮族自治区钦州市中级人民法院（2008）钦民二终字第 53 号民事判决书。

2. 案由：保管合同纠纷。

3. 诉讼双方

原告（被上诉人）：钦州国星油气有限公司，住所地：钦州市钦州港鹰岭作业区。

法定代表人：吕玉筑，该公司总经理。

委托代理人（一、二审）：符兆聪，该公司副总经理。

委托代理人（一、二审）：郑广琨，广西政大律师事务所律师。

被告（上诉人）：广西钦州金湾大酒店，住所地：钦州市人民南路13号。

法定代表人：黄少先，该酒店总经理。

委托代理人（一、二审）：庞日辉，该酒店副经理。

委托代理人（一、二审）：唐云，海湾律师事务所律师。

4. 审级：二审。

5. 审判机关和审判组织

一审法院：广西壮族自治区钦州市钦北区人民法院。

合议庭组成人员：审判长：冯怀泳；审判员：梁立辉、唐光前。

二审法院：广西壮族自治区钦州市中级人民法院。

合议庭组成人员：审判长：陈成；审判员：李忠祝；代理审判员：宋军。

6. 审结时间

一审审结时间：2008年6月11日。

二审审结时间：2008年10月17日。

（二）一审情况

1. 一审诉辩主张

原告诉称：2007年10月13日凌晨，该公司副经理符兆聪因公出差入住被告金湾大酒店，将公司所有的广州本田奥德赛小轿车停放在酒店停车场。次日上午，符兆聪准备退房离开时发现汽车被盗，即告知被告的保安，同时向公安机关报案。因该案至今未破，原告向被告提出赔偿，但被告以该案未有结论为由拒绝赔偿。依照《中华人民共和国合同法》第三百七十四条的规定，被告有保管责任。由于被告不尽职责，致使原告车辆被盗，被告应当赔偿原告的损失。

被告辩称：第一，双方没有形成车辆保管合同关系。原告的车辆遗失时，双方之间的旅店服务合同关系已经停止。符兆聪入住时间是2007年10月13日凌晨2时40分，仅交80元住宿费，只是一天的住宿费。按照本酒店午夜房规定的时间，其住宿时间应为13日凌晨2时至13日13时结束，而其车辆失窃时间为14日凌晨。第二，符兆聪停放车辆已2天时间，没交任何费用，双方没有形成保管合同关系。第三，收取的10元钱是场地占用费，而非保管费，被告没有过失与责任，相反，符兆聪本人有过错，应当追加其为本案当事人并承担赔偿责任。第四，符兆聪在填写住客登记表时已声明没有贵重物品保管，应视为放弃索赔权利。第五，对丢失车辆价格计算没有依据，应当按10年折旧计算，鉴定申请超过了举证期限，鉴定结论不应作为定案依据。第六，根据刑事优于民事的原则，车辆被盗，应等公安机关作出结论后再确定责任，本案应当中止审理。

2. 一审事实和证据

广西壮族自治区钦州市钦北区人民法院经审理查明：2007年10月13日凌晨2时许，原告的副经理符兆聪因公出差，驾驶公司广州本田奥德赛小型普通客车（车牌号为桂

N31198）停放于被告的停车场内，在填写国内住客登记表并交纳 80 元之后，入住被告 0604 号房间，在住客登记表"有否贵重物品和现金保管"一栏处，符兆聪填写"否"。2007 年 10 月 14 日上午 8 时许，符兆聪退房离开酒店时发现车辆失窃，即告知被告的保安，同时向钦州市公安局钦南区分局报案。钦南区分局已立为特大盗窃案进行侦查，至今尚未侦破，被盗车辆亦未追回。2007 年 11 月 6 日，原告致函被告，要求被告给予赔偿，被告于 2007 年 11 月 15 日复函原告，以公安机关对该案件未作出结论为由拒绝原告的赔偿要求。经鉴定，该车在 2007 年 10 月 14 日的价格为 239700 元。

另查明：被告对于其停车场的管理制度是：机动车辆在进入停车场内时没有要求登记或收费，由其值班保安于次日凌晨将停车场内的车辆登记在《金湾大酒店停车场收费登记表》上，然后由大门值班人员在每日的 7 时至 21 时期间对驶出酒店大门且登记在《金湾大酒店停车场收费登记表》上的车辆收取每辆车 10 元的费用，对不登记在《金湾大酒店停车场收费登记表》上的车辆均不收费。原告的桂 N31198 小客车的车牌号登记在 2007 年 10 月 13 日凌晨的《金湾大酒店停车场收费登记表》上。

上述事实有下列证据证明：

（1）原告的《企业法人营业执照》及被告工商登记的《电脑咨询单》，以证明双方的主体资格。

（2）符兆聪入住被告酒店《金湾大酒店国内住客登记表》1 份及《钦州市服务、娱乐业发票》1 张，以证实双方形成旅店服务合同关系。

（3）《接受案件回执单》1 份，以证实原告在发现车辆被盗后及时向公安机关报案。

（4）《关于要求赔偿保管车辆被盗损失的函》及《关于车辆被盗要求赔偿的复函》，以证实原告在车辆被盗后与被告协商赔偿问题及被拒绝。

（5）被盗车辆的购车发票、购置税发票、车辆注册登记表及机动车行驶证，以证实失窃车辆的价值。

（6）原告申请一审法院向公安机关调取的《接受刑事案件登记表》、公安机关对酒店保安、符兆聪的询问笔录、《金湾大酒店停车场收费登记表》、钦南区公安分局《现场勘验检查笔录》及现场照片，以证实车辆被盗的事实。

（7）一审法院委托钦州市钦北区价格认证中心对被盗车辆的价格鉴定，证实被盗车辆在 2007 年 10 月 14 日的价格为 239700 元。

3. 一审判案理由

广西壮族自治区钦州市钦北区人民法院根据上述事实和证据认为：原、被告之间已形成旅店服务合同关系及车辆保管合同关系。被告作为服务提供方，对于旅客的人身及财产安全负有保障义务；被告作为保管人，对于保管物负有妥善保管义务。被告没有证据证明原告存在故意或过失，应承担原告失窃车辆的违约责任。住宿发票的出具时间，为原告入住酒店的次日，按住宿一天收费并非违反常理之举。被告仅以付 80 元住宿费为由推定旅店服务合同应于 2007 年 10 月 13 日中午终止，依据不足。被告还以原告未交纳停车费为由，主张原、被告之间未形成保管合同关系，但被告对原告车辆的保管义务不仅是旅店服务合同的附随义务，而且，该车已登记于《金湾大酒店停车场收费登记表》上，属于应另行单独收费的车辆，车辆没有交费，并不影响有偿保管合同的性质。被告主张收取的费用不属于保管费，而是场地占用费，但不能举证其向原告明示过该约定，该主张不成立。被告以原告公司副经理符兆聪登记入住时否认有贵重物品保管为由，主张原告放弃丢失贵重物品的索赔权利，根据旅店业的惯例，该项登记仅针对随身的贵重物品，被告不能举证其明示过旅客将车辆作为贵重物品登记，该主张不能成立。对被告要求中止本案审理的理由，本案审理的是双方之间的保管合同的民事纠纷，并不以刑事案件的侦破为前提，该理由不成立。关于被告要求追加符兆聪参加诉讼并承担赔偿责任的问题，因符兆聪不是必须共同进行诉讼的当事人，被告该主张缺乏法律依据，不予支持。

4. 一审定案结论

广西壮族自治区钦州市钦北区人民法院依照《中华人民共和国民法通则》第一百零六条、第一百一十一条、《中华人民共和国合同法》第三百七十四条，作出如下判决：

被告广西钦州金湾大酒店赔偿原告钦州国星油气有限公司车辆被盗损失 239700 元。

案件受理费 4978 元，鉴定费用 1800 元，由被告广西钦州金湾大酒店负担。

（三）二审诉辩主张

上诉人（原审被告）上诉称：符兆聪是在 2007 年 10 月 13 日凌晨 2 时 40 分入住本店，在《金湾大酒店国内住客登记表》上登记住宿时间为一天，住宿费 80 元（协议价），没有登记随身有贵重物品，且登记表中表明告知超过 12 点收半费，超过 18 点收全费。符兆聪并未交车辆给上诉人保管，双方没有形成保管合同关系。10 月 14 日凌晨并不是符兆聪入住酒店的时间。符兆聪作为本案的责任人，应追加为当事人，承担主要过错责任。本案因公安机关已立案，根据《民事诉讼法》第一百三十六条的规定，应当在公安机关有结论，再确定承担赔偿责任，即使没有结论，根据刑事优于民事的原则，也应当中止审理。对车辆的评估过程不符合证据规则规定。请求二审法院判决：第一，撤销钦北区人民法院（2008）钦北民初字第 125 号民事判决书；第二，驳回被上诉人的诉讼请求；第三，一、二审诉讼费用和评估费用由被上诉人承担。

被上诉人（原审原告）辩称：双方形成了汽车保管合同，符兆聪入住金湾大酒店，汽车停放在酒店停车场，这一事实上诉人没有否认。上诉人的《金湾大酒店停车场收费登记表》上明确登记了被上诉人桂 N31198 车停放在停车场，证明上诉人已接受车辆停放，保管合同成立，根据最高人民法院研究室法研〔2004〕163 号文件规定，符兆聪是酒店客人，将车登记在《金湾大酒店停车场收费登记表》上，说明是得到上诉人的许可，并进行收费。上诉人是有偿服务，在服务期间造成被上诉人的损失，应当赔偿，一审判决事实清楚，适用法律正确，请求二审法院维持原判。

（四）二审事实和证据

广西壮族自治区钦州市中级人民法院经审理，确认一审法院认定的事实和证据。

另查明：广西钦州金湾大酒店的《金湾大酒店国内住客登记表》上，注明事项的第 2 点写明：结账计时，超过 12 点收半费，超过 18 点收全费。

（五）二审判案理由

广西壮族自治区钦州市中级人民法院根据上述事实和证据认为：根据《消费者权益保护法》第七条的规定，消费者在购买、使用商品和接受服务时享有人身、财产安全不受损害的权利。在宾馆住宿服务关系中，旅客住进该宾馆，则其人身财产安全应当得到相应的保障，这是作为一种附随义务。所谓合同附随义务，即在合同履行过程中，保护合同当事人人身或其财产利益，相对人依交易习惯应履行的通知、协助、保密、保护等给付义务之外的义务。而本案被上诉人住进酒店，酒店对车辆是否具有保管的义务，即车辆保管是否应当是住宿服务的一种附随义务？《中华人民共和国合同法》第三百六十七条规定，保管合同自保管物交付时成立，但当事人另有约定的除外。同时，第三百六十八条规定，寄存人向保管人交付保管物的，保管人应当给付保管凭证，但另有交易习惯的除外。说明保管合同是一种实践性的合同，既要有要求保管的表示，也应当有同意保管的承诺，同时，应当交付保管物。在上诉人的场所内，并没有对车辆进入后须交纳保管费或要求对车辆进行保管的明示，即上诉人不存在承诺保管车辆的表示。

此外，上诉人对被上诉人的车辆被盗，也并不存在过错。本案中，被上诉人与上诉人双方形成了消费服务关系，但符兆聪在填写《金湾大酒店国内住客登记表》时，没有在“车牌号码”一栏填写车牌号码，即没有向上诉人说明其有车辆停放在酒店内，并要求保管。根据上述的相关法律规定，双方不存在保管关系。上诉人所收取的10元费用，只是其对停车所收取的场地占用费，而不应当是车辆保管费。被上诉人在停放车辆时，没有尽到自己的保管责任，应当自行承担过错责任。

虽然公安机关对该汽车被盗案尚在侦查中，但刑事责任的追查与赔偿责任的承担，并不存在矛盾之处，此案不属于《中华人民共和国民事诉讼法》第三百三十六条所规定的中止诉讼的情形，上诉人上诉提出本案中止审理的理由不成立，不予支持。

对车辆的价值问题，已有相应的评估报告，可以认定被盗车辆的价值，但由于双方不构成车辆保管合同关系，上诉人对被上诉人所停放车辆不负保管义务，上诉人不应对被上诉人被盗车辆的损失承担赔偿责任。因此，汽车车辆损失数额与本案的处理结果并无关系。

上诉人的上诉理由成立，予以支持。被上诉人的主张缺乏事实和法律依据，应予驳回。一审判决认定事实正确，但确认诉辩双方构成保管合同关系错误。由于双方没有构成保管合同关系，一审判决适用《中华人民共和国合同法》第三百七十四条，判决上诉人承担赔偿责任错误，应予纠正。

（六）二审定案结论

广西壮族自治区钦州市中级人民法院依照《中华人民共和国民事诉讼法》第一百五十三条第一款第（三）项的规定，作出如下判决：

1. 撤销钦北区人民法院（2008）钦北民初字第125号民事判决；

2. 驳回被上诉人钦州国星油气有限公司的诉讼请求。

一审案件受理费4978元、鉴定费用1800元，二审案件受理费4978元，合计11756元，由被上诉人钦州国星油气有限公司负担。

（七）解说

本案在审理过程中，涉及以下几方面的问题：（1）当事人双方是否构成保管合同关系？（2）宾馆是否存在过错？（3）宾馆住宿期间汽车保管是否为宾馆的附随义务？这也是一、二审法院的理解分歧所在。

1. 双方是否构成汽车保管合同关系？根据《中华人民共和国合同法》第三百六十五条、第三百六十七条、第三百六十八条规定，保管合同是一种实践性的合同，双方既要有保管的意思表示，也要有交付保管物、取得保管凭证的行为。本案中，符某入住酒店时，并无申明其有车辆等贵重物品，也没有要求酒店对其车辆进行保管，即没有将车辆交付给酒店，酒店也没有承诺对车辆进行保管。虽然被告停车收费，但其收取的只是场地费，而不能说明是保管费。按照住宿习惯，客人不交付保管的物品，应视为自行保管，其风险自担。因此，双方没有构成保管合同关系。

2. 保管车辆是否宾馆住宿服务合同的附随义务？根据《中华人民共和国合同法》第六

十条规定："当事人应当遵循诚实信用原则，根据合同的性质、目的和交易习惯履行通知、协助、保密等义务。"这是法律上对附随义务的最明确的规定。

本案中，如何正确理解住宿服务合同中的附随义务，是双方当事人争议之所在，也是两级法院判决结果不同的原因。旅客住宿酒店，双方形成的只是住宿服务关系。酒店的附随义务，应当是在酒店的服务范围内，对旅客的人身安全有保护的义务。而对于随身所带物品，是否构成附随义务，一般情况下，其自身所带物品，如果没有向酒店声明，并要求酒店予以保管，则酒店也不应当对其物品的损失承担赔偿的义务。如果酒店住宿合同也包括了保管车辆的义务，则对酒店来说是不公平的，在其停车收费的公示中，也没有声明进行保管，其提供的停车服务，应当是一种公共服务性质，此种性质不能理解为酒店的附随义务。

对酒店住宿车辆被盗案件，在司法实践中，均有过不同的判决。最高人民法院研究室也曾在2004年作出法研〔2004〕163号《关于住宿期间旅客车辆丢失赔偿案件如何适用法律问题的答复》，对类似案件作了批复。因此，应当根据案件的具体情况，结合相关法律规定进行分析。

本案是否符合该批复的情况。首先，双方没有构成保管合同关系；其次，酒店对车辆遗失也不存在过错，酒店并没有指示旅客停放车辆在何位置，而是其自行停放于停车位上。同时，酒店对外停车收费，也只限于晚上11时起至第二天早上7时间，即只有停车过夜才收费，也就更符合一种服务的性质。因此，双方并没有构成保管合同关系，也不能说明酒店存在过错，本案并不符合最高人民法院的上述答复精神。对一审原告的起诉，不应当予支持，二审的判决是正确的。

（广西壮族自治区钦州市中级人民法院　陈　成）

26. 孙小港诉韩辉居间合同案
（居间人主体资格的认定）

（一）首部

1. 判决书字号：山东省滨州市滨城区人民法院（2007）滨民二初字第333号民事判决书。

2. 案由：居间合同纠纷。

3. 诉讼双方

原告：孙小港，男，1979年9月6日生，住滨州市经济开发区景滨小区。

委托代理人：董清水，山东纵横家律师事务所律师。

被告：韩辉，男，1981年1月18日生，住滨州市滨城区黄河六路。

委托代理人：张敏，山东天正平律师事务所律师。

4. 审级：一审。

5. 审判机关和审判组织

审判机关：山东省滨州市滨城区人民法院。

合议庭组成人员：审判长：张青；审判员：李艳霞、舒延国。

6. 审结时间：2008 年 4 月 17 日。

（二）诉辩主张

原告孙小港诉称：被告谎称是青岛市出国人员服务公司滨州市办事处负责人，承诺能为原告办理赴莫斯科从事建筑劳务工作，月工资 4000 元左右，包食宿（免费吃住），在莫斯科工作 5 年，每年打工卡的续签费用由青岛市出国人员服务公司负责。为此，原告向被告支付 38000 元出国费用。谁知原告到了莫斯科以后，被告承诺的条件根本不能兑现，食宿自理，每月工资仅够支付生活费用，如果续签打工卡，费用也需自己承担。原告得知受骗以后，想办法回到滨州。后经了解，青岛市出国人员服务公司没有驻滨办事处，被告更不是什么负责人，被告不具备出国中介资质，纯属个人非法欺诈行为。原告多次要求被告退款，被告在退回 5000 元后，余款拒不退还。为维护自己的合法权益，原告请求依法判令被告退还费用 33000 元，赔偿因被告的欺诈行为给原告造成的各项损失 8000 元，并承担诉讼费用。

被告辩称：原告所诉主体错误，被告只是青岛市出国人员服务公司滨州办事处工作人员，被告的行为系职务行为，原告因与青岛市出国人员服务公司纠纷起诉被告是不正确的。原告所诉与事实不符，被告所在的青岛市出国人员服务公司滨州办事处有相应资质，且该公司为原告办理了所有的出国手续，原告持手续已经到了国外，并与国外用工单位进行接触。原告的工资不足以支持生活费不是事实，原告在国外没有进行工作，与用工单位接触后就回到国内，并要求返还费用，即原告没有等到发放工资的时间。原告所诉是恶意要求返还费用的借口。综上，原告所诉没有依据，请求法庭予以驳回。

（三）事实和证据

山东省滨州市滨城区人民法院经公开审理查明：2007 年 4 月 21 日，被告以其是青岛市出国人员服务公司滨州办事处工作人员的名义与原告口头协商并书面承诺能为原告办理赴莫斯科干建筑劳务，月工资 4000 元左右，包食宿（免费吃住），在莫斯科工作 5 年，每年打工卡的续签费用由青岛市出国人员服务公司负责。原告据此向被告支付出国费用 38000 元，被告为原告出具收款凭证一份。后原告持被告为其办理的手续赴莫斯科打工，不久即回国，花费车费 3992 元。并以被告非青岛市出国人员服务公司工作人员，所承诺与现实不符等，要求被告返还交纳的费用 38000 元，被告返还原告 5000 元，余款 33000 元，原告催要未果，诉至本院。

上述事实有下列证据证明：原告提交的承诺书、收款凭证、车票及原当事人陈述。

（四）判案理由

山东省滨州市滨城区人民法院根据上述事实和证据认为：被告以青岛市出国人员服务公司工作人员的名义为原告办理出国劳务等手续，但其为原告出具的承诺书、收款凭证上均未加盖青岛市出国人员服务公司的公章，其行为事后也未得到该公司的追认，被告与原告的行为，属个人行为，其行为后果，应由其自行承担。《境外就业中介管理规定》第三条规定，境外就业中介实行行政许可制度。未经批准及登记注册，任何单位和个人不得从事境外就业中介活动。被告作为自然人，没有为他人办理境外就业的行政许可证，其与原告之间发生的民事行为，属无效民事行为。《合同法》第五十八条规定，合同无效或者被撤销后，因该合同取得的财产，应当予以返还；不能返还或者没有必要返还的，应当折价补偿。有过错的一方应当赔偿对方因此所受到的损失，双方都有过错的，应当各自承担相应的责任。因此，被告收取原告的出国费用，被告应当予以返还。其给原告造成的损失 3992 元，应当承担赔偿责任。

（五）定案结论

山东省滨州市滨城区人民法院依照《中华人民共和国民事诉讼法》第一百二十条第一款，《中华人民共和国合同法》第五十六条、第五十八条、第一百零七条，《境外就业中介管理规定》第三条，作出如下判决：

1. 被告韩辉返还原告孙小港出国费用 33000 元；

2. 被告韩辉赔偿原告孙小港经济损失 3992 元；

3. 驳回原告孙小港的其他诉讼请求。

以上 1、2 项相加合计 36992 元，被告韩辉于本判决生效之日起 10 日内履行完毕。

如果未按本判决指定的期间履行给付金钱义务，应当依照《中华人民共和国民事诉讼法》第二百三十二条之规定，加倍支付迟延履行期间的债务利息。

案件受理费 825 元，原告负担 25 元，被告负担 800 元。

（六）解说

本案引出了关于居间人的主体资格认定问题。对于居间人的主体资格问题，《合同法》没有予以具体规定。是否任何公民、法人及其他经济、社会组织都可从事居间活动？应否对从事居间活动的主体进行必要的限制呢？

在审判实践中，可以把居间区分成两种情况：一是对日常生活和社会生活中的公民作为居间人的居间行为，在生活中的确有存在的必要性和积极意义，而法律无法从根本上予以限制或禁止，只能予以引导和规范。因此，对这类居间活动，只要符合《合同法》规定的居间制度的基本原则，就要予以认定，而不能强求居间人具有经过法定程序核准的特定的主体身份。二是对从事某些特定领域的以法人或社会组织为居间人的居间活动，要予以限制和规范，要求居间人必须具有经过法定核准的特定主体资格，否则就不予认定和保护。此外，如果其他法律法规有特殊规定的，应从其规定。如《城市房地产中介服务管理规定》中规定不仅要经工商行政管理部门登记并到登记机关所在地的县级以上人民政府房地产管理部门备案，其从业人员还须经过考试取得执业资格证。

本案根据《境外就业中介管理规定》第三条规定，即境外就业中介实行行政许可制度。未经批准及登记注册，任何单位和个人不得从事境外就业中介活动，认定被告以青岛市出国人员服务公司工作人员的名义为原告办理出国劳务等手续，但其为原告出具的承诺书、收款凭证上均未加盖青岛市出国人员服务公司的公章，其行为事后也未得到该公司追认，被告作为自然人，亦没有为他人办理境外就业的行政许可证，该行为应属个人行为、无效民事行为，该定性符合我国有关法律法规的规定。被告作为过错方应承担因合同无效所产生的相关责任，即返还因该合同取得的财产，并赔偿无过错方因此受到的损失。

（山东省滨州市滨城区人民法院　庞　辉）

27. 江阴市澳星电子材料厂诉南京永立电子有限公司定作合同案

(一) 首部

1. 判决书字号

一审判决书：江苏省南京市秦淮区人民法院（2007）秦民二初字第658号民事判决书。

二审判决书：江苏省南京市中级人民法院（2008）宁民二终字第411号民事判决书。

2. 案由：定作合同纠纷。

3. 诉讼双方

原告（上诉人）：江阴市澳星电子材料厂，住所地：江阴市霞客镇马镇北环路。

法定代表人：曾佳雄，该厂厂长。

委托代理人：徐为人，该厂财务科长。

委托代理人：顾维君，无锡市惠山区振兴法律服务所法律工作者。

被告（被上诉人）：南京永立电子有限公司，住所地：南京市秦淮区红花镇石婆庙285号。

法定代表人：蒋爱萍，该公司董事长。

委托代理人：陈源清，江苏南京金三联律师事务所律师。

4. 审级：二审。

5. 审判机关和审判组织

一审法院：江苏省南京市秦淮区人民法院。

合议庭组成人员：审判长：石小林；审判员：陈钊；人民陪审员：井永华。

二审法院：江苏省南京市中级人民法院。

合议庭组成人员：审判长：陈玲刚；代理审判员：樊荣禧、何建华。

6. 审结时间

一审审结时间：2008年3月12日。

二审审结时间：2008年6月26日。

(二) 一审诉辩主张

原告诉称：2005年2月24日、3月7日，被告以传真方式向原告定作各种规格的铝箔。订单详细约定了所需型号、规格、数量、单价及交货期限。合同成立后，原告即为被告定作生产，并按时交货。2006年8月22日，经双方对账确认，被告尚欠原告433370.99元。同日，双方签订一份《货款清理协议》，约定被告以奥迪2.8（车牌号为粤BR2789）作价325000元冲抵货款。由于被告交付的车辆为奥迪A6，而行驶证上的品牌型号为奥迪AUDI100，被告交付的车辆与行驶证登记的车牌型号不符，致使原告无法过户，无法上路使用。原告认为，货款清理协议存在欺诈，属于因重大误解而订立，且该车价值与市场价格相差极大，显失公平，违背了原告真实意思，应为无效协议。双方协商未果，原告诉至我院，请求判令：撤销货款清理协议，被告支付欠款325000元，并由被告承担本案诉讼费用。

被告辩称：原、被告存在长期业务往来。截至2006年8月22日，被告共欠原告货款433370.99元。因原告给被告的材料存在质量问题，被告决定与原告结清。经与原告协商，被告以一部分现金和被告对深圳海王星电子有限公司的债权转让给原告，双方债务清结，原告同意被告方案，深圳海王星电子有限公司也同意。因深圳海王星电子有限公司没有现款，该公司以其经理宋志强名下的奥迪轿车一辆抵给原告，原告表示要先看车。后原告派人到深圳看车，看车后表示同意接受，原、被告双方才签订了货款清理协议。协议签订后，原告派人前往深圳验车，并直接将车提回江阴，同时办理了车辆相关交接手续。被告未参与原告验车、提车过程。被告认为：(1) 被告对深圳海王星电子有限公司的债权已经转让给原告，原告已同意并执行完毕，车辆的纠纷应该是原告与深圳海王星电子有限公司进行交涉，原告起诉被告，主体不当；(2) 原告要求撤销协议，又要求被告给付货款，应该分别起诉；(3) 原告既主张撤销合同又主张合同无效，相互矛盾；(4) 2006年8月22日的货款清理协议合法有效，主体、内容、意思表示均合法；(5) 该协议已履行完毕，被告已将另外的108370.99元现金交付原告，是原告去深圳验车、提车的，被告均未参与，现原告一年后才向法院申请撤销，不当。综上，请求法院驳回原告的诉讼请求。

（三）一审事实和证据

江苏省南京市秦淮区人民法院经公开审理查明：原告江阴市澳星电子材料厂（以下简称澳星厂）与被告南京永立电子有限公司（以下简称永立公司）存在长期业务往来。2006年8月22日，双方进行对账，并于同日签订一份《货款清理协议》载明：被告向原告订购铝电解电容器用铝箔，至2006年8月22日被告共欠原告货款433370.99元，原告同意被告以汽车一辆（奥迪2.8，车牌号BR2789）作价325000元冲抵货款325000元，余款108370.99元，被告承诺争取在2006年10月底最迟不超过11月30日以现汇方式分批支付完毕。协议签订后，原告派其驾驶员韩奇于2006年8月31日前往深圳提取了车牌号为粤BR2789奥迪轿车一辆，并收取了车辆行驶证、机动车登记证书、车钥匙、机动车车辆保险单、车船税收款凭证、车辆购置税完税证明。后原告认为，该车外观为奥迪A6（2.8），而车辆行驶证载明的却为奥迪AUDI100，无法过户。双方协商未果，原告诉至法院。

原告已收到被告另行交付的人民币108370.99元。

2006年8月31日，深圳海王星电子有限公司（以下简称海王星公司）与被告签订一份《货款清理协议》载明，深圳海王星电子有限公司向被告订购铝电解电容器，至2006年8月31日深圳海王星电子有限公司共欠被告货款244568.6元，货款两清。本院于2008年3月3日在深圳与宋志强（男，1958年3月12日生，汉族，住所地广东省深圳市宝安区西乡镇桃源居4栋406室，深圳海王星电子有限公司经理）谈话时，宋志强表示自愿以其所有的粤BR2789奥迪轿车一辆为公司抵偿债务，也认可被告以该车抵偿原告货款的行为。

根据原告申请，本院于2008年3月3日前往广东省深圳市公安局交通警察支队车辆管理所对上述粤BR2789奥迪轿车的原始登记、过户登记及发动机号、车架号的情况进行查询。经查，该车于1997年11月10日原始登记的所有权人为深圳中康玻璃有限公司（深圳市赛格中康股份有限公司）；2005年2月7日过户登记于龚和平名下；2005年9月7日又过户登记于宋志强名下。该车原告登记备案的发动机号、车架号与本院拓取的发动机号、车架号相一致。2005年7月4日，龚和平将该车过户给宋志强时，深圳市公安局刑事技术检验：该车无被盗抢记录，未发现凿改发动机、车架号。在本案审理中，本院也未发现发动机号、车架号存在凿改痕迹。

该车于2006年12月22日在广东省深汕高速公路汕尾段因违章超速行驶被公布于深圳市公安局交警局信息网。该车行驶证副页反面加盖有年检印章，载明“检验合格至2007年9月有效”。

上述事实有下列证据证明：

1.《采购订单》。

2.《货款清理协议》。

3. 车辆行驶证。

4. 机动车登记表。

5. 机动车登记证书。

6. 机动车辆保险单。

7. 车船税收款凭证。

8. 车辆购置税完税证明。

9. 机动车登记系统查询单。

10. 发动机及车架号拓印。

11. 养路费收据。

12. 深圳市公安局交警局信息网查询单。

13. 谈话笔录。

14. 双方当事人的当庭陈述。

（四）一审判案理由

江苏省南京市秦淮区人民法院根据上述事实和证据认为：当事人有权在法律规定的范围内处分自己的民事权利和诉讼权利。原、被告签订的《货款清理协议》为双方对业务往来款项进行结算的对账单及还款协议。原、被告协商一致，自愿以物抵债，系双方真实意思表示，且不违反法律的强制性规定，合法有效。根据庭审查明的事实，结合本院调查材料分析，在此次抵偿行为之前，该车已通过年检手续，发生三次过户登记，且该车的现状与公安机关的登记情况也完全一致，发动机、车架号无凿改痕迹，说明该车辆系合法车辆。车辆交付原告后，在高速公路上因超速行驶而违章，说明该车可以使用，且原告已实际使用。

原、被告签订的《货款清理协议》中约定的抵债车辆，与宋志强与被告签订的《货款清理协议》中约定的抵债车辆系同一车辆。该车辆系原告在宋志强与被告签订《货款清理协议》的当日亲往深圳提取的，故原、被告签订的《货款清理协议》和宋志强与被告签订的《货款清理协议》之间具有连锁关联性。宋志强对被告再次抵偿行为已予以追认，且被告交付的系合法车辆，因此，本院认为，被告交付原告的车辆符合双方约定，原、被告双方的清偿行为已履行完毕。

车辆过户登记系物权公示行为，不影响债权清偿的效力。车辆过户登记系机动车辆法定登记机关的行政管理职权范畴，本案不予处理。

（五）一审定案结论

江苏省南京市秦淮区人民法院依照《中华人民共和国民事诉讼法》第十三条、第六十四条第一款、第一百二十八条之规定，作出如下判决：

驳回原告江阴市澳星电子材料厂的诉讼请求。

案件受理费6180元、保全费2170元，合计8350元，由原告江阴市澳星电子材料厂负担。

（六）二审情况

1. 二审诉辩主张

上诉人（原审原告）诉称：（1）永立公司依法必须为澳星厂办理抵债车辆过户手续。永立公司以奥迪 2.8（即奥迪 A6，车牌号为粤 BR2789）轿车一辆，作价 325000 元抵冲货款，但永立公司却将奥迪 100 的行驶证及相关资料交付给澳星厂，由于永立公司交付的实际车辆型号与行驶证不符，致使澳星厂不能办理保险、不能过户。（2）《货款清理协议》显失公平。该车是永立公司从海王星公司以 24 万余元抵债而来，永立公司转手加至 325000 元抵给澳星厂。澳星厂对该车价值有重大误解，且该协议存在恶意串通，损害国家、集体或者第三人利益。原审认为永立公司清债行为已履行完毕，明显不公平。（3）本案涉及的是汽车抵债纠纷，而不是车辆登记纠纷，主要起因为永立公司交付的车辆存在瑕疵。澳星厂要求永立公司将车辆过户，依法予以支持。

综上，永立公司应按照协议约定，将与行驶证登记一致的车辆交付给澳星厂，并保证该车辆的所有权变更到澳星厂名下，如该车辆因有瑕疵致使澳星厂无法取得所有权，澳星厂有权要求法院变更或撤销《货款清理协议》，要求退还车辆，归还货款 325000 元。原审判决认定事实错误，适用法律不当，判决显失公平，请求二审将本案发回重审或重新作出公正判决。

被上诉人（原审被告）辩称：原审认定事实清楚，适用法律并无不当，请求驳回上诉，维持原判。

2. 二审事实和证据

江苏省南京市中级人民法院经审理查明，原审判决查明的事实属实，予以确认。

3. 二审判案理由

江苏省南京市中级人民法院根据上述事实和证据认为：澳星厂与永立公司于 2006 年 8 月 22 日签订的《货款清理协议》，系双方当事人的真实意思表示，且不违反法律、行政法规的强制性规定，合法有效，双方当事人均应按约履行。《货款清理协议》中明确约定，澳星厂同意永立公司以汽车一辆（奥迪 2.8，车牌粤 BR2789）作价 325000 元抵冲货款。澳星厂于 2006 年 8 月 31 日已收取了上述抵债车辆及相关车辆行驶证等，并已实际使用了该车。该车原所有人为深圳中康玻璃有限公司，后过户至龚和平名下，再过户至宋志强名下。宋志强认可以该车作价 24 万余元冲抵海王星公司所欠永立公司货款，也认可永立公司以该车抵偿所欠澳星厂货款的行为。在该车已实际办理过两次过户手续的情况下，澳星厂称该车无法过户至其名下，却又未能提供车辆管理部门出具的依法不能办理过户的相关证明，故本院对澳星厂以该车无法过户为由请求申请撤销《货款清理协议》的主张不予支持。关于抵债车辆作价 325000 元抵冲货款，是澳星厂与永立公司协商一致的，澳星厂在实际提取了车辆并已实际使用后，又以该车存在瑕疵且系海王星公司作价 24 万余元抵债给永立公司为由主张《货款清理协议》显失公平而应撤销，依据不足，本院不予支持。

4. 二审定案结论

江苏省南京市中级人民法院依照《中华人民共和国民事诉讼法》第一百五十三条第一款第（一）项之规定，判决如下：

驳回上诉，维持原判。

本案二审案件受理费 6189 元，由上诉人澳星厂负担。

（七）解说

本案处理涉及两个主要的法律问题：其一是《货款清理协议》是否构成重大误解或显失公平？其二是被告交付的车辆与行驶证登记的车牌型号不符，是否影响《货款清理协议》的效力？

1.《货款清理协议》系双方意思自治的结果，不构成重大误解或显失公平。以合同自由为代表的意思自治是民商法的基石，法院要谨慎地介入当事人的自治领域，充分尊重当事人的合同自由权利。如此才有利于鼓励交易，维护交易的稳定性，最大限度地增进社会财富。本案中，被告因定作合同欠原告 433370.99 元，经双方协商达成《货款清理协议》，约定被告以奥迪 2.8 汽车一辆（车牌号为粤 BR2789）作价 325000 元冲抵货款。该协议系双方当事人的真实意思表示，且不违反法律、行政法规的强制性规定，应属合法有效。依据法庭查明的事实，原告对于粤 BR2789 号汽车的现状及价值应当是知晓的，并不存在重大误解。虽然该车辆系被告从海王星公司以 244568.6 元抵债而来，但是，该抵债金额未必能够反映粤 BR2789 号汽车的实际价值。众所周知，奥迪 2.8 型号的汽车价值不菲（新车价格不低于 40 万元），原告自愿接受被告以该车辆作价 325000 元，应不属于显失公平。

此外，法庭查明原告在 2006 年 8 月 31 日提取粤 BR2789 号汽车之后，已对该汽车进行了使用，办理了年检手续，并要求被告协助其办理车辆过户。即便《货款清理协议》存在重大误解或显失公平因素，原告之行为亦足以显示：其已实际放弃行使撤销权，依据《中华人民共和国合同法》第五十五条第二款，不应支持其撤销《货款清理协议》的诉讼请求。

2. 被告交付的车辆与行驶证登记的车牌型号不符，并不影响《货款清理协议》的效力。合同的有效与合同的履行是完全不同的法律概念。合同的有效是一个法律评价问题，关系到合同能否取得法律所许可的效力；合同的履行是一个事实判断问题，是指当事人是否依约办事。有效的合同是当事人履行的依据，没有有效的合同，当事人的“履行”也就成了无源之水、无根之木。反之则未必，除欺诈、恶意串通等因素之外，合同未获履行或未获完全履行，并不影响合同的效力。

本案中，被告所交付的车辆与行驶证登记的车牌型号不符，系对合同的瑕疵履行，应依法承担相应的违约责任。但是，并不能据此否认《货款清理协议》的效力。依据《中华人民共和国民法通则》第五十五条，行为人具有相应民事行为能力、意思表示真实、不违反法律或者社会公共利益的，民事法律行为应当有效。考察本案查明的事实，《货款清理协议》应属有效的合同，而非可变更、可撤销。原告主张“如该车辆因有瑕疵致使澳星厂无法取得所有权，澳星厂有权要求法院变更或撤销货款清理协议，要求退还车辆，归还货款 325000 元”，实属混淆本末、误解法律。况且，粤 BR2789 号汽车已实际办理过两次过户手续，原告称该车辆无法过户至其名下，却未能提供车辆管理部门出具的依法不能办理过户的相关证明，故对其以车辆无法过户为由请求撤销《货款清理协议》的主张不予支持。

综上所述，本案两级法院的审理结果是正确的。

（江苏省南京市秦淮区人民法院　陶剑涵）

28. 苏江等诉扬州市第二建筑安装工程有限公司劳务合同案

（农民工工资）

（一）首部

1. 判决书字号：内蒙古自治区牙克石市人民法院（2008）牙民初字第 733 号民事判决书。

2. 案由：劳务合同纠纷。

3. 诉讼双方

原告：苏江，男，汉族，32 岁，湖北省孝感苏江抹灰队队长，住湖北省孝感市孝南区。

委托代理人：张立功，牙克石市新工法律服务所法律工作者。

原告：黄敬忠，男，汉族，39 岁，农民工，住湖北省孝感市孝南区。

原告：孙殿勃，男，汉族，28 岁，农民工，住黑龙江省依安县。

原告：李小初，男，汉族，47 岁，农民工，住湖北省孝感市孝南区。

原告：冯志刚，男，汉族，28 岁，农民工，住湖北省孝感市孝南区。

原告：李文，男，汉族，21 岁，农民工，住湖北省孝感市孝南区。

原告：文菊英，女，汉族，31 岁，农民工，住湖北省孝感市孝南区。

原告：李文杰，男，汉族，44 岁，农民工，住黑龙江省依安县。

原告：鲁珍军，男，汉族，44 岁，农民工，住湖北省孝感市孝南区。

原告：张凡，男，汉族，22 岁，农民工，住湖北省孝感市孝南区。

原告：王记云，男，汉族，22 岁，农民工，住湖北省孝感市孝南区。

原告：陈亚东，男，汉族，34 岁，农民工，住湖北省孝感市孝南区。

原告：张亮，男，汉族，19 岁，农民工，住湖北省孝感市孝南区。

原告：汤文兵，男，汉族，45 岁，农民工，住黑龙江省依安县。

原告：高庆河，男，汉族，45 岁，农民工，住黑龙江省依安县。

原告：苏发斌，男，汉族，64 岁，农民工，住湖北省孝感市孝南区。

委托代理人：苏江，男，汉族，32 岁，湖北省孝感苏江抹灰队队长，住湖北省孝感市孝南区。

被告：扬州市第二建筑安装工程有限公司（以下简称扬州二建公司），所在地：扬州。

法定代表人：徐德明，该公司经理。

委托代理人：贾洪英，金鹤律师事务所律师。

委托代理人：徐留玉，该公司项目经理。

4. 审级：一审。

5. 审判机关和审判组织

审判机关：内蒙古自治区牙克石市人民法院。

合议庭组成人员：审判长：朱清；审判员：宝音图、张岳文。

6. 审结时间：2008 年 9 月 24 日。

（二）诉辩主张

原告苏江等 16 人诉称：原告是湖北孝感苏江抹灰队的农民工，跟随队长苏江到牙克石市出劳务。经协商承揽了被告承建的锦绣嘉园小区 3＃楼的内装修工程，队长苏江代表原告与被告于 2007 年 7 月 6 日签订了劳务合同。工程完工后，被告不予结算，不支付拖欠的工资。原告诉至牙克石市劳动监察大队，在市劳动监察大队的主持下，被告被迫于 2008 年 1 月 25 日进行了结算，工资总额为 250587.74 元，已支付 181600 元，尚欠 68987.74 元。但是被告拒不支付剩余工资，因此诉至法院。请求被告支付拖欠的工资 68987 元，给付拖欠工资 50％的赔偿金 34493.5 元，支付索要工资的差旅费 10000 元。

被告扬州二建公司当庭辩称：（1）原告所诉拖欠工资与事实不符，因为被告不再欠原告的工资。反之，原告还欠被告工程款 4 万余元，有收据及两个工头可以证实。（2）工程没有验收，因为工程不合格，所以延期给付的问题不存在。（3）不存在差旅费问题，8 月完工后，原告就到被告的另一个工地干活。在肇东多支付 6 万余元，减去这儿的费用还欠我们 4 万余元。

（三）事实和证据

内蒙古自治区牙克石市人民法院经公开审理查明：扬州二建公司牙克石分公司将其承建的牙克石市锦绣嘉园小区 3＃楼后期装修项目发包给湖北孝感苏江抹灰队，双方于 2007 年 7 月 6 日签订了劳务合同。合同中约定了承包范围、承包价款、付款方式等。工程结束后，被告怠于结算并支付劳务费。原告无奈，诉至牙克石市劳动保障监察大队。2008 年 1 月 25 日，在市劳动监察大队的主持下，双方进行了结算。劳务费总额为 250587.74 元，扣减未完工程及返修工程共九项和借资等合计 29141.52 元，被告应付 221446.22 元，已付 181600 元，尚欠 39846.22 元。但是双方结算后，被告仍未给付原告尚欠劳务费，遂成本诉。

另查明：原告于 2008 年 7 月 26 日放弃对被告扬州市第二建筑安装工程有限公司牙克石分公司的起诉。

上述事实有下列证据证明：

1. 劳务合同。

2. 苏江牙克石 3＃楼工地结算单。证明工程已经结束，在牙克石市劳动监察大队的主持下，结算劳务费总额为 250587.74 元。双方同意扣减未完工程及返修工程共九项和借资等合计 29141.52 元，被告应付 221446.22 元。

3. 牙克石市劳动保障监察大队出具的说明。

4. 收条 10 张。证明已付原告劳务费 181600 元。

（四）判案理由

内蒙古自治区牙克石市人民法院根据上述事实和证据认为：扬州市第二建筑安装工程有限公司牙克石分公司与湖北孝感苏江抹灰队建立书面劳务合同关系，该合同关于劳务及费用等约定系双方当事人真实意思表示，合法有效。扬州市第二建筑安装工程有限公司具有法人资格，其应为具体的责任主体。原告苏江等 16 人诉称被告拖欠劳务费的事实清楚、证据充分。本院对被告尚欠原告劳务费 39846.22 元予以确认并对原告请求支付劳务费予以支持。《中华人民共和国劳动合同法》第二条规定，中华人民共和国境内的企业、个体经济组织、民办非企业单位等组织（以下称用人单位）与劳动者建立劳动关系，订立、履行、变更、解除或者终止劳动合同，适用本法。本案的法律关系只是一般的民事法律关系，而非劳动法律关系，故原告依据《中华人民共和国劳动合同法》第八十五条之规定，请求给付拖欠劳务费50％的赔偿金属于适用法律错误，本院不予支持。原告请求支付索要工资的差旅费1万元，没有提供证据，本院不予维护。最高人民法院《关于民事诉讼证据的若干规定》第二条规定，当事人对自己提出的诉讼请求所依据的事实或者反驳对方诉讼请求所依据的事实有责任提供证据加以证明。没有证据或者证据不足以证明当事人的事实主张的，由负有举证责任的当事人承担不利后果。《中华人民共和国民法通则》第八十四条第二款规定，债权人有权要求债务人按照合同的约定或者依照法律的规定履行义务。《中华人民共和国民法通则》第一百零八条规定，债务应当清偿。暂时无力偿还的，经债权人同意或者人民法院裁决，可以由债务人分期偿还。有能力偿还拒不偿还的，由人民法院判决强制偿还。

（五）定案结论

内蒙古自治区牙克石市人民法院依照《中华人民共和国劳动合同法》第二条、第八十五条，最高人民法院《关于民事诉讼证据的若干规定》第二条，《中华人民共和国民法通则》第八十四条第二款、第一百零八条之规定，判决如下：

1. 被告扬州市第二建筑安装工程有限公司于本判决生效后立即给付原告苏江等16人劳务费39846.22元；

2. 驳回原告苏江等16人其他诉讼请求。

如未按本判决指定的期间履行给付金钱义务的，应当按照《中华人民共和国民事诉讼法》第二百三十二条之规定，加倍给付迟延履行期间的债务利息。

案件受理费2206元由原告苏江等16人负担1406元，被告负担800元。实际支出费用845元由被告承担。

（六）解说

本案的焦点问题是区分劳动合同与劳务合同的不同。

随着城镇化的进一步深入，越来越多的农民进城务工，或是基于谋生或是希望在微薄的农业收入之外有其他的收入。现阶段，农民工问题已经成为社会的大问题。农民工作为城市劳动力大军中的主要力量，如果他们的问题特别是工资问题解决不好，那么很可能极大地影响社会的稳定，影响现代化的建设速度。然而，农民工的工资等问题一直是难题。尤其在农民工聚集的建筑工程等领域，工资拖欠情况更是严重。农民工与用人单位之间存在劳动和劳务两种关系，如果是劳动关系，受《劳动法》等专门法律调整。《劳动法》等法律规定了用人单位应对劳动者最基本的保护，诸如取得劳动报酬、安全卫生保护、社会保险保障以及其他方面权益保护。因此用人单位除了要支付工资外，还要购买各种社会保险比如工伤保险、医疗保险等等。如果是劳务关系，则受《合同法》、《民法》等相关法律调整，主要是取得劳动报酬权与安全卫生保护权等。这两种关系可以说性质是完全不一样的。农民工的法律意识淡薄，文化素质普遍较低，对这两种关系难以分清，不懂得如何较好地维护自己的合法权益。而用人单位正是利用这点，一般都不会与农民工签订劳动合同。本案为劳务合同，因此原告依据《中华人民共和国劳动合同法》第八十五条之规定，请求给付拖欠劳务费50％的赔偿金得不到支持。

（内蒙古自治区牙克石市人民法院　朱　清）

29. 袁安卫诉徐秀朋等委托合同案

（夫妻日常家事代理权的认定）

（一）首部

1. 判决书字号：江苏省洪泽县人民法院（2008）泽民一初字第754号民事判决书。

2. 案由：一般委托合同纠纷。

3. 诉讼双方

原告：袁安卫，男，1964年5月12日生，住洪泽县。

委托代理人：黎成龙，江苏淮安泽之源律师事务所律师。

被告：徐秀朋，男，1959年10月19日生，住洪泽县。

被告：吴启香，女，1957年9月28日生，住洪泽县。

4. 审级：一审。

5. 审判机关和审判组织

审判机关：江苏省洪泽县人民法院。

独任审判：审判员：李锦骏。

6. 审结时间：2008年8月27日。

（二）诉辩主张

原告袁安卫诉称：两被告系夫妻关系。原、被告均系洪泽县水泥厂职工。2002年我办内退手续，2003年4月外出到海南打工。同年10月份原洪泽县水泥厂改制，因我还在海南无法回来办理劳动合同解除及买断工龄补偿款手续，便书面委托被告徐秀朋作为代理人代为办理。2003年11月4日，被告徐秀朋从原洪泽县水泥厂会计处领取原告所有的工龄买断款17128.10元。2003年11月26日，被告吴启香从原洪泽县水泥厂领取原告所有的工伤补助款2136元。但两被告一直未能将此款交给原告。要求被告徐秀朋返还原告工龄买断款17128.1元；要求被告吴启香返还原告工伤补助款2136元，合计19264.10元。两被告对应返还款项承担连带清偿责任。被告承担本案诉讼费用。

被告徐秀朋、吴启香辩称：原告当时是委托我们去拿钱的，厂里说不能拿。我就打电话给原告，原告写了委托书过来，我们拿钱后，原告老婆回来了，就到我们家拿走了。

（三）事实和证据

江苏省洪泽县人民法院经审理查明：两被告系夫妻关系。原、被告原均系洪泽县水泥厂职工。2002年原告在洪泽县水泥厂办理内退手续，2003年原告及妻子许凤先都在海南打工。2003年10月，原洪泽县水泥厂改制，要求职工办理解除劳动合同手续，并领取买断工龄补偿等款。由于原告当时身在海南省，一时无法回来办理相关手续，便书面委托被告徐秀朋作为代理人代为办理相关事宜。2003年11月4日，被告徐秀朋依据原告的委托手续从原洪泽县水泥厂会计处领取原告所有的工龄买断款17128.10元的定活两便存折1个。2003年11月26日，被告吴启香从原洪泽县水泥厂领取原告所有的工伤补助款2136元的定活两便存折1个。2004年大约8月份，原告妻子许凤先从海南回来后，到被告家将原告上述款共计

19264.1元的两个存折全部领走。

另查明：原告袁安卫与证人许凤先原系夫妻关系，2007年7月原告袁安卫与许凤先在我院调解下解除了夫妻关系。

上述事实，有当事人的陈述及原告向本院申请调取的职工解除劳动关系结算表、工伤伤残补助发放表、到庭证人许凤先的证言，并经庭审质证予以证实。

（四）判案理由

江苏省洪泽县人民法院根据上述事实和证据认为：原告袁安卫因自己远在海南不便返回办理解除与原洪泽县水泥厂的劳动合同关系及领取相关款项事宜，而将其相关事务委托给被告徐秀朋，且被告徐秀朋也同意为原告袁安卫办理委托事项。依法认定，原告袁安卫与被告徐秀朋之间形成了委托合同关系。其委托合同合法有效，应受法律保护。被告吴启香为原告领取工伤伤残补助费，原告也认可，视为委托行为。在原告与其妻许凤先夫妻关系存续期间，许凤先于2004年到被告家已将此款领走，依法应认定被告已将代领款交给原告。原告要求被告承担还款义务无法律依据，本院不予支持。

（五）定案结论

江苏省洪泽县人民法院依照《中华人民共和国民法通则》第八十四条的规定，判决如下：

驳回原告袁安卫的诉讼请求。

（六）解说

本案存在三个法律问题：一是夫妻间是否享有日常事务的代理权；二是原告妻子从被告处领取钱款是否需经原告同意；三是被告善意给付原告妻子钱款，是否已向原告履行了相关义务。

1. 夫妻间是否享有日常家事代理权？本案涉及夫妻是否互享日常家事代理权。司法实践中因夫妻日常家事代理权发生的纠纷逐渐增多。这一问题的处理，既涉及对夫妻及家庭财产共有权的保护，也牵涉到交易中善意第三人的利益。

夫妻是否互享日常家事代理权，我国法律没有明确的规定，司法实践中存在两种不同的观点。一种观点认为，我国没有日常家事代理权，夫妻日常家事的代理只是委托代理的表现。对第三人而言，仍应适用民法上委托代理制度。依据委托代理制度，许凤先领取袁安卫的工龄买断款和工伤伤残补助费应经过袁安卫的同意，否则不生法律之效力。另一种观点认为，不应过于拘囿于是否存在夫妻家事代理权这一概念，而应看到我国司法实践中大量出现的夫妻处分日常家事时根本不需要另一方同意的事实。现实社会中家庭事务繁琐复杂，若事事都要夫妻共同为之，极大地浪费了社会资源，不利于生活消费的顺利进行。另外夫妻之间的密切关系和固有的默契也决定了他们之间的许多事情没有必要全部协商一致并亲自为之。笔者同意第二种观念，夫妻一方处分日常家事时，不经另一方同意的现象大量存在。另外，根据最高人民法院2001年12月25日公布的《关于适用〈中华人民共和国婚姻法〉若干问题的解释（一）》第十七条的规定，“（一）夫或妻在处理夫妻共同财产上的权利是平等的。因日常生活需要而处理夫妻共同财产的，任何一方均有权决定。”该解释虽未明确冠于夫妻日常家事代理权的概念，但已具有了实质的内容，这是我国首次以司法解释的形式对夫妻家事代理问题进行了阐述，填补了《婚姻法》在这方面的空白。

2. 原告妻子从被告处领取钱款是否需经原告同意？夫妻日常家事代理纠纷一般起源于日常家事范围的界定，由于日常家事概念较抽象，一些家事有人认为是日常的，有些则认为不是日常的，经常容易发生争议，本案也不例外。何为日常家事，笔者认为，与日常基本生活相关的较小的事务属于日常事务，购物、衣食、娱乐等。而非基于满足基本生活的重大事务为非日常家事。法律规定日常家事夫妻一方可以代表另一方处理，而非日常家事则要双方同意。最高人民法院《关于适用〈中华人民共和国婚姻法〉若干问题的解释（一）》中第十七条的规定："……（二）夫或妻非因日常生活需要对夫妻共同财产做重要处理决定，夫妻双方应当平等协商，取得一致意见。"本案中，工龄买断款和工伤补助金关系到原告今后的生活，与袁安卫也有直接的人身依附关系，应由袁安卫本人亲自领取或在袁安卫同意的情况下由许凤先领取。

3. 被告善意给付原告妻子钱款，是否向原告履行了相关义务？根据最高人民法院《关于适用〈中华人民共和国婚姻法〉若干问题的解释（一）》的规定，非因日常生活需要对夫妻共同财产做重要处理决定，他人有理由相信一方代表夫妻双方作出意思表示的，另一方不得以不同意或不知道为由对抗善意第三人。夫妻家事代理制度重要目的之一在于保护善意第三人利益。之所以对善意第三人利益的保护作专门规定，还在于夫妻居于特殊的身份关系，相互真实意思表示外界无法知晓，据一般人认知，夫妻一方不需对方同意就可径行处理一些事务。另外，也是避免夫妻一方借口自己不知情从而推卸责任的需要。法律保护的是善意第三人的利益，而如何区分善意第三人，则要看第三人的主观上是否为善意、无过失。没有与夫妻一方串通损害另一方利益，并且也不知道夫妻间已限制家事代理权的行使，出于一般人认识，与夫妻一方为民事法律行为，应属善意第三人。本案中，徐秀朋、吴启香作为袁安卫、许凤先夫妻之外的第三人，利益是否要受到保护，要看其主观上是否为善意、无过失。徐秀朋、吴启香将袁安卫的工龄买断款和工伤补助款交给许凤先时，袁安卫与许凤先共同生活在一起，夫妻关系仍在存续，在只有许凤先回到洪泽且索要的情况下，徐秀朋、吴启香有充分的理由相信许凤先能够代表袁安卫领取工龄买断款和工伤补助款，因此可以认为徐秀朋、吴启香主观上是善意、无过失的。许凤先从他们手上将此款领走，依法应认定徐秀朋、吴启香已将代领款交给袁安卫，据此判决驳回原告的诉讼请求是正确的。笔者认为，该案的判决符合社会普通公众智识，有利于社会经济关系的稳定。

（江苏省洪泽县人民法院　邹山中）

30. 北京君直房地产经纪有限公司诉华岳原林投资（北京）有限公司委托合同案

（房地产中介服务的分成约定）

（一）首部

1. 判决书字号

一审判决书：北京市第一中级人民法院（2006）一中民初字第 14856 号民事判决书。

二审判决书：北京市高级人民法院（2008）高民终字第 55 号民事判决书。

2. 案由：委托合同纠纷。

3. 诉讼双方

原告（被上诉人）：北京君直房地产经纪有限公司，住所地：北京市密云县西大桥路 21 号招商大厦 1642 室。

法定代表人：邓军，该公司总经理。

委托代理人（一、二审）：刘芳、李国峰，北京市天驰律师事务所律师。

被告（上诉人）：华岳原林投资（北京）有限公司，住所地：北京市门头沟区门头沟路 144 号下院 26 号。

法定代表人：王素芹，该公司董事长。

委托代理人（一审）：朱建岳，北京市金台律师事务所律师。

委托代理人（一审）：蔡文伟，北京市金台律师事务所律师。

委托代理人（二审）：刘岩，北京市康达律师事务所律师。

委托代理人（二审）：何玉波，北京市康达律师事务所律师。

4. 审级：二审。

5. 审判机关和审判组织

一审法院：北京市第一中级人民法院。

合议庭组成人员：审判长：鲁连印；代理审判员：李利；人民陪审员：祁淑玉。

二审法院：北京市高级人民法院。

合议庭组成人员：审判长：刘小军；代理审判员：闫辉、殷立红。

6. 审结时间

一审审结时间：2007 年 10 月 25 日。

二审审结时间：2008 年 5 月 30 日。

（二）一审情况

1. 一审诉辩主张

原告北京君直房地产经纪有限公司（以下简称君直公司）诉称：2005 年 6 月，双方签订《独家销售代理合同》，约定华岳原林投资（北京）有限公司（以下简称华岳原林公司）将“东北旺工具厂住宅小区”中的住宅部分委托君直公司独家代理销售。因华岳原林公司拒绝按照合同约定支付分成，故请求法院判令华岳原林公司支付 2005 年 7 月 2 日至 2006 年 7 月 1 日销售分成 21073119.91 元；支付 2006 年 7 月 1 日至 10 月 30 日销售分成 2102637.20 元；支付 2006 年 9 月、10 月委托服务费 203511 元；按照委托合同的约定（每日万分之三）给付延迟支付前述各款项的违约金，自 2006 年 7 月 11 日起计算至实际清偿之日止。

被告华岳原林公司辩称：对《独家销售代理合同》第六条第二款应解释为达到 7501 元以上的均价，只对超出部分分成；君直公司应计提销售代理费的面积不应该包括 2、3 号楼部分；诉讼请求中的违约金不符合约定，合同约定的是未按约定支付佣金的给付违约金，特指服务费，即使认为分成款就是合同中所指的佣金，双方也未有核算；君直公司诉讼请求违反《中华人民共和国价格法》的强制性规定，按照其第十二条的规定，北京市制定了房地产中介服务收费的办法，君直公司的诉讼请求超过了政府指导价上限，因此无效。

2. 一审事实和证据

北京市第一中级人民法院经公开审理查明：2005 年 6 月 22 日，华岳原林公司（甲方）与君直公司（乙方）签订《独家销售委托合同》，约定甲方将其所有的东北旺工具厂住宅小区项目委托乙方独家代理出售。乙方协助甲方进行合同的管理及销售统计工作，每 2 周向甲方提交市场和销售情况统计分析报告及广告反馈分析等。甲方每月10日前向乙方一次性支付上月委托服务费（佣金）。乙方承诺自该项目预售许可证下发之日起12个月内完成住宅部分95%销售率；乙方承诺该项目销售全程中住宅部分销售平均价格为人民币7000元（不含公建部分的面积）；甲方按销售成交总价的1%向乙方支付委托服务费（佣金）；为使该项目销售工作更好完成，甲方承诺在超过本合同签订销售平均价格后，超出部分给予乙方销售分成，若销售平均价格超出人民币7001～7200元/平方米以上部分，甲乙双方按七三比例分成，乙方收取超出价格三成，甲方占七成；若销售平均价格超出人民币7201～7500元/平方米以上部分，甲乙双方按六四比例分成，乙方收取超出价格四成，甲方占六成；若销售平均价格超出人民币7501元/平方米以上部分，甲乙双方按五五比例分成；上述超出均价部分分成在住宅部分销售达95%之日起10日内核算支付。甲方未能按合同约定的期限向乙方支付佣金并逾期10日后，每逾期1日按应支付金额的万分之三向乙方支付违约金；乙方在未得到甲方允许的情况下，以低于甲方核定价格出售房屋的，视为乙方严重违约，甲方有权单方解除合同，并由乙方补偿差价部分的2倍给甲方。

2005年7月2日，华岳原林公司取得了《北京市商品房预售许可证》。2005年7月22日，华岳原林公司向君直公司出具了授权书。至2006年7月1日，君直公司销售房屋面积70465.70平方米，销售总房款为545271576元；至2006年10月18日，销售房屋面积72838.51元，销售总房款为566418211元。华岳原林公司已向君直公司支付委托服务费5421187元，尚欠2006年9月、10月的委托服务费203511元及全部销售分成款未付。

根据《房屋土地测绘技术报告书》，华岳原林公司委托君直公司销售住宅的总面积为74124.05平方米。

上述事实有下列证据证明：

（1）《独家销售委托合同》。

（2）授权书。

（3）销售总业绩。

（4）北京市商品房预售许可证。

（5）房屋土地测绘技术报告书。

（6）庭审笔录。

3. 一审判案理由

北京市第一中级人民法院根据上述事实和证据认为：《独家销售委托合同》是双方当事人的真实意思表示，且未违反国家法律、行政法规的相关规定，应确认有效。合同约定的委托服务费（佣金）为1%，并未超过北京市相关规定确定的收费比例，而合同约定的华岳原林公司按比例给付君直公司超出销售均价部分的销售分成，实际是华岳原林公司为促进君直公司更好完成销售工作的奖励，从性质上讲并非属于委托服务费，且该部分分成款项总额在合同签订时属于双方不能预知的部分，故计算收费标准时不应将销售分成款作为委托服务费一并计算。

华岳原林公司于2005年7月2日取得房屋预售许可证，至2006年7月1日的12个月内，君直公司代理销售房屋的销售率已经达到95%，销售均价为7738.11元；至2006年10月18日，销售率达到98%，销售均价为7776.36元。君直公司已经依约完成了合同约定的义务，君直公司要求华岳原林公司支付委托服务费及销售分成的诉讼请求，未超出合同约定范围，法院予以支持。华岳原林公司关于合同约定的销售分成条款应理解为只对均价7501

元以上部分来分成的抗辩意见，不符合该合同的意思表示及交易常理，不予支持。华岳原林公司关于君直公司应计提销售代理费的面积不应该包括2、3号楼部分的抗辩意见，无事实依据，法院不予支持。

根据合同约定销售分成款应在住宅销售达95%之日起10日内核算支付，在达到销售率之时，应由君直公司向华岳原林公司报告并由双方进行核算，但君直公司未能提供其要求华岳原林公司进行核算且双方实际核算完毕的证据，故不能确定华岳原林公司应支付销售分成款的日期，君直公司要求支付销售分成款违约金的诉讼请求，不予支持。

根据合同约定华岳原林公司每月10日前应向君直公司支付上月委托服务费，逾期10日之后每逾期1日按应支付金额的万分之三向君直公司支付违约金，因此华岳原林公司最迟应于2006年11月10日前向君直公司支付9月、10月的委托服务费。故其应自2006年11月21日起按日万分之三的标准向君直公司支付逾期付款违约金。

4. 一审定案结论

北京市第一中级人民法院依照《中华人民共和国合同法》第六条、第一百零七条、第四百零五条，作出如下判决：

(1) 被告华岳原林公司于判决生效后10日内给付原告君直公司销售分成款23175757.11元。

(2) 被告华岳原林公司于判决生效后10日内给付原告君直公司委托服务费203511元及逾期付款违约金（自2006年11月21日起至实际付清之日止，按日万分之三的标准计算）。

(3) 驳回原告君直公司的其他诉讼请求。

(三) 二审诉辩主张

上诉人华岳原林公司上诉称：一审判决未对合同条款的真实含义作出合理解释，违背合同本意和公平原则。即使无法认定上诉人的主张，也应按照《中华人民共和国合同法》第六十二条的规定确定分成条款的履行标准。京价（房）字〔1997〕第398号《关于房地产中介服务收费的通知》规定，实行独家代理的最高收费标准不得超过成交总额的2.8%。一审判决超出国家指导价范围违反了《中华人民共和国价格法》第十二条规定。被上诉人未按照结算程序要求结算，不存在支付违约金的问题。请求撤销一审判决第一项、第二项，查明事实后依法改判。

被上诉人君直公司答辩称：一审判决对分成条款的真实含义理解正确，就是分段超额累进计算分成数额。本案不适用《中华人民共和国合同法》第六十二条的规定。适用政府指导价的前提是双方对报酬约定不明，本案中对于分成的约定基本明确，在依照《中华人民共和国合同法》第一百二十五条对约定条款进行解释后，完全可以明确双方的真实意思表示。《中华人民共和国价格法》并未规定房屋销售等代理适用政府指导价，北京市相关规定不能作为认定合同效力的依据。本案合同性质属于包销合同，答辩人获取分成符合公平原则。

(四) 二审事实和证据

北京市高级人民法院经公开审理补充查明以下事实：华岳原林公司已支付委托服务费的流程是：君直公司分期向华岳原林公司提交结算期间的结算明细报告；华岳原林公司审核君直公司提交的结算报告、君直公司开出发票；华岳原林公司审核无误后付款。诉讼前，君直公司最后一次提交结算报告和发票的时间是2006年9月19日，华岳原林公司于9月22日付款。2007年2月28日一审法院庭审中，君直公司在法庭询问“佣金和分成款的区别”时回答：“在合同中佣金的条款包括委托服务费和分成款，所以佣金包括这两个。”君直公司在一审时的书面代理词表述，双方另行约定的分成与约定的 1%的佣金是两个概念，分成部分不受 2.8%规定的调整和限制。

上述事实有下列证据证明：

1. 代理服务费发票。

2. 代理费结算明细。

3. 费用报销单。

4. 君直公司的一审代理词。

二审认定的其他事实和证据与一审认定一致。

(五) 二审判案理由

北京市高级人民法院根据上述事实和证据认为：《独家销售代理合同》中关于销售分成的约定，即“若销售平均价格超出人民币 7001～7200 元/平方米以上部分，甲乙双方按七三比例分成”等内容，在“7001～7200 元/平方米”等约定和“以上部分”之间在表述上存在矛盾；且“以上部分”又涵盖于下款“7201～7500 元/平方米”等范围内，所以不能确定销售分成的价格区间，故应认定当事人之间对销售分成范围的约定不明确。本案中，法院不能根据《中华人民共和国合同法》第六十一条规定的“合同有关条款”对销售分成条款作出明确判断，双方当事人又没有达成协议补充；同时，在受理案件法院辖区内关于房地产中介服务的收费标准，现阶段亦没有在长期实践基础上自发形成的、为这一行业当事人所公认并遵守的规则，即“交易习惯”，故本案应适用《中华人民共和国合同法》第六十二条第（二）项的规定。北京市物价局、北京市房屋土地管理局京价（房）字〔1997〕第 398 号《关于房地产中介服务收费的通知》第四条规定，“实行独家代理的最高收费标准不得超过成交价格总额的 2.8%”，此通知作为规范北京市房地产中介服务收费的规定，给出了政府指导价格，在本案双方当事人对报酬约定不明确的情况下，应当依此确定报酬标准。本案涉及的委托服务费（佣金）和销售分成都应包括在上述独家代理最高收费标准的范围内，应以项目销售总房款 566418211 元的 2.8%计算君直公司应收取的委托服务费和销售分成总额。

虽然双方当事人在《独家销售代理合同》中约定了委托服务费的结算方式，但在实际履行中，双方当事人采取了更为具体、科学的结算方式，即君直公司向华岳原林公司提交结算期间的代理费结算明细、华岳原林公司审核、君直公司开出发票、华岳原林公司付款。在君直公司提交结算明细的情况下，华岳原林公司均按上述流程结算了委托服务费，时间既有“10 日前”也有“10 日后”，君直公司从未提出异议，应认为双方当事人通过自己的行为确认了上述实际结算方式。故在君直公司没有提交 2006 年 9 月、10 月结算明细的情况下，华岳原林公司没有支付相应的委托服务费，并不构成违约。

(六) 二审定案结论

北京市高级人民法院依照《中华人民共和国合同法》第六条、第六十二条第（二）项、第四百零五条，《中华人民共和国民事诉讼法》第一百五十三条第一款第（二）、（三）项的规定，作出如下判决：

1. 维持北京市第一中级人民法院（2006）一中民初字第 14856 号民事判决第三项；

2. 撤销北京市第一中级人民法院（2006）一中民初字第 14856 号民事判决第一项、第二项；

3. 上诉人华岳原林公司于判决生效后 10 日内给付被上诉人君直公司委托服务费和销售分成款共计 10438522.91 元。

（七）解说

当前，房地产业已经成为我国经济发展的支柱产业，关于房价问题，长期为舆论所关注，但更多地表现为购房人与开发商（卖房人）之间的利益冲突，而忽视了房屋销售中房地产开发商与房地产经纪公司之间的利益博弈。房地产经纪公司作为专业化的房地产营销者，往往通过多样化的营销策略，使房地产利润最大化，从而使其佣金、分成最大化；房地产开发公司也乐于通过利益的部分让度，由专业的房地产经纪公司完成营销工作，减少自身的营销成本，并避免可能因自身在房地产营销中的不专业而导致利润减少。委托专业公司（中介）销售房屋，既充分体现社会分工的专业化，也对当前房价一直居高不下有着重要的影响。

实际操作中的普遍做法是，房地产开发商向房地产经纪公司提供与项目销售有关的全部资料；建设销售部，并提供装修以及相关装饰并承担相关费用；支付房地产项目的宣传推广费用；保证房地产经纪公司的独家代理权；按约定支付委托服务费（佣金）；房地产开发商可以留有一定比例的“自销权”等。房地产经纪公司则需为房地产项目提供全面销售策划建议，并管理该项目销售队伍，自行承担销售人员的费用；运用适当方法寻找合适的买方，负责接待所有的咨询客户，向客户介绍推广该项目，代理房地产开发商与买方商议合理的售价并拒绝其他不合理的要求；拟定《商品房买卖合同书》等法律文件；负责与买方商议合同的条款并签订合同，协助客户办理房屋按揭证照准备等手续，通知客户按揭到款日期，催促交购房款，协助办理入住事宜，完成购房合同在政府相关部门的备案及其他相关手续；协助房地产开发商进行合同的管理及销售统计工作；合同履行期间在从事与销售项目具有竞争关系的同类项目策划业务时，应当征得房地产开发商的同意；服从房地产开发商对于销售的各项管理要求等。

为鼓励房地产经纪公司更好地完成销售任务，让双方利润最大化，在委托服务费之外，双方往往约定销售分成条款，即在完成销售面积的前提下，分档累进计算分成数额，因此销售价格越高，房地产经纪公司赚取的分成款就越多。本案纠纷就是在此利益分配环节中产生的。双方当事人约定的分成比例在一定条件下达到五五分，这是相当高的，而且条件也成就了。在巨大的利益面前，房地产开发商和房地产经纪公司这两个曾经的合作者，产生了矛盾和纠纷。这在房地产市场中，具有比较典型的意义。

本案中，双方当事人围绕分成条款的效力进行了激烈的抗辩。因我国现行法律法规对房地产中介服务收费并没有强制性的效力规定，通过查阅几个经济比较发达省市法院的相关判决，多数法院亦认为当事人关于房地产中介服务的分成约定，并不影响委托合同的效力，充分尊重了当事人的意思自治。因此，一审法院认定《独家销售委托合同》有效是正确的。在此前提下，应按双方当事人约定进行利益分配。那么，具体约定是什么呢？双方当事人对此产生了分歧。而二审法院认为，产生不同理解的原因归根结底是双方当事人关于销售分成范围的约定不明确，合同存在漏洞。因此，对内容约定不明确条款进行明确、补充就成为案件审理的关键，这也导致了一、二审法院判决结果的不同。

合同有漏洞就应进行补充，首先应按《合同法》第六十一条的规定；仍不能补充漏洞时需依照《合同法》第六十二条的规定操作；在仍不能补充时按照其他任意性规范和补充的合同解释。补充的合同解释所探求的不是当事人的真意（事实上的意思），而是所谓“假设的当事人意思”，即双方当事人在通常交易上合理所意欲或接受的合同条款。本案中的合同漏洞通过《合同法》第六十二条即可补充。

《合同法》第六十一条规定："合同生效后，当事人就质量、价款或者报酬、履行地点等内容没有约定或者约定不明确的，可以协议补充；不能达成补充协议的，按照合同有关条款或者交易习惯确定。"对当事人就有关合同内容约定不明确，依照《合同法》第六十一条的规定仍不能确定的情形，《合同法》第六十二条第（二）项规定："价款或者报酬不明确的，按照订立合同时履行地的市场价格履行；依法应当执行政府定价或者政府指导价的，按照规定履行。"

《中华人民共和国价格法》第十二条规定，经营者进行价格活动，应当遵守法律、法规，执行依法制定的政府指导价、政府定价和法定的价格干预措施、紧急措施。本案中，虽然依照《合同法》第六十一条的规定并不能直接解决当事人争议的问题，但北京市物价局、北京市房屋土地管理局京价（房）字〔1997〕第398号《关于房地产中介服务收费的通知》，作为规范北京市房地产中介服务收费的规定，已经给出了政府指导价格，故依照《合同法》第六十二条的规定，应当作为定案的依据。

（北京市高级人民法院　闫　辉）

31. 宿迁市万里汽车出租有限公司诉江苏赛克传媒广告有限公司广告服务合同案

（出租车标志灯广告位的所有权及其收益的确定）

（一）首部

1. 判决书字号

一审判决书：江苏省宿迁市宿城区人民法院（2007）宿城民二初字第00433号民事判决书。

二审判决书：江苏省宿迁市中级人民法院（2008）宿中民二终字第0104号民事判决书。

2. 案由：服务合同纠纷。

3. 诉讼双方

原告（反诉被告、被上诉人）：宿迁市万里汽车出租有限公司，住所地：宿迁市新世纪大道365号。

法定代表人：周继红，该公司总经理。

委托代理人（一、二审）：张志强，江苏宿迁宏亮律师事务所律师。

被告（反诉原告、上诉人）：江苏赛克传媒广告有限公司（以下简称赛克广告公司），住所地：南京市清凉门6号8幢。

法定代表人：戚源，该公司总经理。

委托代理人（一、二审）：吴建华、罗月，江苏南京汇商律师事务所律师。

4. 审级：二审。

5. 审判机关和审判组织

一审法院：江苏省宿迁市宿城区人民法院。

独任审判：审判员：赵振亚。

二审法院：江苏省宿迁市中级人民法院。

合议庭组成人员：审判长：章钧杰；审判员：万焱；代理审判员：钱松。

6. 审结时间

一审审结时间：2007 年 12 月 12 日。

二审审结时间：2008 年 5 月 4 日。

（二）一审情况

1. 一审诉辩主张

原告（反诉被告）诉称：2006 年 5 月 22 日，双方当事人签订协议，约定被告根据省政府文件精神更换原告经营的出租车顶灯，由被告发布广告，被告每月按照每辆车 5 元向原告支付管理费，按照约定被告应当在 2006 年 6 月和 10 月各付 50%，但被告对 2006 年 10 月之前应付的 5000 元，直至 2007 年 5 月才支付，已构成违约，根据合同约定被告应当向原告支付违约金 10000 元；由于协议约定合同的期限为 2006 年 5 月 1 日至 2008 年 12 月 31 日，并同时约定 2007 年 1 月 1 日至 2008 年 12 月 31 日的管理费另行协商，至今双方未达成一致意见，故合同已经无法实际履行。另外根据省政府的文件，顶灯的所有权应归原告所有，而被告却屡次向原告主张所有权，鉴于双方以上争议，故诉至法院，请求：（1）判令解除原、被告间于 2006 年 5 月 22 日签订的协议书；（2）依法判令被告给付约定违约金 10000 元；（3）依法确认原告享有所有的出租车上顶灯的所有权及使用权；（4）本案诉讼费用由被告负担。

被告（反诉原告）答辩并反诉称：根据合同的约定，2007 年 1 月 1 日到 2008 年 12 月 31 日的管理费是否上调应当由被告酌定，原告未提出上调管理费的证据和理由，双方的合同应当继续履行；出租车顶灯和固定架作为被告出资安装建造的物品，且被告对顶灯和固定架拥有专利权，被告应当享有所有权，有权在出租车顶灯上独家发布广告，并享有排他性的广告位。另外，我公司提出反诉，请求人民法院确认反诉原告享有诉争出租车顶灯灯箱及其固定架的所有权和使用权，反诉费用由反诉被告即原告负担。

反诉被告（原告）辩称：出租车顶灯的所有权和使用权均不属于反诉人，反诉人所拥有的权利是在被反诉人所有的出租车顶灯上发布广告的权利。根据相关政府文件的规定，出租车的顶灯是由政府部门无偿配置给出租车所有人的，那么，出租车顶灯附随的广告位也是属于政府部门无偿配置的，所以，反诉人不具有出租车顶灯的所有权和使用权。

2. 一审事实和证据

江苏省宿迁市宿城区人民法院经审理查明：2005 年 1 月 11 日，江苏省建设厅、交通厅、公安厅和工商局联合下发了苏建城（2005）21 号《关于规范出租汽车顶灯广告开发管理的通知》，该通知要求各地相关部门认真贯彻落实《省政府办公厅关于支持开发出租车灯箱广告资源扩大十运会宣传的函》（苏政办函〔2004〕76 号）的精神，通过各种渠道宣传发动，确保各地出租车全部安装使用宣传十运会的新型顶灯，顶灯由各地出租汽车行业管理部门无偿配置、免费维护，并对出租汽车顶灯广告开发实行市场化操作，推行出租汽车顶灯广告代理制度，由出租汽车行业管理部门与专业广告经营单位签订委托代理协议，且该文件要求在 2006 年 12 月 31 日前，全省各地出租汽车顶灯广告代理业务统一由江苏省十运资源开发有限公司负责。2005 年 4 月 21 日，江苏省十运资源开发有限公司（在下述合同中称为甲方）与本案被告江苏赛克传媒广告有限公司（在下述合同中称为乙方）签订了《江苏省出租车车顶灯箱广告项目合作合同》一份，约定“一、合作内容和方式：1. 为宣传十运会、拓宽资源开发渠道，甲乙双方于本合同签订之日起至 2006 年 12 月 31 日止合作开发江苏省各城市出租车车顶灯箱广告推广项目……3. 乙方负责本项目的经营工作，并全额承担本项目所需投资费用和经营（维护）等费用。4. 甲方保证在本项目的经营上，不与其他第三方发生同类合作关系。乙方赞助甲方人民币 1000 万元现金，另在全省范围内甲方赞助价值人民币 500 万元的出租车车顶灯箱广告位……二、甲方的权利和义务……4. 甲方在全省范围内拥有价值人民币 500 万元出租车车顶灯箱广告位的广告发布权和受益权，发布期限至 2006 年 12 月 31 日止……”同日，江苏省十运资源开发有限公司向江苏赛克传媒广告有限公司（以下简称赛克广告公司）出具授权委托书一份，委托赛克广告公司进行江苏省各城市出租车车顶灯箱广告的经营工作，委托期限自 2005 年 4 月 21 日至 2006 年 12 月 31 日。随后被告赛克广告公司设计了出租车灯箱及其固定架，并分别取得了外观设计专利（出租车灯箱专利号：ZL200430108474.5）和实用新型专利（出租车灯箱固定架专利号：ZL200420109137.2），并委托浙江海联电子有限公司按照其要求生产了所需的出租车车顶灯箱和固定架。

2006 年 5 月 16 日，原、被告签订协议书一份，该协议约定：“为了全面提升出租行业服务质量，配合江苏省出租行业服务工作，根据江苏省人民政府办公厅〔2004〕76 号文件与江苏省建设厅……联合下发的苏建城〔2005〕21 号文件精神，为更好地进行出租车新型顶灯的维护、保洁及广告画面更换工作，现甲乙双方经过充分协商，达成如下协议：一、本合同期限从 2006 年 5 月 1 日至 2008 年 12 月 31 日。二、甲方（被告）在 2006 年 5 月 1 日至 2006 年 12 月 31 日期间按乙方公司（原告）出租车更换新型顶灯的数量支付 5 元 1 辆/月管理费给予乙方（6 月底前支付 50%，10 月底前支付 50%）。2007 年 1 月 1 日至 2008 年 12 月 31 日期间管理费用，甲方可根据实际情况，在能承受的范围内，适当上浮管理费额度，双方可根据 2006 年实际广告投放数量或管理费另行协商……四、乙方需确保合同期内自己所辖所有出租车全部安装使用甲方提供的新型出租车顶灯……五、甲方对顶灯广告发布有唯一性、排他性。乙方确保所属车辆在合同期内积极配合甲方广告画面的更换工作，未经甲方同意，任何人和单位不得随意拆除、涂改广告画面或擅自张贴、更换其他广告……十一、违约责任：违约方向另一方支付违约金壹万元……”协议签订后，被告根据合同为原告所属的出租车逐步更换了其提供的车顶灯箱，并在安装的顶灯上发布了相关广告，约定的第一期付款期限届满后，被告向原告支付了 50%的管理费，但被告 2006 年 10 月底前未能支付另 50%的管理费，另外双方就 2007 年度的管理费计算标准一直未能达成一致意见。2007 年 2 月 15 日，原告便向被告发出《解除合同通知书》一份，要求解除与被告间的合同，2007 年 5 月被告向原告支付了剩余 50%的管理费。此后双方就合同是否继续履行发生争议，多次协商均未果，原告遂诉至本院，提出上述诉讼请求，被告在答辩期提出了反诉，本院依法予以了合并审理。

3. 一审判案理由

江苏省宿迁市宿城区人民法院根据上述事实和证据认为：当事人应当严格按照约定履行自己的义务，如果一方当事人迟延履行主要债务，经催告后在合理期限内仍未履行的，对方可以要求解除合同。本案中，原、被告间的合同系双方的真实意思表示，且不违反法律规定，属有效协议，对双方均有约束力。根据协议的约定，被告负有向原告支付管理费的主要义务，但被告未能按照约定在 2006 年 10 月底前支付剩余的 50%的管理费，在 2007 年 2 月份原告主张解除合同后仍未在合理期限内履行债务，属重大违约，虽然在2007年5月被告履行了债务，原告仍然有权要求解除合同，并要求承担违约责任，即支付违约金10000元，且原、被告双方就2007年度后的管理费一直未能达成一致意见，致使合同丧失了继续履行的基础，因此本院对于原告要求解除合同的诉讼请求予以支持；被告在诉讼中虽然辩称原告未履行配合及协助义务也存在违约行为，其迟延支付管理费系行使正当的抗辩权，但未提供充分的证据证明原告存在违约行为，故本院对其反驳主张不予采信。

关于双方争议的原告公司所属出租车上顶灯及其固定架的所有权和使用权的权属问题，本院认为，根据上述查明的事实来看，为了宣传十运会，省政府办公厅、建设厅、交通厅等部门决定开发全省各城市的出租车顶灯灯箱的广告宣传资源，各地需要的出租汽车顶灯执行无偿配置、免费维护制度，并要求在2006年12月31日前各地出租汽车顶灯广告代理业务均由江苏省十运资源开发有限开发公司负责，因此该公司才与被告签订合作合同并授权在2006年12月31日前根据双方间的合同在全省进行出租车车顶灯箱广告的经营工作。尽管原告公司所属出租车灯箱及其固定架是被告提供的，但被告的这一行为是为了履行其与十运公司间合同约定的义务，并行使其通过这一行为实现广告受益的权利，被告获得2006年12月31日前的广告经营受益权的前提是其代各地出租车行业主管部门履行无偿配置和免费维护义务，因此应当视为被告将车顶灯箱及其固定架的所有权赠与了各地出租车行业主管部门，被告无权再主张所有权。原告虽然获得无偿配置，但所有权也并不能转移给原告，因为根据苏建城（2005）21号文件的精神，出租汽车顶灯是出租汽车营运服务的专用标准，是政府无偿配置、统一监管的公共服务设施。对于双方争议使用权问题，首先必须确认的是被告公司在2006年12月31日享有当然的广告发布权，对于此后的广告代理权按照苏建城（2005）21号文件的要求，应当由各地出租汽车行业管理部门与专业的广告经营单位签订委托协议，被告自2007年以来并未与原告所在地的出租汽车行业管理部门达成协议，因此无使用原告所属出租车灯箱发布广告的权利，而原告作为承载公共服务设施的主体，在获得无偿配置的同时也获得了发挥灯箱基本使用功能的权利和义务，但欲在灯箱上发布广告，仍需由当地出租车行业管理部门决定。

4. 一审定案结论

江苏省宿迁市宿城区人民法院依照《中华人民共和国民事诉讼法》第一百二十八条和《中华人民共和国合同法》第六十条、第九十四条、第一百零七条之规定，作出如下判决：

（1）解除原告宿迁市万里汽车出租有限公司与被告江苏赛克传媒广告有限公司于2006年5月16日签订的协议；

（2）被告江苏赛克传媒广告有限公司于判决生效后10日内向原告宿迁市万里汽车出租有限公司支付违约金10000元；

（3）原告宿迁市万里汽车出租有限公司对于所属出租车车上顶灯及其固定架享有使用权，但不享有所有权；

（4）驳回反诉原告江苏赛克传媒广告有限公司的诉讼请求。

（三）二审诉辩主张

上诉人赛克广告公司不服一审判决上诉称：（1）上诉人迟延支付管理费，系因被上诉人先行违约，上诉人行使抗辩权不构成违约；（2）即使上诉人迟延支付费用构成违约也不是根本违约，不应当适用违约金条款且违约金数额过高；（3）讼争的出租车灯箱及其固定架的所有权属于上诉人，一审判决认定其所有权及使用权为各地出租车行业管理部门没有事实和法律依据。请求二审法院查明事实后依法改判。

被上诉人宿迁市万里汽车出租有限公司（以下简称万里出租公司）辩称：上诉人主张被上诉人存在违约行为没有事实依据，不应支持；关于出租车顶灯所有权和使用权不属于上诉人，根据相关政府文件的规定，出租车的顶灯是由政府部门无偿配置给出租车所有人的，出租车顶灯附随的广告位也是属于政府部门无偿配置的。一审判决正确，请求二审法院予以维持。

（四）二审事实和证据

江苏省宿迁市中级人民法院经审理，确认一审法院认定的事实。

（五）二审判案理由

江苏省宿迁市中级人民法院经审理认为：

1. 根据上诉人与被上诉人约定，上诉人应当按被上诉人公司出租车更换新型顶灯的实际数量，向被上诉人支付约定的管理费（其中6月底前支付50%，10月底前支付另50%）。合同履行中，上诉人未能依约支付第二期50%的管理费。上诉人主张因被上诉人违约在先，其依法行使抗辩权，未依约支付剩余管理费不应构成违约。上诉人认为被上诉人存在违约行为有：没有按照上诉人的需要及时更换广告画面、已经粘贴的画面多次出现撕毁、涂改现象，被上诉人没有在上诉人指定的时间、地点更换顶灯。但上诉人没有对此举证，被上诉人亦否认。根据谁主张谁举证的证据规则要求，上诉人不能对自己主张的事实举证证明，应承担举证不能的法律后果。上诉人未按合同约定的期间履行支付管理费的义务，且无正当的抗辩事由，构成违约，应当承担违约责任。双方在合同中对违约责任约定：违约方应当向另一方支付违约金1万元。双方没有特别约定该条款系根本违约应承担的违约责任，且上诉人在一审中没有要求调整违约金，故一审法院依据双方约定判决上诉人承担1万元违约金，并无不当。二审中，上诉人认为违约金过高请求调整。本案中，上诉人存在逾期支付管理费的违约行为，逾期7个月，逾期支付数额为4600元。双方在合同中约定的违约金1万元，鉴于上诉人只是部分违约，且违约金应以补偿性为主，违约金数额以违约给被上诉人造成的损失为基础，根据公平原则，本院酌定上诉人应负担违约金4000元。

2. 双方当事人签订的合同，期限从2006年5月1日至2008年12月31日，合同期限内，上诉人享有顶灯广告的发布权，但双方没有对顶灯权属进行约定，也没有约定在合同期满后对讼争的顶灯灯箱及其固定架的所有权以及该灯箱的广告发布权进行约定，应当根据《合同法》第一百二十五条“当事人对合同条款的理解有争议的，应当按照合同所使用的词句、合同的有关条款、合同的目的、交易习惯以及诚实信用原则，确定该条款的真实意思。合同文本采用两种以上文字订立并约定具有同等效力的，对各文本使用的词句推定具有相同含义。各文本使用的词句不一致的，应当根据合同的目的予以解释”的规定解释合同。上诉人与被上诉人签订的协议，在该协议的前文部分表述为“为了全面提升出租行业服务质量，配合江苏省出租行业服务工作，根据江苏省人民政府办公厅〔2004〕76号文件与江苏省建设厅、交通厅、公安厅和工商局联合下发的苏建城〔2005〕21号文件精神，为更好地进行出租车新型顶灯的维护、保洁及广告画面更换工作，经过充分协商达成协议如下”。因而，根据合同的整体解释方法，省办公厅〔2004〕76号文件和苏建城〔2005〕21号文件的相关内容应成为对上诉人与被上诉人所签订合同内容的补充。江苏省人民政府办公厅〔2004〕76号文件《关于支持开发出租车灯箱广告资源扩大十运会宣传的函》和江苏省建设厅、交通厅、公安厅和工商局联合下发的《关于规范出租汽车顶灯广告开发管理的通知》（苏建城

〔2005〕21号）规定：出租汽车顶灯是出租汽车营运服务的专用标志，是政府无偿配置、统一监管的公共服务设施。规范出租车汽车顶灯广告开发管理，要统一思想、规范有序。要按照政府引导、市场运作、统筹兼顾的原则，使现有出租汽车顶灯换置工作顺利开展。……要落实出租汽车顶灯设施的无偿配置、免费维护制度。并要求在2006年12月31日前各地出租汽车顶灯广告代理业务均由江苏省十运资源开发有限公司负责。此后，江苏省十运资源开发有限公司与赛克广告公司签订合作合同，由赛克广告公司制作新型出租汽车顶灯灯箱，该类型顶灯灯箱增加了发布广告的功能，并授权赛克广告公司在全省进行出租车车顶灯箱广告的经营工作。因而，赛克广告公司向万里出租公司所属出租车提供灯箱及其固定架，是履行其与江苏省十运资源开发有限公司之间合作合同的行为，并取得在一定期限内出租汽车顶灯灯箱上广告位的使用权。

根据上述两份文件规定的内容，为出租汽车无偿配置顶灯是出租车行业主管部门应履行的义务，但可以通过开发出租汽车顶灯广告位的方式进行市场化运作。上诉人根据合作合同取得一定期限的汽车顶灯广告位的使用权的前提就是要代替出租车行业主管部门制作并无偿为被上诉人更换出租汽车顶灯。出租汽车主管部门要求被上诉人统一更换出租汽车顶灯是一种管理行为，上诉人只是代替出租汽车主管部门履行更换义务，同时对顶灯广告位的使用与被上诉人进行约定。因而，关于车顶灯箱及其固定架的所有权问题，上诉人应当与出租车行业主管部门协商解决，上诉人无权向被上诉人主张出租汽车顶灯所有权。

关于出租汽车顶灯的广告位使用问题，根据双方合同约定的期限内上诉人有使用权。现双方一致同意解除双方之间的合同，对于此后的广告代理权按照苏建城（2005）21号文件的要求，应当由各地出租汽车行业管理部门与专业的广告经营单位签订委托协议进行使用。因上诉人自2007年以来并未与被上诉人所在地的出租汽车行业管理部门达成协议，因此无使用讼争出租车灯箱发布广告的权利。被上诉人获得无偿配置的汽车顶灯但并不意味着同时取得顶灯灯箱的广告位的使用权。在灯箱上发布广告，仍需由当地出租车行业管理部门决定。综上所述，一审判决认定事实清楚，适用法律正确。上诉人在一审中未提出请求调整违约金，在二审中提出违约金过高请求减少的主张，本院予以采纳。上诉人的其他上诉理由不成立，其上诉请求不予支持。

（六）二审定案结论

江苏省宿迁市中级人民法院依照《中华人民共和国民事诉讼法》第一百五十三条第一款第（一）项之规定，作出如下判决：

1. 维持宿迁市宿城区人民法院（2007）宿城民二初字第00433号民事判决第一、三、四项；

2. 变更宿迁市宿城区人民法院（2007）宿城民二初字第00433号民事判决第二项内容为“赛克广告公司于判决生效后10日内向万里出租公司支付违约金4000元”。

二审案件受理费300元，由上诉人赛克广告公司负担。

（七）解说

本案是一起比较特殊的合同纠纷案件，双方当事人因合同的履行发生纠纷，但争议的焦点却集中在涉案标的物物权的归属上，包括出租车顶部灯箱及其固定架的所有权和该灯箱上广告位的使用权两项物权的权属，虽然一、二审判决在实体上对此作出了认定，但就涉案的法律关系却没有作出明确的界定，因此有必要作进一步的分析。

1. 关于出租汽车标志灯即顶灯属性及功能的有关问题。为了加强对出租汽车行业的规范管理，交通部 1989 年 12 月 19 日颁布的《出租汽车旅游汽车客运管理规定》[（89）交运字 709 号] 第十二条规定，小型出租汽车的顶部必须安装出租车标志灯。在该规定实施初期，各地并未要求辖区内的所有出租车安装统一的标志灯，仅是对营运出租车是否安装进行监督检查。1997 年 8 月 22 日，交通部颁布《道路运政管理工作规范》，规定“道路运政管理机构要对出租车核发统一的标志”。从上述规定来看，出租汽车标志灯作为出租汽车营运服务专用标志，是各地交通主管部门统一配备并监管的公共服务设施。出租车标志灯最基本的功能是标明车辆从事载客运输服务，但近年来，随着各地对城市形象塑造及重大活动宣传的需要，出租车行业主管部门在保证出租车基本功能的同时，制作技术含量高、空间更大的标志灯灯箱，在灯箱上增加了公益宣传的内容，还有的在灯箱上设立了广告位，通过市场化运作对外招租，大大拓展了标志灯的功能。目前尚无关于出租车标志灯广告位的所有权及其收益的法规和文件出台，在实践中，一般由出租车所有人或者行业主管部门协商确定。

2. 本案诉争标的物物权变动分析。根据苏建城〔2005〕21 号通知和苏政办函〔2004〕76 号函的规定，为出租车无偿配置载有宣传十运会内容的新型标志灯，并进行顶灯广告开发与代理，是各地出租车行业主管部门的职责和权利；另外，通知和函授权江苏省十运资源开发有限公司负责全省各地出租车顶灯的广告代理业务。在此情况下，江苏省十运资源开发有限公司与赛克广告公司签订了《项目合同协议》，对于新型顶灯的制作和灯箱广告位使用权进行了市场化的操作。本案争议灯箱及其固定架就是赛克广告公司为了履行与江苏省十运资源开发有限公司间的协议，而委托他人设计生产的特定物，并且对其享有实用新型和外观设计专利，根据物权取得的一般原则，赛克广告公司首先取得了灯箱和固定架的物权。但是根据赛克广告公司与江苏省十运资源开发有限公司间的协议，由赛克广告公司代替出租车行业主管部门向各地出租车无偿更换出租汽车顶灯，并提供免费维护的服务，作为回报，在保证宣传十运会的公益目的的同时，其取得了一定期限内全省各地出租车顶灯灯箱广告的经营权。由此可以看出，在赛克广告公司将每个新型灯箱及其固定架根据协议安装在出租车上后，所有权便发生了转移，赛克广告公司不再享有新型灯箱及其固定架的物权。值得注意的问题是，虽然灯箱及其固定架是无偿配备给出租车使用，但作为接受监管的公共服务设施，并不能归出租车所有人享有，而应当根据苏建城〔2005〕21 号通知和苏政办函〔2004〕76 号函的规定，由出租车行业主管部门享有其所有权和广告位的使用权。

3. 关于赛克广告公司与万里出租公司间的权利义务。虽然作为出租车所有人的万里出租公司并不享有顶灯灯箱的所有权和广告位使用权，但由于灯箱具有专用服务标志的基本功能，因此万里出租公司具有一般意义上的法定使用权，但在享有使用权的同时，其有配合对标志灯进行管理维护的义务，以保证其基本功能和公益宣传功能的正常发挥。对于赛克广告公司行使灯箱广告经营权，在灯箱上发布广告及其维护管理，万里出租公司并不负有法定义务，在此情况下赛克广告公司才与万里出租公司签订了协议，根据合同的约定，赛克广告公司在合同有效期内每月按照每辆车 5 元的标准，向万里出租公司支付管理费，万里出租公司须配合赛克广告公司对广告画面的更换，并负有对广告画面管理和保护的义务。从双方主要权利义务内容来看，双方间应当为委托管理合同关系。

（江苏省宿迁市中级人民法院　赵振亚）

32. 柳书咸诉南京天恒网络科技有限公司服务合同案
（电子公告服务备案的义务主体认定）

（一）首部

1. 判决书字号

一审判决书：江苏省南京市玄武区人民法院（2007）玄民一初字第 2169 号民事判决书。

二审判决书：江苏省南京市中级人民法院（2008）宁民二终字第 754 号民事判决书。

2. 案由：服务合同纠纷。

3. 诉讼双方

原告（上诉人）：柳书咸，男，1952 年 1 月 28 日生，汉族，江苏富腾纺织有限公司法律事务办公室主任，住江苏省东台市富腾路。

被告（被上诉人）：南京天恒网络科技有限公司（以下简称天恒网络公司），住所地：南京市浦口区浦东路 88 号 9—1 号，实际经营地：南京市玄武区珠江路红庙 9 号中厦商务楼 3 楼。

法定代表人：王振华，该公司总经理。

委托代理人（一、二审）：贾波，江苏南京景翔律师事务所律师。

委托代理人（二审）：丁运亮，该公司职工。

4. 审级：二审。

5. 审判机关和审判组织

一审法院：江苏省南京市玄武区人民法院。

合议庭组成人员：审判长：查宣东；人民陪审员：吴志聪、刘永萍。

二审法院：江苏省南京市中级人民法院。

合议庭组成人员：审判长：袁奕炜；审判员：赵川、郝莉坤。

6. 审结时间

一审审结时间：2008 年 6 月 18 日。

二审审结时间：2008 年 10 月 30 日。

（二）一审诉辩主张

原告诉称：原、被告于 2006 年 4 月签订《上网服务合同》一份，由原告向被告购买“青天法坛”国际域名和 250M 网页空间、100M 邮箱空间。原告根据被告提供的《非经营性网站备案登记表》申请备案青天法坛电子公告服务，依法取得了“苏 ICP 备 06030027 号”备案号。同年 9 月 10 日，被告向原告发来《告恒网用户“网上电子公告”关闭通知书》，并关闭了原告的“青天法坛”网站。原告认为，原告已履行了网站备案义务，“青天法坛”网站无《互联网电子公告服务管理规定》禁止的任何内容，且该规定中相应处罚条款都是针对作为电子公告服务提供者即被告，而非作为电子公告服务对象的原告。另被告亦未出示国家信息产业部和公安部要求关闭所有论坛留言板、博客的证据。因被告的行为已侵害了原告的合法权益，原告诉至法院要求被告依据合同约定退回虚拟主机费用 3510 元、要求被告立即恢复"青天法坛"网站中电子公告论坛。

被告辩称：双方签订的《上网服务合同》约定，由被告租赁给原告虚拟主机，并由被告代为注册国际域名。合同签订后，原告在未按国家规定取得合法资格的情况下，开设电子公告论坛。被告在通知原告要求其整改没有效果的情况下，将其电子公告论坛予以屏蔽的行为合理合法，且有相应的合同依据，未侵害原告的合法权益，不应承担违约责任，故请求法院依法驳回原告的诉讼请求。

（三）一审事实和证据

江苏省南京市玄武区人民法院经公开审理查明：原、被告（分别为合同甲、乙方）于2006年4月12日签订《上网服务合同》一份，约定由甲方向乙方购买如下产品及服务：其中国际域名的使用年限为5年，价格为375元；恒网标准型主机的使用年限为5年，包括250M网页空间，100M邮箱空间（10个，10M/个），价格为3510元；甲方承诺在乙方提供的虚拟主机空间内放置的所有内容符合中华人民共和国法律法规，否则乙方有权随时关闭为甲方开辟的硬盘空间；如因乙方原因导致甲方网站不能正常访问，乙方在24小时内恢复，并以时间形式5倍赔偿甲方网站的受损服务时间，不满一天的受损服务时间按一天计，如24小时内不能恢复，乙方全额赔偿甲方支付给乙方的虚拟主机费用；甲方购买乙方虚拟主机，享受免费网站备案。合同签订后，原告的网站于2006年4月17日开通，网站名称为"青天法坛"，电子公告论坛于2007年2月8日开通。2007年5月20日，被告向原告送达《电子公告服务责任书》，责任书中明确拟开展电子公告服务的单位，应当在向省、自治区、直辖市电信管理机构或者信息产业部申请经营性互联网信息服务许可或者办理非经营性互联网信息服务备案时，提出专项申请或者专项备案，未取得电子公告服务许可的，不得对外提供电子公告服务。原告亦在责任书所附表格中填写了相关资料。同年9月10日，被告将原告网站中电子公告论坛予以关闭。此后，原告以其网站中开设电子公告服务的专项申请或专项备案义务应由被告承担，及被告无权将其网站中电子公告论坛予以关闭为由诉至法院要求处理。

上述事实有下列证据证明：

1.《上网服务合同》、交费发票，证明原、被告之间存在服务合同关系，同时明确约定了双方的权利义务。

2.《非经营性网站备案登记表》，证明被告免费为原告办理了网站备案号苏ICP备06030027号。

3.《电子公告服务责任书》，证明在原告开通电子公告论坛后，被告向原告送达了该责任书，责任书中明确拟开展电子公告服务的单位，应向相关部门提出专项申请或者专项备案。

（四）一审判案理由

江苏省南京市玄武区人民法院根据上述事实和证据认为：电子公告服务，是指在互联网上的电子布告牌、电子白板、电子论坛、网络聊天室、留言板等交互形式为上网用户提供信息发布条件的行为。根据《互联网信息服务管理办法》规定，对非经营性互联网信息服务实行备案制度，从事互联网信息服务，拟开办电子公告服务的，应当在申请经营性互联网信息服务许可或者办理非经营性互联网信息服务备案时，按照国家有关规定提出专项申请或者专项备案。根据《非经营性互联网信息服务备案管理办法》规定，拟从事电子公告服务的，在履行备案手续时，还应当向其住所所在地省通信管理局提交电子公告服务专项备案材料。根据《互联网电子公告服务管理规定》规定，从事互联网信息服务，拟开展电子公告服务的，应当在向省、自治区、直辖市电信管理机构或者信息产业部申请经营性互联网信息服务许可或者办理非经营性互联网信息服务备案时，提出专项申请或者专项备案。未经专项批准或者专项备案手续，任何单位或者个人不得擅自开展电子公告服务。本案中，原告设立的“青天法坛”网站于2006年4月17日开通后，其于2007年2月8日在该网站中自行制作并开设了电子公告论坛，根据相关规定，其作为电子公告服务主办方，应负有向相关部门提出专项申请和专项备案的义务。关于原告提出被告已按合同约定为其办理了相关备案，被告对原告进行电子公告服务是认可的，及被告作为电子公告服务提供者，负有专项申请和专项备案的义务之主张。本院认为，首先，《上网服务合同》中约定的免费网站备案并非电子公告服务专项备案，被告提供给原告的网站备案号亦非电子公告服务专项备案号；其次，电子公告服务专项申请和专项备案的受理机关系省通信管理局，并非作为互联网接入服务提供者的被告；再次，在被告送达给原告的《电子公告服务责任书》中，已明确告知拟开展电子公告服务的相关备案程序，及未取得电子公告服务许可的，不得对外提供电子公告服务。因此，原告上述主张，理由不足，本院不予支持。关于被告能否将原告网站中电子公告论坛予以关闭。本院认为，《上网服务合同》由原、被告双方自愿签订，系双方的真实意思表示，该合同真实、有效，应受法律保护，双方均应按约履行。合同中明确约定：原告承诺在被告提供的虚拟主机空间内放置的所有内容符合中华人民共和国法律法规，否则，被告有权随时关闭为原告开辟的硬盘空间。因原告未能按相关法律法规规定，就其所开设的电子公告服务向相关部门提出专项申请和备案，在被告向原告送达《电子公告服务责任书》明确告知的情况下，原告仍未予以整改，故被告依照合同约定将原告开设的电子公告论坛予以关闭并无不当。综上，原告的诉请无事实和法律依据，本院不予支持。

（五）一审定案结论

江苏省南京市玄武区人民法院依照《中华人民共和国民法通则》第五条之规定，判决如下：

驳回原告柳书咸的诉讼请求。

案件受理费130元，由原告柳书咸负担。

（六）二审情况

1. 二审诉辩主张

上诉人诉称：根据柳书咸与天恒网络公司签订的《上网服务合同》中的规定，只有柳书咸在虚拟主机空间内放置的内容不符合法律法规的情况下，天恒网络公司才有权关闭。本案中柳书咸公告的是案件事实、相关证据及法律文书，天恒网络公司无任何证据证明柳书咸放置的内容不符合法律法规。根据《互联网信息服务管理办法》的规定，因未备案而关闭网站是一种行政处罚行为，应当由有行政处罚权的江苏省通信管理局行使，而不是由天恒网络公司行使。天恒网络公司作为电子公告服务的提供者，至今未到江苏省通信管理局进行专项备案，故接受处罚的应是天恒网络公司。原审判决认定向江苏省通信管理局申请备案的应当是上网用户柳书咸，而不是电子公告服务的提供者天恒网络公司，属颠倒是非。该判决违反了《互联网电子公告服务管理规定》的相关规定，《互联网电子公告服务管理规定》可以证明本案中电子公告服务的提供者不是柳书咸，而是天恒网络公司，天恒网络公司负有向江苏省通信管理局申请专项备案的义务。谁是电子公告服务的提供者是本案的争议焦点，柳书咸要求二审法院传唤江苏省通信管理局到庭作证。柳书咸在一审中提供的非经营性网站备案登记表，证明柳书咸在该登记表上涉及需前置审批或专项审批的内容勾画了“电子公告服务”和“其他”两项，天恒网络公司则认为登记表上无柳书咸勾画的内容，但未提供传真件的原件，依照有关法律规定，应当推定柳书咸的主张成立。

被上诉人辩称：本案争议的电子公告论坛是由柳书咸个人开设的，面向普通网民提供BBS论坛服务。天恒网络公司只是按照合同约定给柳书咸提供服务器的存储空间，并没有参与电子公告论坛的发布和后期的管理。结合信息产业部的相关规定，可以很清楚地判断出柳书咸是电子公告服务的提供者。天恒网络公司并没有关闭柳书咸的整个网站空间，只是关闭了没有取得国家审批的电子公告论坛，整个网站空间仍然是开通的。柳书咸称天恒网络公司关闭其电子公告论坛没有法律依据是错误的，根据双方合同约定，柳书咸在租赁的服务器内放置不符合法律规定的内容时，天恒网络公司既有权按照合同约定关闭，也有权按照法律规定关闭。电子公告论坛是一种抽象的数据内容，只要数据不符合国家的相关规定，不管是因为本身的内容不符合还是因为程序不符合，天恒网络公司均有权按照合同约定和法律规定予以关闭。

2. 二审事实和证据

江苏省南京市中级人民法院经审理，确认一审法院认定的事实和证据。

3. 二审判案理由

江苏省南京市中级人民法院经审理认为：柳书咸与天恒网络公司签订的《上网服务合同》是双方当事人的真实意思表示，合法有效，双方当事人均应遵照履行。对柳书咸关于天恒网络公司是电子公告服务的提供者，负有向有关部门提出专项申请和备案义务的上诉理由，本院认为，《互联网电子公告服务管理规定》明确规定，电子公告服务是指在互联网上以电子布告牌、电子白板、电子论坛、网络聊天室、留言板等交互形式为上网用户提供信息发布条件的行为。本案中，根据双方合同约定，天恒网络公司向柳书咸提供的是虚拟主机空间和上网服务，之后柳书咸在天恒网络公司提供的网络空间内自行设立电子公告论坛，为上网用户提供信息发布条件，原审法院据此认定柳书咸是电子公告服务的提供者，并无不当。柳书咸的上诉理由不能成立，本院不予采纳。根据信息产业部的相关规定，拟开展电子公告服务的，应当在向省、自治区、直辖市电信管理机构或信息产业部办理非经营性互联网信息服务备案时，提出专项申请或专项备案。柳书咸作为电子公告服务的提供者未按规定向相关部门提出专项申请和备案，故其开设电子公告论坛不符合我国相关法律法规的规定，天恒网络公司将柳书咸开设的电子公告论坛予以关闭，具有合同依据和法律依据。柳书咸关于天恒网络公司无权关闭其电子公告论坛的上诉理由亦不能成立，本院不予采纳。

4. 二审定案结论

江苏省南京市中级人民法院依照《中华人民共和国民事诉讼法》第一百五十三条第一款第（一）项之规定，判决如下：

驳回上诉，维持原判。

二审案件受理费130元，由上诉人柳书咸负担。

（七）解说

本案是一起互联网接入服务提供者将用户网页中电子公告论坛予以关闭引起的纠纷。对本案的审理，要把握好以下几个方面：

1. 准确认定电子公告服务备案的义务主体，是处理本案的前提和关键。根据《互联网信息服务管理办法》、《非法经营性互联网信息服务备案管理办法》和《互联网电子公告服务管理规定》的相关规定，拟开展电子公告服务的，应按照国家有关规定提出专项申请或者专项备案，未经专项批准或者专项备案手续，任何单位和个人不得擅自开展电子公告服务。故电子公告服务的专项申请和专项备案系开展电子公告服务的前置程序，电子公告服务提供者系电子公告服务专项申请和专项备案的义务主体。本案中，谁系电子公告服务的提供者，不仅是原、被告双方争执的主要焦点之一，同时电子公告服务提供者的确定亦是处理本案的前提。根据双方合同的约定，天恒网络公司向柳书咸提供的是虚拟主机空间和上网服务，之后柳书咸在天恒网络公司提供的网络空间内自行设立电子公告论坛，为上网用户提供信息发布条件，而天恒网络公司并没有参与电子公告论坛的发布和后期的管理，另根据本院向江苏省通信管理局的咨询了解，其答复称柳书咸在“青天法坛”网站开通后，又在该网站中自行制作并开设了电子公告论坛，柳书咸作为电子公告服务的主办方，为上网用户提供了电子公告服务。综上，本院据此认定柳书咸系电子公告服务的提供者，电子公告服务的专项申请和专项备案义务应由柳书咸承担。

2. 互联网接入服务提供者和用户的行为均应受国家法律法规的约束。(1) 网络信息作为一种新兴的传媒载体，特别是电子公告论坛为广大公众发表言论提供了广阔的平台，其开办、管理以及所涉内容，均应受到相应法律法规的约束。(2) 网络公司作为网页空间的提供者，应对网络用户对其网络空间的使用是否合法进行审查，切实起到管理之责。(3) 柳书咸购买了网络公司提供的域名和空间，对网页的使用应遵守相应的法律法规，特别是在开展电子公告服务之前应按规定进行备案，获得行政主管部门的批准。

3. 柳书咸未按规定办理电子公告服务的申请和备案手续，违反了相应的行政法规，网络公司有权将柳书咸网站中电子公告论坛予以关闭。

本案中，《上网服务合同》由柳书咸和天恒网络公司自愿签订，系双方的真实意思表示，双方均应按照合同的约定全面履行自己的义务。在双方签订的《上网服务合同》中明确约定：原告承诺在被告提供的虚拟主机空间内放置的所有内容符合中华人民共和国法律法规，否则，被告有权随时关闭为原告开辟的硬盘空间。现柳书咸未按相关法律法规的规定，办理电子公告论坛的专项申请和审批手续，柳书咸的行为不仅违反了法律法规的规定，而且亦违反了合同的约定，应承担相应的合同责任。故现天恒网络公司根据合同相对性的原理依照合同约定将柳书咸开设的电子论坛予以关闭，具有法律依据和合同依据。且天恒网络公司仅关闭了柳书咸开办的电子公告论坛，并不影响柳书咸在法律允许的范围内合理使用其网络空间。

（江苏省南京市玄武区人民法院　查宣东）

33. 吕家福等诉北京名人视觉文化发展有限公司服务合同案

（个体经营户诉讼主体地位的确定、有奖销售活动策划违法的责任承担）

（一）首部

1. 判决书字号：北京市丰台区人民法院（2008）丰民初字第18870号民事判决书。

2. 案由：服务合同纠纷。

3. 诉讼双方

原告（反诉被告）：吕家福，男，汉族，1974年1月10日生，雄县名门视觉婚纱摄影部实际经营者，住沈阳市苏家屯区葵松路。

委托代理人：冯福增，北京市剑泰律师事务所律师。

委托代理人：刘阳，雄县名门视觉婚纱摄影部主管。

原告（反诉被告）：孙增乐，男，汉族，1970年4月28日生，雄县名门视觉婚纱摄影部个体业主，住河北省雄县大营镇西柳村。

委托代理人：冯福增，北京市剑泰律师事务所律师。

被告（反诉原告）：北京名人视觉文化发展有限公司（以下简称名人视觉文化公司），住所地：北京市丰台区科技园富丰路4号6A03。

法定代表人：刘元桂，该公司总经理。

委托代理人：徐灿，北京市德勤律师事务所律师。

委托代理人：孙铁军，北京名人视觉文化发展有限公司加盟部经理。

4. 审级：一审。

5. 审判机关和审判组织

审判机关：北京市丰台区人民法院。

合议庭组成人员：审判长：罗红斌；人民陪审员：霍忠长、杜伟芳。

6. 审结时间：2008年12月19日。

（二）诉辩主张

原告吕家福、孙增乐诉称：2008年7月19日，原、被告双方签订《秀场协议书》。双方约定：被告派遣辅导老师为原告进行秀场辅导，辅导内容为：（1）市场调研；（2）秀场方案拟订；（3）秀场定价体系指导完善；（4）员工激励与团队整合内训；（5）秀场常用四表的确定与落实；（6）协助乙方企化设计活动宣传单；（7）协助乙方设计制作婚纱秀展板；（8）门市秀场十分钟定单技巧特训；（9）负责培训乙方“小蜜蜂”的战前培训；（10）秀场现场应变指挥，主持婚纱秀场，激励、带动现场气氛，掌控“小蜜蜂”引客入座的作业。辅导时间为7个工作日，自2008年8月4日2008年8月10日。辅导费用为基本辅导费用5000元，秀场辅导费用5000元，展前说明会辅导费用2000元。协议签订后，原告依约履行，支付了全部费用，可被告违法、违约，没有尽到应尽的辅导义务，致使原告秀场活动未能进行，给原告造成了巨大经济损失。故诉至法院请求判令被告返还展前说明会辅导费用2000元、基本辅导费用5000元、秀场辅导费用5000元，赔偿原告损失17270元，并承担全部诉讼费用。

被告名人视觉文化公司辩称：2008年7月19日，原告邀请我方为其婚纱秀场提供辅导，双方签署秀场辅导协议。双方在该协议第4.1条明确约定甲方（我方）在秀场活动日前后各一月之内不在当地接受别家影楼的邀请做秀场；第4.4条明确约定：秀场辅导老师在乙方（原告）驻店辅导教学，乙方须负责安排甲方老师之食宿事宜，以清洁卫生、舒适方便、独立安全的宾馆为宜；第4.5条约定：未经过事前特别约定，乙方不可以要求甲方辅导老师同时为本签约公司之其他关联公司成员培训或授课；第4.12条约定：甲方所派驻之秀场辅导老师所有与本次秀场相关的交通费用，由乙方实报实销，并于老师到达第二天主动给予报销……然而，我方到达原告处工作时才发现，原告违背了双方所签协议的约定，要求我方工作人员提供协议项下服务的相对方竟然不是原告，而是非相对方的第三方。该第三方是在名称上与我方“名人视觉”注册商标十分接近的“名门视觉”婚纱摄影部。北京“名人视觉”是经过我方在国家工商局商标局注册的在全国拥有上百名加盟店的品牌公司。多年来，北京“名人视觉”在连锁加盟经营中十分注重商誉，系我国婚纱摄影知名商标品牌。但雄县“名门视觉”没有任何业界知名度，反而搭我方的知名品牌的顺风车，自称其是来自中国的世界知名国际婚纱摄影品牌，原告不仅没有取得我方的品牌加盟权，反而以签署服务协议为名要求我方为不正当竞争的雄县“名门视觉”提供品牌服务，不仅违反了双方服务协议的4.1条和第4.5条的约定，也侵害了我方的商标权和品牌形象。原告还违反双方协议中第4.4条和第4.12条的约定，在我方辅导老师依约到达原告处开始驻店辅导时，不为其安排宾馆，也不为其报销差旅费。而且，由于“名门视觉”在以其为主体的活动中违法设立摇奖活动而被当地工商部门查处，原告在毫无事实依据和法律依据的情况下要求我方为与其无合同关系的第三人承担行政处罚责任。鉴于原告上述违约侵权事实，我方依据同时履行抗辩权，在提供了展前说明会等服务后终止了该协议。该终止行为有充分的法律和合同依据，不能视为违约。协议第3.2条约定的乙方的履行保证金属于违约金性质，故在原告严重违约的情况下，我方有权不予归还；依据协议第3.6条约定的2000元展前说明会辅导费，因我方已履行了相关合同义务，不存在返还问题；依据第3.1条支付的5000元基本辅导费，其中2000元属于定金，在原告违约的情况下，其无权要求返还。剩余3000元远远低于原告违约侵权给我方造成的包括预期可得利益损失和品牌形象的损失，故未予返还。原告提出的17270元损失，因该费用的支付都是用于“名门视觉”组织的活动，而“名门视觉”并非本案合同关系的相对方，故该支出与本案无关，“名门视觉”不是本案原告，无权要求我方承担责任。

反诉原告名人视觉文化公司诉称：原告以签署服务协议为名要求我方为不正当竞争的雄县“名门视觉”提供品牌服务，不仅违反了双方服务协议的第4.1条和第4.5条的约定，也侵害了我方的商标权和品牌形象。同时，该协议不能被完全履行是原告违约侵权造成的。故反诉请求驳回被反诉人的返还和赔偿之诉，判令被反诉人承担因违约给我方造成的可得利益损失1万元，赔偿我方形象损失1万元，赔偿我方支付的相关交通费用494元，并承担反诉诉讼费。

反诉被告吕家福、孙增乐辩称：双方签约之前通过QQ洽谈时我方的网名就是“名门视觉”，反诉人的辅导老师殷国锋于2008年7月18日来到我方处与我方签订《秀场协议书》

时，在我方店铺“名门视觉婚纱摄影部”待了3天，摄影部的字号“名门视觉”在牌子上是很明显的。反诉人说其到达我处才发现，我方违背约定，要求其工作人员提供服务的相对方不是我方，根本站不住脚。吕家福是名门视觉婚纱摄影部的实际经营者，名门视觉婚纱摄影部是个体性质，不具备诉讼主体资格，当然签合同的时候不能以摄影部的名义来签。名门视觉婚纱摄影部是经过工商注册的个体工商户，不存在侵犯反诉人商标的问题。我方的宣传材料是在反诉人的策划下制作的，是否侵犯反诉人的权益与我方无关。反诉人的辅导老师第一次来我处时，住宿由我方安排并承担费用，交通费也当时给予报销。辅导老师第二次来我处时，因其策划的方案违法，工商局出面干预，其束手无策，不辞而别，致使我方秀场活动未能举行，我方没有机会给他报销费用。出现这样的结果，是反诉人过错，第二次交通费、住宿费应由反诉人承担。反诉人的反诉请求不能成立，不同意其反诉请求。

（三）事实和证据

北京市丰台区人民法院经公开审理查明：原告吕家福、孙增乐分别是雄县名门视觉婚纱摄影部的实际经营人和个体业主。2008年7月13日，原告吕家福与被告通过腾讯QQ联系协商由被告为原告进行婚纱秀策划和辅导等，约定原告向被告交纳2000元预约金，被告为原告安排辅导老师。2008年7月14日，原告向被告支付了2000元。2008年7月18日，被告委派辅导老师殷国锋前往原告处。同年7月19日，被告代表殷国锋与原告吕家福在雄县名门视觉婚纱摄影部的楼上签订了《秀场协议书》，约定：乙方（原告）聘请甲方（被告）秀场老师为乙方进行秀场活动策划及指挥。甲方外派驻店秀场辅导老师的工作内容为：（1）市场调研；（2）秀场方案拟订；（3）秀场定价体系指导完善：（4）员工激励与团队整合内训；（5）秀场常用四表的确定与落实；（6）协助乙方企化设计活动宣传单；（7）协助乙方设计制作婚纱秀展板；（8）市场秀场十分钟定单技巧特训：（9）负责培训乙方“小蜜蜂”的战前培训；（10）秀场现场应变指挥，主持婚纱秀场，激励、带动现场气氛，掌控“小蜜蜂”引客入座的作业。辅导时间为7个工作日，自2008年8月4日至2008年8月10日。辅导费用为基本辅导费用5000元，秀场保证金5000元，展前说明会辅导费用2000元。秀场辅导老师在乙方驻店辅导教学，乙方须负责安排甲方老师之食宿事宜。甲方所派驻辅导老师的来程路费以及下一程路费，由乙方实报实销，于说明会结束前全部结清。甲方所派驻辅导老师所有与本次秀场相关的交通费用，由乙方实报实销，并于老师到达第二天主动给予报销，并提前三天预定秀场辅导老师下一程路费。合同签订后，原告于2008年7月20日向被告支付了基本辅导费用5000元和秀场保证金5000元。被告为原告进行了秀场方案拟订、秀场展前说明会的辅导任务等。在被告为原告拟订的秀场方案中，拟订有幸运抽奖活动，其中一等奖的奖品为奇瑞QQ汽车。被告辅导老师殷国锋于2008年7月21日离开原告处。2008年7月18日至2008年7月21日，原告支付了被告辅导老师殷国锋的食宿、交通等费用。后原告开始通过报刊广告、展板形式根据拟订的秀场方案进行宣传。2008年8月4日，雄县工商行政管理部门就幸运抽奖活动中一等奖奖品（奇瑞QQ汽车）价值超出国家规定一事，向原告发出工商行政管理询问通知书，要求原告于2008年8月5日到雄县工商局经检大队接受询问。2008年8月5日下午，被告辅导老师殷国锋再次来到原告处。原告就雄县工商行政管理部门向其询问抽奖活动中奖品（奇瑞QQ汽车）价值超出国家规定一事，通过被告辅导老师殷国锋与被告交涉未果，双方发生纠纷。2008年8月6日，被告辅导老师殷国锋即离开雄县回京。双方签订的《秀场协议书》至此未再继续履行。

上述事实，有原告吕家福、孙增乐提供的《秀场协议书》、中国建设银行存款凭条、公证书（附QQ网页记录）、孙增乐的证明、礼品准备清单、报纸宣传彩页、展板照片、工商行政管理询问通知书，被告名人视觉文化公司提供的《秀场协议书》、证人殷国锋的证言及双方当事人陈述在案佐证。

（四）判案理由

北京市丰台区人民法院根据上述事实和证据认为：原、被告双方于2008年7月19日签订的《秀场协议书》是原、被告双方自愿协商达成，不违反国家相关的法律规定，应认定为有效。依法成立的合同，对双方当事人即具有法律约束力，原、被告双方均应依照合同履行合同规定的义务。原告吕家福与被告最初在QQ上分别以名门视觉（原告）和猎头（被告）的昵称就秀场辅导进行了初步协商，原告吕家福不仅当时使用的昵称就是名门视觉，而且告知被告其是雄县县城影楼的，影楼地址为河北保定雄县人民大街91号，即雄县名门视觉婚纱摄影部的经营场所。双方在QQ上协商的内容如预约金、单次价格、秀场时间等在后来双方签订的《秀场协议书》中都有所体现。被告在原告支付了2000元预约金后，即派辅导老师前往原告处，在原告影楼上签订了《秀场协议书》，并在原告影楼进行培训辅导，前后呆了3天。被告应当知道与其签约的是原告吕家福个体经营的雄县名门视觉婚纱摄影部，并与原告签下《秀场协议书》，同意为原告的摄影部提供秀场辅导。故被告辩称“原告违背了双方所签协议的约定，要求我方工作人员提供协议项下服务的相对方竟然不是原告，而是非相对方的第三方名门视觉婚纱摄影部”的主张，本院不予采信。被告辅导老师在拟订秀场方案中，为原告出具的礼品准备清单上列有QQ轿车，原告亦同意并进行了广告宣传。国家对抽奖活动奖品价值上限的规定是向全社会公开的，原、被告双方均应该知晓，故对抽奖活动中奖品（奇瑞QQ汽车）价值超出国家规定一事均存在过错，应分别承担各自的责任。因雄县工商行政管理部门过问抽奖活动中奖品（奇瑞QQ汽车）价值超出国家规定一事，原、被告双方发生纠纷，被告辅导老师殷国锋即离开雄县回京，《秀场协议书》至此未再继续履行。故作为秀场保证金的5000元，被告应予返还给原告。考虑被告已按约定为原告进行了秀场方案拟订、秀场展前说明会辅导等秀场前期工作，同时考虑原、被告双方各自责任，对于作为基本辅导费用的5000元和展前说明会辅导费用的2000元，被告应予返还给原告3500元。对于原告要求被告赔偿其广告、宣传、辅导老师差旅费等损失的主张，考虑原告是用于自己的秀场活动，自身对奖品价值超出国家规定一事负有一定责任，出现这一问题通过调整亦可以继续进行秀场活动，且原告支付的辅导老师差旅费是2008年7月18日至2008年7月21日的。这期间，辅导老师也完成了相应的辅导任务。故本院对原告要求被告赔偿损失的诉讼请求不予支持。对于被告要求原告“承担因违约给其造成的可得利益损失1万元，赔偿其形象损失1万元和赔偿其支付的相关交通费用494元”的反诉请求，本院不予支持。理由是：（1）被告对奖品价值超出国家规定一事负有一定责任；（2）被告未全部履行完合同规定的全部义务；（3）被告在与原告签订合同时已知道自己是为“名门视觉婚纱摄影部”进行秀场辅导，仍签订了合同，并履行了部分合同义务；（4）“名门视觉婚纱摄影部”是经过工商登记的个体经营字号，被告提供的证据不足以证明原告侵害了其商标权和品牌形象；（5）被告提供的短信时间均在秀场活动之前，且不足以证明发送短信的是原告人员；（6）交通费用是被告辅导老师为参加秀场活动而支出的，但其并未参加秀场活动。

（五）定案结论

北京市丰台区人民法院依据《中华人民共和国合同法》第六十条第一款、第一百零七条的规定，作出如下判决：

1. 被告北京名人视觉文化发展有限公司于本判决生效之日起10日内返还原告吕家福、孙增乐8500元；

2. 驳回原告吕家福、孙增乐的其他诉讼请求；

3. 驳回被告北京名人视觉文化发展有限公司的反诉请求。

一审案件判决后，双方当事人均未提出上诉。上述判决发生法律效力。

（六）解说

本案涉及服务合同的相关问题，争议焦点在于：一是个体经营户的诉讼主体地位及行为性质的认定；二是有奖销售活动策划违法的责任承担。

1. 个体经营户的诉讼主体地位的确定。在我国，个体经营户的诉讼主体地位的确定，依据是最高人民法院《关于适用〈中华人民共和国民事诉讼法〉若干问题的意见》中第四十六条，即“在诉讼中，个体工商户以营业执照上登记的业主为当事人。有字号的，应在法律文书中注明登记的字号。营业执照上登记的业主与实际经营者不一致的，以业主和实际经营者为共同诉讼人”。本案中，诉争的法律关系为雄县名门视觉婚纱摄影部与北京名人视觉文化发展有限公司之间的服务合同，而在起诉之时雄县名门视觉婚纱摄影部的工商登记业主为孙增乐，实际经营者为吕家福，因此依据我国有关个体工商户的法律规定以及司法实务中的实践，本案适格的原告应当是业主与实际经营者，即吕家福和孙增乐。

在合同履行过程中，实际经营者与个体工商户经营范围相适应的法律行为是个人行为还是个体经营户的行为，这一问题的认定在实践中由于社会情况的复杂性也颇有争议。在本案中，服务合同签订的双方为实际经营者吕家福与被告北京名人视觉文化发展有限公司，而合同的实际履行双方是雄县名门视觉婚纱摄影部与被告北京名人视觉文化发展有限公司，这是否违反了双方在合同中约定的“乙方不得要求甲方向非其相对方的第三方提供合同项下的服务”的约定？法院在审理中综合考虑经公证的原、被告双方磋商合作事项过程中QQ聊天记录、被告向原告提供服务的场所、双方签订合同的地点等因素，认定原告并未要求被告为第三方提供合同项下的服务，而只是要求被告依据合同履行义务。

2. 有奖销售活动策划方案违法时的责任承担。《反不正当竞争法》第十三条规定：“经营者不得从事下列有奖销售：（一）采用谎称有奖或者故意让内部人员中奖的欺骗方式进行有奖销售；（二）利用有奖销售的手段推销质次价高的商品；（三）抽奖式的有奖销售，最高奖的金额超过五千元。”第二十六条规定：“经营者违反本法第十三条规定进行有奖销售的，监督检查部门应当责令停止违法行为，可以根据情节以一万元以上十万元以下的罚款。”经营者应当事先将抽奖活动方案报当地工商部门批准。工商部门审查认为符合第十三条规定的即可批准。公司可以在批准的范围内进行相关的抽奖活动。本案中，被告辅导老师在拟订秀场方案中，为原告出具的礼品准备清单上列有QQ轿车，原告亦同意并进行了广告宣传。双方该抽奖式有奖销售行为很显然违法了《反不正当竞争法》第十三条关于最高奖限额的规定，也受到了工商行政部门的处罚。国家对抽奖活动奖品价值上限的规定是向全社会公开的，原、被告双方均应该知晓，这并不事实上考虑双方是否实际知晓，故对抽奖活动中奖品（奇瑞QQ汽车）价值超出国家规定一事策划方即被告存在直接过错，而原告同意并付诸实施该方案的行为亦存在过错，双方均应分别承担各自的责任。

（北京市丰台区人民法院　罗红斌）

34. 孙洪涛诉联智汇通（北京）通讯科技有限公司代理合同案

（未经授权签订的代理合同无效）

（一）首部

1. 判决书字号：北京市密云县人民法院（2008）密民初字第2436号民事判决书。

2. 案由：代理合同纠纷。

3. 诉讼双方

原告：孙洪涛，男，1975年3月7日生，汉族，住北京市顺义区马坡镇。

委托代理人：王亚玲（系原告孙洪涛之妻），1976年12月29日生，汉族，住址同上。

被告：联智汇通（北京）通讯科技有限公司，住所地：北京市密云县十里堡镇双井村北密云县十里堡腾云金属结构加工厂102室。

法定代表人：崔尚芬，该公司董事长。

委托代理人：刘海英，北京市明度律师事务所律师。

4. 审级：一审。

5. 审判机关和审判组织

审判机关：北京市密云县人民法院。

合议庭组成人员：审判长：汪志广；审判员：王化雨；代理审判员：高玲。

6. 审结时间：2008年11月6日。

（二）诉辩主张

原告及其委托代理人诉称：2007年6月1日，原、被告签订代理合同，由原告从被告处购进话机500部，共计45000元，后又陆续购进面值为376389.8元的话费。此后原告开始开展业务，共计开展客户408户。开始客户能正常使用话机通话，2007年9月26日至30日，突然停了3天，后全国召开人大会议期间，又停了7天。为此客户开始向原告反映，电话时打时断，不能正常通话。原、被告所签订的业务是回拨业务，回拨业务是国家所禁止的。故诉至法院，要求确认双方签订的代理合同无效，被告向原告返还话机费36000元（共计400部，每部90元）、话费40218.3元（客户话费面值145555.5元，原告自己平台话费面值15318元，均以0.25折计算，共计40218.3元），赔偿原告损失6万元，并负担本案诉讼费。

被告及其委托代理人辩称：原、被告签订代理协议是事实，但双方所作业务不是回拨业务，合同是有效的，双方合同已履行完毕。故不同意原告的诉讼请求。

（三）事实和证据

北京市密云县人民法院经公开审理查明：2007年5月31日，原告（乙方）与被告（甲方）就乙方代理甲方“一通多”会议电话业务推广达成代理协议，协议约定：甲方有权要求乙方按照甲方规定的统一政策进行市场推广活动；话费充值提取：国内所有电话乙方按0.1元每分钟（折合价）现金提取，甲方不得无故终止为乙方提供话费续费服务，由此造成的损失由甲方承担；款到为用户充值；客户在使用经甲方设置并正式开通的“一通多”电话机上遵照甲方使用方法拨打长途时，如产生市话接入费，由甲方承担；首次提取话机 500 台，单价 90 元，共计 45000 元；首次提取话费面值 2 万元，折合现金 5000 元，以后话费每次提取不少于 1 万元面值；由于特殊原因造成乙方不能够继续发展该业务，经甲乙双方协商，甲方应从善意合作的立场尽量按原价收回乙方手中未经使用且包装完好的话机和话费余额；合同有效期 2007 年 6 月 1 日至 2008 年 5 月 31 日。合同签订后，原告向被告购进 500 部话机，单价 90 元，计 45000 元，其中有话机带试用话费，计 6000 元，两项共计 51000 元。后又陆续购进话费面值 342389.8 元，以 0.25 折购进，合计 86597.45 元。原告共计给付被告话机和话费款 137597.45 元。原告在通州、昌平、密云等九个区县开始铺展业务，共计开展客户 408 户。由被告将话费注入原告平台，客户向原告购买话费，原告将自己平台的话费注入各客户线路中。后客户向原告反映通话效果不好或无法通话，原告为此与被告交涉未果，故诉至本院。在本案审理期间，原告共计收回话机 400 部（每部单价 90 元，计 36000 元），共计返还客户话费 36388.8 元（面值 145555.5 元，以 0.25 折计算），自身平台剩余话费 3829.5 元（面值 15318 元，以 0.25 折计算），上述三项合计 76218.3 元。

另查：2006 年 12 月 26 日，被告与易音达公司签订协议书，协议约定：乙方（易音达公司）为甲方（被告）贴牌生产“联智汇通”多方通话电话机，并授权其经营业务；乙方在甲方支付相关费用包括预付 30 万元现金话费的前提下，确保为甲方申请到中国卫通北京分公司区域授权或其他运营商全国范围的授权，如无法实现，乙方将易音达北京公司更名为甲方分公司；多方话机每台 69 元；多方电话话无流量为每分钟 0.1 元。

再查：工商查询显示，被告公司经营范围为技术推广服务、计算机系统服务、销售电子产品、五金交电、体育用品。查询中并未显示被告能够从事电信业务，被告没有电信业务经营许可证。

上述事实有下列证据证明：

1. 原告孙洪涛提交的代理协议、收据、铁通公司给易音达公司的授权委托书、电话机、信部电函（2007）86 号通知。

2. 原告提交的涉及本案争议焦点的平台及客户家话费情况表、收回电话及换话费损失清单。

3. 被告提交的涉及本案争议焦点的被告与易音达公司签订的协议书。

（四）判案理由

北京市密云县人民法院根据上述事实和证据认为：原、被告签订的代理协议，约定了由原告代理被告在郊北六大区范围内推广“一通多”会议电话业务。在实际履行协议中，由被告将话费注入原告平台，由被告向原告购买话费，再由原告将话费注入各客户线路中，客户用原告提供的电话拨打长途电话。根据《中华人民共和国电信条例》（以下简称《电信条例》）第二条第二款规定，本条例所称电信，是指利用有线、无线的电磁系统或者光电系统，传送、发射或者接收语音、文字、数据、图像以及其他任何形式信息的活动。由此可知，原、被告签订的代理协议，其实质内容是推广、开展、从事电信业务，而《电信条例》第七条规定，国家对电信业务经营按照电信业务分类，实行许可制度。经营电信业务，必须依照本条例的规定取得国务院信息产业主管部门或者省、自治区、直辖市电信管理机构颁发的电信业务经营许可证。未取得电信业务经营许可证，任何组织或者个人不得从事电信业务经营活动。原、被告均无电信业务经营许可证，虽代理协议为双方意思表示一致结果，但该协议违反了我国相关电信业务管理规定，故本院确认，原、被告签订的代理协议为无效协议。被告主张己方享有从事代理合同约定业务的权利，其授权来源于易音达公司，而易音达公司享有铁通惠州分公司给予其的授权。根据被告与易音达公司签订的协议，易音达公司授权被告经营多方通话电话机，该公司在被告支付相关费用包括预付30万元现金话费的前提下，确保为被告申请到中国卫通北京分公司区域授权或其他运营商全国范围的授权，如无法实现，易音达公司将易音达北京公司更名为被告分公司。在本案审理中，被告并未提交证据证明，已取得中国卫通北京分公司区域授权或其他运营商全国范围的授权，或易音达北京公司更名为被告分公司。被告提交的铁通惠州分公司给易音达公司的授权委托书为复印件，其真实性无法确认。因此，被告此项抗辩理由本院不予采信。根据《合同法》相关规定，合同无效，因该合同取得的财产，应当予以返还；不能返还的应当折价补偿，有过错的一方应当赔偿对方因此所受到的损失，双方都有过错的，应当各自承担相应的责任。原告应将现存话机返还被告，被告应向原告返还话机款及收回的和未消费的话费款。原、被告均无电信业务经营许可证，双方对此均应明知，均有过错，被告将此业务交由原告推广，应对该业务性质、运行模式、运作基础较原告更为明知，故其过错大于原告。虽原告对其损失举证证明力不足，但其因经营此业务确实存在经济损失，该损失数额由本院依法酌定，鉴于原、被告双方均存在过错，本院将依双方过错程度在酌定数额基础上分配损失负担。

（五）定案结论

北京市密云县人民法院依照《中华人民共和国电信条例》第二条第二款、第七条，《中华人民共和国合同法》第五十八条之规定，作出如下判决：

1. 原告孙洪涛与被告联智汇通（北京）通讯科技有限公司于2007年5月31日签订的代理协议无效；

2. 被告联智汇通（北京）通讯科技有限公司于判决生效后10日内返还原告孙洪涛人民币76218.3元；赔偿原告孙洪涛经济损失21000元；

3. 原告孙洪涛于判决生效后10日内返还被告联智汇通（北京）通讯科技有限公司话机400部；

4. 驳回原告孙洪涛的其他诉讼请求。

案件受理费3578元，由原告孙洪涛负担1148元（已交纳），由被告联智汇通（北京）通讯科技有限公司负担2430元（于本判决生效后7日内交纳）。

（六）解说

随着新通讯方式网络电话的出现，其低廉的费用吸引着广大客户。本案争议之一“回拨业务”正是网络电话的衍生品。它本身要依托公共电话线网络，占用电话线，实际电话费用却交给运营此业务的个人终端服务器。作为一种新的通讯方式，我国曾经授权几位运营单位对回拨业务进行试运行。但由于种种原因，试运行后又发出通知停止运行。本案的当事人在国家停止运行该业务后，仍然代理了此业务，最终导致其血本无归。

本案疑难问题首先是双方名为“一多通”的业务能否认定是“回拨业务”。再就是损害赔偿问题。法官走访了工业与信息产业部询问了专业机构并拿出话机，作为主管机关的工信部仍无法确定此业务是否属于回拨业务，也没有任何一家权威机构可以认定此业务是否属回拨业务。法官转而从双方当事人的主体资格入手分析案件。依双方的协议来看，被告交由原告经营的完全符合电信条例中的电信业务的定义。经营电信业务需要国家特殊许可，本案被告反复强调自己是有授权经营电信业务的，其授权来源于易音达公司，而易音达公司享有铁通惠州分公司给予其的授权。根据被告与易音达公司签订的协议，易音达公司授权被告经营多方通话电话机，该公司在被告支付相关费用包括预付 30 万元现金话费的前提下，确保为被告申请到中国卫通北京分公司区域授权或其他运营商全国范围的授权，如无法实现，易音达公司将易音达北京公司更名为被告分公司。虽然被告提供了上述协议，但被告却没有提供任何授权的文件。故被告并未有经营电信业务的权利，原被告签订的代理合同无效。

本案的赔偿数额的确定，原告最初主张是现在客户无法正常通话，将要面临几百位客户的索赔，而这个索赔数额是原告诉讼请求的主要部分，但在未完成客户索赔的情况下无法证明自己的损失。本案法官采用了新的策略，在庭审后，法官要求原告先把现有客户的业务收回来，并针对数额分别作出赔偿并由客户签字确认赔偿的数额，这样一一把赔偿的金额确定汇总后，再明确自己这一部分的诉讼请求。这样做不仅在本诉中解决了用户与原告之前潜在的百余起纠纷，也在赔偿数额确定后，更明确原告的损失，更好地维护其权利。

（北京市密云县人民法院　席引路）

35. 启东市吕四渔港法律服务所诉陆永斌诉讼代理合同案

（法律服务所在委托代理合同中的风险代理约定有效）

（一）首部

1. 判决书字号

一审判决书：江苏省启东市人民法院（2008）启民二初字第 0868 号民事判决书。

二审判决书：江苏省南通市中级人民法院（2008）通中民二终字第 0387 号民事判决书。

2. 案由：诉讼代理合同纠纷。

3. 诉讼双方

原告（上诉人）：启东市吕四渔港法律服务所，住所地：启东市吕四港镇新亚宾馆西侧。

负责人：杨永康，该所主任。

委托代理人（一、二审）：赵一飞，该所法律工作者。

被告（上诉人）：陆永斌，男，汉族，1960 年 1 月 12 日生，住启东市东元镇兴益村。

委托代理人（一、二审）：盛伟，江苏南通东晋律师事务所律师。

4. 审级：二审。

5. 审判机关和审判组织

一审法院：江苏省启东市人民法院。

独任审判：审判员：张军。

二审法院：江苏省南通市中级人民法院。

合议庭组成人员：审判长：袁绍云；代理审判员：张志新、朱挺。

6. 审结时间

一审审结时间：2008 年 8 月 12 日。

二审审结时间：2008 年 12 月 8 日。

（二）一审诉辩主张

原告诉称：被告陆永斌因案外人蔡兵租赁 130 亩池塘发生纠纷，委托原告代为诉讼，并签订了委托代理合同。原告按约履行了合同义务，但被告仅支付了诉讼费，未给付代理费。故请求判令被告支付代理费 58500 元。

被告陆永斌辩称：（1）根据《乡镇法律服务收费管理办法》及《江苏省乡镇法律服务业务的收费标准》的相关规定，收费标准有计件收费、计时收费、按标的比例收费三种。原告主张收取风险代理费，其请求缺乏相应的法律依据。（2）根据代理合同第二条的约定，只有在被告收回租赁权并在每年每亩增加租金 500 元的条件下，风险代理费才按 3∶7 结算，但事实上被告仅收回了租赁权，没有增加租金收益，即使根据委托代理合同的约定，原告也不能主张风险代理费。请求法院驳回启东市吕四渔港法律服务所的诉讼请求。

（三）一审事实和证据

江苏省启东市人民法院经公开开庭审理查明：2008 年 1 月 2 日，因案外人蔡兵在履行与陆永斌之间的滩涂租赁合同过程中擅自转租、转卖，陆永斌（甲方）为维护其合法权益，与启东市吕四渔港法律服务所（乙方）订立了一份委托代理合同。合同第一条约定，委托的权限为特别授权、全权委托，乙方必须指派法律工作者赵一飞参与协调、仲裁或诉讼；第二条约定，代理费实行风险代理，合同终止，甲方收回租赁权，甲方以每年每亩增加 500 元标的直至 2010 年的标准与乙方结账，分配比例为 7∶3；经双方协调蔡兵同意增加租赁费，并经甲方签字认可，增加租赁费同样按 7∶3 比例分配；第三条约定，双方委托代理合同签订后，乙方无论用调解、仲裁、诉讼，一切费用由乙方垫付。代理合同经双方签字确认。同月 8 日，陆永斌向一审法院提起解除租赁合同之诉（诉讼标的额 225000 元），由启东市吕四渔港法律服务所代为诉讼。经一审法院主持调解，双方于 2008 年 4 月 22 日达成调解协议：（1）解除陆永斌与蔡兵于 2005 年 1 月 1 日签订的租赁合同；（2）启东市茂盛养殖场如遇政府征用土地，蔡兵在该场内原承租的 130 亩土地上投入的简易房屋 4 间及线路的补偿款归蔡兵所有；（3）蔡兵与其他人签订的合同的所有权利与义务由陆永斌承继；（4）蔡兵已收取他人 2005 年 1 月 1 日起至 2010 年 10 月 30 日止的租金 26 万元归蔡兵所有，陆永斌在合同期限内不再向承租户陈施、黄士昌、王世昌另行收取租金；（5）陆永斌与其他承租户的合同，由陆永斌自行签订，如其他承租户提出异议，由陆永斌负责处理。该案调解后，陆永斌仅支付了案件受理费 750 元，未支付风险代理费，故启东市吕四渔港法律服务所于 2008 年 7 月 16 日提起诉讼。

以上事实有原、被告于 2008 年 1 月 2 日签订的委托代理合同 1 份、启东市人民法院（2008）启民一初字第 0295 号陆永斌诉蔡兵租赁合同纠纷案民事调解书 1 份等证据证明。

（四）一审判案理由

江苏省启东市人民法院根据上述事实和证据认为：国家计划委员会、司法部制定的《乡镇法律服务收费管理办法》，属于《中华人民共和国价格法》规定的政府定价，亦为法定价。《乡镇法律服务收费管理办法》规定乡镇法律服务费的计价形式为：计件收费、计时收费、按标的比例收费。启东市吕四渔港法律服务所、陆永斌订立的委托代理合同中约定实行风险代理收取代理费，违反了上述收费办法的规定。故启东市吕四渔港法律服务所与陆永斌订立的委托代理合同中风险代理数额的约定违背法定价的部分无效，符合法定价的部分有效。启东市吕四渔港法律服务所接受委托诉讼代理后，已履行合同的义务，达到陆永斌签订委托代理合同的主要目的，故其合法的代理费应予保护。为衡平双方当事人的利益，诉讼代理费按原诉讼标的额 225000 元的 4%计算为 9000 元。

（五）一审定案结论

江苏省启东市人民法院依照《中华人民共和国价格法》第三条，《中华人民共和国合同法》第五条、第五十二条，作出如下判决：

被告陆永斌于本判决生效之日起 10 日内给付原告启东市吕四渔港法律服务所法律服务费 9000 元。

（六）二审情况

1. 二审诉辩主张

上诉人启东市吕四渔港法律服务所上诉称：（1）《乡镇法律服务收费管理办法》没有禁止签订风险代理合同。《南通市基层法律服务工作者执业行为规范》第三十一条也规定：基层法律服务工作者收费，可以采用固定收费、按标的比例收费、协商收费方式。因此，上诉人认为本案双方在委托代理合同中关于风险代理收费的约定有效。（2）即使按原审理由，也应按标的 26 万元的 4%计算代理费，原审判决按 225000 元计算不当。请求二审改判。

上诉人陆永斌上诉并答辩称：（1）《乡镇法律服务收费管理办法》的三种形式并不包括风险代理，因而双方代理合同的约定是无效的。双方签订的委托代理合同没有同时约定风险代理和正常代理两种计费方法，原审认为部分无效、部分有效不当。（2）上诉人委托启东市吕四渔港法律服务所进行诉讼的目的是收回租赁权，再次支配租赁物，而该案的处理结果上诉人并没有达到目的。（3）上诉人委托代理的是解除合同之诉，属于非财产诉讼，该类案件的法定收费是 400 元以内，原审按 225000 元的 4%计算缺乏依据。请求二审改判驳回启东市吕四渔港法律服务所的诉讼请求。

启东市吕四渔港法律服务所对陆永斌的上诉答辩称：双方签订的委托代理合同合法有效。陆永斌诉讼的目的是解除租赁合同，案件的处理结果已达到目的，况且，该案的调解协议是陆永斌签订的，并没有通知代理人到场。该案属财产案件，这从原审法院确立的案由及收取的诉讼费也可以看出。

2. 二审事实和证据

江苏省南通市中级人民法院经审理，确认一审法院认定的事实和证据。

另查明：启东市吕四渔港法律服务所对委托代理合同中关于代理费的约定解释为：陆永斌与蔡兵存在争议的是 130 亩国有土地使用权，如果通过诉讼收回该土地的租赁权，则陆永斌有义务按每年每亩增加 500 元标的直至 2010 年的标准与其法律服务所结账，分配比例为 7∶3，也即 130 亩×500 元/亩×3 年×30%＝58500 元。陆永斌通过诉讼调解已取得了租赁权，因此，其应给付上述数额的代理费。陆永斌对此认为，如果能真正收回被蔡兵承租后又转租的土地，再用于出租的话，按当时的行情，应该能获得比原有租金增加 500 元/亩的租金。而该案最后的处理结果表面上是收回了租赁权，但实质上仍然维持蔡兵对外转租的现状，且转租的租金也已被蔡兵收取，事实上其并没有增加收益。在没有增加收益的情况下，不应给付代理费。委托代理合同当时约定的本意是实质上的收回租赁权。

再查明：双方当事人在一审庭审中一致认可陆永斌与蔡兵之间案件的诉讼标的是 225000 元。

3. 二审判案理由

江苏省南通市中级人民法院根据上述事实和证据认为：风险代理，是诉讼委托代理中协商收费的一种特殊形式，是委托人先不支付代理费，费用由代理人预先垫付，待案件胜诉等约定条件成就后，委托人按一定比例给付代理人报酬、案件败诉等则得不到回报的收费形式，其实质是一种附条件的民事法律行为。随着社会的发展、经济的繁荣，近年来风险代理逐渐成为律师及律师事务所收费的一种重要方式。这种方式为那些与他人存在纠纷有胜诉可能，但却经济困难、无力预支代理费的当事人解决了暂时的困难，同时也能促使律师在进行代理工作的过程中尽责尽力，因此，它的存在有一定的合理性及积极意义。法律服务所的法律工作者在进行诉讼代理时其工作性质、内容、方式与律师基本相似，目前我国法律、行政法规对法律服务所能否按此方式收费，没有禁止性的规定。因此，启东市吕四渔港法律服务所与陆永斌在委托代理合同中约定风险代理，应认定为有效。

案涉委托代理合同所约定的收取代理费的条件为“收回租赁权”，双方当事人对这一条件的解释均有一定的道理，说明签合同时，双方可能存在理解上的偏差，因而存在意思表示不一致的可能。基于这种情况，按法定的收费标准计算代理费符合公平原则。双方在一审期间一致认可陆永斌与蔡兵之间案件的诉讼标的额为225000元，故可按此作为计算代理费的基数。原审判决对案涉委托代理合同中实行风险代理约定部分的效力认定有误，但判决结果正确。启东市吕四渔港法律服务所的上诉理由，本院予以部分采纳。双方当事人的上诉请求，本院均不予支持。

4. 二审定案结论

江苏省南通市中级人民法院依照《中华人民共和国民事诉讼法》第一百五十三条第一款第（一）项的规定，作出如下判决：

驳回上诉，维持原判。

（七）解说

1987年5月30日，司法部发布了《关于乡镇法律服务所的暂行规定》，明确了基层法律服务所享有诉讼代理职能，并且规定了“有偿服务，适当收费”的原则。国家计划委员会、司法部于1997年3月制定的《乡镇法律服务收费管理办法》与同时制定的《律师服务收费管理暂行办法》一样，均规定了法律服务收费为计件收费、按标的比例收费和计时收费三种方式，亦均未对是否可以约定风险代理的收费方式作出规定。对于律师，虽然实践中早有实行风险代理收费这一方式，但直至2006年12月，国家发改委和司法部联合颁布的《律师服务收费管理办法》才明确规定了风险代理的收费方式，风险代理的合法性才得到立法认可。对于法律服务所，是否可实行风险代理收费，目前尚无明确的规定，实务界对此有不同的看法。本案中一、二审法院不同的认识与判断具有一定的代表性。

一审法院认为法律服务所与另一方当事人在委托代理合同中关于风险代理收费的约定违反了《乡镇法律服务收费管理办法》的规定，从而作出了无效的判定。二审法院的判决结果虽是维持原判，但所依据的理由与一审法院完全不同。二审法院认为双方当事人关于风险代理收费的约定有效，但同时认为因风险代理是一种附条件的民事法律行为，双方当事人在签订合同时对“收回租赁权”这一所附条件的理解可能存在偏差，从而导致双方意思表示不一致、不真实，二审法院是从这一角度，亦为衡平双方利益，作出了维持的判决，二审法院维持的实际上是一审法院对代理费数额所作出的判决。

二审法院对法律服务所进行风险代理收费作出了肯定性的评判，除法律文书中所述理由，还有以下的思考：《中华人民共和国合同法》第五十二条第一款第（五）项规定，违反法律、行政法规的强制性规定的情形，合同无效。《乡镇法律服务收费管理办法》一方面只是部门规章，其没有法律和国务院的行政法规定、决定、命令作为其制定依据，另一方面其规定的收费方式从表述上看也不属强制性规定。二审法院本也可以简单地以这一理由来确认本案所涉的诉讼代理合同中的风险代理的约定不具有无效情形，从而作出有效的判定，但其之所以没有这样做，是出于两点考虑：一是《乡镇法律服务收费管理办法》是在《中华人民共和国合同法》及《中华人民共和国立法法》之前颁布实施的，有其历史的原因；二是对于社会公众而言，其不同于法律专业人士，如法院以上述理由认定风险代理有效，则其有可能会据此得出法院否定上述管理办法等部门规章效力的结论，社会效果不好，不利于部门规章在发挥行政管理等方面的重要作用。基于此，二审法院在肯定风险代理收费的合理性和积极意义后，用逻辑推理的方法，从法律服务所的法律工作者与律师事务所的律师在工作性质、内容等方面做了一些比较，得出两者相类似的结论，进而认为既然律师事务所可以采取风险代理的收费方式，那么，与其相似的法律服务所也可在委托代理合同中进行风险代理收费的约定，该约定有效。

（江苏省南通市中级人民法院　袁绍云）

36. 昆明极度商贸有限公司诉昆明柏联百盛购物广场有限责任公司其他经营合同案
（根据市场习惯确定合同的有效性）

（一）首部

1. 判决书字号

一审判决书：云南省昆明市五华区人民法院（2007）五法民三初字第163号民事判决书。

二审判决书：云南省昆明市中级人民法院（2008）昆民五终字第135号民事判决书。

2. 案由：其他经营合同纠纷。

3. 诉讼双方

原告（被上诉人）：昆明极度商贸有限公司（以下简称极度公司），住所地：昆明市瓦仓庄116号昆都怡嘉合A幢510号。

法定代表人：刘建慧，该公司总经理。

委托代理人（一审）：吴凡、武宗恒，云南友元律师事务所律师。

委托代理人（二审）：谢明斌、孟庆伟，云南友元律师事务所律师。

被告（上诉人）：昆明柏联百盛购物广场有限责任公司（以下简称柏联公司），住所地：昆明市三市街柏联广场A区7楼。

法定代表人：刘湘云，该公司董事长。

委托代理人（一、二审）：陈宏元，云南天途律师事务所律师。

委托代理人（一审）：陈洁，该公司财务部职员。

委托代理人（二审）：陆燕燕，云南天途律师事务所律师。

4. 审级：二审。

5. 审判机关和审判组织

一审法院：云南省昆明市五华区人民法院。

合议庭组成人员：审判长：周星坪；审判员：陆敏；人民陪审员：黄效群。

二审法院：云南省昆明市中级人民法院。

合议庭组成人员：审判长：张兆龙；审判员：付锡勇；代理审判员：冯辉。

6. 审结时间

一审审结时间：2007 年 12 月 6 日。

二审审结时间：2008 年 8 月 20 日（依法延长审限）。

（二）一审情况

1. 一审诉辩主张

原告极度公司诉称：原、被告于 2006 年 4 月 9 日签订了《联营合同》，约定：原告提供货源，被告提供经营场地进行联营；被告从原告每月总销售额中提取 28%的联销分成，余额即应结货款归原告。直至 2006 年 10 月 20 日双方解除联营关系时止，原告总销售金额共计 92239.80 元，如果按该合同条款约定的分成比例，被告从中提走 28%的销售分成后还应向原告支付货款 66412.66 元，被告只支付了 7155.61 元。同时原告曾向被告缴纳了开户费 8000 元、保证金 8000 元以及节庆赞助费 8000 元，被告也一直拖欠未还。因此原告诉至法院请求判令：（1）被告支付拖欠货款 59257.05 元；（2）被告偿还保证金 8000 元；（3）被告偿还开户费 8000 元；（4）被告偿还节庆赞助费 8000 元；（5）被告偿还以上款项从 2007 年 10 月 20 日起至还款之日的利息（按同期银行活期存款利率计算）；（6）被告承担本案的全部诉讼费用。

被告柏联公司辩称：双方合同约定如果原告的经营额低于 5 万元，被告有权按 5 万元的 28%收取分成。原告从未达到最低要求的金额。请法庭在双方对账的基础上依法判决。

2. 一审事实和证据

云南省昆明市五华区人民法院经公开开庭审理查明：原、被告双方于 2006 年 4 月 9 日签订了《联营合同》，约定：被告提供经营场地，原告提供货源的方式进行联营合作；合同有效期自 2006 年 4 月 1 日至 2006 年 8 月 31 日；还约定，原告每月销售目标不得低于 5 万元；合同第四条联销分成方法中双方约定：被告从原告每月总销售额中提取 28%的联销分成，余额即应结货款归原告；如原告未能完成本合同规定的联销目标时，被告仍以本合同联销目标为准，按上述比例提取分成。后原告按合同约定支付开户费 8000 元、保证金 8000 元以及节庆赞助费 8000 元给被告。2006 年 10 月 20 日，原告经被告同意撤柜，原告总销售金额共计 92239.80 元，被告支付了 7155.61 元。原告应支付被告水电费 3604.61 元，以及营业额 1%的积分卡折扣。

上述事实有下列证据证明：

（1）2006 年 4 月 9 日联营合同，证明原、被告双方存在联营合同关系。

（2）2007 年 1 月 6 日证明，证明原告撤柜事实。

（3）2007 年 1 月 5 日专柜对账单，证明原告总销售金额。

3. 一审判案理由

云南省昆明市五华区人民法院根据上述事实和证据认为：双方签订《联营合同》，在合同中约定：被告从原告每月总销售额中提取 28%的联销分成，余额即应结货款归原告；如原告未能完成合同规定的每月销售目标时，被告仍以本合同联销目标为准，按上述比例提取分成。该条属于联营合同中的保底条款。根据最高人民法院《关于审理联营合同纠纷案件若干问题的解答》，联营合同中的保底条款违反了联营活动中应当遵循的共负盈亏、共担风险的原则，损害了其他联营方和联营体的债权人的合法权益，因此，应当确认无效。民事行为部分无效，不影响其他部分的效力的，其他部分仍然有效。原告庭审中已明确表示同意按销售总金额的 28% 支付被告，因此，原告应该按此比例支付被告，即 92239.80×28%＝25827.14 元，此款为被告应该提取的联销分成。余款 66412.66 元扣除被告实际已经支付的 7155.61 元、水电费 3604.61 元、营业额 1% 的积分卡折扣 922.39 元，被告还应该支付原告 54730.05 元。关于原告要求退还 8000 元保证金的主张，庭审中被告已予以认可，现双方同意解除合同关系。因此，原告的请求是符合法律规定的。关于原告主张的其他诉讼请求，于法无据，予以驳回。

4. 一审定案结论

云南省昆明市五华区人民法院依照《中华人民共和国合同法》第五十二条第（五）项、第五十六条、第一百零九条，《中华人民共和国民事诉讼法》第一百零七条的规定，作出如下判决：

（1）由被告昆明柏联百盛购物广场有限责任公司于判决生效后 5 日内支付原告昆明极度商贸有限公司货款人民币 54730.05 元、并退还保证金人民币 8000 元，合计 62730.05 元；

（2）原告昆明极度商贸有限公司的其他诉讼请求不予准许。

案件受理费 3008 元，由原告昆明极度商贸有限公司负担 225 元，被告昆明柏联百盛购物广场有限责任公司负担 2783 元。

（三）二审诉辩主张

上诉人柏联公司上诉称：（1）一审判决认定法律错误，双方之间的关系是名为联营实为场地使用关系。一审判决仅从合同的名称就认定双方属于联营关系，这与事实不相符合。（2）双方对于联销分成的约定，不属于保底条款。对合同约定的内容，双方在签订合同前，均已明确了解并认可。上诉人经营商场，承担巨大的经营成本，也需向房屋所有权人支付租金。被上诉人在上诉人的商场内进行经营，按照商业惯例，必须承担相应的场地使用费。联销分成的约定实质上属于场地使用费，并非保底条款，因此应按照该约定履行。（3）一审判决认定上诉人未向法庭提交任何证据与事实不符。故请求撤销一审判决，依法予以改判上诉人退还被上诉人 1056.79 元。

被上诉人极度公司辩称：上诉人的上诉事实与理由混淆不清，一审认定事实清楚，适用法律正确，请求驳回上诉，维持原判。

（四）二审事实和证据

云南省昆明市中级人民法院经审理，确认一审法院认定的事实和证据。

（五）二审判案理由

云南省昆明市中级人民法院根据上述事实和证据认为：本案争议的焦点是：（1）双方合同的法律性质。（2）退款责任如何承担？

关于第一项争议焦点，即双方签订的《联营合同》性质问题。本院认为：上诉人柏联公司与被上诉人极度公司所签订的《联营合同》约定的主要权利义务内容为双方联合销售商品。上诉人柏联公司向被上诉人极度公司提供其商场 20 平方米的经营场地及商场的有关经营管理条件，被上诉人极度公司提供商品进场进行销售经营。被上诉人极度公司每月销售目标不低于 5 万元，累计 6 个月达不到联销目标，上诉人柏联公司有权解除合同。被上诉人极度公司的商品销售统一使用上诉人柏联公司发票，由上诉人柏联公司统一收银。上诉人柏联公司从每月总销售额中提取28%的联销分成，余额即应结货款归被上诉人极度公司；如被上诉人极度公司未能完成联销目标，上诉人柏联公司仍以联销目标5万元按28%的比例提取分成。此外，该合同还对保证金及各项费用交纳、经营场地管理、联销商品管理、商场管理、合同解除、违约责任等内容作出了规定。该合同虽名为联营合同，但合同权利、义务内容明显不具备联营合同共同出资、共同经营、共负盈亏、共担风险的基本法律特征，也与《中华人民共和国民法通则》第五十一条、第五十二条及第五十三条关于法人型联营、合伙型联营及协作型联营三种法定联营类型的规定均不相符。根据最高人民法院《关于经济合同的名称与内容不一致时如何确定管辖权问题的批复》（法复〔1996〕16号）关于"当事人签订的经济合同虽有明确、规范的名称，但合同约定的权利义务内容与名称不一致的，应当以该合同的权利义务内容确定合同的性质"的规定，被上诉人极度公司主张双方合同性质为联营合同的主张不能成立，一审判决认定本案合同为联营合同，其中的联销分成条款属于联营合同的保底条款而无效适用法律错误，本院予以纠正。针对双方合同关于场地使用及费用收取的约定，该部分权利义务内容虽具备租赁合同的相应法律特征，但该合同规定的双方当事人其他的商事经营权利义务内容又明显不在租赁合同法定权利义务范围之内，故也不应依照《中华人民共和国合同法》明文规定的租赁合同来确定该合同的性质。

全面审核双方合同的权利义务内容并结合当前品牌百货公司、超市等大型卖场的经营行规，本案双方当事人作为从事商业经营的市场主体，自愿协商一致签订经营性质的合同，进行商事经营活动，双方对经营中各自的利润风险作出了衡量和判断，且合同明确经营各方的权利义务内容并不违反国家法律、法规强制性规定，也不存在其他导致合同无效的法定情形，该合同合法有效。鉴于双方合同权利义务内容与我国法律法规明确的有名合同的法律特征不相一致，不宜直接将之归类为法定的有名合同范畴，故本院确定双方所签《联营合同》为其他经营合同。

关于第二项争议焦点，即退款责任承担问题。本院认为：合法有效的合同对合同双方当事人具有法律约束力，双方当事人应按约全面履行各自的合同义务。被上诉人极度公司未完成合同规定的每月销售目标，根据合同关于联销分成的规定，被上诉人极度公司仍应以每月5万元的联销目标为准，按28%的比例交纳联销分成。从双方约定的合同履行期2006年4月1日至2006年10月19日撤柜，双方的经营合同实际履行了6个多月，按照上诉人柏联公司提供的费用计算情况，以6个月时间主张30万元联销目标金额，并据此计算上诉人柏联公司应收取的联销分成为84000元合法有据，本院予以确认。双方当事人认可应由上诉人柏联公司收取的水电费3604.61元、积分卡折扣922.39元以及上诉人柏联公司已经支付的7155.61元，本院也依法予以确认。依据双方认可的销售货款金额92239.8元以及应予退还的保证金8000元，扣除联销分成、水电费、积分卡折扣及上诉人柏联公司已经支付的款项，上诉人柏联公司应退还被上诉人极度公司款项为4557.19元。被上诉人极度公司起诉要求退还开户费、节庆赞助费的诉请缺乏事实依据，一审判决未予支持，被上诉人极度公司对此予以接受，本院对此予以维持。至于被上诉人极度公司主张的利息，因双方对合同性质及退款数额计算一直存在争议导致本案纠纷，一审对被上诉人极度公司的该诉讼请求未予支持，被上诉人极度公司也予接受，本院对此予以维持。

（六）二审定案结论

云南省昆明市中级人民法院依照《中华人民共和国民事诉讼法》第一百五十三条第一款

第（二）项、《中华人民共和国合同法》第八条、第四十四条第一款、第六十条第一款、第一百零七条，作出如下判决：

1. 撤销昆明市五华区人民法院（2007）五法民三初字第163号民事判决第一项，即“由被告昆明柏联百盛购物广场有限责任公司于判决生效后5日内支付原告昆明极度商贸有限公司货款人民币54730.05元、并退还保证金人民币8000元，合计62730.05元”；

2. 上诉人柏联百盛购物广场有限责任公司于本判决生效之日起10日内支付被上诉人昆明极度商贸有限公司人民币4557.19元；

3. 维持昆明市五华区人民法院（2007）五法民三初字第163号民事判决第二项，即“原告昆明极度商贸有限公司的其他诉讼请求不予准许”。

本案一、二审诉讼费合计人民币4176.25元，由被上诉人昆明极度商贸有限公司承担人民币3963.25元，上诉人昆明柏联百盛购物广场有限责任公司承担人民币213元。

（七）解说

当前在品牌百货公司、超市等大型卖场的经营管理中，与本案所涉《联营合同》权利义务内容相同的合同大量存在。这些品牌百货公司、超市等大型卖场拥有自身的驰名品牌优势、优良的商业信誉以及全国甚至世界范围的经营规模，并且经营场地均设在商业核心区，其经营模式多采用与众多商户分别签订合同，提供卖场内的相应区域销售各商户的商品，并对整个卖场的对外商品销售进行统一经营管理。在该类商业经营合同中，从合同权利义务内容方面审核，品牌百货公司、超市等大型卖场负有的合同义务不仅有提供核心商业区的经营场地，还包含提供各项商品销售的管理服务，并对所提供的商品服务的质量对外承担责任，此外其品牌信誉的无形资产价值也为协议相对方的各商户实际享受。品牌百货公司、超市等大型卖场享有收取合同约定的各项费用权利，包括场地使用费、品牌享用费、管理服务费等，取得经营收益；而各商户负有交纳场地使用费、节庆赞助费等费用，服从卖场的统一经营管理等义务。其商品有权进入卖场销售，并享受卖场提供的各项经营服务，以取得其商业利润。双方的上述主要合同权益是对等的。此种交易模式兼具租赁场地以及经营管理的法律特征。由于这种交易模式符合交易规则及市场惯例，故其能在该类市场主体的交易行为中被大量采用，形成行业交易习惯。该类合同的双方当事人作为从事商业经营的市场主体，自愿协商一致签订经营性质的合同，进行商事经营活动，双方对经营中各自的利润风险都作出了衡量和判断，只要合同明确经营各方的权利义务内容不违反国家法律、法规强制性规定，也不存在其他导致合同无效的法定情形，该类合同就是合法有效的，人民法院应对该类合法有效的合同关系予以保护，以维护商业交易稳定，促进市场健康发展。一审人民法院认定上诉人柏联公司与被上诉人极度公司所签《联营合同》约定的联销分成条款属于联营合同的保底条款而无效没有法律依据，有违交易惯例，且不利于市场交易的稳定。

对此类合同性质的确定，合同的主要权利义务内容为联合销售商品，具有商业经营性质；针对双方合同关于场地使用及费用收取的约定，合同也具备租赁合同的相应法律特征，但合同规定的双方当事人其他的商事经营权利义务内容又明显不在租赁合同法定权利义务范围之内，故也不应依照《中华人民共和国合同法》明文规定的租赁合同来确定该合同的性质。全面审核本案合同的权利义务内容并结合当前品牌百货公司、超市等大型卖场的经营行规，鉴于双方合同权利义务内容与我国法律法规明确的有名合同的法律特征不相一致，不宜直接将之归类为法定的有名合同范畴，故二审法院确定双方所签《联营合同》为其他经营合同，该合同合法有效，合同双方应严格依合同履行。被上诉人极度公司主张按照其实际销售额提成支付上诉人柏联公司分成费用违反合同，二审法院不予支持。被上诉人极度公司的月销售额虽未达到保底的5万元，但按照双方合同约定仍应按照保底销售额5万元计付提成费用给上诉人柏联公司。

该案审理的亮点在于法律至今未对本案涉及的合同规定为有名合同，而市场交易中已经大量出现该类合同，并在品牌百货公司、超市等大型卖场的行业经营中形成交易习惯，二审法院本着促进合法商业交易、维护市场稳定的原则，全面审核本案合同的权利义务内容，正确适用法律，并结合市场交易习惯，明确了该类合同的法律特征、确定了该类经营性合同的合法效力，从而维护了商业交易的稳定，促进了市场的健康发展。

（云南省昆明市中级人民法院　冯　辉）

37. 梁兴海诉史天臣其他合同案
（采矿权承包的效力认定）

（一）首部

1. 判决书字号

一审判决书：北京市房山区人民法院（2007）房民初字第8234号民事判决书。

二审判决书：北京市第一中级人民法院（2008）一中民终字第3736号民事判决书。

2. 案由：其他合同纠纷。

3. 诉讼双方

原告（上诉人）：梁兴海，男，1970年10月17日生，住北京市门头沟区大峪增产路。

委托代理人（一、二审）：赵建民，北京市亚太律师事务所律师。

被告（被上诉人）：史天臣，男，1954年10月27日生，住北京市房山区史家营乡莲花庵村。

委托代理人（一、二审）：李国新，北京国宇法平信息咨询中心法律顾问。

4. 审级：二审。

5. 审判机关和审判组织

一审法院：北京市房山区人民法院。

独任审判：审判员：陈永富。

二审法院：北京市第一中级人民法院。

合议庭组成人员：审判长：魏纪明；代理审判员：甄洁莹、姚明。

6. 审结时间

一审审结时间：2007年12月12日。

二审审结时间：2008年5月23日。

（二）一审情况

1. 一审诉辩主张

原告梁兴海诉称：梁兴海与史天臣于2007年4月14日签订《承包协议》，约定：史天臣将自己承包的房山区下元岭乡下石堡村石板山西山头一座转包给梁兴海，进行石板山开采经营，年租金15万元。史天臣宣称该采矿区有采矿证及合法的营业执照。2007年4月15日梁兴海向史天臣支付租金10万元，而且投入部分资产购置设备及材料，包括炸药费5万余元。梁兴海承包后，发现史天臣根本不具备采矿资质，没有采矿许可证，也未取得工商营业执照，无法进行合法的开采经营。如果继续承包会出现非法开采的违法行为，梁兴海于2007年9月初多次找史天臣协商终止合同，史天臣始终推脱，梁兴海于2007年9月停止了经营活动，史天臣近期在未解除合同的情况下，已经私下进行开采。故诉至一审法院，请求确认梁兴海与史天臣签订的《承包协议》无效，判令史天臣返还承包费10万元，史天臣赔偿梁兴海损失5万元，诉讼费由史天臣承担。

被告史天臣辩称：梁兴海诉状中所称的采区为下石堡采区；合同期限是2007年4月14日至2007年12月31日，因为采矿证有效期至2007年12月31日；梁兴海所称的采矿证，梁兴海知道都以王家台石板矿用的一个证，也是让梁兴海以王家台石板矿的名义对外开采；领取炸药都是以王家台石板矿的名义领取；造成梁兴海无法开采的原因是因期限只有八九个月了，梁兴海为了利润进行掠夺性垂直开采，所以被安全检查部门叫停了，因梁兴海违约开采使得整个矿区都停止了生产；梁兴海称自己购置了设备，应提供相应的证据；史天臣并没有进行开采。不同意梁兴海的诉讼请求。

2. 一审事实和证据

北京市房山区人民法院经公开审理查明：2007年4月14日，史天臣与梁兴海签订《承包协议》，约定：史天臣将下石堡村石板山西山头一座承包给梁兴海开采经营；年承包费15万元，须一次性付清；承包期限为2007年一年。双方还就其他权利义务进行了约定。此后，史天臣将下石堡村石板山西山头交由梁兴海承包经营。2007年8月9日，北京市房山区霞云岭乡资源管理办公室对梁兴海承包的采矿区进行现场检查，发现该采区存在未按设计要求进行开采、垂直开采、活石易落等问题，要求该采区立即停产。2007年8月14日，北京市房山区安全生产监督管理局针对北京王家台石板矿下石堡采区发布京房安监强措非煤字（2007）第（06）号强制措施决定书，要求该采区立即停止一切生产活动。另查明：史天臣于2006年1月1日与北京王家台石板矿签订《北京市王家台石板矿下石堡采区管理合同书》。该合同约定，史天臣在合同期和承包矿界内，可以转包第三方。

上述事实，有梁兴海提交的《承包协议》、史天臣提交的《北京市王家台石板矿下石堡采区管理合同书》、《霞云岭乡安全检查指令书》、《北京市房山区安全生产监督管理局强制措施决定书》及送达回证各一份、北京王家台石板矿采矿许可证和营业执照及当事人陈述等证据在案佐证。

3. 一审判案理由

北京市房山区人民法院根据上述事实和证据认为：史天臣与梁兴海签订的《承包协议》，为双方真实意思表示，不违反法律法规的强制性规定，为有效协议。有效协议对双方当事人具有法律约束力，双方均应依约履行。依据史天臣提供的证据，完全能够证实，北京王家台石板矿具有采矿许可证，且北京王家台石板矿也具有企业法人营业执照，因此，梁兴海依据《承包协议》承包的下石堡采区是具有合法经营手续的，是可以合法经营、开采的。依据《霞云岭乡安全检查指令书》和《北京市房山区安全生产监督管理局强制措施决定书》可知，造成梁兴海承包的采区无法进行开采的原因是其采区存在安全隐患、进行垂直开采等，并不是该采区不具备合法、完备的手续造成的，因此，造成无法开采的原因在于梁兴海本人，而不是史天臣。梁兴海和史天臣签订的《承包合同》为其真实意思表示，约定承包的采区也具有合法、完备的手续，不违反法律法规的强制性规定，因此，该协议为有效协议，梁兴海以"被告根本不具备采矿资质，没有采矿许可证，也未取得工商营业执照，无法进行合法的开采经营"为由，请求确认承包无效，与查明的事实不符。故对梁兴海要求确认该合同无效的请求不予支持。有效协议双方均应依约履行，史天臣已将约定的采区交由梁兴海开采，履行了约定的义务，梁兴海理应支付约定的承包费，故对梁兴海要求史天臣返还承包费 10 万元的诉讼请求不予支持。梁兴海要求史天臣赔偿损失 5 万元，经庭审查明，梁兴海所称的 5 万元损失为租赁挖掘机和购买炸药的相关费用，此费用的支出是梁兴海进行开采活动所必须支出的，与史天臣并无关系，故对梁兴海要求史天臣赔偿损失 5 万元的诉讼请求不予支持。对梁兴海所称的史天臣在其承包期间仍在其承包的采区进行开采的事实，因其未提供证据支持，不予采信。

4. 一审定案结论

北京市房山区人民法院依据《中华人民共和国合同法》第四十四条第一款、第六十条第一款之规定，判决如下：

驳回原告梁兴海的诉讼请求。

（三）二审诉辩主张

上诉人梁兴海上诉称：一审法院认定事实不清，《霞云岭乡安全检查指令书》和《北京市房山区安全生产监督管理局强制措施决定书》是针对下石堡采区作出的，不是针对梁兴海作出的；史天臣没有采矿资质，导致梁兴海无法正常开采，应承担违约责任，赔偿梁兴海损失。一审法院适用法律错误，根据《矿产资源法》的规定，史天臣不能转包矿山，梁兴海与史天臣签订的《承包合同》违反了法律强制性规定，应为无效。据此请求法院依法予以改判。

被上诉人史天臣答辩称：下石堡采区有采矿资质，史天臣与北京王家台石板矿签订的《北京市王家台石板矿下石堡采区管理合同书》中约定了史天臣可以将矿区转包给第三方，但对外均应以王家台石板矿的名义经营。据此请求法院维持一审判决。

（四）二审事实和证据

二审诉讼过程中，梁兴海申请证人宋建军、宋建立和娄东风出庭作证，三人均证实在 2007 年 10 月，梁兴海已经停止开采矿石，而由史天臣开采。史天臣向法院提交了 2008 年 5 月 5 日拍摄的照片 11 张，证明梁兴海已经开采并取得收益。北京市第一中级人民法院经审查认为，梁兴海申请证人出庭作证不属于最高人民法院《关于民事诉讼证据的若干规定》中第四十一条第（二）项规定的二审程序中新证据的范畴，且史天臣不同意发表质证意见，故对于上述证据，二审法院不予采信。史天臣提交的上述照片，拍摄时间为 2008 年 5 月 5 日，属于最高人民法院《关于民事诉讼证据的若干规定》中第四十一条第（二）项规定的二审程序中新证据的范畴，但该证据所要证明的事实与本案双方诉争的焦点不具有关联性，故对该证据，二审法院亦不予采信。

经梁兴海申请，二审法院向北京农村商业银行燕房支行调取了户名为梁兴海、账号为 050500000070006 的存折上一笔时间为 2007 年 4 月 14 日金额为 10 万元的钱款走向的证据，北京农村商业银行燕房支行向二审法院出具了北京市第一中级人民法院查询存款函（回执）、2007 年 4 月 1 日北京农村商业银行燕房支行储蓄取款凭条和存款凭条各一张，其向法院出具的结论为上述 10 万元以转账的方式划入史天臣账户。对于二审法院调取的上述证据，梁兴海表示认可，史天臣对真实性予以确认，但对证明效力不予确认，认为上述证据不能证明其收取了梁兴海 10 万元承包费的事实，但其未能向法院说明其收取梁兴海 10 万元的依据。法院认为，北京农村商业银行燕房支行向二审法院提供的上述证据，能够证实梁兴海于签订《承包协议》的当日向史天臣支付了承包费 10 万元的事实，故对该份证据二审法院予以认定。

二审法院根据上述认证，除认定一审法院查明的事实外，另查明：梁兴海在与史天臣签订《承包协议》的当日向史天臣支付了承包费 10 万元。

（五）二审判案理由

北京市第一中级人民法院根据上述事实和证据认为：史天臣与北京王家台石板矿签订的《北京市王家台石板矿下石堡采区管理合同书》约定，史天臣向北京王家台石板矿支付承包费，其以此方式取得北京王家台石板矿所辖下石堡采区的采矿权，并在经营过程中须使用北京王家台石板矿的营业执照及采矿许可证，北京王家台石板矿签订上述合同的实质是转让其拥有的采矿权。在上述合同实际履行过程中，史天臣为获得收益，又与梁兴海签订了《承包协议》并约定，梁兴海须向史天臣交纳承包费作为获得采矿权的对价，其自行负责石板山的开采经营管理及生产安全，史天臣的合同权利为收取承包费。在实际开采过程中，梁兴海仍以王家台石板矿的名义对外经营，并使用了北京王家台石板矿的营业执照及采矿许可证，根据上述协议约定的内容及协议实际履行的情况，本院认定史天臣以承包合同的方式将采矿权转包给了梁兴海，双方当事人上述行为的实质亦是通过合同的方式实现采矿权的转让。本院认为，采矿权，是指在依法取得的采矿许可证规定的范围内，开采矿产资源和获得所开采的矿产品的权利，取得采矿许可证的单位或者个人称为采矿权人，我国对采矿权人的采矿资质和采矿权的转让实行严格的审批制度，非经法定程序获得采矿资质的单位和个人均不得从事矿产资源的开采、非经法定程序亦不得自行对采矿权进行转让。就本案而言，梁兴海与史天臣均不具备采矿资质，均不是合法的采矿权人，虽然史天臣与北京王家台石板矿签订的《北京市王家台石板矿下石堡采区管理合同书》约定，史天臣在合同期内和承包矿界内可以将采矿权转包给第三方，但因其本身不具有采矿权人的相应资质，其将从北京王家台石板矿承包的采矿权发包给亦不具备采矿权人资质的梁兴海，违反了《中华人民共和国矿产资源法》及其实施细则的相关规定，因此梁兴海和史天臣签订的《承包协议》因违反了我国法律、行政法规的强制性规定而应认定无效。梁兴海上诉称史天臣应赔偿其经济损失，对此本院认为，梁兴海与史天臣明知其自身不具有采矿权人的相应资质，但为牟取非法私利而签订《承包协议》，对外以北京王家台石板矿的名义进行非法开采，其行为严重扰乱了我国对矿产资源的管理制度，并且梁兴海的非法开采因存在安全隐患而被北京市房山区安全生产监督管理局和北京市房山区霞云岭乡资源管理办公室勒令停产，其行为亦存在一定的社会危害性。对于《承包协议》被认定无效，双方均具有明显过错，虽然本院认定了梁兴海依《承包协议》的约定向史天臣支付了承包费 10 万元的事实，但因梁兴海违法行为的严重性，由此导致的损失应由其自行承担，故对于梁兴海该项上诉意见，本院不予支持。对于史天臣依据《承包协议》而获取的 10 万元非法所得，本院将向有关部门发出司法建议，建议相关部门对其违法所得予以收缴、对其违法行为予以惩处。北京王家台石板矿为获得违法收益，将其拥有采矿许可证的矿区的采矿权发包给没有任何采矿权人资质的史天臣，进而由史天臣转包给亦不具备采矿权人资质的梁兴海承包经营，导致矿区存在安全隐患，亦应受到法律的制裁，本院亦将建议有关部门对其违法行为予以查处。因梁兴海与史天臣对于合同无效均有过错，故本院对于诉讼费的分担比例作出相应调整。

（六）二审定案结论

北京市第一中级人民法院依照《中华人民共和国民事诉讼法》第一百五十三条第一款第（三）项，《中华人民共和国合同法》第五十二条第（五）项之规定，作出如下判决：

1. 撤销北京市房山区人民法院（2007）房民初字第8234号民事判决；
2. 梁兴海与史天臣于2007年4月14日签订的《承包协议》无效；
3. 驳回梁兴海其他诉讼请求。

（七）解说

我国对矿产资源的开采保护实施严格的审批管理制度，不具采矿资质的单位和个人均不得进行矿产资源的开采，而所谓采矿权人是指取得采矿许可证的单位或者个人。就本案而言，北京王家台石板矿为合法的采矿权人，其可从事相应的矿产资源的开采，但其为获得违法收益而将其拥有的采矿权非法转包，并允许承包方再次转包，导致矿区存在安全隐患，因此应受到法律的制裁。梁兴海与史天臣的行为亦严重扰乱了我国对矿产资源的管理制度，并且梁兴海的非法开采因存在安全隐患而被北京市房山区安全生产监督管理局和北京市房山区霞云岭乡资源管理办公室勒令停产，其行为亦存在一定的社会危害性。所以梁兴海作为承包方，史天臣作为发包方，均不应因违反法律强制性规定的无效合同而获利。《中华人民共和国合同法》第五十八条规定："合同无效或被撤销后，因该合同取得的财产，应当予以返还；不能返还或者没有必要返还的，应当折价补偿。有过错的一方应当赔偿对方因此受到的损失，双方都有过错的，应当各自承担相应的责任。"就本案而言，梁兴海和史天臣对于法律的强制性规定均应为明知，对于合同的无效双方均存在过错，虽然史天臣因该合同收取了梁兴海10万元承包费于法无据，但二审考虑到如果判决该款项返还给梁兴海，则梁兴海从中亦受益，因双方的行为均存在严重的违法性，均应受到法律的制裁，故二审纠正一审判决时未将承包费判决返还，但向北京市房山区国土资源和房屋管理局发出司法建议，建议其对北京王家台石板矿、史天臣及梁兴海的违法行为予以制裁。

（北京市第一中级人民法院　甄洁莹）

二、公司（股权）、企业案例

38. 广州市越秀恒和企业投资有限公司诉广州市浚泰物业发展有限公司等公司利润分配请求权案

（一）首部

1. 裁判文书字号

一审判决书：广东省广州市中级人民法院（2005）穗中法民二初字第32号民事判决书。

二审裁定书：广东省高级人民法院（2008）粤高法民二终字第110号民事裁定书。

2. 案由：公司利润分配请求权纠纷。

3. 诉讼双方

原告（上诉人）：广州市越秀恒和企业投资有限公司（以下简称恒和公司），住所地：广州市中山八路17号前座首层。

法定代表人：江伟雄，该公司董事长。

委托代理人（一审）：王亚和、何力新，广东正平天成律师事务所律师。

委托代理人（二审）：汤汝，广东东方昆仑律师事务所律师。

委托代理人（二审）：郑侯清，广东纵信律师事务所律师。

被告（被上诉人）：广州市浚泰物业发展有限公司（以下简称浚泰物业），住所地：广州市环市东路世贸大厦南塔910室。

法定代表人：李永佳，该公司总经理。

委托代理人（一审）：唐平山，国信联合律师事务所律师。

被告（被上诉人）：广州市浚泰百货有限公司（以下简称浚泰百货），住所地：广州市越秀区北京路313号4楼。

法定代表人：范永红，该公司总经理。

被告（被上诉人）：广州市浚豪百货有限公司（以下简称浚豪公司），住所地：广州市越秀区中山五路JY3B浚泰商场三楼。

法定代表人：姜新礼。

被告（被上诉人）：广州市浚港企业经营管理有限公司（以下简称浚港公司），住所地：广州市越秀区中山五路JY3B地块浚泰商城三楼。

法定代表人：马光大，该公司总经理。

4. 审级：二审。

5. 审判机关和审判组织

一审法院：广东省广州市中级人民法院。

合议庭组成人员：审判长：符锐兰；代理审判员：谢欣欣、宁建文。

二审法院：广东省高级人民法院。

合议庭组成人员：审判长：刘佐；代理审判员：苗欣、陈颖。

6. 审结时间

一审审结时间：2007 年 12 月 4 日。

二审审结时间：2008 年 10 月 6 日。

（二）一审情况

1. 一审诉辩主张

原告恒和公司诉称：1998 年原告与广州市宇辰贸易有限公司（以下简称宇辰公司）在广州地铁 JY3B 地块共同投资 3000 余万元，建造了一座四层临时商铺即浚泰商城。为了方便管理，1999 年 1 月 8 日，原告与宇辰公司共同出资 100 万元（各占 50%）组建一家管理公司，即浚泰物业对浚泰商城进行经营管理。在 2001 年 2 月 20 日前，原告每年均有分红。1999 年 5 月 1 日，原告将浚泰项目总股份的 20%转让给李永佳所代表的香港聪志投资（集团）有限公司（以下简称香港聪志公司），并将法定代表人改为李永佳。原告持有浚泰物业的股份由 50%变为 30%。2001 年 1 月，李永佳以股权转让无效提起诉讼，原告随即被迫退出浚泰物业的经营管理，同时，被广州市中级人民法院冻结原告持有的股份（2004 年 9 月 14 日申请解封）。2004 年 5 月 11 日，广东省高级人民法院二审维持广州中院驳回李永佳起诉的裁定。由于股权查封，原告又退出管理，之后未得分文利润。案件结束后，原告向有关方面查询浚泰物业的经营情况，2001 年 2 月 1 日至 2003 年 11 月 11 日的营业收入总额为 32148153.12 元，但 2003 年 3 月 3 日的利润却报亏 1021108.04 元。按照浚泰物业租金和面积计算，每月的租金足额应有 300 万元，考虑各种情况每月也应有 150 万元以上，所以，2001 年 2 月至今的营业收入估算应有 6900 余万元。即使按照浚泰物业报表的数据测算同期的营业收入也有 43494560 元，纯利润约为 3697 万元左右，原告按 30%的比例分配，应分得 1109 万元左右。经过原告多方查询，发现浚泰商城的经营被人为拆分，2001、2003、2004 年分别注册成立被告二、三、四，后三者与浚泰物业一样对浚泰商城进行场地出租、物业管理。对这种分拆经营，原告是不知情的，也是不允许的，原告有权行使撤销权。故起诉请求：（1）判令全部被告停止侵害原告投资权益的行为；（2）撤销被告间拆分经营浚泰商城的协议和文件；（3）判令全部被告提供全部真实的财务文件并由中介机构审计 2001 年 2 月 1 日至 2004 年 12 月 1 日被告的经营利润；（4）判令全部被告向原告支付俊泰商城分红款（利润）约为 1109 万元（从 2001 年 2 月 1 日计至 2004 年 12 月 1 日止，以审计确认的利润为准）；（5）判令本案的诉讼费、审计费等费用由被告承担。

被告浚泰物业辩称：不同意对方的诉讼请求。（1）本案诉求不清，原告应分案起诉，法院应予以驳回，判令原告另案起诉；（2）原告起诉浚泰物业的主体不适格，也应驳回起诉，分红是股东之间的事，企业本身不能分自己的红；（3）原告主张撤销权已超过诉讼时效；（4）即使原告起诉要求分配利润，也超过了诉讼时效；（5）原告在浚泰物业处已无投资，全部收回由香港聪志公司投资，按照“谁投资，谁收益”原则，原告没有权利主张分配利润；（6）浚泰物业无权分配利润给对方，而且也没有利润分配。

被告浚泰百货、浚豪公司、浚港公司未进行答辩。

2. 一审事实和证据

广东省广州市中级人民法院经审理查明：原告和宇辰公司各投资50万元，于1999年1月11日成立被告浚泰物业。在浚泰物业1999年订立的章程里约定，双方各占50%的股份，按出资额所占比例享有股权和分取红利，章程第十条约定，本公司按法律规定在分配当年税后利润时，提取利润的10%列入公司法定公积金，提取利润的5%列入公司法定公益金，法定公积金计额为50%以上的，可不再提取，公司弥补亏损和提取公积金、法定公益金后所余利润，按照股东出资比例分配。1999年5月10日，原告与李永佳签订《股权转让协议书》，约定原告将浚泰物业50%股份的40%即总股份的20%转让给李永佳，李永佳的持股比例为20%，原告的持股比例减为30%，股权的变化及利润分配以双方签订协议之日起生效。2001年李永佳向广州市中级人民法院起诉请求解除《股权转让协议书》，请求原告返还投资款1020万元及支付违约金1020万元，广州市中级人民法院作出（2001）穗中法经初字第102号民事裁定，驳回李永佳等的起诉，广东省高级人民法院二审维持上述裁定。原告恒和公司认为在上述案件中由于股权被查封，原告退出管理，之后未得分文利润，认为被告浚泰百货、浚豪公司、浚港公司损害了浚泰物业对浚泰商城的利益，遂向法院提起诉讼。

在本案审理过程中，原告明确其诉讼请求主要指向股权分红，原告的第1、2项诉讼请求与股东分红请求权属不同法律关系，同一案件中不宜调处三个法律关系，一审法院告知原告应对第1、2项诉讼请求另案起诉，本案不予调处。一审法院依照原告的申请查封了2001年2月1日至2004年12月1日被告浚泰物业的账册及合同等，并委托广东启明星会计师事务所对被告浚泰物业的经营利润进行审计，该会计师事务所作出粤启审字〔2006〕第1534号《专项审计报告》，结论是浚泰物业2001年2月1日至2004年12月1日的利润为3741603.85元。原告和被告均对该审计报告提出异议。一审法院传唤广东启明星审计师事务所会计师到庭对原告和被告的异议进行解释并接受双方质询。关于被告浚泰物业提取公积金的情况，原告表示不清楚，被告浚泰物业认为1999、2000年曾提取过，此后因亏损没有提取。

3. 一审判案理由

广东省广州市中级人民法院根据上述事实和证据认为：原告请求的五个诉讼请求中涉及侵权、撤销权和股东请求分配公司盈余等法律关系，不宜在一案中合并审理，经询问原告，原告明确本案主要是为了分取股权红利，分配公司利润，因此，本院已告知原告应对第1、2项诉讼请求另案起诉，本案仅处理原告的第3、4、5项诉讼请求。原告的第3项诉讼请求是判令全部被告提供全部真实的财务文件并由中介机构审计2001年2月1日至2004年12月1日被告浚泰物业的经营利润，第4项诉讼请求是判令全部被告向原告支付浚泰商城分红款（利润）约为1109万元（从2001年2月1日计至2004年12月1日止，以审计确认的利润为准）。原告作为被告浚泰物业的股东，依照公司章程的规定，有权按出资额所占比例享有股权和分取红利，在被告浚泰物业的利润不明确时，原告申请对被告浚泰物业的经营利润进行审计合法合理，予以支持。本院依照原告的申请对被告浚泰物业经营场所进行证据保全，查封了2001年2月1日至2004年12月1日被告浚泰物业的相关账册及合同等，并委托广东启明星会计师事务所对被告此间的利润进行审计。依照广东启明星会计师事务所粤启审字〔2006〕第1534号《专项审计报告》的结论，浚泰物业2001年2月1日至2004年12月1日的税后利润为3741603.85元。双方均对该审计报告有异议。经查，原、被告对审计报告的异议均不能成立。依照被告浚泰物业的章程规定，公司按法律规定在分配当年税后利润时，提取利润的10%列入公司法定公积金，提取利润的5%列入公司法定公益金、法定公积金计额为50%以上的，可不再提取，公司弥补亏损和提取公积金、法定公益金后所余利润，按照股东出资比例分配。没有证据显示浚泰物业已提取法定公积金达50%以上，故股东在分配利润之前应提取10%作为公司的法定公积金，再提取5%作为法定公益金，剩余的利润各股东才能分配，原告按持股比例对剩余税后利润占30%的份额，即原告可分得的利润为3741603.85×（1－10%－5%）×30%＝954109元。

4. 一审定案结论

广东省广州市中级人民法院依照《中华人民共和国公司法》第三十五条、第一百六十七条的规定，作出如下判决：

（1）被告广州市浚泰物业发展有限公司在本判决发生法律效力之日起10日内向原告广州市越秀恒和企业投资有限公司支付954109元；

（2）驳回原告广州市越秀恒和企业投资有限公司的其他诉讼请求。

（三）二审诉辩主张

上诉人（原审原告）恒和公司上诉称：（1）原审遗漏重要事实，错误采信证据。《专项审计报告》和《说明》均载明因材料不全所限导致未能客观、全面反映可分配利润。浚泰物业1999年12月之后的会计报表存在重大虚假成分。（2）由于浚泰物业法定代表人李永佳的恶意诉讼，导致恒和公司无法行使股东权利，恒和公司只能采用复印件委托评估。（3）恒和公司已委托广东诚安信会计师事务所作出《咨询报告书》，属新证据，应予采信。（4）浚泰物业、浚泰百货、浚豪百货、浚港公司应承担连带责任。综上，请求判决浚泰物业、浚泰百货、浚豪百货、浚港公司连带支付1109万元。

浚泰物业、浚泰百货、浚豪百货、浚港公司均未作答辩。

（四）二审事实和证据

广东省高级人民法院二审查明：《浚泰物业公司章程》第八条规定，股东会的职权包括审议批准公司的利润分配方案和弥补亏损方案。其余查明事实与一审法院查明事实一致。

（五）二审判案理由

广东省高级人民法院根据上述事实和证据认为：恒和公司起诉请求浚泰物业、浚泰百货、浚豪百货、浚港公司停止侵害恒和公司投资权益的行为、撤销拆分经营协议，原审法院在审理中已告知其另行起诉。恒和公司上诉中未再提出请求，本院不再审理。恒和公司起诉请求上述四家公司提供财务文件审计利润、支付浚泰商城2001年至2004年间的利润。故本案系公司利润分配请求权纠纷。本院认为恒和公司的主张缺乏法律依据。公司决定分配利润的权利在股东会，而非个别股东。《中华人民共和国公司法》第三十五条仅规定股东有权按照实缴的出资比例分取红利，在股东会作出利润分配方案之前，并未赋予股东越过股东会直接提起分配利润诉讼的请求权。《中华人民共和国公司法》并未将分配利润作为对公司的强制性规范。公司股东会享有决定是否分配利润的自主权。本案浚泰物业并没有召开股东会决定分配2001年至2004年间的利润，作为股东之一的恒和公司无权越过股东会直接向法院起诉请求分配利润，原审法院受理本案不当，应裁定驳回恒和公司的起诉。原审判决根据《专项审计报告》确定的利润额直接判决浚泰物业向恒和公司支付954109元利润，适用法律错误，应予撤销。恒和公司可以依据《中华人民共和国公司法》的相关规定通过转让股权或请求公司按照合理价格收购其股权等途径获取相应救济。若浚泰物业股东会作出分配利润决议而未实际支付，则恒和公司可以向法院起诉请求浚泰物业支付应分利润。综上所述，原审判决适用法律错误，应予撤销。

（六）二审定案结论

广东省高级人民法院依照《中华人民共和国民事诉讼法》第一百零八条、第一百四十条、第一百五十三条第一款第（二）项、最高人民法院《关于适用〈中华人民共和国民事诉讼法〉若干问题的意见》第一百三十九条、《诉讼费用交纳办法》第八条之规定，作出如下裁定：

1. 撤销广州市中级人民法院（2005）穗中法民二初字第32号民事判决；

2. 驳回恒和公司的起诉。

（七）解说

本案的关键在于：在公司没有作出分配利润决议的情况下，股东能否提起诉讼要求公司进行利润分配。一审法院认为原告作为股东有权分取红利，在公司利润不明确时有权申请对公司经营利润进行审计并强行进行分配。二审法院认为，决定是否分配利润的自主权在公司股东会，在股东会作出利润分配方案之前，股东无权直接向法院起诉请求分配利润。二审对本案的处理是具有法律和理论依据的。

1. 股东利润分配请求权的法理基础。股东利润分配请求权是指股东基于其公司股东的资格和地位所享有的请求公司向自己分配利润的权利。股东投资公司的主要目的就是分配利润，并在市场竞争中获取收益最大化。股东收益能否实现及实现多少，影响着投资者的积极性，进而也影响着公司制度和社会经济的发展。因此，维护和强化股东的投资收益权成为公司制度的重要目的，而赋予股东利润分配请求权正是保护股东投资收益的重要途径。

2. 公司分配利润的内部程序。公司利润的分配关系到股东的投资收益以及公司制度的发展，因而各个国家的公司法都对公司内部分配利润的程序作出规定。美国《示范公司法》及大多数州的《公司法》都将公司股利分配的决定权交给董事会，股东会无权决定。在大陆法系国家，公司利润分配权多由董事会提议，由股东会决定。我国《公司法》将制定公司的利润分配方案作为董事会的职权之一，将审议批准公司的利润分配方案作为股东会的职权之一，并对利润分配作出如下规定“公司分配当年税后利润时，应当提取利润的百分之十列入公司法定公积金，并提取利润的百分之五至百分之十列入公司法定公益金。……股东会或者董事会违反前款规定，在公司弥补亏损和提取法定公积金、法定公益金之前向股东分配利润的，必须将违反规定分配的利润退还公司。”由此可见，只有经公司董事会制定并经股东会审议批准之后，股东的抽象层面的利润分配请求权才转化为具体层面的利润分配请求权，这时股东才能提起利润分配请求权诉讼。本案中，作为股东的原告在公司股东会未作出分配利润决议的情况下，向法院起诉要求对公司利润进行审计并强行按照股份份额进行分配，这种做法既违反《公司法》对公司内部分配利润的程序性规定，也违背公司自治的基本原则。

3. 法院“有限介入”的依据——公司自治原则。《公司法》将分配利润的决定权交给董事会和股东会，实际上是维护公司自治基本原则的体现。作为公司本身，它只能执行公司最高权力机构——股东会的决议。公司股东会有权依据《公司法》或公司章程规定作出分配利润或不分配利润的决议，无论其作出哪种决议，都是其在自主权范围之内作出的商业判断和商事决策，均不违反法律或公司章程的规定。因而，人民法院不应在公司作出此类商业决策之前作出要求其分配利润及如何分配利润的裁决，否则不仅危及公司自治，也将对公司的治理结构构成严重挑战。只有在出现违反法律和公司章程规定的情形下，法院才能介入。如股东会作出分配利润决议后不进行利润分配时，股东可以起诉要求公司依照决议分配利润。这种法院"有限介入"的方式充分体现对具有自治权的商事主体的高度尊重，也符合市场经济的内在要求。因而，本案二审裁定驳回原告的起诉是正确的。

（广东省广州市中级人民法院　林锐君）

39. 上海市教育科学研究院诉北京华电日生能源设备有限公司强制解散公司案
（公司解散）

（一）首部

1. 判决书字号

一审判决书：上海市静安区人民法院（2007）静民二（商）初字第500号民事判决书。

二审判决书：上海市第二中级人民法院（2007）沪二中民三（商）终字第497号民事判决书。

2. 案由：强制解散公司纠纷。

3. 诉讼双方

原告（被上诉人）：上海市教育科学研究院（以下简称教科院），住所地：上海市茶陵北路21号。

法定代表人：陈国良，该院院长。

委托代理人（一、二审）：顾锦华，上海市东吴律师事务所律师。

被告（上诉人）：北京华电日生能源设备有限公司（以下简称华电公司），住所地：北京市朝阳区建国门外大街丙24号905室。

法定代表人：贾力，该公司执行董事。

委托代理人（一、二审）：刘鸿亮，上海市汇理律师事务所律师。

第三人（上诉人）：上海教科留学服务有限公司（以下简称教科留学公司），住所地：上海市南京西路1515号。

法定代表人：胡瑞文，该公司董事长。

委托代理人（一审）：桂建平，上海市光大律师事务所律师。

委托代理人（二审）：刘鸿亮，上海市汇理律师事务所律师。

4. 审级：二审。

5. 审判机关和审判组织

一审法院：上海市静安区人民法院。

合议庭组成人员：审判长：张志良；代理审判员：严亚璐、刘志宏。

二审法院：上海市第二中级人民法院。

合议庭组成人员：审判长：陈显微；代理审判员：吴永坚、钟可慰。

6. 审结时间

一审审结时间：2007年9月10日。

二审审结时间：2008 年 6 月 20 日。

（二）一审诉辩主张

原告诉称：第三人教科留学公司系原、被告共同出资设立的企业，原、被告各占 50％股权，原告派遣三名董事，被告派遣两名董事组成董事会。2006 年 7 月 13 日，代表被告一方的总经理贾力骗取了原告的公章等和营业执照，并对原告派往第三人处的工作人员予以调岗、停职和开除。原告曾多次要求召开股东会，但贾力不予合作而无法召开，原告为解决股东矛盾的努力和措施已告穷尽。被告的行为使第三人陷入表决僵局和经营僵局，第三人的继续存续将使原告的利益受到极大损害。请求法院判令解散第三人。

被告辩称：《公司法》规定解散公司的三个条件，第三人均未达到，原告陈述的事实不真实。原告恶意诉讼，故意制造僵局，请求法院驳回原告的诉请。

第三人述称：同意原告意见。

（三）一审事实和证据

上海市静安区人民法院经公开审理查明：第三人教科留学公司于 2000 年 2 月 29 日设立，注册资本为人民币 75 万元，原股东为上海中洲对外经济贸易有限公司、上海浦东新区协和教育中心及原告。2004 年 12 月，上海中洲对外经济贸易有限公司、上海浦东新区协和教育中心将其持有的第三人股权转让给被告华电公司，原、被告各持有第三人 50％的股份。

第三人《公司章程》第十七条规定：股东会会议应对所议事项作出决议，决议应由代表二分之一以上表决权的股东表决通过，但股东会对公司增加或减少的注册资本、分立合并、解散或者变更公司形式、修改公司章程所作出的决议，应由代表三分之二以上表决权的股东表决通过；第十八条规定：公司设董事会，成员为 5 人，任期 3 年，由全体股东选举产生；第二十条规定：董事会对所议事项作出的决定由三分之二以上的董事表决通过方为有效。第三人董事成员为 5 人，其中原告代表 3 人，被告代表 2 人，胡瑞文受原告委派担任第三人的法定代表人，贾力受被告委派担任第三人的总经理。

2006 年 7 月 13 日，贾力以购房贷款的名义借用第三人营业执照副本、公章、法定代表人章和财务专用章；同月 14 日，贾力以总经理名义出具通知，将原告委派的工作人员陈某某、刘某（副总经理）、何某某（会计）予以调岗、停职、开除等处理，该通知加盖第三人公章。同月 28 日，胡瑞文以第三人法定代表人的名义登报声明，第三人公章、法定代表人章、财务专用章和合同章因遗失作废，即日起启用新印章。同年 8 月 3 日，上海市教育委员会以第三人在主要工作人员变动等事项上未向有关部门办理相应的法定手续为由，责令第三人在收到限期整改告知书后 30 日内进行整改。同月 15 日，胡瑞文以第三人法定代表人的名义登报声明，即日起暂停签订新的留学中介服务合同。

2006 年 7 月至 12 月间，原、被告的人员多次发生肢体冲突。2006 年 7 月 13 日至 2007 年 4 月 28 日，第三人五次召开董事会、股东会，商议解决原、被告冲突矛盾、证章管理、整改措施和经营亏损等问题，会议没有形成有效决议，或者未落实整改的措施。2005 年 7 月至 2006 年 12 月，第三人共计亏损人民币 147 万元。

审理中，法院责成原、被告召开第三人教科留学公司董事会、股东会。2007 年 8 月 22 日，第三人召开了董事会、股东会，会议均未形成有效决议。审理中，原、被告均表示不转让自己的股权。

上述事实有下列证据证明：

1. 第三人《公司章程》，证明第三人由原、被告各出资 50％设立。

2. 借条两张，证明贾力以购房为名借用第三人公章、法定代表人章、财务章和营业执照。

3. 调岗、停职和开除，证明贾力用借用的公章将原告派往第三人的工作人员予以调岗、停职和开除。

4. 文件两份、登报声明、情况说明和情况汇报，证明原、被告发生纠纷后，上海市教育委员会责成第三人整改。

5. 验伤报告、调解书、出警记录，证明原、被告的人员多次发生肢体冲突。

6. 资产负债表，证明第三人于 2005 年下半年至 2006 年底亏损 147 万元，已资不抵债。

7. 会议签到单和会议情况说明，证明第三人于 2007 年 7 月以来先后召开多次董事会、股东会，均未形成有效的决议。

8. 汇总表两份，证明第三人 2004 年～2006 年资产状况、经营情况。

（四）一审判案理由

上海市静安区人民法院根据上述事实和证据认为：根据《公司法》第一百八十三条规定，公司经营管理发生严重困难，继续存续会使股东利益受到重大损失，通过其他途径不能解决的，持有公司全部股东表决权 10%以上的股东，可以请求人民法院解散公司。从上述规定中可以得出解散公司的条件有三：第一，公司经营管理出现严重困难，是指股东之间或者公司管理人员之间的利益冲突和矛盾导致公司的有效运行失灵，股东会及董事会不能召集，或者无法通过任何方案，公司的一切事务处于一种瘫痪状态。本案第三人的《公司章程》规定，股东会对所议事项作出的决议，由代表二分之一或者三分之二以上表决权的股东表决通过；董事会对所议事项作出的决定，由三分之二以上的董事表决通过方为有效。原、被告分别持有第三人各 50%股权，第三人董事成员为原告代表 3 人和被告代表 2 人。股东的持股比例和董事会成员构成比例以及《公司章程》对议事规则的规定，从一开始就留下了隐患，即当原告与被告利益发生冲突，则第三人股东会、董事会就无法形成有效决议，不可避免地形成僵局。维系公司经营管理和正常运转，股东之间具有良好合作意愿和稳定的协作关系是公司存续的必要条件。本案第三人的僵局表明，股东、董事之间的利益冲突或者权利争执以及情感的对抗发展到了严重程度，股东之间已经丧失了最起码的信任，相互合作的基础已经完全破裂。第二，公司继续存续会使股东利益受到重大损失，是指在公司经营管理已经发生严重困难的情况下，已经不能正常开展经营管理活动，公司不能产生赢利，不能实现资产的保值、增值，反而资产在不断减损，股东直接面对投资失败的可能。本案第三人在原、被告股东矛盾的冲突中，已经造成严重亏损，而且双方不能有效地遏制，亏损正在进一步扩大。第三，通过其他途径不能解决的，是指通过各种有效途径不能解决公司经营、管理僵局，包括公司自力救济、行政部门管理和行业协会协调等。本案中，行政主管部门要求第三人限期进行整改，未能见效；法院责成原、被告召开第三人董事会、股东会，希望第三人能够通过股东会、董事会的形式，双方协商自行解决矛盾冲突，但董事会、股东会均未形成有效决议，而且原、被告均表示不转让自己的股权。综上，第三人已经符合法律规定解散的条件。第三人解散后，原、被告应按照法律规定组成清算组，对第三人进行清算。

（五）一审定案结论

上海市静安区人民法院根据《中华人民共和国公司法》第一百八十一条第（五）项、第一百八十三条和第一百八十四条的规定，作出如下判决：

解散第三人上海教科留学服务有限公司。

本案案件受理费 11300 元，财产保全费 5000 元，由原、被告各负担 8150 元。

（六）二审情况

1. 二审诉辩主张

上诉人华电公司诉称：教科留学公司经营良好，上诉人华电公司与被上诉人教科院之间未形成僵局，双方仍在继续协商。原审法院未穷尽其他救济途径即判令公司解散。现上诉人华电公司同意转让股权或受让被上诉人教科院的股权。综上，请求撤销原审判决，改判驳回被上诉人教科院的原审诉请。

上诉人教科留学公司诉称：原审判决查明事实不清。原审法院因被上诉人教科院不愿转让股权即判决解散公司，显属不当。解散公司有损两股东的利益。请求撤销原审判决，改判驳回被上诉人教科院的原审诉请。

被上诉人教科院辩称：本案符合我国《公司法》第一百八十三条规定的情形。被上诉人教科院为解决股东之间的矛盾和冲突已穷尽可能的途径，仍不能得到解决。原审判决认定事实清楚，适用法律正确，请求驳回上诉、维持原判。

2. 二审事实和证据

在本案二审审理过程中，上诉人华电公司表示愿意将其股权以 800 万元转让给被上诉人教科院或案外人，被上诉人教科院表示上诉人华电公司的转让价格过高且无依据，对上诉人华电公司确定的受让方不予认可。同时，被上诉人教科院表示因经营资格关系难以转让其股权。在法院要求对上诉人华电公司在上诉人教科留学公司所持股权的价值进行评估的情况下，上诉人华电公司和上诉人教科留学公司表示不同意审计、评估。

教科留学公司在本案一、二审审理期间均确认，2006 年 7 月至 2006 年 12 月公司处于亏损状态，其提供的情况说明反映该阶段亏损 97 万余元。

上海市第二中级人民法院经审理查明：原审法院查明的事实除“2005 年 7 月至 2006 年 12 月，教科留学公司共计亏损人民币 147 万元”因各方有争议且未经司法审计尚难确定外，其余事实基本属实，予以确认。另查明：教育部国际合作与交流司和公安部出入境管理局联合发文的教外司综〔2000〕第 4 号《关于对中国留学服务中心第 68 家机构予以自费出国留学中介服务资格认定的批复》中授予被上诉人教科院留学中介服务资格。

3. 二审判案理由

上海市第二中级人民法院根据上述事实和证据认为：（1）上诉人教科留学公司是否符合《公司法》规定的“公司经营管理发生严重困难，继续存续会使股东利益受到重大损失”的情形。第一，上诉人教科留学公司的两股东即上诉人华电公司与被上诉人教科院之间存在矛盾且董事之间自 2006 年 7 月起多次发生严重冲突，在长达两年期间，两方股东及其委派的董事虽然多次自行或在法院要求下召开了股东会及董事会，但在表决时仍然无法作出有效的股东会决议和董事会决议，实已形成公司僵局。第二，上诉人教科留学公司自 2006 年 7 月后即由上诉人华电公司实际控制，公司的经营管理架构和运营决策机制已严重违反《公司章程》约定，此种状况已显然不能称之为“正常”。第三，鉴于两上诉人拒绝法院的审计要求，致使法院无法获知上诉人教科留学公司的真实经营状况。根据上诉人教科留学公司确认的情况，公司在两股东产生矛盾后的短短数月间即产生高达 97 万余元的亏损。上述亏损金额对于注册资金仅为 75 万元的上诉人教科留学公司显属重大损失，并进而损及股东利益。（2）关于前述问题通过其他途径能否解决的问题。首先，本案一审期间，原审法院已责成各方当事人通过股东会、董事会等内部途径进行救济，但未达成一致；其次，个别董事之间积怨已久，矛盾难以得到根本化解；再次，留学中介行业属特种行业，被上诉人教科院系取得相关资格的机构，股权转让受一定限制，其也不同意转让股权。虽然上诉人华电公司在二审期间同意转让股权，并与案外人签订了相关股权转让合同，但被上诉人教科院明确对转让价格和转让对象表示异议。在各方当事人对转让价格协商不成的情况下，法院提议通过委托中介机构评估，以确定合理的股权转让价格，但遭上诉人华电公司拒绝。鉴于上诉人华电公司提出的股权转让方案难以从根本上解决上诉人教科留学公司存在的公司僵局问题，故本案在相关当事人不能协商一致使公司存续且通过其他途径难以解决的情况下，被上诉人教科院诉请解散上诉人教科留学公司已符合《公司法》规定的相应条件，原审判决上诉人教科留学公司解散并无不当，应予维持。

4. 二审定案结论

上海市第二中级人民法院依照《中华人民共和国民事诉讼法》第一百五十三条第一款第（一）项、第一百五十八条之规定，作出如下判决：

驳回上诉，维持原判。

本案二审案件受理费 11300 元，由上诉人华电公司、上诉人教科留学公司共同负担。

（七）解说

本案属于我国修订后的新《公司法》第一百八十三条赋予股东强制解散公司请求权后，法院受理的股东请求公司解散案件。《公司法》第一百八十三条对出现公司僵局且穷尽其他救济途径也无法解决时股东的退出机制作了安排，但该条款过于原则，缺乏可操作性。因此，2008 年 5 月 19 日起施行的最高人民法院《关于适用〈中华人民共和国公司法〉若干问题的规定（二）》专门针对公司解散案件作出了明确的规定，很大程度上破解了当前审判实践中遇到的障碍。本案中法院作出解散公司的判决就是对该司法解释中相关条款的具体适用。

本案的争议焦点在于有关股东请求公司解散的条件认定，即原告教科院请求法院判决解散第三人教科留学公司是否符合《公司法》第一百八十三条的规定。依据该条规定："公司经营管理发生严重困难，继续存续会使股东利益受到重大损失，通过其他途径不能解决的，持有公司全部股东表决权百分之十以上的股东，可以请求人民法院解散公司。"由此可见，持公司全部股东表决权百分之十以上的股东请求公司解散须同时是具备以下三项条件：

1. 公司经营管理发生严重困难。"公司经营管理发生严重困难"，主要是指因出现公司股东僵局和（或）董事僵局造成公司经营管理上的严重困难，即公司处于事实上的瘫痪状态，体现公司自治的公司治理结构完全失灵，不能正常进行经营活动。然而什么样的情形属于"公司经营管理发生严重困难"呢？最高人民法院《关于适用〈中华人民共和国公司法〉若干问题的规定（二）》第一条第一款对此进行了细化，列举了四种情况，使实务中具有了可操作性，即公司持续两年以上无法召开股东会或者股东大会的；股东表决时无法达到法定或者公司章程规定的比例，持续两年以上不能作出有效的股东会或者股东大会决议的；公司董事长期冲突，且无法通过股东会或者股东大会解决的。另外还有一个防患于未然的兜底条款，即经营管理发生其他严重困难，公司存续会使股东利益受到重大损失情形的，符合条件的股东也可以提起解散公司诉讼。本案中，在长达两年期间，两方股东及其委派的董事虽然多次自行或在法院要求下召开了股东会及董事会，但由于股东持股比例和董事会成员构成比例以及《公司章程》对议事规则的规定，使得双方在表决时仍然无法作出有效的股东会决议和董事会决议，实已形成公司僵局。法院据此认定"教科留学公司经营管理发生严重困难"

理由充分。

2. 公司继续存续会使股东利益受到重大损失。“公司继续存续会使股东利益受到重大损失”，一般是指在公司经营管理已发生严重困难的状态下，公司已不能正常开展经营活动，公司资产不能得到有效维持并不断减损，股东直接面对投资失败的可能。在认定何谓“重大损失”时，法院可根据具体案件中的相关事实和证据依法进行自由裁量。本案中，教科留学公司在两股东产生矛盾后的短短数月间即产生高达97万余元的亏损，上述亏损金额对于注册资金仅为75万元的教科留学公司显属重大损失，并进而损及股东利益。而且，由于股东之间的矛盾冲突继续加深，亏损呈持续扩大趋势，法院据此认为“教科留学公司的继续存续会使股东利益受到重大损失”并无不当。

3. 通过其他途径不能解决。根据《公司法》第一百八十三条规定，股东提起请求公司解散之诉还存在一个前置性条件，即“通过其他途径不能解决的”。鉴于公司解散有可能损及公司员工以及债权人的合法权益，因此竭力补救以维持公司存续成为《公司法》的价值追求。“通过其他途径不能解决的”，是指通过各种有效途径破解公司僵局，包括公司自力救济、行政部门管理和行业协会协调等。其中，可以替代公司解散的最有效的救济方式是要求公司或其他股东以公平合理的价格购买原告的股份，或者在某些情形下，要求公司其他股东向原告出售股份。股份收买不仅使一方股东取得公平合理的价值退出公司，而且不影响公司的继续存续，最终可以实现原告股东、公司和其他股东共赢的局面。本案中，原告教科院和被告华电公司在一审中均表示不转让自己的股权。二审中，原告教科院表示因经营资格关系难以转让其股权。虽然被告在二审中同意转让股权，但其提出了高价转让股权的调解方案，原告教科院明确对转让价格和转让对象表示异议。法院经审查发现被告提出的转让价较公司净资产高出数十倍之多，而案外受让人又与其有关联关系，显属被告以不合理高价逼使原告放弃优先购买权，达到拖延诉讼进程、掏空公司财产的非法目的。法院曾要求被告、第三人进行司法审计、评估以确定合理转让价格，但遭被告华电公司拒绝，这就使得法院避免公司解散的进一步努力付之东流。

在本案已满足司法解散的各项法定条件后，法院还多次调解并采取了必要的挽救措施，仍无法打破僵局并实现公司的经营管理转机。因此，判决解散第三人教科留学公司成为保护各方股东合法权益，帮助其摆脱出资长期被锁定困境的最后救济手段。

（上海市第二中级人民法院　钟可慰）

40. 何觉敏诉北海银河高科技产业股份有限公司等虚假陈述案

（一）首部

1. 判决书字号

一审判决书：广西壮族自治区南宁市中级人民法院（2007）南市民二初字第115号民事判决书。

二审判决书：广西壮族自治区高级人民法院（2008）桂民二终字第56号民事判决书。

2. 案由：虚假陈述侵权纠纷。

3. 诉讼双方

原告（上诉人）：何觉敏，女，汉族，1955年10月9日生。

委托代理人（一审）：王国利，上海市中茂律师事务所律师。

委托代理人（二审）：宋一欣、张瑜，上海新望闻达律师事务所律师。

被告（被上诉人）：北海银河高科技产业股份有限公司，住所地：广西壮族自治区北海市广东南路银河科技大厦八楼。

法定代表人：顾勇彪，该公司董事长。

委托代理人（一审）：唐捷，该公司职员。

委托代理人（二审）：杨宋波，该公司副总裁。

委托代理人（一、二审）：蔡琼瑶，该公司法律事务室职员。

被告（被上诉人）：潘琦，原北海银河高科技产业股份有限公司董事长。

被告（被上诉人）：华寅会计师事务所有限责任公司，住所地：北京市西城区德外五路通街19号院2号楼。

法定代表人：柳协春，该公司董事长。

委托代理人（一、二审）：刘文俊，该公司广西分所所长。

委托代理人（一、二审）：黄贻帅，该公司广西分所副所长。

4. 审级：二审。

5. 审判机关和审判组织

一审法院：广西壮族自治区南宁市中级人民法院。

合议庭组成人员：审判长：宋桂芬；审判员：张志基、蒙恪民。

二审法院：广西壮族自治区高级人民法院。

合议庭组成人员：审判长：鲍容琴；代理审判员：张国华、张捷。

6. 审结时间

一审审结时间：2007年12月20日。

二审审结时间：2008年9月17日。

（二）一审诉辩主张

原告何觉敏诉称：原告根据北海银河高科技产业股份有限公司（以下简称北海银河公司）所披露的财务会计报告、上市报告文件、临时报告、2003年年报等文件及其他文件和相关信息，经认真阅读后，据此得出北海银河公司业绩优良的判断，进而作出对北海银河公司的股票（证券名称为银河科技）进行投资的判断。原告在2004年2月10日以后买进银河科技股票，并于2006年1月11日后仍持有或卖出。2005年6月8日，财政部作出了财监〔2005〕71号《行政处罚决定书》，认定：（1）北海银河公司虚增销售收入2.63亿元、隐瞒银行借款2.7亿元；（2）华寅会计师事务所有限责任公司（以下简称华寅会计所）在对北海银河公司2003年度会计报表进行审计时，未对该公司的银行账户、应收账款有效实施函证及必要的替代审计程序，在未获取充分适当的审计证据的情况下，对该公司虚增销售收入2.63亿元、隐瞒银行借款2.7亿元的报表数据予以确认，发表了不恰当的审计意见。2006年1月11日，北海银河公司发布董事会澄清公告，承认该公司大股东广西银河集团有限公司在2002、2003年以现金出资为北海银河公司包装了经营业绩。北海银河公司通过将与大股东及其关联企业的资金往来确认为收入的方法，虚增销售收入 2.63 亿元（不含税收入 2.25 亿元）、虚增净利润 4300 万元。根据财政部的处罚认定，北海银河公司的不法行为是虚增销售收入 2.63 亿元，其虚假陈述的行为，违反我国《证券法》规定的信息披露义务，致使作为投资者的原告在证券交易中作出了错误的投资判断，严重侵犯了原告作为投资者的合法权益。潘琦是北海银河公司的董事及高层管理人员，对北海银河公司披露的所有事项都已声明承诺对其真实性承担责任，根据最高人民法院《关于审理证券市场因虚假陈述引发的民事赔偿案件的若干规定》（以下简称《规定》）第二十八条的规定，潘琦对北海银河公司发布的虚假陈述行为负有连带赔偿责任。华寅会计所是北海银河公司聘请的会计师事务所，在其审计的过程中违反了我国《证券法》的规定，未对北海银河公司的银行账户、应收账款有效实施函证及必要的替代审计程序，在未获取充分恰当的审计证据的情况下，对北海银河公司虚增的销售收入、隐瞒银行借款的报表数据予以确认，并发表了不恰当的审计意见，其违规行为使原告对于北海银河公司的公司状况作出了错误的判断，侵犯了原告作为投资者的合法权益，对原告因北海银河公司的虚假陈述行为而造成的经济损失负有连带赔偿责任。根据《规定》的规定，可以认定北海银河公司的虚假陈述实施日为其 2003 年年报公布日即 2004 年 2 月 10 日，虚假陈述揭露日为 2006 年 1 月 11 日。原告在 2004 年 2 月 10 日至 2006 年 1 月 11 日之间购买了北海银河公司于深圳证券交易所上市的股票。按照最高人民法院《关于受理证券市场因虚假陈述引发的民事赔偿案件的若干规定》的规定，原告持有与三被告之侵权行为有因果关系的银河科技股票，因而遭受损失 13450.23 元，即买入银河科技 9500 股的成交总额 50935 元—卖出银河科技 9875 股（包括红股 375 股）的成交总额 37837.5 元＋买入佣金总额 81.39 元＋卖出佣金总额 71 元＝13249.89 元＋利息 200.34 元（13249.89 元×活期存款利率日万分之零点二×揭露日至基准日的天数 756 天）＝13450.23 元。综上，三被告侵害了原告的知情权，应对原告的上述经济损失承担赔偿责任。请求法院判令北海银河公司赔偿原告损失 13450.23 元，判令潘琦与华寅会计所对此承担连带赔偿责任。

被告北海银河公司辩称：(1) 何觉敏在 2004 年 2 月 10 日至 2006 年 1 月 10 日期间，因卖出银河科技股票所遭受的损失与北海银河公司虚假陈述没有因果关系。何觉敏在 2004 年 2 月 10 日至 2006 年 1 月 11 日期间共计投入资金 50935 元，在此期间内及 2006 年 5 月 8 日全部卖出后，共计收回资金 39443.18 元，造成损失共计 11491.82 元。按最高人民法院相关司法解释的规定，投资人在虚假陈述披露日或更正日及以后，因卖出或持续持有股票而产生的亏损才能认定为与虚假陈述相关的损失，何觉敏在 2004 年 2 月 10 日至 2006 年 1 月 10 日期间 4 次卖出股票共计亏损 11221.25 元与虚假陈述没有因果关系。在 2004 年 2 月 10 日至 2006 年 1 月 10 日期间何觉敏每次卖出股票的实际亏损为：第一次系 2005 年 6 月 14 日何觉敏以 4.62 元/股卖出 1375 股，在此之前何觉敏在 2004 年 2 月 10 日之后的这个期间，共买入 5 笔，共计支出 30105 元，买入股票 3500 股，送红股 375 股，因此何觉敏在 2005 年 6 月 14 日卖出股票前的实际持股成本为 30105÷3875＝7.77 元/股，何觉敏当次以 4.62 元/股的价格卖出，造成实际亏损 1375×（4.62－7.77）＝－4331.25 元；在 2005 年 6 月 15 日至第二次卖出时间点 2005 年 6 月 21 日期间，何觉敏又买入一笔共 1000 股，支出 4390 元，在 2005 年 6 月 21 日何觉敏第二次卖出股票，股票的实际成本为［（7.77×2500）＋4390］÷（2500＋1000）＝6.8 元/股，此次卖出亏损额为（4.49－6.8）×1000＝－2310 元；以此种计算方法，何觉敏第三次卖出股票亏损 3480 元，第四次卖出股票亏损 1100 元。因此，何觉敏在 2004 年 2 月 10 日至 2006 年 1 月 10 日期间卖出股票共计亏损 11221.25 元。(2) 未考虑大盘因素前提下何觉敏与虚假陈述相关的损失为1603.91元。按最高人民法院相关司法解释的规定，何觉敏与北海银河公司虚假陈述有因果关系的损失，应为在2004年2月10日至2006年1月11日期间买入、在2006年1月11日后卖出或持有的5013股银河科技股票所遭受的损失。此5013股的买入实际成本价格为2.41元/股，其损失额计算方法为（买入平均价—基准价）×揭露日后卖出的股数＋佣金损失＋印花税损失＋利息，即（2.41－2.72）×5013＋21.3＋28.5＝－1603.91元。(3) 如考虑大盘因素，北海银河公司虚假陈述并未对何觉敏造成实际损失。因深圳A指在2004年2月10日至2006年1月11日期间下跌33.21％，深圳综指在2004年2月10日至2006年1月11日期间下跌32.9％。按银河科技股票2004年2月10日收盘价10.3元/股，进行4次除权后每股价格为10.3÷1.16÷1.15÷1.2÷1.6709＝3.85元，大盘下跌导致每股下跌3.85×0.33＝1.27元，仅考虑大盘因素对股价的影响，在2006年1月11日银河科技股票的除权价为3.85－1.27＝2.58元/股，而当日银河科技股票收盘价为2.64元/股，直到基准日2006年3月7日，银河科技股票的股价走势一直比较平稳，当日的收盘价为2.66元/股。因此，实际情况是北海银河公司进行虚假陈述后的股价走势仍强于大盘，证明北海银河公司虚假陈述并未对银河科技股票二级市场股价造成实际损失。因此如果考虑大盘因素的话，北海银河公司不应对何觉敏在2006年1月11日后卖出银河科技股票的损失承担任何责任。综上所述，北海银河公司虽然进行了虚假陈述，但是按最高人民法院相关司法解释规定的损失的计算范围、方法及考虑大盘等综合因素，何觉敏因买卖银河科技股票所遭受的损失与虚假陈述没有法律上的因果关系，不属于赔偿范围。请求法院驳回何觉敏的全部诉讼请求。

被告潘琦未作答辩。

被告华寅会计所辩称：审计自身固有局限，难以发现个别虚假信息。外部审计证据存在瑕疵，不可能对有关资料的真实性进行识别。虚假行为在前，审计行为在后，难以发现银河科技的虚假信息。企业的会计责任与会计所的审计责任应当区别分开，因为会计所的审计行为远远滞后于企业的会计行为，不应推断存在连带责任。财政部对会计所的行政处罚，不能作为推断华寅会计所承担民事责任的证据。请求法院驳回何觉敏对华寅会计所的诉讼请求。

（三）一审事实和证据

广西壮族自治区南宁市中级人民法院经审理查明：北海银河公司为上市公司，其股票在深圳证券交易所上市交易，证券名称为银河科技。北海银河公司于2004年2月10日公告发布银河科技2003年年度报告，该年度报告摘要中载明：“1. 重要提示：1.1本公司董事会及其董事保证本报告所载资料不存在任何虚假记载、误导性陈述或者重大遗漏，并对其内容的真实性、准确性和完整性负个别及连带责任。本年度报告摘自年度报告全文，投资者欲了解详细内容，应阅读年度报告全文。1.2华寅会计师事务所有限责任公司为本公司出具了标准无保留意见的审计报告。1.3本公司董事长潘琦、财务负责人龙晓荣、财务部经理欧付忠声明：保证本报告中财务报告的真实、完整。2. 上市公司基本情况简介：……3. 会计数据和财务指标摘要：3.1主要会计数据——2003年主营业务收入958900657.62元、比上年增长40.67％……2003年净利润123369267.35元、比上年增长60.36％；……2003年经营活动产生的现金流量净额176551142.03元、比上年增长177.39％。3.2主要财务指标——2003年每股收益0.41元、比上年增长64％；……2003年每股净资产4.04元、比上年增长13.17元。……9. 财务报告：9.1审计意见。本报告年度，华寅会计师事务所有限责任公司出具了寅会〔2004〕3030号的标准无保留意见的审计报告，……”2005年6月8日，财政部对华寅会计所予以行政处罚，并作出财监〔2005〕71 号《行政处罚决定书》，认定华寅会计所在对北海银河公司、北海国发海洋生物产业股份有限公司 2003 年度会计报表进行审计时，未对上述两公司的银行账户、应收账款有效实施函证及必要的替代审计程序，在未获取充分适当的审计证据的情况下，对北海银河公司虚增销售收入 2.63 亿元、隐瞒银行借款 2.7 亿元的报表数据和北海国发海洋生物产业股份有限公司虚增利润 4502 万元、隐瞒银行借款 2.5 亿元的报表数据予以确认，发表了不恰当的审计意见，决定对华寅会计所予以警告。2006 年 1 月 11 日，北海银河公司公告发布《董事会澄清公告》，披露其虚增收入和利润问题、大股东占用资金及银行贷款余额账实不符问题，承认其 2003 年度虚增销售收入 2.63 亿元（不含税收入 2.25 亿元）、虚增净利润 4300 万元和隐瞒银行贷款 2.7 亿元，并通报对前述问题的整改措施和结果，以及董事会的应对措施，同时“鉴于公司已根据北海市人民政府的内部整改意见针对上述问题做出及时处理，因此未对相关事项进行披露，对于上述事项给投资者带来的影响，公司在此向全体投资者郑重致谦”。在虚假陈述实施日 2004 年 2 月 10 日，银河科技的收盘价为 10.3 元/股。在虚假陈述揭露日 2006 年 1 月 11 日，银河科技的收盘价为 2.64 元/股。在此期间，银河科技的股价于 2004 年 5 月 12 日因实施以公积金每 10 股送 1.5 股派 0.5 元的 2003 年度分红方案而按上一个交易日收盘价除以 1.15 进行除权（其 2004 年 5 月 11 日的收盘价为 9.22 元/股、2004 年 5 月 12 日的开盘价为 8.07 元/股），另于 2005 年 6 月 27 日因实施以公积金每 10 股转增 2 股的 2004 年度分红方案而按上一个交易日收盘价除以 1.2 进行除权（其 2005 年 6 月 27 日收盘价为 4.68 元/股、2005 年 6 月 28 日开盘价为 3.88 元/股），还于 2006 年 1 月 9 日因实施流通股由原每 10 股变更为 16.709 股的股权分置改革方案而按上一个交易日收盘价除以 1.6709 进行除权（其股改前最后一个交易日 2005 年 11 月 30 日收盘价为 4 元/股、股改后第一个交易日 2006 年 1 月 9 日开盘价为 2.8 元/股）。自 2006 年 1 月 11 日起，银河科技累计成交量达到其可流通部分 100%之日即基准日为 2006 年 3 月 7 日，2006 年 1 月 11 日至 3 月 7 日期间，银河科技每个交易日收盘价的平均价格即基准价为 2.72 元/股。另外，北海银河公司《2006 年年度报告》第七节“董事会报告”中就该公司 2006 年经营业绩亏损陈述的原因之一为“主要原材料铜、变压器油价格在 2006 年中期大幅上涨”。

1998 年 3 月 20 日，何觉敏于申银万国浦东分公司开立账号为 59325129 的证券账户，领取深圳证券登记有限公司颁发的《证券账户卡》。2004 年 4 月 15 日，何觉敏以 10.53 元/股买入银河科技 500 股，成交金额 5265 元，佣金 7 元；2004 年 4 月 16 日，何觉敏以 10.28 元/股买入银河科技 500 股，成交金额 5140 元，佣金 7 元；2004 年 4 月 22 日，何觉敏以 10.32 元/股买入银河科技 1000 股，成交金额 10320 元，佣金 15 元；2004 年 4 月 29 日，何觉敏以 9.98 元/股买入银河科技 500 股，成交金额 4990 元，佣金 7 元；2004 年 5 月 11 日，何觉敏取得银河科技红股入账 375 股；2005 年 6 月 8 日，何觉敏以 4.39 元/股买入银河科技 1000 股，成交金额 4390 元，佣金 7.90 元；2005 年 6 月 14 日，何觉敏以 4.62 元/股卖出银河科技 1375 股，成交金额 6352.5 元，佣金 11.43 元；2005 年 6 月 16 日，何觉敏以 4.39 元/股买入银河科技 1000 股，成交金额 4390 元，佣金 7.90 元；2005 年 6 月 21 日，何觉敏以 4.49 元/股卖出银河科技 1000 股，成交金额 4490 元，佣金 8.08 元；2005 年 6 月 27 日，何觉敏取得银河科技红股入账 500 股；2005 年 7 月 12 日，何觉敏分别以 3.2 元/股、3.16 元/股买入银河科技 2000 股、1000 股，成交金额分别为 6400 元、3160 元，佣金分别为 11.52 元、5.69 元；2005 年 7 月 28 日，何觉敏以 3.27 元/股卖出银河科技 3000 股，成交金额 9810 元，佣金 17.66 元；2005 年 8 月 5 日，何觉敏分别以 3.45 元/股、3.43 元/股各买入银河科技 1000 股，成交金额分别为 3450 元、3430 元，佣金分别为 6.21 元、6.17 元；2005 年 8 月 12 日，何觉敏以 3.48 元/股卖出银河科技 2000 股，成交金额 6960 元，佣金 12.53 元；2006 年 1 月 5 日，何觉敏取得银河科技红股入账 1140 股；2006 年 1 月 6 日，何觉敏取得银河科技红股入账 873 股；2006 年 5 月 8 日，何觉敏以 2.36 元/股卖出 G 银河（银河科技）5013 股，成交金额 11830.68 元，佣金 21.30 元。至此，何觉敏不再持有银河科技股票。

上述事实有下列证据证明：

1. 何觉敏的证券账户卡。

2. 户名为何觉敏的《证券变动情况表》。

3. 北海银河公司的《2003 年年度报告摘要》、附有财监〔2005〕71 号《行政处罚决定书》的文章《系列审计失败启示录：贷款卡查询为审计必需程序》、北海银河公司的《董事会澄清公告》。

4. 下载于大智慧软件的电脑截图《实施 2003 年度分红方案的 K 线图》、《实施 2004 年度分红方案的 K 线图》、《实施股权分置改革方案的 K 线图》。

5. 下载于大智慧软件的电脑截图《深证 A 指区间 K 线图》、《深证综指区间 K 线图》、《银河科技区间 K 线图》。

6. 下载于巨潮资讯网公司资讯板块中银河科技定期公告的《银河科技 2006 年年报》第 20 页。

（四）一审判案理由

广西壮族自治区南宁市中级人民法院根据上述事实和证据认为：真实、准确、完整披露信息是上市公司等信息披露义务人的法定义务，违之则构成证券市场虚假陈述，即《规定》第十七条规定的“信息披露义务人违反证券法律规定，在证券发行或者交易过程中，对重大事件作出违背事实真相的虚假记载、误导性陈述，或者在披露信息时发生重大遗漏、不正当披露信息的行为”。北海银河公司作为上市公司，在其公告的银河科技 2003 年年度报告中虚增销售收入 2.63 亿元（不含税收入 2.25 亿元）、虚增净利润 4300 万元和隐瞒银行贷款 2.7 亿元，已对重大事件作出虚假记载和在披露信息时发生重大遗漏，其行为确为证券市场虚假陈述，应对投资人因其虚假陈述而遭受的损失承担民事赔偿责任。何觉敏作为在证券市场上从事证券认购和交易的自然人，其投资与北海银河公司虚假陈述直接关联的银河科技股票确为事实，如遭受与虚假陈述有因果关系的亏损，则应由北海银河公司给予赔偿。根据《规定》第十八条、第十九条的规定，何觉敏在虚假陈述揭露日 2006 年 1 月 11 日之前已经卖出包括除权而得的 875 股红股在内的 7375 股银河科技股票，其基于该部分股票所主张的损害结果与北海银河公司虚假陈述无因果关系。何觉敏所主张的损害结果与北海银河公司虚假陈述存在因果关系的，应为何觉敏在虚假陈述实施日 2004 年 2 月 10 日及以后至 2006 年 1 月 11 日之前买入，并在 2006 年 1 月 11 日及以后，于基准日 2006 年 3 月 7 日之后的 2006 年 5 月 8 日卖出包括除权而得的 2013 股红股在内的 5013 股银河科技股票所产生的亏损。上述 5013 股银河科技股票中，扣除红股 2013 股后，由何觉敏以其资金买入的股票数量为 3000 股，此 3000 股股票依“先买进先卖出、后买进后卖出”原则应为何觉敏买入的最后三笔银河科技股票，即何觉敏分别于 2005 年 7 月 12 日以 3.16 元/股买入的 1000 股、于 2005 年 8 月 5 日以 3.45 元/股买入的 1000 股、于 2005 年 8 月 5 日以 3.43 元/股买入的 1000 股，买入平均价为3.35元/股。又根据《规定》第三十条的规定，在排除投资人因证券市场系统风险等所造成的亏损的基础上，虚假陈述行为人在证券交易市场导致投资人损失承担民事赔偿责任的范围，是投资人因虚假陈述实际发生的损失，包括投资差额损失、投资差额损失部分的佣金和印花税以及该两项资金自买入至卖出证券日或者基准日，按银行同期活期存款利率计算的利息损失。因此，上述损失是以投资人的投资差额损失为基础的。对于投资差额损失的计算，《规定》第三十二条规定了投资人在基准日之后卖出或者仍持有证券的投资差额损失计算方法，即“以买入证券平均价格与虚假陈述揭露日或者更正日起至基准日期间，每个交易日收盘价的平均价格之差，乘以投资人所持证券数量计算”，故何觉敏所主张的与虚假陈述有因果关系的投资差额损失在未考虑证券市场系统风险的情况下直接运用相关数据而适用上述方法计算，则应为：（买入证券平均价格3.35元/股—基准价2.72元/股）×5013股。但是，《规定》第三十五条规定，已经除权的证券，计算投资差额损失时，证券价格和证券数量应当复权计算。银河科技的股价在何觉敏于2005年7月12日、8月5日共计买入3000股股票后，于2006年1月9日因实施股权分置改革方案而以上一个交易日收盘价除以1.6709进行除权，故上述投资差额损失计算方式应当复权计算为：（买入证券平均价格3.35元/股—基准价2.72元/股×1.6709）×（5013股÷1.6709）＝（3.35－4.54）×3000。由此可知，基准价大于买入平均价，何觉敏最终卖出3000股银河科技股票的股价为2.36元/股，复权后亦为3.94元/股，也大于买入平均价，且上述计算尚未考虑证券市场系统风险，故何觉敏并未因北海银河公司的虚假陈述而在从事银河科技股票买卖时发生买大卖小的价格差额而遭受投资利益损失，其所主张的因北海银河公司虚假陈述而遭受的损害并不存在，北海银河公司无需对其承担民事赔偿责任。鉴于北海银河公司不应对何觉敏承担民事赔偿责任，何觉敏要求潘琦和华寅会计所承担连带赔偿责任的诉讼请求亦不能成立。

（五）一审定案结论

广西壮族自治区南宁市中级人民法院依照《中华人民共和国民法通则》第五条、第一百零六条、第一百一十七条，《中华人民共和国民事诉讼法》第一百零八条第（三）项之规定，作出如下判决：

驳回原告何觉敏的诉讼请求。

本案案件受理费138元，由原告何觉敏负担。

（六）二审情况

1. 二审诉辩主张

上诉人何觉敏上诉称：一审判决适用错误的计算方法，认定何觉敏未受到损失，属于认定事实错误。首先，一审计算的买入均价不对，应当按照5.362元/股来计算，司法解释规定不能扣除的情况下才除权，如果能扣除的情况就不用除权。其次，一审使用“先进先出法”不对，应采用算术加权平均法来计算。经计算，何觉敏因北海银河公司虚假陈述行为造成的损失为13701.89元。请求撤销一审判决，支持其在一审中的全部诉讼请求。

被上诉人北海银河公司辩称：何觉敏提出买入平均价要把红股剔除是错误的，与实际情况不符。《规定》第三十五条规定：“已经除权的证券……应当复权计算。”北海银河公司在一审中已提供了除权的证据，如果按照何觉敏的计算方法用买入均价时的总成本减去红股，平均价就高了，与银河科技的实际股价有很大的差距，与实际情况不符。一审法院按照先买进先卖出计算的方法是正确的。请求维持一审判决，驳回何觉敏的上诉请求。

被上诉人潘琦未作答辩。

被上诉人华寅会计所辩称：华寅会计所对银河科技2003年年报的虚假陈述行为的审计行为主观上没有过错，不应承担连带责任。

2. 二审事实和证据

广西壮族自治区高级人民法院经审理，确认一审法院认定的事实和证据。

3. 二审判案理由

广西壮族自治区高级人民法院认为：根据《规定》第三十二条的规定，只要确定何觉敏在虚假陈述实施日后至揭露日之前买入的银河科技股票的买入平均价和虚假陈述揭露日至基准日的卖出平均价以及揭露日的持股数量，就可以计算出投资差额损失。本案的三方当事人对北海银河公司虚假陈述实施日、虚假陈述揭露日、基准日、基准价为2.72元/股及基准日后的持股数量5013股的事实均没有异议，主要的分歧是何觉敏在虚假陈述实施日后至揭露日之前买入的银河科技股票的买入平均价的确定，由此导致何觉敏买卖银河科技股票是否存在损失的争议。何觉敏在二审时提供了一份买入均价的计算方法，先剔除红股和该期间的相应卖出股份后，用加权平均法计算出揭露日前的买入均价为5.362元/股，根据该买入股价，计算出何觉敏的投资差额损失为（5.362—2.72）×5013＝13244.34元。该计算方法存在两个问题：一是何觉敏在北海银河公司虚假陈述实施日至虚假陈述揭露日期间4次卖出银河科技股票，其已收回部分成本，对该部分成本应从其持仓成本中剔除但其没有剔除；二是何觉敏关于买入平均价和基准价在除权计算上不平衡。其买入平均价是剔除了红股后的价格，没有考虑除权的影响，但本案的基准价2.72元/股是在2006年1月9日北海银河公司按1.6709除权系数实施股权分置方案后的除权价，何觉敏在基准日后持有的5013股也是经除权后的股票数量，其中2013股是分红所得。这种方法在买入均价的计算上剔除了除权的影响，但基准价和持有股票数量又受到除权的影响，造成除权对买入均价和基准价影响的不平衡，导致买入均价偏高，投资差额损失加大，因此对此计算方法不予采纳。一审法院采用先进先出法和算术平均法相结合的计算方法来计算何觉敏在虚假陈述实施日后至揭露日之前买入的银河科技股票的买入平均价。即用先进先出法将买入股票和卖出股票逐次剔除，得出可索赔数，再对有关买入股票进行算术平均，得出买入均价，然后计算出投资差额损失。即假设先购进的股票最先卖出，何觉敏在揭露日之后持股5013股，其中的2013股是北海银河公司在2006年1月9日以1.6709除权系数除权而得，经复权后股票数量为3000股，以此推断何觉敏受到虚假陈述影响的股票是其在2005年7月12日以3.16元股买入的1000股、2005年8月5日以3.45元/股买入的1000股和2005年8月5日以3.43元/股买入的1000股，因此计算买入平均价为（3.16元/股＋3.45元/股＋3.43元/股）/3＝3.35元/股。由于何觉敏在买入该3000股股票后北海银河公司于2006年1月9日以1.6709除权系数进行股权分置改革，2006年1月11日为虚假陈述揭露日，因此基准价是含权价，为和虚假陈述实施日后买入的3000股保持平衡，应对揭露日后的卖出价和含权股票数量进行复权，故投资差额损失的计算公式为（买入均价3.35元/股—基准价2.72元/股×1.6709）×5013/1.6709＝（3.35—4.54）×3000，经计算，何觉敏没有损失。一审判决没有违反最高人民法院《关于审理证券市场因虚假陈述引发的民事赔偿案件的若干规定》中关于投资差额损失计算和复权的规定，依法予以维持。

由于目前对投资差额损失计算没有统一的计算方法，而先进先出法又建立在假定的基础上，争议较大。为准确、客观计算出何觉敏是否存在投资差额损失，本院采用移动加权平均法来计算何觉敏对银河科技的买入均价。移动加权平均法即每次买入证券后，以新买进的证券成本加上原来的持仓成本，除以本次买进的数量加上原有的持仓数。在移动加权平均法的计算过程中，卖出股票的成本以前一次计算所得买入平均价为计价依据，这样无论卖出数量如何变化，买入均价均不受影响。何觉敏买入股票的平均价具体计算如下：

日期	交易情况	价格（元/股）	数量（股）	金额（元）
2004 年 4 月 10 日	买入	10.53	500	5265
2004 年 4 月 16 日	买入	10.28	500	5140
加权平均		10.41	1000	10405
2004 年 4 月 22 日	买入	10.32	1000	10320
加权平均		10.36	2000	20725
2004 年 4 月 29 日	买入	9.98	500	4990
加权平均		10.29	2500	25715
2004 年 5 月 11 日	分红		375	
加权平均		8.94	2875	25715
2004 年 6 月 8 日	买入	4.39	1000	4390
加权平均		7.77	3875	30105
2004 年 6 月 14 日	卖出	4.62	—1375	6352.5（10682.42）
小计		7.77	2500	19422.58
2004 年 6 月 16 日	买入	4.39	1000	4390
加权平均		6.8	3500	23812.58
2004 年 6 月 21 日	卖出	4.49	—1000	4490（6800）
小计		6.8	2500	17012.58
2004 年 6 月 27 日	分红		500	
加权平均		5.67	3000	17012.58
2004 年 7 月 12 日	买入	3.2	2000	6400
加权平均		4.68	5000	23412.58
2004 年 7 月 12 日	买入	3.16	1000	3160
加权平均		4.43	6000	26572.58
2005 年 7 月 28 日	卖出	3.27	—3000	9810（13286.29）
小计		4.43	3000	13286.29
2005 年 8 月 5 日	买入	3.45	1000	3450
加权平均		4.18	4000	16736.29
2005 年 8 月 5 日	买入	3.43	1000	3430
加权平均		4.03	5000	20166.29
2005 年 8 月 12 日	卖出	3.48	—2000	6960（8066.52）
小计		4.03	3000	12099.77
2006 年 1 月 5 日	分红		1140	
加权平均		2.92	4140	12099.77
2006 年 1 月 6 日	分红		873	
加权平均		2.41	5013	12099.77

经计算，何觉敏买入均价为 2.41 元/股，何觉敏的投资差额损失为（买入平均价 2.41 元/股—基准价 2.72 元/股）×5013，何觉敏没有损失。因此，北海银河公司不应承担民事赔偿责任，华寅会计所因此不承担连带责任。

4. 二审定案结论

广西壮族自治区高级人民法院依照《中华人民共和国民事诉讼法》第一百五十三条第一款的规定，判决如下：

驳回上诉，维持原判。

二审案件受理费 138 元，由何觉敏负担。

（七）解说

在审理证券市场虚假陈述侵权案中，虽最高人民法院《关于审理证券市场因虚假陈述引发的民事赔偿案件的若干规定》规定了投资差额损失的计算方法，但未明确“买入证券平均价格与实际卖出证券平均价格”的具体计算方式，由此产生“平均价格”的计算因理解不同而存在不同方法之情形，直接影响到投资差额损失的计算，成为法院审理此类案件的难点。本案例基本涵盖了确定投资差额损失的三种计算方法：（1）先进先出法和算术平均法相结合。即推定先买进的股票先卖出，卖出成本以最先购得的股票价格确定，然后将与可索赔股票数量相对应的买入股票的价格进行算术平均，得出买入平均价，计算出投资差额损失。（2）加权平均法。即先计算出投资者在虚假陈述实施日至虚假陈述揭露日期间的持仓成本，再用该持仓成本除以投资者的可索赔股票数量，得出买入平均价，计算出投资差额损失。（3）移动加权平均法。即每次买入证券后，以新买进的证券成本加上原来的持仓成本，除以本次买进的数量加上原有的持仓数，其中卖出股票的成本以前一次计算所得买入平均价为计价依据，除权则按照价值不变原则，以不变的投资金额除以变化后的证券数量得出平均价格。一审法院采用的先进先出法和算术平均法相结合的计算方法，虽没有违反《规定》中关于投资差额损失计算和复权的规定，且简单而易于操作，但由于计算系以假定为前提，存在着计算的不准确性和价格反映的不完整性，不能科学反映投资者的实际损失。原告主张的加权平均法，虽考虑了投资者购买股票的成本和持股数量，比算术平均法更接近投资者的实际损失，但因该方法须将投资者在虚假陈述揭露日前买卖股票的总金额合并计算，无法避免投资者在虚假陈述实施日至虚假陈述揭露日期间卖出股票的价格、数量对买入平均价的计算之影响，也无法计算除权对股票价格的影响，从而加大投资差额损失，不能反映股票买卖的客观情况。二审法院提出的移动加权平均法，克服了上述两种方法的缺陷，具有计算准确、整体反映股票交易的现状、综合考虑提前收回成本及除权影响的优点，计算结果更加科学、客观，但计算复杂、繁琐，耗费时间和精力。因此，算术平均法和加权平均法计算简单而具有效率，移动加权平均法能全面完整反映交易过程，计算结果更公平。从促进社会和谐公平、维护证券市场交易安全的理念出发，效率应该是在公平基础上的效率，当公平与效率冲突时，公平优先，以公平促进效率、提高效率。移动加权平均法综合考虑股价变动的多种因素，最能体现证券市场股票交易的情况，计算结果更客观、科学，也最接近投资者的实际损失，从而公平正常地衡量投资差额损失，最大限度地体现公平，应为计算投资差额损失的最优选择。

（广西壮族自治区南宁市中级人民法院　蒙恪民）

41. 上海农村商业银行股份有限公司吴淞支行诉上海创宏建筑材料有限公司等公司对外担保案

（公司对外担保法律效力的认定）

（一）首部

1. 判决书字号

一审判决书：上海市宝山区人民法院（2007）宝民二（商）初字第1274号民事判决书。

二审判决书：上海市第二中级人民法院（2008）沪二中民三（商）终字第182号民事判决书。

2. 案由：公司对外担保纠纷。

3. 诉讼双方

原告（被上诉人）：上海农村商业银行股份有限公司吴淞支行，营业场所：上海市宝山区淞宝路74号。

负责人：叶惟兴，该支行行长。

委托代理人（一审）：王建平，该支行职员。

委托代理人（一、二审）：董复祥，上海吴坤律师事务所律师。

被告（被上诉人）：上海宝艺钢铁物资有限公司，住所地：上海市宝山区长逸路28号。

法定代表人（一、二审）：吴海东。

被告（上诉人）：上海创宏建筑材料有限公司，住所地：上海市长宁区定西路650号803室。

法定代表人：张创增，该公司总经理。

委托代理人（一、二审）：熊志新，信利律师事务所上海分所律师。

被告（被上诉人）：吴海东，男，1969年10月7日生，汉族。

4. 审级：二审。

5. 审判机关和审判组织

一审法院：上海市宝山区人民法院。

独任审判：审判员：苏光华。

二审法院：上海市第二中级人民法院。

合议庭组成人员：审判长：林晓镍；代理审判员：杨喆明、赵惠琳。

6. 审结时间

一审审结时间：2007年12月28日。

二审审结时间：2008年5月15日。

（二）一审诉辩主张

原告上海农村商业银行股份有限公司吴淞支行诉称：2006年4月21日，原告上海农村商业银行股份有限公司吴淞支行（以下简称农商行吴淞支行）与被告上海宝艺钢铁物资有限公司（以下简称宝艺公司）签订《上海农村商业银行借款合同》，由宝艺公司向原告借款

200 万元作为公司的流动资金，借款期限自 2006 年 4 月 21 日至 2007 年 4 月 20 日。同日，农商行吴淞支行又与被告上海创宏建筑材料有限公司（以下简称创宏公司）签订《上海农村商业银行保证合同》，创宏公司为宝艺公司的借款承担连带保证责任。被告吴海东于同日也向农商行吴淞支行出具《上海农村商业银行个人保证担保函》，以个人财产为宝艺公司的借款承担连带保证责任。合同签订后，农商行吴淞支行按约发放了 200 万元贷款。但是借款到期后，宝艺公司并未归还该笔借款及利息，创宏公司和吴海东也未按约履行保证义务。农商行吴淞支行遂提起诉讼，要求宝艺公司归还借款 200 万元、支付利息 168850.64 元（计算至 2007 年 9 月 20 日），要求创宏公司及吴海东对于宝艺公司的上述债务承担连带清偿责任，诉讼费由三被告承担。

被告宝艺公司未作答辩。

被告创宏公司辩称：虽然创宏公司为宝艺公司的借款提供了连带保证担保，但是该担保违反了创宏公司章程第二十五条的规定，亦未得到创宏公司的股东会或董事会的同意，系无效担保。农商行吴淞支行对于担保无效存在重大过错，可依法减轻创宏公司的责任。对于宝艺公司未能清偿的债务部分，农商行吴淞支行最低应承担 70％的责任，创宏公司最高只应承担 30％的责任。另创宏公司及吴海东均为本案借款的连带保证担保人，故创宏公司请求法院在确定其民事责任后，对其向宝艺公司和吴海东追偿的份额予以确定。

被告吴海东辩称：同意农商行吴淞支行的诉讼请求，但其目前无力承担相应的责任。

（三）一审事实和证据

上海市宝山区人民法院经审理查明：2006 年 4 月 21 日，被告宝艺公司与原告农商行吴淞支行签订《上海农村商业银行借款合同》，合同约定：宝艺公司向农商行吴淞支行借款 200 万元作为公司的流动资金，借款期限自 2006 年 4 月 21 日至 2007 年 4 月 20 日；借款年利率为 6.696％（如遇到中国人民银行利率调整则执行调整利率）；借款按季结息，结息日为每季的 20 日；违约责任中规定借款人未按照合同约定期限足额归还借款本金的，农商行吴淞支行可以立即要求收回借款，对于逾期借款从逾期之日起按日利率万分之二点五计收罚息，并按照中国人民银行规定对借款人应付未付的利息计收复利，同时要求借款人承担为实现债权而支出的所有费用，包括但不限于律师费、诉讼费、保全费等。当日，农商行吴淞支行与被告创宏公司签订《上海农村商业银行保证合同》。该合同由创宏公司盖公章及其法定代表人张创增签字，约定：由创宏公司为宝艺公司的上述借款承担连带保证责任，保证期间为借款到期日后 2 年；保证范围为借款本金、利息、罚息、复利、违约金及贷款人实现债权的费用等。同日，被告吴海东向农商行吴淞支行出具《上海农村商业银行个人保证担保函》（吴海东之妻倪静亦在其上签名），言明吴海东自愿以全部个人家庭财产和收入为宝艺公司的借款承担连带保证责任，保证期间为借款到期日后 2 年；保证范围为借款本金、利息、罚息、复利、违约金及贷款人实现债权的费用等。农商行吴淞支行亦于当日向吴海东出具回执，同意吴海东按前述约定作为宝艺公司借款的连带责任保证人。合同签订后，农商行吴淞支行按约发放了 200 万元贷款。但是借款到期后，宝艺公司并未归还该笔借款及利息，创宏公司和吴海东也未按约履行保证义务。

吴海东因涉嫌犯罪现羁押于上海市宝山区看守所。

创宏公司股东为上海创宏建筑工程有限公司及姚文宏，法定代表人为张创增。公司章程第二十五条第二款规定："董事、经理不得以公司资产为公司的股东或者其他个人债务提供担保……"

农商行吴淞支行多次催讨无果，遂诉至法院，要求宝艺公司归还借款200万元、支付利息168850.64元（计算至2007年9月20日），要求创宏公司及吴海东对于宝艺公司的上述债务承担连带清偿责任。

审理中，农商行吴淞支行补充提交了一份2006年4月17日创宏公司股东会所作决议，内容是股东同意为宝艺公司向农商行吴淞支行借款提供担保。创宏公司认为，该股东会决议不真实，股东上海创宏建筑工程有限公司签章与实际不一致，姚文宏及张创增签名不真实，故申请对印鉴和签字的真实性和形成时间进行鉴定。对创宏公司的鉴定申请农商行吴淞支行不予同意，认为其合法取得股东会决议，已经尽到了审核义务。根据本案实际情况，法院告知创宏公司对农商行吴淞支行提交的股东会决议上相关签章及签字的真实性等不作鉴定。

上述事实有下列证据证实：

1.《上海农村商业银行借款合同》。

2.《上海农村商业银行保证合同》。

3.《上海农村商业银行个人保证担保函》。

4. 上海农村商业银行借款凭证。

5. 上海农村商业银行计收贷款欠息清单。

6.《上海创宏建筑材料有限公司章程》。

7.《上海创宏建筑材料有限公司股东会决议》。

（四）一审判案理由

上海市宝山区人民法院根据上述事实和证据认为：农商行吴淞支行与宝艺公司签订的借款合同及吴海东向农商行吴淞支行出具的、经农商行吴淞支行接受的个人保证担保函，均具有法律效力，依法应予保护。农商行吴淞支行向宝艺公司发放贷款后，宝艺公司未按照合同约定归还借款本息显属违约，农商行吴淞支行有权按照合同的约定要求宝艺公司归还借款本金、利息、罚息及未付利息部分的复利。现农商行吴淞支行就利息（含复利）要求计算至2007年9月20日，符合合同约定，故予以支持。吴海东应依约承担连带保证责任。就创宏公司与农商行吴淞支行签订的保证合同的效力而言，根据《中华人民共和国公司法》的规定，公司向其他企业投资或者为他人提供担保，依照公司章程的规定，由董事会或者股东会、股东大会决议。农商行吴淞支行与创宏公司签订的保证合同由创宏公司盖章及法定代表人签名，签订保证合同时农商行吴淞支行亦获得创宏公司相关股东会决议，已从形式上满足了《公司法》的前述规定。创宏公司辩称该保证违反其公司章程规定，且农商行吴淞支行存在重大过错，但本案中的保证合同系创宏公司法定代表人代表公司与农商行吴淞支行签订并加盖了创宏公司的公章，在没有证据证明农商行吴淞支行在订立保证合同时知道或者应当知道创宏公司的法定代表人的这一代表行为系违反章程的越权行为，该代表行为应认定为有效，故法院认定保证合同有效，创宏公司应按照约定承担连带保证责任。因此，即使对农商行吴淞支行提交的创宏公司股东会决议进行鉴定，且鉴定后反映创宏公司股东会决议上的印鉴、签名不真实，也不影响创宏公司提供担保的效力，故法院认为创宏公司申请对决议上印鉴、签名真伪作鉴定已无必要。

（五）一审定案结论

上海市宝山区人民法院依照《中华人民共和国民事诉讼法》第一百二十八条、第一百三十条，《中华人民共和国合同法》第二百零五条、第二百零六条、第二百零七条，《中华人民共和国担保法》第十八条、第三十一条，最高人民法院《关于适用〈中华人民共和国担保法》若干问题的解释》第十一条的规定，作出如判决：

1. 宝艺公司于判决生效之日起10日内归还农商行吴淞支行借款本金200万元；

2. 宝艺公司于判决生效之日起10日内偿付农商行吴淞支行借款利息168850.64元（计算至2007年9月20日）；

3. 创宏公司、吴海东对上述主文一、二项承担连带清偿责任；

4. 创宏公司和吴海东承担担保责任后有权向债务人追偿。

如果未按本判决指定的期间履行给付金钱义务，应当依照《中华人民共和国民事诉讼法》第二百三十二条之规定，加倍支付迟延履行期间的债务利息。

案件受理费减半收取为12075.50元、财产保全费5000元，由宝艺公司、创宏公司及吴海东共同负担。

（六）二审情况

1. 二审诉辩主张

上诉人创宏公司上诉称：根据《中华人民共和国公司法》第十六条第一款的规定，公司对外担保必须符合两个条件：一是公司章程允许且授权董事会或股东会、股东大会来决议；二是在存在章程授权的情况下，董事会或股东会、股东大会对同意担保作出了决议。农商行吴淞支行作为专业的放贷机构，对于《公司法》规定的担保形式要件应当知晓，但是其仍在没有股东会决议，不具备担保形式条件的情况下，发放了贷款，其主观上有明显的过错。创宏公司越权对外担保的行为并不具备构成表见代理的要件，创宏公司的股东会对该担保行为并不知晓，也无任何追认或默认的行为，农商行吴淞支行在事后提交了明显系伪造的股东会决议，表明农商行吴淞支行对于创宏公司的越权行为是明知的。但是一审法院不但不对虚假的股东会决议进行鉴定，反而认定农商行吴淞支行从形式上满足了《公司法》第十六条的规定，错误地认定担保合同有效，判令创宏公司承担全部的担保责任有所不当，创宏公司请求撤销原判，判令其不承担本案的连带保证责任。

被上诉人农商行吴淞支行答辩称：《公司法》第十六条第一款是针对公司内部成员的规定，不是强制性规范，创宏公司对外担保的效力应由担保法律判定。创宏公司与农商行吴淞支行签订的担保合同合法有效，农商行吴淞支行也已尽到了善意审查义务。此外，创宏公司的公司章程中仅规定涉及个人利益不得担保，故创宏公司为宝艺公司担保符合公司章程的形式要件，至于股东会决议的真伪不影响创宏公司对外承担担保责任。农商行吴淞支行请求驳回创宏公司上诉，维持原审判决。

被上诉人宝艺公司、吴海东未作答辩。

2. 二审事实和证据

二审中，创宏公司提出：创宏公司已于2008年1月22日就吴海东伪造该公司印章及股东签章之事向上海市公安局宝山分局报案，宝山分局经侦支队已经立案侦查，本案系争借款保证合同上该公司签章以及股东会决议的签章是否为吴海东伪造尚在侦查中。创宏公司认为该刑事案件的侦查结果直接影响本案的审理，故请求中止本案的审理，待宝山分局经侦支队侦查完毕后再行恢复审理。

经上海市第二中级人民法院向上海市公安局宝山分局经侦支队调查，该支队曾委托上海市公安局物证鉴定中心对系争保证合同及创宏公司股东会决议等材料进行鉴定，鉴定结论是保证合同上的张创增签名笔迹与提供比对的张创增字迹样本是同一人书写；保证合同及股东会决议上加盖的创宏公司印文与提供比对的该印文样本是同一枚印章盖印形成的。

创宏公司对于上述鉴定结论没有异议，但是仍坚持认为股东会决议上股东的签名不是真实的。创宏公司认为，如果股东会决议上股东的签名是虚假的，可以减轻创宏公司承担的担保责任，故请求二审法院对股东会决议进行鉴定。

农商行吴淞支行对于该鉴定结论也没有异议，并且认为，保证合同依法成立，创宏公司应承担担保责任，股东会决议对本案判决并无影响，没有必要再作鉴定。

除一审法院查明的事实外，上海市第二中级人民法院另查明：2006 年 4 月 17 日《上海创宏建筑材料有限公司股东会决议》中载明：会议内容：因本公司在上海市北翟路工地需要用建筑钢材，由上海宝艺物资有限公司为本公司提供螺纹钢、线材等，并由其送至工地。但因本公司周转资金困难，需上海宝艺物资有限公司垫资三个月。现上海宝艺物资有限公司向银行申请贷款，要求本公司出面为其提供经济担保。本公司是否同意为其提供保证担保？决议结果：一致同意本公司为上海宝艺物资有限公司的银行贷款提供保证担保。金额为贰佰万元整。贷款期限：一年。落款有股东姚文宏、上海创宏建筑工程有限公司及张创增的签字盖章。创宏公司也在该决议上盖章。

3. 二审判案理由

上海市第二中级人民法院根据上述事实和证据认为：原审认定事实清楚，判决并无不当。创宏公司的上诉理由不能成立，本院不予支持。

4. 二审定案结论

上海市第二中级人民法院根据《中华人民共和国民事诉讼法》第一百五十三条第一款第（一）项规定，作出判决如下：

驳回上诉，维持原判。

（七）解说

宝艺公司与农商行吴淞支行签订借款合同后，农商行吴淞支行向宝艺公司发放了 200 万元贷款，宝艺公司在借款到期后未履行还款义务，故应承担还款及违约责任。吴海东因宝艺公司的借款向农商行吴淞支行出具了保证担保函，在宝艺公司未能按约还款的情况下，应按承诺内容履行担保责任。

本案中，当事人主要争议的问题在于创宏公司是否应对宝艺公司的还款承担连带保证责任。

1. 新《公司法》赋予公司章程对公司对外担保行为的决定权。在公司法人制度下，公司作为独立于股东的民事主体，应当具有相应的权利能力。公司的权利能力意味着公司可以以自己的名义享有权利、承担义务和责任，这其中也包括了公司对外担保的权利能力问题。针对原《公司法》第六十条规定所引起的公司能否为他人或者股东提供担保的争议，新《公司法》对公司的对外担保问题作出了具体规定，在放宽公司对外担保限制的同时，又注意对公司对外担保可能产生风险的防范。根据新《公司法》第十六条的规定，公司股东可以在公司章程中约定公司为他人提供担保时，由董事会或者股东（大）会决议。也就是说，如果公司成立时在其公司章程中约定由董事会决议公司对外担保事宜的，就以董事会决议为准；如果公司成立时在其公司章程中约定由股东（大）会决议公司对外担保事宜的，则以股东（大）会的决议为准。同时公司章程可以对公司对外担保的总额或者单项担保限额作出规定，董事会或者股东（大）会在决议时不得超过规定的限额。从上述两项条款的内容可以看出，新《公司法》不仅赋予公司章程确定公司对外担保事项决策机构的权利，而且授予公司章程对公司对外担保数额限制的决定权。

2. 在公司章程没有明确规定时，应由股东（大）会行使决定权。虽然新《公司法》要求公司对外担保应当遵守公司章程的规定，但是上述条文只是在公司章程对公司对外担保条款有约定的情况下才能适用。在审判实践中，由于现有公司大都是在新《公司法》颁布实施前成立，故公司章程中未必会有相应的规定，而新《公司法》也没有对此种情况作出明确规定，因此法院在处理公司在章程没有相关规定的情况下能否提供对外担保，由谁行使决定权等问题上就有很大的裁量空间。笔者认为，按照新《公司法》第十六条第一款的规定，公司股东可以在公司章程中约定由董事会或者股东（大）会决议公司向他人提供担保，而第一百四十九条又规定公司董事、监事、高级管理人员未经股东（大）会或董事会同意，不得以公司财产为他人提供担保。结合两条规定可以看出，虽然没有明确的条文规定，但是新《公司法》对于公司对外担保行为决定权的行使对象实际上仍是有明显的限制，即只有董事会或股东（大）会才能决定公司对外担保事项。至于在公司章程没有明确规定的情况下，究竟由股东（大）会还是董事会行使决定权，笔者倾向意见是以股东（大）会的决议为准。其理由主要是：新《公司法》的立法趋向是以股东（大）会为中心，凡是《公司法》和公司章程未作规定的事项均应由股东（大）会决定。因此，在公司章程中尚未明确授权董事会的情形下，就应理解为决定公司对外担保的权限仍由股东（大）会掌握。同时，公司对外担保行为虽然是公司对外经营行为的一种形式，但是其一般不在公司登记的经营范围之内，因而不属于公司常规的经营行为。公司为他人提供担保可能产生的债务会给公司财产带来较大的风险，而这种风险将直接损害股东（特别是中小股东）的利益，因此公司对外担保的决定权应由股东会或者股东大会行使。

3. 担保债权人是否有审查公司内部决议的义务以及审查程度。在新《公司法》中虽然没有直接对担保债权人设定义务，但是对于公司对外担保的决定权和决策机构已经作出明确的规定，基于法律规定，可以推定所有人都应当知晓公司对外担保的决议程序和限制条件，担保债权人据此应在接受担保时履行更多的审查义务。审查过程中，担保债权人不仅应审查担保合同的真实性（公章、法定代表人签字的真伪，委托代理人的授权范围等），同时还应索取或者查阅担保公司的章程，辨别担保公司对外担保时的内部决策程序和决策权限。在确定内部决策程序和决策权限后，索取相应的董事会或者股东（大）会决议。至于对担保公司决议的审查应是形式审查还是实质审查？由于担保债权人不可能、也没有必要参加担保公司的内部决议过程，而且也不具备实质审查的能力，因此只能对其进行形式审查。这种审查可以包括公司对外担保的决议机构是否符合公司章程的约定，决议内容是否与担保内容存在差异，公司担保的金额是否超出公司章程的限制，决议上是否有决议人员的签字盖章，等等。在担保债权人履行了前述的审查义务后，即应认定担保合同合法有效。即使今后决议文件被认为存在虚假或者无效的事实，从保护善意第三人的立场，还是不应影响担保债权人与担保公司签署的担保合同的效力。

从本案已有证据看，创宏公司与农商行吴淞支行签订的保证合同上加盖了创宏公司的公章，并且法定代表人也在合同上签字，故该保证合同符合一般性合同的成立与生效要件。对于创宏公司对外担保是否违反法律规定或者公司章程的问题，根据《公司法》第十六条第一款的规定，“公司向其他企业投资或者为他人提供担保，依照公司章程的规定，由董事会或者股东会、股东大会决议”。而从创宏公司公司章程记载的内容看，该公司章程对于公司对外担保作出的限定是，“董事、经理不得以公司资产为公司的股东或者其他个人债务提供担保”，从上述条款的内容可以看出，创宏公司的公司章程中仅仅对公司董事、经理以公司财产对外担保予以禁止，而对经公司股东会决议同意的公司对外担保等情形未作出禁止性规制。因此，仅凭上述公司章程条款不能排除创宏公司为其他企业提供担保的可能性。现从农商行吴淞支行提供的创宏公司股东会决议内容看，决议中不仅记载了创宏公司股东会明确同意为宝艺公司借款提供担保的意思表示，而且公司股东也在决议上盖章和签字。虽然，创宏公司对农商行吴淞支行提交的创宏公司股东会决议上的股东签字或者盖章的真实性还有异议，但是基于农商行吴淞支行不可能参与创宏公司的内部整个决策过程，也不具备审查决议实质真伪的能力。因此，应当认定农商行吴淞支行对决议形式真实性已作审查。在农商行吴淞支行既对保证合同中创宏公司的公章及法定代表人签字真实性进行了实质审查，又对创宏公司股东会决议进行了形式审查的情况下，股东会决议上股东签字或盖章实质上是否真实已不具有对抗农商行吴淞支行作为担保债权人的效力，据此，法院认定农商行吴淞支行与创宏公司签订的保证合同有效，创宏公司应当对宝艺公司的借款承担连带保证责任。此外，就已有证据看，农商行吴淞支行向宝艺公司出借贷款、创宏公司和吴海东为该借款提供担保的意思表示均是真实的，创宏公司提及的吴海东涉嫌刑事犯罪并不影响农商行吴淞支行要求宝艺公司、创宏公司及吴海东承担民事责任，据此法院对创宏公司要求本案中止审理的请求亦不予准许。

（上海市第二中级人民法院　杨喆明）

42. 广东雪莱特光电科技股份有限公司诉李正辉股东滥用股东权利赔偿案

（一）首部

1. 判决书字号

一审判决书：广东省佛山市南海区人民法院（2008）南民二初第738号民事判决书。

二审判决书：广东省佛山市中级人民法院（2008）佛中法民二终字第960号民事判决书。

2. 案由：股东滥用股东权利赔偿纠纷。

3. 诉讼双方

原告（上诉人）：广东雪莱特光电科技股份有限公司（以下简称雪莱特公司），住所地：佛山市南海区狮山工业科技园A区。

法定代表人：柴国生，该公司董事长。

委托代理人（一、二审）：罗文志，北京市邦盛律师事务所律师。

委托代理人（一、二审）：谢会生，北京市邦盛律师事务所律师。

被告（被上诉人）：李正辉，男，1961年3月5日生。

委托代理人（一、二审）：王美龙，广东国慧律师事务所律师。

4. 审级：二审。

5. 审判机关和审判组织

一审法院：广东省佛山市南海区人民法院。

合议庭组成人员：审判长：冯载勋；审判员：石慧；代理审判员：曾婉慧。

二审法院：广东省佛山市中级人民法院。

合议庭组成人员：审判长：怀晓红；代理审判员：许义华、李秀红。

6. 审结时间

一审审结时间：2008 年 8 月 21 日。

二审审结时间：2008 年 12 月 9 日。

（二）一审情况

1. 一审诉辩主张

原告诉称：原告的股票在深圳证券交易所上市交易，长期以来均有良好的社会评价。被告曾担任原告公司的董事、副总经理职务。2007 年 7 月，被告以个人身体原因为由向公司人力资源部门提交书面辞职报告，请求辞去董事和副总经理职务。原告公司董事会于 2007 年 8 月 27 日召开第一届董事会第十五次会议，经过决议，董事会同意被告辞去副总经理职务；按照原告公司章程的规定，董事辞职，自辞职报告到达董事会时生效。被告于 2007 年 8 月 28 日与原告办理了离职手续，原告并且应被告的要求，为其开具了离职证明。但被告出于其他个人目的，于 2007 年 10 月下旬，向佛山市南海区人民法院提起股东权纠纷民事诉讼，称原告第一届董事会第十五次会议决议违法，侵害了他作为董事的权益，请求法院判决撤销。该案引起了新闻媒体的高度关注，多家媒体分别以“休假时秘开董事会写‘休书’”、“副总被炒告董事会”、“雪莱特与原高管对簿公堂”等作了报道，该类报道对原告生产经营以及社会声誉造成了极大负面影响。上述案件在南海区人民法院的审理过程中，被告于 2008 年 3 月 10 日申请撤诉，法院作出裁定，准许被告撤回诉讼。被告为了达到个人目的，滥用《中华人民共和国公司法》赋予的诉权，在毫无事实根据和法律依据的情况下，对原告提起诉讼，在案件经法院两次开庭并引起媒体广泛关注后，随意撤诉，该行为属于明显的滥诉行为，给原告造成了包括股价波动、社会负面评价、支付律师费用等在内的各种损失。故起诉请求：判令被告赔偿经济损失 100256 元（后变更为 130256 元）；判令被告在《证券时报》、《中国证券报》、《上海证券报》、《证券日报》等媒体向原告公开赔礼道歉，消除影响。

被告辩称：被告诉原告股东权纠纷一案，是根据《中华人民共和国公司法》第二十二条所赋予的法定权利，依照法定程序向人民法院起诉，是维护自身权益的合法、正当行为。原告的两项诉讼请求均没有事实和法律依据；原告没有因被告的行为而产生其所称的股份波动、社会负面评价等经济损失；被告的行为与原告所称的经济损失之间也没有必然的因果关系。原告请求被告赔偿其支付的律师费用亦没有法律依据，当事人是否聘请律师是当事人自己的意愿，并不是直接的经济损失，聘请律师的费用应由当事人自己承担。故请法院驳回原告的诉讼请求。

2. 一审事实和证据

广东省佛山市南海区人民法院经公开审理查明：被告担任原告公司董事、副总经理期间，于 2007 年 7 月 25 日向原告提出辞去董事和副总经理职务，原告的人力资源部在当天收取被告的申请。同年 8 月 27 日，原告董事会决议通过被告的辞职议案。2007 年 10 月 19 日，原告的董事长柴国生以被告未遵守在相关文件中作出的承诺和约定，无故辞去董事及副总经理职务为由，向广东省高级人民法院诉请被告返还其持有的公司股票并赔偿损失给原告。该案广东省高级人民法院尚未审结。2007 年 10 月 25 日，被告认为原告在未通知其参加董事会的情况下，召开董事会并决议其辞职的议案，侵害了其作为董事的权益，向本院提起撤销上述董事会决议的诉讼。在案件审理过程中，被告于2008年3月10日向本院撤回起诉，本院裁定准许。因原告系上市公司，原、被告间的纠纷被多家媒体报道。现原告认为被告无故起诉、撤诉，属于滥诉行为，遂诉至本院。

另查明：被告系原告的发起人之一，记载于原告公司章程。

上述事实有下列证据予以证明：

（1）广东省佛山市南海区人民法院（2007）南民二初字第2068号民事裁定书。

（2）广东雪莱特光电科技股份有限公司章程。

（3）广东省高级人民法院（2007）粤高法民二初字第30号受理案件通知书、民事答辩状。

（4）南劳仲案字（2007）632号仲裁裁决书、广东省佛山市南海区人民法院（2008）南民一初字第256－2号民事裁定书。

（5）2007年10月31日原告的诉讼事项公告，2008年3月13日原告的诉讼事项进展公告，2008年4月3日原告的诉讼公告。

（6）被告辞职报告。

（7）原告第一届十四次董事会决议公告，原告第一届十五次董事会会议决议公告、表决票、决议和记录。

（8）广东省高级人民法院柴国生与被告股权案相关法律文件。

（9）多份报纸的报道共12篇。

3. 一审判案理由

广东省佛山市南海区人民法院根据上述事实和证据认为：《中华人民共和国公司法》第二十二条第一、二款规定："公司股东会或者股东大会、董事会的决议内容违反法律、行政法规的无效。股东会或者股东大会、董事会的会议召集程序、表决方式违反法律、行政法规或者公司章程，或者决议内容违反公司章程的，股东可以自决议作出之日起六十日内，请求人民法院撤销。"被告认为原告的董事会会议召开程序违法，向法院诉请撤销，是法律赋予被告作为原告股东的权利。

本案主要争议焦点系被告是否滥用诉权。滥用诉权是指行为人有民事程序的诉权，但是其追求的诉讼目的是正当诉讼目的以外的非法目的，并造成受害人损害，应当承担侵权责任的行为。原告认为被告的目的是为了打赢原告董事长柴国生诉被告股权赠与合同纠纷一案。本院认为，被告为了反驳柴国生诉其未遵守承诺和约定辞职，请求法院确认董事会召开程序违法，符合《民事诉讼法》第六十四条"当事人对自己提出的主张，有责任提供证据"及最高人民法院《关于民事诉讼证据的若干规定》第二条"当事人对反驳对方诉讼请求所依据的事实有责任提供证据加以证明"的规定，故被告诉原告撤销董事会决议的诉讼，并无不当。而被告撤回起诉，亦符合《民事诉讼法》关于当事人诉权行使的规定。综上，原告提交的证据不能证明被告为了非法目的无故起诉，滥用股东权利。

4. 一审定案结论

广东省佛山市南海区人民法院依照《中华人民共和国民事诉讼法》第六十四条、最高人民法院《关于民事诉讼证据的若干规定》第二条、《中华人民共和国公司法》第二十条的规定，作出如下判决：

驳回原告广东雪莱特光电科技股份有限公司的诉讼请求。

本案受理费2905元（原告已预交），由原告承担。

（三）二审诉辩主张

上诉人（原审原告）雪莱特公司上诉称：

（1）原审法院曲解法律，适用法律错误。依据《中华人民共和国公司法》第二十二条规定，股东请求撤销股东会或者股东大会、董事会的决议应当自决议作出之日起60日内提出，且上述法律中规定的“违反”是“实际违反”，并不是股东“认为违反”。对于没有违反法律、行政法规或公司章程作出的决议，《公司法》不仅没有规定股东有提起诉讼的权利，并且为防止股东错误行使权利，在股东提起诉讼时，人民法院可以应公司的请求，要求股东提供相应的担保。此处担保的目的在于防止股东利用股东身份，对符合法律、行政法规、公司章程作出的决议起诉要求撤销，干扰公司正常的生产经营，在股东错误起诉的情况下，此担保用于对公司造成的损失进行赔偿，但原审法院却将《公司法》第二十二条规定引申为“被告认为原告的董事会会议召开程序违法，向法院申请撤销是法律赋予被告作为原告股东的权利”。原审法院扩张并曲解《中华人民共和国公司法》第二十二条的规定，对股东通过诉讼行使撤销董事会决议所应具备的限制性条件进行了扩大，并且对股东依据该条提起诉讼所应承担的义务进行割裂，导致原审判决适用法律错误。

（2）原审法院偏离争议焦点，认定事实错误。本案是“股东滥用股东权利赔偿纠纷”，争议的焦点是李正辉是否滥用了股东权利。原审法院应当就李正辉利用股东身份在没有事实依据的情况下起诉要求撤销董事会决议是否属于对股东权利的滥用，是否应当承担赔偿责任进行审查。但原审法院在判决书中却将本案争议的焦点归结为“李正辉是否滥用诉权”，进而推论“李正辉诉雪莱特公司撤销董事会决议的诉讼，并无不当，而李正辉撤回起诉，亦符合《民事诉讼法》关于当事人诉权行使的规定”。“诉权”与“股东权利”是两个完全不同的权利。行使股东的权利可以通过行使诉权来实现，但诉权本身并不是股东权利。对于滥用诉权应当承担的民事责任，依据的是《中华人民共和国民事诉讼法》和《中华人民共和国民法通则》等法律；而对于滥用股东权利承担的民事责任，除了依据《中华人民共和国民法通则》外，主要根据《中华人民共和国公司法》和公司章程。显然，李正辉利用股东身份提起诉讼只是其行使股东权利的表现形式，是否滥用股东权利和是否滥用诉权并无必然联系。但原审法院却将“滥用股东权利”与“滥用诉权”进行混淆，对李正辉是否滥用股东权利不进行审查，而审查李正辉是否滥用诉权。对应当审查的事实没有审查，对可以不审查的事实却作为“焦点”审查，从而必然导致判决结果错误。

（3）李正辉滥用股东权利造成雪莱特公司损失，应承担民事责任。李正辉是否滥用股东权利不仅取决于李正辉是否有权提起诉讼，还取决于李正辉提起诉讼有无事实和法律依据。李正辉在行使《中华人民共和国公司法》第二十二条所赋予的权利时，必须有充分的事实和法律依据能够“证明”董事会的会议召集程序、表决方式违反法律、行政法规或公司章程，或者决议内容违反公司章程，而不仅仅是“认为”董事会的会议召集程序、表决方式违反法律、行政法规或公司章程，或者决议内容违反公司章程。如果股东在提起诉讼后不能证明董事会的会议召集程序、表决方式违反法律、行政法规或公司章程，或者决议内容违反公司公章，就属于对股东权利的滥用，就应当承担民事责任。在李正辉作为原告起诉撤销雪莱特公司第一届董事会第十五次会议决议案件中，原审人民法院已根据雪莱特公司的申请责令李正辉提供了担保，此担保的意义正在于让李正辉在起诉不能证明其诉讼主张时对应当承担责任的担保，但李正辉在原审法院两次开庭审理、案件经媒体大众广泛关注后，突然撤诉。显然，李正辉的诉讼主张没有得到人民法院的证明，其随意起诉、撤诉的行为已经构成滥用股东权利。

（4）一审法院是枉法判决。在本案之前双方有股东权纠纷，此案中李正辉于2008年3月10日向原审法院申请撤诉。在李正辉申请撤诉的当日，原审法院就允许撤诉，当日发还担保款。原审法院在对待本案的处理过程中超出了当事人能够正常理解的范围。在之后，雪莱特公司起诉李正辉滥用股东权利的过程中，原审法院错误归纳争议焦点以便于枉法裁判。

据此请求：（1）撤销原判；（2）判令李正辉赔偿雪莱特公司经济损失130256元；（3）判令李正辉在《证券时报》、《中国证券报》、《上海证券报》、《证券日报》等媒体向雪莱特公司公开赔礼道歉、消除影响；（4）判令李正辉承担一、二审全部诉讼费用。

被上诉人（原审被告）李正辉辩称：

（1）一审认定事实清楚，证据充分，雪莱特公司一审诉讼请求及上诉请求没有法律和事实依据。李正辉根据《中华人民共和国公司法》第二十二条的规定提起股东权纠纷诉讼是行使法律赋予的股东权利，采取的是法定方式，行为和目的是合法、正当的。雪莱特公司在上诉状中将股东权和诉权进行泾渭分明的划分，是仅凭其见解进行，在股东权和诉权间，任意混淆和偷换概念，不顾自己一审时的事实与理由。雪莱特公司认为李正辉的诉讼行为造成了公司股价波动、社会负面评价、支付律师费用等在内的各种损失130256元，没有事实依据，雪莱特公司一直以来都公告称诉讼案件对公司利润没有影响，雪莱特公司也没有提供因李正辉与雪莱特公司的股东权纠纷案而遭受到的损失和有负面评价的证据，所提供的证据与其证明内容完全无关联。雪莱特公司将多宗案件的律师费及律师消费票据作为经济损失的唯一依据。当事人是否请律师是当事人自己的选择，也由当事人自己承担责任。本案是股东滥用股东权利索赔纠纷，雪莱特公司要求李正辉赔礼道歉、消除影响没有事实与法律依据，上诉请求混杂名誉权纠纷。李正辉的诉讼行为没有造成雪莱特公司的所谓名誉损失。

（2）一审判决适用法律正确。雪莱特公司曲解了《中华人民共和国公司法》第二十二条的规定。一审法院与李正辉认为撤诉是法律赋予李正辉的权利，撤诉并不代表雪莱特公司第一届董事会第十五次会议没有违反法律法规及公司章程，也不能否认李正辉提供给法院证明雪莱特公司董事会会议违法事实的证据及相关法律依据。

（3）雪莱特公司第一届董事会第十五次会议是一次严重违反《公司法》和《证券法》以及公司章程的违法会议。根据前述法律规定，对照雪莱特公司的会议公告和会议记录所表述的内容、召集程序和表决方式，就能够判断董事会议严重违法。首先，虚构、捏造董事会于2007年8月25日收到李正辉提交的辞职报告谎言。其次，召集程序违反《公司法》、公司章程及深交所的规定。再次，表决方式违反《公司法》第一百一十三条规定："董事会会议，应有董事本人出席。"公司章程第一百四十条也明确规定："董事会决议表决方式为：举手或投票表决。"雪莱特公司第十五次会议公告中却称用通讯表决方式，没有公告采用什么通讯方式表决。

（4）雪莱特公司关于原审枉法判决的理由纯粹是虚假猜测和妄自捏造。

综上所述，一审判决认定事实清楚，恳请二审人民法院依法予以维持，驳回雪莱特公司的上诉请求。

（四）二审事实和证据

广东省佛山市中级人民法院对一审查明的事实予以确认。

另查明：2007年7月25日李正辉向雪莱特公司提交的辞职报告主要内容为：辞去董事

和副总经理职务。同年 8 月 27 日，雪莱特公司第一届董事会第十五次会议以通讯表决方式召开，并形成决议，决议主要内容为：李正辉辞去董事职务，自辞职报告送达董事会时生效。李正辉辞去副总经理职务，自本董事会决议通过后生效。

二审期间，上诉人雪莱特公司及被上诉人李正辉均没有提交新证据。

（五）二审判案理由

广东省佛山市中级人民法院根据上述事实和证据认为：本案争议的焦点有二：一是李正辉是否滥用了《中华人民共和国公司法》第二十二条所赋予其身为雪莱特公司股东所特有的诉权？二是如果李正辉滥用《中华人民共和国公司法》赋予的诉权，应如何确认其应承担的责任？

1. 关于李正辉是否滥用了《中华人民共和国公司法》第二十二条规定之诉权的问题。《中华人民共和国公司法》第二十二条第二款规定："股东会或者股东大会、董事会的会议召集程序、表决方式违反法律、行政法规或者公司章程，或者决议内容违反公司章程的，股东可以自决议作出之日起六十日内，请求人民法院撤销。"雪莱特公司上诉称，《中华人民共和国公司法》第二十二条中规定的"违反"是"实际违反"，并不是股东"认为违反"，如果股东在提起诉讼后不能证明董事会的会议召集程序、表决方式违反法律、行政法规或公司章程，或者决议内容违反公司章程，就属于对股东权利的滥用。对此，本院认为《中华人民共和国公司法》第二十二条关于董事会决议撤销之诉的规定是基于对中小股东的保护，提起诉讼的股东对董事会决议"违反"相关规定的判断必将以其个人的视角为基础、伴随其自身对事件的感知和判断，至于董事会决议是否违反了相关规定应予以撤销的判断与裁量权在人民法院。若以股东在提起诉讼后能否充分证明其主张以得到法院的支持来判断股东是否滥用了《中华人民共和国公司法》第二十二条赋予其的诉权，对于股东而言义务过重。故雪莱特公司关于李正辉滥用《中华人民共和国公司法》赋予的诉权的理由本院不予采信。但本案中，李正辉于 2007 年 7 月 25 日向雪莱特公司提交辞职报告请求辞去董事和副总经理职务。同年 8 月 27 日，雪莱特公司召开第一届董事会第十五次会议并形成决议，同意李正辉辞去董事和副总经理职务。董事会决议的内容与李正辉的辞职请求一致。但 2007 年 10 月 25 日，李正辉以雪莱特公司董事会会议召开程序及作出的决议违法为由，向法院提起撤销董事会决议之诉。李正辉作为上市公司的高层管理人员，在董事会决议内容完全尊重其个人请求的情形下却提起撤销董事会决议的撤销之诉。在正常情形下，撤销之诉产生的后果为撤销董事会同意李正辉辞去董事和副总经理职务的决议，这一后果与李正辉之前向公司提交的辞职报告相悖，由此完全可得出李正辉提起撤销之诉的诉讼目的并不在于实现撤销之诉正当的诉讼目的，故应认定其滥用了《中华人民共和国公司法》第二十二条的规定的相关诉权。综上，虽然本院不采信雪莱特公司关于李正辉构成滥用《中华人民共和国公司法》赋予的诉权的理由，但对雪莱特公司关于李正辉滥用《中华人民共和国公司法》赋予的诉权的上诉主张予以支持。

2. 关于李正辉滥用《中华人民共和国公司法》赋予的诉权之责任确定的问题。雪莱特公司称李正辉滥用股东权利造成其经济损失 130256 元，其中律师费 80000 元、差旅费 17026 元、其他损失 33050 元，因律师费并非此类诉讼的必需支出，雪莱特公司对其他损失未能提供相应证据，故本院对律师费及其他损失不予支持。关于雪莱特公司主张的差旅费，因雪莱特公司提供的差旅费依据皆为飞机票和出租车车票，并非差旅的最经济方式，故本院酌情支持 10000 元差旅费。关于雪莱特公司要求李正辉赔礼道歉、消除影响的请求，因该类案件并不涉及雪莱特公司的名誉或商誉，故对雪莱特公司的这一请求本院不予支持。

（六）二审定案结论

广东省佛山市中级人民法院根据《中华人民共和国民事诉讼法》第一百五十三条第一款第（三）项的规定，判决如下：

1. 撤销广东省佛山市南海区人民法院（2008）南民二初字第738号民事判决；

2. 李正辉于本判决生效后10日内向广东雪莱特光电科技股份有限公司赔偿经济损失10000元；

3. 驳回广东雪莱特光电科技股份有限公司的其他诉讼请求。

（七）解说

2008年4月1日生效的《民事案件案由规定》新增加了股东滥用股东权利赔偿纠纷案由，本案被媒体称为该案由规定生效后的第一件股东滥用股东权利赔偿纠纷案，同时也是上市公司诉股东滥用权利第一案。

禁止滥用权利是民法的基本原则之一，该原则最早于1909年《德国民法典》引入商法领域。如何界定权利滥用，学界根据不同的标准有不同的学说，主要学说有：恶意说，即从主观角度出发，认为权利的行使不得抱有恶意，即不得以损害他人为目的；本旨说，即认为权利的本旨在于权利的社会性，权利行使应当遵守诚实信用原则；界限说，即认为权利的滥用归结为对权利行使正当界限的超越。《中华人民共和国公司法》第二十条规定："公司股东应当遵守法律、行政法规和公司章程，依法行使股东权利，不得滥用股东权利损害公司或者其他股东的利益"；"公司股东滥用股东权利给公司或者其他股东造成损失的，应当依法承担赔偿责任。"上述规定从宏观上确立了禁止股东滥用股东权利的原则，但对于依据什么标准认定股东滥用股东权利，法律并没有明确规定。

雪莱特公司认为李正辉构成滥用股东权利的界定标准与界限说相似，即以李正辉没有事实和法律依据提起撤销之诉，不正确行使《中华人民共和国公司法》第二十二条规定赋予的股东权从而构成滥用。但是《中华人民共和国公司法》第二十二条的行使要件就是以股东个人视角为基础，而不需要以董事会决议"事实"上违反规定为要件。因此雪莱特公司以李正辉权利行使的方式不当作为主张李正辉滥用权利的基础并无不当，但其所理解《中华人民共和国公司法》第二十二条的权利行使要件不正确，导致整个立论丧失基础。

二审法院认定李正辉滥用权利，其根本原因是李正辉的前后行为违反了诚信原则。李正辉的辞职报告明确提出请求辞去董事和副总经理职务，其却在董事会决议的内容完全尊重其个人请求的情形下提起撤销该决议的诉讼，行为前后矛盾，行为效果相悖，可推定其诉讼的目的并不在于实现撤销之诉的正当诉讼目的。考察雪莱特公司与李正辉之间的连串诉讼：2007年7月25日，李正辉向雪莱特公司提交辞职报告，拟月末辞去董事和副总经理职务；雪莱特公司董事会同意。2007年9月29日，雪莱特公司董事长柴国生向广东省高级人民法院提起诉讼，以李正辉未履行协议和承诺为由，要求返还公司股票5223886股、赔偿经济损失17812080.45元。该纠纷涉及价值上亿元的股权，被称作国内首例股权激励纠纷案。该案尚未开庭审理期间，李正辉于2007年11月在佛山市南海区人民法院起诉雪莱特公司董事会决议违法，要求撤销决议恢复其股东权益。2007年12月，李正辉不满劳动仲裁，在佛山市南海区人民法院提起劳动争议诉讼，要求法院确认雪莱特公司违法解除与其劳动关系，应向其支付经济补偿金18.6万元、额外经济补偿金9.3万元、董事津贴27万元。2008年1月，广东省高级人民法院开庭审理了前述柴国生诉李正辉的股权激励纠纷案。2008年3月10

日，李正辉向佛山市南海区人民法院申请对两案件撤诉，法院当日裁定准许。如果没有李正辉事前提交辞去董事和副总经理的申请这个与后面提起诉讼的效果完全相反的行为，即使事后李正辉行使《中华人民共和国公司法》第二十二条规定的权利提起撤销董事会决议诉讼的根本动因是希望形成作为股权激励纠纷案判定的先决条件的既判事实，认定其行为构成股东权利滥用的依据仍然是不充分的。因为目的是主观范畴的证明对象，没有行为人外化的行为，不能仅凭常理或人之常情对行为人行使权利的目的作出推断，更勿用说对目的的正当性作出评价。

本案在如何界定股东滥用股东权利问题上具有典型性和示范性，认定权利滥用的恶意说、界限说和本旨说都在当事人的主张或法院的判定依据中有所体现。不同的方法从不同角度揭示了权利滥用的界定方式，应根据案件特点选择适合的标准。在认定股东是否构成滥用股东权利的纠纷中，既要看权利人有无滥用权利的故意或过失，更要重点考察其行使权利的背景、客观方式和结果，通过外化的行为推定其目的从而准确界定权利滥用的维度。

（广东省佛山市南海区人民法院　方　菲）

43. 叶宇文诉沛县舜天房地产开发有限公司股权转让案
（公司收购股东股份）

（一）首部

1. 判决书字号

一审判决书：江苏省徐州市中级人民法院（2007）徐民二初字第 0090 号民事判决书。

二审判决书：江苏省高级人民法院（2008）苏民二终字第 0048 号民事判决书。

2. 案由：股权转让纠纷。

3. 诉讼双方

原告（被上诉人）：叶宇文，女，1970 年 12 月生，汉族，住浙江省泰顺县罗阳镇白溪村。

委托代理人（一、二审）：刘茂通，江苏徐州金华星律师事务所律师。

委托代理人（二审）：竺亚强，江苏南京益和律师事务所律师。

被告（上诉人）：沛县舜天房地产开发有限公司（以下简称舜天公司），住所地：江苏省徐州市沛县温州商贸城。

法定代表人：陈井彪，该公司董事长。

委托代理人（一、二审）：李强，江苏徐州竞自由律师事务所律师。

委托代理人（二审）：魏德顺，江苏徐州清正苑律师事务所律师。

4. 审级：二审。

5. 审判机关和审判组织

一审法院：江苏省徐州市中级人民法院。

合议庭组成人员：审判长：单云娟；审判员：孙燕；代理审判员：庄红。

二审法院：江苏省高级人民法院。

合议庭组成人员：审判长：葛晓燕；审判员：丁争鸣；代理审判员：史留芳。

6. 审结时间

一审审结时间：2007年11月27日。

二审审结时间：2008年12月10日。

（二）一审诉辩主张

原告叶宇文诉称：原告原是舜天公司股东，投入资金129万元。2007年4月2日，舜天公司股东会决议决定，对于不在4月17日前投入增资资金的股东，以月息4分给予计息结算其在该公司所拥有的股份，该结算的投资本息，由该公司支付。2007年4月6日，根据该股东会决议，同舜天公司签订了股份转让协议，该协议约定原告将总投资129万元作价295.18万元转让给舜天公司。但是，舜天公司支付原告50万元后，余款至今未付。原告多次催要未果，故诉至法院，请求法院依法判决舜天公司支付股权转让款245.18万元，并且从2007年4月17日开始按月息10‰支付利息到判决确定支付之日，诉讼费用由舜天公司负担。

被告舜天公司辩称：本案是股权转让纠纷，股权受让人应该是公司原股东或者其他第三人，而双方签订的股权转让协议中受让方是公司，违反了《公司法》中关于股东不得撤回出资的规定，因而该股东会决议及股权转让协议均无效，原告的诉请不能成立。

（三）一审事实和证据

江苏省徐州市中级人民法院经审理查明：2004年9月10日，叶宇文、陈井彪、黄方存分别出资100万元、250万和150万元，共计500万元作为注册资本，投资设立舜天公司。此后舜天公司的股东以及注册资本多次变更。2005年12月1日，公司注册资本增加到1080万元，其中，叶宇文出资108万元，占公司注册资本的10%。2007年4月2日上午9时，舜天公司召开股东会并作出决议。该决议第二条内容为："会议决定一起拿下沛县新城开发区文化路南北的二、三期总面积为268.1亩的土地。为此公司内部要进行增资，增资总额为2180万元。对原股份按投入实际时间以月息三分计息。若是不能按比例在本月的17日前投入增资部分资金的，以月息四分给予计息，结算其在本公司所拥有的股份；该结算的投资本息，公司若是由于资金周转困难无法及时给予支付的，作为本公司的暂借款，本公司按月息一分计息，但是支付时间从结算日起不得超过半年。"同日下午1时，舜天公司股东大会对该条决议作出补充决议，内容为："针对早上股东会决议的第二条补充，公司如在本年10月17日前未能支付清所退还公司股份的股东全额本息款项，原股东有权恢复股份，并按公司的总投入资金比例计算份额。"

2007年4月6日，叶宇文、舜天公司根据上述两份股东会决议，签订股权转让协议。协议约定："叶宇文将总投资129万元作价295.18万元转让给舜天公司；舜天公司于2007年4月17日支付95.18万元，余下的200万元以月息10‰计算，于6个月（2007年10月17日）内付清。公司如在本年10月17日前未能支付清所退还公司股份的股东全额本息款项，原股东有权恢复股份，并按公司的总投入资金比例计算份额。"该协议加盖了舜天公司的公司印章，股东项维富、王应松作为公司代表在该协议上签字。协议签订后，双方一直未办理工商登记变更手续。2007年4月17日，舜天公司向叶宇文支付了50万元转让款，余款至今未付。

上述事实有下列证据证明：

1. 舜天公司的工商登记材料及 2006 年舜天公司股东投资明细。

2. 2007 年 4 月 2 日上午 9 时和当日下午 1 时召开的两次股东会形成的两份舜天公司股东会决议及 2007 年 4 月 6 日叶宇文与舜天公司签订的股权转让协议。

3. 一份特快专递的收据联和催款函。

（四）一审判案理由

江苏省徐州市中级人民法院根据上述事实和证据认为：舜天公司于 2007 年 4 月 2 日形成的两份股东会决议，其内容均包括：如股东不按公司内部增资的要求投入资金，公司将以月息 4 分结算其股份。该决议系公司全体股东行使股东权，就公司决定增资时，对异议股东的股权处置方案的决议，是全体股东的共同意思表示。该决议内容不违反法律、行政法规及公司章程的规定，具有约束公司及全体股东的效力。

叶宇文与舜天公司根据上述股东会决议签订的股权转让协议，从内容上看是一份公司回购股东股权的合同。一般情形下，禁止公司收购本公司股份是资本维持原则的要求，其目的是为了防止资本的实质减少，保护债权人利益。本案中，在舜天公司的发展过程中，其公司资本额一直处于增加状态。至 2007 年 4 月 2 日的股东会形成决议，该公司决定增资到 2180 万元，即使在叶宇文依照股东会决议与公司签订了股权转让协议，舜天公司将其股份回购后，公司股东执行增资决议，亦增加了注册资本。因此，减少叶宇文股权 108 万元的行为并没有损害他人的权益，也没有违反资本维持原则，其仅是公司的内部行为。双方签订的股权转让协议是叶宇文与舜天公司双方合意一致的结果，不违反有关法律的强制性规定，且其已实际部分履行，故对其效力予以认定。舜天公司辩称，按照《公司法》第一百四十三条规定，公司不得收购本公司股份。法院认为，该法律条文是对股份有限公司关于股份的发行和转让的规定，并不适用于有限责任公司。而本案中的舜天公司是经工商部门登记注册的有限责任公司，对于该有限责任公司与股东签订的股权转让协议的效力，在《公司法》中并没有关于对其应认定为无效的禁止性规定，因此，遵循合同解释中的有效解释和促进交易原则应当认定该份股权转让协议有效。

关于利息计算问题，叶宇文要求以欠款 245.18 万元为本金，以月息 10‰计付利息自 2007 年 4 月 17 日起至判决确定之日。法院认为，根据双方签订的股权转让协议的约定，其仅对余下的 200 万元约定了月息 10‰，从 2007 年 4 月 18 日计算至 2007 年 10 月 17 日，共计 6 个月，法院对该利息予以认定，舜天公司应当支付该笔利息。在 2007 年 10 月 17 日之后，舜天公司仍未履行付款义务，应继续支付利息。因此，舜天公司应承担该 200 万元的相应利息的支付责任。对于叶宇文要求另外所欠本金 45.18 万元亦以约定的利率计算利息的请求，法院不予支持，因舜天公司一直未支付该款，应承担叶宇文的实际损失，即以同期银行贷款利率计息。

综上，舜天公司未按股权转让协议继续履行付款义务属违约行为，其应当按约支付相关款项并承担相应的违约责任。

（五）一审定案结论

江苏省徐州市中级人民法院依据《中华人民共和国合同法》第六十条、第一百零七条、第一百零八条，《中华人民共和国公司法》第三十八条的规定，判决如下：

1. 舜天公司于判决生效后 10 日内支付给叶宇文股权转让款 245.18 万元；

2. 舜天公司于判决生效后 10 日内支付给叶宇文利息（本金 45.18 万元，自 2007 年 4 月 18 日起至本判决确定履行义务之日止，按中国人民银行同期贷款利率计算；本金 200 万元，自 2007 年 4 月 18 日起至本判决确定履行义务之日止，按月息 10‰计算）。

（六）二审情况

1. 二审诉辩主张

舜天公司上诉称：第一，一审法院认定股东会决议有效违反了《公司法》关于资本维持的法律规定。2007 年 4 月 2 日两份股东会决议的实质是股东间就增资等问题所签订的一份协议，与公司无关。股东们要求公司对未能履行增资约定的股东“结算”股份，实际处分了公司的财产，等同于股东抽回出资，有违资本维持和资本充实原则，动摇了公司的财产基础，损害了公司利益和债权人利益。《公司法》第三十六条规定：“公司成立后，股东不得抽逃出资。”舜天公司章程第十六条第（三）项规定了股东应承担的义务：“在公司登记后不得撤回出资。”在《公司法》和该公司章程有明确规定的情况下，一审法院却认定协议有效，违反了法律规定。第二，一审法院对有关事实认定错误。一审法院确定本案为公司回购股东股份的合同，认为一般情形下禁止公司收购本公司股份是资本维持原则的要求，却又认为公司股东执行增资决议增加了注册资本，减少叶宇文股权 108 万元并未损害他人的权益，也没有违反资本维持原则。根据以上论述，可以确定股权转让协议有效的前提，必须是公司增资计划得到履行并且款项全部到位。但一审法院对此款项有没有到位没有进行审查，事实上股东们没有进行任何增资。同时，一审法院没有分清本案“增资”和“增加注册资本”区别，股东投入的注册资本应当被记载为实收资本，而本案“增加投资”是公司通过融资方法获取资金，一审法院认为“股东执行增资决议，亦增加了注册资本”显然错误。第三，一审法院认为一般情形下禁止公司收购本公司股份，同时认为“公司法中并没有关于对其应认为无效的禁止性规定”，相互矛盾。本案为公司股权转让纠纷，一审法院判决却适用《合同法》进行裁判，适用法律不当；一审法院适用的《公司法》第三十八条，则与本案无关。

被上诉人叶宇文未作书面答辩，其在庭审中辩称：原审认定事实清楚，适用法律正确。请求驳回上诉，维持原判决。

2. 二审事实和证据

江苏省高级人民法院经审理，确认了一审查明的事实。

另查明：至本案二审法庭辩论终结之前，舜天公司的注册资本未发生变更。

3. 二审判案理由

江苏省高级人民法院根据上述事实和证据认为：舜天公司 2007 年 4 月 2 日召开的股东会作出的决议系全体股东按照该公司章程规定，就公司业务开展及资金来源等事项作出的决议，并就公司在一定情形下收购股权作出规定，该决议经全体股东一致同意。之后，叶宇文与舜天公司根据上述股东会决议签订股权收购协议，将叶宇文的股份及投入资金以 295.18 万元的价格转让给舜天公司。该股权收购协议是当事人的真实意思表示，符合合同成立要件。结合《公司法》关于资本维持原则的规定、《合同法》第五十二条的规定以及案件事实综合分析，本案所涉股东会决议和股权收购协议均应认定为合法有效。

确认本案股东会决议和股权收购协议的效力不违反公司资本维持原则。资本维持原则是指在公司设立后，必须实际保持与注册资本相当的资本或财产，实行这一原则的目的是维持公司资本，保护公司债权人利益和维护交易安全。这一原则在法律上的具体体现就是《公司法》第三十六条规定的“公司成立后，股东不得抽逃出资”。这一规定与修订前的《公司法》第三十四条“股东在公司登记后，不得抽回出资”是有所区别的。本院认为，现行《公司法》并非绝对禁止有限责任公司设立后股东以合法方式收回资本，而是禁止以逃避债务为目的、造成债权人利益受损的方式抽逃资本。《公司法》第三十六条规定的“抽逃出资”，应当是指以逃避债务为目的的非法行为，其结果是导致公司法定资本的绝对减少和对公司债权人利益的损害。因此，判断本案所涉股权收购协议是否有效，不应仅仅依据出资是否被抽回，而是应当根据缔约时是否以损害债权人利益为目的，客观上是否给债权人利益造成损害的事实进行确认。

（1）现行《公司法》并不禁止有限责任公司股东以合法方式收回股本退出公司。《公司法》第七十五条第一款规定：“有下列情形之一的，对股东会该项决议投反对票的股东可以请求公司按照合理的价格收购其股权：（一）公司连续五年不向股东分配利润，而公司该五年连续盈利，并且符合本法规定的分配利润条件的；（二）公司合并、分立、转让主要财产的；（三）公司章程规定的营业期限届满或者章程规定的其他解散事由出现，股东会会议通过决议修改章程使公司存续的。”该条款赋予股东于特定情况下请求公司收购股权的权利。同时，《公司法》第七十五条并未为公司和股东在规定情形外设定不作为义务，即没有禁止公司与股东之间在其他情况下达成收购股权的合同行为。最高人民法院《关于适用〈中华人民共和国公司法〉若干问题的规定（二）》第五条规定：“人民法院审理解散公司诉讼案件，应当注重调解。当事人协商同意由公司或者股东收购股份，或者以减资等方式使公司存续，且不违反法律、行政法规强制性规定的，人民法院应予支持。当事人不能协商一致使公司存续的，人民法院应当及时判决。经人民法院调解公司收购原告股份的，公司应当自调解书生效之日起六个月内将股份转让或者注销。股份转让或者注销之前，原告不得以公司收购其股份为由对抗公司债权人。”该司法解释的意旨在于：一方面，法律允许公司与其股东之间以协议方式收购股权；另一方面，在收购的股份转让或注销之前，股东不得以公司收购其股份为由对抗公司债权人。

因此，根据文义解释的规则，不能得出除《公司法》第七十五条规定的情形外，公司与股东之间不能达成股权收购协议的结论，即法律不禁止《公司法》第七十五条规定的情形以外以协议方式收购股权。本案所涉股权收购协议，不违反《公司法》第七十五条规定。

（2）本案股权收购协议的当事人并非以损害债权人利益为目的，客观上也未损害债权人利益。从合同目的看，舜天公司与叶宇文达成股权收购协议的原因在于，在叶宇文不能满足舜天公司对股东提出的大幅度增加投资的要求的情况下，公司与股东达成协议，赋予了叶宇文退出公司的权利，所以双方所签合同并非以逃避债务、损害债权人利益为目的。就合同履行的结果而言，从舜天公司设立之后至本案诉讼之前的股东资金投入的事实分析，叶宇文等10人共计投入资金1362.5万元，其中注册资本为1080万元，注册资本外的资金为282.5万元，叶宇文合计投入129万元，其中注册资本为108万元。2007年4月6日，叶宇文与公司签订的股权转让协议的内容，不仅包括了占注册资本10%的股权108万元的收购，还包括注册资金之外的21万元资金收回。叶宇文投入的资金129万元从舜天公司股东投入的全部资金1362.5万元中扣除后，舜天公司的股东投入的资金仍有1233.5万元，舜天公司只需调整其余股东的投资比例，并在工商行政管理机关进行相应的变更登记，不会因受让叶宇文股份导致公司注册资本的减少，没有损害债权人利益。参照最高人民法院《关于适用〈中华人民共和国公司法〉若干问题的规定（二）》第五条的规定，受让股权的公司有义务在合理期限内将收购的股权及时转让或者办理减资手续。股份转让或者注销之前，股权出让人不得以公司收购其股份为由对抗公司债权人。因此，在舜天公司及时履行相关股权转让手续或者减资手续的情况下，不会损害公司债权人利益，股权收购协议也不违反《合同法》第五十二条关于合同效力的规定。

此外，关于股权收购协议约定的增资性质，虽然股东会决议并未明确是增加公司注册资本，诉讼中本案当事人一致确认公司增资的目的是为了开发新的项目，且自该次舜天公司股东会决议至本案二审法庭辩论终结之前，舜天公司在工商登记中公司注册资本未发生变化。但公司要求股东增加的投资最终究竟是作为新增注册资本还是作为公司对股东的应付款，属于公司自治范畴，对本案处理结果无实质影响。

综上，舜天公司股东会决议和与叶宇文签订的股权转让协议合法有效，叶宇文据此要求舜天公司继续履行股权转让协议、支付剩余股权转让款的诉讼请求成立，应当予以支持。而且考虑到有限责任公司的人合性，叶宇文与舜天公司签订股权转让协议履行之后，有利于舜天公司的正常经营发展。舜天公司应当且有条件及时安排其他股东受让叶宇文转让的股份或者履行减资手续，以保护公司债权人的利益。股份转让或者注销之前，叶宇文不得以公司收购其股份为由对抗公司债权人。原审认定事实清楚，适用法律正确，判决并无不当，应予维持。舜天公司的上诉理由依据不足，应予驳回。

4. 二审定案结论

江苏省高级人民法院依照《中华人民共和国民事诉讼法》第一百五十三条第一款第（一）项，《中华人民共和国公司法》第三十六条、第七十五条，最高人民法院《关于适用〈中华人民共和国公司法〉若干问题的规定（二）》第五条之规定，判决如下：

驳回上诉，维持原判。

（七）解说

本案争议焦点是涉案股东会决议和股权收购协议的效力问题。这一效力认定涉及对《公司法》第七十五条公司可以向股东回购股份与第36条公司股东不得抽逃出资两个规定及其关系的正确解读，同时应当结合案件事实考察是否损害债权人利益综合判断认定。

《公司法》第七十五条是关于异议股东的股份回购请求权的规定，这是2005年《公司法》第二次修订新增加的条文。这一制度设计的宗旨是在公司出现重大变故、直接影响到股东的切身利益时，保护那些意欲通过转让股权退出公司的少数股东的利益。《公司法》第七十五条规定了异议股东行使股份回购请求权的法定条件。而本案是公司为求发展，由股东大会决议股东退出公司的情形，不属于《公司法》第七十五条规定的情形。应当说，《公司法》第七十五条是一项赋权性条款，赋予股东于特定情况下请求公司收购股权的权利，对该条款并未为公司和股东在规定情形外设定不作为义务，即没有禁止公司与股东之间在其他情况下达成收购股权的合同行为。这一理解可以在2008年5月公布实施的最高人民法院《关于适用〈中华人民共和国公司法〉若干问题的规定（二）》第五条的规定中得到印证。该条规定虽然针对解散公司诉讼案件，但同时规定："当事人协商同意由公司或者股东收购股份，或者以减资等方式使公司存续，且不违反法律、行政法规强制性规定的，人民法院应予支持。"且在收购的股份转让或注销之前，股东不得以公司收购其股份为由对抗公司债权人。因此，认定股权转让协议的效力并不违反《公司法》第七十五条的规定。

资本维持原则是指在公司设立后，必须实际保持与注册资本相当的资本或财产，实行这一原则的目的是维持公司资本，保护公司债权人利益和维护交易安全。以上对《公司法》第七十五条及其司法解释的解读，与公司资本维持原则也并不矛盾。《公司法》第三十六条规定的"公司成立后，股东不得抽逃出资"与修订前的《公司法》第三十四条"股东在公司登记后，不得抽回出资"的区别在于：现行《公司法》并非绝对禁止有限责任公司设立后股东以合法方式收回资本，而是禁止以逃避债务为目的，造成债权人利益受损的方式抽逃资本。

判断本案所涉股权收购协议是否有效，不应仅仅依据出资是否被抽回，而是应当根据缔约时是否以损害债权人利益为目的，客观上是否给债权人利益造成损害的事实进行综合评判。

二审法院分别从本案股权收购协议当事人的合同目的、合同履行的结果进行具体分析，从而得出了本案股权收购协议的当事人并非以损害债权人利益为目的，客观上也未损害债权人利益的结论，据此判决确认本案所涉股权收购协议的效力是恰当的。

（江苏省高级人民法院　葛晓燕）

44. 徐宗华诉董绪开等确认股权转让合同无效案

（一）首部

1. 判决书字号

一审判决书：江苏省徐州市鼓楼区人民法院（2007）鼓民二初字第 0019 号民事判决书。

二审判决书：江苏省徐州市中级人民法院（2008）徐民二终字第 0474 号民事判决书。

2. 案由：职工股权转让纠纷。

3. 诉讼双方

原告（被上诉人）：徐宗华，男，1963 年 9 月 17 日生，汉族，徐州华阳棉业有限公司职工。

委托代理人（一、二审）：王旭，江苏徐州圆点律师事务所律师。

被告：徐州华阳棉业有限公司工会委员会，住所地：徐州市经济开发区大庙镇。

法定代表人：魏云法，该委员会主席。

委托代理人（一、二审）：吴忠民，江苏徐州金汉都律师事务所律师。

被告：张玲，女，1976 年出生，汉族，徐州华阳棉业有限公司职工。

被告：任美玲，女，1969 年 4 月 4 日生，汉族，个体工商户。

委托代理人（一、二审）：吴忠民，江苏徐州金汉都律师事务所律师。

被告：刘荣启，男，1963 年出生，汉族，徐州华阳棉业有限公司职工。

被告（上诉人）：董绪开，男，1965 年 11 月 8 日生，汉族，徐州华阳棉业有限公司董事长。

委托代理人（一、二审）：吴忠民，江苏徐州金汉都律师事务所律师。

被告：胡孝銮，女，1976 年 11 月生，汉族，无业。

被告（上诉人）：陈启华，男，1958 年 8 月 25 日生，汉族，徐州华阳棉业有限公司职工。

委托代理人（一、二审）：吴忠民，江苏徐州金汉都律师事务所律师。

4. 审级：二审。

5. 审判机关和审判组织

一审法院：江苏省徐州市鼓楼区人民法院。

合议庭组成人员：审判长：吴修新；审判员：庞玉石、周秀峰。

二审法院：江苏省徐州市中级人民法院。

合议庭组成人员：审判长：孙燕；代理审判员：王兴、任经华。

6. 审结时间

一审审结时间：2008 年 4 月 22 日。

二审审结时间：2008 年 9 月 16 日。

（二）一审诉辩主张

原告徐宗华诉称：原告原是铜山县大庙轧花厂职工。2000 年在该厂改制为徐州华阳棉业有限公司（以下简称华阳公司）时，被告华阳公司工会、陈启华作为股东分别持有该公司 53.45%、46.55%的股份，原告与张玲、任美玲、刘荣启、董绪开、胡孝銮等五被告均是华阳公司工会（持股会）的会员。2004 年，持股会成员张玲、任美玲、刘荣启、董绪开、胡孝銮将其所持股份 10.8 万元转让给被告陈启华，华阳公司工会没有履行任何程序即协助办理了股权转让，该行为使公司持股比例发生变化，严重侵犯了原告及其他持股会成员的利益，侵犯了原告的优先购买权，也违背了持股会章程，故诉请法院确认以上股权转让合同无效。

被告华阳公司工会委员会、任美玲、董绪开、陈启华辩称：原告不符合起诉的条件，因其不是股权转让合同的当事人，与股权转让行为并无法律上的利害关系；本案超过诉讼时效，因为该股权转让行为在 2003 年 9 月即完成，并于 2004 年初在工商部门登记公示，至原告起诉时已经超过两年诉讼时效期间；该股权转让行为履行完毕且进行了工商登记备案，根据江苏省高级人民法院《关于适用公司法若干问题的意见》中关于股权转让效力的有关规定，应认为是合法有效的。请求法院驳回原告的诉讼请求。

被告刘荣启辩称：其与陈启华签订的股权转让协议无效。

被告张玲、胡孝銮未到庭，也未提交书面答辩状。

（三）一审事实和证据

江苏省徐州市鼓楼区人民法院经审理查明：铜山县大庙轧花厂持股会成立于 2000 年 7 月 30 日，但没有形成持股会大会最终表决通过的持股会章程，也没有在铜山县总工会备案的持股会章程。2000 年 9 月，铜山县大庙轧花厂变更为徐州华阳棉业有限公司，注册资金为 182.6 万元。其中铜山县大庙轧花厂工会委员会（后变更为徐州华阳棉业有限公司工会委员会）出资 97.6 万元，占注册资金的 53.45%；陈启华出资 85 万元，占注册资金的 46.55%。工会委员会出资系代表 288 名职工所为，其中被告张玲、任美玲、刘荣启、董绪开、胡孝銮分别出资 1000 元、3000 元、1000 元、102000 元、1000 元，分别占注册资金的 1/1826、3/1826、1/1826、102/1826、1/1826。2001 年 12 月 28 日、2002 年 7 月 25 日、2003 年 7 月 17 日、2003 年 9 月 29 日，胡孝銮、张玲、刘荣启、任美玲先后将其所持有的以上股权转让给陈启华，陈启华分别给付转让金 1000 元、1000 元、1000 元、3000 元；董绪开先后于 2002 年 9 月 19 日、11 月 24 日、12 月 1 日表示要转让其所持股份，陈启华于 2004 年 2 月 10 日支付转让金 102000 元。以上股权转让均未经持股会开会表决。2004 年 2 月 20 日，陈启华与工会召开股东会并形成决议，采用资本公积转增注册资本的方式将注册资金增加到 1300 万元，其中陈启华、工会委员会累计出资额分别为 6841900 元、6158100 元，并于同年 4 月 16 日经工商部门核准予以变更登记。在以上铜山县大庙轧花厂变更为华阳公司、华阳公司形成股东会决议、华阳公司变更工商登记的过程中，工会均是以其自身名义行使持股会的股东权利。

上述事实有下列证据予以证明：

1. 2000 年《公司变更登记申请书》等工商登记资料及 2004 年华阳公司工商登记资料各一组，在前一组资料中注明股东是铜山县大庙轧花厂工会委员会与陈启华，在后一组资料中注明股东是华阳公司工会委员会与陈启华，两组资料对比可证明华阳公司系从铜山县大庙轧花厂改制来的，并证明第一被告华阳公司工会代表 288 名职工入股、系本案的适格被告。

2.《持股会章程（审议稿）》一份，证明持股会系以工会名义行使权利的、持股会会员的股份只能在会员之间进行转让等。

3. 对华阳公司工会主席魏云法录音的材料两份，证明华阳公司持股会的正式章程就是《持股会章程（审议稿）》、被告转让股权时没有经过持股会表决通过。

4. 2004 年华阳公司工商登记资料（含章程修正案、验资报告）一组，证明被告张玲、任美玲、刘荣启、董绪开、胡孝銮已在当年 2 月将股权转让给了陈启华。

5. 张玲、任美玲、刘荣启、董绪开、胡孝銮与陈启华之间进行股权转让的手续（含入股交款证明、转让股权申请书、领款条、陈启华缴纳股金凭证）各一组，证明该股权转让系股东之间的转让、该转让合同已经履行完毕。

6. 职工持股会证书一份，证明该持股会已经在铜山县总工会登记，职工股的管理者和代表者应该是职工持股会而非公司工会。

7. 2004 年华阳公司工商登记资料一组，证明该股权转让是属于股东之间的转让、股权转让已经履行了法定的登记手续。

（四）一审判案理由

江苏省徐州市鼓楼区人民法院根据上述事实和证据认为：徐宗华作为原告是适格的。《合同法》第五十二条第二款规定，合同当事人“恶意串通，损害国家、集体或者第三人利益”可导致合同无效。该项合同无效制度是在合同当事人损害国家、集体或者第三人利益的情况下，赋予合同之外的当事人保护自己民事权利的救济手段，所以合同之外的当事人只要认为合同侵犯了其特定的合法权益就可申请确认合同无效。本案中，徐宗华正是认为六被告的股权转让合同侵犯了其优先购买权等权利，才起诉至法院要求司法解决纠纷的。所以，徐宗华与涉案股权转让合同之间是有利害关系的，可以作为原告起诉。

本案不适用诉讼时效制度。诉讼时效制度原则上只适用于请求权，但本案是确认之诉，原告不是申请司法保护其请求权，而是申请司法否定股权转让合同的合法性。合法与否，是对合同进行的法律价值判断。通常，合同是否具有合法性，在合同成立时就是已经确定的了（效力待定的合同除外），不随时间的推移而发生变化。至于是否要进行合法性的判断、何时进行合法性的判断，则在于当事人的自由选择，该选择不会导致合法性与否的转化。所以，徐宗华起诉时间与合同的合法与否无关，与诉讼时效无关。

涉案职工股权转让合同无效，因为转让合同的当事人共同实施了违反职工股权转让程序、侵犯原告优先购买权等合法权利的违法行为。首先，职工股权转让行为违反了应进行的合法性程序。虽然该公司的持股会没有在铜山县总工会备案的章程，没有就转让股权的程序作出具体的规定，但就持股会的性质分析，持股会成员向持股会之外转让股权应当告知持股会并经得持股会的表决通过。持股会是企业原有职工的结合体，体现了浓厚的人合性色彩。既然持股会具有人合性的特点，而持股会成员向持股会之外转让股权又显然是持股会的重大事项，故转让之前应告知持股会并经得持股会成员的表决通过。尤其在本案中，股权转让前更要告知持股会并经得其表决通过，因为转让的股权占注册资金的5.91％，而此时持股会出资额占注册资金的53.45％、陈启华出资额占注册资金的46.55％，该5.91％份额股权的流转必将改变持股会与陈启华的持股对比，从而影响到双方在华阳公司中决策权的行使。因此，涉案股权的转让是持股会的非常重大事项，必须经得持股会表决通过才能向外转让，否则即为非法。其次，违反程序的职工股权转让行为侵犯了原告的优先购买权等权利。对于持股会名下的股份，持股会成员之间应是按份共有关系：对外而言，持股会是一个整体，成员应以持股会的名义统一行使权利、承担责任；对内而言，各成员则因所持股份数额的不同而在持股会内享有不同份额的权利、承担不同份额的责任。在按份共有关系中，当部分成员处分其份额时，其他成员是有优先购买权的。但是本案中，六被告的私自转让股权使原告的优先购买权无法得到行使。此外，六被告的转让行为还侵犯了原告通过持股会对公司行使的经营管理权。因为胡孝銮等五名持股会成员连续转让了占公司注册资金5.91％的股权后，改变了持股会与陈启华的持股对比关系，导致持股会丧失了绝对控股股东的地位，影响了其在公司经营管理中的决策权。持股会的权利受到侵犯，原告的利益也就被损害了。再次，陈启华与胡孝銮等五名持股会成员之间的转让行为具有损害原告利益的共同故意。综上，六被告之间成立的股权转让合同违反了应进行的合法程序，不但损害了原告的利益，而且损害了其余持股会成员的利益，导致合同无效。

（五）一审定案结论

江苏省徐州市鼓楼区人民法院根据《中华人民共和国民事诉讼法》第六十四条第一款、《中华人民共和国合同法》第五条、第五十二条第（二）项，最高人民法院《关于民事诉讼证据的若干规定》第二条的规定，判决如下：

1. 被告胡孝銮、张玲、刘荣启、任美玲、董绪开将其在徐州华阳棉业有限公司持有的股权转让给被告陈启华所成立的合同无效。

2. 驳回原告徐宗华对被告徐州华阳棉业有限公司工会委员会的诉讼请求。

（六）二审情况

1. 二审诉辩主张

上诉人董绪开、陈启华上诉称：原审法院认定涉案的股权转让协议无效的法律依据是错误的。根据当时施行的《公司法》第三十五条第三款的规定，在股东对股东以外的人转让股权时才涉及其他股东的优先购买权的保护问题，而本案中上诉人陈启华购买董绪开等人的股权，由于董绪开等人均属于本公司的股东，因此上诉人与董绪开等人的转让行为就是股东之间的转让行为，这种转让行为按照《公司法》的规定是允许的且不附加条件，其他股东无权干涉，原审法院以徐宗华有优先购买权为由认定涉案的股权转让协议无效违背了《公司法》的规定。原审法院认定涉案的股权转让协议无效的第二条理由是董绪开等人作为持股会会员向持股会之外的人转让股权应当告知持股会并经持股会的表决通过，这一认定无法律依据。持股会是受职工股股东的委托代为行使股东的权利，但它的成立并不改变职工股东的身份，它只是一个代理机构。《江苏省企业职工持股会暂行办法》（以下简称《办法》）也是规定职工股股东作为持股会会员仍不改变股东身份，目前解决持股会会员转让股份只有上述《办法》第二十一条作出了规定："职工对其货币出资部分具有转让权，其转让范围仅限于公司内部人员，转让双方应到管理委员会办理增、减股手续"，这一规定并未要求召开持股会通过以及转让仅限于持股会成员之间，而范围为企业内部人员，职工有权转让，只是去办理增、减股手续，本案的股权转让完全符合上述规定。由于胡孝銮、张玲、刘荣启、任美玲在转让股权后已将劳动合同关系转到他处，已不是华阳公司职工，如转让协议无效，上述人员就必然已获得了华阳公司职工及股东身份，与《办法》规定相悖。综上，请求依法撤销原判决，确认股权转让协议合法有效，驳回被上诉人徐宗华的诉讼请求，诉讼费由被上诉人承担。

被上诉人徐宗华辩称：董绪开是公司持股会的会员，董绪开转给陈启华的股份，是持股会会员转给持股会以外的人员，持股会会员可以在内部转让，如果转让给外部的人必须经过持股会的表决通过。持股会是持股股东的代理机构，只能有执行权，决定权仍由持股会会员享有。工会主席无权办理该股权转让手续。被上诉人对任美玲等股份的转让是不知情的，他们是私自转让，侵犯了被上诉人的知情权和优先购买权。

2. 二审事实和证据

江苏省徐州市中级人民法院查明事实与原审判决认定事实基本一致。

3. 二审判案理由

江苏省徐州市中级人民法院根据上述事实和证据认为：首先，职工持股会制度设立的目的在于保护企业职工利益，公司职工持股会之设立宗旨是为职工股的管理及权利行使服务，职工持股会应是专门从事企业内部职工持股资金管理、认购公司股份、行使股东权利、履行股东义务、维护出资职工合法权益的组织。职工持股会作为“集合股东（全体职工股的代表）”，在公司内部行使股东权利，参与公司的管理。在职工持股会内部，各成员之间较之于职工持股会之外的其他主体，有着共同的利益，这种共同利益包括超过50%的表决权即对公司事务的决策权等，除非经过规范的议事程序，这种涉及职工利益的表决权比例不应随意有所变动，非经规范程序所引起的出资比例变动行为不应得到支持。

其次，对于持股会管理的职工股转让问题，由于公司实行职工持股计划都具有维系企业与职工关系的目的，并且职工股股东相对于普通股股东，享受了诸多的优惠条件，因而，对职工股股权的转让应当给予一定的限制。但是职工股也是基于职工的投资而取得，完全禁止职工股的转让对职工股东是一种歧视，有违股份平等的原则。因此，对于职工股应是限制而不是禁止其转让。本案中，对于董绪开等五人转让的职工股股权，就陈启华与徐宗华比较，不是谁享有优先购买权的问题，而是谁有资格接受转让的问题。在该单位公司改制时，董绪开等五人及徐宗华都是原单位职工，通过工会委员会出资持股而成为持股会成员，其所持有的股权统一交由持股会在公司内部行使股东权利，参与公司的管理；虽然陈启华原来也是该单位职工，但陈启华系单独出资并经登记明确成为公司的独立股东，陈启华所持有的股权由自己在公司内部行使股东权利，参与公司的管理。此时，陈启华已经与持股会成员之间不属于同一利益主体。在该公司的股本结构中，注册资金为182.6万元，其中持股会会员出资97.6万元，占注册资金的53.45%，陈启华出资85万元，占注册资金的46.55%，陈启华不是持股会会员，相对于董绪开等持股会成员而言，陈启华与持股会的成员不具有共同的利益。因此，董绪开等持股会成员之间可以在持股会内部自由转让股权，除非经过规范的议事程序，陈启华没有资格接受董绪开等五人转让的由持股会管理的职工股股权，该单位工会主席为陈启华等人办理的股权转让手续无效。

再次，关于任美玲等人已将劳动合同关系转到他处、已不是公司职工问题，任美玲等人原为持股会成员，不能把职工持股与其劳动关系、劳动保险等涉及职工切身利益的事项挂钩，不应当允许以公司章程或职工持股会章程对持股职工的股权进行剥夺。劳动合同关系的消灭不是股权消灭的原因，要依法规制职工持股会的运行，平衡公司利益和持股职工的利益。职工股股权除了在持股会内部转让，许多地方法规还规定了可以由公司购回等转让办法。任美玲等人将股权转让给陈启华的行为无效，如仍想转让其股权，完全可以在持股会会员内部进行依法转让，或由公司购回，或者通过规范的程序向其他人转让。

综上，董绪开等五人将其股权转让给陈启华的行为无效，董绪开、陈启华的上诉理由无事实和法律依据，原审判决认定事实清楚，适用法律正确，应予维持。

4. 二审定案结论

江苏省徐州市中级人民法院依照《中华人民共和国民事诉讼法》第一百三十条、第一百五十三条第一款第（一）项的规定，判决如下：

驳回上诉，维持原判。

（七）解说

关于持股会的性质和法律地位，目前国家尚无明确的意见，试点省市大多由地方政府或主管部门以政策性法规形式对“职工持股”问题进行规定，存在法律形式效力较低，内容重合、矛盾或漏洞较多，缺乏稳定性等问题。本案涉及持股会的核心内容，即职工股流转纠纷，具有典型性。

1. 关于职工持股会的定位。职工持股会是专门从事企业内部职工持股资金管理、认购公司股份、行使股东权利、履行股东义务、维护出资职工合法权益的组织。职工持股会只能作为一个“集合股东（全体职工股的代表）”在公司内部行使股东权利，参与公司的管理。在我国，持股会是各地方政府在上世纪 90 年代中期对国有企业进行公司制改革时采取的政策性措施，是为了解决《公司法》规定的有限责任公司的股东为 2～50 人，而公司职工超过 50 人时，以工会的名义成立持股会。

2. 关于持股会转让职工股权的问题。

（1）持股会转让职工股权的限制。职工股也是基于职工的投资而取得的，如果完全禁止职工股的转让对职工股东是一种歧视，有违股份平等的原则，但职工获得股份相对于社会股东而言享受了优惠，支付了较少的对价，实际上同股已不同价却要求同权也存在是否有违公平的争论。因此，限制职工股流转实质上也并不构成对股权平等原则的违背。各国大多限制职工股的转让，区别仅在于程度不同。我国各地方现行的规范性法律文件中对于职工股的转让一般采取严格限制的做法，即只有职工脱离本公司时方能转让。1993 年国家体改委下发的《定向募集的股份有限公司内部职工持股管理规定》和 1997 年中国证监会颁布的《关于股票发行工作若干规定的通知》中都规定，职工持股从配售之日起 3 年内不得转让，上市公司满 3 年后能上市转让。我国目前各地规范性文件中所采用的主流观点也是将受让主体限制在公司内部即仅限于内部职工和持股会，而新《公司法》的重大突破是公司可以作为受让对象，即在一定条件下，公司成为职工股权回购主体。

（2）持股会职工转让股权与有限责任公司股东享有优先购买权的规定存在差异。《公司法》规定，在同等条件下，有限责任公司股东享有股权转让优先购买权。其一是因为有限责任公司人合的性质要求公司股东之间具有很强的合作性。其二是要保护老股东在有限责任公司的既得利益，其中便包括对公司的控制权利。《公司法》第七十二条第三款明确规定，经股东同意转让的股权，在同等条件下，其他股东有优先购买权。但是，由于持股会职工股东与社会股东同股不同价也不同权，持股会职工转让股权的受让对象有严格的法律限制，目前受让主体仅限于内部职工、持股会和公司，不能对其他人转让股权，故持股会职工转让股权不存在股东享有优先购买权的问题。

笔者认为，虽然对职工股的流转应予以限制，但限制的条件不宜过分严苛。对职工持股规定一个较长的保留期已能起到一种长期激励的作用，也不致使职工承担过多的风险，是一种较为合理的选择。同时，职工持股的受让对象应当予以放宽，例如持股会股东有条件地向社会股东转让股份。不应当把职工持股与其劳动关系、劳动保险等涉及职工切身利益的事项挂钩，不应当允许以公司章程或职工持股会章程对持股职工的股权进行剥夺。劳动合同关系的消灭不是股权消灭的原因，要依法规制职工持股会的运行，平衡公司利益和持股职工的利益。

（江苏省徐州市泉山区人民法院　任经华）

45. 陈志远等诉中国石化销售有限公司川渝重庆分公司等股权转让案

（预约合同的违反）

（一）首部

1. 判决书字号

一审判决书：重庆市第五中级人民法院（2007）渝五中民初字第354号民事判决书。

二审判决书：重庆市高级人民法院（2008）渝高法民终字第196号民事判决书。

2. 案由：股权转让纠纷。

3. 诉讼双方

原告（被上诉人）：陈志远，男，1965年2月14日生，汉族。

委托代理人：孙济华，重庆冠中律师事务所律师。

原告（被上诉人）：柯秀珠，女，1970年4月13日生，汉族。

委托代理人：孙济华，重庆冠中律师事务所律师。

原告（被上诉人）：柯秀玉，女，1974年6月20日生，汉族。

委托代理人：孙济华，重庆冠中律师事务所律师。

被告（上诉人）：中国石化销售有限公司川渝重庆分公司，住所地：重庆节渝中区临江路39号邹容广场B座6楼。

负责人：江建华，该分公司经理。

委托代理人：吴家立，重庆止戈律师事务所律师。

被告（上诉人）：中国石化销售有限公司川渝分公司，住所地：四川省成都市人民南路一段86号城市中心7楼。

负责人：卢国群，该分公司经理。

委托代理人：岳运生，北京岳成律师事务所律师。

委托代理人：刘涛，北京岳成律师事务所律师。

被告（上诉人）：中国石化销售有限公司，住所地：北京市朝阳区惠新东街甲6号。

法定代表人：张海潮，该公司董事长。

委托代理人：岳运生，北京岳成律师事务所律师。

委托代理人：刘涛，北京岳成律师事务所律师。

第三人：达州市志远油料有限公司（以下简称志远油料公司），住所地：四川省达州市通川北路25号。

法定代表人：陈志远，该公司董事长。

委托代理人：邹宏，四川博立信律师事务所律师。

4. 审级：二审。

5. 审判机关和审判组织

一审法院：重庆市第五中级人民法院。

合议庭组成人员：审判长：石磊；审判员：谢天福；代理审判员：张鹏。

二审法院：重庆市高级人民法院。

合议庭组成人员：审判长：李世平；审判员：刘玉妹；代理审判员：张小波。

6. 审结时间

一审审结时间：2008年7月17日。

二审审结时间：2008年11月28日。

（二）一审诉辩主张

原告诉称：原告与第一被告签订《达州市志远油料有限公司股权转让框架协议》，约定原告将其持有的志远油料公司80%的股份转让给第一被告，股权转让对应的资产为志远油料公司名下的12座加油站。《达州市志远油料有限公司股权转让补充协议》约定：志远油料公司收购广安前锋861油库成功是第一被告收购志远油料公司股权的前提条件。以上协议签订后，原告全面履行了自己的义务，依约收购了包括广安前锋861油库在内的广安市天威油料有限公司的所有资产。志远油料公司向中石化公司转让了其中5座加油站后，第一被告违反约定，拒不收购剩余资产和股份，请求判令终止协议，被告支付违约金500万元；被告赔偿因购买861油库而造成的资金损失1700万元及利息。

三被告辩称：双方协议只是具有预约性质的意向书，不具备合同履行的基础；中石化公司收购5座加油站后，股权转让对应的资产发生重大变更，已丧失继续履行的可能性；志远油料公司未在约定期限内成功收购861油库，框架协议已自动失效；原告股权转让对应的资产有重大瑕疵，违反了约定的先决条件；请求驳回原告的全部诉讼请求。

（三）一审事实和证据

重庆市第五中级人民法院经审理查明：志远油料公司成立于1998年4月13日，注册资本30万元，经营范围为零售汽油、柴油、润滑油（按国家专项规定办理后方可从事经营）、轮胎、橡胶制品，股东为陈志远、柯秀珠、柯秀玉，持股比例分别为66.6%、16.7%、16.7%。2002年4月、2003年12月、2005年6月，志远油料公司三次增加注册资本至2000万元，股东及其持股比例变更为陈志远74.56%、柯秀玉12.72%、柯秀珠12.72%。

2005年3月11日，中国石化销售有限公司川渝重庆分公司（以下简称重庆分公司，即股权受让方）与陈志远、柯秀珠、柯秀玉（股权出让方）签订《达州市志远油料有限公司股权转让框架协议》，约定：鉴于志远油料公司（目标公司）的注册资本为900万元人民币，股权出让方为目标公司之现有股东，于本协议签署日持有目标公司100%的股份；股权出让方愿意以本协议规定的条件将其持有的目标公司80%的股份转让给受让方。此后，双方按照下列条款和条件达成如下协议：（1）出让方承诺和保证：①出让方现有加油站 19 座，其中 12 座已纳入目标公司资产，另外 7 座尚未进入公司资产。19 座加油站对应股份的转让分两期进行，本次股权转让对应资产为已纳入公司资产的 12 座加油站；另 7 座待资产手续完善纳入公司资产后再进行转让。转让价格以双方委托的评估机构评估的价格经双方协商后确定。②公司股东会已于此前作出有效决议，同意出让方将其各自持有的 80％的股份转让给受让方，且其他股东放弃优先购买权。③出让方具有签订本协议所需的所有权利、授权和批准。（2）股份转让：①股权受让方收购股权出让方“转让股份”的转让价按照出让方提供的原中石油委托评估的 10 个加油站的资产作为谈判基础，12 个加油站为：丁家坡加油站、魏兴加油站、斌郎加油站、赵家加油站、河市加油站、民主加油站、宝塔加油站、管村加油站、石桥加油站、碑庙加油站；其余 2 座加油站的资产（罗江加油站、麻柳加油站）由双方委托的评估机构评估为准。②转让价指转让股份的购买价，包括转让股份所包含的各种股东权益。其中股东权益是指依附于转让股份的所有现时和潜在的权益，包括目标公司所拥有的全部动产和不动产、有形和无形资产的 80％所代表之利益，还包括各加油站的配套办公设施和设备。（3）股权转让之先决条件：①只有在本协议生效日起 2 个月内下述先决条件全部完成之后，股权受让方才有义务按本协议的相关约定与股权出让方签订转让价款的详细合同：A. 股权出让方已全部完成了将转让股份出让给股权受让方的法律手续；B. 股权出让方已提供股权出让方董事会或股东会同意此项股权转让的决议；C. 作为目标公司的股东已按照符合目标公司章程规定的程序发出书面声明，对本协议所述之转让股份放弃优先购买权；D. 股权出让方已签署一份免除股权受让方对股权转让完成日之前债务以及转让可能产生的税务责任的免责承诺书；E. 股权出让方已完成国家有关主管部门对股权转让所要求的变更手续和各种登记。②出让方完成上述先决条件后，双方签订详细股权转让合同。③股权受让方有权自行决定放弃第（3）①条款中所提及的一切或任何先决条件。该项放弃的决定应以书面形式完成。（4）违约责任：如任何一方违约，导致本协议目的不能实现或不能继续履行，守约方有权要求终止本协议并要求违约方赔偿因此而造成的损失，并支付违约金 500 万元。

同日，双方还签订了《达州市志远油料有限公司股权转让补充协议》（以下简称《补充协议》），约定：（1）志远油料公司收购广安前锋 861 油库成功是股权受让方收购志远油料公司股权的前提条件。（2）若收购不成功，则出让方与受让方所签订的《框架协议》自动失效。（3）志远油料公司收购广安前锋 861 油库的期限为本协议签订后 2 个月内。（4）本补充协议与《框架协议》具有同等法律效力。

广安前锋 861 油库系属于广安市天威油料有限责任公司（以下简称天威油料公司）的资产。天威油料公司成立于 2000 年 11 月，股东为蒋小林、苏理兰。2005 年 3 月 13 日，蒋小林、苏理兰（甲方）与志远油料公司（乙方）签订《股权转让协议》，约定甲方将其在天威油料公司的全部股权一次性转让给乙方，本协议转让标的为位于四川省广安市境内的天威油料公司的下列资产及经营权等相关权利（以资产交接清单为准）：天威油料公司经营权、广安市天威油料 861 油库及铁路专用线；天威加油站、悦来加油站、广武路枣山段加油站；天威油料公司所属公务用车及油料运输车辆；证件、印章。2005 年 5 月 8 日，双方共同签署了《广安市前锋 861 油库资产移交清单》，并约定从本移交之日始，上列产权全部归接收方所有，由接收方占有和使用。2006 年 4 月 14 日，蒋小林、苏理兰分别与陈志远签订了《股权转让协议》；2006 年 6 月 10 日，陈志远与柯秀珠签订了《股权转让协议》；2007 年 4 月

17日，陈志远、柯秀珠分别与志远油料公司签订了《股权转让协议》，上述协议对天威油料公司的股权转让进行了约定，现天威油料公司的股东为志远油料公司。

2005年4月16日，四川恒中会计师事务所有限责任公司接受委托，对天威油料公司861油库、天威加油站、悦来加油站、枣山加油站、汽车一批及志远油料公司罗江加油站、麻柳加油站、丁家坡加油站、斌郎加油站、河市加油站、石桥加油站、管村加油站、赵家加油站、碑庙加油站、民主加油站、魏兴加油站、开江宝塔加油站进行评估。重庆分公司在《资产评估业务约定书》的委托方处签章，随后，四川恒中会计师事务所有限责任公司进行了评估并出具了资产评估报告。2006年1月9日，志远油料公司与中国石化销售有限公司（以下简称中石化销售公司）签订了5份《资产转让合同》，就志远油料公司名下的管村加油站、赵家加油站、丁家坡加油站、魏兴加油站、宝塔加油站转让事宜进行了约定。

2005年4月19日、8月11日，陈志远、柯秀珠、柯秀玉通过重庆鼎圣律师事务所向重庆分公司发函要求履行《框架协议》及《补充协议》。2005年8月20日、2007年4月26日，志远油料公司向重庆分公司发函；2007年5月14日，志远油料公司向中国石化销售有限公司川渝分公司（以下简称川渝分公司）发函，内容均是要求履行《框架协议》及《补充协议》。此外，2007年7月12日、7月31日，陈志远与川渝分公司就收购加油站的事项进行了谈判，但未能达成协议。

上述事实有下列证据证明：

1. 双方提交的股权转让协议、股权转让补充协议。

2. 原告提交的志远油料公司的工商档案。

3. 陈志远、志远油料公司分别与蒋小林、苏理兰签订的《股权转让协议》及《广安市前锋861油库资产移交清单》。

4. 原告提交的川渝分公司、中石化销售公司的工商档案。

5. 原告提交的《鉴定书》。

6. 原告提交的《资产评估报告》。

7. 双方提交的2006年1月9日丁家坡等5座加油站的《资产转让合同》。

（四）一审判案理由

重庆市第五中级人民法院根据上述事实和证据认为：被告重庆分公司与原告陈志远、柯秀珠、柯秀玉签订《框架协议》及《补充协议》是双方当事人的真实意思表示，没有违反法律、行政法规的强制性规定，应为有效，但上述协议对转让价款没有明确约定，系双方当事人就志远油料公司股权转让达成的意向性协议，是预约合同。协议签订后，原告及第三人志远油料公司积极履行义务，以收购天威油料公司股权的方式完成了对广安前锋861油库的收购，被告重庆分公司也应该按照《框架协议》及《补充协议》的约定与原告签订转让价款的详细合同。现被告重庆分公司不履行合同义务，给原告造成经济损失，已经构成违约，应当承担违约责任。按照《框架协议》的约定，被告重庆分公司应当赔偿原告因此而造成的损失，并支付违约金500万元。鉴于双方对终止履行《达州市志远油料有限公司股权转让框架协议》无异议，法院予以确认。对于原告请求的违约金500万元，符合合同约定，法院予以支持。对于原告主张的损失金额，因原告未举出充分的证据予以证明，法院不予支持。被告川渝分公司是被告中石化销售公司的直属分公司，被告重庆分公司是被告川渝分公司下属的分公司，川渝分公司、重庆分公司的经营管理行为均得到了其上级单位的授权，故被告川渝分公司、中石化销售公司应当对被告重庆分公司的民事责任承担连带责任。故原告陈志远、柯秀珠、柯秀玉的部分诉讼请求成立。

（五）一审定案结论

重庆市第五中级人民法院依照《中华人民共和国合同法》第四十二条、第九十三条、第一百零七条，《中华人民共和国民事诉讼法》第一百二十八条的规定，判决如下：

1. 解除《达州市志远油料有限公司股权转让框架协议》及补充协议；

2. 被告中国石化销售有限公司川渝重庆分公司在本判决生效后5日内向原告陈志远、柯秀珠、柯秀玉支付违约金500万元；

3. 被告中国石化销售有限公司川渝分公司、被告中国石化销售有限公司对本判决第二项确定的义务承担连带给付责任；

4. 驳回原告陈志远、柯秀珠、柯秀玉的其他诉讼请求。

案件受理费193073元，由原告陈志远、柯秀珠、柯秀玉负担10万元，被告中国石化销售有限公司川渝重庆分公司负担93073元。

（六）二审情况

1. 二审诉辩主张

上诉人中石化销售公司、川渝分公司、重庆分公司上诉请求撤销原判，驳回被上诉人的诉讼请求。上诉理由为：（1）双方当事人签订的《框架协议》、股权转让《补充协议》既未成立生效，更未具备合同法定履行条件。同时，双方当事人未在该意向性协议基础上达成任何正式合同，该意向性协议不具有任何法律拘束力。（2）原告未依合同约定在2个月内完成对广安前锋861油库的收购，故意向性协议已失去法律效力。（3）原告、被告已另行签订加油站资产转让合同并已实际履行，双方当事人不存在还需履行的股权转让合同。（4）一审判决上诉人承担的500万元违约金过分高于实际造成的损失。

被上诉人陈志远、柯秀珠、柯秀玉答辩称：（1）《框架协议》和《补充协议》是合法有效的。该协议系预备合同，一审认定正确。（2）《框架协议》约定的先决条件和前提条件均已具备。《补充协议》中未明确是资产收购还是股权收购。被上诉人已收购广安前锋861油库，达到《补充协议》约定的前提条件。（3）被上诉人积极履行了《框架协议》和《补充协议》，为签订股权转让合同创造了条件。（4）上诉人在履行《框架协议》的过程中，违约行为明确。（5）被上诉人收购广安前锋861油库是为了履行《框架协议》和《补充协议》，被上诉人自行收购广安前锋861油库无任何经济价值。上诉人应承担相应的违约责任。

原审第三人志远油料公司未提交书面答辩意见。庭审中其同意被上诉人答辩意见。

2. 二审事实和证据

重庆市高级人民法院查明的事实和证据与一审法院查明的事实和证据相同。

3. 二审判案理由

重庆市高级人民法院认为：本案双方争议的焦点问题为：（1）《框架协议》及《补充协议》对双方拘束力如何？（2）上诉人是否应支付被上诉人500万元违约金？

关于《框架协议》及《补充协议》对双方拘束效力问题。法院认为，《框架协议》及《补充协议》系双方真实意思表示，不违背法律、行政法规的强制性规定，其效力应予以认定。双方达成重庆分公司收购志远油料公司股权的意向性协议，对股权转让的价款虽没有明确约定，但该合同对双方当事人的基本情况、股权转让的标的物、价款形成方式、违约责任都作出约定。这表明双方当事人经过磋商，就在一定条件下双方要签订正式股权转让合同的主要内容达成了合意，对将来正式签署股权转合同进行了预先安排。综上，《框架协议》及

《补充协议》属双方当事人间约定将来订立正式股权转让合同的预约合同，具有法律约束力。《框架协议》及《补充协议》签订后，志远油料公司于 2005 年 3 月 13 日与蒋小林、苏理兰签订《股权转让协议》，约定蒋小林、苏理兰将其在天威油料公司的全部股权一次性转让给志远油料公司。2005 年 5 月 8 日，双方共同签署了《广安市前锋 861 油库资产移交清单》，并约定从移交之日始，上列产权全部归接收方所有，由接收方占有和使用。在此时，志远油料公司已实际控制了广安前锋 861 油库。上诉人与被上诉人签订的《补充协议》约定收购广安前锋 861 油库成功是股权转让的前提条件，但该协议并未明确广安前锋 861 油库成功收购的含义。被上诉人与志远油料公司在《框架协议》及《补充协议》签订之日起 2 个月内使广安前锋 861 油库完全处于被上诉人及第三人志远油料公司控制下，应认为其已完成了广安前锋 861 油库的成功收购。2005 年 4 月 16 日，四川恒中会计师事务所有限责任公司接受委托，对广安前锋 861 油库及其在《框架协议》中约定的 12 座加油站进行资产评估。《框架协议》中双方正式签订股权转让合同的先决条件已具备。

关于违约金支付问题。预约合同生效后，双方当事人均应当按照约定履行自己的义务。被上诉人及第三人志远油料公司因信赖上诉人会与之签订合同，积极履行了框架协议下的义务。一方当事人未尽义务导致本合同的正式签订不能进行，构成违约的，应当承担相应的违约责任。重庆分公司本应按《框架协议》及《补充协议》的规定与被上诉人签订志远油料公司股权转让合同，但其不愿继续履行合同，构成了对预约合同的违反。《框架协议》约定，如任何一方违约，应赔偿对方损失，并支付违约金 500 万元。重庆分公司违反该《框架协议》及《补充协议》有主观过错，现被上诉人请求重庆分公司依约承担违约责任，法院予以支持。上诉人称该约定违约金过分高于实际损失，但上诉人并未对其诉请主张举证证明。而结合四川恒中会计师事务所有限责任公司的评估报告，双方约定违约金并不明显过高。故对上诉人的诉请不予支持。川渝分公司、中石化销售公司是重庆分公司的上级公司，对重庆分公司民事责任应承担连带责任。

4. 二审定案结论

重庆市高级人民法院依据《中华人民共和国民事诉讼法》第一百五十三条第一款第（一）项，作出如下判决：

驳回上诉，维持原判。

（七）解说

本案虽然案由为股权转让纠纷，但涉及的主要法律问题为预约合同的成立及预约合同违反后民事法律责任承担问题。预约合同指双方当事人约定将来订立一定合同的合意，将来应订立的确定性合同为本约。预约合同在本质上是独立合同，应当具备合同的基本要件，确定的预约合同生效后，双方当事人均应当按照约定履行自己的义务。预约合同最早存在于买卖、借贷等个别领域，后被逐步扩及于所有合同。随着诚信原则适用领域的不断扩大，如还放任当事人随意撤回意思表示，就会损害相对人的信赖利益，甚至会使合同成为一方当事人诈欺的工具。因此，应允许当事人对未来合同作出一种初步的安排，这就赋予了预约合同生存的空间。预约合同与正式合同最主要区别在于预约合同以将来与相对人签订正式合同为目的，预约合同并不是附条件的合同或附期限的合同。在预约合同中，本合同在预约合同成立时尚未成立，预约合同的成立和生效，仅仅只是使当事人负有将来按预约合同规定的条件订立主合同的义务。附条件或附期限合同则是本合同在订约时已成立，只不过把条件的实现或期限的到来作为合同生效根据。

关于预约合同成立后，能否产生债的效力问题存在两种观点，即必须磋商说和必须缔约说。所谓“必须磋商说”，指当事人之间一旦缔结预约合同，双方就负有在未来某个时候为达成本约而进行磋商的义务。“必须缔约说”则认为当事人仅仅为缔结本约而磋商是不够的，当事人还负有必须达成本约的义务。笔者认为，预约合同对双方当事人具有约束力，但具体约束力应依预约合同内容予以区分。如果预约合同只是对达成特定合同形成初步合意，而没有对具体条款进行约定，此时双方当事人仅负有诚信磋商的义务，经诚信磋商无法达成本约的，预约丧失其效力。但是，当一方借订立合同恶意磋商、给对方造成损失的，则适用《合同法》关于缔约过失责任的规定。如果双方已达成了包含本约主要条款的预约合同，双方当事人对本约的一些具体内容已作出相应的约定，因客观条件欠缺暂未达成本约，但又希望通过合同形式将双方已经达成的一致意见固定下来。双方当事人此时对本约的最终达成具有合理的期待，双方当事人负有的就不仅仅是诚信磋商的义务。对预约合同的未决条款，应由双方当事人继续谈判，以达成正式的本约。当然，在无悖于公平原则情况下磋商不成，或因不可归责于双方当事人的原因未能订立本约，则不存在违约问题。但如一方当事人非因以上原因表示不履行该合同则构成对预约合同的违反，应承担相应的违约责任。此时，双方当事人本应订立本约，但我们并不能强求双方当事人非得如此，因为合同是意思自治的结果，但违约一方应为自己不慎重或恶意的预约行为负责。

预约合同中违约金条款的效力问题也是预约合同纠纷中常见的问题。从预约合同的本质出发，违约金条款应得到遵守，因为预约合同也是一种合同，双方对违约金约定应对当事人产生相应约束力。违约方如认为违约金约定过高的，应当承担违约金过高的举证责任。如果当事人之间无违约金方面的约定，或者违反预约的一方当事人在承担违约金或定金责任后，对方当事人仍有损失的，就要承担损害赔偿责任。笔者还认为，预约合同的损害赔偿责任原则上应比本约的损害赔偿松缓，因为双方当事人之间毕竟未达成正式合同，但又比缔约过程中的缔约过失责任严格，因缔约过失是一种法定的制度设计，双方缔约过程中尚未形成合议。当然，审判实务中要区分三者的额度实际上是很困难的。一般情况下，违反预约合同的赔偿范围应以信赖利益损失为限，不应包括期待利益的损失。因为当事人基于预约合同对将来订立本合同产生期待，预约债权人有理由相信预约债务人将来会受此约束，并基于这种信赖而行事；如预约债权人基于预约合同为本合同订立进行准备，那预约债务人违反义务，则必将使预约债权人蒙受不利益（如资金占用损失、丧失交易机会等），因此，对预约债权人的信赖利益应加以保护。

（重庆市高级人民法院　刘玉妹）

46. 郭新华诉北京华商置业有限公司股权回购请求权案

（一）首部

1. 判决书字号：北京市第一中级人民法院（2008）一中民初字第 2959 号民事判决书。

2. 案由：股权回购请求权纠纷。

3. 诉讼双方

原告：郭新华，女，1951 年 3 月 14 日生，汉族，住北京市丰台区马家堡东路。

委托代理人：黄显勇，北京市昂道律师事务所律师。

被告：北京华商置业有限公司（以下简称华商公司），住所地：北京市大兴区大兴工业开发区科苑路 18 号。

法定代表人：王仲清，该公司董事长。

委托代理人：齐莲君，该公司职员。

委托代理人：陶雨生，北京市大成律师事务所律师。

4. 审级：一审。

5. 审判机关和审判组织

审判机关：北京市第一中级人民法院。

合议庭组成人员：审判长：郭勇；代理审判员：张印龙；人民陪审员：杨润杰。

6. 审结时间：2008 年 7 月 7 日。

（二）诉辩主张

原告郭新华诉称：郭新华系华商公司的股东，其以货币出资 420 万元，持有华商公司 12%的股权。华商公司的经营范围为房地产开发、房屋出售，注册资本 3500 万元。2008 年 1 月 4 日，郭新华得知华商公司大股东北京市大兴经济开发区开发经营总公司和北京生物工程与医药产业基地开发经营中心已经于 2007 年 11 月 21 日召开了股东会，并盖章签署了（2007）字第 03 号《北京华商置业有限公司股东会议决议》，决议“出售部分厂房偿还贷款以缓解资金压力；出售厂房的价格应为：TOWNFACTORY 厂房 3200 元/平方米，标准厂房 2800 元/平方米，销售价格在上述价格标准以上即可出售”。2007 年 11 月 22 日，华商公司即与北京金海虹氮化硅有限公司签订了厂房租售合同，约定北京金海虹氮化硅有限公司购买华商公司开发的标准厂房北楼，房屋建筑面积 5248.11 平方米，单价为 3300 元/平方米。2008 年 1 月 9 日，郭新华根据《公司法》第七十五条的规定向华商公司提出按合理的价格回购其持有的股权的要求，华商公司拒绝了该回购申请。郭新华认为，华商公司出售作为公司主要资产的厂房，是大股东滥用资本多数便利，漠视处于弱势地位小股东权益的行为，为维护自身合法权益，郭新华诉至法院，请求法院依法判令：华商公司以人民币 501 万元收购郭新华持有的股权，并承担本案全部受理费。

被告华商公司答辩称：郭新华的诉讼请求不符合《公司法》第七十五条规定的法定适用条件，对其诉请法院应予以驳回。首先，郭新华不是行使股份回购请求权的适格主体。根据《公司法》第七十五条规定，享有股份回购请求权的权利主体必须参加了股东会并且必须在股东会上对相关股东会决议投了反对票，而郭新华既没有参加股东会，也未对股东会的决议投反对票，不符合《公司法》第七十五条对权利主体的要求。其次，华商公司在本案中转让财产的行为不属于《公司法》第七十五条规定的“转让主要财产”行为。第一，《公司法》第七十五条及相关司法解释均未明确“公司主要财产”的具体衡量标准，华商公司转让的房产不是公司主要财产。从数量上看，华商公司转让的房产占公司总资产的比例不足 16%，所以还不能构成公司的主要财产。第二，从《公司法》第七十五条规定的立法本意来分析，华商公司转让财产的行为不属于“转让主要财产”的行为。《公司法》第七十五条关于“转让主要财产”的立法本意，是看转让财产的行为是否属于公司常规经营活动，是否实质性影响了公司设立之目的及公司存续，是否威胁公司存在的基础，是否损害了公司和股东的利益等。但本案华商公司的转让房产行为既属于公司的常规经营范围，又没有影响公司的存续，相反，还在最大限度上维护了公司、股东利益，表现在：(1) 华商公司与建行前门支行签订了借款合同、抵押合同，约定华商公司贷款 2300 万元，还款日为 2007 年 11 月 26 日，用于抵押担保的房产建筑面积 19000 余平方米，土地面积 18000 余平方米，抵押财产评估价值为 6000 余万元，如华商公司不能按期偿还贷款，则其向银行抵押的财产将面临被查封、拍卖的风险，而且会给公司信用带来严重影响，今后向银行融资会更加困难，这势必将对公司持续经营带来不利影响。(2) 根据以往华商公司被查封、拍卖的房产的司法执行程序看，不按期偿还借款会使公司遭受更大损失，例如 2005 年 2 月华商公司被拍卖房产因三次流拍，最后作价仅 2619.80 元/平方米，本案华商公司转让房产单价 3300 元/平方米，实际所得 1700 余万元，不仅缓解了贷款压力，维持了公司正常运转，而且避免了更大损失，在最大限度上维护了公司、股东利益。综上，华商公司认为郭新华诉讼请求不能成立，请求法院依法予以驳回。

（三）事实和证据

北京市第一中级人民法院经公开审理查明：2007 年 2 月 10 日华商公司章程约定：北京市大兴经济开发区开发经营总公司（以下简称大兴经济开发区）、北京埝坛经济开发中心（以下简称埝坛开发中心）、郭新华、北京京辰房地产投资有限公司（以下简称京辰公司）四方共同出资设立华商公司，公司经营范围为房地产开发、房屋租售，注册资本 3500 万元，其中，大兴经济开发区出资 2480 万元，占出资比例 70.86%，埝坛开发中心出资 500 万元，占出资比例 14.28%，郭新华出资 420 万元，占出资比例 12%，京辰公司出资 100 万元，占出资比例 2.86%，……股东会行使决定公司的经营方针和投资计划等职权，股东会会议（定期会议和临时会议）由股东按照出资比例行使表决权，股东会会议应当于会议召开前 15 日内通知全体股东，临时会议由代表 1/4 以上表决权的股东、1/3 以上的董事或监事提议方可召开，股东会决议应由代表 1/2 以上表决权的股东表决通过等。

2007 年 11 月 21 日，大兴经济开发区、北京生物工程与医药产业基地开发经营中心（以下简称基地开发中心）在股东处盖章签署了（2007）字第 03 号《北京华商置业有限公司股东会议决议》，该决议记载如下：“经研究决定应出售部分厂房偿还贷款以缓解资金压力；关于出售厂房的价格应为：TOWNFACTORY 厂房每平方米 3200 元，标准厂房每平方米 2800 元，销售价格在上述价格标准以上即可出售。”郭新华、华商公司对基地开发中心代替埝坛开发中心参加股东会并行使股东表决权的事实没有异议。在该次股东会召开之前，郭新华未有效地收到华商公司于 2007 年 11 月 19 日向其全体股东发出的关于在 2007 年 11 月 21 日上午 10 时召开股东大会研究出售房产偿还贷款等问题的通知。

2007 年 11 月 22 日，华商公司与北京金海虹氮化硅有限公司（以下简称金海虹公司）签订《厂房租售合同》，约定：标准厂房系华商公司开发的项目，金海虹公司购买的房屋为标准厂房北楼，房屋建筑面积为 5248.11 平方米，单价为每建筑平方米人民币 3300 元，总价约为 17318763 元，自合同签订之日该房屋的首付款为 350 万元，余款 6 年付清，当金海虹公司付清房款总价 60%时，华商公司应通过银行解除该房屋的抵押，华商公司于合同签订之时起将该房屋交付金海虹公司使用，自房屋交付使用之日起，金海虹公司需向物业管理部门交纳该房屋的物业管理费（包括保安、监控、公共环境维护等费用）等。

中华人民共和国国土资源部颁发的京兴国用（2002 出）字第 176 号《国有土地使用证》记载，坐落北京大兴工业开发区科苑路 18 号土地使用者是华商公司，工业用途，2002 年 12

月 27 日开始设定抵押，2003 年 12 月 31 日设定的抵押权人是中国建设银行股份有限公司北京前门支行，设定的抵押权利价值是人民币 2500 万元；2005 年 12 月 27 日设定抵押，抵押土地面积是 22628.08 平方米，抵押权人是中国建设银行股份有限公司北京前门支行；2006 年 12 月 31 日设定抵押，将土地使用权抵押展期至 2007 年 11 月 26 日，抵押权人是中国建设银行股份有限公司北京前门支行，抵押土地面积是 18381.6 平方米，抵押权利价值 450 万元；2007 年 12 月 6 日注销后，2007 年 12 月 6 日办理抵押登记，抵押期限自 2007 年 12 月 7 日至 2008 年 12 月 6 日，抵押权人是中国建设银行股份有限公司北京前门支行等。

2007 年 12 月华商公司固定资产清单记载：标准厂房两栋、T/F 房屋 8229.45 平方米、西楼 2737.98 平方米、4 辆车辆、地下配电设备等。

上述事实有下列证据证明：

1. 华商公司章程。

2. 《北京华商置业有限公司股东会议决议》。

3. 《厂房租售合同》。

4. 《国有土地使用证》等。

(四) 判案理由

北京市第一中级人民法院根据上述事实和证据认为：华商公司通知其股东于 2007 年 11 月 21 日参加股东会会议时，没有有效地通知郭新华，郭新华在华商公司股东会决议作出后，才得知股东会决议的内容，郭新华无法在股东会议上行使自己的权利，故郭新华在其知道或应当知道股东会决议内容的法定期间内有权依照《中华人民共和国公司法》第二十二条、第七十五条的规定向华商公司主张权利。

2007 年 11 月 21 日华商公司股东会决议是由华商公司出资比例占 85.14％的股东表决通过的，由此表明华商公司的大股东依据其章程中有关“股东会决议由股东按照出资比例行使表决权，股东会决议应由代表 2/3 以上表决权的股东表决通过”的约定而作出的出售厂房的决议，由于占华商公司出资比例 12％的股东郭新华未能参加此次会议，郭新华可以通过诉讼方式表示其反对此次股东会决议内容。现郭新华依照《中华人民共和国公司法》第七十五条的规定提起诉讼，法院予以支持。

依据华商公司章程的约定，华商公司经营范围为房地产开发、房屋租售。郭新华起诉前，华商公司固定资产包括建筑面积为 10496.22 平方米标准厂房两栋、T/F 房屋 8229.45 平方米、4 辆汽车、地下配电设备等。根据公司章程的约定和华商公司资产的现状，标准厂房两栋、T/F 房屋是华商公司进行日常经营活动所必需的物质基础，应属于华商公司的主要财产。

2007 年 11 月 22 日，华商公司依据 2007 年 11 月 21 日作出的华商公司股东会决议，将华商公司标准厂房北楼（房屋建筑面积为 5248.11 平方米）出售给金海虹公司，表明华商公司依据郭新华投反对票的股东会决议将其公司主要财产中的一部分进行了转让，异议股东郭新华丧失了继续留在公司的理由，其有权以此为由要求华商公司按照合理的价格收购其股权，故法院对华商公司有关“华商公司转让的房产不是公司主要财产、亦不属于《公司法》规定的转让主要财产的行为，转让的财产不会影响公司设立的目的及存续，是最大限度维护公司和全体股东利益”的答辩理由不予采纳。

郭新华退出公司的行为实际上是构成华商公司注册资本的减少，应受公司减资制度的约束。现有证据表明，郭新华有关“被告华商公司以人民币 501 万元收购其持有的股权”的诉讼请求缺乏证据支持，故法院对郭新华有关判令华商公司以人民币 501 万元的价格收购其股权的诉讼请求不予采纳。

（五）定案结论

北京市第一中级人民法院依照《中华人民共和国公司法》第七十五条第一款第（二）项，《中华人民共和国民事诉讼法》第六十四条第一款的规定，作出如下判决：

1. 被告北京华商置业有限公司应按照合理价格收购原告郭新华的股权；

2. 驳回原告郭新华的其他诉讼请求。

（六）解说

异议股东股份回购请求权起源于美国的判例法，最早只是作为公司合并中异议股东的一项保护措施，后逐渐扩张适用于公司营业转让、股份买卖以及章程修改等事项，该制度旨在公司结构发生重大变化时赋予异议股东在获得合理的补偿后退出结构业已发生重大变化的公司的权利。它是对少数异议股东利益保护的一种有效机制，也蕴涵了英美法系对不同利益之间平衡的追求。国外异议股东股份回购请求权制度立法较为成熟且有完备的诉讼机制作为支撑，特别是回购股份价格的确定以及回购过程中争议的解决方面，诉讼程序起到了不可或缺的重要作用。而目前我国股份回购诉讼机制尚不完善，在本案中，主要反映在三个方面：（1）郭新华是否为本案适格原告，其能否依据《公司法》第七十五条提起股权回购之诉；(2)《公司法》第七十五条有关"公司主要财产"的认定标准是什么，华商公司的转让行为是否构成转让公司主要财产；（3）股份回购价格应如何确定。在法律没有明确规定的情况下，如何使裁判结果既适合我国实际情况，又有利于异议股东股份回购请求权制度的完善，是本案审判面临的主要问题。

1. 关于提起股权回购之诉的权利主体问题。《公司法》第七十五条第一款规定："对股东会该项决议投反对票的股东可以请求公司按照合理的价格收购其股权"，这句话的字面意思应该是有限责任公司中只有参加了股东会，并且在会上对一定决议投反对票的股东才享有股份回购请求权，没有参加股东会或者在股东会表决时投赞成票和弃权票的股东，是不享有股份回购权的。本案郭新华的诉求在形式上并不符合《公司法》第七十五条的规定。由于华商公司并没有有效通知郭新华参加股东会，从而造成郭新华无法对股东会决议在股东会上发表意见，故郭新华应该先根据《公司法》第二十二条第三款"股东会或者股东大会、董事会的会议召集程序、表决方式违反法律、行政法规或者公司章程，或者决议内容违反公司章程的，股东可以自决议作出之日起六十日内，请求人民法院撤销"的规定，以股东会召集程序违反公司章程规定为由请求法院宣告股东会决议无效或撤销该决议，并重新召开股东会，进而对公司是否出售厂房还债进行表决。

如果本案就此驳回郭新华的起诉，并且假定华商公司依据公司章程重新召开股东会，就公司转让财产偿还问题进行表决，由于大兴经济开发区和基地开发中心所持有的华商公司股权超过 85%，其对华商公司拥有绝对的控制权，作为小股东的郭新华根本无力改变决议最终结果。此时，表决程序是否符合章程规定对于郭新华已经没有任何实质意义，其随后仍然只能依据《公司法》第七十五条的规定，重新向法院提起股权回购之诉。但是，这样的司法处理，无疑会增加当事人的诉累，有违司法为民的初衷，也不应成为本案最佳的处理结果。

在公司成立之初，郭新华选择投资华商公司，意味着她对该公司未来的经营状况和获利是有信心的，并对之享有一种期待利益。而现在公司股东会决议出售公司部分经营厂房，对郭新华而言，这一变化将可能导致华商公司变成另一个完全不同的企业，使她原本的期待利益落空。由于有限责任公司本身具有很强的人合性，当股东之间不再互相信赖，“退出”便成了小股东摆脱尴尬处境的唯一出路。而且，郭新华之所以未在股东会上对出售公司厂房决议投反对票，责任不在郭新华，而是大股东违反公司章程召开股东会在先，基于这些考虑，法院认为，当郭新华从其他小股东处得知股东会决议出售公司厂房后，随即向华商公司提出了股权回购申请，在遭到华商公司拒绝后又向法院提出股份回购之诉，其对股东会决议的异议，已经以要求公司回购其股份的形式表现出来，故应当认定郭新华可以成为本案股权回购之诉的合格原告。

2. 关于公司主要财产的认定标准问题。《公司法》第七十五条将公司转让主要财产列为异议股东提起股份回购之诉的事由，其立法本意在于防止不慎重的转让公司财产足以威胁公司的存在基础，对公司运营前景产生重大不利影响，并从根本上动摇股东对公司的投资预期。转让财产的行为是否属于公司常规经营活动，转让财产所占公司资产的比例等通常是考量公司转让其财产行为是否实质性影响了公司设立目的及公司存续，是否损害公司和股东利益的标准。但对于上述标准的界定，各国公司法一般只予以原则规定。例如，《加拿大商事公司法》第189.3条明确规定，只有在“公司的所有或对经营具有实质影响的财产的转让、出租和置换”，才能视为公司结构发生重大变化，异议股东方能行使股份回购请求权。我国证监会《上市公司重大资产重组管理办法》第十一条第一款规定：“上市公司及其控股或者控制的公司购买、出售资产，达到下列标准之一的，构成重大资产重组：（一）购买、出售的资产总额占上市公司最近一个会计年度经审计的合并财务会计报告期末资产总额的比例达到50%以上；（二）购买、出售的资产在最近一个会计年度所产生的营业收入占上市公司同期经审计的合并财务会计报告营业收入的比例达到50%以上；（三）购买、出售的资产净额占上市公司最近一个会计年度经审计的合并财务会计报告期末净资产额的比例达到50%以上，且超过5000万元人民币。”原则上，这些规定可以作为认定公司行为是否构成“转让主要财产”的根据。

但本案却有其特殊之处，首先，华商公司的经营范围为房地产开发、房屋出售，出售厂房在其公司经营范围之内，属于公司常规经营活动；其次，华商公司所售标准厂房的评估净值为730万元，不足公司当年总资产比例的16%，从这两点来看，标准厂房不能算是华商公司的主要财产。但实际上，华商公司作为房地产开发租售企业，厂房是公司出租盈利的资本，没有了厂房，公司就失去了经营的基础。最为关键的是，股东会决议不是针对标准厂房的出售而作出的，而是一种概括性授权，即“销售价格在规定价格标准以上即可出售”，这一授权不仅包括了标准厂房，还包括TOWNFACTORY厂房，现在华商公司与金海虹公司仅是针对标准厂房进行了买卖，而依据上述股东会决议的概括性授权，TOWNFACTORY厂房也是可以择期出售的，两项厂房面积已经占到了华商公司厂房面积的85%以上。在《公司法》对于何为“公司主要财产”没有明确规定的情况下，有理由认为，华商公司出售厂房的行为就是转让公司主要财产的行为。

3. 关于股份回购价格的确定问题。法院认定郭新华是本案适格原告，其能够依据《公司法》第七十五条提起股权回购之诉，而且华商公司的转让行为也构成转让公司主要财产，因此股份回购价格的确定问题就是本案需要解决的关键问题之一。单就本案而言，郭新华2007年2月投资420万元入股华商公司，到2008年2月其提起股权回购之诉时，要求法院判令华商公司以501万元回购其股权，其间仅仅1年时间，股权增值80万元，对于华商公司这种拖欠银行贷款，且以出租厂房赚取收益的公司来说并不现实。在庭审期间，郭新华也没有对其501万元的诉讼主张提供确实的证据证明，这也是本案最终仅确认华商公司应按照合理价格收购郭新华股权，而未对股权收购价格作出最终裁判的原因。

但本案所涉及的有关股权回购价格问题却远不止于此，《公司法》第七十五条仅规定："自股东会会议决议通过之日起六十日内，股东与公司不能达成股权收购协议的，股东可以自股东会会议决议通过之日起九十日内向人民法院提起诉讼"，但对于如果公司和异议股东对股份公平价格不能达成一致意见时，是否由法院最终确定回购价格以及法院依据什么确立价格等问题却没有规定，其他法律、法规对此亦没有表述。目前，美国司法判例中较为流行的是公司收益价值的贴现法，即法院听取双方专家意见后，预计公司未来的收益，再将其未来收益进行贴现，计算出目前的价值。笔者认为，鉴于公司价值评估是个非常专业的问题，应由法院指定具备资格且不具有利益冲突的会计、审计专家进行计算，再由法院对其进行审核。具体估价方法可以综合借鉴美国当前的评估方法，首先要考虑公司过去几年（例如5年）的盈利状况，同时也要充分预计公司在股份回购后的收益能力，若市场上存在类似情况的公司时，公司的预期收益能力可以参考类似公司的收益增长。尽管这种方法比较复杂，会增加实现"公平价格"的成本，但由于股价在整个制度中直接制约小股东受保护的力度以及实质公平的实现，因此，只有充分考虑影响收益能力的所有因素，才能实现在我国证券市场不成熟情况下对中小投资者的保护。

（北京市第一中级人民法院　刘海云）

47. 台湾同正食品有限公司诉叶中和股权转让案
（外商投资企业股权变更）

（一）首部

1. 调解书字号：福建省漳州市中级人民法院（2007）漳民初字第29号民事调解书。

2. 案由：外商投资企业股权转让纠纷。

3. 诉讼双方

原告：台湾同正食品有限公司，住所地：台湾地区台北县三重市仁贤街43号。

负责人：王志强，该公司总经理。

委托代理人：洪旭辉，福建方佳律师事务所律师。

被告：叶中和，男，1949年1月21日生，台湾地区台北县人，现住福建省漳浦县赤湖长生农产有限公司。

委托代理人：林跃辉，福建三和律师事务所律师。

委托代理人：曾祯，福建三和律师事务所实习律师。

4. 审级：一审。

5. 审判机关和审判组织

审判机关：福建省漳州市中级人民法院。

合议庭组成人员：审判长：郑通斌；审判员：孟庆彩；代理审判员：姚若贤。

6. 审结时间：2008 年 6 月 16 日。

（二）诉辩主张

原告台湾同正食品有限公司诉称：2005 年 7 月 1 日，原告与被告签订《股权转让协议书》，约定原告将漳浦同正食品有限公司 30％的股权转让给被告，被告应于同年 7 月 15 日之前一次性向原告付清股权转让款 45 万美元，若逾期拖欠，按日加交欠款的 0.1％的滞纳金。协议书签订后，原告已依协议约定将漳浦同正食品有限公司 30％的股权转让给被告，并依法办理了股权变更登记，而被告却违反协议约定，未向原告支付 45 万美元股权转让款。经原告多次催讨，被告至今仍未履行支付义务。请求判令解除原告与被告于 2005 年 7 月 1 日签订的股权转让协议，并判令被告向原告返还漳浦同正食品有限公司 30％的股权。

被告辩称：双方的股权转让协议是依法订立并经政府审批，原告请求解除协议没有事实和法律依据。双方于 2005 年 7 月 1 日订立的协议只是用来办理工商登记，并不是给付货币的依据，在工商登记之前，双方就达成了以技术入股的协议，并且被告又支付 11 万美元作为股权出资，原告要求返还 30％股权不能成立。请求驳回原告的诉讼请求。

（三）事实和证据

福建省漳州市中级人民法院经公开审理查明：1993 年 8 月，经福建省人民政府批准，台湾同正食品有限公司在福建省漳浦县内设立漳浦同正食品有限公司，王志强为总经理。2005 年 4 月 20 日，王志强出具一份《合作股东合约书》，甲方为漳浦同正食品有限公司，乙方为叶中和，约定：甲方以 30％之股份作为乙方入甲方之股份，乙方以技术环境辅佐甲方成长，甲方需在此合作完善时将乙方登记为甲方合作股东等内容。该合约书上盖有漳浦同正食品有限公司的公章。同年 7 月 1 日，台湾同正食品有限公司为甲方与乙方叶中和签订《股权转让协议书》，约定：甲方将其在漳浦同正食品有限公司 30％的股权转让给乙方，股额 45 万美元，股权转让应于同年 7 月 15 日前交割完毕，乙方必须在交割期限内将现币一次性结清给甲方，逾期拖欠，按日加交欠款 0.1％滞纳金。《股权转让协议书》签订后，漳浦同正食品有限公司修改了公司章程，向政府有关部门申请股权转让变更登记，2006 年 8 月获得批准，批准后的漳浦同正食品有限公司股权份额为台湾同正食品有限公司占 70％股份，叶中和占 30％股份。叶中和自 2005 年 2 月始在漳浦同正食品有限公司工作，于 2006 年 3 月间离开，期间没有领取工资报酬。2007 年 4 月 27 日，原告经公证向被告叶中和发出《催告函》，要求被告支付 45 万美元的股权转让款并支付滞纳金。同年 7 月 12 日，原告经公证向被告发出《解除协议（合同）通知书》，声明由于被告没有支付股权转让款，经过原告催告也没有支付，决定解除双方于 2005 年 7 月 1 日签订的《股权转让协议书》，要求叶中和返还漳浦同正食品有限公司 30％的股权，并与原告办理股权变更登记手续。被告收到上述函件和通知书后没有支付股权转让款，也未协助办理股权变更登记手续。原告于 2007 年 7 月 16 日提起诉讼，要求依法判令解除双方于 2005 年 7 月 1 日签订的《股权转让协议书》，判令被告返还漳浦同正食品有限公司 30％的股权给原告。

上述事实有下列证据证明：

1. 2005 年 4 月 20 日《合作股东合约书》。

2. 2005 年 7 月 1 日，双方签订的《股权转让协议书》。

3. 公司章程、股东变更登记等材料。

4. 《催告函》、《解除协议（合同）通知书》。

（四）定案结论

福建省漳州市中级人民法院在审理本案过程中，经法院主持调解，双方当事人自愿达成如下协议：

1. 双方当事人一致同意解除 2005 年 7 月 1 日签订的《股权转让协议书》；叶中和将持有的漳浦同正食品有限公司 30％的股权退还给台湾同正食品有限公司，并协助台湾同正食品有限公司办理股权变更的相关手续；

2. 原告台湾同正食品有限公司补偿被告叶中和人民币 20 万元；在调解书生效时支付人民币 5 万元，在叶中和协助台湾同正食品有限公司办理股权变更登记手续的同时支付人民币 15 万元；

3. 原告台湾同正食品有限公司于调解书生效后 10 日内将被告叶中和购买的存放于漳浦同正食品有限公司的机器设备（风干机二台，干燥箱一台，滚筒机一台，制丸机一台，搅拌机一台）返还给叶中和；

4. 以上协议履行后，双方当事人之间的债权债务（包括买卖等所有的经济往来）视为全部结清，双方当事人不得再以任何理由向对方当事人主张权利。

本案案件受理费人民币 34376 元，减半收取 17188 元，由原告台湾同正食品有限公司负担 8594 元，被告叶中和负担 8594 元。

（五）解说

本案是因为我国外商投资法律制度不完备而引起的涉外股权纠纷。根据有关外商投资企业法律以及实施细则，外商投资企业股权变更协议必须经过政府外经贸部门的批准才能生效，即行政审批是该类合同的生效要件，也是工商行政管理部门办理股权变更登记的依据。之所以作出如此规定，是因为政府行政主管部门要对外资的进入进行实质性审查，以便使进入的外资符合国家的产业政策。最高人民法院关于涉外审判的南京会议纪要规定：“外商投资企业股东及其股权份额应当根据有关审查批准机关批准证书记载的股东名称及股权份额确定。外商投资企业批准证书记载的股东以外的自然人、法人或者其他组织向人民法院提起民事诉讼，请求确认其在该外商投资企业中的股东地位和股权份额的，人民法院应当告知该自然人、法人或者其他组织通过行政复议或者行政诉讼解决；该自然人、法人或者其他组织坚持向人民法院提起民事诉讼的，人民法院在受理后应当判决驳回其诉讼请求。”最高人民法院南宁会议纪要规定：“在内地设立的‘三资企业’的原股东向人民法院提起民事诉讼，请求确认股权转让合同无效并恢复其在该‘三资企业’中的股东地位和股权份额的，人民法院审理后可以依法对股权转让合同的效力作出判决，但应驳回其请求恢复股东地位和股权份额的诉讼请求。”最高人民法院两纪要规定的精神主要是避免司法权超越行政审批权，防止通过法院的司法审判来代替行政机关的行政审批。

本案的实际情况体现出的则是法律规定的空白。外资企业股权的变更情形有多种，类似本案的情况，由于事先外经贸部门已经批准两个台方当事人可以作为漳浦同正食品有限公司的股东，在经营中一方退出并不存在外资不符合产业政策的情形，但是该类情形法律规定无除外条款。因此，没有双方当事人的协议，外经贸部门和工商行政管理部门仍然不能办理股权的变更登记。

本案中，台湾同正食品有限公司是在台湾地区注册的公司法人，叶中和是台湾地区的自然人，双方已经成讼，自行达成退股协议的可能性很小。鉴于外资企业的股权变更需要双方当事人的配合才能在政府外经贸部门办理审批手续，如果当事人不配合签字，30％的股权变更手续将很难办理，因此，本案如果用判决驳回原告诉讼请求的方式无法从根本上化解双方的矛盾纠纷。案件审理中经向当事人了解，本案双方当事人的真实意图是被告叶中和以技术和商业渠道、客户资源入股，占30%的股份，但是在向外经贸部门报批时，由于技术入股不符合行政审批条件，因此，为了审批才另行订立了以45万美元受让30%股权的协议。由于叶中和实际在合资公司工作一年多并以自己的技术和客户资源为公司作出了贡献，在工作期间也未领取报酬，合议庭反复向双方当事人解释我国关于外商投资企业股权变更的有关规定，终于促成双方达成调解协议，由原告补偿被告人民币20万元，被告放弃在合资企业的股权。为做到案结事了，经办人多次督促当事人尽快准备股权转让的有关材料，并在调解书规定的日期内主持双方当事人签字并交接相关的补偿款项。

（福建省漳州市中级人民法院　孟庆彩）

48. 杨三妹诉何继盛等企业出售案

（出资转让、企业性质变更）

（一）首部

1. 判决书字号

一审判决书：广东省广州市中级人民法院（2006）穗中法民四初字第6号民事判决书。

二审判决书：广东省高级人民法院（2006）粤高法民四终字第334号民事判决书。

2. 案由：企业出售纠纷。

3. 诉讼双方

原告（被上诉人）：杨三妹（YANG SAN MEI），女，加拿大公民。

委托代理人（一、二审）：司保卫，广东以泰律师事务所律师。

委托代理人（一审）：李冬艳，广东以泰律师事务所律师助理。

被告（上诉人）：何继盛，男，汉族，1974年7月3日生。

委托代理人（一审）：梁伟文，男，1973年10月10日生。

被告：何光宗，男，1963年11月24日生。

4. 审级：二审。

5. 审判机关和审判组织

一审法院：广东省广州市中级人民法院。

合议庭组成人员：审判长：张立鹤；人民陪审员：严建华、陈一天。

二审法院：广东省高级人民法院。

合议庭组成人员：审判长：杜以星；审判员：张耀军；代理审判员：成明珠。

6. 审结时间

一审审结时间：2006年7月3日。

二审审结时间：2008年1月14日。

（二）一审诉辩主张

原告杨三妹诉称：原告于2005年经人介绍认识了何继盛，后者声称是广州市昌岗中路128号之12聚灿食府（工商登记的名称为广州市海珠区宗记菜馆，下称宗记菜馆）的实际投资者，可全权代表该菜馆出让所有权，而工商登记的投资人何光宗是其哥哥，是菜馆的挂名投资人，从而骗取了原告的信任。为此双方于2005年10月12日签订了一份转让协议，约定何继盛将宗记菜馆转让给原告，转让金额为人民币11.5万元，并先后向原告收取了订金人民币3.5万元。但转让协议签订后几日，双方到广州市公证处办理公证手续时，公证人员告知原告外国人不可以受让中国的个人独资企业，上述转让协议因为违法不能办理公证手续。原告遂要求何继盛退款，何继盛予以拒绝并将菜馆内的财物搬走。现该菜馆已由他人经营，何继盛则一直拒绝退款。为此请求法院判令：（1）解除原告与何继盛于2005年10月12日签订的转让宗记菜馆协议；（2）何继盛、何光宗共同返还原告已支付的资金人民币3.5万元。

被告何继盛答辩称：何继盛出售宗记菜馆是合法的，不是欺骗。何继盛以人民币15万元的顶手费向何光宗顶下宗记菜馆，因此有权将该菜馆对外转让。杨三妹是可以经过工商登记变更进行经营的，其拒绝履行合同实际上是为了降低顶手费。何继盛不存在不当得利，请求驳回杨三妹的诉讼请求。

被告何光宗一审无答辩。

（三）一审事实和证据

广东省广州市中级人民法院经审理查明：宗记菜馆是何光宗投资的个人独资企业。2004年9月1日，何光宗与何继盛签订协议，将该菜馆以人民币15万元转让给何继盛，并约定从协议签订之日起有关该菜馆的一切事项与何光宗无关。之后宗记菜馆所在场地由何继盛实际经营。

2005年，何继盛对外发布广告称拟转让宗记菜馆，并自称可全权代表该菜馆进行产权的处分。同年10月12日，何继盛与杨三妹签订转让协议，约定何继盛将宗记菜馆以人民币11.5万元的价格转让给杨三妹。杨三妹为此先后向何继盛支付了订金人民币3.5万元。但当杨三妹前往公证机关办理上述转让协议的公证手续时，被告知外国人不能受让内地个人独资企业，于是要求何继盛退款，遭何拒绝，遂成讼。

另查明：上述有关宗记菜馆的转让协议签订后，何继盛与杨三妹均未到有关部门办理该协议的审批手续，现该菜馆已由何继盛转让给他人经营。

以上事实有下列证据证明：

1. 宗记菜馆的注册资料，证明该菜馆的工商登记情况。

2. 宗记菜馆的营业执照、卫生许可证以及何继盛出具的证明书，证明何继盛自称是该菜馆的实际投资人。

3. 订金单，证明杨三妹向何继盛支付订金的事实。

4. 协议书及收款收据，证明杨三妹与何继盛签订出资转让合同并向其支付订金的事实。

5. 何光宗与何继盛签订的顶手协议，证明何光宗将宗记菜馆转让给何继盛。

（四）一审判案理由

广东省广州市中级人民法院经审理认为：杨三妹是加拿大公民，受让我国公民开办的个人独资企业后，该企业将成为外商独资企业，依法应报请审批，在未获得有关部门审批的情况下，该转让协议依法应认定为尚未生效。现该菜馆已由何继盛转让给他人经营，本案讼争转让协议已经无法继续履行。何继盛基于该未生效合同向杨三妹收取的3.5万元订金属于不当得利，依法应予返还。何光宗与杨三妹并无合同关系，非本案债务人，杨三妹向何光宗求偿有违合同相对性原则，缺乏事实和法律依据，杨三妹对何光宗的诉请应予驳回。又由于该转让协议未经审批，尚未生效，不存在解除合同的有效前提，故杨三妹关于解除转让协议的请求也不予支持。

（五）一审定案结论

广东省广州市中级人民法院依照《中华人民共和国民法通则》第九十二条、第一百四十五条第二款，《中华人民共和国外资企业法》第六条的规定，作出如下判决：

1. 何继盛于本判决生效之日起10日内向杨三妹一次性偿还人民币3.5万元；

2. 驳回杨三妹的其他诉讼请求。

案件受理费人民币1410元，由杨三妹负担210元，何继盛负担1200元。

（六）二审情况

1. 二审诉辩主张

上诉人何继盛上诉称：（1）原审法院引用的法律依据错误。《外资企业法》第六条适用于外商独资企业的转让，而本案的争议标的宗记菜馆是何继盛的个人独资企业，不应适用上述条款。（2）何继盛与杨三妹是自愿签订转让协议的。何继盛在协议签订后履行承诺，一直等待杨三妹接手宗记菜馆，杨三妹却违反协议约定，在协议履行期间恶意压低顶手费，拒不履行承诺，致使何继盛白白损失一个月的场地租金。（3）宗记菜馆的转让，只要杨三妹直接前往工商部门办理变更手续即可领取营业执照，并不存在企业性质不可变更的情况，事实是杨三妹根本没有去办理这样的手续，理应承担合同不能最终履行的全部责任。为此上诉请求撤销一审判决，改判由杨三妹承担全部违约责任。

被上诉人杨三妹二审答辩称同意一审判决。

何光宗二审无答辩。

2. 二审事实和证据

广东省高级人民法院经二审审理，确认了一审查明的前述事实和证据。

3. 二审判案理由

广东省高级人民法院认为：本案原审原告杨三妹为加拿大公民，其诉请解除与何继盛签订的企业转让协议，并要求何继盛和何光宗共同返还其所交付的转让订金，因此本案为涉外企业转让纠纷。因转让双方并未选择管辖法院，广州市中级人民法院作为原审被告住所地和转让协议履行地有涉外案件集中管辖权之中级人民法院，依照《中华人民共和国民事诉讼法》第二十四条关于合同纠纷由被告住所地或者合同履行地人民法院管辖的规定，对本案有管辖权。又因本案转让协议在我国境内签订并履行，我国与本案有最密切联系，且协议双方未选择处理合同争议所适用的法律，依照《中华人民共和国合同法》第一百二十六条的规定，中华人民共和国法律应作为审理本案的准据法。

本案的焦点问题是杨三妹与何继盛于2005年10月12日签订的企业转让协议是否生效。依照《中华人民共和国外资企业法》第六条的规定，设立外资企业应当经过国务院对外经济贸易主管部门或者国务院授权的机关审查批准。本案中杨三妹如依协议受让宗记菜馆，宗记菜馆的性质将从内资企业变更为外资企业，此变更依法应报请有关主管部门批准。在未获得此等批准的情况下，根据《中华人民共和国合同法》第五十二条的规定，该转让协议依法应认定为无效。《中华人民共和国合同法》第五十八条规定合同无效时，因该合同取得的财产应当予以返还，且何继盛未能举证证明其所声称的租金损失以及杨三妹恶意不履行协议的事实，因此，何继盛应当返还杨三妹在转让协议签订过程中所支付的订金3.5万元。何继盛认为《中华人民共和国外资企业法》第六条不适用于宗记菜馆的转让以及宗记菜馆的转让可不经审批直接办理工商变更手续，是对《中华人民共和国外资企业法》的错误理解。

何继盛上诉要求杨三妹承担全部违约责任，但并未提出具体的诉讼请求，且其在一审中未就该请求提出反诉，故何继盛的该项上诉请求超出了本案的审理范围，不予审查。

综上，原审判决认定事实清楚，适用法律正确，处理恰当，应予维持；上诉人上诉理由不能成立，应予驳回。

4. 二审定案结论

广东省高级人民法院依照《中华人民共和国民事诉讼法》第一百五十三条第一款第（一）项之规定，判决如下：

驳回上诉，维持原判。

二审案件受理费人民币1410元由上诉人何继盛负担。

（七）解说

本案是一起企业出售合同纠纷，被出售的标的企业是中国公民在中国境内设立的个人独资企业。本来对于这一类企业的产权出售并无法律规定需要办理审批手续，但由于本案中作为受让方的杨三妹是加拿大公民，标的企业若由其承接，企业的性质将由内资企业变更为外资企业。也就是说，讼争转让协议的履行将在实质上导致一个新的外商独资企业的诞生。而为了对外商投资进行有效的规制和引导，使其符合我国国民经济的发展要求并避免对国家安全和社会公共利益造成损害，我国法律对外资企业的设立规定了严格的审批制度。其中，根据《中华人民共和国外资企业法》第六条的规定，外资企业的设立应当报请国务院对外经济贸易主管部门或者国务院授权的机关审查批准；根据《中华人民共和国外资企业法实施细则》第九条、第十条、第十六的规定，提出设立外资企业的外国投资者应当首先向拟设立企业所在地的县级或者县级以上地方人民政府提交报告，并通过其向上述审批机关提出设立申请，该外资企业的章程也必须在审批机关批准后才能生效。由于讼争协议的履行将在实质上产生设立外商独资企业的法律后果，依照以上规定，并避免外资企业的有关批准制度形同虚设，该转让协议应当报请审批机关批准。

应当办理批准手续的合同未经批准的，依法不能发生法律效力，对此并不存在争议。实践中争议的是，这一类协议究竟是无效还是未生效？本案两级法院的判决分别代表了审判实务中两种不同的做法。一种认为，协议应当办理批准手续而未办理，是欠缺生效要件，故属于未生效合同，如一审法院的观点。一种认为，当事人未将协议报请审批直接违反了法律的强制性规定，依照《中华人民共和国合同法》第五十二条应当认定无效，如二审法院的观点。但根据最高人民法院《关于适用〈中华人民共和国合同法〉若干问题的解释（一）》第九条第一款关于依法应当办理批准手续，但在一审法庭辩论终结前当事人仍未办理的，人民法院应当认定合同未生效的规定，将讼争转让协议认定为未生效似乎更为可取，这也是当前实务界的主流观点。

由于本案转让协议没有经过审批，依法不能发生法律效力，出让方基于该协议取得的订金也就丧失了合法根据，并且受让方并未实际参与企业的经营管理或以其他方式行使投资人的权利，不存在需要分担亏损或承担过错赔偿责任的问题，其要求出让方返还合同订金的诉讼请求应当予以支持。

另需指出的是，对于处理本案争议的准据法，由于2007年7月23日最高人民法院颁布了《关于审理涉外民事或商事合同纠纷案件法律适用若干问题的规定》，其中第八条第（六）项增加规定外国自然人、法人或者其他组织购买中国领域内的非外商投资企业股东的股权的合同应当适用中国法律，而本案外方受让的是内资企业的产权，其受让行为实际上带有“外资并购”的性质，根据以上规定，以后类似的案件应当强制适用中国法，而不必根据最密切联系原则确定准据法。

（广东省广州市中级人民法院　张筱锴）

三、保险、金融案例

49. 许一帆诉中国人民财产保险股份有限公司南宁市新城支公司保险合同案

（挂靠经营机动车辆）

（一）首部

1. 判决书字号

一审判决书：广西壮族自治区南宁市青秀区人民法院（2008）青民二初字第 11 号民事判决书。

二审判决书：广西壮族自治区南宁市中级人民法院（2008）南市民二终字第 268 号民事判决书。

2. 案由：保险合同纠纷。

3. 诉讼双方

原告（被上诉人）：许一帆，男，1981 年 10 月 24 日生，汉族，汽车司机。

委托代理人（一、二审）：杨干生，民族律师事务所律师。

委托代理人（一、二审）：胡兆富，民族律师事务所律师。

被告（上诉人）：中国人民财产保险股份有限公司南宁市新城支公司（以下简称新城支公司），住所地：南宁市园湖路东一里 2 号。

代表人：卢成就，该支公司经理。

委托代理人（一、二审）：卢丹，中国人民财产保险股份有限公司南宁市分公司职员。

委托代理人（一审）：戴小明，中国人民财产保险股份有限公司南宁市分公司职员。

委托代理人（二审）：唐平，中国人民财产保险股份有限公司南宁市分公司职员。

第三人：南宁市创业汽车运输服务有限公司（以下简称创业公司），住所地：南宁市长罡岭五里一号。

法定代表人：赵业，该公司总经理。

委托代理人（一、二审）：何继宏，益佳律师事务所律师。

委托代理人（一审）：罗广宁，该公司职工。

4. 审级：二审。

5. 审判机关和审判组织

一审法院：广西壮族自治区南宁市青秀区人民法院。

合议庭组成人员：审判长：刘明明；审判员：黄琴、王强。

二审法院：广西壮族自治区南宁市中级人民法院。

合议庭组成人员：审判长：黄德标；审判员：邱伟英；代理审判员：曾晓东。

6. 审结时间

一审审结时间：2008 年 5 月 16 日。

二审审结时间：2008 年 9 月 1 日。

（二）一审诉辩主张

原告诉称：原告出资购买了一辆桂 AM2805 小货车，为了从事运输业务，将该货车挂靠创业公司经营，由创业公司代办汽车的入户登记、运营的各种手续和保险。2006 年 3 月 28 日，创业公司代原告向被告投保了一份机动车第三者责任险和一份车上人员责任险。2006 年 6 月 22 日，原告驾驶桂 AM2805 小货车与第三者李勇德发生交通事故。在交警的主持下，原告与李勇德在 2007 年 1 月 15 日达成了《交通事故损害赔偿调解书》。原告向李勇德支付了赔偿款 37180.52 元，原告的损失 5719.80 元由自己承担。随后，原告委托创业公司于 2007 年 3 月 26 日向被告索赔。然而，被告只同意赔偿原告机动车第三者责任险 9887.02 元，车上人员险 540.72 元，两项合计 10427.74 元。被告的行为违反了保险合同的约定和有关的法律规定，损害了原告的合法权益，为此原告提起诉讼，请求法院判令：被告向原告支付机动车第三者责任险赔偿款 37180.52 元，车上人员险赔偿款 1899.80 元，合计 39080.32 元；本案的诉讼费用由被告承担。

被告辩称：(1) 原告许一帆并不是本案的适格原告，原告并不是本案的投保人，第三人创业公司才是具体投保人，所以不能向被告要求索赔的权利。(2) 本保险合同属于无效保险合同。(3) 被告即使承担保险赔偿责任，那么也应依据保险合同的有关约定来进行理赔，本案中交警认定原告属于次要责任，在事故发生后，原告和受害人签订了保险调解书后，原告和受害人是自愿达成协议的，被告有权对索赔事项进行重新鉴定。

第三人述称：原告所诉均是事实。我公司确实是代原告向被告交纳保险款，投保的时候被告明知原告的车辆是挂靠我公司的事实，保险费也是由实际的车主原告支付的。原告向伤者赔付后，我公司与被告的债权关系已经转给了原告，由原告向被告进行追偿，其诉讼请求与我公司无关。

（三）一审事实和证据

广西壮族自治区南宁市青秀区人民法院经公开审理查明：许一帆系桂 A－M2805 号货车的实际所有人，许一帆将该车挂靠在第三人创业公司经营，该车登记的车主为创业公司。2006 年 3 月 28 日，创业公司作为被保险人与被告签订一份保险单，保险单号为 PDAA200645010300003526，承保第三者责任险和车上人员责任险两个险种。2006 年 6 月 22 日，许一帆驾驶该车与第三者李勇德发生交通事故。2006 年 7 月 7 日，经南宁市公安局交警四大队作出交通事故认定书，认定第三者李勇德负该事故的主要责任，许一帆负次要责任。并在交警部门的主持下，于 2007 年 7 月 15 日，达成《交通事故损害赔偿调解书》，调解确认双方的损害赔偿项目和数额为："李勇德的医疗费 47288 元、住院伙食补助费 3060 元、护理费 4876.40 元、必要的营养费 2040 元、交通费 563 元、住宿费 120 元；许一帆的医疗费 1332.80 元、住院伙食补助费 75 元、护理费 246 元、误工费 246 元、车辆损坏修复费 1990 元、车辆施救、停车、送检、检验费 1830 元，以上共计 63667.20 元；上述费用由许一帆方承担 60%，即 38200.32 元；李勇德方承担 40%，即 25466.88 元。此外，许一帆承诺给付李勇德 4700 元作为对其后续治疗费的赔偿款。"此后原告已依该调解书向李勇德履行了其义务。随后，第三人代原告向被告进行索赔，被告分别于2007年3月26日向第三人出具一份《机动车索赔单证收条》，同年5月15日向第三人出具一份《机动车辆保险赔款计算书》，只同意赔偿第三人损失合计10427.74元。原告许一帆认为被告未按照保险合同约定和法律规定赔偿其应得的保险金，故诉至法院，提出上述诉讼请求。

上述事实有下列证据证明：

1. 身份证，证明原告的诉讼主体资格。

2. 第三人出具的《证明》1份，证明所出险的车辆为原告所有，保险费也由原告所交。

3. 挂靠合同1份，证明原告的车辆是挂靠在第三人的公司。

4. 保险单和保险条款各1份，证明第三人代原告在被告处对该车辆进行了投保。

5. 机动车索赔单证收条1份，证明第三人曾代原告向被告进行索赔。

6. 保险赔偿计算书1份，证明被告只同意赔偿原告损失10427.74元。

7. （2007）兴民一初字第921号民事判决书1份，证明原告已赔付了37180.52元。

8. 兴宁法院《证明书》1份，证明该921号判决书已生效。

9.《收款收据》1张，证明原告购买了一辆桂AM2805小货车。

10. 汽车用户信息卡1张，证明保险车辆为原告所有。

（四）一审判案理由

广西壮族自治区南宁市青秀区人民法院根据上述事实和证据认为：2006年3月28日，第三人创业公司与被告签订了一份保险单，保险单号为PDAA200645010300003526，是双方当事人的真实意思表示，该合同并未违反国家的法律、法规规定，应为有效合同。合同签订后，原告已依约通过第三人向被告支付了保险费。根据保险单约定，保险人为被告，被保险人为第三人创业公司，故创业公司和被告存在直接的保险合同法律关系。但双方在订立本合同时，被告是明知第三人所投保的车辆是属于原告所有，且该合同的保险金也是由原告所支付。在保险合同期限内，原告发生交通事故时，经交警调解，原告与事故方于2007年7月15日达成的《交通事故损害赔偿调解书》，具有法律效力。该调解书虽然对被告不具有约束力，但该调解书中确定的伤者的损失数额应是真实存在的，本院以此作为本案定案的参考依据。因事故发生后，本案的第三人已将本事故中所产生的债权和债务转移给了原告，则原告在本案中应是适格主体，且该事故发生后，所产生的赔偿费用均已由原告支付完毕。故原告要求被告按照保险单的约定，向其支付机动车第三者责任险及车上人员险，合理合法，本院予以支持。但因原告在该事故中，经交警认定其应承担的是次要责任，则原告在该调解书中自愿承诺给付伤者的后续治疗费4700元应由原告自行承担，该承诺对被告没有约束力。则依据《保险法》及双方签订的保险条款的约定，被告理应支付原告机动车第三者责任险应为22020元，即是（47288元＋3060元＋4876.40元＋2040元＋563元＋120元）×40%×（1－5%）＝22020元；被告理应支付原告车上人员险为759.92元，即是（1332.80元＋75元＋246元＋246元）×40%＝759.92元；两项合计22779.92元（22020元＋759.92元）。被告抗辩称，原告在本案中不是适格主体，以及原告与伤者签订的调解书不具有法律效力，伤者的医疗费中有关自费的项目应予剔除等抗辩理由，因无证据能证实，亦无事实和法律依据，故本院不予支持。

（五）一审定案结论

广西壮族自治区南宁市青秀区人民法院依照《中华人民共和国合同法》第六十条、第一百零七条，《中华人民共和国保险法》第四十二条第二款之规定，作出如下判决：

1. 被告中国人民财产保险股份有限公司南宁市新城支公司应向原告许一帆支付机动车第三者责任险赔偿款 22020 元；

2. 被告中国人民财产保险股份有限公司南宁市新城支公司应向原告许一帆支付车上人员险赔偿款 759.92 元。

本案案件受理费 777 元，由被告中国人民财产保险股份有限公司南宁市新城支公司承担。

（六）二审情况

1. 二审诉辩主张

上诉人新城支公司上诉称：原审判决认定事实错误，许一帆不是本案适格主体。新城支公司与创业公司签订的保险合同真实有效，根据保险单的约定，被保险人为创业公司，新城支公司和创业公司存在直接的保险合同法律关系。且该保险合同为自愿性商业保险，根据合同的相对性原理，许一帆作为合同以外的第三人，不能主张合同的权利义务。原审判决认定新城支公司“是明知第三人所投保的车辆是属于原告所有，且该合同的保险金也是由原告所支付”、“因事故发生后，本案的第三人已将本事故中所产生的债权和债务转移给了原告”，从而认定许一帆是本案适格诉讼主体与事实不符。理由：（1）创业公司在新城支公司投保的车辆并非只有许一帆的桂 AM2805 号车，创业公司也有自己的自用车，且投保时创业公司也没有向新城支公司说明其不是该车车主或进行特别约定，因此新城支公司在办理该保险合同时，并不知道被保险人是许一帆。（2）事故发生后，许一帆自行和事故相对进行和解，新城支公司和创业公司没有在场参与，因此创业公司并未对事故相对方李勇德承担任何责任，何来权利义务的转移。（3）索赔单证和保险赔偿计算书上都已经明确，新城支公司理赔的对象是创业公司，而不是许一帆，新城支公司对许一帆不负任何直接赔偿责任。

原审判决采用对新城支公司不具有约束力的、由许一帆和事故方自行达成的《交通事故损害赔偿调解书》作为定案依据，剥夺了新城支公司对赔偿项目的质证和审核权利。许一帆和事故方在没有新城支公司参与的情况下，于 2007 年 7 月 15 日自行达成《交通事故损害赔偿调解书》。在该调解协议中，许一帆自愿承担 60％的责任和承诺给付后续医疗费，而在本次交通事故中，许一帆负次要责任，而自愿承担主要责任，不合常理，有骗保之嫌。因该交通事故中各项损失是否发生、实际支出多少新城支公司都不知道，所以对调解协议中各项赔偿项目应当重新进行审核确定。请求二审法院撤销原判，依法改判驳回许一帆的诉讼请求，一、二审诉讼费由许一帆负担。

被上诉人许一帆辩称：一审判决认定事实清楚，适用法律正确。请求二审法院维持原判，驳回上诉。

原审第三人创业公司述称：创业公司与许一帆是挂靠关系，创业公司只是法律上的车主，真正的车主是许一帆，创业公司作为法律上的车主尽到自己的义务，原审法院在查明事实的基础上判决真正的车主许一帆获得相应的保险利益是尊重事实的。

2. 二审事实和证据

广西壮族自治区南宁市中级人民法院经审理，确认了一审法院认定的事实和证据。

3. 二审判案理由

广西壮族自治区南宁市中级人民法院根据上述事实和证据认为：关于许一帆是否是本案适格原告的问题。许一帆与创业公司是挂靠关系，许一帆挂靠创业公司经营的桂 A－M2805 号货车虽然登记车主是创业公司，但实际车主即该车的所有权人是许一帆。许一帆将车辆挂靠创业公司后，创业公司以被保险人的名义为许一帆挂靠的车辆向新城支公司投保了第三者责任险和车上人员责任险，但实际投保人和被保险人是许一帆，保险费也是由许一帆支付。因许一帆与创业公司在车辆保险方面是委托合同关系，创业公司在保险事故发生后，特别是在向新城支公司索赔未果的情况下，出具证明明确涉案保险单的保险利益属于许一帆，由许一帆行使索赔权。创业公司的行为符合《中华人民共和国合同法》第四百零三条“受托人以自己的名义与第三人订立合同时，第三人不知道受托人与委托人之间的代理关系的，受托人因第三人的原因对委托人不履行义务，受托人应当向委托人披露第三人，委托人因此可以行使受托人对第三人的权利，但第三人与受托人订立合同时如果知道该委托人就不会订立合同的除外”的规定，同时创业公司也已以第三人的身份参加本案诉讼，许一帆行使索赔权后，新城支公司今后不再存在就同一事由被创业公司起诉的风险。故许一帆要求新城支公司按照保险单的约定，向其支付机动车第三者责任险及车上人员责任险的赔偿金，符合法律规定，是本案适格原告。新城支公司诉称许一帆不是本案适格原告的理由不成立，本院不予支持。但机动车第三者责任险和车上人员责任险属于人身保险性质的险种，与人的生命、健康密切相关，当保险事故发生后，该保险赔偿金不能通过债权转让的方式取得，故原审判决认定许一帆是通过创业公司债权转让的方式取得该保险赔偿金的债权不妥，本院予以纠正。

关于涉案保险赔偿金额应为多少的问题。许一帆发生交通事故时，经交警认定，李勇德负该事故的主要责任，许一帆负次要责任，并在交警部门的主持下，于2007年7月15日达成《交通事故损害赔偿调解书》，调解确认双方的损害赔偿项目和数额为：李勇德的医疗费47288元、住院伙食补助费3060元、护理费4876.40元、必要的营养费2040元、交通费563元、住宿费120元；许一帆的医疗费1332.80元、住院伙食补助费75元、护理费246元、误工费246元、车辆损坏修复费1990元、车辆施救、停车，送检、检验费1830元，以上共计63667.20元。上述费用由许一帆承担60％，即38200.32元；李勇德承担40％，即25466.88元。此外，许一帆承诺给付李勇德4700元作为对其后续治疗费的赔偿款。此后许一帆已依该调解书向李勇德履行了其义务。对于上述损害赔偿项目和数额，新城支公司没有相反证据否定其真实性，本院予以采信。故原审法院认定许一帆自行承担承诺给付伤者的后续治疗费4700元，并判决新城支公司依据《保险法》及双方签订的保险条款的约定支付许一帆机动车第三者责任险赔偿款22020元〔(47288元＋3060元＋4876.40元＋2040元＋563元＋120元）×40％×（1－5％）＝22020元〕；车上人员险赔偿款759.92元〔（1332.80元＋75元＋246元＋246元）×40％＝759.92元〕，并无不妥。新城支公司诉称应当按照其出具的赔款计算书确定的赔偿项目、金额计付赔偿金额因无事实依据，本院不予支持。综上所述，一审判决认定事实清楚，适用法律正确。

4. 二审定案结论

广西壮族自治区南宁市中级人民法院依照《中华人民共和国民事诉讼法》第一百五十三条第一款第（一）项、第一百五十八条之规定，作出如下判决：

驳回上诉，维持原判。

二审案件受理费777元，由上诉人中国人民财产保险股份有限公司南宁市新城支公司负担。

（七）解说

本案涉及因挂靠机动车辆所致事故，保险公司应否承担赔偿责任，以及如何承担保险赔偿责任等问题。

本案涉及的第一个问题，即原告是否有权要求被告承担商业险的保险责任。要解决这一争议，必须明确原、被告之间是否形成了事实上的保险合同关系、所订立的保险合同是否有效、原告是否适格。

保险合同关系是否客观存在，应视合同双方是否订立了有效的合同而定。具体包括两个方面：一是保险合同是否成立；二是保险合同是否生效。依照我国《保险法》规定，保险合同的一般成立要件有三：其一，投保人提出保险要求；其二，保险人同意承保；其三，保险人与投保人就合同的条款达成协议。本案中，许一帆将车辆挂靠创业公司后，创业公司以被保险人的名义为许一帆挂靠的车辆向新城支公司投保了第三者责任险和车上人员责任险，被告即签发了保险单，说明其接受了投保要求，而且在签订保险单后，投保费用均是许一帆交纳。经查实，实际投保人和被保险人均为许一帆，因此原、被告之间成立了事实上的保险合同关系。就保险合同效力而言，我国《保险法》（2009 年修订前）第十二条第一、二款规定："投保人对保险标的应当具有保险利益。投保人对保险标的不具有保险利益的，保险合同无效。"可见，我国《保险法》将保险利益作为保险合同的一个效力要件。保险利益是指投保人对保险标的应具有法律上承认的利益。保险利益是保险合同的效力要件，也是获得保险补偿和赔偿的前提和条件。本案中，原告许一帆要取得与被告建立合法有效保险关系的资格，必须满足《保险法》关于"对保险标的应当具有保险利益"的规定。保险利益应是合法的且能以金钱来衡量的具有经济价值的利益，它常借助法律上的财产权利的形式表现出来。从本案事实来看，保险单上虽注明创业公司是车主，但根据法院认定的挂靠关系来看，车辆的实际所有人、营运控制人均为许一帆，创业公司仅系挂靠单位，则许一帆因享有所有权而对保险车辆享有保险利益。即使从公示角度而言，因形式要件的欠缺，许一帆对保险车辆不享有所有权，但保险车辆一直为其经营使用，创业公司也认可这一事实，说明许一帆对保险车辆享有合法的占有、使用、收益等权利。基于此，许一帆对保险车辆具有保险利益。因此原、被告之间形成的事实上的保险合同合法有效。原告有权要求被告赔付保险金。

本案涉及的第二个问题是保险人如何承担保险赔偿责任，即涉案保险赔偿金额应为多少。根据我国举证规则规定，当事人对自己提出的主张有责任提供证据。本案中，在交警部门的主持下，许一帆与事故相对方达成了《交通事故损害赔偿调解书》，确认了双方的损害赔偿项目和数额，原告据此作为索赔的标准。尽管《交通事故损害赔偿调解书》的内容对被告不具有法律约束力，但作为交通管理行政部门依据事故责任比例组织事故双方进行调解而得出的结论，在一定程度上反映了双方的真实损失，具备一定的参考价值。被告认为此调解书无法作为赔偿的依据，但又未提供赔偿标准，故法院最终采纳了原告的观点，原则上参照了《交通事故损害赔偿调解书》。

（广西壮族自治区南宁市青秀区人民法院　钟　凯）

50. 邱美琴等诉天安保险股份有限公司宣城中心支公司保险合同案

（无证驾驶）

（一）首部

1. 判决书字号

一审判决书：江苏省常州市武进区人民法院（2007）武民二初字第1451号民事判决书。

二审判决书：江苏省常州市中级人民法院（2007）常民二终字第73号民事判决书。

2. 案由：保险合同纠纷。

3. 诉讼双方

原告（被上诉人）：邱美琴，女，1949年6月22日生，汉族，住江苏省常州市武进区雪堰镇。

原告（被上诉人）：钱华萍，女，1985年8月15日生，汉族，住江苏省常州市武进区雪堰镇。

两原告委托代理人（一、二审）：周剑清，江苏常州红雨律师事务所律师。

被告（上诉人）：天安保险股份有限公司宣城中心支公司（以下简称天保宣城支公司），住所地：安徽省宣城市鳌峰东路9号。

负责人：荀明晖，该支公司总经理。

委托代理人（一审）：李兵，该支公司职员。

委托代理人（二审）：黄朝徽，该支公司职员。

4. 审级：二审。

5. 审判机关和审判组织

一审法院：江苏省常州市武进区人民法院。

独任审判：审判员：王明锋。

二审法院：江苏省常州市中级人民法院。

合议庭组成人员：审判长：吴红娥；审判员：段若鹏；代理审判员：刘海浪。

6. 审结时间

一审审结时间：2007年11月6日。

二审审结时间：2008年3月3日。

（二）一审诉辩主张

原告邱美琴、钱华萍诉称：原告邱美琴是钱林泉妻子，原告钱华萍是钱林泉女儿。2007年7月7日18时30分左右，钱林泉驾驶悬挂苏BUS724号牌的二轮摩托车，沿苏343线至分水道路西半幅由南向北行驶至雪堰镇仁庄村委筱坞里地段时，与沈锋驾驶的车牌号为皖PS9479的由北向南行驶的二轮摩托车相撞，致钱林泉、沈锋二人均倒地受伤，后经医院抢救无效死亡。经交警认定，钱林泉应负该起事故的主要责任，沈锋应负该起事故的次要责任。沈锋所驾驶的车牌号为皖PS9479的二轮摩托车在被告处投保了机动车交通事故责任强制保险，但在向被告主张赔付时未果，现起诉要求判令被告赔付因钱林泉交通事故死亡的损失 50263 元。诉讼中，两原告放弃了要求被告赔付抢救费 263 元的请求。

被告天保宣城支公司辩称：被告不是侵权人，不是本案适格被告；沈锋在本次事故中是无证驾驶，根据保险条款约定和《机动车交通事故责任强制保险条例》的规定，应由沈锋本人负责赔偿，保险公司不负责赔偿，请求法院依法判决。

（三）一审事实和证据

江苏省常州市武进区人民法院经公开审理查明：两原告是母女关系，原告邱美琴是钱林泉妻子，原告钱华萍是钱林泉女儿。2007 年 7 月 7 日 18 时 30 分左右，钱林泉驾驶悬挂苏 BUS724 号牌（该号牌系挪用）的二轮摩托车，沿苏 343 线至分水道路西半幅由南向北行驶至雪堰镇仁庄村委筱坞里地段时，与沈锋驾驶的车牌号为皖 PS9479 的由北向南行驶的二轮摩托车相撞，致钱林泉、沈锋二人均倒地受伤，后经送医院抢救无效均于当日死亡。2007 年 7 月 20 日，常州市武进区公安局交通巡逻警察大队作出武公交字（2007）第 254 号交通事故认定书，认定钱林泉应负该起事故的主要责任，沈锋应负该起事故的次要责任。2006 年 8 月 15 日，沈锋所驾驶的车牌号为皖 PS9479 的二轮摩托车在被告处投保了机动车交通事故责任强制保险，保险期限自 2006 年 8 月 16 日起至 2007 年 8 月 15 日止，被告签发了机动车交通事故责任强制保险摩托车定额保险单，保险单载明死亡伤残赔偿限额为 5 万元。

上述事实有下列证据证明：

1. 天保宣城支公司机动车交通事故责任强制保险摩托车定额保险单。证明沈锋所驾驶的车牌号为皖 PS9479 的二轮摩托车向天保宣城支公司投保机动车交通事故责任强制保险，死亡伤残赔偿限额为 5 万元。保险期限自 2006 年 8 月 16 日至 2007 年 8 月 15 日止。

2. 交通事故认定书。证明经常州市武进区公安局交通巡逻警察大队对事故责任进行认定，钱林泉应负该起事故的主要责任，沈锋应负该起事故的次要责任。

3 户籍证明、注销户口证明。共同证明钱泉林死亡的事实。

（四）一审判案理由

江苏省常州市武进区人民法院根据上述事实和证据认为：沈锋与被告间的机动车交通事故责任强制保险合同合法有效，当被保险机动车发生交通事故，被告应当承担保险责任，对造成的本车人员、被保险人以外的受害人的人身伤亡、财产损失，在责任限额内予以赔偿，因此，两原告要求被告在死亡伤残赔偿限额内赔偿因钱林泉死亡的死亡赔偿金 5 万元，理由正当合法，本院依法予以支持。虽然被告不是侵权行为人，但《中华人民共和国道路交通安全法》第七十六条规定，机动车发生交通事故造成人身伤亡、财产损失的，由保险公司在机动车第三者责任强制保险责任限额内予以赔偿；《机动车交通事故责任强制保险条例》第三十一条也规定，保险公司可以向被保险人赔偿保险金，也可以直接向受害人赔偿保险金。因此，原告要求被告赔偿保险金并无不当，被告提出其不是本案适格被告的意见，理由不能成立，本院不予采纳。虽然发生事故时沈锋未取得驾驶资格，符合《机动车交通事故责任强制保险条例》第二十二条第一款规定的情形，但根据该条第二款的规定，保险公司仅是对造成受害人的财产损失不承担赔偿责任，而原告请求的为死亡赔偿金，不属财产损失，被告应当予以赔偿，因此，对被告提出其不应负责赔偿的意见，本院不予采纳。

（五）一审定案结论

江苏省常州市武进区人民法院依照《中华人民共和国道路交通安全法》第七十六条、《机动车交通事故责任强制保险条例》第二十一条和《中华人民共和国保险法》第二十四条的规定，作出如下判决：

被告天保宣城支公司于本判决生效之日起 10 日内，向原告邱美琴、钱华萍支付保险赔偿金 5 万元。

（六）二审情况

1. 二审诉辩主张

上诉人天保宣城支公司上诉称：2007 年 7 月 7 日，钱林泉驾驶的摩托车与沈锋驾驶的摩托车发生碰撞，致钱林泉、沈锋二人受伤，后经医院抢救无效二人均于当日死亡。常州市武进区公安局交通巡逻警察大队作出武公交字（2007）第 254 号交通事故认定书，认定钱林泉应负该起事故的主要责任，沈锋应负该起事故的次要责任。该事故认定书确认沈锋无驾驶执照，属于无证驾驶。沈锋在上诉人处投保了交强险。国务院法制办颁发的《机动车交通事故责任保险条例释义》明确规定，“驾驶人未取得驾驶资格”等四种情形属于交强险的除外责任。交强险条款第九条也明确约定：驾驶人未取得驾驶资格的，保险人只负责垫付符合规定的抢救费用，对于其他损失和费用，保险人不负责垫付和赔偿；第十条第四款约定：因交通事故产生的仲裁或者诉讼费用以及其他相关费用，保险公司不负赔偿责任。根据上述规定，本案在原审原告主动放弃抢救费用诉讼请求的情况下，就意味着上诉人无需承担任何赔偿责任。原审判决上诉人赔偿 5 万元死亡赔偿金并承担诉讼费用 529 元，显然不符合交强险保险合同的约定，明显属于错判。综上，请求二审法院撤销原审判决，依法改判上诉人不承担赔偿责任。

被上诉人邱美琴、钱华萍答辩称：上诉人所指的交强险条款第九条约定，是指垫付医疗费用损失，本案涉及的争议是人身损害赔偿，不同于条款第九条规定的情形。上诉人认为，只有下列损失和费用交强险不负责赔偿和垫付：一是受害人故意造成的交通损失；二是财产损失。本案中受害人并非故意造成交通事故，因此，原审判决是正确的。《机动车交通事故责任强制保险条例》第二十一条规定，被保险机动车发生道路交通事故造成本车人员、被保险人以外的受害人人身伤亡、财产损失的，由保险公司依法在机动车交通事故责任强制保险责任限额范围内予以赔偿。道路交通事故的损失是由受害人故意造成的，保险公司不予赔偿。第三十一条规定，保险公司可以向被保险人赔偿保险金，也可以直接向受害人赔偿保险金。因此，受害人可以直接向保险公司申请保险金的赔偿。原审原告的诉请是依据法律主张的，请求驳回上诉人的上诉请求。

2. 二审事实和证据

江苏省常州市中级人民法院经审理，确认了一审法院认定的事实和证据。

此外，还查明：沈锋与天保宣城支公司之间签订的交强险条款第九条约定：被保险机动车在本条（1）至（4）之一的情形下发生交通事故，造成受害人受伤需要抢救的，保险人在接到公安机关交通管理部门的书面通知和医疗机构出具的抢救费用清单后，按照国务院卫生主管部门组织制定的交通事故人员创伤临床诊疗指南和国家基本医疗保险标准进行核实。对于符合规定的抢救费用，保险人在医疗费用赔偿限额内垫付。被保险人在交通事故中无责任的，保险人在无责任医疗费用赔偿限额内垫付。对于其他损失和费用，保险人不负责垫付和赔偿：（1）驾驶人未取得驾驶资格的；（2）驾驶人醉酒的；（3）被保险机动车被盗抢期间肇事的；（4）被保险人故意制造交通事故的。对于垫付的抢救费用，保险人有权向致害人追偿。第十条约定：下列损失和费用，交强险不负责赔偿和垫付：……（4）因交通事故产生的仲裁或者诉讼费用以及其他相关费用。

3. 二审判案理由

江苏省常州市中级人民法院根据上述事实和证据认为：双方在二审中的争议焦点有二：一是交强险的被保险人无证驾驶造成交通事故，对受害人的人身伤亡损失，保险公司应否在死亡伤残赔偿限额内予以赔偿？二是保险公司应否承担交强险案件的诉讼费用？

对于第一个争议焦点，本院认为，沈锋与天保宣城支公司之间的交强险合同合法有效。由于交强险是一种强制性责任保险，它是一国或地区基于公共政策的需要，为了维护社会大众利益，以法律法规的形式强制推行的保险，其主要目的在于保障车祸受害人能够获得基本保险，具有社会公益属性。根据《道路交通安全法》第七十六条规定，机动车发生交通事故造成人身伤亡、财产损失的，由保险公司在交强险责任限额范围内予以赔偿。《机动车交通事故责任强制保险条例》第二十一条规定："被保险机动车发生道路交通事故造成本车人员、被保险人以外的受害人人身伤亡、财产损失的，由保险公司依法在机动车交通事故责任强制保险责任限额范围内予以赔偿。道路交通事故的损失是由受害人故意造成的，保险公司不予赔偿。"第二十二条规定："有下列情形之一的，保险公司在机动车交通事故责任强制保险责任限额范围内垫付抢救费用，并有权向致害人追偿：（一）驾驶人未取得驾驶资格或者醉酒的；……有前款所列情形之一，发生道路交通事故的，造成受害人的财产损失，保险公司不承担赔偿责任。"上述规定确立了保险公司对保险事故承担无过失赔偿责任的基本原则，即投保交强险的机动车发生交通事故，致第三者人身伤亡的，由保险公司首先在责任限额内予以赔偿，除非受害人故意造成道路交通事故，而不论被保险人一方是否有过错及过错程度如何，此体现了交强险保障受害人及社会大众利益的根本目的；该《条例》第二十二条第二款规定了保险公司对受害人财产损失予以免责，保险公司先行垫付抢救费用但可以追偿，但对受害人抢救费用以外的人身伤亡损失并未规定保险公司可以免责。而双方保险条款第九条约定的"对于其他损失和费用，保险人不负责垫付和赔偿"，也并未明确受害人的死亡赔偿金是否属于保险公司免责的范围，因此，天保宣城支公司根据该条款的约定主张免责的依据不足，本院依法不予支持。

对于第二个争议焦点，本院认为，保险公司在交强险案件中承担败诉责任，则应承担败诉部分的诉讼费用。诉讼费用由败诉方承担是人民法院裁判案件时确定诉讼费用分担的基本原则。交强险条款第十条第（四）项的约定应当是指交强险被保险人与第三人之间因交通事故产生的仲裁或者诉讼费用以及其他相关费用，而非保险公司作为当事人与被保险人或受害人之间因交通事故产生的仲裁或者诉讼费用等，如果保险公司在交强险案件中败诉，却不需要承担诉讼费用，明显与败诉方承担诉讼费用的原则冲突，且不符合公平原则。因此，天保宣城支公司关于不承担诉讼费用的上诉理由不能成立，本院依法不予支持。

综上，天保宣城支公司上诉理由均不能成立。原审判决认定事实清楚，适用法律正确，判决并无不当。

4. 二审定案结论

江苏省常州市中级人民法院依照《中华人民共和国民事诉讼法》第一百五十三条第一款第（一）项之规定，作出如下判决：

驳回上诉，维持原判。

（七）解说

本案的争议焦点是：驾驶人未取得驾驶资格造成交通事故，对受害人的人身伤亡损失，保险公司是否应在死亡伤残赔偿限额内予以赔偿？

有意见认为，根据常州市武进区公安局交通巡逻警察大队作出武公交字（2007）第254号交通事故认定书，确认沈锋无驾驶执照，属于无证驾驶。沈锋在保险公司投保了交强险。根据国务院法制办颁发的《机动车交通事故责任保险条例释义》、交强险条款第九条、第十条第四款的约定，驾驶人未取得驾驶资格，保险人只负责垫付符合规定的抢救费用，对于其他损失和费用，保险人不负责垫付和赔偿，因此在原告主动放弃抢救费用诉讼请求的情况下，就意味着保险公司无需承担任何赔偿责任。

法院在审理时认为，驾驶人未取得驾驶资格发生交通事故，对受害人的人身伤亡损失（即使受害人亦是未取得驾驶资格），保险公司应在死亡伤残赔偿限额内予以赔偿。

首先，交强险是指由保险公司对被保险机动车发生道路交通事故造成本车人员、被保险人以外的受害人的人身伤亡、财产损失，在责任限额内予以赔偿的强制性责任保险。道路交通的高速运输工具属于高度危险作业，虽然是现代化科学技术的发展成果，是经济和社会生活所必需的运输工具，但是给交通安全带来危害也较大，国家有必要对道路交通事故受害者建立救助制度，使受害者不因致害人的赔偿能力低而得不到及时的抢救和补偿。强制保险制度的实现体现国家对公民的人身和财产高度关心和重视，也是公民社会保障水平不断提高的表现，有利于促进社会和谐。《道路交通安全法》第七十六条规定：机动车发生交通事故造成人身伤亡、财产损失的，由保险公司在机动车第三者责任强制保险责任限额范围内予以赔偿。《机动车交通事故责任强制保险条例》（以下简称《条例》）第二十一条第一款规定：被保险机动车发生道路交通事故造成本车人员、被保险人以外的受害人人身伤亡、财产损失的，由保险公司依法在机动车交通事故责任强制保险责任限额范围内予以赔偿。该两条款确立了保险公司对保险事故承担无过错赔偿责任的基本原则，即投保交强险的机动车发生交通事故，致第三者人身伤亡及财产损失，由保险公司首先在责任限额内予以赔偿，不论交通事故当事人各方是否有过错以及过错程度如何，此规定体现了交强险保障受害人及社会大众利益的根本目的。

其次，《条例》第二十二条并非保险公司对受害人人身伤亡赔偿的保险责任免除条款。《条例》第二十二条规定：有下列情形之一的，保险公司在机动车交通事故责任强制保险责任限额范围内垫付抢救费用，并有权向致害人追偿：（一）驾驶人未取得驾驶资格或醉酒的；……有前款所列情形之一，发生道路交通事故的，造成受害人的财产损失，保险公司不承担赔偿责任。该条款规定了保险公司对受害人财产损失予以免责，保险公司先行垫付抢救费用但可追偿，但对受害人抢救费用以外的人身伤亡损失并未规定保险公司可以免责，未对死亡伤残赔偿作出保险公司免责的规定。无禁止则应适用《道路交通安全法》第七十六条以及《条例》第二十一条第一款，故驾驶人未取得驾驶资格造成交通事故，对受害人的人身伤亡损失，保险公司仍应在死亡伤残赔偿限额内予以赔偿。此举体现了交强险对受害人人身权益的保护功能。

再次，交强险是一国或地区基于公共政策的需要，为了维护社会大众利益，以法律法规的形式强制推行的保险，其目的在于保障车祸受害人能够获得基本保障，具有社会公益属性。正是基于此，受害人本身是否有过错以及过错程度如何，不影响保险公司的赔偿责任，本案中，受害人驾驶悬挂挪用牌号的机动车，仍应在死亡伤残赔偿限额内获得赔偿。

（江苏省常州市中级人民法院　钱　锦）

51. 张东生诉中国平安财产保险股份有限公司等财产保险合同案

(一) 首部

1. 判决书字号

一审判决书：天津市南开区人民法院（2008）南民三初字第3091号民事判决书。

二审判决书：天津市第一中级人民法院（2008）一中民二终字第827号民事判决书。

2. 案由：财产保险合同纠纷。

3. 诉讼双方

原告（被上诉人）：张东生，男，1960年2月11日生，汉族，住天津市河北区狮子林大街嘉海花园。

被告（上诉人）：中国平安财产保险股份有限公司，住所地：广东省深圳市八卦岭工业区551号平安大厦。

法定代表人：任汇川，该公司董事长。

委托代理人（二审）：李东岩，中国平安财产保险股份有限公司天津分公司职员。

被告：中国平安财产保险股份有限公司天津分公司，住所地：天津市南开区白堤路1号。

负责人（一审）：田承德，该分公司总经理。

负责人（二审）：毕伟，该分公司副总经理。

委托代理人（一审）：薛从刚，华盛理律师事务所律师。

委托代理人（二审）：李东岩，该分公司职员。

4. 审级：二审。

5. 审判机关和审判组织

一审法院：天津市南开区人民法院。

独任审判：审判员：曲梅。

二审法院：天津市第一中级人民法院。

合议庭组成人员：审判长：赵伟；代理审判员：杨玲、史会明。

6. 审结时间

一审审结时间：2008年8月11日。

二审审结时间：2008年11月4日。

(二) 一审情况

1. 一审诉辩主张

原告张东生诉称：2008年3月19日，司机程军开其沃尔沃轿车S80（车牌号津FA6861）在铁东路上正常行驶时，由于发现情况晚，汽车撞在路上的石头上，造成汽车托底。报警后，天津市公安交通管理部门出具了事故认定书，将车拖运到天津市沃尔沃汽车维修站，检查发现变速箱油管处漏油，经电脑检测变速箱内部存在故障，需进行更换变速箱总成的维修处理。原告通知被告定损结果后，被告以损害结果不是这次事故造成为由，拒不履行其保险合同上所应承担的责任，至今原告的车一直停滞在沃尔沃维修站内，给原告造成了巨大经济损失，其中两个月的汽车养路费 340 元，汽车租赁费为每天 200 元，目前已租 60 天，共计 12340 元，除此之外还有一些其他经济损失等等。诉请判令被告赔偿原告车辆维修费用 60370 元；赔偿因其长时间未履行保险赔偿责任而给原告造成的经济损失 12340 元；诉讼费由被告承担。

被告中国平安财产保险股份有限公司（以下简称平安保险公司）未出庭参加诉讼，亦未提交书面答辩意见。

被告中国平安财产保险股份有限公司天津分公司（以下简称平安天津分公司）辩称：原告提出的赔偿数额过高，经被告勘查，应当理赔 16504 元。原告诉请第二项属于间接损失，根据保险合同“被保险人因保险车辆不能使用，所遭受的损失以及发生的费用不予赔偿”的约定，不应赔付。

2. 一审事实和证据

天津市南开区人民法院经审理查明：被告平安天津分公司系被告平安保险公司的分支机构。2007 年 11 月 7 日，原告与被告平安保险公司签订《机动车辆保险单》，约定：被告为原告津 FA6861 沃尔沃轿车承保，原告为被保险人，被告为保险人；保险期间自 2007 年 11 月 8 日 0 时起至 2008 年 11 月 7 日 24 时止；保险车辆损失险赔偿限额 29 万元，保险费 3230.50 元，不计免赔率 108.46 元。同时双方还约定：在保险期间内，被保险人或其允许的合法驾驶人在使用保险车辆过程中，因碰撞、倾覆等原因造成保险车辆的损失，保险人按照本保险合同的规定负责赔偿；被保险人遭受保险责任范围内的损失后，未经必要修理继续使用，致使损失扩大的部分保险人不负责赔偿；被保险人因保险车辆不能使用所遭受的损失以及发生的费用保险人不负责赔偿；发生保险事故造成保险车辆损坏的，应当尽量修复。修理前被保险人须会同保险人检验，协商确定修理或者更换项目、方式和费用；保险车辆的保险金额按投保时新车购置价确定的，无论保险金额是否低于出险当时的新车购置价，发生部分损失按照实际修复费用赔偿。合同签订后，原告按约交付了保险费。上述合同签订过程及接收保险费均由被告平安天津分公司完成。

2008 年 3 月 19 日 15 时，案外人程军驾驶原告上述投保车辆在铁东路铁路处由北向南行驶，因发现情况晚，撞在路上的石头上，造成投保车辆托底。天津市公安局交通管理局北辰支队出具《事故认定书》认定：车损自行承担。原告通知被告平安天津分公司后，将车拖运到专修沃尔沃汽车的天津中汽南方汽车销售服务有限公司，经该站检查，发现变速箱油管处漏油，电脑检测变速箱内部存在故障，需进行更换变速箱总成的维修处理。原告遂要求被告承担保险责任。

上述事实有下列证据证明：

（1）天津中汽南方汽车销售服务有限公司提供的维修情况说明。

（2）2008 年 5 月 21 日开具的租车发票。

（3）养路费票据。

（4）事故认定书。

（5）机动车辆保险单。

（6）需更换变速箱的价款明细及修车时间的证据。

（7）被保险人车损信息，证明原告车损为 16504 元。

（8）天津市公安局刑事科学技术研究所鉴定书。

（9）中国平安保险条款。

3. 一审判案理由

天津市南开区人民法院根据上述事实和证据认为：《机动车辆保险单》系被告格式合同的表现形式，原告与被告所签合同合法、有效。根据双方约定，原告支付保险费后被告承担保险责任。本案原告出现了被告承保范围的车辆财产损失险，被告应予赔偿。根据《保险法》相关规定，被告应在收到原告赔偿请求后，立即进行核定，并将核定结果通知原告，如同意理赔，应在10日内履行赔偿义务。如不属于保险责任的，应当向原告发出拒绝赔偿保险金通知书。现双方对讼争车辆出险及除更换变速箱以外的车辆损失赔偿无异议。诉讼中，被告对变速箱的损坏提出异议，认为属二次托底形成，但其所举的《车辆检验报告》系被告诉前单方检验，鉴定时未通知原告，鉴定后也未将鉴定结果告知原告。原告以该证据系在原告不知情的情况下由被告单方所为，不予认可，故不能体现该证据取得的真实性和合法性。该证据得出的“二次托底形成”未明确两次托底的具体时间，不能说明是否在合同期限内二次托底，更不能证明所谓二次托底与更换变速箱有事实上的因果关系，因而双方约定的“被保险人遭受保险责任范围内的损失后，未经必要修理继续使用，致使损失扩大的部分保险人不负责赔偿”条款在本案事实中无法显现，故被告上述抗辩理由不予采信。被告强调原告诉请的赔偿费用尚未发生的理由不能成立，本案原告诉请是履行合同之诉。现原告按低于估价单的金额诉请赔偿，依法准许。车辆出险后，由于被告怠于履行义务，致受损车辆不能尽快修复、重新使用，原告为此租车的费用，依法应由被告承担，不属于间接损失。本案承保车辆因停在修理厂待修，此间原告已缴纳的养路费损失亦应由被告赔偿。因被告平安天津分公司系分支机构不具有法人资格，其民事责任应由被告平安保险公司承担。

4. 一审定案结论

天津市南开区人民法院依据《中华人民共和国民事诉讼法》第一百三十条，《中华人民共和国合同法》第五条、第八条、第一百零七条、第一百一十三条第一款，《中华人民共和国保险法》第二十四条第一款、第二款、第二十五条、第二十六条、第八十条第二款的规定，作出如下判决：

1. 本判决生效后3日内，被告中国平安财产保险股份有限公司赔偿原告张东生沃尔沃轿车S80（车牌号津FA6861）的总成维修费用计人民币60370元；

2. 被告中国平安财产保险股份有限公司赔偿原告张东生租车费12000元，给付期限同上；

3. 被告中国平安财产保险股份有限公司赔偿原告张东生养路费损失345元，给付期限同上。

案件受理费1618元，减半收取，由被告中国平安财产保险股份有限公司负担。

（三）二审诉辩主张

上诉人平安保险公司上诉称：原审法院认定事实不清，证据不足，适用法律错误。首先，原审法院认定被上诉人车辆损失为60370元的证据不足。事故发生后，上诉人委托天津市公安局刑事科学技术研究所对出险车辆进行了鉴定，该鉴定结论认定车辆托底痕迹属于二次撞击形成，即车辆发生保险事故后，因未及时修理，导致二次托底事故发生。根据双方签订的机动车辆保险条款的约定，其只需承担承保范围内的损失，对于被保险人遭受损失后未经必要及时修理继续使用，致使损失扩大的部分不予赔偿。法律、法规并未对当事人单方委托鉴定作出程序性限制，因此上诉人委托鉴定机构的行为在程序上合法有效。其次，原审法院判令上诉人赔偿被上诉人租车费用和养路费没有法律和事实依据。租车费用的产生与事故没有直接因果关系，车辆的损失不必然导致租车行为的发生和租车费用的发生，因此上诉人不应向被上诉人赔偿租车费用。同时，养路费是被上诉人自行必须缴纳的费用，与是否发生保险事故无因果关系，对于该费用，不应当由上诉人承担。综上，请求二审法院依法撤销原判，改判上诉人赔偿被上诉人16504元；一、二审诉讼费由被上诉人承担。

被上诉人张东生二审答辩称：原审判决事实清楚，证据充分，请求二审法院驳回上诉人的上诉请求，维持原判。

原审被告平安天津分公司述称：同意上诉人平安保险公司的上诉意见。

（四）二审事实和证据

天津市第一中级人民法院经审理，确认了一审法院认定的事实和证据。

另查明：被上诉人所租车辆系从其朋友处租借，与其在原审提供的租车票据上盖章的租车公司并没有关系。

（五）二审判案理由

天津市第一中级人民法院根据上述事实和证据认为：本案当事人间的财产保险合同关系真实有效。双方当事人就理赔问题的争议焦点主要在两个方面：（1）上诉人出具的出险车辆“二次拖底”的鉴定结论是否能够证明被上诉人有故意扩大损失的行为，进而免除上诉人对被上诉人出险车辆变速箱总成换件损失的理赔责任；（2）上诉人是否应当对被上诉人租车及养路费的损失承担赔偿责任。

首先，上诉人对被上诉人投保车辆没有进行检查的情况下，与被上诉人确立保险合同关系的行为，应视为对投保车辆状况良好的认可，从而可以推断出车辆的两次托底均在保险责任期间发生。其次，被上诉人投保车辆出现保险事故后及时通知了上诉人，此后该出险车辆便在修理厂处于待修状态，被上诉人没有继续使用。再次，上诉人所举《车辆检验报告》得出的“二次托底”结论，没有明确两次托底的具体时间，无法排除“二次托底”是在一次事故中所形成，更不能证明“二次托底”系被上诉人故意所致，故对于上诉人主张被上诉人车辆受损后未经必要及时修理继续使用，致使损失扩大的上诉理由，不予支持。

就上诉人请求对被上诉人租车及养路费损失不予赔偿的问题，根据《保险法》关于理赔期限的相关规定，上诉人应当在接到被上诉人理赔请求后60日内进行理赔，由于上诉人怠于理赔，致使被上诉人出险车辆长期处于待修状态，客观上导致被上诉人另行租车，故对被上诉人租车损失应当进行赔偿。但经查证，被上诉人所租车辆系从其朋友处借得，与其在原审提供的租车票据上盖章的租车公司并没有关系，故被上诉人所提供的租车费12000元的票据，不予认定。另被上诉人已经交纳的养路费345元系2008年4月至6月间90天的养路费用，故在上诉人60天的合理理赔期间发生的养路费不应作为上诉人赔偿的范围。根据公平原则，确定上诉人对被上诉人租车以及养路费两项损失的赔偿数额以5000元为宜。

（六）二审定案结论

天津市第一中级人民法院依照《中华人民共和国民事诉讼法》第一百五十三条第一款第（一）项、第（二）项的规定，作出如下判决：

1. 维持天津市南开区人民法院（2008）南民三初字第3091号民事判决第一项；

2. 变更天津市南开区人民法院（2008）南民三初字第3091号民事判决第二、三项为：中国平安财产保险股份有限公司于本判决生效后3日内赔偿张东生损失（包括租车费及养路费）5000元。

一审案件受理费按原审判决执行；二审案件受理费1618元由上诉人中国平安财产保险股份有限公司承担1455元，被上诉人承担163元。

（七）解说

本案主要有两点争议：一是变速箱总成更换这一损害后果是否由“二次托底”造成，是否应当予以理赔；二是租车费与养路费是否属于保险赔偿的范围。

1. 变速箱总成更换损失是否应当理赔？在机动车车辆损失险的保险合同纠纷案件中，车辆损失是否由保险事故造成和维修标准问题常常是保险公司和被保险人之间容易引发争议的问题。当前，部分维修公司甚至是保险公司指定的维修公司与被保险人合谋，故意扩大保险事故造成的损害后果，造成保险公司理赔损失，引发保险公司的不满，使得保险公司在理赔标准上与被保险人之间的纠纷进一步增多。本案就是一起典型案例，保险公司在经过鉴定后，认为更换变速箱总成是第二次托底造成的损害后果，因此不同意赔偿更换费用，只同意赔偿维修费用。

（1）保险公司单方委托鉴定的结论能否采信？由于当事人双方未在保险合同中约定鉴定的问题，因此鉴定结论能否采用只能依法判断。在本案中，鉴定机构和鉴定人员具有相关鉴定资格，鉴定过程没有明显违反法律和相关程序，被保险人仅仅提出鉴定为单方鉴定这一抗辩理由，按照最高人民法院《关于民事诉讼证据的若干规定》第二十八条、第二十九条的规定，这一鉴定可以采信。

（2）虽然“二次托底”的鉴定结论可以采信，但这一结论能否支持保险公司“被保险人遭受保险责任范围内的损失后，未经必要修理继续使用，致使损失扩大的部分，保险人不负责赔偿”的抗辩理由呢？首先，《车辆检验报告》得出了“二次托底”结论，但没有明确两次托底的具体时间，无法排除“二次托底”是在一次事故中形成的情形；其次，被保险人投保车辆出现保险事故后及时通知了保险公司，此后该出险车辆一直在修理厂处于待修状态，没有证据证明此后被保险人使用过此车辆，更没有证据证明被保险人故意制造了“二次托底”的事故；再次，保险公司与被保险人签订保险合同的行为，应视为对投保车辆状况良好的认可，从而可以推断出车辆的两次托底事故均在保险责任期间发生，如果没有证据证明被保险人是在明知经过“二次托底”后，继续使用被保险车辆致使“二次托底”事故发生，造成损失扩大，那么保险公司就应当承担理赔责任。

综上，保险公司提供的鉴定结论不能支持其抗辩理由，变速箱总成的更换费用应当予以赔付。

2. 租车费和养路费是否应当赔偿？一般而言，保险理赔的原则是只赔偿保险标的直接损失，因保险标的不能使用而产生的间接损失，保险公司不负赔偿责任。但这一原则容易产生保险公司以拖延理赔，扩大被保险人损失的方式，迫使因保险事故陷入危难境地的被保险人接受较低的理赔数额的道德风险。为此，各国保险法均对保险公司理赔的时间、程序等进行严格限定，并规定对其拖延理赔予以惩罚的措施，我国2009年新修订的《保险法》对此也进行了较为细致的规定。审理本案时适用的2002年《保险法》虽然没有2009年《保险法》规定的完善，但也在第二十四条予以原则规定：“保险人未及时履行前款规定义务的，除支付保险金外，应当赔偿被保险人或者受益人因此受到的损失。”因此，对于因保险公司未及时履行支付保险金的义务，而造成被保险人扩大的损失部分，保险公司应当负赔偿责任。

在诉讼中，认定哪一部分损失属于一般间接损失，哪一部分损失属于扩大损失的关键就在于如何认定保险公司及时履行支付保险金义务的时限。在本案中，保险单并没有约定支付保险金的时限，2002年的《保险法》也没有明确规定。但是，根据2002年《保险法》第二十六条的规定，保险公司不能确定保险金额的，应当在60日支付可以确定的最低额保险金。但如上所述，如果将60日期限仅仅认定为保险公司支付最低额保险金的时限，依然不能解决保险公司以“理赔标准争议”为借口，依其强势地位，乘被保险人危难，迫使被保险人接收低额赔付的道德风险，因此，60日的期限应当认定为保险公司支付全部保险金的最低期限。在本案中，由于至二审结束时（2008年11月）保险公司尚未履行支付保险金的义务，那么被保险人通知保险公司发生保险事故并提交申请理赔材料后的60日期满后至保险公司最终支付保险金时的租车费和养路费的损失就属于扩大的损失部分，应当由保险公司承担赔偿责任。尽管被保险人提交的租车费票据不能采信，但根据日常生活经验，将相关租车费和养路费的总额确定为5000元是基本合适的。

（天津市第一中级人民法院　史会明）

52. 吴添树诉中国大地财产保险股份有限公司龙岩中心支公司机动车交通事故责任强制保险合同案

（无证驾驶）

（一）首部

1. 判决书字号

一审判决书：福建省龙岩市新罗区人民法院（2007）龙新民初字第2283号民事判决书。

二审判决书：福建省龙岩市中级人民法院（2008）岩民初字第255号民事判决书。

2. 案由：保险合同纠纷。

3. 诉讼双方

原告（被上诉人）：吴添树，男，1979年6月13日生，汉族，农民，住福建省武平县武东乡三峙村。

委托代理人（一审）：吴贤斌，男，1968年4月1日生，汉族，个体户。

委托代理人（一、二审）：李树勇，福建岩风律师事务所律师。

被告（上诉人）：中国大地财产保险股份有限公司龙岩中心支公司，住所地：龙岩市新罗区西安南路莲花嘉园4楼。

负责人：刘纯玉，该支公司经理。

委托代理人（一审）：王开明，该支公司客户部经理。

委托代理人（二审）：杜春林，福建天岩律师事务所律师。

4. 审级：二审。

5. 审判机关和审判组织

一审法院：福建省龙岩市新罗区人民法院。

独任审判：审判员：池科升。

二审法院：福建省龙岩市中级人民法院。

合议庭组成人员：审判长：童大标；代理审判员：郭胜华、严建锋。

6. 审结时间

一审审结时间：2008 年 1 月 28 日。

二审审结时间：2008 年 5 月 28 日。

（二）一审情况

1. 一审诉辩主张

原告诉称：2007 年 10 月 3 日 18 时 50 分，原告驾驶其所有的赣 02－46336 变型拖拉机从宝泰桥往北二环路方向行驶，至肇事地段龙腾北路与双洋路的交叉口，与左侧郭陞荣驾驶从双洋路往小洋方向行驶的电动车发生碰撞，造成郭陞荣当场死亡，两车损坏的交通事故。事故发生后，经龙岩市公安局交通警察支队直属大队交通事故第 200700411 号认定书对当事人的责任确认：吴添树、郭陞荣应负本事故同等责任。2007 年 11 月 5 日，原告与郭陞荣亲属在龙岩市公安机关交通管理部门主持调解下达成协议，由原告支付死者家属 13 万元，无牌电动车车损及修理费总计 2280 元由原告向赣 02－46336 号车承保的保险公司索赔后如数付给郭陞荣方。2007 年 11 月 5 日，原告吴添树向赣 02－46336 号车承保的被告中国大地财产保险股份有限公司龙岩中心支公司提出索赔申请，但被告中国大地财产保险股份有限公司龙岩中心支公司于 2007 年 11 月 12 日以原告仅持有 C1、E 证，无农业机械管理部门核发的相应的拖拉机驾驶证（G 证），不具备拖拉机驾驶资格为由，作出拒赔的通知书。原告认为：（1）原告持有驾驶证是 C1、E 证，根据《中华人民共和国机动车驾驶证管理办法》第六条的规定，持有 C 证可以驾驶小型汽车、大型拖拉机、四轮农用运输车、电瓶车和小型自动挡载客汽车，而原告的变型拖拉机属于拖拉机和四轮农用运输车的一种。因此，原告可以驾驶变型拖拉机，被告应进行理赔。（2）中华人民共和国机动车驾驶证准驾车型代号规定 C1 证是指小型汽车和 C2、C3，而 C2 证是指小型自动挡汽车，C3 证是指低速载汽车和 C4，C4 证是指三轮汽车，E 证是指普通二轮摩托车和 F，F 证是指轻摩托车，原告的变型拖拉机应属于低速载货汽车。因此，原告持 C1、E 证完全可以驾驶变型拖拉机，被告的说法无法律依据，应对原告进行理赔。（3）交警部门认为 C1、E 证可以驾驶变型拖拉机，被告应对原告进行理赔。原告为此诉至法院，请求判令被告中国大地财产保险股份有限公司龙岩中心支公司支付保险赔偿金 52280 元。

被告辩称：被告与原告签订的保险合同号：PDDB200735012600011353，保险期限：从 2007 年 6 月 13 日 0 时起至 2008 年 6 月 12 日 24 时止，属交通事故强制责任保险。2007 年 11 月 5 日，原告吴添树向被告提出索赔申请，被告于 2007 年 11 月 12 日以原告仅持有 C1、E 证，无农业机械管理部门核发的相应拖拉机驾驶证，不具备拖拉机驾驶资格为由，根据《机动车交通事故责任强制保险条款》第九条的规定：对于驾驶人未取得驾驶资格的，除了垫付必要的抢救费用（垫付的抢救费用，保险人有权向致害人追偿）外，其他损失和费用，保险人不负责垫付和赔偿。被告作出拒赔决定并签发拒赔通知书的理由如下：原告所根据的《中华人民共和国机动车驾驶证管理办法》（即公安部 28 号令）是 1996 年 9 月 1 日实施的，已于 2004 年 4 月 30 日前废止。根据《机动车驾驶证申领和使用规定》（公安部 71 号令）持

C1、E 证都可驾驶：①小型、微型载客汽车以及轻型、微型载货汽车；②轻、小、微型专项作业车；③C2、C3、C4 和 E 证所准驾车型。该规定第五十三条规定，拖拉机驾驶证的申领和使用另行规定。原告称“变型拖拉机属于拖拉机和四轮农用运输车的一种”没有任何依据，根据新的《道路交通安全法》并无“农用运输车”一词，完全是原告自己凭空想象的，原告所说“变型拖拉机属于低速载货汽车”更无任何根据。原告所驾的赣 02—46336 车辆行驶证是江西赣州市农业机械局核发的中华人民共和国拖拉机行驶证，是变型拖拉机，是拖拉机的一种。根据农业部 42 号令第七条规定，根据发动机功率大小驾驶人必须持有“G”或“H”驾驶证才能驾驶该拖拉机，而原告只持有 C1、E 驾驶证，不具备驾驶拖拉机资格，是非法驾驶。原告所述交警部门都认为 C1、E 证可以驾驶变型拖拉机，更是无事实根据。综上，被告认为其作出拒赔决定是正确的，请求法院依法驳回原告的诉讼请求。

2. 一审事实和证据

福建省龙岩市新罗区人民法院经公开审理查明：原、被告于 2007 年 6 月 12 日签订机动车交通事故责任强制保险单，合同约定：保险人为被告，被保险人为原告，被保险机动车种类为运输型拖拉机，号牌号码为 LS03751，责任限额为：死亡伤残赔偿限额 50000 元、医疗费用赔偿限额 8000 元、财产损失赔偿限额 2000 元。2007 年 10 月 3 日 18 时 50 分，原告驾驶其所有的赣 02—46336 变型拖拉机从龙岩市新罗区宝泰桥往北二环路方向行驶，至龙腾北路与双洋路的交叉口时，与左侧郭陞荣驾驶从双洋路往小洋方向行驶的电动车发生碰撞，造成郭陞荣当场死亡、两车损坏的交通事故。事故发生后，经龙岩市公安局交通警察支队直属大队交通事故第 200700411 号认定书确认吴添树、郭陞荣应负本事故同等责任。2007 年 11 月 5 日，原告与郭陞荣亲属在龙岩市公安机关交通管理部门主持调解下达成协议，由原告支付死者家属 13 万元，无牌电动车车损及修理费总计 2280 元由原告向赣 02—46336 号车承保的保险公司索赔后如数付给郭陞荣方。2007 年 11 月 5 日，原告吴添树向被告中国大地财产保险股份有限公司龙岩中心支公司提出索赔申请，被告中国大地财产保险股份有限公司龙岩中心支公司于 2007 年 11 月 12 日以原告仅持有 C1、E 证，无农业机械管理部门核发的相应的拖拉机驾驶证（G 证），不具备拖拉机驾驶资格为由拒赔。原告为此诉至法院，请求判令被告中国大地财产保险股份有限公司龙岩中心支公司支付保险赔偿金 52280 元。

上述事实有下列证据证明：

（1）交通事故损害赔偿凭证 1 份，证明原告对郭陞荣死亡已进行了赔偿。

（2）交通事故损害赔偿调解书 1 份，证明原告和郭陞荣家属达成了调解协议。

（3）交通事故认定书 1 份，证明发生交通事故的事实。

（4）机动车交通事故责任强制保险单（正本）1 份，证明原告和被告存在保险合同关系。

（5）机动车辆保险索赔申请及材料交接单各 1 份，证明原告曾向被告提出索赔。

（6）拒赔通知书 1 份，证明被告拒赔的事实。

（7）机动车驾驶证 1 份。

3. 一审判案理由

福建省龙岩市新罗区人民法院根据上述事实和证据认为：机动车交通事故责任强制保险作为《道路交通安全法》规定的强制保险，该保险不属于商业保险。原告作为被保险人将其所有的赣 02—46336 号车向被告投保，被告亦据此与原告订立保险合同，该合同系依法设立。依照我国法律规定，合法的民事行为受法律保护。原、被告经协商一致订立的保险合同系双方当事人的真实意思表示，合同内容不违反国家法律强制性规定，该合同合法、有效，合同双方应按约履行各自权利和义务。在合同约定的保险事故发生后，原告有权基于该合同约定，要求被告按约支付保险赔偿金，现被告以原告不具备相应驾驶资格为由拒赔。对此，本院分析认为：原告是否具有驾驶资格应由交警部门确认，作为保险公司的被告并无该职权。在交通事故发生后，交警部门已对发生的事故作出责任认定，在该责任认定中并未认定原告不具有驾驶该种类车辆的资格，被告以其判断认定原告不具有拖拉机驾驶资格并以此为由拒赔，与法律规定不符，其应按约向原告支付保险赔偿金，原、被告双方约定的保险责任限额明确财产损失限额为 2000 元，原告要求被告赔偿财产损失 2280 元，已超出该限额范围，本院对超出部分不予支持。

4. 一审定案结论

福建省龙岩市新罗区人民法院依照《中华人民共和国保险法》第二十四条第一款、《中华人民共和国道路交通安全法》第十七条之规定，作出如下判决：

（1）被告中国大地财产保险股份有限公司龙岩中心支公司应于本判决生效之日起 5 日内支付原告吴添树保险赔偿金 52000 元；

（2）驳回原告吴添树的其他诉讼请求。

如果未按本判决指定的期间履行给付金钱义务，应当依照《中华人民共和国民事诉讼法》第二百三十二条之规定，加倍支付迟延履行期间的债务利息。

本案案件受理费 1110 元，减半收取为 555 元，由被告中国大地财产保险股份有限公司龙岩中心支公司负担。

（三）二审诉辩主张

上诉人中国大地财产保险股份有限公司龙岩中心支公司上诉称：吴添树仅持有 C1、E 驾驶证，不具有变型拖拉机的驾驶资格，应认定为无证驾驶。一审法院以交警部门在责任认定中并未认定吴添树不具有驾驶变型拖拉机的资格为由，进而推论出吴添树具有变型拖拉机的驾驶资格，属于认定事实错误。请求判令驳回被上诉人的诉讼请求。

被上诉人吴添树答辩称：被上诉人驾驶的变型拖拉机不是一般意义上的拖拉机，从性能、作用和外观等方面来说都是属于低速载货汽车或四轮农业运输车的一种。被上诉人持有 C1、E 驾驶证，根据公安部 91 号令《机动车驾驶证申领和使用规定》的规定，被上诉人具有驾驶变型拖拉机的资格。原审判决认定事实清楚，定性准确，适用法律正确，请求驳回上诉，维持原判。

（四）二审事实和证据

福建省龙岩市中级人民法院经公开审理，确认了一审法院认定的事实和证据。二审中，被上诉人提供 2001 年颁发的林聪龙的驾驶证，以此证明：C 证的准驾车型包括 G 证的准驾车型。上诉人质证认为：该证据不属于新证据，且该驾驶证不是被上诉人本人的，不能证明被上诉人的主张，该驾驶证是 2001 年颁发的，是在《道路交通安全法》实施之前颁发的，不能适用。二审法院认为，该驾驶证不是事故驾驶员吴添树本人的，与本案没有关联性，不能作为本案证据。

（五）二审判案理由

福建省龙岩市中级人民法院经公开审理认为：被上诉人吴添树作为被保险人与上诉人中国大地财产保险股份有限公司龙岩中心支公司签订了《机动车交通事故责任强制保险单》，被上诉人与上诉人之间的机动车交通事故责任强制保险合同成立，具有法律约束力，合同双方应按约享有权利和履行义务。责任保险是指以被保险人对第三者依法应负的赔偿责任为保险标的的保险。《中华人民共和国道路交通安全法》第七十六条、《机动车交通事故责任强制保险条例》第二十一条规定，被保险机动车发生道路交通事故造成本车人员、被保险人以外的受害人人身伤亡、财产损失的，由保险公司依法在机动车交通事故责任强制保险责任限额范围内予以赔偿。根据上述规定，保险公司在机动车交通事故责任强制保险责任限额范围内承担的是无过错责任。保险公司再主张以被保险人具有过错作为履行赔偿义务的前提条件显然已经没有法律依据且与现行的法律规定相悖，因此，保险公司在承担的赔偿责任原则上应当与机动车一方应当承担的赔偿责任相符。本案被保险机动车发生交通事故后，被保险人有权向保险人申请赔偿保险金，上诉人应依法在机动车交通事故责任强制保险责任限额范围内予以赔偿。上诉人应按双方合同约定的死亡伤残赔偿限额50000元内予以赔偿。根据《中华人民共和国道路交通安全法》第一百二十一条的规定，拖拉机的驾驶证应由农业主管部门颁发。被上诉人提供事故驾驶员吴添树的驾驶证为公安部门颁发的C1、E证，因此吴添树持有驾驶证的准驾车型（C1、E）并不包括本案被保险车辆的车型。驾驶人需要驾驶某种类型的机动车，须经考试合格后取得相应的准驾车型资格，因此，实际驾驶车辆与准驾车型不符应属于“未取得驾驶资格”。根据《机动车交通事故责任强制保险条例》第二十二条以及《机动车交通事故责任强制保险条款》第九条的规定，驾驶人未取得驾驶资格而发生道路交通事故，对受害人的财产损失，保险公司不承担赔偿责任。被上诉人认为其具有驾驶变型拖拉机的资格，但未提供相应的证据予以证实，其要求上诉人支付保险赔偿金的诉讼请求依法应予以驳回。上诉人认为吴添树无农业机械管理部门核发的相应的拖拉机驾驶证（G证），不具备拖拉机驾驶资格，并以此为由拒赔受害人的财产损失2280元，理由正当，应予以支持。

综上，一审法院认定事实部分不清，证据不足，且适用法律有误，上诉人的上诉理由部分成立，本院依法予以改判。

（六）二审定案结论

福建省龙岩市中级人民法院依照《中华人民共和国民事诉讼法》第六十四条、第一百五十三条第一款第（三）项，《中华人民共和国保险法》第五十条第二款，《中华人民共和国道路交通安全法》第十七条、第十九条、第七十六条，《机动车交通事故责任强制保险条例》第二十一条、第二十二条之规定，作出如下判决：

1. 维持福建省龙岩市新罗区人民法院（2007）龙新民初字第2283号民事判决第二项；

2. 变更福建省龙岩市新罗区人民法院（2007）龙新民初字第2283号民事判决第一项为上诉人中国大地财产保险股份有限公司龙岩中心支公司应于判决生效之日起5日内支付被上诉人吴添树保险赔偿金50000元。

如果未按本判决指定的期间履行给付金钱义务，应当按照《中华人民共和国民事诉讼法》第二百三十二条之规定，加倍支付迟延履行期间的债务利息。

二审案件受理费1110元，由上诉人中国大地财产保险股份有限公司龙岩中心支公司负担1060元，被上诉人吴添树负担50元。一审案件受理费1110元，减半收取为555元，由上诉人中国大地财产保险股份有限公司龙岩中心支公司负担530元，被上诉人吴添树负担25元。

（七）解说

本案双方争议的焦点有二：吴添树是否属于无证驾驶？在无证驾驶的情形下，保险公司是否应承担交强险赔偿责任？

1. 吴添树是否属于无证驾驶？根据《道路交通安全法》的规定，我国机动车与拖拉机实行分类管理，车辆由哪个部门颁发行驶证，就应由持有该部门颁发的驾驶证的驾驶员驾驶。本案被保险车辆为变型拖拉机，该拖拉机的行驶证是由农机部门颁发的，要驾驶该拖拉机就必须持有农机部门颁发的拖拉机驾驶证。吴添树的驾驶证为公安部门颁发的C1、E证，其持有驾驶证的准驾车型（C1、E）并不包括本案被保险车辆的车型。驾驶人需要驾驶某种类型的机动车，须经考试合格后取得相应的准驾车型资格。因此，实际驾驶车辆与准驾车型不符属于“未取得驾驶资格”，应认定为无证驾驶。一审法院以是否具有驾驶资格应由交警部门确认，而交警部门在事故责任认定中并未认定原告不具有驾驶该种类车辆的资格，进而认为被告以原告不具有拖拉机驾驶资格为由拒赔，与法律规定不符。一审法院的认定属事实不清且犯了逻辑错误。

2. 在无证驾驶的情形下，保险公司是否应承担交强险赔偿责任？《机动车交通事故责任强制保险条例》第二十二条第一款规定：“有下列情形之一的，保险公司在机动车交通事故责任强制保险责任限额范围内垫付抢救费用，并有权向致害人追偿：（一）驾驶人未取得驾驶资格或者醉酒的；（二）被保险机动车被盗抢期间肇事的；（三）被保险人故意制造道路交通事故的。”该条第二款规定：“有前款所列情形之一，发生道路交通事故的，造成受害人的财产损失，保险公司不承担赔偿责任。”本条只明确了在上述四种特殊情形下，保险公司对财产损失不承担责任；保险公司垫付抢救费用并可追偿。但本条规定对抢救费用以外的人身损害损失如何处理未予明确，是产生本案双方当事人争议的原因。

二审法院在审理中认为，保险公司对其他人身损害损失仍应赔偿。理由如下：(1)《中华人民共和国道路交通安全法》第七十六条、《机动车交通事故责任强制保险条例》第二十一条规定，被保险机动车发生道路交通事故造成本车人员、被保险人以外的受害人人身伤亡、财产损失的，由保险公司依法在机动车交通事故责任强制保险责任限额范围内予以赔偿。根据上述规定，保险公司在机动车交通事故责任强制保险责任限额范围内承担的是无过错责任。交强险的保险标的是被保险人因过失对第三者依法应负的赔偿责任，只要被保险人依法应对第三者负赔偿责任，保险公司就应在责任限额范围内承担无过错责任、法定赔偿责任。(2) 国家设立交强险的实质是要求保险公司对受害人（第三者）承担社会责任，肇事人的行为并不作为主要考虑因素。无论机动车驾驶人是否具有驾驶资格，受害人对此均无责任，亦无防范，只要这种事故对于受害人而言是偶然的、不可预料的，就应视为保险事故。如果把第二十二条理解为保险公司只要承担垫付责任，无需承担人身伤亡赔偿责任，就意味着受害人因驾驶人一般过失行为尚且可以请求保险公司赔付，而在机动车方存在严重过错、受害人无过错时，受害人反而得不到赔偿。这显然背离了交强险对社会公众利益的保险原则及交强险的公益性质。(3) 根据法律的内在逻辑联系分析，《机动车交通事故责任强制保险条例》第二十一条第一款与第二款、第二十二条之间实质上存在一般条款与特别条款的关系。相对第二十一条而言，第二十二条属于特别条款。一般条款规定，保险公司对投保车辆发生事故的受害人（第三者）承担人身伤亡、财产损失在强制保险责任限额内全额赔偿责任。根据法学理论，除非特别条款明确排除的情形，一律适用一般条款。现第二十二条对四种情形列出特别规定，只规定保险公司对财产损失免责，并有垫付抢救费用之义务，但未言明对其他人身损失免责，不能根据条文推理得出保险公司免责的结论。故保险公司仍应按一般条款规定，承担其他人身损失理赔责任。(4) 从第二十二条的立法目的来看，该条的立法目的是规定保障公司在因驾驶员无证驾驶机动车辆等特定情形发生交通事故时，仍应在保险赔偿的限额内承担垫付抢救费责任，让受害人更好地得到及时救治，保障公民的生命安全，该条并不是免除保险公司对于受害人赔偿责任的规定，因而该条规定的四种情形不能构成保险公司全部免责的事由。（5）发生法律冲突时按特殊规定优于一般规定、后法优于前法、高层次法优于低层次法的规则处理。从后法优于前法来看，2007年12月29日通过的《中华人民共和国道路交通安全法》通过时间比《机动车交通事故责任强制保险条例》晚，故应当优先适用；从高层次法优于低层次法来看，《道路交通安全法》的法律位阶高于《机动车交通事故责任强制保险条例》，故应当优先适用。（6）关于保险条款中对其他损失不予赔偿的约定在《道路交通安全法》有明文规定的情况下，通过约定不能免除法定赔偿义务，该约定应属对当事人无约束力的格式条款。（7）根据我国法律规定，无证驾驶可能导致的法律责任有三种，即民事责任、行政责任（罚款、拘留）以及刑事责任（交通肇事罪）。无证驾驶人必须承担某种形式的行政责任直至刑事责任，而民事责任只有在其给他人造成侵权损害的情况下才需要承担，投保只用以补偿被保险人因保险事故遭受的经济损失，无法获利。因此，认为保险公司对无证驾驶等违法行为承担保险责任会引发道德风险的观点并不成立。

综上分析，二审法院根据《道路交通安全法》、《保险法》及《机动车交通事故责任强制保险条例》的规定，通过对交强险性质的分析，明确保险公司在机动车交通事故责任强制保险责任限额范围内承担无过错责任，进而判决保险公司对人身伤亡承担赔偿责任是正确的。

（福建省龙岩市中级人民法院　严建锋）

53. 黄前诉天安保险股份有限公司海安支公司财产保险合同案

（精神损害赔偿）

（一）首部

1. 判决书字号

一审判决书：江苏省海安县人民法院（2008）安民二初字第0154号民事判决书。

二审判决书：江苏省南通市中级人民法院（2008）通中民二终字第0221号民事判决书。

2. 案由：财产保险合同纠纷。

3. 诉讼双方

原告（被上诉人）：黄前，男，1970年10月15日生，住兴化市戴窑镇窑车村。

委托代理人（一、二审）：李思民，江苏泰州碧泓律师事务所律师。

被告（上诉人）：天安保险股份有限公司海安支公司，住所地：海安县海安镇人民西路11号。

负责人：戴强，该支公司总经理。

委托代理人（一、二审）：朱爱军，江苏南通紫石律师事务所律师。

4. 审级：二审。

5. 审判机关和审判组织

一审法院：江苏省海安县人民法院。

独任审判：审判员：邢毅。

二审法院：江苏省南通市中级人民法院。

合议庭组成人员：审判长：曹小红；审判员：江龙、陆久斌。

6. 审结时间

一审审结时间：2008 年 4 月 17 日。

二审审结时间：2008 年 6 月 6 日。

（二）一审诉辩主张

原告黄前诉称：2007 年 10 月 10 日上午 9 时，原告驾驶已保险的桑塔纳轿车与驾驶电动自行车的赵荣香相撞，致赵荣香及电动自行车乘员王小红受伤，王小红经送医院抢救无效于次日死亡。事故发生后，原告赔偿王小红家属各项损失 30 万元、赵荣香各项损失 5 万元，汽车维修花费 12820 元。肇事车辆在 2007 年 7 月向天安保险股份有限公司海安支公司（以下简称天安保险公司）投保了机动车交通事故责任强制保险（以下简称交强险）、机动车第三者责任商业保险（以下简称三责险）和机动车损失保险，保险期间均自 2007 年 8 月 5 日 0 时起至 2008 年 8 月 4 日 24 时止。请求判令天安保险公司赔偿损失 272700 元。

被告天安保险公司辩称：黄前的诉讼请求无法律和事实依据。请求驳回黄前的诉讼请求。

（三）一审事实和证据

江苏省海安县人民法院经公开审理查明：2007 年 7 月 23 日，案外人韩良君为苏 FEW451 号桑塔纳 SVW7182CQi 轿车向天安保险公司投保了交强险、三责险和机动车损失险、不计免赔率特约险。2007 年 10 月 9 日，韩良君将该被保险车辆转让过户给黄前，临时行驶车号牌为苏 F74647，过户后的车牌号为苏 M1E211。同月 10 日上午 9 时，黄前驾驶该车在 231 省道 136K＋900M 处，与赵荣香驾驶的电动自行车相撞，造成赵荣香、乘车人王小红受伤，两车不同程度损坏。赵荣香、王小红受伤后，当日被送至泰州市人民医院救治，王小红经抢救无效于次日死亡，医疗费支出 5070.48 元；赵荣香住院治疗 21 天，医疗费支出 10452.96 元，医生建议卧床休息 3 个月。10 月 24 日，姜堰市公安局交通警察大队作出交通事故认定书，认定黄前、赵荣香承担事故的同等责任，王小红无责任。2008 年 2 月 26 日，姜堰市公安局作出伤残评定，确认赵荣香骨盆损伤属十级伤残。黄前支付施救费、尸体检验费各 200 元、现场照相费 120 元。事故发生后，黄前立即向天安保险公司报案，天安保险公司派员查勘，对车辆损失进行评估，确认轿车损失 12500 元，电动自行车损失 2200 元。

涉案保险车辆在天安保险公司处投保的交强险，死亡伤残赔偿限额 5 万元、医疗费用赔偿限额 8000 元、财产损失赔偿限额 2000 元；机动车损失险保险金额为 10.1 万元；三责险保险金额为 20 万元。黄前在事故发生后，直接通过交警部门给付受害人王小红家属赔款 30 万元、赵荣香赔款 5 万元。

上述事实有下列证据证明：

1. 交强险保单（保单号为 C601071023801）、家庭自用汽车保险单（保单号为 C73107180427）。

2. 姜堰市公安局交通警察大队出具的交通事故车辆技术检验报告、交通事故认定书。

3. 黄前与受害人王小红家属签订的赔偿协议书及道路交通事故经济赔偿凭证。

4. 王小红医疗费收费收据、住院明细结账清单、交通费发票、餐费发票及姜堰市公安局交通警察大队向黄前收取的王小红尸体检验费 200 元、现场照相费 120 元收费收据等。

5. 王小红及其家属常住人口登记表。

6. 赵荣香的道路交通事故伤残评定书。

7. 黄前与受害人赵荣香签订的赔偿协议书及赵荣香出具的收条。

8. 赵荣香出院记录、疾病诊断证明、医疗费收费、住院明细结账清单等。

9. 机动车辆损失情况确认书及附件。

10. 事故车辆修理费发票、施救费发票。

（四）一审判案理由

江苏省海安县人民法院根据上述事实和证据认为：天安保险公司应按合同约定向黄前承担赔偿责任。黄前交通肇事导致王小红死亡、赵荣香伤残，受害人及其家属有权获得赔偿。尽管精神损害抚慰金在机动车第三者责任保险条款中属免责部分，但在交强险中，"死亡伤残赔偿限额"包括被保险人依照法院判决或者调解承担的精神抚慰金。对王小红家属应得到的损失赔偿额核定如下：医疗费 5070.48 元；死亡赔偿金 116260 元；丧葬费 11891 元；被扶养人生活费计 57890 元；误工费 524.16 元；交通费 200 元；精神损害抚慰金酌定为 45000 元。对赵荣香应得到的损失赔偿额核定如下：医疗费 10452.96 元；住院伙食补助 378 元；护理费 2770.56 元；营养费 126 元；交通费酌定为 100 元；财产损失 2200 元；误工费 2770.56 元；残疾赔偿金 11626 元；精神损害抚慰金酌定为 3000 元。核定黄前财产损失额 14900 元。综上，黄前因本案事故造成的合理损失为 270259.72 元，其中，精神损害抚慰金计 48000 元、医疗费计 15523.44 元、财产损失 14900 元，由天安保险公司在交强险责任限额范围内先行全额予以理赔。超出交强险责任限额部分的损失为 210259.72 元，根据事故责任认定书，黄前、赵荣香分别承担事故的同等责任，黄前应承担该损失的 50%，即 105129.86 元，由天安保险公司赔偿。

（五）一审定案结论

江苏省海安县人民法院依照《中华人民共和国合同法》第八条，《中华人民共和国保险法》第十条、第十四条、第三十三条、第三十四条、第五十条第二款之规定，作出如下判决：

1. 天安保险公司给付黄前交强险理赔款 6 万元；

2. 天安保险公司给付黄前机动车损失保险、第三者责任保险理赔款 105129.86 元；

上述一、二项合计 165129.86 元，天安保险公司于本判决发生法律效力后 10 日内履行。

3. 驳回黄前的其他诉讼请求。

如果天安保险公司未按本判决书指定的期间履行给付金钱义务，应当依照《中华人民共和国民事诉讼法》第二百二十九条之规定，加倍支付迟延履行期间的债务利息。

案件受理费减半收取 2696 元，由黄前负担 1063 元，天安保险公司负担 1633 元。

（六）二审情况

1. 二审诉辩主张

上诉人天安保险公司上诉称：赔偿精神抚慰金前提是人民法院判决或调解已由投保人负担的部分，而非当事人与事故受害人调解给付的数额。请求二审法院依法改判。

被上诉人黄前辩称：原审认定事实清楚，判决正确，请求驳回上诉，维持原判。

2. 二审事实和证据

江苏省南通市中级人民法院经公开审理，确认了一审法院认定的事实和证据。

3. 二审判案理由

江苏省南通市中级人民法院根据上述事实和证据认为：原审确认的精神抚慰金赔偿项目没有超出最高人民法院《关于审理人身损害赔偿案件适用法律若干问题的解释》中规定的范围，其数额亦属合理。至于精神抚慰金在强制保险中是否应按比例赔付还是可以优先赔付，法律并无规范性规定，因此原审选择优先赔付并无不当。

4. 二审定案结论

江苏省南通市中级人民法院依照《中华人民共和国民事诉讼法》第一百五十三条第一款第（一）项之规定，作出如下判决：

驳回上诉，维持原判。

二审案件受理费5391元，由天安保险公司负担。

（七）解说

三责险条款一般约定对被保险人给第三人造成的精神损害赔偿部分不予赔偿。本案交强险死亡伤残赔付限额是5万元，如实际赔偿不包括精神抚慰金或虽包括精神抚慰金但赔偿总额不超过5万元，不会发生争议。问题在于：如果存在精神损害赔偿且死亡伤残赔付总额超过5万元，交强险如何赔偿？围绕这一焦点，审理中形成三种意见：

第一种意见认为，受害人死亡伤残赔偿金额中的物质性损失金额已超过5万元限额，根据保险赔偿先物质后精神的原则，限额用尽后，精神抚慰金不再获得赔偿。因此对精神抚慰金在强制保险中不予赔付。而三责险对精神抚慰金免赔，最终保险公司对精神抚慰金全部不予赔偿。

第二种意见认为，交强险设立的主要目的在于发挥保险的经济补偿功能，保障机动车交通事故受害人的合法权益，避免因肇事者经济赔偿能力不足使受害人无法得到经济补偿。因此，从优先保护受害人利益的角度，精神抚慰金在交强险中应优先赔付。因精神抚慰金在三责险中不予赔偿，精神抚慰金在强制保险中优先获得赔付，人身死亡伤残赔付限额5万元以外的物质损失均可由三责险依约赔偿，受害人获赔数额将得到最大支持。

第三种意见认为，精神抚慰金在交强险中应按比例赔付还是优先赔付，法律并无明确规定。从公平原则考虑，为平衡保护双方利益，应当先计算出精神抚慰金占死亡伤残赔偿总额的比例，在交强险部分按该比例赔付。三责险对剩余精神抚慰金不予赔偿。

第一种意见是目前保险公司所持普遍观点。交强险死亡伤残赔偿范围内哪种项目优先赔偿没有明确规定或约定，对于受害人或被保险人来说，这些赔偿项目都很重要，没有主次、先后之分，认定精神抚慰金应在其他项目之后赔偿缺乏法律和理论依据，也有损受害人和被保险人合法权益。保险行业协会出台的《交强险理赔实务规程（2008版）》第（七）项规定："对被保险人依照法院判决或者调解承担的精神损害抚慰金，原则上在其他赔偿项目足额赔偿后，在死亡伤残赔偿限额内赔偿"，这一规定内容也即保险业通常所称的"先物质后精神"的行业惯例，是保险公司不愿在交强险限额内优先或者按比例赔偿精神抚慰金的主要理由。但该规定确定的所谓"先物质后精神"的赔偿原则或惯例并无法律或理论依据。从法律效力来说，该规定只是规范保险公司交强险理赔实务操作的行业指导性文件，系保险行业内部文件，并不构成保险合同的内容，对保险合同当事人也无法律约束力，价值取向上更多地体现了一种行业保护。同时，这一所谓"行业惯例"只是保险公司单方遵循的某种惯例，并非保险市场各方认同的惯例，不属于合同法意义上的行业惯例，不具有普遍适用的效力。

从内在逻辑关系理解，须分先后者，为掌握某种稀缺资源的人为优先保障某种利益而为之，即在两者之间只能满足一项需求时，资源分配者方考虑先后顺序以确定优先保障的范围。而在交强险死亡伤残赔偿中并不存在这样的情况，物质和精神损害赔偿并非非此即彼的关系，两者可以并存兼得。在司法层面，区分物质和精神损害赔偿的先后顺序，显然只是为平衡保险人与受害人或被保险人的利益之争，实际上也只属于价值判断和利益衡量问题，“先物质后精神”一说能否成立最终取决于其有无合法合理的基础。

司法实践中，对该问题主要体现为第二种意见和第三种意见之争。笔者认为，法院采纳第二种意见作出判决是正确的。理由如下：

第一，优先赔偿精神抚慰金符合保险的基本功能。保险的意义在于分散风险、消化损失、确保生活安全的客观需要。物质和精神损害赔偿性质有别，但对被保险人而言都是实实在在的损失。而根据保险公司和被保险人签订的交强险合同，死亡伤残赔偿项下包括了精神抚慰金在内。该约定属双方当事人真实意思表示，对双方均有约束力，在合同条款对赔偿顺序没有约定的情况下，被保险人要求保险公司对其中的任何一项进行理赔都具备法律依据。故被保险人可以依合同约定要求保险人先赔偿精神抚慰金，如此保险才能更好地发挥分担个人损失、安定社会生活的功能，也可避免因肇事者经济能力不足使受害人无法得到充分的经济补偿。

第二，优先赔偿精神抚慰金符合交强险的保险原则。交强险的意义在于优先保护受害人的权益。国家设立交强险的实质是要求保险公司对受害人承担社会责任，肇事者的行为及其所造成的损失后果并不作为主要考虑因素。受害人作为交强险优先保护的对象，当然有权要求保险公司对其所受损害进行足额的赔偿。因此，受害人依据交强险合同要求保险公司在死亡伤残赔偿限额中优先赔偿精神抚慰金符合交强险的保险原则及公益性质。

第三，优先赔偿精神抚慰金符合最高司法机关的价值取向。最高人民法院《关于机动车交通事故强制责任保险赔偿限额中物质损害赔偿和精神损害赔偿次序问题的复函》（〔2008〕民一他字第25号）规定：“《机动车交通事故责任强制保险条例》第三条规定的‘人身伤亡’所造成的损害包括财产损害和精神损害。精神损害赔偿与物质损害赔偿在强制责任保险限额中的赔偿次序，请求权人有权选择。请求权人选择优先赔偿精神损害，对物质损害赔偿不足部分由商业第三者责任险赔偿。”这一解释直接体现了优先保护受害人利益的价值取向，也印证了本案一、二审判决的正确性。

第三种意见看似公平，但如上分析实质上有违交强险设立初衷和保险原则。还有观点认为，将精神抚慰金在交强险中优先赔付，使肇事司机对受害人的所有赔偿责任全部转嫁保险公司，是对肇事行为的放纵。这一观点有失偏颇：首先，道路交通事故中被保险人的赔偿责任转由保险公司承担，本身即为保险的应有功能。其次，肇事司机应受何种法律制裁，法律有明确规定，与保险赔偿不是同一法律关系。再次，如前所述，在交强险中肇事人行为及其所造成何种损失并不作为主要考虑因素，此由交强险的公益性质决定。综上，本案一、二审法院的判决是正确的。

（江苏省南通市中级人民法院　周　凯）

54. 李征等诉中国太平洋财产保险股份有限公司江阴支公司保险合同案
（第三者责任险）

（一）首部

1. 判决书字号：江苏省江阴市人民法院（2008）澄民二初字第1756号民事判决书。

2. 案由：保险合同纠纷。

3. 诉讼双方

原告：李征，男，汉族，1979年7月1日生，住江阴市华士镇。

原告：朱敏，女，汉族，1978年2月28日生，住江阴市华士镇。

委托代理人：施胜华，江阴市澄江法律服务所法律工作者。

被告：中国太平洋财产保险股份有限公司江阴支公司（以下简称太保公司），住所地：江阴市虹桥北路168号。

负责人：宋荣中，该支公司经理。

委托代理人：张勇，江苏天奕律师事务所律师。

4. 审级：一审。

5. 审判机关和审判组织

审判机关：江苏省江阴市人民法院。

独任审判：审判员：唐宇英。

6. 审结时间：2008年12月10日。

（二）诉辩主张

原告诉称：两原告系夫妻。2007年12月，李征以自己为被保险人在太保公司投保了交强险与责任限额为20万元的第三者商业责任险，同时投保了不计免赔险，保险期限自2007年12月19日0时起至2008年12月18日24时止。2008年5月17日晚，李征在倒车时，车辆右前侧撞到蹲在地上的女儿李倩，李倩经抢救无效于当日死亡。经交警部门认定，李征负事故的全部责任。两原告起诉要求太保公司在交强险范围内赔偿112548.55元、在第三者商业责任险范围内赔偿20万元，并承担诉讼费用。

被告辩称：本起事故受害人是驾驶员李征的女儿，不属于交强险与商业第三者责任险中第三者的范围；交通事故发生后，李征未立即报警，根据保险条款的约定，造成的损失不予赔偿；李征到太保公司理赔时，未如实陈述与死者的关系，有保险欺诈行为；李征与死者是父女关系，除医疗费支出外，未造成任何损失，而原告主张的精神损害抚慰金也属不予赔偿范围。请求驳回原告诉讼请求。

（三）事实和证据

江苏省江阴市人民法院经公开审理查明：2008年5月17日，李征带着4岁女儿李倩（2004年4月3日生）与朋友到张家港钓鱼，当晚6时20分许，李征驾驶苏BPP519轿车在张家港杨舍镇百桥村十三组9号路段由北向西南倒车时，车辆右前侧与蹲在地上的李倩人体相撞，致使李倩受伤，经送张家港市第一人民医院抢救无效于当日死亡。李征于事发后的5月20日向公安机关报案。

2008年6月6日，张家港公安局车管所对苏BPP519车辆出具了交通事故车辆技术检验报告，结论为该车经检验制动合格。同年6月13日，张家港公安局交警大队调查后认为：李征驾驶机动车倒车时，疏忽大意，未查明车后情况、确认安全后倒车，其违法行为是造成该起事故的直接原因，事发后李征未立即报警。在此事故中，李征负事故的全部责任，李倩不负事故责任。同日，张家港市公安局作出撤销刑事案件决定书，因李征的犯罪情节显著轻微，危害不大，不认为是犯罪，根据《中华人民共和国刑事诉讼法》第十五条的规定，决定撤销此案。

另查明：李征至太保公司协商理赔事宜时，当太保公司问事故中的死者是什么地方人时，李征回答是本地人，具体住什么地方不清楚。本案审理过程中，李征解释是因太保公司的人讲撞死自己女儿太保公司是不赔的，才在理赔时未向太保公司讲明死者是他的女儿的事实。

2007年12月19日，李征为新购买的厂牌型号为天籁EQ7230BA车辆向太保公司投保了机动车交通事故责任强制保险、机动车第三者责任险、车辆损失险等险种，并投保了第三者责任险、车辆损失险的不计免赔，保险期间均自2007年12月19日0时起至2008年12月18日24时止，后该投保车辆领取了苏BPP519车辆号牌。

在李征投保时，太保公司交付了李征《机动车交通事故责任强制保险条款》（下称《交强险条款》）、《机动车第三者责任保险条款》（下称《第三者责任保险条款》）。其中，《交强险条款》第五条载明：交强险合同中的受害人是指因被保险机动车发生交通事故遭受人身伤亡或财产损失的人，但不包括被保险机动车本车车上人员、被保险人；《第三者责任保险条款》第四条载明：本保险合同中的第三者是指保险机动车发生意外事故的受害人，但不包括保险机动车本车人员、被保险人；《第三者责任保险条款》第六条载明：保险机动车在被保险人或其允许的合法驾驶员使用过程中发生意外事故，致使第三者遭受人身伤亡或财产的直接损失，对被保险人依法应支付的赔偿金额，保险人依照本保险合同的约定，对于超过机动车交通事故责任强制保险各分项赔偿限额的部分给予赔偿；第九条第二项载明：精神损害抚慰金保险人不负责赔偿（太保公司未提供该条款在李征投保前或投保时已向其作了明确说明的证据）；《第三者责任保险条款》第三十条载明：保险机动车发生交通事故后，被保险人或其驾驶人应当采取合理保护、施救措施，在48小时内通知保险人，并协助保险人进行查勘。由于未及时报案而导致责任无法认定、损失无法确定、损失扩大的，保险人对无法确定的损失及扩大的损失部分有权拒绝赔偿。

上述事实有下列证据证明：

1. 张家港公安局交警大队事故认定书，证明责任认定李征负事故的全部责任，李倩不负事故责任。

2. 张家港公安局车管所的交通事故车辆技术检验报告，证明涉案车辆经检验制动合格。

3. 张家港市公安局撤销案件决定书，证明张家港市公安局认定李征交通肇事行为不构成犯罪，撤销刑事案件。

4. 张家港市第一人民医院的医疗费票据、费用清单、死亡纪录，证明李敏住院所花医疗费及死亡的事实。

5. 太保公司提供的理赔纪录及当事人的陈述，证明李征当时未提及死者为自己亲生女儿。

6. 机动车交通事故责任强制保险保险单、神行车保系列产品保险单，证明李征投保了机动车交通事故责任强制保险、机动车第三者责任险、车辆损失险等险种。

（四）判案理由

江苏省江阴市人民法院根据上述事实和证据认为：李征与太保公司订立的保险合同合法有效。对照《交强险条款》第五条及《第三者责任保险条款》第四条载明的内容及交通事故事实，李倩是此起交通事故的受害人，她在受害时既非被保险机动车本车车上人员，也不是被保险人。她相对于被保险机动车与被保险人李征，是太保公司承保的机动车交通事故责任强制保险与机动车第三者责任保险中的第三人，故对太保公司认为李倩是被保险人李征的女儿，不属于其公司承保险种中的第三者责任范围的抗辩不予采信。

李征驾驶被保险机动车辆发生交通事故后，未立即或在保险条款中约定的时间内向公安部门及太保公司报案，但李征、朱敏在本案中主张的医疗费用、死亡赔偿金、丧葬费、精神损害抚慰金，均是根据相关法律、文件及最高人民法院《关于审理人身损害赔偿案件适用法律若干问题的解释》（以下简称《司法解释》）的规定计算确定。尽管根据保险条款，精神损害抚慰金系不予赔偿范围，但该内容约定在太保公司提供的格式免责条款中，而太保公司未能提供已向李征作了明确说明的证据，应认定该免责条款不生效。交警部门经调查，认定李征负该起事故全部责任，李征驾驶被保险车辆发生交通事故后虽未立即或在保险条款中约定时间内报案，但事故责任及造成的损失都能依法确认，没有出现由于未及时报案而导致责任无法认定、损失无法确定、损失扩大的情况。故对太保公司认为李征未立即报警，发生保险事故造成的损失属保险条款中约定的太保公司不予赔偿范围的抗辩不予采信。本案中，因李征倒车撞死女儿李倩造成的损失有：医疗费 2548.55 元、死亡赔偿金 327560 元、丧葬费 13678 元、精神损害抚慰金 50000 元，合计 393786.55 元。

《保险法》第二十八条列举了属于保险欺诈的情形并明确如是保险欺诈，保险人不承担赔偿或给付保险金的责任。但在本案中，被保险人李征在向太保公司理赔时，虽未如实陈述与死者李倩间是父女关系，但此情节不属于《保险法》第二十八条规定的保险欺诈情形。故对太保公司认为被保险人李征在向其公司理赔时未如实陈述死者与其是父女关系属于保险欺诈行为的抗辩不予采信。

本案中，当李征作为女儿死亡的受害人时，因其遭受的损失由其自己造成，应由其自己负担，故作为机动车交通事故第三者责任强制险、机动车第三者责任险中的被保险人，李征对此部分损失，无需赔偿。但因朱敏也是李倩死亡的受害人，其对李倩死亡造成自己的损失无过错，作为机动车交通事故第三者责任强制险、机动车第三者责任险中的被保险人，李征对朱敏的损失，应当赔偿。但本案中，李征、朱敏未陈述他们实行的是分别财产制，此种损害赔偿中的损失也不属于应认定为个人财产的范畴，故对李征因李倩死亡造成的损失由李征自行承担的份额以 50％认定为宜。对作为机动车交通事故第三者责任强制险、机动车第三者责任险中的被保险人李征，在发生损害事故后，应当支付的赔偿金额为 196893.28 元（以本案中前文已确定的损失总额按 50％的比例扣去李征自己负担损失的部分）。故对太保公司认为李征与死者是父女关系，除医疗费支出外，无任何损失，没有损失要求赔偿有违《保险法》损失填补原则的抗辩部分予以采信。

综上，对作为女儿死亡受害人的李征的损失，太保公司应在承保的机动车交通事故责任强制保险责任限额内赔付的款项为 12000 元（医疗费 1000 元及因死亡伤残造成的各项损失

11000 元），对作为被保险人李征应对朱敏承担赔偿责任造成的损失 196893.28 元，太保公司应在承保的机动车交通事故责任强制保险责任限额内赔付的款项为 100274.28 元（医疗费 1274.28 元、其他 99000 元）、在承保的机动车第三者责任保险责任限额内赔付 96619 元（196893.28－100274.28），上述合计 208893.28 元。

（五）定案结论

江苏省江阴市人民法院依照《中华人民共和国合同法》第六十条第一款，《中华人民共和国保险法》第二条、第十八条，《中华人民共和国道路交通安全法》第七十六条第一款，《机动车交通事故责任强制保险条例》第二十一条之规定，作出如下判决：

1. 被告中国太平洋财产保险股份有限公司江阴支公司在机动车交通事故责任强制保险责任限额内、机动车第三者责任保险责任限额内合计应赔付李征、朱敏保险金 208893.28 元，该款中国太平洋财产保险股份有限公司江阴支公司于本判决发生法律效力之日起 10 日内直接给付原告李征、朱敏；

2. 驳回原告李征、朱敏的其他诉讼请求。

案件受理费 5980 元减半收取计 2990 元（原告李征、朱敏已预交），由李征、朱敏负担 990 元，被告中国太平洋财产保险股份有限公司江阴支公司负担 2000 元，于本判决发生法律效力之日起 10 日内直接给付原告李征、朱敏。

（六）解说

本案主要涉及以下争议问题：

1. 未及时报案保险公司是否有权拒赔?《保险法》（2009 年修订前）第二十二条第一款规定："投保人，被保险人或者受益人知道保险事故发生后，应当及时通知保险人。"被保险人如果没有及时报案，保险人是否应当赔付？对此，许多保险公司在保险合同条款中作出如下约定："保险机动车发生交通事故后，被保险人或其驾驶人应当采取合理保护、施救措施，在 48 小时内通知保险人，并协助保险人进行查勘。由于未及时报案而导致责任无法认定、损失无法确定、损失扩大的，保险人对无法确定的损失及扩大的损失部分有权拒绝赔偿。"本案中，李征驾驶被保险机动车辆发生交通事故后，未立即或在保险条款中约定的时间内向公安部门及太保公司报案，但李征、朱敏在本案中主张的赔偿范围均是根据相关法律、司法解释的规定计算确定的。太保公司虽认为根据条款约定，精神损害抚慰金系不予赔偿范围，但该内容约定在太保公司提供的格式免除责任条款中，而太保公司对此在李征有异议的情况下又未提供已向李征作了明确说明的证据，故应认定该免责条款不生效。交警部门经调查，对该起事故作出了李征负全部责任的认定书，事故责任及造成的损失都能依法确认，未出现《机动车第三者责任保险条款》第三十条载明的"由于未及时报案而导致责任无法认定、损失无法确定、损失扩大"的情况。太保公司对保险事故造成的损失仍有理赔义务。

需要指出的是，新修订的《保险法》第二十一条对此已作修改，明确规定："投保人、被保险人或者受益人知道保险事故发生后，应当及时通知保险人。故意或者因重大过失未及时通知，致使保险事故的性质、原因、损失程度等难以确定的，保险人对无法确定的部分，不承担赔偿或者给付保险金的责任，但保险人通过其他途径已经及时知道或者应当及时知道保险事故发生的除外。"

2. 保险欺诈的认定。《保险法》（2009 年修订前）第二十八条列举了属于保险欺诈的情形，并明确如是保险欺诈，保险人不承担赔偿或给付保险金的责任，主要包括：（1）在未发生保险事故的情况下，谎称发生了保险事故；（2）被保险人故意制造保险事故；（3）保险事故发生后，投保人、被保险人或者受益人以伪造、变造的有关证明、资料或者其他证据，编造虚假的事故原因或者夸大损失程度的情形。在本案中，被保险人李征在向太保公司理赔时，未陈述与死者李倩间是父女关系，太保公司认为李征故意隐瞒骗取理赔款。法院认为，李征未陈述此情节不属保险欺诈，理由是：首先，《保险法》所指的保险欺诈行为一般是投保人、被保险人或者受益人积极实施伪造证据、编造事故原因或夸大损失程度等行为；其次，提供被保险人与受害者关系的证明并非投保人当然义务，即使保险人按照合同的约定，认为有关的证明和资料不完整的，应当通知被保险人补充提供，并不能以此认定保险欺诈而拒赔。

3. 被保险人为事故受害人时损失的赔偿。本案中，李征既是保险合同的被保险人，又因为发生交通事故导致女儿李倩死亡成为受害人，但李倩的死亡是因李征的过错行为造成，李征作为女儿死亡造成损失的受害人，此损失应由李征本人负担。从保险合同关系看，作为机动车交通事故第三者责任强制险、机动车第三者责任险中的被保险人李征对此部分损失，也无需赔偿。但作为死者李倩的母亲朱敏，其虽与李征系夫妻关系，但根据法律的规定，其与李征系不同的民事主体，其对女儿的死亡不存在过错，作为被保险人李征对朱敏的损失应当赔偿，由李征自行承担的份额以损失的50%认定为宜。同时，《婚姻法》对夫妻关系存续期间的财产规定以共同财产为原则，约定分别财产制为例外，李征、朱敏夫妇未陈述实行分别财产制，且此种损害赔偿损失也不宜认定为个人财产，所获赔偿应归夫妻共同所有。

（江苏省江阴市人民法院　唐宇英　卢　凤）

55. 凌安军诉永诚财产保险股份有限公司北京分公司机动车交通事故责任强制保险合同案

（一）首部

1. 判决书字号：上海市杨浦区人民法院（2008）杨民二（商）初字第1081号民事判决书。

2. 案由：保险合同纠纷。

3. 诉讼双方

原告：凌安军，男，1961年12月20日生，汉族，住上海市杨浦区通北路。

委托代理人：陈海杰，上海陈海杰律师事务所律师。

被告：永诚财产保险股份有限公司北京分公司，住所地：北京市西城区车公庄大街12号中核大厦。

负责人：臧党生，该公司副总经理。

委托代理人：程惠林，该公司员工。

委托代理人：陶鲲，该公司员工。

4. 审级：一审。

5. 审判机关和审判组织

审判机关：上海市杨浦区人民法院。

合议庭组成人员：审判长：翟骏；审判员：汪钧铭；人民陪审员：朱建萍。

6. 审结时间：2008 年 11 月 27 日。

（二）诉辩主张

原告凌安军诉称：原告因驾车发生事故，共向伤者支付了医疗费等共计人民币 64989.89 元（以下币种均同）。虽然自己在交通事故发生后，曾有擅自离开事故现场的行为，但被告无权据此拒绝履行交强险合同项下的保险赔偿金支付义务，故请求法院判令被告支付交强险赔偿金 64989.89 元。

被告永诚财产保险股份有限公司北京分公司辩称：原告发生交通事故后逃逸，根据《机动车交通事故责任强制保险条例》（以下简称《交强险条例》）第二十四条第（三）项的规定，属保险人拒赔范围，故不同意原告的诉讼请求。退而言之，即使法院认为被告应当支付交强险赔偿金，金额亦非原告所主张之金额，应当驳回原告的诉讼请求。

（三）事实和证据

上海市杨浦区人民法院经公开审理查明：2006 年 12 月，原、被告签订机动车交通事故责任强制保险合同一份，被告向原告签发了编号为 102802603212006001074 的保单。根据保单记载，保险合同的投保人为原告，被保险机动车为骐达牌轿车一辆（京 GQS693），责任限额为死亡伤残赔偿限额 5 万元、医疗费用赔偿限额 8000 元、财产损失赔偿限额 2000 元，保险期间自 2006 年 12 月 21 日 0 时至 2007 年 12 月 21 日 24 时止。

2007 年 10 月 20 日凌晨 3 时，原告驾驶被保险车辆在上海市杨浦区双阳路 388 号与一辆三轮车相撞，造成三轮车上人员何传华受伤。事故发生后，原告驾车逃逸，三小时后才前往上海市公安局杨浦分局交警支队自首，并向被告报告出险。

2008 年 3 月 27 日，复旦大学上海医学院医药鉴定中心出具鉴定报告："何传华道路交通事故所致回肠穿孔修补构成十级伤残。伤后可酌情予以营养三至四个月、护理三个月、休息七个月。"经交警支队处理，原告与伤者于 2008 年 4 月 3 日达成调解协议，由原告赔偿伤者伤残补助费（十级）18426 元、住院伙食补贴（20×20）400 元、营养费 3600 元、护理费（3×900）2700 元、误工费（1500×7）10500 元、交通费 500 元、物损费 3728 元共计 39854 元，以及住院治疗费 22280.39 元，救护车急救费 210 元，新华医院诊疗费 612.50 元，杨浦区中心医院诊疗费 73 元，住院期间护工服务费 360 元，鉴定费 1600 元，原告共计支付 64989.89 元。上述协议签订后，原告已按约定履行。

同年 5 月 30 日，被告向原告发出拒赔通知，以原告肇事逃逸为由，依《交强险条例》第二十四条第（三）项"机动车肇事后逃逸的，道路交通事故中受害人人身伤亡的丧葬费用、部分或者全部抢救费用，由救助基金先行垫付，救助基金管理机构有权向道路交通事故责任人追偿"之规定拒绝理赔。

（四）判案理由

上海市杨浦区人民法院根据上述事实和证据认为：诉争机动车交通事故责任强制保险合同系双方当事人真实意思表示，依法成立并生效，双方均应按约定履行。原告作为投保人，于保险事故发生后，有权要求被告按约支付保险金。但如投保人或被保险人存在违反合同约定或法律规定的行为时，保险人的支付义务可依法免除。本案双方争议焦点有二：一是被保险人肇事逃逸时，交强险是否仍应赔偿或垫付；二是如交强险应予赔偿时，赔偿的具体金额如何确定。本院分析认证如下：

1. 被保险人肇事逃逸时，交强险是否仍应赔偿或垫付？首先，肇事逃逸不在法定的责任免除范围之内。对于保险人的法定除外责任，《交强险条例》仅在第二十二条以列举方式规定了四种情形即无证驾驶、醉酒驾车、机动车被盗抢期间肇事和被保险人故意制造交通事故。出现上述四种情况时，保险人无需支付财产损失保险赔偿金，但仍需承担垫付抢救费用的义务，并有权向致害人追偿。肇事逃逸并非该条所列之情形，被告当然无权据此拒绝履行保险金支付义务。

其次，肇事逃逸不在约定的责任免除范围之内。《机动车交通事故责任强制保险条款》（以下简称《交强险条款》）第十条规定了数种情形下，交强险不负责赔偿或垫付。但肇事逃逸不在该条款约定的范围之内，故保险人亦不能据此要求免除赔偿责任。

再次，被告抗辩所援引的《交强险条例》第二十四条亦未规定肇事逃逸时，保险人可免于赔偿保险金。从该条的文义来看，该条仅规定肇事逃逸的，救助基金有先行垫付受害人部分费用的义务，但既未规定保险人可免除赔偿责任，也未规定被保险人丧失保险金给付请求权。所以即使发生肇事逃逸时，保险人亦不能据此免除保险金支付义务。将第二十四条结合《交强险条例》和《交强险条款》其他条文加以整体解读，亦能得出上述结论。法律法规设置社会救助基金目的是为受害人在交强险无法给予充分、及时的救济时，提供补救措施。根据该条规定，当交强险不足以赔偿或垫付受害人的丧葬费和抢救费时，社会救助基金才负有法定的垫付义务；若肇事车辆未参加交强险或因肇事逃逸无法确定其是否参加了交强险时，社会救助基金负有垫付义务。《交强险条例》第二十四条将机动车肇事逃逸作为社会救助基金垫付费用的情形之一的原因，是为了避免责任人逃逸无法确定的情况下受害人利益得不到保障，立法目的是使受害人的人身伤害得到及时救治，而不是免除保险人的责任。本案中原告虽于事故发生后逃逸，但嗣后自行投案并及时通知了被告，故救助基金垫付的法定情形已消失，被告应当及时履行赔偿或垫付义务。

综上，原告于事故发生后逃逸，既违反了国家有关法律法规，也有悖于社会的善良风俗与道德伦理，应当承担相应的法律责任并予以道义上的谴责。但法律法规并未规定，保险人可据此免除交强险的赔偿责任，诉争交强险合同也没有约定被告有权拒绝赔偿，故被告未按约及时赔偿的行为已经构成违约，应当承担违约责任。

2. 交强险的具体赔偿金额。交强险属强制保险合同，所以保险人并非就事故的全部损失当然的予以全额赔偿，而必须在《交强险条例》和《交强险条款》规定的范围和限额内予以赔偿。

第一，根据《交强险条款》第八条第一款第（一）项、第二款的规定，死亡伤残赔偿限额为5万元，其中可包括残疾赔偿金、康复费、住宿费、交通费等。原告诉讼请求中的伤残补助费（十级）18426元、护理费（3×900）2700元、住院期间护工服务费360元、误工费（1500×7）10500元、交通费500元，合计32486元，均属死亡伤残赔偿费用，也在《交强险条款》约定的赔偿限额之内，故可予准许。

第二，根据《交强险条款》第八条第一款第（二）项、第三款的规定，医疗费用限额为8000元，其中包括各种医药费、诊疗费、住院费、住院伙食补贴费、营养费等。原告诉讼请求中住院伙食补贴（20×20）400元、营养费3600元、住院治疗费22280.39元、新华医院诊疗费612.50元、杨浦区中心医院诊疗费73元等费用，虽然均属于医疗费用，但已超出最高限额，故被告应当在8000元的限额内予以赔付，原告其余部分的诉讼请求，不予支持。

第三，根据《交强险条款》第八条第一款第（三）项的规定，物损费的赔偿限额为

2000元。原告现要求被告赔偿物损费3728元，其中超过最高限额部分，于法无据，法院不予支持。

第四，《交强险条款》第十条第一款第（四）项规定，仲裁、诉讼等间接损失不在交强险赔偿范围。原告诉讼请求中的伤残鉴定费1600元，并非受害人的直接损失，而是原告与被告人为处理事故产生的纠纷所花费的其他费用，故不属于交强险的赔偿范围，被告可不予赔偿。原告该部分诉讼请求，不予支持。

第五，保险合同属于民事合同，就合同的权利义务当事人可以自行放弃或变更，根据当事人意思自治原则，在不违反法律法规或社会公共利益的情况下，法院不予干预。原告诉讼请求中的救护车急救费210元，因被告核保后愿意予以赔偿，故依上述原则，法院不予审查与评价，准许被告就该部分费用予以支付。

综上各项，被告应当予以支付的赔偿金应为42696元。原告其余部分的诉讼请求，超出赔偿范围或限额，不予支持。

（五）定案结论

上海市杨浦区人民法院依据《中华人民共和国保险法》第二十四条第一款、《中华人民共和国合同法》第一百零七条、《机动车交通事故责任强制保险条例》第二十一条第一款之规定，作出如下判决：

1. 被告永诚财产保险股份有限公司北京分公司给付原告凌安军保险赔款人民币42696元；

2. 原告凌安军其余诉讼请求，不予支持。

本案案件受理费人民币1425元，由原告凌安军负担489元，由被告永诚财产保险股份有限公司北京分公司负担936元。

（六）解说

本案的核心问题是，车辆驾驶人员肇事后逃逸的，交强险的保险人是否应当承担保险金给付义务？机动车商业保险合同通常约定，车辆驾驶人员肇事逃逸的，保险人不承担保险赔偿金给付义务，很少引发纷争。但交强险不同，其本身实施时间不长，保监会颁布的合同条款中亦无肇事逃逸可以拒赔的规定，而《交强险条例》第二十四条第（三）项又规定机动车肇事后逃逸的，由道路交通事故社会救助基金（以下简称救助基金）承担垫付责任，故保险人应否承担保险赔偿金给付义务，司法实践中存疑。

1. 肇事逃逸的认定。本案首要解决的问题就是对“肇事逃逸”行为的理解，然后判定原告的行为是否构成肇事逃逸。《交强险条例》第二十四条第（三）项提出了“肇事逃逸”这一概念，但《保险法》、《交强险条例》等均未对“肇事逃逸”作出具体的定义。依民法解释学的观点，在一法律条文的规定不明确时，法院当以文义、体系、法益、比较、目的和合宪等解释方法，探究法律规范之意旨。我们发现，最高人民法院《关于审理交通肇事刑事案件具体应用法律若干问题的解释》第三条规定，“交通运输肇事后逃逸”，是指行为人在发生交通事故后，为逃避法律追究而逃跑的行为。根据查明的事实，原告于交通事故发生后离开现场，离开的原因既非出于救助，又非报案，而是为了逃避法律责任，故法院可以比照上述司法解释规定，认定原告的行为系肇事逃逸。

本案原告即被保险人认为自己虽于事故发生后离开过现场，但时隔仅3小时即向公安机关投案，故不属于逃逸。我们认为，原告虽于事发后3小时即向公安机关投案，但此节并不能否定其在逃逸时主观上具有逃避法律追究的目的。且客观上，其逃逸行为不仅破坏了事发的现场，亦未能使受害人得到更为及时的救助。故原告虽然具有投案行为，但同时仍应认定具有交通肇事后逃逸的行为。

2. 交强险保险人可否以肇事逃逸为由拒赔。本案的实质争议在于，根据《交强险条例》第二十四条第（三）项的规定，机动车肇事后逃逸的，救助基金先行垫付，救助基金管理机构有权向道路交通事故责任人追偿。但保险人是否可据此豁免其赔付责任呢？对此，法院采取了体系解释、目的解释等方法，探究法条的真实含义。

（1）交强险的免责事由具有法定性。《交强险条例》第二十二条以列举方式规定了四种法定免除责任的情形，即无证驾驶、醉酒驾车、机动车被盗抢期间肇事和被保险人故意制造交通事故。由此可见，该条例对免责情形采法定说。根据体系解释的同类规则，对于法条已列举了确定的情形之后，如需适用于其他情形，则必须与所列举的情形具有相同或相当的要素性质。从《刑法》中对于交通肇事罪的归类，我们可以看出，交通肇事属于过失犯罪的范畴，作为被交通肇事涵盖的“交通运输肇事后逃逸”的行为，当然也只能是一种过失行为。由此，肇事逃逸与《交强险条例》第二十二条所列的四种法定免责情形相比，显然并不具有相当的性质。

（2）救助基金的垫付责任不具有排他性。《交强险条例》第二十四条列举的几种情形有一个共同的特征，即交强险无法给予受害人充分、及时的救济。结合《交强险条例》和《交强险条款》其他条文加以整体解读，法律法规设置救助基金先行垫付的目的在于，当受害人无法通过交强险获得基本保障或及时救济时，以社会救助基金对其进行临时性的救济。机动车肇事逃逸之所以被作为情形之一，正是为了保护受害人的人身伤害不因责任人的逃逸而无法得到及时救治，并非对保险人责任的免除。故对于该条所列的“机动车肇事后逃逸”应作限制解释，即仅限于因肇事逃逸致公安机关无法确定肇事车辆及有无交强险的特殊情形。对虽有肇事逃逸但能确定交强险保险人的，保险人仍应当履行保险赔偿金的给付义务。

3. 交强险的赔偿形式。交强险是我国第一个通过国家立法的形式予以强制实施的保险险种，保险人并非就事故的全部损失当然的予以全额赔偿，而必须在《交强险条例》和《交强险条款》规定的范围和限额内予以赔偿。

首先，交强险实行分项责任限额，即分为死亡伤残赔偿限额、医疗费用赔偿限额、财产损失赔偿限额以及被保险人在道路交通事故中无责任的赔偿限额。本案中，原告请求赔偿伤残鉴定费1600元，根据《交强险条款》第十条第一款第（四）项规定，因交通事故产生的仲裁或者诉讼费用以及其他相关费用，交强险不负责赔偿和垫付。由于伤残鉴定费并非受害人的直接损失，而是原告与被告为处理事故产生的纠纷所花费的其他费用，不属于交强险的赔偿范围，故对于原告的该请求，法院不予支持。

其次，交强险实行“限额内完全赔偿”原则。交强险实施后，无论被保险人是否在交通事故中负有责任，保险公司均将按照《交强险条例》及《交强险条款》的具体要求在责任限额内予以赔偿。本案中，原告提出的医疗费用和物损费均超出最高限额，故法院分别按医疗费用、物损费的赔偿限额判决被告予以赔偿，对于超过最高限额部分，则不予支持。

（上海市杨浦区人民法院　翟　骏　孙　颖）

56. 柳电春诉中国人民财产保险股份有限公司北京市大兴支公司保险合同案

（醉酒驾车）

（一）首部

1. 判决书字号

一审判决书：北京市大兴区人民法院（2008）大民初字第 00256 号民事判决书。

二审判决书：北京市第一中级人民法院（2008）一中民终字第 8816 号民事判决书。

2. 案由：保险合同纠纷。

3. 诉讼双方

原告（上诉人）：柳电春，男，1965 年 12 月 5 日生，汉族，住北京市大兴区青云店镇东赵村。

委托代理人（一、二审）：赵文英，北京赵文英律师事务所律师。

被告（被上诉人）：中国人民财产保险股份有限公司北京市大兴支公司（以下简称人保大兴支公司），住所地：北京市大兴区黄村镇兴政街 26 号。

负责人：武希超，该公司经理。

委托代理人（一、二审）：赵安元，该公司职员。

4. 审级：二审。

5. 审判机关和审判组织

一审法院：北京市大兴区人民法院。

独任审判：代理审判员：张小龙。

二审法院：北京市第一中级人民法院。

合议庭组成人员：审判长：魏纪明；代理审判员：甄洁莹、姚明。

6. 审结时间

一审审结时间：2008 年 3 月 18 日。

二审审结时间：2008 年 9 月 19 日。

（二）一审诉辩主张

原告柳电春诉称：原告驾驶牌照为京 GBR342 的自有“松花江”小型普通客车由南往北行驶至北京市大兴区南廊路北辛屯村南时，将路边的行人赵伟及其停放的人力三轮车撞出，造成原告受伤，赵伟死亡，车辆损坏。经交管部门认定，原告负全部责任，赵伟无责任。2007 年 10 月 22 日，经北京市公安局大兴分局交通支队调解，原告赔偿死者赵伟家属损失共计 17.5 万元，现原告已将赔偿款支付。2007 年 4 月 5 日，原告发生事故车辆向人保大兴支公司投了保，保险期限从 2007 年 4 月 6 日至 2008 年 4 月 5 日。车辆出险后，原告按规定向人保大兴支公司报了案，此后多次要求人保大兴支公司理赔，人保大兴支公司均拒绝赔付。故向法院提起诉讼，要求人保大兴支公司支付交通强制保险责任限额内保险金 6 万元，诉讼费用由人保大兴支公司承担。

被告人保大兴支公司辩称：柳电春诉称与人保大兴支公司签订了交强险保险合同是事实，柳电春也确实在保险期内发生了保险事故。但是事故的发生是由于柳电春醉酒驾车造成的，根据交强险保险条款的约定，人保大兴支公司不应该赔偿。如果应该赔偿，该事故造成赵伟死亡，没发生医疗费用，人保大兴支公司的赔偿限额应该是5万元。因此，不同意柳电春的诉讼请求。

（三）一审事实和证据

北京市大兴区人民法院经公开审理查明：2007年4月5日，柳电春作为被保险人在人保大兴支公司为车牌号是京GBR342的"松花江"小型客车投保了机动车交通事故责任强制保险，其中死亡伤残赔偿限额为5万元、医疗费用赔偿限额为8000元、财产损失赔偿限额2000元。柳电春按约定交纳了保险费，保险期限自2007年4月6日至2008年4月5日止。保险合同签订后，2007年8月26日15时40分，柳电春驾驶京GBR342的"松花江"小型客车由南往北行驶至北京市大兴区南廊路北辛屯村南时，将站立在东侧路边的行人赵伟及其停放的人力三轮车撞出，又与东侧路树相撞后侧翻，造成柳电春受伤，赵伟当场死亡，车辆损坏。经北京市公安局大兴分局交通支队作出责任认定，确定柳电春饮酒后驾驶机动车发生事故，负事故全部责任，赵伟无责任。2007年10月22日，在公安机关交通管理部门主持下，柳电春与受害人赵伟的父母签订交通事故损害赔偿调解书，约定柳电春一次性赔偿受害人赵伟父母死亡补偿费、丧葬费等共计17.5万元。另查，双方签订的保险合同，其中投保的机动车交通事故责任强制保险条款第九条第一款第（二）项、第二款约定："驾驶人醉酒发生交通事故，造成受害人受伤需要抢救的，保险人在接到公安机关交通管理部门的书面通知和医疗机构出具的抢救费用清单后，按照国务院卫生主管部门组织制定的交通事故人员创伤临床诊疗指南和国家基本医疗保险标准进行核实。对于符合规定的抢救费用，保险人在医疗费用赔偿限额内垫付。被保险人在交通事故中无责任的，保险人在无责任医疗费用赔偿限额内垫付。对于其他损失和费用，保险人不负责垫付和赔偿"，"对于垫付的抢救费用，保险人有权向致害人追偿"。

上述事实有保险合同、保险费发票、交通事故认定书、交通事故损害赔偿调解书、尸体检验鉴定书及双方当事人陈述等证据在案佐证。

（四）一审判案理由

北京市大兴区人民法院根据上述事实和证据认为：柳电春与人保大兴支公司之间存在合法有效的保险合同法律关系。保险车辆发生交通事故造成受害人赵伟死亡，柳电春既是被保险人又是致害人，负事故的全部责任。根据双方保险合同机动车交通事故责任强制保险条款第九条第第一款第（二）项的约定，醉酒驾车发生交通事故，造成受害人受伤需要抢救的，对于符合规定的抢救费用，保险人在医疗费用赔偿限额内垫付。对于其他损失和费用，保险人不负责垫付和赔偿。本案中，交通事故造成赵伟死亡，未产生抢救费用，人保大兴支公司没有垫付和赔偿的义务，造成的损失应由致害人柳电春自行承担。因此，柳电春要求人保大兴支公司在交通事故责任强制保险限额内赔偿6万元的诉讼请求，没有法律依据，本院不予支持。

（五）一审定案结论

北京市大兴区人民法院依照《中华人民共和国保险法》第二十五条之规定，作出如下判决：

驳回柳电春要求人保大兴支公司给付保险赔偿金6万元的诉讼请求。

（六）二审情况

1. 二审诉辩主张

上诉人柳电春上诉称：一审法院应当根据我国交强险的设置目的依法判决人保大兴支公司在交强险范围内赔偿保险损失，交强险是属于社会保障险，是交通事故受害人的最基本保障，需要涵盖几乎所有的交通事故情况。《机动车交通事故责任强制保险条例》（以下简称《保险条例》）并未具体划分酒后的类型，酒后驾车肇事也应该属于人保大兴支公司理赔的范围；柳电春酒后驾车发生交通事故不属于《保险条例》的责任免除范围；一审法院适用人保大兴支公司提供的《机动车交通事故责任强制保险条款》（以下简称《保险条款》）第九条第二款无法律依据，该条款属于格式条款，且内容明显违背《保险条例》相关规定，人保大兴支公司并没有尽到对免责条款的明确告知义务，该免责条款对柳电春不发生法律效力；《保险条款》第九条只是涉及垫付医药费的问题，没有涉及死亡赔偿的相关情况，与是否赔付死亡赔偿金、丧葬费等损失没有任何关系，本案情形不适用该条规定。据此，请求法院撤销一审判决，改判人保大兴支公司赔偿柳电春死亡赔偿金 5 万元。

被上诉人人保大兴支公司答辩称：一审法院适用法律正确；《保险条款》第九条明确约定醉酒发生交通事故的，对除抢救费用以外的其他损失和费用，保险人不负责垫付和赔偿；《保险条款》是依据《保险条例》制定的，且是全国统一适用的统颁条款，没有与《保险条例》违背之处。责任免除部分在保险单上已经明确标注，作了重要提示。据此请求法院维持一审判决。

2. 二审事实和证据

北京市第一中级人民法院经公开审理，确认了一审法院认定的事实和证据。

3. 二审判案理由

北京市第一中级人民法院根据上述事实和证据认为：柳电春与人保大兴支公司之间形成的保险合同法律关系，系双方当事人的真实意思表示，合法有效。《保险条款》作为保险合同的组成部分对双方均有法律约束力，一审法院对合同效力的认定正确。柳电春与人保大兴支公司之间形成的保险合同关系项下的保险险种为机动车交通事故责任强制险，根据《保险条例》的规定，该险种是指由保险公司对被保险机动车发生交通事故造成本车人员、被保险人以外的受害人的人身伤亡、财产损失，在责任限额内予以赔偿的强制性责任保险，确立该险种的目的在于保护交通事故受害人的合法权利。柳电春上诉称交强险出于保护受害人损失的目的，需要涵盖几乎所有的交通事故，同时《保险条例》的责任免除范围并不包括醉酒驾车发生交通事故。本院对此两点不持异议，但本院认为，根据交强险的定义和确立该险种的目的，本险种的理赔对象应为受害人，而非被保险人也即致害人柳电春，即柳电春并非交强险赔付的对象，也非责任免除条款约束的对象，柳电春和人保大兴支公司之间仅存在垫付与追偿的权利义务关系。柳电春上诉称《保险条款》第九条垫付与追偿条款未涉及死亡赔偿相关情况，与是否赔付受害人死亡赔偿金根本没有关系，本院亦认同此点说法。但同样，柳电春并非本案保险事故的受害人，其与人保大兴支公司之间只能适用此垫付与追偿条款。根据《保险条例》的规定和《保险条款》的约定，醉酒驾驶发生交通事故，就死亡赔偿金部分，人保大兴支公司并无垫付义务，致害人也无追偿的权利。故一审法院适用《保险条款》第九条垫付与追偿条款关于对其他损失和费用，保险人不负责垫付和赔偿的约定并无不当，该《保险条款》也并未与《保险条例》相违背。关于柳电春所述《保险条款》第九条属于未履行告知义务的免责条款的上诉意见，本院认为，该条款并非单纯意义上完全排除对方权利免除自身义务的条款，而是双方当事人就垫付与追偿权利义务互作约定的普通条款，柳电春投保的行为应视为对上述条款予以认可。综上，柳电春的上诉理由均没有事实根据和法律依据，本院不予采信，其上诉请求本院不予支持。

4. 二审定案结论

北京市第一中级人民法院依照《中华人民共和国民事诉讼法》第一百五十三条第一款第（一）项之规定，作出如下判决：

驳回上诉，维持原判。

（七）解说

交强险属于责任保险的一种。责任保险法律关系涉及三个主体：保险人、被保险人、第三人。传统观念认为，合同的相对方是保险人和被保险人，被保险人投保的目的是为了弥补自身的损失，责任保险的赔付对象还应该是被保险人本身。本案二审认为，被保险人不是交强险的赔付对象，无权向保险公司索要相应赔偿，该理论是否完全正确尚需探讨。但本案存在被保险人酒后驾车情节严重、已完成民事赔付且未有任何刑事处罚的特殊情况。

1. 关于被保险人不是交强险赔付对象的法律依据。交强险作为强制性保险，其立法目的并非对被保险人的财产损失予以保护，根本目的是为了保护交通事故受害人的合法权益，在被保险人无法赔偿的时候，以类似社会保障的形式给予补助，只是附随性的带有避免被保险人经济损失的功能，但此时的被保险人应当是善意行使权利的被保险人；对于已经触犯国家刑法的被保险人，如果法院判决给予该违法行为经济赔偿，有违司法本意。本案中，受害人的经济损失已经弥补，交强险的立法目的也已达到。

交强险的法律关系中，虽然合同的相对方是保险人和被保险人，但不等于保险人的赔付对象必须是被保险人。保险人的赔付标的是受害人的人身及财产损失，其指向的对象显然也应该是第三人。尽管不排除非恶意被保险人赔付第三人代位取得债权后的请求权，但从保险人的赔付义务来看，其赔付对象也应该是第三人。换句话说，保险人对被保险人的合同义务就是在保险事故发生时，向第三人履行给付义务，这与合同相对性理论并不矛盾。

《保险条款》关于垫付追偿条款明确了醉酒等严重情形下的抢救费用的垫付，并表明垫付的抢救费用，有权向致害人追偿。根据法律规范的举轻以明重的原则，不难看出，抢救费用的垫付属于人道主义的支援，抢救费用尚需追偿，死亡赔偿金自然也非被保险人的合法财产。但现行交强险在责任免除和垫付追偿条款上规定不够全面，且有互相冲突之处，这也是本案争议产生的法律适用原因。

法的作用中重要的一点在于示范，通过法律来抑制不法行为，鼓励合法行为。如果醉酒驾车致害人也能得到赔付，不符合善法的社会导向。

2. 合理重构交强险的赔付制度。通过这一案件所反映出的交强险理赔中存在的问题，保险监管机构需就交强险的相应原则和细节具体进行规定，理顺关系，明晰责任。

首先，应确立保险公司首先赔偿原则。作为社会强制险，交强险的理赔不能和其他商业保险一样，需要漫长的核实和等待期。现实中，往往是被保险人先行赔偿，后再向保险公司索赔，这就导致出现醉酒驾车等情况后，保险公司和被保险人之间发生矛盾，司法审判中也结果各异。应确定保险事故发生后，财产损失于报保险公司时立刻赔付受害人，抢救费用纳入财产损失赔偿。死亡赔偿金可限于保险事故发生后5日内赔付。所有种类赔偿金加起来不超过投保金额，其中抢救费用的垫付也应以投保金额为限。此时，不应考虑是否有恶性违法事件的发生，交强险应定位于社会保险，不可过多地衡量该不该赔，赔多少的问题。换句话说，交强险不应存在任何免责情形。

其次，明确交强险的追偿原则。对于第三人故意造成事故发生的情况，保险公司可向第三人全额追偿。对于类似于本案的醉酒驾驶等恶性情况，规定保险公司可向被保险人全额追偿。

再次，对于被保险人和第三人在交强险赔付前自行协商的赔偿，应明确该部分赔偿和交强险赔偿无直接关系。但双方可约定第三人获赔后，放弃交强险赔付，从而避免被保险人被追偿。也可约定交强险改为赔付给被保险人。

（北京市第一中级人民法院　王　晴）

57. 华安财产保险股份有限公司广东分公司诉中国平安财产保险股份有限公司北京分公司保险合同案

（共保）

（一）首部

1. 判决书字号

一审判决书：北京市西城区人民法院（2007）西民初字第12070号民事判决书。

二审判决书：北京市第一中级人民法院（2008）一中民终字第08529号民事判决书。

2. 案由：保险合同纠纷。

3. 诉讼双方

原告（被上诉人）：华安财产保险股份有限公司广东分公司（以下简称华安保险广东分公司），住所地：广州市天河区珠江新城华利路59号保利大厦东塔15－17楼。

负责人（一审）：朱伟，该公司总经理。

负责人（二审）：施华德，该公司总经理。

委托代理人（一、二审）：王苗，女，该公司经理。

委托代理人（一、二审）：张永东，男，该公司员工。

被告（上诉人）：中国平安财产保险股份有限公司北京分公司（以下简称平安保险北京分公司），住所地：北京市西城区金融大街23号15层。

负责人：刘铮，该公司总经理。

委托代理人（一、二审）：张文平，北京市汉鼎联合律师事务所律师。

委托代理人（一、二审）：阎国强，北京市汉鼎联合律师事务所律师。

4. 审级：二审。

5. 审判机关和审判组织

一审法院：北京市西城区人民法院。

合议庭组成人员：审判长：甘小琴；审判员：闪彤、魏志斌。

二审法院：北京市第一中级人民法院。

合议庭组成人员：审判长：张辉；代理审判员：刘景蕙、李春华。

6. 审结时间

一审审结时间：2008 年 3 月 12 日。

二审审结时间：2008 年 8 月 20 日。

（二）一审诉辩主张

原告诉称：2004 年 12 月 2 日，原告与被告就 MD902 直升机的保险责任达成《共保协议》，约定原告为共保项目的出单人，飞机保险金额 5500 万元，被告承保比例为 10%。2005 年 2 月 10 日，标的飞机坠海失事，各共保方同意按承保比例预付赔偿款。2005 年 10 月 8 日，原告按共保会议纪要将预付赔款事宜通知被告，被告拒不履行。2006 年 9 月 20 日，原告依据保险合同及共保方会议纪要，汇划给被保险人 2500 万元预付赔偿款，其中代被告垫付 250 万元。现要求被告支付该款项并支付自 2006 年 9 月 20 日起至清偿之日止的利息。

被告辩称：（1）根据被告与原告签订的《共保协议》约定，损失金额在 50 万元以上时，双方共同负责事故的查勘、定损及理赔事务。但是，在保险标的发生空难后，原告并未邀请被告参与事故的查勘，也未向被告提供该事故属于保险责任范围的证据材料。（2）各共保人参加的理赔会议纪要不是有效的预付赔偿协议，不能据此认定被告同意向被保险人预付赔偿。参与共保业务的 10 家保险人之间，形成的是民事合伙关系，管理事务的权利是平等的，作出预付赔偿决定必须由 10 家全部同意，而会议纪要只有 7 家签名，这就表明在此次会议上并未形成一致的决议。原告为了回避这个问题，公然撒谎说只与 6 家签订了共保协议，其余 3 家是作为保险协会的人员参加会议的。当然，原告在向另外 3 家公司分担保险责任比例时，使用的名目可能不是共保，而是再保险。但他们与我们 6 家的地位是一样的，他们 3 家代表拒绝签字，就表明 10 家公司之间未就预赔事项达成一致意向。即便会议纪要有效，王兆科的签字未经被告授权也不能对公司产生约束力。他只是公司的一名普通员工，公司只是授权他了解情况，其本人也是将会议纪要理解为一种非正式的意向表达，才同意签字的。另外，从会议纪要中也看不出被告公司已经授权原告代替被告先行向被保险人预付赔偿款，再由被告偿还的内容。退一步讲，可以视为授权，被告也是有权撤销授权的。会议纪要是在被保险人未出席的情况下形成的，只能算是共保人之间的共识，其不可能在被保险人与各共保人之间产生约束力，原告代付赔款的行为不能认定为无因管理，只有在得到被告明确授权时才能产生法律效力。（3）由于会议纪要言辞不够明确，双方对该文件内容的理解产生分歧实属正常。但是，在被告明确表示拒绝预付的情况下，原告却一意孤行，仍然坚持赔付，无论如何也不能理解为是一种善意的、代为履行的行为，而只能理解为是单方的行为，其行为后果只能单方承担。

（三）一审事实和证据

北京市西城区人民法院经公开审理查明：2004 年 12 月，原告（甲方）分别与平安保险北京分公司、平安保险深圳分公司、太平保险广东分公司、中华保险苏州支公司、中国大地保险广州分公司、永安保险广东分公司 6 家保险公司签订《共保协议》。其中，与被告（乙方）的共保协议约定：甲乙双方为 MD902 直升机飞机保险项目的共同保险人，甲方为本项目的共保牵头人，乙方为共保合作人；共保险种为机身险、第三者责任险、驾驶员人身意外险和旅客责任险，其中机身险保额 5500 万元；共保期限 2004 年 12 月 3 日 0 时起至 2005 年

12月2日24时止，共保保费168.4万元，保险条款适用《华安财产保险股份有限公司飞机保险条款》；甲方承保比例为90%，乙方承保比例为10%；甲方作为共同保险人的全权代表，全面负责处理共同保险人与被保险人之间的日常业务事项；由甲方出具共保保险单，并将保单正本送交被保险人；双方充分理解并同意由甲方负责共保项目损失金额在50万元以下的事故现场的查勘、检验、定损及一切理赔事务，损失金额在50万元以上时，甲乙双方共同负责事故现场的查勘、定损及理赔事务；双方同意由甲方作为本保险的赔款支付人，先按核定的赔款金额付给被保险人赔款，乙方在甲方划出赔款10个工作日后将其所承担比例的赔款划到甲方账户。

2004年12月4日，原告签发航空保险单，与被保险人约定共同适用《华安财产保险股份有限公司飞机保险条款》，该条款规定飞机在飞行或滑行中以及在地面上，（除四种情况外）不论任何原因造成飞机及其附件的意外损失或损坏，由原告负责赔偿。四种情况是指：(1)飞机不符合适航条件而飞行；(2)被保险人的故意行为；(3)飞机任何部件的自然磨损、制造及机械缺陷；(4)战争、劫持险条款规定的除外责任。

2005年8月22日，被保险人向原告提出“关于要求赔付的申请”，其内容为：事故调查组经过半年多的调查，已基本认定是机械故障导致飞机失事。我们认为，从保险理赔的角度来看，可以排除保单约定的除外责任，即贵公司最终将承担赔付责任，特向贵公司提出预赔付机身险3000万元，并承诺如果本次事故经国家民航管理部门鉴定属保险除外责任的，我们保证将贵公司预赔付的全部款项无条件退还；如果贵公司可以继续向供货商或其他人追索的，我们保证全力以赴予以配合。

2005年8月16日，原告与6家共保人及中国财产再保险公司、大众保险公司、天安保险公司在上海召开会议，就被保险方提出预赔3000万元事宜达成以下共识：(1)在客户提供相关支持性资料的前提下，保险公司各方代表同意按承保比例支付预付赔款，但预付给被保险人的赔款总额不超过实际损失金额的50%。(2)华安保险负责出具预付赔款的理算报告。

2005年10月8日，原告分别向6家共保公司发出传真函，其中，在给被告的函件中载明：国家民航管理部门事故调查组至今未对外公布事故调查报告，被保险人向我司申请预付赔款，经我司慎重考虑并与各共保公司协商，在现有证据情况下，我司无法拒绝赔付。根据我司与贵司理赔协调会达成的协议，我司决定预付2500万元。根据我司与贵司的共保协议，贵司应承担本次预付金额的10%，特请贵司将预付款250万元支付至我司账号。12月16日，原告又分别向6家共保公司发出“关于MD902直升机预付赔款催促通知函”，其中，在给被告的函件中载明：关于我司与贵司共保赔案预付事项，我司根据各共保公司2005年8月11日上午在上海举行的理赔协调会议达成的协议，于2005年11月3日将预付款项2500万元付至被保险人，同时将预付赔案报告寄至贵司。根据我司与贵司的共保协议，贵司应承担本次预付金额的10%，特请贵司将预付款250万元支付至我司账号。

2006年9月20日，原告分别代中国平安财产保险股份有限公司北京分公司、中国平安财产保险股份有限公司深圳分公司向被告保险人浙江金融租赁股份有限公司各预付赔款250万元。

上述事实有下列证据证明：

1. 共保协议。

2. 保险单。

3. 购机合同。

4. 适航证。

5. 关于 MD902 飞机出险理赔的会议纪要。

6. 预付赔款催促通知函。

7. 银行付款凭证及收据。

（四）一审判案理由

北京市西城区人民法院根据上述事实和证据认为：本案争议的焦点为会议纪要达成的协议是否有效。原、被告双方签订的《共保协议》，系双方当事人的真实意思表示，且不违反法律法规的强制性规定，属合法有效的合同，双方均应按照合同约定履行各自的权利义务。《会议纪要》从形式上看符合合同要件，从内容上看不违反法律法规强制性规定，与会的 7 家代表均认可并签字，应视为一种补充合意，对各方均有约束力。共保协议中虽约定损失金额在 50 万元以上时，由双方共同负责事故现场的查勘、定损及理赔事务。但随后的会议纪要已反映出了各方均同意在不进行定损的情况下即先行预付赔款的意思表示。同时，会议纪要约定了预付赔款总额不超过实际损失金额的 50%，原告实际预赔的数额（2500 万元）并未超过机身险保险金额（5500 万元）的 50%，其赔付数额并无不当。对于原告是否有权代为履行义务一节，在共保协议中有明确约定，即由原告作为赔款支付人先按核定的赔款金额付给被保险人赔款，被告在划出赔款 10 个工作日后将承担比例的赔款划到原告账户上。原告依照共保协议及会议纪要的约定，先行履行给付义务后，再向被告主张支付垫付款项的请求，并无不当，应予支持。但利息起算时间应以原告垫付后的第 11 个工作日起算。关于被告答辩意见中提及的另外 3 家没签字一节，首先被告不能举证说明另外 3 家与原告之间也存在共保关系，其次即便另外 3 家没签字也只能是会议纪要对该 3 家不具约束力，对被告并无影响。被告既然签字认可了就应按约定履行。就被告所述适航证、登记证书及购机合同等资料不是原件一事，本院认为，依据客观条件，原告不可能持有上述证件及合同文本的原件，而且其提供的复印件系经过被保险人盖章认可的，故上述资料的真实性是可以认定的。被告的答辩意见，缺乏事实依据，本院不予采信。

（五）一审定案结论

北京市西城区人民法院依据《中华人民共和国合同法》第八条、第七十七条、第一百零七条之规定，作出如下判决：

1. 被告中国平安财产保险股份有限公司北京分公司于本判决生效后 7 日内给付原告华安财产保险股份有限公司广东分公司预付赔偿款 250 万元并支付相应利息（自 2006 年 10 月 2 日起至实际还款日止，按中国人民银行有关延期付款的规定计算）；

2. 驳回原告华安财产保险股份有限公司广东分公司其他之诉讼请求。

（六）二审情况

1. 二审诉辩主张

上诉人上诉称：（1）一审法院片面理解《会议纪要》，忽略了其中关于预付赔款的前提条件。上诉人同意预付赔款不是无条件的，而是有前提的。根据《会议纪要》第一条第一款的规定，上诉人以及其他共保人同意按照承保比例支付预付赔款的前提条件是“客户（即被保险人）提供相关支持性资料”，只有满足此条件，被上诉人才可以代表上诉人向被保险人预付赔款。根据该条第三款，“相关支持性资料”包括“适航证明、飞行日志、飞机购买合同、租赁合同、民航事故传真、起飞前报备证明”等，但是在被上诉人预付赔款前，上诉人并没有看到、收到任何资料。而且被上诉人也没有按照《会议纪要》第三条d款“会后，华安保险将负责向各共保方提供所掌握资料”的约定向上诉人提供上述资料。在一审庭审中，被上诉人也没有能够提供证据证明在其预赔付前，已经将上述资料提供给上诉人。而且，第一条第三款更明确地约定：“（通）用航空应详尽向保险公司提供阶段性的事故处理说明，作为预付赔款的依据”，但是上诉人并没有看到过任何相关说明，既然赔款的“依据”尚不存在，又如何能够要求上诉人同意被上诉人预付赔款？此外，按照常理和保险公司的理赔程序，只有在被保险人提供了理赔资料，并经过保险人审核后，才能够确定是否赔偿。而被上诉人并没有按照《会议纪要》的要求向上诉人提供相关资料，就擅自作出理赔决定并予以赔偿，被上诉人违反了双方的约定，责任应当由其自负，而不能要求上诉人承担。

（2）一审法院认为根据《会议纪要》，预付赔款总额不超过实际损失金额的50%，纪要各方同意不定损即先行预付赔款。上诉人认为，如此理解过于片面、武断。即便可以将《会议纪要》的内容解读为“预赔前可以不定损”及“被上诉人可以在不超过损失的50%的范围内确定预赔金额”，一审法院也应注意到，“不定损”、“不超过50%”并不是可以预付赔款的全部前提条件。正如上文所述，在预赔付前还必须取得“相关支持性资料”。上诉人以及其他共保人需要借此审核是否为保险事故，是否属于保险责任。只有对此两点作出了肯定的回答，上诉人才能最终决定是否同意预付赔款。

（3）一审法院关于被上诉人享有代履行的权利，其先行给付后有权向上诉人主张垫付款的主张，是完全错误的。任何人都可以代他人履行债务，但其代履行后是否有权向他人追偿，则需要考察代履行是否符合义务人的本意，此义务是否依法应当履行。若义务人不愿意且有权拒绝履行，此时的代履行人即使能取代债权人的地位，也无法享有当然的追索权。在本案中，上诉人对被保险人并无依法必须履行的义务，在被上诉人实际付款前也已得知上诉人明确拒绝的态度。既然如此，被上诉人擅自赔付的所谓代履行的行为，就无法产生约束上诉人的效力。上诉人认为，一审判决认定事实和适用法律错误，侵害了上诉人的合法权益，请求二审法院撤销一审判决，依法改判支持上诉人的上诉请求。

被上诉人辩称：一审判决认定事实清楚，适用法律正确，上诉人的上诉理由不能成立，请求二审法院维持原判。上诉人认为，《会议纪要》赔付是有前提条件的，而这个前提条件没有成就，上诉人此点理解错误。《会议纪要》主题就是被保险方提出3000万元的预赔已经达成共识。会议的前三点都是针对保险人（华安保险广东分公司）而不是共保人。按照《会议纪要》第一条提供的相关材料应该是提供给华安保险广东分公司而不是本案的共保人。

2. 二审事实和证据

北京市第一中级人民法院经公开审理，确认了一审法院认定的事实和证据。

3. 二审判案理由

北京市第一中级人民法院根据上述事实和证据认为：华安保险广东分公司与平安保险北京分公司双方签订的《共保协议》，系双方当事人的真实意思表示，且不违反法律法规的强制性规定，属合法有效的合同，双方均应按照合同约定履行各自的权利义务。《会议纪要》从形式上看符合合同要件，从内容上看，不违反法律法规强制性规定，与会的7家代表均认可并签字，应视为是一种补充合意，对各方均有约束力。

首先，《共保协议》约定，华安保险广东分公司和平安保险北京分公司等几方为保险项目的共同保险人，平安保险北京分公司等为共保合作人；华安保险广东分公司为本项目的共保牵头人，作为共同保险人的全权代表，全面负责处理共同保险人与被保险人之间的日常业务事项。根据《共保协议》，华安保险广东分公司向被保险人广东省通用航空有限公司出具了航空保险单。因此，《会议纪要》中提及的有关支持性资料是相对于保险人即华安保险广东分公司，并经由华安保险广东分公司审核。故平安保险北京分公司关于其未看到赔付的相关资料因此不具备赔付条件的上诉理由不能成立。

其次，《共保协议》中虽约定损失金额 50 万元以上时，由双方共同负责事故现场的查勘、定损及理赔事务。但随后的《会议纪要》已反映出了各方均同意在不进行定损的情况下即先行预付赔款的意思表示。同时，《会议纪要》约定了预付赔款总额不超过实际损失金额的 50%，华安保险广东分公司实际预赔的数额（2500 万元）并未超过机身保险金额（5500 万元）的 50%，其赔付数额并无不当。

再次，《共保协议》明确约定，华安保险广东分公司作为赔款支付人先按核定的赔款金额付给被保险人赔款，平安保险北京分公司在划出赔款 10 个工作日后将承担比例的赔款划到华安保险广东分公司账户上。因此，华安保险广东分公司依照《共保协议》及《会议纪要》的约定先行履行给付义务后，有权利要求平安保险北京分公司支付垫付款。

综上，平安保险北京分公司的上诉理由不能成立，本院不予支持。原审法院判决认定事实清楚，适用法律正确，处理结果并无不当，应予维持。

4. 二审定案结论

北京市第一中级人民法院依照《中华人民共和国民事诉讼法》第一百五十三条第一款第（一）项、第一百五十八条之规定，作出如下判决：

驳回上诉，维持原判。

（七）解说

本案是因共保合同引发的保险人之间就保险责任承担问题的纠纷。

“共保”这一概念，是保险业发展过程中自发形成的一种保险形式。在我国《保险法》中并没有直接的规范。大多的“共保”表现形式是一家保险公司承保一项保险标的后，为分散保险风险，与其他一家或多家保险公司签署“共保”协议，由共保各方约定损失发生时的分担比例及保费的分成方式。同时，多数的共保协议中会约定共保体中的一家保险公司（通常是直接与投保人就保险标的签署保险合同的保险公司）作为共保牵头人，负责与被保险人或投保人直接接洽，并在一定条件下处理保险事故。

在《保险法》中，与“共保”最相近似的概念是“再保险”。但二者之间存在着质的差别。《保险法》对“再保险”的界定是：保险人将其承担的保险业务，以承保形式部分转移给其他保险人。在“再保险”法律关系中，保险人与再保险人间仍是一种“保险法律关系”，“保险人”在再保险法律关系中的身份是“投保人”，而“再保险人”的身份则为“保险人”。至于“共保关系”，从上述对常见的“共保协议”的描述中可以看出，各共保人间约定的相互间权利义务关系更类似于合伙。

鉴于我国现行法律、行政法规中并没有强制性规定禁止“共保”。故依据《合同法》之规定，“共保协议”应为有效协议。对各共保参与公司应具有法律约束力。本案中，法院准确界定了本案原、被告间的法律关系，首先确定了原、被告间协议的有效性，厘清了一个极易混淆的概念。

基于对“共保协议”有效性的判断，依据当事人意思自治原则，对本案是非的判定就不难通过原、被告在整个事件过程中的意思表示进行勾勒。整个案件中，有两份资料是案件的核心：一是《共保协议》，二是《会议纪要》。通过《共保协议》，本案被告已明确作出了参与共保，承担10%共保份额的意思表示。故在整个保险业务中，被告应承担10%的保险赔偿责任。而被告方代表亦在记载有“不进行定损的情况下即先行预付赔款2500万元”的《会议纪要》中签字确认。上述两点，直接构成了被告承担2500万元×10%=250万元赔款的法律依据。至于被告提出的《会议纪要》签字人未经被告有效授权的抗辩，授权不明的后果应由授权人承担，该抗辩显然不能成立。

（北京市西城区人民法院　闪　彤　王　冲）

58. 陈俊霖诉中国人寿保险股份有限公司启东支公司保险合同案

（告知义务）

（一）首部

1. 判决书字号

一审判决书：江苏省启东市人民法院（2007）启民二初字第0774号民事判决书。

二审判决书：江苏省南通市中级人民法院（2008）通中民二终字第0172号民事判决书。

2. 案由：保险合同纠纷。

3. 诉讼双方

原告（上诉人）：陈俊霖，男，1983年10月30日生，汉族，住南通市开发区广兴路。

委托代理人（一审）：季建新，江苏南通扬子江律师事务所律师。

委托代理人（二审）：杨维驹，江苏南通信阳光律师事务所律师。

被告（上诉人）：中国人寿保险股份有限公司启东支公司（以下简称人寿启东支公司），住所地：启东市汇龙镇人民中路885号。

负责人：葛鹏，该公司总经理。

委托代理人（一、二审）：茅彦飞，该公司职员。

委托代理人（一、二审）：张顺意，江苏南通江海明珠律师事务所律师。

4. 审级：二审。

5. 审判机关和审判组织

一审法院：江苏省启东市人民法院。

合议庭组成人员：审判长：金兵；审判员：葛斌；人民陪审员：翟小华。

二审法院：江苏省南通市中级人民法院。

合议庭组成人员：审判长：袁绍云；代理审判员：朱挺、张志新。

6. 审结时间

一审审结时间：2008年2月26日。

二审审结时间：2008年5月26日。

（二）一审诉辩主张

原告陈俊霖诉称：原告系被保险人陈凯旋之子。被保险人陈凯旋生前向被告人寿启东支公司投保了4份保险，即1998年12月12日的保险金额为5万元的《鸿寿养老金保险》、2001年9月11日的保险金额为1万元的《附加住院医疗保险》（附加于《鸿寿养老金保险》）、2001年12月24日的保险金额为3万元的《国寿千禧理财两全保险（分红型）》、2003年3月28日的保险金额为2000元的《国寿鸿瑞两全保险（分红型）》各一份。2006年12月13日，陈凯旋被确诊为肝癌，于2007年3月7日病逝。保险事故发生后，被告对第一份保险合同既不及时理赔，也不出具拒赔书，对其余三份合同拒绝理赔，并对第四份合同中误交的1814元保险费不予退还，应得红利不予支付。诉请被告人寿启东支公司给付保险理赔金208300元，退还保险合同终止后收取的保险费1814元，支付红利2004.34元，并承担本案诉讼费。

被告人寿启东支公司辩称：被保险人陈凯旋生前投保是事实。但被保险人陈凯旋在投保时，隐瞒了其在投保前已经患有"乙型肝炎"的事实，未向保险人履行如实告知的义务。因此，无论是依据《保险法》的规定还是保险合同的约定，被告作为保险人就本案的保险事故均可以不承担给付保险金的义务。对误交的保险费1814元愿退还。综上，请求依法驳回原告陈俊霖的全部诉讼请求。

（三）一审事实和证据

江苏省启东市人民法院经公开开庭审理查明：原告陈俊霖系被保险人陈凯旋之子。被保险人陈凯旋生前曾先后向被告投保了4份保险合同，分述如下：

1998年9月12日，陈凯旋向被告投保了被保险人为其本人的保险金额为5万元的《鸿寿养老金保险》一份。合同约定，保险期自1998年9月12日起至终身；交费期10年，年交费6700元；在合同有效期内，被保险人于约定领取养老保险金年龄的生效对应日前因疾病而身故时，被告按保险单所载保险金额的二倍给付身故保险金，并无息退还所缴付的保险费。现陈凯旋在该合同项下已缴付保险费60300元。本合同是由被告的保险代理人陈向前代理的。

2001年9月11日，陈凯旋向被告投保了被保险人为其本人的保险金额为1万元、保险期间为一年的《附加住院医疗保险》一份，该医疗保险附加于主险《鸿寿养老金保险》。该医疗保险合同约定，投保人可以在主合同有效期间内的年生效对应日前投保本附加险，若在保险期间届满日的10日前，投保人未以书面作不续保的通知，则本附加合同视为续保。被告保留终止本附加合同续保的权利。在本附加合同有效期间内，被保险人在本附加合同生效之日起90日后因患疾病（续保不受90日疾病观察期的限制），经被告认可的医院诊断且必须已住院治疗的，对被保险人自住院之日起90日内所支出的住院期间的医疗费用按规定给付。申请人申请给付保险金时，被告如认为有必要，可对被保险人的身体予以复查。投保后，该保险一直续保至2007年，共续保了6个保险年度。本合同是由被告的保险代理人陈向前代理的。

2001年12月24日，陈凯旋向被告投保了被保险人为其本人的保险金额为3万元的《国寿千禧理财两全保险（分红型）》一份。合同约定，保险期自2001年12月25日起至被保险人身故时止，保险费30210元，缴费方式为趸交，受益人为原告陈俊霖。该保险合同还约定，在合同有效期内，被保险人生存至每三周年的年生效日对应日，被告按基本保险金额的5%给付生存保险金，被保险人身故时，给付身故保险金（趸交保险费的，身故保险金＝基本保险金额）。当出现责任免除事项时，本合同终止。投保人已交足二年以上保险费的，被告退还本合同的现金价值；投保人未交足二年保险费的，被告在扣除本合同约定的手续费后，退还保险费。本合同是由被告的保险代理人樊永芳代理的，樊永芳系陈凯旋的妻子。被保险人已缴费5年。2001年至2006年累计可分配红利1718.14元。

2003年3月28日，陈凯旋向被告投保了被保险人为其本人的保险金额为2000元的《国寿鸿瑞两全保险（分红型）》一份。合同约定，保险期自2003年3月29日起至2013年3月28日止，保险费1814元，缴费方式为年交，交费期满日为2008年3月28日。同时还约定，被保险人在本合同生效之日起一年后因疾病身故，分期交付保险费的，在第一个至第五个保单年度期间身故，身故保险金＝基本保险金额×身故时的保单年度数；在第五个保单年度以及以后保单年度身故，身故保险金＝基本保险金额×5。被保险人在投保4年后身故，可得红利286.20元。第五年度保险费1814元，代理人于2007年3月16日代为误交。

陈凯旋投保后，于2006年12月13日在新疆被确诊为肝癌，经医治无效于2007年3月7日病故。其第一继承人为陈兆政、王美生、樊永芳、陈俊霖，分别为陈凯旋之父亲、母亲、妻子、儿子。保险事故发生后，陈兆政、王美生、樊永芳出具书面的"保险权益放弃声明书"，明确表示自愿放弃未指定受益人的两份保险合同中他们依法具有的权益，其相关权益均由陈俊霖享有。

另查明：陈凯旋投保《附加住院医疗保险》后，于2004年3月、2005年9月发生保险事故，被告已予以理赔。2007年3月，陈凯旋病故，其继承人樊永芳申请理赔，并提供了相关资料。庭审中，被告提供了由樊永芳申请理赔时提交的理赔申请书、启东市第三人民医院病历、陈凯旋的死亡证明、医药费票据及樊永芳的情况说明、启东市肿瘤医院住院病历。其中，启东市第三人民医院2007年2月13日门诊病历记载"陈凯旋既往有乙肝史近10年"，市肿瘤医院2006年12月15日住院病历记载"既往乙肝病史十余年"，樊永芳的情况说明表明，陈凯旋是在1999年7月被诊断为乙肝。

又查明：根据《鸿寿养老金保险》合同第十六条规定："投保人或被保险人在订立本合同或申请复效时，对本公司的书面询问应如实告知。如故意隐瞒事实，不履行如实告知义务，或因过失未履行如实告知义务，足以影响本公司决定是否同意承保或者提高保险费率的，本公司有权解除合同，且不退还保险费。对本合同解除前发生的保险事故，本公司不负责任。"由投保人陈凯旋签名的该合同的投保单上，保险公司提示："请您在仔细阅读保险条款、投保须知后……您必须在此投保单上填写有关事实，因为您与本公司之合约将以这些事实为根据，否则所签保单将告无效。"在该投保单的"过去十年内是否患有肝炎"栏，陈凯旋填写"否"。《附加住院医疗保险》第一条约定："凡本附加合同条款未做规定的内容，主合同条款适用本附加合同。如主合同条款与本附加合同条款互相抵触时，则以本附加合同条款规定为准。"在《附加住院医疗保险》的投保单上，陈凯旋于2001年2月2日也填写了"否"，即否认曾患有肝炎。《国寿千禧理财两全保险（分红型）》、《国寿鸿瑞两全保险（分红型）》及其投保单上均有上述相同约定或提示，陈凯旋也均否认曾患有肝炎。

上述事实，有原、被告庭审陈述，以及由原告提供的4份保单、陈凯旋死亡证明、发票、用药明细、理赔案件接收单、交费发票、续保通知、拒赔通知书，由被告提供的4份保险合同条款及投保单、声明书、保险代理合同书及辞去委托通知书、业务员报告书、理赔申请书、启东市第三人民医院病历、启东市肿瘤医院住院病历等证据证实。

（四）一审判案理由

江苏省启东市人民法院根据上述事实和证据认为：保险合同是投保人与保险人约定保险权利义务关系的协议。订立保险合同，保险人应当向投保人说明保险合同的条款内容，并可以就保险标的或者被保险人的有关情况提出询问，投保人应当如实告知。投保人故意隐瞒事实，不履行如实告知义务的，或者因过失未履行如实告知义务，足以影响保险人决定是否同意承保或者提高保险费率的，保险人有权解除合同。投保人故意不履行如实告知义务的，保险人对于保险合同解除前发生的保险事故，不承担赔偿或者给付保险金的责任，并不退还保险费。保险合同成立后，投保人按照约定交付保险费；保险人按照约定的时间开始承担保险责任。本案中的 4 份保险合同均是投保人陈凯旋与被告的真实意思表示，合同成立。其中第一份合同即《鸿寿养老金保险》签订时，无充分证据证实投保人陈凯旋投保时已患有肝炎，故不能认定签订该份合同时投保人陈凯旋未履行如实告知义务，因此该份合同合法有效。原告就该份合同所提出的诉请，依法有据，本院予以支持。其余三份合同签订时，有证据证实投保人陈凯旋故意不履行如实告知义务，即未如实告知其曾患有肝炎的事实，现保险人就该三份合同拒绝赔偿，符合《保险法》的规定及保险合同的约定。故原告就该三份合同提出的诉请，本院不予支持。但《国寿鸿瑞两全保险（分红型）》的第五年度保险费 1814 元系误交，原告诉请退还，被告亦同意退还，予以支持。本案保险事故发生后，被保险人陈凯旋的法定继承人陈兆政、王美生、樊永芳出具书面的“保险权益放弃声明书”，是他们对自己民事权利的处分，与法不悖，予以支持。原告在庭审中提出的《附加住院医疗保险》投保后，被告曾已理赔过且曾发出过续保通知的辩论意见，原告所述虽是事实，但该理赔是基于陈凯旋投保后所生疾病且与肝炎无涉，同时，被告并不知晓投保人陈凯旋在投保前已患有肝炎之事实。故该理赔及续保通知并不是对投保人陈凯旋在签订保险合同时不履行如实告知义务的认可。至于，原告在庭审中提出的《国寿千禧理财两全保险（分红型）》、《国寿鸿瑞两全保险（分红型）》是储蓄型保险，是投保人与保险人间的合作性行为，对身体情况是否告知不影响被告的承保和提高费率问题的辩论意见，因为无论传统型还是分红型保险，其根本性质都是保险，分红型保险并不等同于储蓄，仍受《保险法》的调整和保险合同的约束，故原告的上述辩论意见，本院不予采信。

（五）一审定案结论

江苏省启东市人民法院根据《中华人民共和国保险法》第二条、第十四条、第十七条第一款、第二款、第三款，《中华人民共和国继承法》第二十五条第一款之规定，作出如下判决：

1. 被告人寿启东支公司应赔付的被保险人陈凯旋的身故保险金 10 万元及应退还的已缴保险费 60300 元，由被告人寿启东支公司给付原告陈俊霖；

2. 被告人寿启东支公司应退还给原告陈俊霖误收的保险费 1814 元；

上述两项，合计人民币 162114 元，限被告人寿启东支公司在本判决生效后 10 日内履行。

3. 驳回原告陈俊霖的其他诉讼请求。

如果未按本判决指定的期间履行给付金钱义务，应当依照《中华人民共和国民事诉讼法》第二百三十二条之规定，加倍支付迟延履行期间的债务利息。

本案受理费 4526 元，由被告负担 3542 元，由原告负担 984 元。

（六）二审情况

1. 二审诉辩主张

上诉人陈俊霖上诉称：原审认定事实错误。人寿启东支公司并未向陈凯旋说明保险合同的条款内容，尤其是涉及保险人有权解除合同的情形。2001 年 9 月 11 日后的三份保险合同均是由人寿启东支公司内部职工签字，在合同的提示栏内有关健康状况的询问，均是保险人内部职工所签。人寿启东支公司在未履行应当向投保人说明保险合同的条款内容义务前，投保人陈凯旋不可能、也不应当知道保险合同特别约定的拒赔情形。请求撤销原判第三项，改判人寿启东支公司给付保险金 4.8 万元，红利 2004.34 元。

上诉人人寿启东支公司辩称：原审认定投保人陈凯旋投保后三份保险合同时已患有肝炎且未向保险人告知的事实是正确的。陈凯旋在启东市肿瘤医院、启东市人民医院的病史记录，其妻子樊永芳的情况说明均能证明陈凯旋投保后三份保险合同前已患有肝炎。有关解除合同的条款内容，并不属于保险合同的责任免除条款，不属应当说明的内容，何况保险人已向投保人作了特别提示。投保人故意隐瞒事实，不履行如实告知义务的法律后果并非仅是保险合同的约定，而是来自于法律的直接规定。上诉人陈俊霖无任何证据证明涉案投保单中的询问事项非投保人陈凯旋所填写，即使非投保人陈凯旋所填写，因保险代理人系陈凯旋的妻子樊永芳，樊永芳为陈凯旋所填写也是代表了陈凯旋本人。

上诉人人寿启东支公司上诉称：原审认定事实错误。陈凯旋首次投保《鸿寿养老金保险》是在 1998 年 9 月 9 日，陈凯旋在启东市肿瘤医院、启东市人民医院的病史记录均证明陈凯旋在 1998 年 9 月 9 日前已患有肝炎疾病。病史记录系根据患者陈凯旋的自述所作的记录，因而是客观的。被上诉人陈俊霖否认陈凯旋的自述，依据证据规则，应当提供陈凯旋首次被诊断肝炎疾病的证据。因此原审认定无充分证据证明陈凯旋投保第一份保险时患有肝炎的事实不当。依据《保险法》的规定，投保人故意不履行如实告知义务的，保险人对于保险合同解除前发生的保险事故，不承担赔偿或者给付保险金的责任，并不退还保险费。被保险人陈凯旋投保《鸿寿养老金保险》时故意隐瞒了自己患有肝炎疾病的事实，我公司对于保险合同解除前的保险事故均不承担给付保险金的责任。

上诉人陈俊霖辩称：人寿启东支公司并没有充分证据证实投保人陈凯旋投保《鸿寿养老金保险》时故意隐瞒了自己患有肝炎的事实。启东市肿瘤医院与启东市人民医院的病史记录之间有矛盾，陈凯旋是否患有肝炎疾病应当由权威部门作出诊断结论。人寿启东支公司没有向投保人陈凯旋询问，无询问投保人没有告知义务。退一步讲，即使存在解除合同的情形，人寿启东支公司在保险合同未解除前应该向投保人理赔。

2. 二审事实和证据

江苏省南通市中级人民法院经公开审理，确认了一审法院认定的事实和证据。

另查明：陈凯旋向人寿启东支公司投保的《附加住院医疗保险》投保日期为 2001 年 2 月 2 日，合同的保险代理人为樊永芳。

3. 二审判案理由

江苏省南通市中级人民法院根据上述事实和证据认为：依《保险法》的规定，保险活动当事人应当向投保人说明保险合同的条款内容，并可以就保险标的或者被保险人的有关情况提出询问，投保人应当如实告知。本案中陈凯旋投保后三份保险时，在投保单“告知事项”栏内，都明确否认自己已患有肝炎或携带肝炎病毒。而根据陈凯旋在启东市肿瘤医院、启东市人民医院的病史记录以及其妻子樊永芳的情况说明均能证明陈凯旋至少在投保后三份保险合同前已患有肝炎。况且，后三份保险合同的保险代理人系陈凯旋之妻樊永芳，樊永芳的特殊身份关系也进一步说明陈凯旋实际是明知自己已患肝炎而故意不向保险公司如实告知。根据《保险法》规定，投保人故意不履行如实告知义务的，保险人对于保险合同解除前发生的保险事故，不承担赔偿或者给付保险金的责任，并不退还保险费。陈俊霖的上诉理由缺乏事实和法律依据。人寿启东支公司上诉认为陈凯旋首次投保《鸿寿养老金保险》时已患有肝炎的上诉理由，因仅根据陈凯旋在启东市肿瘤医院、启东市人民医院的病史记录不能认定陈凯旋首次投保时已患有肝炎的事实，人寿启东支公司应按照《鸿寿养老金保险》中双方的约定予以赔偿。综上，原审判决正确，上诉人人寿启东支公司、陈俊霖的上诉理由均不能成立。

4. 二审定案结论

江苏省南通市中级人民法院依照《中华人民共和国民事诉讼法》第一百五十三条第一款第（一）项之规定，作出如下判决：

驳回上诉，维持原判。

二审案件受理费 4526 元，由上诉人人寿启东支公司负担 3542 元，由上诉人陈俊霖负担 984 元。

（七）解说

众所周知，由于保险合同是具有射幸性质的合同，保险人对投保人、被保险人的慎重选择以及对风险的合理控制显得非常重要。而保险人对保险危险的估计和测定常常依赖投保人的如实告知，因此投保人基于保险法中的最大诚信原则产生的如实告知义务对保险人来说意义重大。《保险法》（2009 年修订前）第十七条对此作了较为详细的规定。然而正如本案例所反映，在实务中当投保人违反告知义务时，对于谁应该承担由此带来的不利法律后果容易产生纠纷，尤其是在投保人已交纳多年保险金的情况下，当保险事故发生时，如果只是将投保人违反告知义务的不利法律后果简单强加给投保人或其指定的受益人，不仅增加受益人理赔的难度，也不利于损失的分担。

1. 告知行为的方式和范围。根据《保险法》（2009 年修订前）第十七条第一款“订立保险合同，保险人应当向投保人说明保险合同的条款内容，并可以就保险标的或被保险人的有关情况提出询问，投保人应当如实告知”的规定，订立保险合同时，保险人应当履行说明义务，可以行使询问权利。而且，保险人只有履行了向投保人说明保险合同条款内容的义务，并行使就保险标的或者被保险人的有关情况提出询问的权利，投保人才负有如实告知义务。也就是说保险人进行询问，才能“激活”投保人的如实告知义务，投保人的如实告知义务是在保险人提出询问的前提下产生的，投保人只要对询问如实回答，即应该认为其已履行了告知义务。保险人在订立保险合同之时有说明保险合同条款的义务和进行询问的权利，如果保险人放弃询问权利，投保人告知义务免除。但根据 2009 年修订后的《保险法》第十七条第二款的规定，对保险合同中免除保险人责任的条款，保险人在订立合同时应当在投保单、保险单或者其他保险凭证上作出足以引起投保人注意的提示，并对该条款的内容以书面或者口头形式向投保人作出明确说明；未作提示或者明确说明的，该条款不产生效力。

就投保人对于保险人未询问的事项，投保人没有义务告知，保险本身的风险管理性质决定了告知内容只在保险人对风险的合理估算范围之内。《保险法》(2009 年修订前)第十七条第二款作出了“足以影响保险人决定是否同意承保或者提高保险费率”的规定，据此，投保人告知内容应当是保险人询问的足以影响保险人决定是否承保或者提高保险费率的客观事实和情况，这种告知不论以书面还是口头方式进行，是在保险人提出询问的前提下有限告知的。

2. 违反告知义务的构成要件。告知义务的违反通常有两种情形：一种是告知不实，即误告或错告；另一种是应告知而不告知，包括隐瞒和遗漏。《保险法》（2009 年修订前）第十七条第二款规定：“投保人故意隐瞒事实，不履行如实告知义务的，或者因过失未履行如实告知义务……”由此可见，我国将违反告知义务的主观构成要件规定为投保人主观上的故意或过失，因为投保人负告知义务是为了实现保险合同中的最大诚信原则，如果投保人没有主观上的故意或过失就谈不上所谓的违反最大诚信原则。如果在当事人主观无过错的情形下仍然要承担违反告知义务的法律后果，对投保人的要求过于苛刻，不利于保险业的健康发展。对应告知而未告知的事实，根据《保险法》的规定，该事实是足以决定保险人是否承保或决定采取何种保险费的事实。当然，一个事实是否构成重要事实，并不取决于投保人自己认为它是否是重要事实，也不是以一个特定保险人看法为准，而是以一个合理谨慎的保险人在这种情况下是否会受到影响作为标准。

3. 违反告知义务的法律结果。告知义务人违反告知义务的法律后果，各国立法的规定不尽相同，但多数国家均规定保险人享有合同解除权，我国《保险法》亦如此。投保人违反如实告知义务，并不产生保险合同无效的后果，保险人只是有条件地取得解除保险合同的权利。因为投保人违反如实告知义务，使得保险人承保风险后实际处于很不利的地位，保险人是在没有了解真实情况的前提下同意承保，法律若继续维持保险合同的效力对保险人不公平，且保险人是针对被保险人不同的身体状况承保，不同的身体条件影响保险人是否同意承保和保险费率的计算。所以，投保人违反如实告知义务，保险人应当取得相应的补救。

因违反告知义务所产生的解除权，在保险合同成立的同时即已发生，而不问保险人的保险责任是否已经开始。对解除权是否有除斥期间，我国台湾地区“保险法”作出了相关规定。我国台湾地区“保险法”第六十五条规定，由保险契约所生之权利，自得为请求之日起，经过二年不行使而消灭。我国2009年修订后的《保险法》第十六条第三款规定：“前款规定的合同解除权，自保险人知道有解除事由之日起，超过三十日不行使而消灭。自合同成立之日起超过二年的，保险人不得解除合同；发生保险事故的，保险人应当承担赔偿或者给付保险金的责任。”此项解除权应不限于保险事故发生前才能行使，在保险事故发生后也可以行使。实践中，保险人多在保险事故发生后才发现有违反告知义务的事实，此时即有解除的必要。但为使法律关系早日确定起见，该二年解除权的期间应确定为除斥期间为宜。

（江苏省启东市人民法院　车红兵）

59. 沈鹏程诉天安保险股份有限公司海安支公司财产保险合同案
（车辆转让）

（一）首部

1. 判决书字号

一审判决书：江苏省海安县人民法院（2008）安民二初字第1001号民事判决书。

二审判决书：江苏省南通市中级人民法院（2009）通中民二终字第0116号民事判决书。

2. 案由：财产保险合同纠纷。

3. 诉讼双方

原告（被上诉人）：沈鹏程，男，1980年6月1日生，住东台市溱东镇苏庄村。

委托代理人（一审）：朱敏剑，江苏南通信阳光律师事务所律师。

委托代理人（二审）：王进忠，男，1976年6月9日生。

被告（上诉人）：天安保险股份有限公司海安支公司（以下简称天安保险公司），住所地：海安县海安镇人民西路11号。

负责人：戴强，该支公司经理。

委托代理人（一审）：许元，该支公司客户服务部主任。

委托代理人（二审）：徐爱军，天安保险股份有限公司南通中心支公司职员。

4. 审级：二审。

5. 审判机关和审判组织

一审法院：江苏省海安县人民法院。

独任审判：审判员：周明。

二审法院：江苏省南通市中级人民法院。

合议庭组成人员：审判长：周凯；代理审判员：戴志霞、何玲。

6. 审结时间

一审审结时间：2008年12月16日。

二审审结时间：2009年2月25日。

（二）一审诉辩主张

原告沈鹏程诉称：2008年6月11日0时45分许，原告将苏JBZ192号桑塔纳轿车借给朋友陈爱兵（斌）驾驶，在经过海安县墩头镇吉邓大桥时因观察不够、采取措施不当发生单方面交通事故，致原告车辆损坏，发生事故时原告即报警，并向被告报案，被告也派人到事故现场查勘，但未评估定损。2008年6月24日，陈爱兵委托海安县价格认证中心鉴定，海价认损（2008）284号价格鉴定结论书鉴定结论为：车损32726元。原告所有的苏JBZ192号轿车2007年7月24日在被告处投保商业保险，保险期限为2007年7月25日至2008年7月24日，发生事故时在保险期限内，原告到被告处理赔，被告以种种理由拒赔。请求判令被告给付原告赔偿款32726元。

被告天安保险公司辩称：苏JBZ192号车辆投保单上被保险人是韩良君，其车辆转让后没有到我公司进行批改，根据保险合同条款的约定和《保险法》第三十四条的规定，我公司不应当承担理赔责任。请求驳回原告的诉讼请求。

（三）一审事实和证据

江苏省海安县人民法院经公开审理查明：韩良君于2007年7月24日为其所有的苏JBZ192桑塔纳轿车与天安保险公司签订一份保险合同，险种为机动车损失险、第三者责任险、车上人员责任险、玻璃单独破碎险、不计免赔特约险。保险期限自2007年7月25日0时至2008年7月24日24时止。在保险期限内，韩良君将该车转让给原告沈鹏程，并于2007年11月14日办理了过户手续，但韩良君和沈鹏程均未到保险公司办理保险合同批改手续，2008年6月11日0时45分许，沈鹏程允许的合格驾驶员陈爱兵（斌）驾驶苏JBZ192号轿车经过海安县墩头镇吉邓大桥上时因观察不够、采取措施不当，发生单方面交通事故，致车辆损坏。2008年6月18日海安县公安局交警大队作出事故认定书，认定陈爱兵负事故的全部责任。2008年6月24日，经海安县价格认证中心评估，保险车辆损失为32726元。此后，原告要求被告理赔，未能达成一致，引起诉讼。

上述事实有下列证据证明：

1. 机动车保险单及保险条款。

2. 事故认定书。

3. 机动车辆行驶证、驾驶证。

4. 价格认证中心鉴定书。

5. 照片及当事人的陈述等。

（四）一审判案理由

江苏省海安县人民法院根据上述事实和证据认为：由于韩良君已将保险合同标的车辆苏JBZ129桑塔纳轿车转让给沈鹏程，其虽未到保险公司办理变更批改手续，但沈鹏程是受让该保险车辆的主体，在事实上具有了保险合同当事人的主体资格。韩良君在将保险车辆转让给沈鹏程后，事实上对车辆已不具有权利义务关系，故沈鹏程有权直接行使保险合同中的赔偿请求权，天安保险公司应在机动车损失险限额内按合同约定（不计免赔率）赔偿沈鹏程车辆损失32726元。天安保险公司辩称，由于韩良君车辆过户后，未办理保险批改手续，按《保险法》和保险合同条款的约定，保险公司应免除保险责任。从《保险法》的立法宗旨和立法精神来看，虽然《保险法》第三十四条规定“保险标的的转让应当通知保险人，经保险人同意继续承保后，依法变更合同。但是，货物运输保险合同和另有约定的合同除外”，但是并不能引申出只要保险标的转让未经批改，保险公司即无须承担保险责任的法律后果。《保险法》之所以规定机动车转让需办理批改手续，其宗旨是为了便于保险人对保险车辆的规范管理，防止冒领保险金或骗保，而不在免除保险人的赔偿责任。本案中，沈鹏程允许的合格驾驶员在使用保险车辆过程中，发生交通事故，致车辆损坏的事实客观存在，不存在沈鹏程冒领保险金或骗保的情形。况且，本案中被保险人的变更亦没有产生增大保险人风险，从而不利于保险人履行合同的后果，故被告天安保险公司的辩称意见本院难以采纳。

（五）一审定案结论

江苏省海安县人民法院依照《中华人民共和国保险法》第十四条、第二十四条第一款的规定，作出如下判决：

被告天安保险公司于本判决发生法律效力后10日内给付原告沈鹏程保险赔偿金32726元。

（六）二审情况

1. 二审诉辩主张

上诉人天安保险公司上诉称：(1) 原审判决由我公司承担赔偿责任与《保险法》规定和保险合同约定不符。韩良君已将保险车辆转让给沈鹏程，但未向我公司履行通知义务和办理批改手续。依据《保险法》规定和保险合同约定，我公司不负赔偿责任。(2) 原审认为《保险法》规定办理批改手续是为防止冒领保险金和骗保而非免除保险人赔偿责任是错误的。沈鹏程并非保险合同当事人，其作为一审原告主体不适格。保险合同明确规定，被保险车辆转让未办理批改手续，我公司不负赔偿责任。该免责条款已经向被保险人履行告知义务，合法有效。(3) 原审根据价格评估报告认定损失侵犯了我公司利益。根据《保险法》规定，保险人有权核定价格。原审认定损失数额与事实不符，案涉事故为轻微事故，我公司估价只有原审认定的一半，请求撤销原判，依法改判驳回沈鹏程诉讼请求。

被上诉人沈鹏程未答辩。

2. 二审事实和证据

江苏省南通市中级人民法院经公开审理，确认了一审法院认定的事实和证据。

3. 二审判案理由

江苏省南通市中级人民法院根据上述事实和证据认为：本案争议焦点有二：（1）天安保险公司能否因沈鹏程未办理批改手续而免除赔偿责任？（2）原审依据价格评估报告认定损失数额是否正确？

关于第一个争议焦点，本院认为，韩良君将保险车辆转让给沈鹏程，并已依法办理过户手续。沈鹏程虽未到天安保险公司办理变更批改手续，但我国保险行业车辆保险以“保车不保人”为基本原则，车辆受让人只要不改变被保险车辆用途、增加保险人理赔风险，不因未办理批改手续而丧失请求赔偿的权利。天安保险公司以未办理批改手续不负赔偿责任的格式条款免除自己责任，排除对方主要权利，违反公平原则导致合同当事人权利义务严重失衡，根据《中华人民共和国合同法》第三十九条、第四十条的规定，该免则条款属于无效条款。天安保险公司未举证证明沈鹏程受让该保险车辆后，因改变车辆用途等增加其理赔风险，仅以单方拟定的无效格式条款拒绝赔偿于法无据。

关于第二个争议焦点，认证中心的评估报告是在双方为理赔问题发生争议情况下，由沈鹏程单方委托作出，但原审在庭审中已经询问天安保险公司是否申请重新评估，天安保险公司明确不申请，已经放弃了自己的权利，故原审依据认证中心的评估报告作出判决并无不当。

4. 二审定案结论

江苏省南通市中级人民法院依照《中华人民共和国民事诉讼法》第一百五十三条第一款第（一）项的规定，作出如下判决：

驳回上诉，维持原判。

（七）解说

本案主要涉及对“批改法条”的理解问题。

本案一、二审均发生于《中华人民共和国保险法》2009年2月修订之前。修改前的《保险法》第三十四条规定：“保险标的的转让应当通知保险人，经保险人同意继续承保后，依法变更合同。但是，货物运输保险合同和另有约定的合同除外。”根据本条规定，当事人与保险公司办理的手续在保险业务上称之为“批改”。《保险法》第三十四条因此被称为商业险“批改法条”。

当前，投保机动车转让后不及时到保险公司对保险合同予以批改的情况较多，一旦机动车“新主人”（受让人）在保险合同约定的保险期内发生交通事故，“新主人”与保险公司之间往往很难就理赔问题达成共识，由此引发财产保险合同纠纷。司法实践中，对“新主人”在未批改情况下能否直接承受保险合同约定的权利义务问题争议颇大，由此导致同类案件产生截然相反的判决。这本质上涉及对“批改法条”的理解问题。

一种观点认为，保险合同未经批改对“新主人”不产生法律效力。理由是：（1）根据基本法学原理，物权是一种绝对权，具有排他性；而债权是一种相对权，有着特定的相对方。通常情况下，合同一旦形成，当事人之间就形成一种债权债务关系，合同的当事人也是特定的。除法律有特别规定外，保险合同的当事人也是相对特定的。商业保险合同的当事人一方为投保车主，一方为保险公司，车主发生变化后，保险合同经保险公司批改，新车主与保险公司之间形成新的合同关系，保险公司依照新合同承担责任。如果保险合同未经保险公司批改，由于原保险合同只对原车主有效，原合同对新车主并不自然产生法律效力。交强险打破了原有的合同相对性原则，只能视为法律规定的特例，不应以特殊性来推导一般性。（2）“批改法条”的“但书”规定暗示未经批改对“新主人”无效。第三十四条尾部规定：“但是，货物运输保险合同和另有约定的合同除外”，如果未批改不影响合同对受让人的效力，这样的“但书”就毫无意义。从正常的立法技术而言，同一法条中“但书”规定的内容与条文前面表述的内容在法律效力上存在不同。既然货物运输合同和另有约定的合同不批改不受影响，那么其他合同不批改当然应受影响，这种影响理当就是合同对受让人的法律效力。(3) 认定未批改不影响保险合同对“新主人”效力的依据不够牢固。不少人认为，只要不改变被保险车辆用途、增加保险人理赔风险，是否批改不影响合同承继效力。这种理解难以找寻到法律或司法解释的明确规定。事实上，合同效力是合同产生和承继时是否具有法律效力的问题，而改变被保险车辆用途、增加保险理赔风险通常只是合同履行中的问题，涉及的是合同违约责任承担问题。另外，从债权债务转让角度而言，债权转让时应通知债务人，这是债权转让生效的基本形式要件。实践中，不仅保险合同未依法批改，而且新、老车主通常都不通知保险公司。

另一种观点认为，未批改不影响保险合同对“新主人”的效力。(1) 我国保险行业车辆保险以“保车不保人”为基本原则，车辆受让人只要不改变被保险车辆用途、增加保险人理赔风险，不因未办理批改手续而丧失请求赔偿的权利。(2) 我国《保险法》之所以规定机动车转让需办理批改手续，其宗旨是为了便于保险人对保险车辆的规范管理，防止冒领保险金或骗保，而不在免除保险人的赔偿责任。(3) 标的物转让后，保险公司继续享受了保费，且通常理赔风险并不增加，故而其在享受保费权利的同时，应承担支付保险金的义务和风险。(4) 新修订的《保险法》对“批改”效力作出较明确规定。新《保险法》将原《保险法》第三十四条规定的内容移入第四十九条第二款。该条第四款规定：“被保险人、受让人未履行本条第二款规定的通知义务的，因转让导致保险标的危险程度显著增加而发生的保险事故，保险人不承担赔偿保险金的责任。”从逻辑上分析该条，即便未进行批改，只要转让未导致保险标的危险程度显著增加，投保车辆的受让人对保险合同享有承继效力。

法院审理更倾向于第二种观点。

(江苏省海安县人民法院　周　明)

60. 姜学芝诉中国平安人寿保险股份有限公司烟台中心支公司等保险合同案
(保证续保)

(一) 首部

1. 判决书字号：山东省烟台市牟平区人民法院(2008)烟牟商初字第607号民事判决书。

2. 案由：保险合同纠纷。

3. 诉讼双方

原告：姜学芝，女，1967年6月29日生，汉族。

委托代理人：丛宁，山东昆嵛律师事务所律师。

被告：中国平安人寿保险股份有限公司烟台中心支公司牟平营销服务部（以下简称平安人寿牟平服务部），住所地：烟台市牟平区北关大街。

负责人：常艳妮，该服务部经理。

被告：中国平安人寿保险股份有限公司烟台中心支公司（以下简称平安人寿烟台支公司），住所地：烟台市芝罘区市府街35号。

负责人：胡跃，该支公司总经理。

委托代理人：于建伟，山东平和律师事务所律师。

委托代理人：马国梁，山东平和律师事务所实习律师。

4. 审级：一审。

5. 审判机关和审判组织

审判机关：山东省烟台市牟平区人民法院。

合议庭组成人员：审判长：于秀丽；审判员：曲毅；代理审判员：宫钦军。

6. 审结时间：2008年12月10日

（二）诉辩主张

原告姜学芝诉称：2004年6月，被告平安人寿牟平服务部的业务员向原告推销中国平安人寿保险股份有限公司的人身保险产品“个人住院费用保险（99型）”，保险期限一年。原告同意为自己投保该产品并交纳保险费387元，合同生效日为2004年6月14日。合同期满，被告平安人寿牟平服务部书面通知原告缴费续保，原告连续向被告交纳了4年的保费。2007年6月23日，原告因病住院并向被告申请理赔，被告平安人寿烟台支公司于2007年10月24日向原告送达理赔决定通知书，告知原告保险责任终止。原告认为，依照保险合同第五条的规定可知，从第四年即自2007年度起保险公司对被保险人保证续保至64岁，保险人理应自2007年度起继续履行P11540002866522号保险合同。现保险人违反约定终止保险合同，其行为严重侵害了原告的合法权益，故为维护原告的切身利益，现要求：（1）依法确认被告平安人寿烟台支公司于2007年10月24日向原告送达的保险责任终止通知无效；（2）判令被告继续履行与原告签订的P11540002866522号保险合同；（3）两被告对第（2）项诉讼请求承担连带责任；（4）本案的一切费用由被告承担。

被告平安人寿牟平服务部未到庭亦未进行答辩。

被告平安人寿烟台支公司辩称：（1）被告向原告送达的保险责任通知合法有效，因为被告在收到原告的理赔申请后已向原告支付保险金73192.68元，及时履行保险赔偿责任，保险责任即行终止；（2）被告没有义务继续履行P11540002866522号保险合同。因为合同中虽有保证续保条款，但条款约定得非常明确：“投保人连续投保本保险满三年后，经本公司审核同意并确定续保条件后，则从第四年开始至保险约定的最高续保年龄，保险公司每年保证续保。”即在投保人连续投保满3年，提出保证续保申请后，保险公司要审核投保人的具体健康状况，确定具体保险条件，审核通过后才开始保证续保，并不是在投保人连续3年投保后保险公司自动保证续保。本案中，原告虽然连续投保3年但其并未申请保证续保，意味着被告无法对其审核，只能按照一般短期保险来处理。在此情形下，被告根据原告的申请及时理赔即履行了合同义务，保险责任已终止，被告无义务再履行保险合同。综上，要求法庭依法驳回原告的诉请。

（三）事实和证据

山东省烟台市牟平区人民法院经公开审理查明：2004年6月13日，原告姜学芝经被告平安人寿牟平服务部的业务员徐振仁购买中国平安人寿保险股份有限公司的人身保险产品——“个人住院费用保险（99 型）”，为此签订一份编号为 P11540002866522 的《人身保险合同》，该保险合同由公司简介、致客户书、保险单、保险条款、客户须知、投保书和保费发票七部分组成，其中在“保险单”载明：保险项目为主险个人住院费用保险（99 型），投保人、被保险人、生存保险金收益人均为姜学芝，保险期间为一年，保险费为 387 元，敬告投保人中第二条内容为：“本保险合同若为一年期的健康保险合同，若您在下一保险年度停止交费或经本公司审核后不再收取下一保险年度的保险费，则本保险公司的责任终止。保险合同期满且本公司同意续保，将书面通知投保人，投保人如同意本公司的续保条件，且在保险期满日后 10 日内本公司收到投保人交纳的保费，则本保险合同继续有效。”在“保险条款”中第五条“保证续保”的内容为：“投保人连续投保本保险满三年后，经本公司审核同意并确定续保条件后，则从第四年开始至本保险约定的最高续保年龄，每一保险年度投保人如期交纳当期保险费，本公司对被保险人保证续保。保证续保是指在续保时保险人不得对被保险人以风险增加、责任免除、拒保等方式改变或者免除其承担的保险责任。”在“投保书”中有缴费资料一栏，其内容为：“若续期/续保保费缴费方式为银行转账，请填写以下内容：开户银行：中国农业烟台分行账号 15－386101100536531；授权声明：上述账号是账号所有人为本人（即本案原告姜学芝）且开户银行与账号均真实可靠，本人授权中国平安人寿保险股份有限公司从上述账号划出本保险合同所需缴纳的各期保险费，如首期保费采用银行转账的，亦作为首次转账账户。投保人签名姜学芝，日期 2004 年 6 月 13 日。”在“保险费发票”中注明 2004 年的保险费 387 元和保险合同生效日为 2004 年 6 月 14 日。上述人身保险合同签订后，原告姜学芝通过中国农业银行烟台支行的账号 15－386101100536531 分别于 2004 年 6 月 16 日、2005 年 7 月 19 日、2006 年 6 月 26 日和 2007 年 6 月 14 日向被告平安保险公司烟台支公司支付保 4 个保险年度的保险费（每年 387 元），共计 1548 元。2007 年 6 月 23 日原告姜学芝因病住院治疗，经诊断为尿毒症。2007 年 10 月 10 日原告向被告保险公司申请理赔，2007 年 10 月 24 日被告平安人寿烟台支公司向原告送达《理赔决定通知书》，该通知书中第三项内容为：“按《个人费用 99 条款》计算给付床位费人民币伍佰零叁元壹角陆分（503.16 元），给付药品费人民币贰仟肆佰伍拾玖元贰角捌分（2459.28 元），给付手术费人民币捌佰壹拾肆元贰角肆分（814.24 元），给付检查费人民币伍佰元整（500 元），给付特殊检查治疗费人民币壹仟伍佰元整（1500 元），给付护理费人民币壹佰元整（100 元），给付治疗费人民币伍佰元整（500 元），保险责任终止；该保险单合计给付人民币陆仟叁佰柒拾陆元陆角捌分（6376.68）。”原告认为被告平安人寿烟台支公司单方终止保险合同的行为严重侵害其合法权益，诉来本院。庭审中，原告因被告平安人寿牟平服务部不具有独立承担民事责任的资格要求撤回对其诉请，本院当庭予以准许。被告平安人寿烟台支公司认为已履行保险合同义务（原告在 2007 年出险后被告及时理赔并支付保险金 73192.68 元的行为），故有权终止保险合同，并承认理赔原告保险金是基于原告交纳了 2007 年度的保险费，但被告收取该费用不应该视为保证续保，仅为当年的短期保险。

上述事实有下列证据证明：

1. 人身保险合同 1 份。

2. 银行存折 1 份和中国平安人寿保险股份有限公司的人身保费缴纳对账单 1 份。

3. 《理赔决定通知书》1 份。

4. 《理赔申请书》和《理赔决定通知书》各 1 份。

5. 中国平安人寿保险股份有限公司个人住院费用保险（99 型）条款。

（四）判案理由

山东省烟台市牟平区人民法院根据上述事实和证据认为：原、被告双方争议的焦点是被告平安人寿烟台支公司是否有权解除双方于 2004 年 6 月 13 日签订的保险合同。

首先，从保险法理上讲，“保证续保”是指前一保险期间届满后，投保人提出续保申请时，保险公司不能因个人健康发生变化而拒绝客户续保或者提高保费、增加除外责任，也不能延期承保，更不能拒绝续保。即只要按时交纳保费，被保险人患病后仍继续享受健康（医疗）保险至最高保障年龄，并且必须按照约定费率和原条款继续承保的合同约定承保，多适用于人身保险的短期保险产品中，如首期为一年期或者长一点的五年期。

其次，本案中，原告姜学芝与被告平安人寿烟台支公司之间签订的保险合同是个人住院费用保险（99 型）保险产品，系医疗保险。双方均认可的“保险条款”中第五条“保证续保”中载明“投保人连续投保本保险满 3 年后，经本公司审核同意并确定续保条件后，则从第四年开始至本保险约定的最高续保年龄，每一保险年度投保人如期交纳当期保险费，本公司对被保险人保证续保。保证续保是指在续保时保险人不得对被保险人以风险增加、责任免除、拒保等方式改变或者免除其承担的保险责任”这样的内容，不难看出其保证续保前提条件有三：一是投保人连续投保本保险三年；二是经保险公司审核并确定续保条件；三是从第四年开始每一保险年度投保人如期交纳当期保险费。合同的履行中，原告姜学芝按照被告保险公司的要求连续缴纳了 4 年的保险费，显然符合第一和第三个条件，至于是否符合第二个条件，从原、被告各持一份编号为 P11540002866522 的《人身保险合同》第六部分投保书中“缴费资料”一栏填写内容可知，在原告首次投保时就明确告知被告保险公司要续保（期），被告保险公司作为从事保险业务的专门机构理应在原告连续缴费 3 年届满后向原告发出确定续保条件的书面通知进行审核，因为我国保险业中投保条件确定的方式多为问卷式，其未采取此措施应视为其对自己权利的放弃。从被告接收原告缴纳第四年的保险费和对原告在第四个保险年度即 2007 年发生的保险事故及时理赔，可以看出被告在事实上接受原告续保的请求，亦意味着认可原告续保的条件。故原告符合“保证续保”的前提条件，即以后只要原告每年如期向被告平安人寿烟台支公司缴纳保费 387 元，被告便不得以风险增加、责任免除、拒保等方式改变或者免除其承担的保险责任。

再次，作为本案争议的保险合同重要组成部分的保险单，其中“敬告投保人”第二条明确规定保险公司终止保险责任的条件是停止交费或经保险公司审核后不再收取下一保险年度的保险费。本案中，原告一直按约向被告平安人寿烟台支公司缴纳保费，不存在上述条件中的任何一款，故被告无权终止保险责任，更无权解除双方签订的保险合同，即被告平安人寿烟台支公司于 2007 年 10 月 24 日对原告作出的终止责任的通知无效。

综上，原告姜学芝与被告平安人寿烟台支公司签订的《人身保险合同》系双方当事人的真实意思表示，且不违反我国法律规定，故该保险合同合法有效，双方应严格履行合同义务，任何一方当事人不得单方解除或变更。庭审中，原告提供的证据足以证明其履行了该合同中约定的义务（连续足额缴纳保费），被告平安人寿烟台支公司理应在收取相应的保费后履行义务包括理赔、保证续保等。现被告平安人寿烟台支公司在被保险人出现保险事故理赔后便无故作出“终止保险责任”的通知，即单方解除保险合同，其违反“保证续保”的约定，构成违约。根据我国《合同法》第一百零七条“当事人一方不履行合同义务或者履行义务不符合合同约定的，应当承担继续履行、采取补救措施或者赔偿损失等违约责任”的规定，原告有权要求被告平安人寿烟台支公司继续履行编号为P11540002866522的《人身保险合同》，其诉请理由正当，本院予以支持。至于被告平安人寿烟台支公司抗辩主张原告未申请续保且未经审核通过不具备保证续保的条件，因其未提供该方面的有力证据加以辅证，且该续保条件并非保险公司解除合同的条件，故其抗辩主张不成立。

（五）定案结论

山东省烟台市牟平区人民法院根据《中华人民共和国合同法》第十三条、第六十条、第一百零七条，《中华人民共和国保险法》第十六条的规定，作出如下判决：

1. 被告中国平安人寿保险股份有限公司烟台中心支公司于2007年10月24日向原告姜学芝作出的《理赔决定通知书》中"保险责任终止"部分无效。

2. 被告中国平安人寿保险股份有限公司烟台中心支公司继续履行与原告姜学芝签订的编号为P11540002866522的《人身保险合同》。

案件受理费100元由被告交纳。

（六）解说

"保证续保"是在满足一定条件时，保险公司按照合同条款保证客户的续保权，不得拒绝续保。在海外很多国家和地区，由于保险业、医疗体系和个人征信体系都比较发达，医疗保险一般都有保证续保的功能。

目前，在我国的《保险法》中未对"保证续保"进行专节规定，亦未将其内涵进行界定。2006年8月7日颁布的《健康保险管理办法》总则第三条第四款规定："保证续保条款是指，在前一保险期间届满后，投保人提出续保申请，保险公司必须按照约定费率和原条款继续承保的合同约定。"据此规定，保证续保条款设定三个"门槛"：时限、主动申请和二次核定。一旦保险公司对被保险人承诺"保证续保"，就失去了对被保险人进行核保的权利，不论被保险人新患何种疾病，保险公司都不得对其增加保费，更不能拒保。由于风险很大，通常保险公司对续保条件作不同的规定，有的公司规定投保人连续3年甚至5年没有发生疾病赔付，以后才可以保证续保；虽然有的健康险保单明确标明"保证续保"，但并不意味着达到一定时限就可以自动享有保证续保权益。如没有主动申请保证续保，如果在被保险人发病后，保险公司仍有权利拒绝续保。在现实承保方面，并非被保险人主动提出"保证续保"申请后就能轻易通过，保险公司通常都会对被保险人的健康状况进行较为全面地审核，审核的方式有体检、询问、出示健康证明等多种形式。具有保证续保功能的保单，在条款中往往也会列明"被保险人可申请保证续保，经保险人同意，方可保证续保"。由此可见，要求被保险人体检是保险公司核保的正当需求。如果被保险人跨过了保险公司的"二次核保"门槛，在以后的每一个保单年度则不需要再核保。

在此之前，为数不多的保险公司开发并销售"保证续保"的健康险种，因为有的保证续保条款中有需要主动申请的内容，有的没有。本案即没有明确规定投保人在连续缴纳3年保费后应向保险公司提出"保证续保"的申请，甚至保险公司的业务人员根本未就该条款的具体内容向投保人说明，在出现类似于本案的事件后，媒体屡次曝光可以产生足够的提醒作用。《健康保险管理办法》只是保险行业内部管理规定，业外人士或投保人是不熟悉的，亦不能作为基本法律适用。随着我国保险业的迅猛发展，仅有保险行业管理规定与保险合同条款相衔接是远远不够的，还应加强保险内部行业管理规范与保险法的有机结合。

（山东省烟台市牟平区人民法院　于秀丽）

61. 姜凤凰诉中国农业银行进贤县支行储蓄存款合同案（ATM 机）

(一) 首部

1. 判决书字号

一审判决书：江西省进贤县人民法院（2007）进民二初字第 94 号民事判决书。

二审判决书：江西省南昌市中级人民法院（2008）洪民四终字第 103 号民事判决书。

2. 案由：储蓄存款合同纠纷。

3. 诉讼双方

原告（被上诉人）：姜凤凰，女，1983 年 11 月 10 日生，汉族，住进贤县民和镇高岭路。

委托代理人（一、二审）：周志龙，江西志龙律师事务所律师。

被告（上诉人）：中国农业银行进贤县支行（以下简称农行进贤县支行），住所地：进贤县城胜利中路 2 号。

法定代表人：陶建国，该支行行长。

委托代理人（一审）：陈志华，中国农业银行江西省分行营业部法律事务部职员。

委托代理人（一、二审）：李勇，中国农业银行江西省分行营业部法律事务部职员。

委托代理人（二审）：龚淑芳，江西华特律师事务所律师。

4. 审级：二审。

5. 审判机关和审判组织

一审法院：江西省进贤县人民法院。

合议庭组成人员：审判长：胡兴华；人民陪审员：李丹、陶致伟。

二审法院：江西省南昌市中级人民法院。

合议庭组成人员：审判长：熊丽萍；审判员：喻声忠；代理审判员：朱勇。

6. 审结时间

一审审结时间：2008 年 2 月 26 日。

二审审结时间：2008 年 7 月 7 日。

(二) 一审诉辩主张

原告诉称：2005 年 2 月 3 日，原告在被告农行进贤县支行开立账户，建立了储蓄合同关系。2007 年 8 月 25 日，原告经查询，在存折和取款卡均未丢失的情况下被他人支取 8200 元，要求被告农行进贤县支行赔偿 8200 元及利息 100 元。

被告辩称：我行是严格按照法律法规及行内规章制度办理存取款业务，不存在任何过错。原告在存款办卡时，我行已告知持卡人妥善保管卡和密码，尽了安全提示义务；原告在取款时，我行在 ATM 机上及墙壁上均贴有用卡提示，而原告自己未采取必要的保密措施致存款丢失，存在明显的过错，依法应由其自己承担全部责任，且本案公安机关正在侦查，应遵循“先刑后民”原则，请求法院依法驳回原告起诉。

（三）一审事实和证据

江西省进贤县人民法院经公开审理查明：2005 年 2 月 3 日，原告姜凤凰在被告农行进贤县支行营业部开立账户并申领金穗卡，2007 年 8 月 20 日，原告存款被人四次支取，计人民币 8200 元。2007 年 8 月 25 日，原告经查询发现卡上余额少了 8200 元，即向公安机关报案，经侦查机关侦查，原告姜凤凰等人存款系被犯罪嫌疑人在 ATM 机上装放无线监控设施，窃取金穗卡的信息和密码，再用复制卡支取的，该盗窃案仍未侦查终结。

上述事实有下列证据证明：

1. 原告身份证复印件 1 份，以证明原告诉讼主体适格。

2. 农行进贤县支行储蓄存折、金穗卡复印件各 1 份，以证明原告与被告间储蓄合同关系及存款被盗的事实。

3. 视听资料（录像），以证明原告存款信息是在自动取款机（ATM 机）被人窃取，被告未尽安全保障义务。

（四）一审判案理由

江西省进贤县人民法院根据上述事实和证据认为：原告姜凤凰在被告农行进贤县支行开立账户，双方意思表示真实，符合法律规定，该储蓄存款合同应受法律保护。本案中，原告已证实自己的存折和金穗卡未丢失而存款被人支取，而被告未出具证据充分证明原告自己泄漏卡内信息和密码致存款被支取。根据最高人民法院相关复函规定，储蓄关系中存款丢失的责任认定，存款人只需证明自己的存折和取款卡没有丢失即完成举证责任，银行则负有存款人存在过错的举证责任。本案证据显示，原告等人存款系被犯罪嫌疑人利用高科技设施窃取，过错责任不在原告，而在于被告防范不力，故被告的辩称理由不予支持，其对原告的存款损失应予赔偿；但原告被支取的 8200 元已不属存款，被告对该款不承担支付利息的义务，故原告请求被告支付利息 100 元的诉讼请求，不予支持。被告辩称本案涉及刑事犯罪，应“先刑后民”，于法无据，本院不予采信。

（五）一审定案结论

江西省进贤县人民法院依照《中华人民共和国民法通则》第一百零六条、《中华人民共和国合同法》第六十条之规定，作出如下判决：

1. 限被告中国农业银行进贤县支行在本判决生效后 30 日内赔偿原告姜凤凰存款损失计人民币 8200 元；

2. 驳回原告姜凤凰要求支付利息 100 元的诉讼请求。

（六）二审情况

1. 二审诉辩主张

上诉人农行进贤县支行上诉称：姜凤凰作为一名完全民事行为能力人，其能运用合理的方法和理智来保护自己的账户信息和密码。本案存款被支取完全是在账户和密码都相符的情况下进行的，因此在公安机关未侦破案件之前，不能排除被上诉人是凭自己真实的卡和密码支取存款的；上诉人严格按照法律法规等规定办理本案存款业务，各项手续合法、合规，不存在任何过错，更不存在有侵害被上诉人合法权益的行为；上诉人已尽到安全提示的义务，不存在过错；原审判决适用法律不当，判决结果错误，程序上违反先刑后民的原则。请求二审法院撤销原审判决，驳回被上诉人的诉讼请求，由被上诉人承担本案的一、二审诉讼费用。

被上诉人姜凤凰辩称：被上诉人与上诉人之间存在合法的储蓄存款合同关系，被上诉人的银行卡和密码均未丢失，对银行的信息和密码泄漏没有过错，而作为银行应该对利用ATM机实施的各种犯罪承担安全防范义务；上诉人制定的《中国农业银行金穗借记卡章程》违反了我国《商业银行法》的规定，相关的霸王条款无效，不得作为其免责的依据；上诉人不能及时履行告知义务和对交易场所的安全保障义务，是犯罪分子使用盗码器得逞的重要原因；综上，被上诉人认为上诉人的上诉请求无理，请求二审法院维持原判。

2. 二审事实和证据

江西省南昌市中级人民法院经审理，确认了一审法院认定的事实和证据。

3. 二审判案理由

江西省南昌市中级人民法院根据上述事实和证据认为：姜凤凰在农行进贤县支行开立账户，其与农行进贤县支行之间遂形成储蓄合同法律关系，双方均应按约享有权利、承担义务。本案农行进贤县支行在自助银行刷卡门处没有使用说明、操作规范、风险提示以及防范犯罪的说明，姜凤凰作为普通的借记卡持有人，在刷卡门处无任何说明的情况下，完全有理由相信该设备装置是安全的而进行交易。根据我国《商业银行法》规定，银行应当保障存款人的合法权益不受任何单位和个人的侵犯。保证客户存款安全是银行的基本义务，对于他人在自助银行所安装的异常设备，银行应当尽到安全防范义务，以确保到自助银行办理业务的储户借记卡内信息和资金的安全。农行进贤县支行未能保障储户信息、资金的安全造成储户存款损失，对此其应承担相应的民事责任。综上，原审判决认定事实清楚，适用法律正确，程序合法。

4. 二审定案结论

江西省南昌市中级人民法院依照《中华人民共和国民事诉讼法》第一百五十三条第一款第（一）项之规定，判决如下：

驳回上诉，维持原判。

二审案件受理费50元，由上诉人中国农业银行进贤县支行负担。

（七）解说

本案一审根据最高人民法院相关复函关于储蓄存款关系中存款丢失的责任认定，存款人只需证明自己的存折和取款卡没有丢失即完成举证责任，银行则负有存款人存在过错的举证责任这一规定，认定从本案的证据显示来看，原告的存款系被犯罪嫌疑人利用高科技设置窃取，过错责任不在原告，而在于被告防范不力，因此被告在本案中原告的银行卡信息和密码被窃取以及ATM机向持伪卡的犯罪分子付款过程中未尽安全防范义务，应当承担责任，故支持了原告的诉讼请求。二审法院根据《商业银行法》的规定，银行应当保障存款人的合法权益不受任何单位和个人的侵犯。保证客户存款安全是银行的基本义务，对于他人在自助银行所安装的异常设备，银行应当尽到安全防范义务，以确保到自助银行办理业务的储户借记卡内信息和资金的安全。农行对交易场所未尽其应尽的安全保障义务，使不法分子使用盗码器犯罪得逞，窃得存款，因此银行不能免除其对储户的付款义务，故维持了一审法院的判决。

（江西省进贤县人民法院　黄淑丽）

62. 邯郸市峰峰矿区义井农村信用合作社诉交通银行股份有限公司北京三元支行等票据案

（背书连续）

（一）首部

1. 裁判文书字号

一审判决书：北京市朝阳区人民法院（2007）朝民初字第28618号民事判决书。

二审裁定书：北京市第二中级人民法院（2008）二中民终字第04548号民事裁定书。

2. 案由：票据纠纷。

3. 诉讼双方

原告（被上诉人）：邯郸市峰峰矿区义井农村信用合作社（以下简称义井农信社），住所地：义井镇义和路卫生院右侧。

法定代表人：曹亚平，该合作社主任。

委托代理人（一审）：柴建刚，北京市中顺律师事务所律师。

被告：中国中材国际工程股份有限公司（以下简称中材国际公司），住所地：江苏省南京市江宁开发区临淮街32号。

法定代表人：刘志江，该公司董事长。

委托代理人（一审）：李雄伟，北京市德恒律师事务所律师。

委托代理人（一审）：徐启辉，北京市德恒律师事务所律师。

被告：徐州通域空间结构有限公司（以下简称徐州通域公司），住所地：徐州经济开发区（通域集团院内）。

法定代表人：刘宪生，该公司总经理。

委托代理人（一审）：张胜利，该公司业务经理。

被告：徐州恒惠工程机械设备有限公司（以下简称徐州恒惠公司），住所地：徐州市淮海西路241号。

法定代表人：胡林林，该公司经理。

委托代理人（一审）：林卫星，北京师范大学在读博士。

被告：山东索力得焊材有限公司（以下简称山东索力得公司），住所地：肥城市石横镇驻地。

法定代表人：柴月华，该公司董事长。

委托代理人（一审）：薛宝同，山东华林律师事务所律师。

委托代理人（一审）：崔艳玲，山东华林律师事务所律师。

被告：青岛钰也发展股份有限公司（以下简称青岛钰也公司），住所地：青岛市李沧区遵义路5号。

法定代表人：王君庭，该公司董事长。

委托代理人（一审）：曹敏，该公司职员。

委托代理人（一审）：郭功庆，该公司职员。

被告：青岛银钢炼铁有限公司（以下简称青岛银钢公司），住所地：青岛市李沧区遵义路5号。

法定代表人：王君庭，该公司董事长。

委托代理人（一审）：曹敏，该公司职员。

委托代理人（一审）：郭功庆，该公司职员。

被告（上诉人）：交通银行股份有限公司北京三元支行（以下简称三元支行），住所地：北京市朝阳区东三环北路甲2号2层。

负责人：松誉欣，该支行行长。

委托代理人（一审）：赵舒杰，北京市共和律师事务所律师。

委托代理人（一审）：延丽，北京市共和律师事务所律师助理。

委托代理人（二审）：黄小媛，北京市共和律师事务所律师。

委托代理人（二审）：杨颖春，北京市共和律师事务所律师助理。

4. 审级：二审。

5. 审判机关和审判组织

一审法院：北京市朝阳区人民法院。

独任审判：审判员：李有光。

二审法院：北京市第二中级人民法院。

合议庭组成人员：审判长：徐庆；代理审判员：闫飞、程慧平。

6. 审结时间

一审审结时间：2008年1月9日。

二审审结时间：2008年3月12日。

（二）一审诉辩主张

原告义井农信社诉称：2006年9月22日，中材国际公司作为出票人出具银行承兑汇票一张，该汇票票号为G/0 A/1 06569879，票面记载收款人为徐州通域公司、付款行为三元支行、出票日期为2006年9月22日、到期日为2007年3月22日。此后，徐州通域公司、徐州恒惠公司、山东索力得公司、青岛钰也公司、青岛银钢公司、青岛展通贸易有限公司（以下简称青岛展通公司）分别作为被背书人与背书人将此汇票背书转让给义井农信社，义井农信社作为持票人于汇票到期日到三元支行要求付款，遭到拒付。故义井农信社起诉，要求，中材国际公司、徐州通域公司、徐州恒惠公司、山东索力得公司、青岛钰也公司、青岛银钢公司、三元支行对被拒绝付款的汇票金额50万元承担连带责任，并连带支付自汇票到期日至起诉之日止按照中国人民银行规定的同期贷款利率计算的利息19743.75元、取得拒付理由书的费用1000元，同时负担诉讼费。

被告中材国际公司辩称：首先，义井农信社因为票据背书不连续遭到拒付，其并未提供其他证据证明其为合法持票人，故义井农信社的诉讼请求不符合《票据法》第三十一条的规定，请法院驳回其诉讼请求。其次，2007年9月4日，三元支行出具《拒绝付款理由书》并非第一次拒付日期，中材国际公司未收到过任何汇票被拒付的通知，故由此产生的利息，中材国际公司不应承担。再次，造成该承兑汇票拒付的原因是义井农信社的前手青岛展通公司的过错，故青岛展通公司应作为汇票债务人参加本案诉讼。

被告徐州通域公司辩称：我公司已经将汇票背书转让给下一手，因此不再承担任何付款责任。

被告徐州恒惠公司辩称：第一，徐州恒惠公司取得诉争票据以及背书转让的行为均符合《票据法》的规定，银行拒付并非徐州恒惠公司原因所致。第二，义井农信社未将其前手青岛展通公司列为被告，无法查清青岛展通公司取得汇票是否符合法律规定，如该公司取得汇票违法，则义井农信社也无权行使追索权。第三，汇票到期日为 2007 年 3 月 22 日，义井农信社在 2007 年 9 月 4 日取得拒付理由书，义井农信社已丧失追索权。综上，徐州恒惠公司取得汇票及背书转让的过程并无不当之处，义井农信社已超过法定追索期限，且怠于通知其他票据债务人，违反相应法律规定，故不同意义井农信社的诉讼请求。

被告山东索力得公司辩称：义井农信社诉称的背书过程有遗漏，青岛银钢公司是将汇票背书转让给永城煤电（集团）有限责任公司（以下简称永城煤电公司），永城煤电公司又将汇票背书转让给青岛展通公司，背书不连续的根本原因在于永城煤电公司填写被背书人时出现错字，却拒绝出具证明。而且义井农信社背书了两次，且超过提示期限提示付款。义井农信社作为持票人，经前手权利人背书而取得票据，但背书不连续，义井农信社不能享有票据权利。同时，汇票的付款期限是 2007 年 3 月 22 日，而义井农信社于 2007 年 9 月 1 日才提示付款，依据《支付结算办法》的规定，义井农信社已经丧失了对前手的追索权，只能在作出说明后向承兑人请求付款。因此山东索力得公司不同意义井农信社的诉讼请求。

被告青岛钰也公司与青岛银钢公司共同辩称：山东索力得公司将汇票背书给青岛钰也公司时出现名称错误，其已就此出具证明材料。银行拒付的原因在于永城煤电公司填写被背书人时出现错字，与青岛钰也公司、青岛银钢公司无关。义井农信社背书两次，且超过提示期限才提示付款，从而造成汇票无法承兑。义井农信社作为持票人，经前手权利人背书而受让汇票，但票据背书不连续，其未尽审查义务，致使丧失票据权利。义井农信社无权向青岛钰也公司和青岛银钢公司行使票据追索权。

被告三元支行辩称：2007 年 3 月，义井农信社第一次向三元支行请求付款，三元支行经审查发现票据粘单第三、第六手被背书人书写不规范，为此出具了《拒绝付款理由书》，要求进行补正。同年 7 月，义井农信社向三元支行发出传真，承认书写不规范问题，同时提到永城煤电公司财务专用章及人名章系伪造。同年 9 月，义井农信社第二次向三元支行申请付款，所提交的汇票粘单经过了第三手背书人山东索力得公司的补正，同时提交的还有山东索力得公司出具的对第三手与第四手背书连续补正的书面证明。但义井农信社未就第六手被背书人书写不规范进行补正，同时提交的永城市公安局经济犯罪侦查大队（以下简称永城经侦大队）的证明显示：汇票粘单上永城煤电公司的财务专用章及人“张毅”私章系青岛展通公司伪造。基于此，三元支行认为义井农信社再次申请付款时未就第六手被背书人进行补正，又出现了伪造签章的情况，导致汇票背书形式和实质上均不连续，三元支行拒绝付款符合法律规定。

（三）一审事实和证据

北京市朝阳区人民法院经公开审理查明：2006 年 9 月 22 日，中材国际公司作为出票人签发并交付收款人徐州通域公司一张银行承兑汇票，票号 G/0 A/1 06569879；票面记载：出票金额 50 万元；汇票到期日 2007 年 3 月 22 日；付款行三元支行；三元支行作为承兑人签章，确认该汇票已经承兑，到期日由该行付款。此后，该银行承兑汇票多次背书转让。

2007 年 3 月 20 日，义井农信社作为背书人背书委托建行邯峰支行向三元支行收款。根据其所持银行承兑汇票及票据粘单记载：徐州通域公司作为背书人签章将该汇票背书转让给徐州恒惠公司，徐州恒惠公司作为背书人签章将该汇票背书转让给山东索力得公司，山东索力得公司作为背书人签章将该汇票转让给青岛钰也公司，青岛钰也公司作为背书人将该汇票转让给青岛银钢公司，青岛银钢公司作为背书人签章将该汇票背书转让给永城煤电公司，永城煤电公司作为背书人签章将该汇票背书转让给青岛展通公司，青岛展通公司将该汇票背书转让给义井农信社，义井农信社背书转让给自己后又作为背书人委托建行邯峰支行收款。上述背书人签章均为单位财务专用章及人名章，第三手被背书人青岛钰也公司和第六手被背书人青岛展通公司为手写文字，其全称中的"展"字均多加了一笔"撇"。

2007 年 3 月 27 日，三元支行给义井农信社开具《拒绝付款理由书》，说明拒付理由为第三手、第六手被背书人书写不规范，要求对不规范之处进行补正。后义井农信社给三元支行发出传真，表示：义井信用社工作人员在填写上述银行承兑汇票被背书人时，由于第三手、第六手被背书人书写不规范，于 3 月 27 日被三元支行退回，要求上述两个单位出具证明信并用红笔划掉、加盖手章；当义井农信社到永城煤电公司内部银行时，永城煤电公司财务人员发现该公司财务专用章及"张毅"手章是伪造的，并报永城经侦大队；永城经侦大队暂留汇票原件，并对义井信用社经办人员取保候审；6 月中旬，永城经侦大队电话通知义井农信社，伪造假章嫌疑人已被扣押，汇票原件返还，并出具证明信。义井信用社向三元支行提交了山东索力得公司、永城经侦大队、青岛银钢公司分别于 2007 年 4 月 3 日、6 月 20 日、8 月 27 日出具的证明，并于 2007 年 8 月 29 日再次就该银行承兑汇票委托建行邯峰支行向三元支行收款。其中山东索力得公司证明内容为：该公司曾收到上述汇票，财务人员填写被背书人时不慎将青岛钰也公司填写不规范，如由此产生经济纠纷由该公司负责，与三元支行无关。永城经侦大队证明内容是：该单位于 2007 年 4 月 6 日立案一起伪造金融票据案，上述汇票涉案，经查，该汇票背书中永城煤电公司财务专用章及"张毅"私章系青岛展通公司伪造，该汇票涉案前最后持票人为义井农信社。青岛银钢公司证明：该公司曾将上述汇票给付青岛展通公司。2007 年 9 月 4 日，三元支行再次给义井农信社开具《拒绝付款理由书》，说明拒付理由是票面背书不连续。

诉讼过程中，义井农信社承认未就汇票拒付事宜通知前手。

青岛银钢公司表示：该公司原本拟将该汇票背书转让给永城煤电公司，并已将永城煤电公司名称记载于被背书人栏内，后因与永城煤电公司的交易未成，永城煤电公司退还该汇票，青岛展通公司表示与永城煤电公司有关系，可以使永城煤电公司将该汇票背书给青岛展通公司，青岛银钢公司遂将该汇票交付给青岛展通公司。为此，青岛银钢公司提供了青岛展通公司出具的证明，内容为：青岛展通公司从青岛银钢公司取得上述银行承兑汇票，此汇票若发生任何纠纷均与青岛银钢公司无关。

三元支行表示：该行只对汇票进行形式审查，青岛银钢公司所述与票面形式记载不同。

另查明：山东索力得公司提供该公司及青岛钰也公司开具的发票，以证明其从前手徐州恒惠公司取得及向后手青岛钰也公司背书转让上述银行承兑汇票均基于真实的交易关系。

上述事实有下列证据证明：

1. 义井农信社提供的银行承兑汇票及票据粘单、拒绝付款理由书、证明、托收凭证。

2. 中材国际公司提供的拒绝付款理由书、山东索力得公司证明、永城经侦大队证明、汇票复印件。

3. 山东索力得公司提供的增值税专用发票。

4. 青岛银钢公司提供的青岛展通公司证明。

5. 三元支行提供的银行承兑汇票复印件及托收凭证、拒绝付款理由书、传真、山东索力得公司证明、永城经侦大队证明。

（四）一审判案理由

北京市朝阳区人民法院根据上述事实和证据认为：中材国际公司于2006年6月22日出票、三元支行予以承兑的G/0 A/1 06569879号银行承兑汇票（票面金额50万元）签章、记载事项真实且符合《票据法》的规定，应为合法有效票据。该票据可以通过背书转让，持票人可以背书的连续证明其汇票权利。

本案争议在于背书是否连续，义井农信社是否有权主张票据权利。背书连续通常是指票据上为转让票据权利而为的背书中，转让票据的背书人与受让票据的被背书人在票据上的签章依次前后衔接，具有不间断性。即在票据上作第一次背书的人应当是票据上记载的收款人，自第二次背书起，每一次背书的背书人必须是上一次背书的被背书人，最后的持票人必须是最后以此背书的被背书人。从涉案的银行承兑汇票票据粘单记载看，收款人徐州通域公司作为背书人签章将汇票背书转让给徐州恒惠公司，此后除第三手被背书人青岛钰也公司和第六手被背书人青岛展通公司的全称中各有一处文字错误外，每次背书的背书人均是上一次背书的被背书人，从形式上看背书人的签章和被背书人的记载是不间断的。鉴于三元支行第一次退票的理由就是第三手、第六手被背书人背书不规范，后因义井农信社未能就第六手被背书人进行补正，三元支行第二次以背书不连续为由拒绝付款。因此判断该二被背书人与签章的相应背书人是否具有同一性，就成为确定背书上的签章是否衔接，背书是否连续的关键。就此本院认为，应以一般公众是否认可其同一性作为判断标准。青岛钰也公司、青岛展通公司分别作为第三手、第六手被背书人记载于票据粘单上时，只是全称中的“展”字多加了一笔“撇”，显然系错别字，一般公众不会因此而误认为被背书人与签章进行背书转让的背书人是两个公司。据此该两处文字错误不构成背书不连续。义井农信社接受三元支行补正要求后，提供了山东索力得公司的证明，三元支行认可第三手被背书人不规范问题已经解决。尽管义井农信社未能就第六手被背书人不规范问题进行补正，且在补正过程中发现青岛展通公司的前手永城煤电公司签章不真实，但是，根据票据的无因性、文义性、流通性特点，《票据法》要求持票人必须审查背书在形式上是否连续，既不要求持票人审查背书的实质原因，也不要求持票人审查背书的真假（对其直接前手的背书除外）。由此应认为在转让过程中，每一次背书的真假原则上不影响持票人的票据权利，除非持票人取得票据时在假背书问题上有恶意或重大过失。现没有证据证明义井农信社取得票据时明知或应知永城煤电公司签章不真实。因此，义井农信社没有就第六手被背书人青岛展通公司书写不规范进行补正，并不导致背书不连续。本院对三元支行等单位的相关答辩不予支持。

连续背书具有权利证明效力，义井农信社可以凭此票据行使票据权利。三元支行对其承兑的汇票，应当承担到期付款的责任。义井农信社要求三元支行支付汇票金额及自汇票到期日至起诉之日的银行贷款利息，合法有据，本院予以支持。义井农信社未就支出取回拒付理由书的费用举证，其该项诉讼请求本院不予支持。

汇票到期被拒绝付款的，持票人可以对背书人、出票人以及汇票的其他债务人行使追索权。出票人、背书人、承兑人对持票人承担连带责任。本案中，三元支行先后两次出具退票理由书，从其答辩可知，第一次退票是因有两手被背书人书写不规范，其允许义井农信社对此进行补正。义井农信社第二次请求付款时，三元支行拒付理由已是背书不连续。因此承兑人拒绝付款的日期应确定为三元支行第二次出具退票理由书之日。自该日起至义井农信社提起诉讼，尚未超过 6 个月，义井农信社有权向其前手，包括出票人，行使追索权，其可以请求被追索人支付的金额和费用包括被拒绝付款的汇票金额；汇票金额到期日或者提示付款日起至清偿日止，按照中国人民银行规定的利率计算的利息。因此，义井农信社要求出票人中材国际公司、背书人徐州通域公司、徐州恒惠公司、山东索力得公司、青岛银钢公司、青岛钰也公司对三元支行应给付的汇票金额和利息承担连带责任，不违反法律规定，本院予以支持。义井农信社未在接到拒绝付款通知之日起 3 日内通知前手或其他票据债务人，不影响其行使追索权，其他票据债务人如因此遭受损失，可以另行向义井农信社主张。本院对山东索力得公司等拒绝支付利息的答辩不予支持。

（五）一审定案结论

北京市朝阳区人民法院依照《中华人民共和国票据法》第二十六条、第三十七条、第四十四条、第六十一条第一款、第六十八条、第七十条，最高人民法院《关于审理票据纠纷案件若干问题的规定》第二十二条之规定，作出如下判决：

1. 交通银行股份有限公司北京三元支行于本判决生效之日起 10 日内给付邯郸市峰峰矿区义井农村信用合作社 G/0 A/1 06569879 号银行承兑汇票金额 50 万元；

2. 交通银行股份有限公司北京三元支行于本判决生效之日起 10 日内给付邯郸市峰峰矿区义井农村信用合作社利息 19743.75 元；

3. 中国中材国际工程股份有限公司、徐州通域空间结构有限公司、徐州恒惠工程机械设备有限公司、山东索力得焊材有限公司、青岛钰也发展股份有限公司、青岛银钢炼铁有限公司对上述第一项、第二项交通银行股份有限公司北京三元支行应给付的款项承担连带责任；

4. 驳回邯郸市峰峰矿区义井农村信用合作社的其他诉讼请求。

案件受理费 4504 元，由邯郸市峰峰矿区义井农村信用合作社负担 25 元（已交纳），由交通银行股份有限公司北京三元支行负担 4479 元（于本判决生效之日起 7 日内交纳）。

（六）二审情况

二审中，上诉人三元支行以与被上诉人义井农信社达成和解为由申请撤诉。

北京市第二中级人民法院依照《中华人民共和国民事诉讼法》第一百五十六条的规定，作出如下裁定：

准许上诉人交通银行股份有限公司北京三元支行撤回上诉，各方当事人均按原审判决执行。

一审案件受理费的负担按原审判决执行；二审案件受理费 8800 元，由交通银行股份有限公司北京三元支行负担（已交纳）。

（七）解说

本案涉及三个焦点问题：第一，背书连续的判断标准以及背书伪造是否可以视为背书不连续；第二，持票人对追索权的行使中存在的问题；第三，伪造票据的后手是否承担连带担保责任。

1. 背书连续问题。票据背书作为票据流通的主要方式，其连续性对于证明持票人的票据权利至关重要。判断背书是否连续，一般认为应当从以下几个方面进行认定：形式上有效；记载顺序具有连续性；背书具有同一性。

首先，形式上有效主要针对的是背书人的签章。对于背人签章的伪造是否会对背书连续性带来影响，在日内瓦票据法体系和英美票据法体系中看法完全不同。日内瓦票据法体系认为背书伪造不影响背书的连续性。伪造的背书在外观上具备背书的形式效力，对于善意第三人，无法从形式上辨别背书签章的真伪，也无法对前手背书一一核实。因此，持票人只要从形式上判断签章真实，就可以视为该背书行为连续。而在英美票据法体系，则认为由于伪造的签章无效，背书链条中断，当然会影响背书的连续性。我国《票据法》第十四条第二款规定："票据上有伪造、变造的签章的，不影响票据上其他真实签章的效力。"可见，我国立法实践中采用了两大票据法系的折中标准。这是由于票据行为具有独立性，每一个票据行为都是独立的，其中一行为的无效不影响其他行为继续有效。

正因如此，在本案中，虽然永城煤电公司的签章后来经核实为伪造，但是汇票上其他背书人的签章仍然是真实的，这样并不影响其他真实签章的效力。但是，伪造的签章对被伪造人是没有任何法律效力的。也就是说，本案中的被伪造人永城煤电公司并不对持票人承担票据责任。对于付款人来说，其对背书仅负形式审查义务，即从形式上看背书是否连续，而背书的签章是否伪造变造则不负认定之责。付款人对于形式上背书连续的票据，应当付款。最高人民法院《关于审理票据纠纷案件若干问题的规定》第六十九条规定："付款人或者代理付款人未能识别出伪造、变造的票据或者身份证件而错误付款，属于票据法第五十七条规定的'重大过失'，给持票人造成损失的，应当依法承担民事责任。"从该条规定来看，将付款人的形式审查义务上升到了实质审查义务，不仅加重了付款人的负担，同时也不利于保护持票人的合法权益。因此在实践中，对此条应当放宽适用。

其次，记载顺序的连续性，是指前一背书的被背书人是后一背书的背书人。我国《票据法》第三十一条第二款规定，在票据转让中，转让汇票的背书人与受让汇票的被背书人在汇票上的签章依次前后衔接。

再次，背书的同一性，主要是指后一背书的背书人的表示与前一背书的被背书人的表示在形式上属同一人。由于在背书过程中，前一背书的被背书人的名称由背书人填写，后一背书的背书人名称则由背书人自己填写，因此难免出现误差。因此应当采用公认一致标准来予以认定同一性问题。即依照一般的社会观念认定为同一人即可。

反映在本案中，"展"字多了一"撇"，并不会使一般人误解为是两个公司，因此可以认定为同一公司，具有同一性。按照公认一致标准理解，本案中的汇票的记载顺序应当是连续的。

综上，在本案中，背书具有连续性，持票人当然享有票据权利。

2. 票据追索权的行使。追索权是指票据到期不获付款或不被承兑、或有其他法定原因发生时，持票人得对其前手请求偿还票据金额及其他款项的权利。

追索权是一种第二顺位权利，对于持票人而言，必须先行使付款请求权；如果付款请求权实现则追索权消灭。只有在付款请求权被拒绝或因法定事由没有可能实现时，持票人方可行使追索权。对于追索权的时效问题，最后持票人对其前手的追索权自被拒绝承兑或被拒绝付款之日起 6 个月内不行使而消灭。

付款请求权的对方当事人只能是票据第一义务人或者关系人，无论如何只有一个；而追索权的对方当事人则包括所有的票据义务人。《票据法》第六十八条规定，持票人可以不按照汇票债务人的先后顺序，对其中任何一人、数人或者全体行使追索权。

《票据法》第六十五条规定："持票人不能出示拒绝证明、退票理由书或者未按照规定期限提供其他合法证明的，丧失对其前手的追索权。"由此可见，《票据法》将作成拒绝证明作为行使追索权的形式要件之一。但是对于拒绝证明何时作出，《票据法》则没有相关规定。

法律对持票人对前手的追索权规定了行使期限，如果在法律规定的该期限内，由于非持票人的原因无法取得拒绝证明的，势必影响到对前手追索权的行使。而本案中，原告先后两次取得拒绝证明，如何认定原告行使追索权时效，就成为本案认定的关键。

3. 伪造票据的后手是否承担担保责任。任何人只要根据法律规定在票据上进行了必要事项的记载并签章，不论顺序和地位如何，都能成为票据债务人，对持票人承担票据责任。票据行为的效力取决于该行为是否符合《票据法》要求的形式而不取决于该行为的原因，这是由票据的无因性决定的。这样立法的目的在于保护善意持票人的权利，促进票据流通。

而对于伪造票据后手是否承担票据责任问题。目前，我国通说认为所有背书人对一切后手所承担的担保责任是一样的，也受所有后手的追索。这是以所有被背书人是合法票据的持有人或善意持有人为前提的。

（北京市朝阳区人民法院　李有光　李　方）

63. 中国民生银行股份有限公司上海分行诉上海檀溪实业发展有限公司其他票据权益案（公示催告、票据质押）

（一）首部

1. 判决书字号

一审判决书：上海市金山区人民法院（2007）金民二（商）初字第1087号民事判决书。

二审判决书：上海市第一中级人民法院（2008）沪一中民三（商）终字第292号民事判决书。

2. 案由：其他票据权益纠纷。

3. 诉讼双方

原告（被上诉人）：中国民生银行股份有限公司上海分行（以下简称民生银行），住所地：上海市威海路48号。

负责人：邵平，该分行行长。

委托代理人（一、二审）：张长清，上海市虹桥正瀚律师事务所律师。

委托代理人（一、二审）：陈永昌，上海市虹桥正瀚律师事务所律师。

被告（上诉人）：上海檀溪实业发展有限公司（以下简称檀溪公司），住所地：上海市金山区金枫公路1080号。

法定代表人：王向东，该公司经理。

委托代理人（一审）：吴季杨，上海市天华律师事务所律师。

委托代理人（二审）：吴刚，该公司员工。

委托代理人（二审）：缪林凤，上海市华夏律师事务所律师。

第三人：上海傲尔墙体材料有限公司（以下简称傲尔公司），住所地：上海市纪念路500号3号厂房二层。

法定代表人：邱云才，该公司总经理。

委托代理人（一、二审）：牛恩明，该公司职员。

委托代理人（一、二审）：吴学民，该公司职员。

第三人：上海京伟金属材料有限公司（以下简称京伟公司），住所地：上海市嘉定区马陆镇沪宜公路2585号。

法定代表人：朱伟斌，该公司总经理。

委托代理人（一审）：吕剑锋，该公司职员。

4. 审级：二审。

5. 审判机关和审判组织

一审法院：上海市金山区人民法院。

合议庭组成人员：审判长：黄杰国；代理审判员：唐军花、张哲。

二审法院：上海市第一中级人民法院。

合议庭组成人员：审判长：宋航；审判员：贾沁鸥；代理审判员：范德鸿。

6. 审结时间

一审审结时间：2008年1月2日。

二审审结时间：2008年9月8日。

（二）一审诉辩主张

原告民生银行诉称：2006年12月22日，原告与第三人傲尔公司签订借款合同及质押合同，约定傲尔公司向其借款290万元，借款期限自2006年12月22日至2007年6月22日，傲尔公司为该笔借款提供编号为CA00252115、CA00252116、CA00252117的3张银行承兑汇票作为质押担保。在之前的2006年12月21日，原告曾向农行松隐支行发出银行承兑汇票查询书，根据所得到的查询结果，编号为CA00252117的银行承兑汇票与农行松隐支行承兑汇票记载内容一致，无挂止。2007年6月21日，原告以上述汇票向农行松隐支行提示付款时，才了解该汇票已因被告的申请，而被上海市金山区人民法院作出的（2007）金民催字第5号民事判决宣告无效。故起诉被告及第三人，要求撤销（2007）金民催字第5号民事判决，恢复编号为CA00252117的票据权利。

被告檀溪公司辩称：争议票据经京伟公司加盖背书章后由被告保存，在保存期间不慎遗失，故被告有权向金山区人民法院申请公示催告，金山区人民法院由此作出的（2007）金民催字第5号判决系合法有效，原告的诉请应予驳回。

第三人傲尔公司述称：同意原告所提的诉讼请求及事实、理由。

第三人京伟公司述称：争议票据由京伟公司盖章后，交与了被告，其他事实京伟公司不清楚。

（三）一审事实和证据

上海市金山区人民法院经公开审理查明：2007年2月2日，被告向本院申请公示催告，申请书内容载明：申请人的办事人员因粗心大意，不慎将1张编号为$\frac{CA}{01}$00252117的银行承兑汇票遗失，该票据记载事项为，出票日期是2006年12月19日，金额为100万元，收款人为上海京伟金属材料有限公司，付款行为中国农业银行上海市金山区松隐支行。同时，被告向本院提供了该票据的存根。当日，本院对被告的这一申请予以立案，所立案号为（2007）金民催字第5号。2007年2月5日，本院向中国农业银行上海市金山松隐支行发出停止支付通知书，要求该行对被告的上述申请票据立即停止支付。同日，本院制发公告，对被告的这一公示催告申请予以公告，要求利害关系人在公告之日起 60 日内向本院申报权利，如无人申报的，本院将依法作出票据无效的判决。该公告在《人民法院报》上进行了刊登。2007 年 4 月 8 日，被告向本院申请对该票据作出除权判决。同日，本院制作（2007）金民催字第 5 号民事判决书，对该票据作出除权判决，宣告该票据无效。

2006 年 12 月 21 日，原告向中国农业银行上海市金山区松隐支行发出银行承兑汇票查询书，要求对编号为$\frac{CA}{01}$00252117 的银行承兑汇票的挂失止付及冻结情况予以答复。2006 年 12 月 22 日，中国农业银行上海市金山区松隐支行答复原告：该票据与我行承兑汇票记载内容一致，无挂止，真伪自辨。同日，原告与第三人傲尔公司订立了 1 份借款合同和质押合同，约定原告向第三人傲尔公司借款 290 万元，第三人傲尔公司的还款日期为 2007 年 6 月 22 日，第三人傲尔公司以票据号分别为$\frac{CA}{01}$00252115、$\frac{CA}{01}$00252116、$\frac{CA}{01}$00252117 的银行承兑汇票作为质押担保。之后，原告将贷款发放给了第三人傲尔公司，第三人傲尔公司将上述 3 张票据交付给了原告。编号为$\frac{CA}{01}$00252117 的银行承兑汇票的记载事项如下：出票日期是 2006 年 12 月 19 日，金额为 100 万元，出票人为上海檀溪实业发展有限公司，收款人为上海京伟金属材料有限公司，付款行为中国农业银行上海市金山区松隐支行，票据正面加盖了被告公司的财务专用章和法定代表人印章，票据背面被背书人一栏加盖了第三人京伟公司的财务专用章和法定代表人印章，以及第三人傲尔公司的财务专用章和法定代表人印章，背面粘单被背书一栏加盖了中国民生银行结算专用章和丁一为印章。2007 年 6 月 21 日，原告凭此票据向中国农业银行上海市金山区松隐支行提示付款，被该行以该票已挂失止付为由退票。

上述事实有下列证据证明：

1. 借款合同及质押合同各 1 份。
2. 编号为 CA00252117 的银行承兑汇票 1 份、汇票查询书 1 份、查复书 1 份。
3. 退票通知 1 份、（2007）金民催字第 5 号停止支付通知书 1 份、公告 1 份。
4. 公示催告申请书 1 份、除权判决申请书 1 份。
5.《人民法院报》公告 1 份。

（四）一审判案理由

上海市金山区人民法院根据上述事实和证据认为：人民法院根据申请人的申请，对公示催告票据判决无效并公告后，利害关系人因正当理由，可以自知道或应当知道判决公告之日起一年内，向作出判决的人民法院起诉。本院于 2007 年 4 月 8 日对编号为$\frac{CA}{01}$00252117 的银行承兑汇票作出了（2007）金民催字第 5 号判决，宣告该票据无效，并对该判决进行了公告。在庭审中，原告向本院出示了这张编号为$\frac{CA}{01}$00252117 的银行承兑汇票，故原告是该票据的现持有人，可以认定其是（2007）金民催字第 5 号判决的利害关系人。原告在取得该票据之前，曾向票据的支付行查询了票据有无挂止及冻结等情形，也审核了该票据背书的连续性，故原告取得该票据时已尽了适当的审查义务，可以认定原告作为利害关系人，有正当的理由未能在公示催告期间向本院申报权利，现原告提起票据诉讼，符合法定的条件。根据法律规定，申请公示催告的主体为票据的最后持有人，而依原告现持有的票据记载，被告当时向本院申请该票据的公示催告时，隐瞒了该票据已进行了背书的事实，其并非当时票据的最后持有人。因此，被告无权向本院申请公示催告，本院因被告的这一申请而作出的除权判决，缺乏相应的事实依据。故原告要求撤销本院（2007）金民催字第5号民事判决，恢复票据权利的诉讼请求，应予支持。庭审中，被告与第三人京伟公司坚称，该票据虽曾背书，但之后又退回给了被告，故被告是票据的最后持有人。但被告与第三人京伟公司的这一陈述，既未提供证据加以证明，也与通常票据转让的商业惯例不符，而且即使他们的陈述为真，当时票据记载的最后背书人为第三人京伟公司，票据的实际持有人为被告，这也正说明当时最后背书人与实际持有人处于分离状态，被告也不能行使该票据的权利，因而，被告依此票据向本院申请公示催告，也不符合法律的规定，本院根据被告的申请所作的除权判决，同样应予撤销。

（五）一审定案结论

上海市金山区人民法院依照《中华人民共和国民事诉讼法》第一百二十八条、第一百九十三条、第一百九十八条，最高人民法院《关于适用〈中华人民共和国民事诉讼法〉若干问题的意见》第一百三十九条的规定，作出如下判决：

撤销本院于2007年4月8日作出的（2007）金民催字第5号民事判决，恢复编号为$^{CA}_{01}$00252117的银行承兑汇票的票据权利。

本案案件受理费人民币13800元，由被告上海檀溪实业发展有限公司负担，该款应于本判决生效之日起7日内缴纳本院。

（六）二审情况

1. 二审诉辩主张

上诉人檀溪公司上诉称：原审法院认定上诉人并非系争汇票的最后持有人有误。傲尔公司无法说清其取得票据的途径，不应享有相应的票据权利，由此推论民生银行也不享有相应的票据权利。民生银行未在除权判决作出前申报权利不具有正当理由。请求二审法院撤销原判，依法改判驳回被上诉人的原审诉讼请求。

被上诉人民生银行辩称：檀溪公司申请公示催告时系争汇票已经背书，并非最后持有人，无权申请公示催告；系争汇票的背书均真实有效，民生银行及傲尔公司均无须举证证明票据的来源；民生银行善意取得系争汇票，理应享有相应的票据权利。原审判决认定事实清楚，适用法律正确，请求维持原判。

原审第三人傲尔公司表示同意民生银行的答辩意见。

原审第三人京伟公司未出庭应诉，亦未提交书面答辩意见。

2. 二审事实和证据

上海市第一中级人民法院经公开审理，确认了一审法院认定的事实和证据。

3. 二审判案理由

上海市第一中级人民法院根据上述事实和证据认为：民生银行作为最后一次背书的被背书人，是系争汇票的最后持有人。民生银行在接受系争汇票时，已经尽到了必要的审核义务，并已支付相应对价，属于系争汇票的善意持有人，票据权利应当受到保护；傲尔公司取得票据是否合法，不属于二审法院的审查范围，亦不影响民生银行应当享有的票据权利；民生银行在向付款行提示付款遭退票时，才知道除权判决等事实，未在公示催告期间申报权利具有正当理由。

4. 二审定案结论

上海市第一中级人民法院根据《中华人民共和国民事诉讼法》第一百三十条、第一百五十三条第一款第（一）项、第一百五十八条、第二百条以及《中华人民共和国票据法》第二十六条、第三十一条、最高人民法院《关于审理票据纠纷案件若干问题的规定》第五十条的规定，作出如下判决：

驳回上诉，维持原判。

（七）解说

本案审理主要涉及以下三个问题：

1. 票据遗失的举证责任应如何分配？民生银行认为，连续的背书记载足以证明系争汇票并未遗失；檀溪公司则认为，对于系争汇票的遗失很难举证，口头的陈述即足以认定。在除权判决当中，法院依据檀溪公司的口头陈述即确认了系争汇票的遗失。而在本案中，法院并未接受檀溪公司的口头陈述，对系争汇票的遗失未予认定。法院在不同的诉讼中对举证责任的分配是存在差别的：

第一，在公示催告及除权判决阶段，由于没有利害关系人申报权利，法院只能单方面采信檀溪公司的陈述。票据是否遗失以及票据记载内容的真实性都基本上取决于檀溪公司的自律与诚信。在这一阶段，考虑到举证上的实际困难，法院直接依据檀溪公司的陈述认定票据遗失是适当的。

第二，在申请撤销除权判决诉讼当中，檀溪公司应当被苛以更为严格的举证责任。举证责任的分配，不仅应当考虑举证的困难程度，更应当考虑造成举证困难的原因。即使票据遗失属实，檀溪公司对于如此重要物品保管不善也存在着重大过失，要求其在由此引发的诉讼当中承担举证责任并不为过，否则对于持票人而言就显得过于苛刻。从客观方面来看，票据遗失与正常的出票行为具有相同的结果，即出票人丧失了对票据的控制。唯一不同的是，出票人在主观上是否愿意将票据投入流通。对此，民生银行等通过连续背书取得系争汇票的持票人是无法知悉的。本案中，民生银行已经通过出示票据上连续的背书记载证明了系争汇票处于正常的流转之中，应当视为已经完成了票据并未遗失的举证责任。在这种情况下，票据遗失的举证责任应当转由檀溪公司承担。

第三，在撤销除权判决诉讼当中，要求民生银行就檀溪公司是否遗失票据举证，将不当地扩大民生银行的举证范围。根据票据法理论，民生银行对基础关系的举证责任应当仅限于与其直接前手之间，法院不能苛求持票人对每一个票据流通环节的合法性与真实性都承担举证责任。本案中，法院依法追加了民生银行的直接前手傲尔公司，并查明了傲尔公司向民生银行质押票据的事实。据此，应当认为民生银行已经完成了对票据基础关系的证明责任。

综上所述，为了保护持票人的正当权利，避免票据债务人在票据正常流转后谎称票据遗失的情况发生，法院认为，在撤销除权判决案件当中，票据上的背书记载情况应当比票据遗失的口头陈述具有更强的证明力。在持票人出具连续背书票据的情况下，法院应当推定票据处于正常的流转当中，除非主张票据遗失者能够提供足够的相反证据。

2. 票据的最后持有人应如何认定？最高人民法院《关于适用〈中华人民共和国民事诉讼法〉若干问题的意见》第二百二十六条规定："民事诉讼法第一百九十五条规定的票据持有人，是指票据被盗、遗失或者灭失前的最后持有人。"据此，只有系争汇票的最后持有人才有资格申请公示催告并要求除权判决。

民生银行认为，系争汇票并未遗失，不存在最后持有人的问题，檀溪公司无权申请公示催告。同时，即使系争汇票确实遗失，檀溪公司也不是最后持有人；檀溪公司认为，在系争汇票遗失之前，其实际保管着系争汇票，因此是最后持有人。

法院认为，无论檀溪公司关于系争汇票遗失的陈述是否属实，其都并非最后持有人。《支付结算办法》第三十三条第二款规定："背书连续，是指票据第一次背书转让的背书人是票据上记载的收款人，前次背书转让的被背书人是后一次背书转让的背书人，依次前后衔接，最后一次背书转让的被背书人是票据的最后持票人。"据此，最后持有人只能依据系争汇票的记载情况来确定，而不应当依据系争汇票物质形态上的占有情况来确定。根据票据的记载，在票据遗失时的最后一位票据权利人就是最后持有人；仅仅在实物形态上占有票据但依据票据的记载不享有票据权利的人不属于最后持有人。

法院认为，关于最后持有人的判断也可以借助对立法目的的解读进行。法律规定只有最后持有人才有权申请公示催告及除权判决的原因在于，最后持有人与系争汇票的流转有着直接的利害关系，如果不借助公示催告及除权判决等公权力的行使，就可能因为票据的流转而承担不应当承担的票据责任。根据立法的意图，只有可能承担不当票据责任的人才能成为最后持有人。仅仅在物质形态上占有票据但依照票据的记载不享有票据权利的人并不会由于票据流转而承担不当的票据责任，因此不应成为最后持有人。本案中，法院已经认定系争汇票并未遗失，因此也就不存在所谓的最后持有人。同时，即使系争汇票确实遗失，檀溪公司也不是最后持有人。依据檀溪公司的陈述，在系争汇票遗失前，其已经完成了出票行为，收款人京伟公司已经在第一背书人处加盖了印章。在这种情况下，系争汇票的遗失只会给京伟公司而非檀溪公司造成损害。京伟公司将票据返还给檀溪公司的行为，并不能使得檀溪公司成为最后持有人。

3. 正当理由应如何认定？《民事诉讼法》第二百条规定："利害关系人因正当理由不能在判决前向人民法院申报的，自知道或者应当知道判决公告之日起一年内，可以向作出判决的人民法院起诉。"本案中，双方当事人对民生银行未在除权判决前申报权利是否具有正当理由存在严重分歧：檀溪公司认为，民生银行未在除权判决前申报权利不具有正当理由，无权起诉要求撤销除权判决；民生银行则认为，法院的除权判决刊登于《人民法院报》之上，其作为金融机构，并没有订阅该报纸，因此没有及时获悉公示催告等信息，未在除权判决前申报权利具有正当理由。

法院认为，民生银行未在除权判决前申报权利具有正当理由。主要原因在于：一方面，民生银行在整个交易过程当中履行了必要的审查手续，不存在过错。民生银行在收到傲尔公司的票据质押贷款申请后，对票据的真实性进行了鉴定，并向付款行农业银行发函进行了查询，在得到明确答复后才接受了系争汇票的质押。《民事诉讼法》第二百条的立法意图在于，督促利害关系人及时行使权利，不要成为"权利上的睡眠者"，否则可能因自身的懈怠而丧失诉权。本案中，民生银行已经尽到了金融机构从事票据质押业务时所应当尽到的勤勉义务，其诉权因此不应受到上述条文的影响；另一方面，檀溪公司对于诉讼的发生具有过错。本案中，檀溪公司在隐瞒系争汇票已经背书转让的情况下，向法院提起公示催告并进而要求法院作出除权判决，这些行为使得民生银行无法就系争汇票行使质权。可以说，民生银行是因为檀溪公司的不当行为而被动地卷入到诉讼当中。综上所述，对于正当理由应当从宽把握，只要檀溪公司不能证明民生银行在行使权利方面存在懈怠就应当推定正当理由的成立。

法院认为，将当事人的过错情况作为正当理由是否成立的判断依据是恰当的。这样既有利于防止票据债务人通过伪报票据遗失来侵害善意持票人的利益，也有利于敦促票据债权人在从事票据行为时尽到必要的谨慎义务。

最后，关于正当理由的认定，还有一个问题值得探讨，即金融机构未订阅《人民法院报》这一事实本身是否构成正当理由。法院认为，这一事实本身并不构成正当理由。主要原因在于：首先，及时了解公告信息是金融机构应尽的勤勉义务之一。保持信息畅通既有利于对金融机构自身利益的维护，也有利于对客户利益的保障。金融机构应当对司法实践当中与其利益相关的常态化做法具有基本的了解，而《人民法院报》上所发布的公告信息就是其中重要的内容。在高度信息化的今天，金融机构不注意收集相关信息、闭门搞业务的做法显然不符合时代的要求。检索公告信息所产生的费用，理应视为金融机构开展经营活动所应当承担的必要成本。其次，通过公告传递信息应当坚持对等原则。金融机构通过《人民法院报》等媒体发布债权转让或催收信息的做法并不鲜见。金融机构在将媒体作为信息发出渠道的同时，也理应将其作为接收渠道，否则对非金融机构的当事人将明显有失公允。再次，公告送达是司法活动所必需的“下下之策”，尽管有着许多不尽如人意的地方，公告送达却无疑是不可或缺的。否则，许多司法程序将根本无法进行。也正是基于这一原因，法律为公告送达设定了严格的适用条件，法院只有在穷尽了其他的方式而仍然无法完成送达时方可采用。从某种程度上讲，公告送达是由于整个社会诚信缺失所徒增的诉讼成本，每一位诉讼当事人都必须承担，金融机构也概莫能外。

（上海市金山区人民法院　王永亮）

64. 北京宣联食品有限公司诉株式会社友利银行等信用证拒付案

（一）首部

1. 判决书字号

一审判决书：北京市第二中级人民法院（2006）二中民初字第568号民事判决书。

二审判决书：北京市高级人民法院（2008）高民终字第516号民事判决书。

2. 案由：信用证纠纷。

3. 诉讼双方

原告（被上诉人）：北京宣联食品有限公司（以下简称宣联公司），住所地：北京市海淀区黑山沪羊场1号。

法定代表人：王秋莲，该公司董事长。

委托代理人（一、二审）：彭勃，该公司法律顾问。

被告（上诉人）：株式会社友利银行（以下简称友利银行），住所地：韩国首尔特别市中区会贤洞1街203号。

法定代表人：朴海春，该行行长。

委托代理人（二审）：崔玉姬，北京市嘉润律师事务所律师。

被告：中国银行股份有限公司北京市分行（以下简称中行北京分行），住所地：北京市东城区朝阳门内大街2号凯恒中心A、C、E座。

负责人：董建岳，该行行长。

委托代理人（一、二审）：韩鸿宇，该行国际结算部职员。

委托代理人（一、二审）：星际游，该行法律部职员。

4. 审级：二审。

5. 审判机关和审判组织

一审法院：北京市第二中级人民法院。

合议庭组成人员：审判长：吴宝升；代理审判员：胡君、李琴。

二审法院：北京市高级人民法院。

合议庭组成人员：审判长：何波；代理审判员：谭黎明、魏欣。

6. 审结时间

一审审结时间：2006年12月19日。

二审审结时间：2008年10月28日。

（二）一审诉辩主张

原告宣联公司诉称：2005年8月4日，友利银行开立以宣联公司作为受益人的不可撤销跟单信用证，友利银行为该信用证的开证行，宣联公司为信用证的受益人，申请人为韩国DLFARME有限公司，信用证编号：MD150508NS00057，信用证金额为48000美元。中行北京分行作为宣联公司的保兑行并负责通知验单审单等工作。该信用证约定适用《跟单信用证统一惯例》1993年（修订本）国际商会第500号出版物（以下简称UCP500）。但至2005年9月2日，中行北京分行将单交寄出后，友利银行却在单证相符单单相符的情况下无理拒付该信用证项下款项，宣联公司向中行北京分行提出承兑该信用证项下款项后，也未按期收到该款项。宣联公司认为，作为信用证关系的当事人，开证行与受益人应按照信用证的国际惯例享受权利并履行义务，中行北京分行作为宣联公司的委托行也应承担民事义务。故宣联公司诉至法院，请求判令：（1）友利银行、中行北京分行返还宣联公司银行信用证款项48000美元（按当日美元与人民币汇率8.0939计算折合人民币388507.2元）；（2）友利银行、中行北京分行赔偿因违约给宣联公司造成的经济损失包括48000美元利息损失（自2005年9月16日至还款之日止，按照人民银行同期一年期贷款利率计算）以及其他损失人民币1500元；（3）友利银行、中行北京分行共同承担本案诉讼费。

被告友利银行在一审未答辩，亦未向一审法院提交证据。

被告中行北京分行辩称：在办理该信用证业务的过程中，中行北京分行始终严格按照国际惯例和委托人指示尽职尽责操作，不存在任何过失，因而不应承担任何赔偿责任和支付任何费用，请求法院驳回宣联公司对中行北京分行的起诉请求。（1）此次纠纷适用法律以及惯例问题。根据最高人民法院《关于审理信用证纠纷案件若干问题的规定》第二条和本案涉及信用证约定，中行北京分行与宣联公司之间业务纠纷应适用UCP500。（2）中行北京分行在此次信用证业务中为寄单行，并非宣联公司所称的保兑行，也没有承兑信用证项下款项。（3）作为一家寄单银行，中行北京分行从始至终尽到了寄单行所有应尽的责任与义务，不承担任何赔偿宣联公司经济损失的责任与义务。宣联公司货款不能收回的原因，已经明显超出UCP500所讨论的范围，宣联公司应当积极联系基础合同（买卖合同）的买方和韩国法院，就造成韩国法院止付令的原因进行调查，而不应抛弃韩国法院对开证行下达的止付令不谈，超越UCP500所能涉及的法律范畴，越过韩国当地法律约束，而要求作为寄单行的中行北京分行承担赔偿责任，故请求法院判决驳回宣联公司的诉讼请求。

（三）一审事实和证据

北京市第二中级人民法院经公开审理查明：2005 年 8 月 4 日，友利银行开立了编号为 MD150508NS00057 号的不可撤销跟单信用证。该信用证载明：友利银行为该信用证的开证行；宣联公司为信用证的受益人；申请人为韩国 DLFARME 有限公司；信用证金额为 48000 美元；到期日为 2005 年 9 月 30 日；开具汇票条件为即期：无须保兑。在信用证“单据条款”中规定：已签署的商业发票 2 份、装箱单 2 份、全套清洁已装船海运提单，以友利银行为抬头人并注明运费付讫并通知开证申请人；在信用证“附加条件”中标明：需要 CHOI DAE JA 夫人亲笔签署检验证书原件，并随附护照复印件；双方在附加条件中还约定：本信用证依据 ICC 跟单信用证统一惯例。

2005 年 9 月 2 日，宣联公司向中行北京分行递交信用证项下全套单据，委托中行北京分行办理审单结汇。中行北京分行于同日审核并确认条款相符后向友利银行寄单，并随附了信用证项下全套单据。2005 年 9 月 14 日，友利银行向中行北京分行发出《拒付通知》电函，其拒付的理由是“在海运提单表面的已装船批注旁没有显示船名”。2005 年 9 月 15 日，中行北京分行收到《拒付通知》，在得到宣联公司的授权后，于同日致电友利银行，指出：“有关你方到期日为 2005 年 9 月 14 日的 SWIFT，我方不同意你方拒付。根据跟单信用证统一惯例第 23 条，如果提货单不含对欲使用船只的说明或者有关该船的类似认证，则不必在装船批注中注明船名。因此我方单据完全符合信用证完整内容。请尽快付款，……”2005 年 9 月 16 日，中行北京分行收到友利银行发出的《拒付电函》称：“我方收到了当地法院签发的止付令，禁止我方付款。……如果我方未在 2005 年 9 月 23 日之前得到答复，则我方将把全套单据交回你方，我方不承担任何责任。”2005 年 9 月 20 日，中行北京分行受宣联公司的委托，向友利银行发出《反驳函》，其中载明：“我方特此再次确认，信用证项下的全套单据已于 2005 年 9 月 2 日寄至你方银行，符合信用证规定的全部条款与条件。关于我方日期为 2005 年 9 月 15 日的 MT799，你方在日期为 2005 年 9 月 14 日的 SWIFT 中提出的不符点完全不合理，并且根据 ICC 跟单信用证统一惯例是无效的。因此作为开证行，你方应在收到完好全套单据后的 7 个工作日内付款。尽力向法院解释相关情况，以使法院尽早撤销禁令是你方的责任。此间我方需要有关法院禁止令的更多信息，例如你方何时收到禁止令等信息。”

2005 年 9 月 23 日，中行北京分行收到友利银行发出的《退单电函》，称友利银行收到了当地法院发出的禁止令，并且申请人通知友利银行其已向受益人发出了由当地法院签发的止付令。2005 年 9 月 27 日，中行北京分行收到友利银行发出的《退单通知》。2005 年 10 月 7 日，中行北京分行收到友利银行发出的《正式退单电函》，其中载明：“我方于今日将 A. M. 单据退回你方，我方不承担任何责任。”2005 年 10 月 9 日，中行北京分行将友利银行退回的全部单据退回宣联公司，后宣联公司诉至法院。

（四）一审判案理由

北京市第二中级人民法院根据上述事实和证据认为：

1. 关于该案的法律适用问题。友利银行未到庭参加诉讼，宣联公司与中行北京分行在开庭前均表示选择中华人民共和国法律作为处理本案争议的准据法，鉴于该案宣联公司住所地以及中行北京分行的住所地均在中华人民共和国，根据最密切联系原则，宣联公司与中行北京分行选择中华人民共和国法律作为处理本案争议的准据法并无不当，因此，应适用中华人民共和国法律作为处理该案争议的准据法。另外，鉴于该案涉诉信用证中约定适用UCP500，故该案适用UCP500作为处理争议的依据。

2. 关于中行北京分行民事责任的认定。友利银行开立的信用证明确表明，该信用证为无保兑信用证，且中行北京分行未向宣联公司或友利银行作出对该份信用证加具保兑的意思表示，中行北京分行亦未收取保兑费用，因此，中行北京分行不是该案涉诉信用证项下的保兑行，不应承担保兑行的责任。根据宣联公司出具的《交单申请书》载明，宣联公司委托中行北京分行办理审单结汇，中行北京分行是该案信用证项下的寄单行。中行北京分行对信用证尽到了合理审核的义务，并按宣联公司的指示与友利银行进行了沟通，对于上述事实，宣联公司亦未表示异议。故中行北京分行作为寄单行在履行委托义务过程中，主观方面不存在过错，客观上没有因其行为造成宣联公司损失，宣联公司要求中行北京分行返还信用证项下款项，并赔偿经济损失的诉讼请求，没有事实和法律依据，法院不予支持。

3. 对于友利银行民事责任的认定。根据UCP500第九条第一款第（一）项规定，开证行开立不可撤销即期付款信用证的责任，是在规定的单据被提交给指定银行或开证行并符合信用证条款的条件下，开证行须即期付款。友利银行开立了以宣联公司为受益人的不可撤销即期跟单信用证，在规定的单据符合信用证条款条件的情况下，应履行其付款义务。友利银行以“装船批注未注明船名”为由，认为信用证存在不符点，拒付信用证项下款项。经查，友利银行开立的信用证中并未要求装运于指名船只，提货单中亦未对使用的船只进行说明，在此情况下，不需要在装船批注中注明船名。友利银行指出的不符点不成立。友利银行亦未提交证据证明本案信用证项下存在信用证欺诈。友利银行在《拒付通知》中提到韩国法院签发止付令一节，由于友利银行没有应诉，亦未向法院提交符合《中华人民共和国民事诉讼法》规定的经过公证、认证的相关证据，法院对于该项事实不予认定。

综上，宣联公司提交的提单符合信用证条款条件，友利银行应当履行其付款义务。友利银行拒付信用证项下款项是造成本案纠纷的主要原因，对此其应承担相应的违约责任，赔偿由此给宣联公司造成的信用证项下的利息损失。宣联公司要求友利银行赔偿其人民币1500元的损失，没有法律依据，法院不予支持。

（五）一审定案结论

北京市第二中级人民法院依据《中华人民共和国合同法》第四十四条、第六十条、第一百零七条，UCP500第九条第一款第（一）项之规定，作出如下判决：

1. 友利银行于判决生效后10日内支付宣联公司MD150508NS00057号不可撤销跟单信用证项下款项48000美元（按2005年9月15日美元与人民币汇率1∶8.0939计算，折合人民币388507.2元）及相应的利息（自2005年9月15日起至款付清之日止，按中华人民共和国人民银行同期一年期贷款利率计算人民币388507.2元之利息）；

2. 驳回宣联公司其他诉讼请求。

（六）二审情况

1. 二审诉辩主张

上诉人友利银行诉称：（1）友利银行基于法院的止付令拒绝支付信用证项下款项的行为符合信用证的国际惯例，同时也符合最高人民法院《关于审理信用证纠纷案件若干问题的规定》中有关信用证欺诈行为的处理规定；（2）本案的信用证开证申请人韩国DLFARME有限公司认为宣联公司以次品干蕨菜充当正品干蕨菜，属于典型的信用证欺诈行为。在出现信用证欺诈时，友利银行可以行使拒付权。故请求二审法院撤销一审法院判决，依法驳回宣联公司的诉讼请求，由宣联公司承担本案诉讼费用。在二审法院审理期间，上诉人友利银行向法院提出追加韩国 DLFARME 有限公司为本案第三人的申请。

被上诉人宣联公司辩称：本案应适用中国法律和 UCP500 的相关规定。友利银行在收到受益人宣联公司所提交的全套结汇单据后，在规定的期限内未提出任何不符点，友利银行应承担绝对的付款义务。虽然韩国地方法院对该信用证付款下达了止付令，但因其不具有域外效力且不能代替国际惯例，因此不能拘束中国法院，故友利银行仅以此止付令作为拒付理由，不能得到法院的支持。请求二审法院驳回友利银行的上诉，维持一审判决。

原审被告中行北京分行辩称：本案二审阶段与中行北京分行没有关系，故不予答辩。

2. 二审事实和证据

北京市高级人民法院经公开审理，确认了一审法院认定的事实和证据。

另查明：本案信用证附加条件 47A 中约定："由 CHOI DAE JA（护照号：Z7693116）签发的检验证书原件，上面应有此人的亲笔签名并随附护照复印件。"2005 年 8 月 25 日，CHOI DAE JA 在检查证明上签字确认："以下列出的货物质量良好，已由我检查，发现其状况良好。货物：蕨菜干；信用证号：MD150508NS00057；数量：10 公斤 * 800 盒＝8M/T；承运人：北京宣联食品有限公司。"

另外，2005 年 9 月 9 日，韩国联合检定株式会社应韩国 DLFARME 有限公司的申请，出具《检定报告书》，结论是："根据调查的内容，该进口货物与一般的正常进口货物相比，其质量极其低次，并非平时在国内市场流通的中国东北三省生产加工的干蕨菜，而是中国云南省地带生产的蕨菜，该货物在国内流通市场无法销售，除堆肥用途外没有任何价值。"2005 年 9 月 13 日，韩国 DLFARME 有限公司向韩国釜山地方法院提交《止付信用证项下款项申请书》，请求法院判令韩国 DLFARME 有限公司不得支付 MD150508NS00057 信用证项下的款项。2005 年 9 月 14 日，韩国釜山地方法院给友利银行下达了《第 14 民事部决定》，即债务人友利银行不得支付 MD150508NS00057 信用证项下的款项。

上述事实，有《检定报告书》、《止付信用证项下款项申请书》、《第 14 民事部决定》、友利银行印鉴证明书和事业者登录证及开庭笔录等在案佐证。

3. 二审判案理由

北京市高级人民法院根据上述事实和证据认为：本案系信用证交易纠纷，一审法院依据《中华人民共和国民法通则》第一百四十五条的规定，适用《中华人民共和国合同法》和 UCP500 处理本案并无不当，以及对寄单行中行北京分行已经尽到应尽的责任和义务的认定并无不当，本院予以维持。信用证在单证相符的情况下，银行就必须履行它的第一性付款义务；如果单证不相符，银行就有权按规定程序予以拒付。友利银行于 2005 年 8 月 4 日开出以宣联公司为受益人的不可撤销跟单信用证，双方的权利义务关系应受该信用证的约束。鉴于友利银行开立的信用证并未要求由指名的船只进行装运，故一审法院认为友利银行提出因信用证中"装船批注未注明船只"而存在不符点的主张不能成立并无不当，本院予以确认。本案二审法院审理过程中，友利银行不能提供证据证明宣联公司所供货物存在质量问题、信用证项下基础买卖关系存在欺诈，因此韩国地方法院的止付令不能禁止友利银行向宣联公司付款。对于二审审理期间，友利银行提出追加韩国 DLFARME 有限公司为本案当事人的问题。本案系信用证纠纷案件，韩国 DLFARME 有限公司不是本案有独立请求权的第三人。因此，根据《民事诉讼法》第五十六条第一款，友利银行的该项请求，不予支持。综上，友利银行的上诉请求，法院不予支持。

4. 二审定案结论

北京市高级人民法院依据《中华人民共和国民事诉讼法》第一百五十三条第一款第（一）项的规定，作出如下判决：

驳回上诉，维持原判。

（七）解说

本案的争议焦点在于本信用证项下的货物是否存在质量问题，以及是否构成信用证欺诈。

就本案而言，应当明确以下三个问题：

1. 根据开证申请人韩国 DLFARME 有限公司代理人对宣联公司所供货物所出具的质量检验证明，应认定宣联公司所供货物的质量符合开证申请人韩国 DLFARME 有限公司的要求。现货物运到韩国后，韩国 DLFARME 有限公司又以该信用证项下的货物质量不符合要求而以未得到买卖双方认可的检验方式再次申请质量检验是不当的行为。

2. 本案不能证明有信用证项下欺诈事实的存在。信用证欺诈是指利用信用证机制中单证相符即予以付款的规定，由犯罪分子提供表面记载与信用证要求相符，但实际上并不代表真实货物的单据，从而骗取所支付的货款的商业欺诈行为。在二审法院审理期间，友利银行虽提交了符合《民事诉讼法》规定的经过公证、认证的韩国联合检定株式会社出具的《检定报告书》，但该《检定报告书》并无货物腐烂变质的记载，故该证据不能证明有欺诈的事实存在。

3. 韩国地方法院的止付令不能阻止友利银行作为开证行向宣联公司付款。国际商会制定信用证业务的规则，不是为了防止欺诈，而是在银行信用强于商业信用的情况下，为了买卖双方在有“银行信用”的大前提之下，使买方获得货物，卖方获得货款。但对银行来讲，信用证针对的是单证文件而非货物，然而单据文件是极容易伪造的。所谓欺诈例外，是指在肯定信用证独立原则的前提下，如果有欺诈的发生，允许银行不予付款或承兑汇票，法院也可以颁发禁止支付令禁止银行付款或承兑。在这种情况下，作为信用证独立原则的例外，不再适用 UCP500，而是采用公平原则处理。在审判实践中，我国是认可国际上普遍承认的信用证欺诈例外原则的，但对欺诈的审查采取的是严格标准，即必须存在实质性欺诈行为和后果，在这种情况下，法院才可以止付信用证项下的款项。本案信用证项下的货物是干蕨菜，友利银行在收到受益人宣联公司提交的全套结汇单据后，未在 UCP500 规定的期限内提出任何不符点，应认定受益人宣联公司提交的全套结汇单据完全符合信用证条款的规定，故在单证一致的情况下，作为开证行的友利银行，具有第一性的付款义务，其不能援引信用证欺诈例外原则拒付该信用证项下的款项，友利银行还应赔偿由此给宣联公司造成的利息损失。

（北京市高级人民法院　何　波）

65. 山东汇泉工业有限公司诉株式会社新韩银行信用证议付案

（非实质性不符点）

（一）首部

1. 判决书字号：山东省威海市中级人民法院（2005）威民二外初字第16号民事判决书。

2. 案由：信用证议付纠纷。

3. 诉讼双方

原告：山东汇泉工业有限公司，住所地：威海市解放路12号。

法定代表人：卢常仁，该公司董事长。

委托代理人：梁新荣，该公司职工。

委托代理人：孟颖，山东觉平律师事务所律师。

被告：株式会社新韩银行（SHINHAN BANK，SEOUL KOREA.），住所地：韩国首尔特别市中区太平路2街120号。

法定代表人：申尚勋，该银行代表理事。

委托代理人：韩春宁，北京市洪宽律师事务所律师。

委托代理人：许培红，北京市洪宽律师事务所律师。

4. 审级：一审。

5. 审判机关和审判组织

审判机关：山东省威海市中级人民法院。

合议庭组成人员：审判长：张英秋；审判员：邓锐；代理审判员：李慧东。

6. 审结时间：2008年2月21日。

（二）诉辩主张

原告诉称：被告于2003年10月24日开立以原告为受益人的不可撤销跟单信用证，金额为82332美元，即期，可由任何银行议付。同年12月1日，原告通过寄单行中国农业银行威海分行（下称农行威海分行）向被告提交了信用证规定的单据，要求承兑付款。同年12月14日，被告在超出合理的审单时间的情况下发出拒付通知，拒绝支付信用证款项。后原告多次要求被告付款，被告拒付至今。请求判令被告支付原告信用证款项63236美元及逾期付款利息（自2003年12月14日至判决确定的履行之日按中国人民银行规定的同期逾期贷款利率计付）。

被告辩称：原告在诉状中提出的被告中文名称韩国新韩银行与其实际名称不符，属诉讼主体错误；被告于2003年12月4日收到信用证规定的单据，于同年12月12日发出拒付通知，扣除法定休息日后其已在合理的时间即收到单据的第二日起7个银行工作日内通知寄单行拒付，且原告提交的单据与信用证之间存在明显的不符点，其拒付理由成立；农行威海分行作为议付行已向原告支付了信用证款项，原告不应再向被告主张权利，故请求驳回原告的诉讼请求。

（三）事实和证据

山东省威海市中级人民法院经公开审理查明：2003年10月24日，被告开立以原告为受益人的编号为M42V3310NS06918的不可撤销跟单信用证，载明：信用证有效期和有效地为2003年11月30日受益人国家，金额为82332美元，可由任何银行议付，付款期限为即期，可以分批装运，最晚装船期为2003年11月21日；货物为男装（NFD—JP2065）800件，单价41.29美元，女装800件，单价23.87美元，男装（NFD—JP2062）1200K件，单价25.17美元；需提交的单据包括签字发票一式三份、装箱单三份、全套已装船海运提单及申请人IVY贸易有限公司的JD AHN签发的正本检验证书，单据须在装船后21天内并在信用证有效期内提交等。同年10月28日，原告委托中国银行威海分行通过SWIFT系统与被告协商同意对上述信用证部分内容作了修改，修改后的信用证有效期为2003年12月10日，最晚装船期为2003年11月30日，其他条款和条件不变。同年11月26日，在IVY贸易有限公司的JD AHN对货物进行检验并签发检验证书后，原告将男装（NFD—JP2065）800件、男装（NFD—JP2062）1200件装船发运，货物价款总计63236美元，承运人为同达国际货运有限公司，原告取得装箱单及海运提单，该海运提单中承运人一栏的部分内容由同达国际货运有限公司作了修正，并加盖了该公司的校对章。同年12月1日，原告通过农行威海分行以DHL快递方式将信用证规定的单据寄送被告，被告于同年12月4日确认收到。

2003年12月14日，被告向农行威海分行发出拒绝付款的通知，拒付理由为：（1）提单上的校对章没有授权人的签字；（2）发票上记载的男装（NFD—JP2062）数量1200K件，单价25.17美元，金额30204美元，但实际上1200000件的金额应为30204000美元。同年12月16日，农行威海分行向被告回函表示不同意被告提出的不符点，理由为：（1）校对章是承运人授权认可的专门用于更改、校对的印章，此校对是承运人所为且得到认可；（2）信用证的总金额仅为82332美元，所以1200K件实际上是1200件，此系你方的疏忽导致的打印拼写错误。该信用证条款均被满足，要求被告尽快付款。同年12月29日，农行威海分行再次去函要求被告付款，被告于同年12月31日回函称其提出的不符点正确，拒绝付款，并于2004年1月12日以传真的方式向原告去函称：不予付款的原因是商业发票上的金额计算错误，信用证申请的金额为30256128美元，我们知道你们做错了，如想议付，可以在我行对低于原金额50%的货款要求付款。同年2月17日，被告又向原告发送一份传真函件称：信用证总金额为30256128美元，但是我们在金额上出现了错误（是82332美元，而不是30256128美元），然而您和中国的银行都没有发现这个错误，你们双方均应告诉我们是总金额错了还是数量1200K件错了，所以你们提交的单据和信用证的要求是不符的，如果你们不同意扣除，我们将立即退回单据。后原告先后于2004年2月23日、5月11日、2005年1月11日通过农行威海分行多次要求被告全额付款，被告至今未付。

另查明：韩国金融行业实行的每周工作时间原为44小时，即每周为五个半工作日，2002年5月23日，韩国金融产业劳动组合（工会）及旗下的朝兴银行、友利银行、新韩银行等五十余家银行就施行每周五日工作制达成合意，并共同签署了集体协议，约定自2002年7月1日起施行星期六为休息日的每周五日工作制，同年7月5日，被告与韩国金融产业劳动组合（工会）又单独签订了关于每周五日工作制的补充合意书，对实行每周五日工作制后员工的休假制度进行了规定。2003年9月，韩国对其《劳动基准法》予以修订，规定劳动者每周工作时间不超过40小时、每日工作时间不超过8小时，于2004年7月1日起开始实施。随后，互联网上部分网站陆续发布了韩国将实施每周五日工作制的相关信息。

上述事实有下列证据证明：

1. 编号为 M42V3310NS06918 的不可撤销跟单信用证、修改信用证的电讯收报单，证明涉案信用证的详细内容及原、被告双方协商同意对信用证有效期和最晚装船期进行修改的事实。

2. 涉案信用证规定的单据及跟单汇票，证明原告按照信用证的要求将信用证规定的单据提交被告进行议付，被告于 2003 年 12 月 4 日确认收到单据并在拒付后退回原告的事实。

3. 原告与开证申请人 IVY 贸易有限公司签订的基础买卖合同一份，证明该合同中记载的男装（NFD—JP2062）为 1200 件。

4. 被告于 2003 年 12 月 14 日、12 月 31 日发给农行威海分行的拒付电传两份，证明被告提出拒付信用证款项的时间及拒付理由。

5. 农行威海分行对被告拒付行为提出的异议及付款请求电传五份，证明原告通过寄单行农行威海分行多次与被告协商，要求其承兑付款的事实。

6. 被告于 2004 年 1 月 12 日、2 月 17 日发给原告的传真电文两份，证明被告提出以低于信用证金额 50%向原告付款的事实。

7. 从互联网下载的韩国实行一周五日工作制的信息，证明韩国于 2003 年 9 月修订《劳动基准法》，规定劳动者每周工作时间不超过 40 小时，于 2004 年 7 月 1 日起开始实施。

8. 韩国全国金融产业劳动组合（工会）与旗下银行签署的合意书及补充合意书，证明韩国银行已自 2002 年 7 月 1 日起施行星期六为休息日的一周五日工作制。

9. 韩国太平洋律师事务所驻北京市代表处金钟吉律师的证言，证明韩国银行已于 2002 年 7 月 1 日起实行一周五日工作制。

（四）判案理由

山东省威海市中级人民法院根据上述事实和证据认为：被告为大韩民国法人，本案系涉外商事案件，应当适用涉外民事诉讼程序的规定审理。本案系信用证受益人与开证行之间发生的信用证议付纠纷，从跟单信用证的合同成立及交单议付的操作过程看，作为信用证法律关系当事人的开证行与受益人均应按照信用证条款的规定履行义务，而受益人通过寄单行向开证行提交单据和开证行向受益人付款的行为，均属于履行信用证合同义务的行为，故受益人所在地和开证行所在地均为信用证合同的履行地，因此威海市中级人民法院作为受益人所在地法院依法对本案享有管辖权。在诉讼中，原、被告对法律适用问题达成了一致意见，双方均同意适用《跟单信用证统一惯例》1993 年修订本（国际商会第 500 号出版物，以下简称《UCP500》）作为解决本案争议的依据，《UCP500》没有规定的适用中华人民共和国法律，予以确认。

本案争议焦点之一为，原告所诉被告主体是否错误。原告在起诉状中所列被告名称为韩国新韩银行（SHINHAN BANK，SEOUL KOREA.），被告对该英文名称无异议，但认为其中文名称应为“株式会社新韩银行”，原告将其列为“韩国新韩银行”属诉讼主体错误，但被告作为从事国际结算业务的金融机构，对外具有英文名称和本国语韩文名称，在原告所诉英文名称无误的情况下，无论将其中文名称翻译为“韩国新韩银行”还是“株式会社新韩银行”，均属因两国语言习惯不同所形成翻译上的差异，并未构成理解上的歧义，因而不属于诉讼主体错误，且在诉讼中，原告已按照被告的要求对所翻译的中文名称进行了更正，故被告提出的原告诉讼主体错误的抗辩理由不能成立。

本案争议焦点之二为，被告拒付信用证款项是否超出合理的审单时间。《UCP500》第十三条b款规定："开证行、保兑行（如有），或代其行事的指定银行，应有各自的合理的审单时间——不得超过其收到单据的翌日起7个银行工作日，以便决定是接受或拒绝接受单据，并相应地通知寄单方。"该规定明确了银行审核单据的合理时间为收到单据的第二日起7个银行工作日内。本案中，被告于2003年12月4日收到单据，至12月14日发出拒付电文，经过了10日，因韩国金融机构于2002年7月1日起实行了一周5日工作制，在上述2003年12月4日至12月14日被告审单期间，应当扣除3个法定休息日，其实际为7个银行工作日，因此被告于12月14日发出拒付通知并未超出合理的审单时间。

本案争议焦点之三为，被告拒付信用证款项的理由也即其提出的单证不符点是否成立。被告拒付理由有二：一是提单上的校对章没有授权人的签字；二是发票上的金额错误且与信用证的金额不符。对第一个拒付理由，《UCP500》对单据上的校对章是否需要签字并无明确的规定，但其第二十条d款规定："除非信用证另有规定，当信用证含有要求证实单据、使单据生效、使单据合法、签证单据、证明单据或对单据有类似要求的条件时，这些条件可由在单据上签字、标注、盖章或标签来满足，只要单据表面已满足上述条件即可。"从该规定可以看出，如信用证含有要求单据经证实、生效、合法化、签证、证明或相似要求的，单据上的任何签署、标记、印章或标签，只要表面上看已满足这些要求，银行就应当接受。而本案争议提单上的校对章能清楚地辨明是承运人同达国际货运有限公司的校对章，被告能够从校对章上知道是由谁作了更正，该校对章能够满足《UCP500》第二十条d款的要求，被告新韩银行应当接受。关于第二个拒付理由，系因涉案信用证所记载的男装（NFD—JP2062）数量为1200K件，而原告与开证申请人之间基础合同所记载的该款男装数量为1200件，原告按照合同约定将该1200件男装发运后，在开具发票时，为了满足单证表面相符，在发票上注明该男装数量为1200K件，被告据此认为1200K件应为1200000件，从而推算出原告出具的发票金额错误且与信用证的金额不符。但涉案信用证系由被告开立，信用证总金额为82332美元，在男装（NFD—JP2062）单价确定为25.17美元的情况下，其数量不可能为1200000件，被告对此应是明知的；且"1200K"用来表示数量"1200000"并不符合英文的表达习惯，结合开证申请人出具的货物检验证书中记载的该款男装数量亦为1200K件、且被告对检验证书未提出异议的事实，可以认定该"1200K"中的"K"并未对双方引起数量上的歧义，其应系被告在开立信用证过程中因自身工作疏忽所形成的笔误，因此，本案中由于英文字母"K"形成的不符点属于非实质性的不符点，其未对开证行及开证申请人的利益造成任何损害，被告以该不符点为由拒付信用证款项不能支持。

本案争议焦点之四为，农行威海分行是议付行还是寄单行。本案中，原告与农行威海分行没有签订关于信用证议付的书面合同，双方之间并不存在议付合同关系，农行威海分行没有议付单据的合同义务。《UCP500》第十条b款第二项规定："议付意指受权议付的银行对汇票及/或单据付出对价。仅审核单据而未付对价者，不构成议付。"其c款规定："除非指定银行是保兑行，否则，指定银行的开证行指定其付款、承担延期付款责任、承兑汇票或议付的不承担责任。除非指定银行已明确同意并告知受益人，否则，它收受及/或审核及/或转交单据的行为，并不意味着它对付款、承担延期付款责任、承兑汇票或议付负有责任。"本案中，农行威海分行不是涉案信用证的保兑行，亦没有证据证明其已支付了对价，其在接收原告提交的信用证及全部单据后，仅进行了审查单据、向开证行寄送单据等行为，因此在本案中农行威海分行应为寄单行，并非《UCP500》规定的议付行。

原告作为涉案信用证的受益人，按照信用证的要求通过寄单行向被告递交了议付单据，这些单据已满足其表面与信用证条款相符的要求，被告理应在合理的期限内承兑付款；被告拒绝付款，应承担继续付款的民事责任，并赔偿因拒绝付款给原告所造成的经济损失，该损失应自被告合理的审单时间届满之次日开始计算，即 2003 年 12 月 16 日起至本判决确定的履行之日止，按拒付金额 63236 美元的中国人民银行规定的同期逾期贷款利率计算。原告所诉，事实清楚，证据充分，本院予以支持；被告辩称，理由不当，本院不予支持。

（五）定案结论

山东省威海市中级人民法院依照《中华人民共和国民事诉讼法》第二百三十七条、二百四十三条，《中华人民共和国合同法》第六十条、第一百零七条，《UCP500》第二条、第十条 b 款第二项、第十三条 b 款、第十四条 b 款、第二十条 D 款、第四十五条之规定，作出如下判决：

1. 被告株式会社新韩银行（SHINHAN BANK，SEOUL KOREA.）于本判决生效后 10 日内支付原告信用证款项 63236 美元；

2. 被告株式会社新韩银行（SHINHAN BANK，SEOUL KOREA.）给付原告逾期付款利息损失（按信用证款项 63236 美元，自 2003 年 12 月 16 日起至本判决确定的履行之日止按中国人民银行规定的同期逾期贷款利率计算）。

如果被告未按本判决指定的期间履行给付金钱义务，应当依照《中华人民共和国民事诉讼法》第二百三十二条之规定，加倍支付迟延履行期间的债务利息。

案件受理费人民币 11200 元，由被告负担。

（六）解说

关于审单期限。《UCP500》对开证行的审单时间作出了明确规定，即不得超过收到单据的第二日起 7 个银行工作日，这是开证行审核单据的合理时间。需要注意两个问题：一是银行在这个期限内要完成三件事，即审核单据、决定接受或拒受单据、通知寄单人或受益人，是否超出合理期限，以发出拒付通知的时间为准，如果超出 7 个银行工作日发出拒付通知，则通知无效，视为开证行接受单据；二是如何确定“合理时间”，就要准确界定“银行工作日”的范围。根据《UCP500》的规定，“银行工作日”是指银行对外的营业时间，这里的银行营业时间是指银行的主要营业机构对外营业的时间，而不包括在休息日或节假日银行单独办理储蓄业务的时间。本案中，根据被告实行每周 5 日工作制的情况，其发出拒付通知时并未超出合理的审单时间。

关于审单原则。在信用证结算方式中，对信用证及所附单据的审核采取的是单单、单证表面相符原则，即只有当受益人提交的单据之间、单据与信用证之间在表面上相符时，开证行才有义务向受益人付款。《UCP500》第十三条 a 款规定：“银行必须合理谨慎地审核信用证规定的所有单据，以确定其是否表面与信用证条款相符。”这里涉及两方面的问题，一是单据表面相符的标准是什么；二是银行合理谨慎审核单据的尺度如何掌握。

第一，关于表面相符的标准。《UCP500》没有明确规定表面相符的具体标准，但有关判例和银行业务习惯均确认了“严格相符”这一标准。实践中，大多数国家都采取了严格相符的标准，如美国绝大多数涉及这一问题的判例都确立了银行审核单据的适当标准应是严格相符标准。在实践中如何理解和运用严格相符标准，应从以下两个方面掌握：

首先，严格相符不等于绝对的“字面相符”。如有的单据的确存在一些细微的不符，但是这些不符是无关紧要的，它既不会影响开证行的利益，也不会损害其他当事人的利益，被称为非实质性的不符点，例如英文大小写的不同、英文省略形式中圆点位置的差异或明显的笔误和印刷错误等，银行不能依据这种纯粹文字上的严格相符来判定单据是否表面相符。本案中，被告提出的“1200K”中关于“K”的不符点，即属于非实质性的不符点，系被告在开立信用证过程中因自身工作疏忽所形成的笔误。因为，首先在国际贸易中用“1200K”来表示数量“1200000”并不符合英文的表达习惯；其次，原告与开证申请人签订的基础买卖合同中记载的该款服装数量为1200件，证明信用证中多出的字母“K”显然系被告在开证过程中自身原因造成；再次，开证申请人已对货物进行检验并出具货物合格的检验证书，该检验证书中亦记载为“1200K”件，被告对检验证书亦没有异议，可见该“1200K”中的“K”对双方并未引起数量上的歧义，该不符点对开证行及开证申请人的利益没有造成任何损害。因此被告不能依据其自身笔误造成的单纯文字上的不符点拒绝接受单据。

其次，严格相符不等于“实质相符”。有些不符点从表面上看是无关紧要或非实质性的，但在实际中则会产生重大歧义。如信用证规定提交的单据应注明货物名称是“烟台苹果”，但银行收到的单据则注明货物为“苹果”。对此，银行可以拒绝接受单据。因为“苹果”有可能是烟台苹果，也可能是潍坊苹果，具有不确定性，银行也可能确认单据上记载的苹果就是烟台苹果，从而以单证实质相符而付款。但在国际贸易过程中，银行既不是商品交易商，也不是生产商，其无从判断货物的具体情况，因而银行只须根据受益人交付的单据进行判断，其无须对基础合同的内容及客户的意愿或有无支付能力等实质内容进行了解。

第二，银行审核单据的尺度。《UCP500》规定了银行应合理谨慎地审核单据。怎样才是合理谨慎，如何掌握其间的尺度，实践中主要从三个方面去把握：一是银行对单据上的任何签署、标记、印章或标签，只要表面上满足要求，就应当接受，而不能附加任何新的条件。本案提单上的修改处已加盖了承运人的校对章，从表面上能够清楚地辨明是承运人的校对章，被告应当接受，其提出的该校对章没有授权人的签字，是单方对单据附加新的条件，显然不能支持。二是禁止开证行超出单据本身的范围去寻找不符点。银行不能将信用证与基础合同进行联系，或对二者内容作逻辑上的推理和判断，从而推断出不符点。本案中，被告为了寻找不符点，在单证已表面相符的情况下，对信用证、发票中记载的数字进行了推演，并与基础合同进行了联系，从而推断出单证金额不符，显然超出了信用证单据本身的范围，该不符点不能成立。三是银行确定了不符点后，可以与开证申请人联系，请其撤除不符点，但不能与开证申请人共同对单据继续进行挑剔或共谋拒付的理由。本案中，被告在发出第一次拒付通知后，虽然没有证据证实其与开证申请人串通对单据继续进行挑剔或共谋拒付理由，但在与寄单行及受益人的反复交涉过程中，其先后提出多个拒付理由，最后要求以低于原金额50%进行议付，其行为已远远超出了银行的合理谨慎的正常范围。

关于议付行。根据《UCP500》的规定，确定银行是否为议付行，首先要看该银行与受益人之间是否存在议付合同关系，也就是说该银行是否明确同意并告知受益人其同意议付；其次是否支付对价，未支付对价的，不构成议付。除非是保兑行，银行并不必然承担付款、承兑汇票的责任，在其付款或承兑前，受益人可以直接向开证行主张付款或承兑。本案中，农行威海分行与原告之间不存在议付合同关系，亦没有证据证实其已支付了对价，根据其审查单据、向开证行寄送单据的行为，应认定为寄单行，且被告在其发出的多份拒付电文中已自认了农行威海分行作为寄单行的地位，因此原告向开证行被告主张权利并无不当。

（山东省威海市中级人民法院　李慧东）

66. 中国工商银行股份有限公司厦门市分行诉王益民等信用卡透支案
（保证责任）

（一）首部

1. 裁判文书字号

一审判决书：福建省厦门市思明区人民法院（2007）思民初字第3931号民事判决书。

二审调解书：福建省厦门市中级人民法院（2008）厦民终字第203号民事调解书。

2. 案由：信用卡透支纠纷。

3. 诉讼双方

原告（上诉人）：中国工商银行股份有限公司厦门市分行，住所地：厦门市湖滨北路17号。

法定代表人：方培生，该分行行长。

委托代理人（一、二审）：林建章，福建天衡联合律师事务所律师。

委托代理人（一、二审）：邱春晖，福建天衡联合律师事务所律师。

被告（被上诉人）：王益民，男，1973年11月11日生，汉族，住厦门市和通里福隆花园。

被告（被上诉人）：陈勇庆，男，1970年10月1日生，汉族，住厦门市湖里大道。

4. 审级：二审。

5. 审判机关和审判组织

一审法院：福建省厦门市思明区人民法院。

合议庭组成人员：审判长：林晞吟；审判员：庄慧林、陈彤。

二审法院：福建省厦门市中级人民法院。

合议庭组成人员：审判长：李桦；审判员：周汉聪；代理审判员：戴卫真。

6. 审结时间

一审审结时间：2007年11月7日。

二审审结时间：2008年3月11日。

（二）一审诉辩主张

原告中国工商银行股份有限公司厦门市分行（以下简称工行厦门分行）诉称：2004年6月，被告王益民向原告申办一张牡丹贷记卡，卡号为4518105496325725，并申明完全接受《中国工商银行牡丹贷记卡章程》及《牡丹贷记卡领用合约》的全部条款并保证遵守、履行，愿意承担该贷记卡项下的全部债务（包括信用额度内透支及超信用额度透支本息、超限费、滞纳金、追索费用等）。被告陈勇庆为其还款承担连带保证责任。但被告王益民所持之卡自2006年6月起出现透支，至2007年7月19日欠本金及利息13855.72元。经原告多次催讨，两被告拒不履行还款义务。故诉请判令：（1）两被告立即还清透支本金13855.72元及利息（暂计至2007年7月19日为0元，之后按牡丹贷记卡章程的规定计收利息和费用至本金还清之日止)；(2) 两被告支付原告追索费用 300 元；(3) 两被告承担本案诉讼费用。

被告王益民未作答辩。

被告陈勇庆辩称：(1) 被告王益民多次违反了《中国工商银行牡丹贷记卡章程》第十一条规定，2006 年 5 月原告停止该卡的使用，但 2006 年 6 月被告偿还所有欠款后原告恢复该卡的使用，被告王益民又连续多次透支，而原告并未引起注意，且未告知担保人，故 2006 年 6 月的透支金额原告应负连带责任；(2) 根据《中国工商银行牡丹贷记卡章程》第十三条规定，2006 年 7 月 25 日及 2006 年 7 月 27 日该卡的消费 2230 元已超过有效期，原告应付全部责任；(3) 原告在被告王益民长期未还款的情况下，直到 2007 年 3 月才向担保人追索，担保人不应该承担 2006 年 9 月起的贷款利息和滞纳金。

(三) 一审事实和证据

福建省厦门市思明区人民法院经公开审理查明：2004 年 6 月 29 日，被告王益民向原告工行厦门分行申领一张牡丹贷记卡，并申明愿意遵守《中国工商银行牡丹贷记卡章程》和《牡丹贷记卡领用合约》，同时承担该贷记卡项下全部债务（包括信用额度内透支及超信用额度透支本息、超限费、滞纳金、追索费用等)。被告陈勇庆为被告王益民申领牡丹卡提供保证担保，对被告王益民因其申领的牡丹卡（含副卡）而产生的一切债务，自该债务产生（以银行记账日为准）之日起两年内承担连带清偿责任。2004 年 7 月 9 日，原告工行厦门分行审批同意为被告王益民发放一张牡丹贷记卡，卡号为 4518105496325725。牡丹贷记卡有效期最长为 2 年，如果持卡人到期需要继续使用，应办理更换新卡手续。如果持卡人不愿到期换领新卡，应于到期前 1 个月以书面或双方认可的其他形式通知发卡机构，否则，发卡机构视为持卡人自愿到期更换新卡。已到期的牡丹贷记卡不能继续使用，但领用合约继续有效。牡丹卡领用合约自原告工行厦门分行批准发卡之日起生效。被告王益民在使用该贷记卡期间，自 2006 年 6 月 12 日起出现透支，其中 2006 年 7 月 25 日透支 580 元、2006 年 7 月 2 日透支 400 元和 1250 元用于消费，至 2007 年 7 月 19 日尚欠透支本金 13855.72 元。

庭审中，原告工行厦门分行提交：(1) 牡丹卡申请材料；(2) 牡丹卡透支清单；(3) 说明。因被告王益民未到庭参加诉讼，又未书面提出异议并提交证据，视为自愿放弃诉讼权利，被告陈勇庆表示没有异议，本院对原告工行厦门分行提供的证据真实性、合法性、关联性，予以确认。

(四) 一审判案理由

福建省厦门市思明区人民法院根据上述事实和证据认为：被告王益民，向原告工行厦门分行申办牡丹贷记卡，并接受原告工行厦门分行提供的金融信用服务，其负有遵守牡丹贷记卡章程的义务。被告王益民在使用牡丹贷记卡过程中透支，且未及时补足透支款，其行为已违反牡丹贷记卡章程的规定，构成违约，依法应承担违约民事责任，即应按有关规定向原告工行厦门分行偿还透支款及利息。被告王益民在 2 年有效期届满后（即 2006 年 7 月 9 日后)，分别于 2006 年 7 月 25 日及 2006 年 7 月 27 日未更换新卡仍继续进行透支，原告工行厦门分行未按《中国工商银行牡丹贷记卡章程》及《牡丹贷记卡领用合约》的规定停止该卡的使用，原告工行厦门分行亦存在过错，故被告陈勇庆对上述期间发生的透支金额 2230 元不必承担保证责任。被告的行为已给原告工行厦门分行造成损失，两被告应当赔偿原告追索费用。

(五) 一审定案结论

福建省厦门市思明区人民法院依照《中华人民共和国民事诉讼法》第一百三十条、《中华人民共和国合同法》第二百零六条、第二百零七条及《中华人民共和国担保法》第十八条之规定，作出如下判决：

1. 被告王益民应于本判决生效之日起7日内偿还原告中国工商银行股份有限公司厦门市分行透支本金13855.72元及利息（自2007年7月19日起至本金还清之日止按牡丹贷记卡章程的规定计算）；

2. 被告王益民应于本判决生效之日起7日内支付原告中国工商银行股份有限公司厦门市分行追索费用300元；

3. 被告陈勇庆对上述透支本息中截至2006年7月9日的款项及追索费用300元承担连带清偿责任；

4. 驳回原告中国工商银行股份有限公司厦门市分行的其他诉讼请求。

（六）二审情况

宣判后，原告中国工商银行股份有限公司厦门市分行不服，提出上诉。二审审理过程中，因被上诉人王益民缴清所欠本息费用，中国工商银行股份有限公司厦门市分行放弃其他诉讼请求，与被告达成调解。

（七）解说

信用卡纠纷一般包含两个法律关系：一是基础法律关系，即银行与持卡人之间的借贷关系；二是从属法律关系，即持卡人与保证人之间的保证关系。持卡人申办信用卡后透支，未按规定及时归还透支金额和利息，应承担民事责任，这一点毋庸置疑。审判实践中，争论的焦点在于，保证人是否应当对持卡人因使用信用卡而产生的全部债务承担连带责任？对此，银行和保证人有不同的理解。

《担保法》第十四条规定：保证人与债权人可以就单个主合同分别订立保证合同，也可以协议在最高债权额限度内就一定期间连续发生的借款合同或者某项商品交易合同订立一个保证合同。该法条规定了民事主体在经济活动中可以订立最高额保证合同。所谓最高额保证合同，是指债权人和保证人之间就债务人在一定期间内连续发生的若干债务，确定一个最高限额，由保证人在此限额内对债务人履行债务作保证的协议。

信用卡纠纷中的保证合同属于典型的最高额保证合同。在保证合同订立时，主债权债务并没有发生，保证人只对将来一定期间内持卡人的不确定的透支债务承担有限的保证责任，即保证人的保证责任由两个方面的限制：一是担保期限的限制；二是担保数额的限制。

1. 信用卡纠纷中保证合同的担保期限。这里的“担保期限”不是指严格意义上的保证期间，而是指最高额保证合同中特有的“决算期”。所谓“决算期”是指最高额保证合同所约定的被保证债权发生期的截止日。“决算期”确立了最高额保证合同的保证范围（债务余额），也确立了保证合同的保证期间，对合同双方当事人的程序权利和实体权利产生决定性作用，历来为银行和保证人争论的焦点。

保证人认为，信用卡的“决算期”就是信用卡的有效期；银行原则上把“决算期”定为信用卡的有效期，但又通过格式条款（章程或保证合约）的相关规定，“迫使”持卡人用默示的方式继续续卡，无限制地延长“决算期”的临界点，将“决算期”界定为“持卡人透支后至银行发出催收通知书时止”。例如，《中国工商银行牡丹信用卡章程》第十二条规定：“牡丹信用卡有效期为2年，如果持卡人到期需要继续使用，应办理更换手续。如果持卡人不愿到期换领新卡，应于到期前1个月以书面或双方认可的其他形式通知发卡机构，否则，发卡机构视为持卡人自愿到期更换新卡。”“决算期”虽然不是保证期间，但它是保证期间的起算点，“决算期”的变动，应该视为保证期间的变更。我们姑且不论在法律没有明文规定的情况下，持卡人与银行用默示的方式变更了“决算期”是否合法，但是，根据《担保法》第二十四条规定，持卡人和银行协议变更“决算期”而没有征得保证人的书面同意，该“决算期”的变动则不对保证人发生法律效力，保证人只在原“决算期”内承担保证责任，这一点应该是肯定的。

2. 信用卡纠纷中保证合同的担保数额。如前所述，最高额保证的根本特点就是担保数额的限额性——必须对担保数额有最高额的约定，这是与对一定期间内发生的债务不限数额连续提供担保的普通保证的区分关键。信用卡纠纷中保证合同的最高担保数额一般在银行信用卡章程里作出了规定。例如，《中国工商银行牡丹信用卡章程》第十一条规定：“金卡账户透支额度为10000元，普通卡为5000元。透支款项和利息须在银行记账日后60日（含）内归还。”但是，银行对信用卡保证合同的最高担保数额大都持否定观点，其理由是：（1）主管部门有条例规定，信用卡允许透支额度并不是保证人的最高担保数额。例如，中国人民银行银函（1998）363号文件《〈关于信用卡业务管理办法〉中对透支限额的复函》称：关于持卡人透支限额的规定，是中国人民银行要求发卡银行对信用卡业务进行风险管理的内部控制指标，不能作为发卡银行与信用卡担保人对保证责任范围约定的依据，担保人必须对持卡人实际透支金额承担连带责任。（2）双方当事人对保证责任范围有约定。例如，《中国工商银行牡丹信用卡保证合约》第二条规定：“保证责任范围：被保证人根据其与乙方（银行）所签订的《牡丹信用卡领用合约》项下因牡丹信用卡而发生的全部债务（包括信用额度内及超信用额度透支的本息、追索费用等）和乙方实现担保权利的费用。”显然，银行在对待保证人的保证责任范围问题上，态度含糊，约定也十分矛盾：一方面，为了控制经营风险，银行严格规定了持卡人透支额的最高限度（信用额度内透支）和归还信用额度内透支本息的期限；另一方面，为不断拓展经营业务，银行又无限制地允许持卡人超信用额度透支，却把经营风险转嫁给保证人，要求保证人连带清偿包括超信用额度透支在内的全部债务。

笔者认为，保证人对持卡人透支数额的担保应该是有限的，其理由是：

（1）从格式合同的法律属性来看，保证人的保证责任范围应该是有限的。信用卡纠纷中的保证合同除了保证条款外，根据约定，信用卡章程和保证合约也是保证合同的一部分，对银行和保证人具有法律约束力。但无论是保证条款，还是信用卡章程或者保证合约，都是银行单方面预先制定的格式条款。只要相对人（持卡人和保证人）与银行发生借贷和担保关系，就必须接受该条款而不能提出任何异议。当然，银行也应该履行格式合同规定的义务。当银行和保证人对“保证责任范围”产生不同的理解时，根据《合同法》第四十一条规定，应该作出不利于银行一方的解释，而银行则不能以《信用卡章程》中规定的透支限额是行业进行风险管理的内部控制指标，《信用卡保证合约》中规定的保证责任范围才是双方的约定为由进行抗辩。

（2）从透支的性质来看，保证人的保证责任范围应该是善意的透支，是有限的。所谓透支，是指持卡人在银行信用卡账户上资金不足或者已经没有资金的情况下，根据双方的预先约定，超过信用卡上预留资金的额度使用信用卡进行消费的行为。透支是信用卡的主要功能之一。可以说，没有透支行为，就没有信用卡的诞生，也就没有第三人（保证人）的担保法律关系的发生。但并不是所有的透支都为立法或者双方约定所鼓励，透支的要旨是持卡人必须遵守《信用卡章程》的规定，在允许的信用额度内进行透支并在约定的期限内偿还本息，构成善意透支，才是一种为法律所允许的行为，也为保证人进行信用额度担保的本意所在。

事实上，现实生活中没有一个理性的人会因为血缘或者朋友之间的信任关系而愿意为其提供无期限、无限额的无偿担保。

当持卡人超过《信用卡章程》规定的信用额度透支并在约定期限内没有归还本息，经银行发出通知催收后仍不归还，继续突击取现或者进行消费，应该认定为恶意透支。对于持卡人的恶意透支行为，银行应当负有止付的义务。但在银行提供的信用卡担保格式合同中，却没有规定银行因为自身的疏忽大意或者放任等过失没有及时止付所应承担的民事责任，实质上是加重了保证人的责任。这种免除自己责任，加重对方责任的格式条款规定（对持卡人因使用信用卡而产生的全部债务承担连带责任）显失公平，根据《合同法》第四十条规定，应属无效。

此外，不能否认的是，当持卡人超过《信用卡章程》规定的信用额度透支并在约定期限内没有归还本息时，已构成违约。对于持卡人违约后，因银行没有采取任何措施而导致持卡人任意超信用额度透支产生的损失，根据《合同法》第一百一十九条规定，只能由银行自行承担，也无权要求保证人清偿。

综上，笔者认为，各银行在信用卡使用方面的通常的做法并非规范的做法。现行的信用卡纠纷中保证合同的保证人承担的不是无期限、无限额的连带保证责任，其承担保证责任的范围应该根据信用卡的有效期（决算期）和银行允许持卡人信用透支的额度进行确定。让信用卡保证人承担无限连带责任，银行尚需进一步规范信用卡的运作。

（福建省厦门市思明区人民法院　林晞吟）

67. 袁亮诉成都迪信通科技有限公司等信用卡消费合同案

（信用卡被盗）

（一）首部

1. 判决书字号

一审判决书：四川省成都市武侯区人民法院（2007）武侯民初字第597号民事判决书。

二审判决书：四川省成都市中级人民法院（2008）成民终字第719号民事判决书。

2. 案由：信用卡消费纠纷。

3. 诉讼双方

原告（上诉人）：袁亮，男，汉族，1974年11月2日生，住成都市武侯区云影路。

委托代理人（一、二审）：何佳林，四川合泰律师事务所律师。

委托代理人（一审）：吴益询，四川合泰律师事务所律师。

被告（被上诉人）：成都迪信通科技有限公司（以下简称成都迪信通公司），住所地：成都市科华中路9号。

法定代表人：罗勇，该公司董事长。

委托代理人（一、二审）：姚海泉，四川英捷律师事务所律师。

委托代理人（一、二审）：龚星铭，四川英捷律师事务所律师。

被告（被上诉人）：中国建设银行股份有限公司成都第九支行（以下简称建行成都九支行），住所地：成都市人民南路三段17号。

法定代表人：游春，该支行行长。

委托代理人（一、二审）：郑翔龙，四川天智律师事务所律师。

委托代理人（一审）：李武超，四川天智律师事务所律师。

委托代理人（二审）：黄良，四川天智律师事务所律师。

4. 审级：二审。

5. 审判机关和审判组织

一审法院：四川省成都市武侯区人民法院。

合议庭组成人员：审判长：刘丽；人民陪审员：陈金柱、严清秀。

二审法院：四川省成都市中级人民法院。

合议庭组成人员：审判长：苟文山；代理审判员：黄寅、宋巍。

6. 审结时间

一审审结时间：2007年11月19日。

二审审结时间：2008年3月14日。

（二）一审诉辩主张

原告袁亮诉称：2004年8月5日，原告在被告建行成都九支行办理了一张信用卡。2006年10月11日，原告接到银行短信通知信用卡产生交易时，才发现信用卡被盗。原告立即向银行电话挂失并报案。经查询，信用卡透支交易时间为10月11日晚8：10—8：20之间，消费金额分别为1480元、4880元、4880元，交易商户为被告成都迪信通公司。此后，原告拿到交易单据后发现盗卡人在交易单上的签字与原告在信用卡上的签名明显不符。原告认为被告成都迪信通公司违反信用卡交易操作规程，不履行签名核对义务致使其信用卡被恶意透支，而被告建行成都九支行未尽到对商户收银员的培训义务，未建立完善的挂失服务制度和有效的投诉制度，致使公安机关错失了最佳破案时机，使原告损失无法挽回。故原告请求法院判令：（1）被告成都迪信通公司赔偿原告信用卡被盗刷所产生的经济损失11240元，被告建行成都九支行承担连带责任；（2）由二被告承担本案诉讼费用和鉴定费。

被告成都迪信通公司辩称：原告的信用卡未设密码，持卡人刷卡消费时，仅需在确认交易金额无误后，在签购单上签字即可。因此特约商户只能从持卡人的签名上来判断消费者是否为该信用卡的合法拥有者。被告的收银员只是普通人，不具备鉴别字迹真伪的专业技能，其核对持卡人签名笔迹是否与卡片背面签名一致的评判标准应当是一般注意义务。成都迪信通公司已尽到了核对义务，对原告信用卡被冒用遭受的损失不存在过错，不应当对原告的损失承担责任。原告所遭受的损失是其保管信用卡不善造成的，应由其自行承担责任。请求人民法院驳回原告的诉讼请求。

被告建行成都九支行辩称：原告所称其信用卡被盗并被盗窃者冒用的情况无任何证据证明，在公安机关未破案前无法核实，目前尚不能排除其他情形。原告无相应证据证明其在信用卡背面的签名与消费单据上的签名不符。被告及时受理了原告的挂失，按规定冻结了该信用卡，并在此之前即发短信提示了原告该卡有消费发生，冻结后也积极配合原告的调查，已充分尽到了发卡行的所有应尽义务，无任何过错，对原告信用卡挂失前的损失不应承担任何责任。即使原告信用卡被盗属实而遭受损失也是其自身疏忽大意保管不善所致，应自行承担责任。被告对原告信用卡挂失前的损失不应承担任何责任。请人民法院驳回原告诉讼请求。

（三）一审事实和证据

四川省成都市武侯区人民法院经公开审理查明：2004 年 7 月 2 日，袁亮在建行成都九支行填写了《龙卡贷记卡申请表》一份，申领中国建设银行发行的万事达金卡一张，卡种为龙卡贷记卡（以下简称“贷记卡”），并在该表的“主卡申请人签名”一栏中签名“袁亮”。同年 8 月 5 日，经建行成都九支行审核同意发卡，确定主卡信用额度为 20000 元，主卡卡号为 5324580000681808，袁亮领取了贷记卡。袁亮称其于 2006 年 10 月 11 日晚 6 时 30 分左右在成都市科华路南延线“味漫江湖酒楼”就餐，晚 9 时许收到手机短信称该卡刷卡消费了 10000 余元，其怀疑放在上衣内包的贷记卡被盗，于当晚 9 时 09 分拨打建行 24 小时服务热线 800－820－0588 客户电话以其贷记卡被盗为由申请挂失，建行工作人员核实袁亮身份及相关信息后立即为其办理了该卡的挂失手续，并将该卡当日三次刷卡消费的时间及金额的查询情况告知了袁亮。当晚 10 时许，袁亮到成都市公安局武侯分局南站地区派出所以其贷记卡被盗为由报案，派出所的《接（报）处警登记表》上“处警人员意见”一栏中记载为“登记”，“处理意见”一栏中记载为“待查”。至今，公安机关对该报案未立案侦查。事后，根据建行成都九支行于 2006 年 10 月 27 日打印的该贷记卡的《历史交易查询》表和成都迪信通公司打印的《四川银行卡 POS 凭证》商户存根显示，袁亮所办贷记卡由持卡人签名为“袁亮”的人于 2006 年 10 月 11 日晚 8 时 07 分 14 秒、8 时 22 分 03 秒、8 时 26 分 19 秒在成都迪信通公司盐市口店购物消费三次，金额分别为 1480 元、4880 元、4880 元，总计透支额为 11240 元。其中 8 时 09 分的《四川银行卡 POS 凭证》上持卡人签名“袁亮亮”中间的“亮”字明显存在因错写被划掉的痕迹，三张《四川银行卡 POS 凭证》上均未登记袁亮的有效身份证件号码。经原告申请司法鉴定，三份《四川银行卡 POS 凭证》上持卡人签名栏内的“袁亮亮”、“袁亮”签名字迹与《龙卡贷记卡申请表》上主卡申请人签名处“袁亮”的签名字迹不是同一人书写。

上述事实有下列证据证明：

1. 成都市公安局武侯区分局南站地区派出所登记的《接（报）处警登记表》和该所出具的《证明》，证明原告已向公安机关报案被盗的事实。

2. 建行成都九支行于 2006 年 10 月 27 日打印的《贷记卡历史交易查询单》1 张，证明原告的信用卡被人在被告成都迪信通公司的盐市口店刷卡消费三次，总金额为 11240 元。

3. 四川求实司法鉴定所文书鉴定意见书（川求实鉴〈2007〉文鉴 1317 号）1 份，证明三份《四川银行卡 POS 凭证》上持卡人签名栏内的“袁亮亮”、“袁亮”签名字迹与《龙卡贷记卡申请表》上主卡申请人签名处“袁亮”的签名字迹不是同一人书写。

4.《中国建设银行龙卡贷记卡章程》，其中第十四条规定“凭密码进行的交易，相应产生的电子信息记录为该项交易完成的有效凭证；不凭密码进行的交易，则记载有持卡人签名的交易凭证为该项交易完成的有效凭证，……”证明只有持卡人本人签名才是有效的，而没有持卡人本人签名就是无效的。信用卡申领协议中约定了该章程作为合同内容。

5. 原告在建行成都九支行填写的《贷记卡申请表》及其与建行成都九支行签订的《中国建设银行龙卡贷记卡申领协议》，证明建行成都九支行为袁亮所办主卡卡号为 5324580000681808 及双方权利义务，其中第五条明确约定挂失前的消费由本人自行承担，且证明因卡后的签名并无备案，该申请表上袁亮的签名不一定是所办信用卡背面上的签名。

6. 2006 年 10 月 11 日为原告办理信用卡挂失业务的挂失录音资料及文本资料，证明挂失情况。

7. 主卡卡号为5324580000681808的持卡人/客户维护记录，证明建行成都九支行接到挂失后当即对该卡进行了冻结，之后该卡未进行消费。

（四）一审判案理由

四川省成都市武侯区人民法院根据上述事实和证据认为：袁亮申办的信用卡采用的是无密码仅签名的操作标准，持卡人刷卡消费时，无需使用密码和出示身份证，在确认交易金额无误后，在POS凭证签购单上签上本人的常用签名即可。因此，特约商户收银员只须对刷卡消费者在POS凭证签购单“持卡人签名”一栏上的签名与该卡卡片背面签名栏内的签名是否相符负有核对审查义务，而对于刷卡消费者在POS凭证签购单“持卡人签名”一栏上的签名与合法持卡人在银行其他文件上的签名（如在《龙卡贷记卡申请表》主卡申请人签名处的签名）是否相符并无核对审查义务。作为不具有笔迹鉴定专业素质的收银员，其对于审查POS凭证签购单“持卡人签名”一栏上的签名是否与卡片背面签名一致的评判标准应当是一般注意义务，签名的核对只需作形式上的审查，即只要两处签名的汉字相同，书写形态上没有显而易见的重大差异即可。三份POS单均有“袁亮”字样，且该字体与袁亮本人在信用卡申请表上预留签名无明显差异，故应认定成都迪信通公司收银员已尽到了对签名的合理审查的核对义务，对袁亮信用卡被他人盗刷的损失不存在过错，不应当对袁亮的损失承担责任。被告建行成都九支行为袁亮办理信用卡挂失手续的行为符合《中国建设银行龙卡贷记卡申领协议》的约定和《中国建设银行龙卡贷记卡章程》的规定，充分尽到了发卡行的应尽义务，不存在过错，故不应当对袁亮贷记卡挂失前的损失承担连带责任。在此情况下，袁亮应就“持卡人签名与信用卡背面的签名笔迹明显不一致”负有举证责任，而信用卡已丢失，其丢失的信用卡背面上签名笔迹很难取得。由于袁亮未能提供涉案信用卡背面的预留签名，就无从判断持卡人在签购单上的签名与信用卡背面的预留签名是否明显不一致。故袁亮主张被告成都迪信通公司未尽合理审查义务导致其经济损失的证据不足。袁亮作为合法持卡人应妥善保管信用卡，如卡片遗失或被盗，对挂失生效前发生的损失应由其自行承担。

（五）一审定案结论

四川省成都市武侯区人民法院依照最高人民法院《关于民事诉讼证据的若干规定》第二条的规定，作出如下判决：

驳回原告袁亮的诉讼请求。

案件受理费460元，其他诉讼费230元，鉴定费3000元，共计3690元，由原告袁亮负担。

（六）二审情况

1. 二审诉辩主张

上诉人袁亮上诉称：原判决认定事实错误、适用法律错误，请求判令：(1) 撤销原判；(2) 改判由被上诉人赔偿上诉人信用卡被盗刷卡所产生的经济损失11240元；(3) 本案一、二审诉讼费由被上诉人承担。

被上诉人成都迪信通公司辩称：公安机关的报案材料不能证明信用卡被盗。鉴定的对比性不够，不能充分证明签名的不一致性；成都迪信通公司不是专门的鉴定机构，对于签名的审查只是一般注意义务，成都迪信通公司没有过错，请求维持原判。

被上诉人建行成都九支行辩称：本案中银行没有任何过错，是上诉人没有妥善保管信用卡，事后2小时才挂失，是银行的短信提醒才发现。一审法院认定事实清楚，上诉人的请求应当驳回。

2. 二审事实和证据

四川省成都市中级人民法院经公开审理，确认了一审法院认定的事实和证据。

3. 二审判案理由

四川省成都市中级人民法院根据上述事实和证据认为：由于袁亮在申办信用卡时未设定密码，仅凭签字授权支付，因此，对持卡人签名笔迹的核对成为商家成都迪信通公司的审查义务。在审查签名一致性时，成都迪信通公司作为普通商家，其所负的注意义务应是一般程度的注意义务，要求其收银员有超于常人的辨别能力，过于苛刻，也与信用卡安全简便快捷的使用目的不符。而成都迪信通公司的收款人员在与持卡人在进行交易之前并不知道该持卡人在申领信用卡时预留的签名笔迹样本，其无从知晓该信用卡背面的签名是否与预留的签名一致，也无法知道该信用卡背面签名的真实性。因此，被上诉人成都迪信通公司已举证证明本案三份签购单上的签名与信用卡背面签名一致相符，其已尽到合理审查义务。在此情况下，袁亮应就"持卡人签名与信用卡背面的签名笔迹明显不一致"负有举证责任，而信用卡已丢失，其丢失的信用卡背面上签名笔迹很难取得。由于袁亮未能提供涉案信用卡背面的预留签名，就无从判断持卡人在签购单上的签名与信用卡背面的预留签名是否明显不一致。故袁亮主张被告成都迪信通公司未尽合理审查义务导致其经济损失的证据不足。在上诉人袁亮电话挂失后，被上诉人建行成都九支行即以最便捷的方式，在第一时间内冻结了该卡，避免了上诉人更大的损失，尽到了其作为发卡行的义务，故对上诉人袁亮挂失信用卡以前发生的损失，被上诉人建行成都九支行不应承担责任。故袁亮对丢失信用卡造成的经济损失应自行承担。

4. 二审定案结论

四川省成都市中级人民法院依照《中华人民共和国民事诉讼法》第一百五十三条第一款第（一）项的规定，作出如下判决：

驳回上诉，维持原判。

本案二审案件受理费 460 元，由上诉人袁亮负担。一审案件受理费的负担方式不变。

（七）解说

本案争议焦点在于特约商户对信用卡的管理和使用是否负有审查义务？如果有，应负有什么样的审查义务？特约商户对持卡人挂失前被盗刷卡消费所产生的损失是否应承担责任？

首先，信用卡的持卡人刷卡消费时，银行特约商户应负有审查义务。2001 年 4 月 15 日中国人民银行印发的《银行卡联网联合业务规范》第三章第三点"操作流程"中对持卡人在特约商户的交易流程作了规范。该规范除了要求特约商户核定卡片签名条上无"样卡"或"专用卡"等非正常签名字样，卡片无打洞、剪角、毁坏或涂改的痕迹，和核定信用卡的有效期、照片外，还对持卡人在特约商户的交易操作进行了描述："特约商户收银员在 POS 上刷卡，输入交易金额，要求持卡人通过密码键盘输入 6 位个人密码，如发卡行不要求输入密码的，由收银员直接按确认键；交易成功，打印交易单据，收银员核对单据上打印交易账号和卡号是否相符后交持卡人签名确认，并对信用卡交易核对签名与卡背面签名是否一致后，将银行卡、签购单回单联等交持卡人。"由此可看出，特约商户在受理信用卡时负有审查义务，其审查义务的范围主要集中在审查持卡人输入的密码能否被系统接收，以及审查持卡人在交易单据上的签名与信用卡背面签名是否一致等方面。

其次，银行特约商户受理信用卡后如何判断其是否尽到了审查义务，其应当履行何种程度的审查义务是本案中认定特约商户是否承担责任的关键。作为审查义务人在审查相关责任事项时都必须尽到其基本的注意义务。而在信用卡消费领域中，当信用卡被冒用时，特约商户是唯一与冒用人直接接触的当事人，是防止信用卡被冒用的最后防线。因此特约商户对交易中信用卡的审查注意义务不能等同于普通人的注意义务，但也不能苛求为专业鉴定人员的严格注意义务，而应为形式上的一般审查核对义务。

形式上的一般审查核对义务应高于普通人的注意义务，要求其具备更高要求的勤勉诚信和相当的知识经验，也不能苛求为专业鉴定人员的严格注意义务。特约商户除了严格按照《银行卡联网联合业务规范》规定的交易流程来处理信用卡交易外，还应当对各种交易表现作出合理判断并根据情况采取恰当的处理措施，防止交易风险。基于特约商户对信用卡刷卡消费的审查应尽形式上的一般审查核对义务，特约商户对持卡人签名与信用卡背面预留签名是否一致的审查应高于普通人的一般性审查，但是不要求特约商户对持卡人签名与卡背面签名是否一致的审查达到专业鉴定人员的审查程度。若要求特约商户收银员对签名的审查达到专业鉴别人员的程度，则过于苛刻，这也与信用卡安全简便快捷的使用目的不符；收银员对"签名一致"的审查应比普通人的审查更为谨慎，主要包含以下三个方面：第一，审查持卡人签名的拼音与信用卡正面的拼音是否一致；第二，审查持卡人所签汉字与卡背面的签名汉字是否一致；第三，审查持卡人签名与卡背面签名的字形书写形态是否有显而易见的重大差异。因此，若特约商户在办理信用卡交易时按照《银行卡联网联合业务规范》的规定审查了信用卡的有效性和完整性外，并从上述三个方面审查了持卡人签名与信用卡背面签名是否一致，即认定特约商户对信用卡交易的审查已尽形式上的一般审查核对义务，无需对信用卡的冒用刷卡承担责任。

在本案中，被告成都迪信通公司提供的三份 POS 凭证单说明成都迪信通公司在持卡人刷卡消费时，已审查了信用卡的有效性和完整性，成功生成了刷卡交易的 POS 单；且这三份 POS 凭证单上持卡人签名处的"袁亮"字样，与袁亮在信用卡背面签名处和信用卡申领表上的签字字样相同。根据常人的直观判断，其字体书写形态也无明显的重大差异，故认定成都迪信通公司收银员已尽到了对签名进行形式上的一般审查核对义务。因此本案中被告成都迪信通公司对袁亮信用卡被他人盗刷的损失不存在过错，不应当承担赔偿责任。

（四川省成都市武侯区人民法院　郭　静）

四、知识产权、不正当竞争案例

68. 新传在线（北京）信息技术有限公司诉上海全土豆网络科技有限公司侵犯著作财产权案

（信息存储空间提供者的侵权责任认定）

（一）首部

1. 判决书字号

一审判决书：上海市第一中级人民法院（2007）沪一中民五（知）初字第129号民事判决书。

二审判决书：上海市高级人民法院（2008）沪高民三（知）终字第62号民事判决书。

2. 案由：侵犯著作财产权纠纷。

3. 诉讼双方

原告（被上诉人）：新传在线（北京）信息技术有限公司，住所地：北京市崇文区体育馆路8号31号楼4层、5层。

法定代表人：杨宇涛，该公司总经理。

委托代理人（一、二审）：吴飞霞，上海艾帝尔律师事务所律师。

委托代理人（一、二审）：许鹏，上海艾帝尔律师事务所律师。

被告（上诉人）：上海全土豆网络科技有限公司，住所地：上海市松江区石湖荡镇石湖新路95号A区。

法定代表人（一审）：王微，该公司CEO。

法定代表人（一审）：张晓运，该公司总经理。

委托代理人（一审）：傅永辉，上海德理律师事务所律师。

委托代理人（一审）：仇懿杰，上海德理律师事务所律师。

委托代理人（二审）：游闽键，上海市协力律师事务所律师。

委托代理人（二审）：林华，上海市协力律师事务所北京分所律师。

4. 审级：二审。

5. 审判机关和审判组织

一审法院：上海市第一中级人民法院。

合议庭组成人员：审判长：刘军华；代理审判员：沈强、刘静。

二审法院：上海市高级人民法院。

合议庭组成人员：审判长：张晓都；代理审判员：马剑峰、李澜。

6. 审结时间

一审审结时间：2008 年 3 月 24 日。

二审审结时间：2008 年 7 月 30 日。

（二）一审诉辩主张

原告诉称：原告依法享有电影作品《疯狂的石头》的信息网络传播权。原告经调查发现，被告在未经原告许可且未支付报酬的情况下，通过所运营之网站“土豆网”（网址：www.tudou.com）向用户提供电影《疯狂的石头》的在线播放，侵害了原告的合法权利。为此，原告曾发函要求被告停止侵权未果，故请求法院判令被告：（1）停止侵权行为；（2）赔偿原告经济损失人民币 15 万元；（3）赔偿原告为制止侵权行为支付的相关合理费用人民币 1500 元。

被告辩称：被告属于网络存储空间的提供者，“土豆网”上所有内容都是用户上传的，一旦有盗版或者侵权其就会予以删除；“土豆网”的审核是计算机按照特征码进行自动识别的，而《疯狂的石头》没有特征码，如果权利人没有发函通知，被告是不知道该作品涉嫌侵权的；被告从未收到过原告的通知，在接到起诉状后立即进行了删除，故符合《信息网络传播权保护条例》规定的免责条件，不应承担赔偿责任。

（三）一审事实和证据

上海市第一中级人民法院经审理查明：由北京中录同方音像出版社出版的 VCD《疯狂的石头》彩封上记载“华纳正版”、“出品 四方源创国际影视文化传播（北京）有限公司 中影华纳横店影视有限公司 映艺娱乐有限公司”等字样。

2006 年 7 月 11 日，中影华纳横店影视有限公司（以下简称中华横公司）出具《著作权授权书》1 份，授予北京新传时代广告有限公司在中国大陆区域内享有专有性使用电影作品《疯狂的石头》的信息网络传播权，授权期限为 3 年。

2006 年 10 月 25 日、11 月 14 日，映艺娱乐有限公司（以下简称映艺公司）与四方源创国际影视文化传播（北京）有限公司（以下简称源创公司）先后出具书面文件确认：“中华横（公司）拥有该影片（电影《疯狂的石头》）在中国大陆的一切发行权〔不包括香港、澳门和台湾以及中国大陆的收费电视、有线电视及视频点播之发行；为避免误会，中国大陆的网络视频点播权由中华横（公司）拥有〕，而免费电视需于电影上映后 15 个月才可发行。”

调阅自北京市工商行政管理局崇文分局信息档案管理中心的资料显示，北京新传时代广告有限公司于 2006 年 9 月 16 日变更为北京新传在线信息技术服务有限公司，北京新传在线信息技术服务有限公司于 2006 年 10 月 9 日变更为新传在线（北京）信息技术有限公司（以下简称新传公司）。

2006 年 12 月 22 日，浙江天册律师事务所上海分所委托代理人周涛打开 IE，在地址栏内输入 www.tudou.com 按“Enter”键后进入“土豆网－播客个人多媒体”网站（以下简称“土豆网”），网站首页右侧显示有“土豆精彩频道”、“土豆排行榜”、“播客一周排行榜”等，其中“土豆精彩频道”分设有“原创”、“娱乐”、“音乐”、“影视”、“搞笑”、“动画”、“游戏”、“广告”、“体育”、“生活”、“科教”、“ETC”。点击首页下方“关于土豆”后进入标题为“土豆的目标”的页面，主要内容有：“……我们想把土豆网建成这个世界上最好的个人影像音频的共享和发布网站……我们不是，我们绝对不是提供盗版电影、音乐或者软件传播的网站。如果这是你的目的，土豆网不能满足你的需要……土豆网想要做的，是让你能够非常容易地发布你制作或者收集的个人音频和影像作品……我们提供了无限存储空间的个人空间……所有复杂的后台问题，土豆网帮你做了……每次你上传新制作的节目，都可以很容易地通知你的朋友来下载收看……”点击首页下方“使用协议”后进入标题为“代理协议”和“关于转载，版权纠纷”的页面，其中“关于转载，版权纠纷”标题下的内容有：“土豆网作为网络服务提供商，对非法转载、盗版行为的发生不具备充分的监控能力。但是一经发现，负有移除盗版和非法转载作品以及停止继续传播的义务。土豆网对他人在网站上实施的此类侵权行为不承担法律责任，侵权的法律责任概由本人承担。向在土豆网上发表的作品提出侵权指控者向土豆网提出警告必须具备一定的条件。除明显或众所周知的作品如已经广泛传播的影视作品以外，提出侵权指控者必须提供三类资料……”在首页右上角的搜索栏中输入“疯狂的石头”后点击“土豆搜索”进入“搜索结果”页面的第1页，该页面右上方显示“101个节目中的1－18个”，页面中所列节目右侧均载有节目名称、时长、播客、发布时间、频道、标签、播放次数、评论次数和收藏次数等，周涛分别点击节目名称为“疯狂的石头A”（时长25：13）、“疯狂的石头B”（时长25：13）、“疯狂的石头C”（时长25：13）、“疯狂的石头D”（时长25：10）进行了在线播放，播放框左上角显示“tudou. com”或“土豆网”字样，“相关信息”表明，上述4个节目均发布于2006年12月5日、标签为“卫星小BB”、播放次数均为2000余次、节目网址（URL）为http：//www. tudou. com/programs/view。上海市卢湾区公证处对上述操作过程进行了证据保全公证，并出具了（2006）沪卢证经字第3643号《公证书》。因上述公证所产生的公证费为人民币1500元。

另查明：“土豆网”的节目管理后台页面设有“豆单”、“用户管理”、“评论管理”、“标签管理”、“群发短信”、“专题管理”、“页面内容”、“举报管理”以及“审批节目”、“推荐节目管理”等频道条，并显示所有查找节目的信息（类型、时长、上传时间）、用户信息（用户ID、用户名、昵称）、抓图、频道、状态（如已上传、已批准、已公开等）、操作等，其中设置的操作项包括“□删除、□不准、□不开、□推荐、□原创”和“删除原因：○一般○彻底”。被告在后台对其网站内的视频“疯狂的石头　笑”（时长：5分53秒）和“疯狂石头A”（时长：59分59秒）进行了删除操作，节目信息内容显示该2个视频上传时间分别为2007年1月18日、2007年2月27日。

本案庭审过程中，原告委托代理人在“土豆网”首页右上角的搜索栏中输入“疯狂的石头”后点击“土豆搜索”进入“搜索结果”页面的第1页，该页面右上方显示“134个视频中的1－20个”，页面中所列视频图片右侧均载有视频名称、播放次数、视频时长、发布时间、播客等信息，这20个搜索结果中有5段视频时长显示为二十几分钟，其余视频时长有的显示为几十秒，有的显示为几分钟；上述时长为二十几分钟的视频名称分别为“疯狂的石头5”、“疯狂的石头4”、“疯狂的石头3”、“疯狂的石头2”、“疯狂的石头1”，播客均为sunshine1987，点击“疯狂的石头1”进行在线播放，播放框左上角显示“土豆网”字样，“此视频的相关信息”表明：发布于2007年6月8日，该视频被播放20033次，此视频网址（URL）为http：//www. tudou. com/programs/view。

上述事实有下列证据证实：电影《疯狂的石头》VCD、著作权授权书、映艺公司出具的权利确认书、源创公司出具的权利证明、注册档案查询记载、（2006）沪卢证经字第3643号《公证书》、公证费发票、“土豆网”注册流程以及注册协议、“土豆网”用户发布节目流程以及版权声明、涉嫌上传侵权作品的网络页面及用户信息、“土豆网”对涉嫌侵权作品进行删除处理页面等证据。

（四）一审判案理由

上海市第一中级人民法院根据上述事实和证据认为：现有证据表明，源创公司、中华横公司和映艺公司是电影《疯狂的石头》的出品人，源创公司和映艺公司均确认中华横公司拥有该影片在中国大陆的包括网络视频点播权在内的一切发行权，中华横公司又授予原告为期3年专有性使用该作品的信息网络传播权，故在授权期限内原告对电影《疯狂的石头》依法享有在中国大陆区域内的信息网络传播权。任何人未经许可或授权通过信息网络向公众传播涉案电影作品的，均构成对原告信息网络传播权的侵犯，提供信息存储空间的网络服务提供者明知或者应当知道网络用户通过其网站发布之内容侵权而不及时采取删除等措施的，原告亦有权请求追究该网络服务提供者的相应法律责任。被告明知会有盗版和非法转载作品被上传至“土豆网”的可能，却疏于管理和监控，导致一度热播之影片《疯狂的石头》被网络用户多次传播而未能得到及时删除，故被告主观上具有纵容和帮助他人实施侵犯原告所享有的信息网络传播权的过错，不完全具备《信息网络传播权保护条例》第二十二条所规定的可不承担赔偿责任之条件。鉴于原告未能举证证明其因被侵权所遭受的实际损失或者被告因侵权所获得的利益，法院综合涉案作品的类型、知名度、在“土豆网”上被播放次数以及被告主观过错程度、侵权行为的性质、期间等因素酌情确定被告应承担的赔偿数额。此外，原告主张之合理费用为公证费，但所涉公证内容还包括其他与本案无关的电影作品，故法院将其中可获得支持的部分一并作为确定赔偿数额的因素之一予以考虑。

（五）一审定案结论

上海市第一中级人民法院依照《中华人民共和国民法通则》第一百三十条、《中华人民共和国著作权法》第十条第一款第（十二）项、第四十八条、《信息网络传播权保护条例》第二十二条、最高人民法院《关于审理涉及计算机网络著作权纠纷案件适用法律若干问题的解释》第四条的规定，作出如下判决：

1. 被告上海全土豆网络科技有限公司应于本判决生效之日起立即删除“土豆网”（网址www.tudou.com）上侵害原告新传在线（北京）信息技术有限公司信息网络传播权的电影《疯狂的石头》；

2. 被告上海全土豆网络科技有限公司应于本判决生效之日起10日内向原告新传在线（北京）信息技术有限公司赔偿经济损失及合理费用共计人民币5万元；

3. 原告新传在线（北京）信息技术有限公司的其余诉讼请求不予支持。

（六）二审情况

1. 二审诉辩主张

上诉人上诉称：请求撤销一审判决，驳回被上诉人的全部诉讼请求，并承担一审、二审的全部诉讼费用。其主要上诉理由为：（1）（2006）沪卢证经字第3643号《公证书》记载的公证过程虽经公证人员进行现场监督，但是由被上诉人新传公司授权代理人在自己的办公室，使用自己电脑获取的信息，故该《公证书》无法防止被上诉人授权代理人事先对电脑进行设置、操纵特定网页信息，无法保证网页信息的真实性和客观性。此外，该《公证书》记载的时间与《公证书》所附光盘形成的时间不符，光盘所存DVD摄像中涉案作品《疯狂的石头》之内容不完整，无法证明上诉人服务器上曾出现过涉案侵权作品《疯狂的石头》。故被上诉人一审中提供的上述侵权证据均存在严重缺陷，不能作为认定上诉人侵权的证据。（2）一审判决错误分析了上诉人网站的后台管理设置，过高估计了上诉人对上传的海量视频作品的监控能力和监控责任。一方面，上诉人的网站分为原创、娱乐、音乐、影视、搞笑等多个频道，这些频道分类是供作品上传者自行选择和任意操作的，上诉人没有办法预先控制，也就决定了其对电影频道单独监控的效果必然甚微；另一方面，土豆网中上传的名称相同而内容不同的视频作品的现象非常普遍，其中不乏原创的搞笑版，故要求上诉人通过作品名称监控视频既不公平也不现实。(3) 本案中，被上诉人新传公司以零成本通过接受赠与的方式获得涉案作品授权，没有对外再进行过有偿授权，上诉人也没有从为涉案作品《疯狂的石头》提供存储空间的行为中获利，故一审法院认定上诉人承担 5 万元赔偿金额没有法律依据。

被上诉人答辩称：《公证书》中的个别差错不足以影响《公证书》的效力。《信息网络传播权保护条例》中第二十二条关于网络服务提供者不承担赔偿责任的“免责条款”并不适用于上诉人的涉案行为。根据土豆网自己制定的作品上传的审查规则等可知，上诉人完全具备审查侵权作品的能力，故与上传涉案侵权作品的用户共同构成对被上诉人信息网络传播权的侵害。上诉人的上诉理由均不能成立，请求二审法院驳回上诉，维持原判。

2. 二审事实和证据

上海市高级人民法院经审理查明：原审判决认定的事实属实。

3. 二审判案理由

上海市高级人民法院根据上述事实和证据认为：根据查明的事实，源创公司、中华横公司、映艺公司作为电影《疯狂的石头》的著作权人，依法享有涉案电影作品的包括复制权、发行权和信息网络传播权等在内的相关著作权。由于源创公司、映艺公司均确认由中华横公司享有涉案作品在中国大陆的包括网络视频点播权在内的一切发行权，中华横公司又将电影《疯狂的石头》在中国大陆的信息网络传播权以独占许可的方式授权被上诉人新传公司使用，新传公司由此在上述区域以及合同约定的期限内享有对电影《疯狂的石头》的信息网络传播权，任何人在未经许可，又不具有“合理使用”“法定许可”的免责情形下，通过信息网络向公众传播该电影作品的，构成对新传公司信息网络传播权的侵犯。

根据最高人民法院《关于审理涉及计算机网络著作权纠纷案件适用法律若干问题的解释》的规定，网络服务提供者通过网络参与他人侵犯著作权行为，或者通过网络教唆、帮助他人实施侵犯著作权行为的，追究其与其他行为人或者直接实施侵权行为人的共同侵权责任。上诉人土豆网公司作为提供网络存储空间的视频分享网站，虽然没有直接实施上传涉案侵权作品的行为，但其在应知网络用户实施了涉案侵权行为的情况下而予以放任，属于通过网络帮助他人实施侵犯著作权行为，主观上具有过错，应当承担相应的侵权民事法律责任。

在目前网络著作权侵权诉讼中，针对电子证据的易修改性和易逝性之特点，当事人可以采用公证保全的方式对网络电子证据进行收集、固定、储存、描述，作为证明侵权人实施侵权行为的证据。本案中，被上诉人为了证明上诉人经营的土豆网上出现了侵权视频即涉案作品，对土豆网相关网页进行了公证保全，并提交了上海市卢湾区公证处 (2006) 沪卢证经字第 3643 号《公证书》。经审查，该《公证书》对在公证员现场监督下由当事人代理人上网输入“www.tudou.com”网址、进入各级网页，包括对进入各网页的指示路径等均予以记载，对相关显示和播放页面实施截图和打印，同时对上述过程包括在线播放的情况予以摄像并翻录成光盘。根据《民事诉讼法》第六十七条规定：“经过法定程序公证证明的法律行为、法律事实和文书，人民法院应当作为认定事实的根据。但有相反证据足以推翻公证证明的除外。”此外，最高人民法院《关于民事诉讼证据的若干规定》第九条规定：“已为有效公证文书所证明的事实”，当事人无需举证证明，当事人有相反证据足以推翻的除外。第七十七条第（二）项规定："物证、档案、鉴定结论、勘验笔录或者经过公证、登记的书证，其证明力一般大于其他书证、视听资料和证人证言。"由此可见，公证证据具有法定的较高证明力。虽然上诉人以本案公证保全的场所系在被上诉人代理人的办公地点，并使用其电脑设备进行操作，以及光盘反映的时间有误等为由，对公证过程的客观性、真实性提出质疑，认为公证申请人完全可以通过修改本机 hosts 文件，将特定域名与特定 IP 地址建立映射关系，从而使得输入该特定域名所打开的网页为申请人预先设定好的页面。但上诉人提出的上述质疑只是一种推测，在其没有提供足够充分的相反证据的情况下，公证程序中的一些瑕疵不足以否定整个电子证据保全过程的真实性和准确性，该《公证书》具有证明效力，可以用来证明土豆网相关网页当时的客观状态。上诉人提出的公证材料存在严重缺陷，不能作为上诉人涉嫌侵权的证据的上诉理由，法院难以支持。

关于上诉人对其经营的土豆网上出现用户上传的涉案侵权视频是否应承担著作权侵权责任的问题。应当指出，一方面，从技术角度分析，网络环境中任何侵犯著作权行为的发生，都必须以一定的网络平台为前提。换言之，在本案中，离开了上诉人提供的网络存储空间和平台，本案中直接实施上传行为的用户就无从上传涉案侵权作品。另一方面，基于网络技术的特殊性，不能仅因为网站存储空间出现了侵权作品，就认定提供了存储空间的该网络服务提供者要承担侵权责任。本案的关键在于判断上诉人作为提供网络存储空间的视频分享网站，对其用户通过土豆网上传涉案作品的侵权行为是否具有主观过错，也就是说，上诉人只有在主观具有明知或应知状态下对用户的侵权行为才承担共同侵权的法律责任。根据本案查证的事实，上诉人虽然没有直接实施上传侵权视频的行为，但其在获知网络用户涉案侵权行为存在的情况下放任侵权行为存在，属于通过网络帮助他人实施侵犯著作权行为，主观上具有过错，应当承担相应的侵权民事法律责任。理由为：第一，上诉人是经营视频分享网站的网络服务提供者，其承担的注意义务应当与其具体服务可能带来的侵权风险相对应。上诉人在土豆网专门设立不同频道，供用户根据作品不同类别进行上传，方便了用户较容易地在上述分类频道中或通过"站内搜索"功能找到该部作品，并通过点击播放实现在线收看，从而大大方便了侵权作品在网络的传播。需要指出的是，上诉人特意将"原创"作品与其他"娱乐""影视""音乐"等作品分设不同频道的行为本身，也说明上诉人除了对广大网络用户将自拍的家庭生活或娱乐片断等原创作品上传之外，还可能将其他未经许可的热门电影和电视剧等上传至网站从而招致可能的侵权风险的情况是知晓的；第二，根据常理可知，目前没有任何一家中外著名电影制片公司许可过任何网站或个人免费提供其摄制的热门电影供网络用户下载。上诉人作为一家专门从事包含影视、音乐等在内的多媒体娱乐视频共享平台的专业网站，在日常网站维护中，应当知晓当时在中国大陆热播的电影作品之一的《疯狂的石头》的上传是未经许可的。法院注意到，根据土豆网制定的用户上传作品的流程介绍，土豆网实行的是上传视频的事前审查机制，即通过设置"审片组"由其工作人员负责对视频内容合法性进行判断，再决定是否准许在网站上传播，用户提供的视频的信息只有经过"审片组"审核后才会在 12 小时后得以向公众发布。尽管上诉人辩称，其只是对反动、色情、暴力等视频内容进行审查，但如前所述，由于涉案作品《疯狂的石头》在当时是中国大陆热播的影片，上诉人在审片过程中不可能不注意到该影片的上传属于未经许可的侵权行为。此外，通过审核后公布在土豆网上的视频作品的视频框左上角均由上诉人加注"土豆网和其域名"字样的事实本身，也再次证明了上诉人对用户上传视频的审核行为的认可。由此可见，上诉人在具备合理理由知晓侵权行为存在的情况下，不仅不采取合理措施防止侵权行为的发生，还采取了视而不见、予以放任的态度，其主观上具有过错，应当承担相应的侵权民事法律责任。

上诉人还认为，新传公司以零成本获得涉案作品授权，没有对外再进行过有偿授权，上诉人也没有从为涉案作品《疯狂的石头》提供空间的行为中获利，原审判决的5万元经济损失明显过高。法院认为，由于新传公司未能提交充分的证据对其赔偿请求数额予以证明，原审法院对其关于损害赔偿金额的诉讼主张并没有全额支持，原审法院依据涉案侵权行为的持续时间和影响范围、上诉人的经营规模及其主观过错程度等情况，以及被上诉人为本案诉讼支出的合理费用等因素酌情确定本案的赔偿数额已经考虑了本案的具体情况，故该赔偿数额并无不当。

综上所述，二审法院认为原审判决认定事实属实，适用法律正确，审判程序合法，应予维持；上诉人的上诉请求和理由缺乏事实和法律依据，应予驳回。

4. 二审定案结论

上海市高级人民法院依照《中华人民共和国民事诉讼法》第一百五十三条第一款第（一）项、第一百五十八条的规定，作出判决如下：

驳回上诉，维持原判。

（七）解说

本案中，将电影《疯狂的石头》上传至土豆网供公众在线播放的直接实施者是该网站的注册用户，被告为用户提供的是信息存储空间。对于此类网络服务提供者侵权责任承担与否的认定，应当根据《信息网络传播权保护条例》的相关规定并结合具体案情进行综合判断。首先，从常理上来分析，一部影片的拍摄往往要倾注制片者大量的人力和财力，这就决定了电影作品的著作权人一般不会在互联网上发布其作品供公众无偿在线播放或下载，也不会许可他人免费提供作品的网络视频。而作为一家专业网站，被告理应对其所经营之网站中的哪些内容可能涉嫌侵权有一个最基本的认知，如对前述之电影作品特别是较热门的影片，被告应该意识到必然存在版权问题，即在被告应当知晓电影《疯狂的石头》系网络用户擅自发布仍不作删除处理的情况下，可以认定其存在主观过错。在此，需要指出的是，被告不能以其已在网站“使用协议”中声称“不具备充分地监控能力”以及“对他人在网站上实施的此类侵权行为不承担法律责任”而对网站上显而易见的侵权行为听之任之。其次，从土豆网的后台页面来分析，被告在对网站进行日常维护和管理过程中，会对网络用户上传的节目进行审批和推荐，这说明其有权利和能力去掌握和控制侵权活动的发生。法院还注意到，被告网站的“土豆精彩频道”中设有“原创”、“音乐”、“影视”、“广告”等，这种分频道设置无疑为网络用户传播和搜索同类内容提供了方便，而从另一角度来讲被告也可以针对“影视”等存有极大侵权嫌疑之频道内的节目进行有重点的审核，以避免网站上存在明显的侵权信息。然而，从不同用户先后多次在土豆网上发布《疯狂的石头》之事实来看，被告应尽的审查和删除义务显属能为而怠为之。至于被告所提出的未收到过通知书之抗辩，法院认为，只有在网络服务提供者不知道也没有合理理由应当知道服务对象提供的作品侵权时，才牵涉到权利人提交书面通知以达到警告网络服务提供商并请求其移除相关侵权内容的目的，反之则不适用“通知与移除”规则。

（上海市第一中级人民法院　刘　静）

69. 黄自修诉南宁市艺术剧院著作权侵权案

（民间文学艺术）

（一）首部

1. 判决书字号

一审判决书：广西壮族自治区南宁市中级人民法院（2007）南市民三初字第 62 号民事判决书。

二审判决书：广西壮族自治区高级人民法院（2008）桂民三终字第 15 号民事判决书。

2. 案由：著作权侵权纠纷。

3. 诉讼双方

原告（上诉人）：黄自修，男，1930 年 11 月 6 日生。

委托代理人（一、二审）：黄逸捷，远东律师事务所律师。

委托代理人（一、二审）：滕华，远东律师事务所律师。

被告（被上诉人）：南宁市艺术剧院，住所地：南宁市教育路 1 号。

法定代表人：雷务甲，该剧院院长。

委托代理人（一、二审）：韦克尔，法严律师事务所律师。

4. 审级：二审。

5. 审判机关和审判组织

一审法院：广西壮族自治区南宁市中级人民法院。

合议庭组成人员：审判长：黄德标；审判员：蒙文琦、胡桂全。

二审法院：广西壮族自治区高级人民法院。

合议庭组成人员：审判长：刘拥建；代理审判员：廖冰冰、韦晓云。

6. 审结时间

一审审结时间：2007 年 12 月 20 日。

二审审结时间：2008 年 11 月 20 日（经广西壮族自治区高级人民法院批准依法延长审限）。

（二）一审情况

1. 一审诉辩主张

原告黄自修诉称：1958 年其将收集到的民间传说予以整理，独立创作完成《妈勒带子访太阳》，以笔名“布英”发表在 1958 年 2 月号总第 35 期的《民间文学》。1999 年南宁市艺术剧院未征得其同意，将其作品改编为《妈勒访天边》并进行演出，未给其报酬，侵犯其著作权。请求法院：（1）确认南宁市艺术剧院的《妈勒访天边》系其《妈勒带子访太阳》的改编作品，黄自修享有原著署名权，南宁市艺术剧院停止侵犯其原著署名权，即再版、使用、演出《妈勒访天边》及销售其复制品时，在剧本及宣传海报、门票、光盘等载体上注明“根据黄自修作品《妈勒带子访太阳》改编”；（2）判令南宁市艺术剧院在一家全国性报纸上就侵权行为向黄自修公开赔礼道歉；（3）判令南宁市艺术剧院就侵权行为赔偿黄自修 20 万元：(4) 判令南宁市艺术剧院赔偿黄自修精神损失20万元；(5) 本案全部诉讼费由南宁市艺术剧院承担。

被告南宁市艺术剧院辩称：黄自修不享有《妈勒带子访太阳》的著作权，《妈勒带子访太阳》反映的民间传说广泛流传、历史久远，不是布英创作只能说是其整理编辑成文字作品而已。南宁市艺术剧院的《妈勒访天边》是新创作的作品，不构成侵权，表演作品是公益性的，没有获利，请求法院驳回黄自修的诉讼请求。

2. 一审事实和证据

广西壮族自治区南宁市中级人民法院经公开审理查明：1958年2月号总第35期的《民间文学》上刊登了“布英”“收集整理”的“壮族民间传说”《妈勒带子访太阳》。“布英”是黄自修的笔名。该文的主要内容是：古时的壮乡黑暗、寒冷、野兽出没，人们决定去找太阳。老人、中年男子、小孩各摆条件争着要去。一名叫妈勒的年轻孕妇所说的理由获得认同，大家决定让她去找太阳。孕妇在途中生下儿子，母子一路上经历了很多困难，母亲因年老走不动，儿子一人继续向前走，终于在第一百年找到太阳。文尾注明“收集于来宾县”。

1999年，南宁市艺术剧院创编了《妈勒访天边》，主要内容是：很久以前，阴暗和寒冷封锁壮乡。人们决定去寻访太阳。老人、青年、孩子各摆条件争着要去。一位美丽年轻的孕妇所说的理由获得认同，大家决定由她到天边去寻访太阳。孕妇在途中生下了勒（壮语儿子的意思）。母子（妈勒）在路上经历了很多困难，母亲因年老去世，儿子继续前行。儿子遇到藤妹，两人相爱，难分难舍。儿子想起母亲临终前的嘱咐，毅然离去。藤妹也追随而去，两人继续寻访太阳。该剧注明“根据壮族民间传说改编”。

1981年的《广西民间文学丛刊》第4期刊登了“农冠品整理”的“壮族古代传说”《妈勒访天边》，主要内容是：古时的人们想看看天边是什么样，因此决定派人寻找。老人、青年、小孩各摆条件争着要去。一名年轻的孕妇所提出的理由获得认同，大家决定由她去寻找。孕妇在途中生下儿子（勒）。两母子在路上经历了很多困难，母亲年老走不动了，儿子一个人继续寻找。农冠品在文后的“附记”中写道：这篇壮族古代传说系根据1958年壮族文学调查组搜集的资料整理的。过去曾有人整理发表过，题为《妈勒带子访太阳》（见《民间文学》1958年第2期）。该整理者的材料来源，我无法知道，很可能在壮族民间确实有一位古代的妇女“妈勒”带着他的儿子去访问太阳。但依我的看法，过去的整理者从现实的观点出发，把原来是寻找“天边”的传说改为访“太阳”……假若真的是这样更改，就与民间传说完全异样……过去整理时为访“太阳”，内容上并没有错误，但为了使一个远古的传说适应当今时代的政治倾向而自作更改，那是对古代传说的歪曲、篡改，是从事民间文学工作所力戒的。

2003年7月，南宁市艺术剧院与农冠品达成协议：其一，南宁市艺术剧院创作的舞剧《妈勒访天边》与农冠品收集整理的民间故事《妈勒访天边》同是对同一壮族民间传说的传承，农冠品认为南宁市艺术剧院未构成侵权；其二，因农冠品参与了舞剧《妈勒访天边》的论证工作，南宁市艺术剧院向农冠品一次性支付稿酬2000元。

上述事实有下列证据证明：

(1) 1958年2月号总第35期的《民间文学》，证明其中登载了“布英”“收集整理”的“壮族民间传说”《妈勒带子访太阳》。

(2)《中国出版人名词典》(1989) 及《广西当代科普作家》(1991)，其中均有黄自修简历，证明其是布英。

(3) 广西民族出版社出具《证明》，证明黄自修是该社退休职工，“布英”为其笔名。

(4) 2002 年 9 月漓江出版社出版发行的《广西新时期优秀剧本选》，证明南宁市艺术剧院的舞剧《妈勒访天边》的内容。

(5)《广西民间文学丛刊》(1981) 第 4 期，证明农冠品“整理”的“壮族古代传说”《妈勒访天边》及其由来。

(6) 2003 年 7 月农冠品与南宁市艺术剧院签订的《协议书》，证明南宁市艺术剧院创作的舞剧《妈勒访天边》的情况。

3. 一审判案理由

广西壮族自治区南宁市中级人民法院根据上述事实和证据认为：《妈勒带子访太阳》的作者是黄自修，其主张文中的人物及八处情节为其独创，但该文注明是根据“壮族民间传说”“收集整理”而成，因此其内容应来源于民间传说。结合农冠品的文章及附记来看，即便该文有独创部分，也仅为黄自修将故事背景由“寻访天边”改为“寻访太阳”。对比黄自修的《妈勒带子访太阳》与南宁市艺术剧院的《妈勒访天边》，二者均讲述了壮族人民为追求美好生活不畏艰险、前仆后继的故事，题材相同，但题材不是《著作权法》所保护的客体；二者均是根据壮族民间传说改编，都是对民间传说的传承，是两部不同的作品；二者的主要人物也不完全相同；虽然二者中有部分情节相同，但不构成实质性相同。黄自修主张南宁市艺术剧院的作品系改编自其作品，侵犯其著作权的证据和理由不充分，不予支持。

4. 一审定案结论

广西壮族自治区南宁市中级人民法院依照《中华人民共和国民事诉讼法》第六十四条第一款，《中华人民共和国著作权法》第十条第一款第（十四）项的规定，作出如下判决：

驳回原告黄自修的诉讼请求。

案件受理费 4600 元，由原告黄自修负担。

（三）二审诉辩主张

上诉人黄自修上诉称：(1) 一审判决认定其作品中的人物及故事情节完全来自于民间传说、不具有独创性，没有事实依据。《妈勒带子访太阳》系其独立创作的作品，原有的民间传说仅是其创作灵感的来源，为了能在《民间文学》上发表，其才以民间故事的形式投稿，杂志社注明“布英整理”而不是“布英著”是基于该刊物自身的需要，不是作者的本意。(2) 一审判决认定两作品之间没有实质性相同，不具有改编关系，与事实不符。被控侵权作品与其作品中的人物形象及基本故事情节几乎完全一致，构成实质性的相同。请求撤销一审判决，改判支持其一审全部诉讼请求，案件诉讼费由南宁市艺术剧院负担。

被上诉人南宁市艺术剧院辩称：(1)《妈勒带子访太阳》是布英收集整理的民间传说，黄自修称是其创作的证据不足，不能享有著作权。民间文学艺术作品的作者是创作民间文学艺术作品的社会群体，《妈勒访天边》属民间传说，因此著作权应归远古的壮族人民集体所有，由创作、保存该民间文学艺术作品的社会群体享有有关权利。(2) 根据我国《著作权法》第六条规定，民间文学艺术作品不属于《著作权法》的调整范围，故黄自修对《妈勒带子访太阳》无著作权，南宁市艺术剧院创编的舞剧《妈勒访天边》未侵犯其著作权。请求二审法院驳回上诉，维持原判。

（四）二审事实和证据

广西壮族自治区高级人民法院经审理确认一审认定的事实和证据。

另查明：1961 年《广西僮族文学》（初稿）第二章《远古神话》中收录了《妈勒访天

边》一文，该文未标明著者或收集整理人，其故事梗概是：古时候的人看见天像锅头一样盖着大地，就想象天一定是有边际的。于是大家都想去找天边。老人、青年人、小孩子都摆出自己能去找天边的理由，但一个年轻的孕妇说服了大家，大家同意她去找天边。孕妇在途中生下一个男孩，走了几十年，妈妈走不动了，儿子继续往东走，要走完妈妈没有走完的路。该书的《后记》中记载了该书的形成经过：僮族文学史编辑室“1958 年 9 月接到中国科学院文学研究所关于编写僮族文学史的通知后，由自治区科学分院进行筹备，经区党委宣传部批准，从区直属文化单位和广西师范学院中文系五十多个教师与学生组成僮族文学史调查队……深入到广西僮族地区卅二个县、市进行调查、收集材料，历时两个多月。在大体了解僮族文学概况，并占有相当材料的基础上，由编辑室着手分析和研究材料，开始编写工作……在材料的收集整理和编写过程中，得到了区民族事务委员会、区僮文学校、区民族出版社”等的大力帮助。

以上事实有 1961 年广西僮族自治区人民出版社出版的《广西僮族文学》（初稿）证明。

（五）二审判案理由

广西壮族自治区高级人民法院根据上述事实和证据认为：妈勒访天边的故事原型在民间早已存在。但黄自修的《妈勒带子访太阳》一文在民间传说的基础上，融合了其个人的理解和想象，运用具有其鲜明个性特色的语言文字及表述风格进行整理、改动和加工，把壮语中具有母、子含义的“妈勒”，独创性地改变成母亲独有的称谓，把在第一百年终于找到太阳独创性地作为故事的结局，已不是简单地把口头传说用文字的形式固定下来，不是一般意义的单纯的收集整理，是投入了个人创造性思维和劳动的再创作，属于《著作权法》保护的创作活动，因此黄自修对《妈勒带子访太阳》应享有著作权。一审法院认为《妈勒带子访太阳》内容应来源于民间传说，即便该文有独创部分，也仅为黄自修将故事背景由“寻访天边”改为“寻访太阳”的认定不当，二审法院予以纠正。

但在本案中黄自修既没有证据证明南宁市艺术剧院接触过其作品，也未能举出充分证据证明南宁市艺术剧院的《妈勒访天边》与其作品中相似的部分是其原创，南宁市艺术剧院称其创作的作品是来源于同一民间传说并举出了相应的证据。因此，二审法院认为黄自修主张南宁市艺术剧院的作品《妈勒访天边》构成对其作品《妈勒带子访太阳》的改编，侵犯其著作权的理由缺乏事实和法律依据，不予支持。

虽然黄自修的作品与南宁市艺术剧院的作品之间不构成改编法律关系，但在审理中，双方提供的证据表明南宁市艺术剧院的作品从黄自修的作品中间接受益。南宁市艺术剧院在审理中也一直本着实事求是，协商解决的态度处理本案的纠纷，在法院主持的调解中也同意给黄自修作适当补偿，故根据案件的实际情况，法院酌情确定由南宁市艺术剧院给黄自修适当补偿。

（六）二审定案结论

广西壮族自治区高级人民法院依照《中华人民共和国民事诉讼法》第一百五十三条第一款第（一）项，《中华人民共和国民法通则》第四条的规定，作出如下判决：

1. 维持南宁市中级人民法院（2007）南市民三初字第 62 号民事判决；

2. 由被上诉人南宁市艺术剧院在本判决生效之日起 10 日内补偿人民币 3 万元给上诉人黄自修。

一审案件受理费 4600 元，二审案件受理费 4600 元，共计 9200 元，由上诉人黄自修负担 6440 元，由被上诉人南宁市艺术剧院负担 2760 元。

（七）解说

本案是民间文学艺术衍生作品的著作权侵权纠纷，是一种近年来才出现的新类型的著作权侵权纠纷，主要涉及对以同一民间文学艺术为素材和基础创作而成的作品之间的侵权认定问题。目前我国的法律并未就此作出明确规定。本案判决的精要之处在于两个方面：

1. 二审法院既紧扣法律一般的规定、立法原理和著作权侵权判定的基本方法，又结合本案的特殊性作出了新的诠释和发展，明确了民间文学艺术衍生作品的侵权判定方法与步骤，即“三步判断法”，纠正了一审法院在作品独创性认定以及侵权判定方面的不当之处。第一步，紧扣“独创性”的标准，分析涉案的民间文学艺术衍生作品是否属于我国著作权法意义上的作品，其作者是否应享有著作权。根据《著作权法》的一般规定，创作了作品的公民或法人是作者，如无相反证明，在作品上署名的人即是作者，然而，对于民间文学艺术衍生作品而言，从“创作”、“署名”的角度进行表面的判别是远远不够的，必须结合民间文学艺术的原型对比分析衍生作品的“独创性”及其体现，才能得出正确的结论。如果涉案的作品达到了《著作权法》的要求，在明确其应获得法律保护的同时也要指出其与一般作品的不同之处，明确其作者享有的著作权利不能当然覆盖至民间文学艺术的原有领域。对民间文学艺术衍生作品的著作权保护，既要保护作者对作品的创造性劳动，保护作品的独创性，但又不能不恰当地把原来处于民间流传中的公有领域的内容纳入作者作品的保护范围，阻碍民间文学艺术的传承以及他人利用该民间文学艺术进行正常的再创作。第二步，民间文学艺术衍生作品的著作权纠纷虽然涉及民间文学艺术，但是该纠纷的性质依然是著作权纠纷，所以应该遵循“接触＋相似”的著作权侵权判定基本原理进行分析，先对“接触”的事实进行查明，再对“相似”问题进行判定。在涉及民间文学艺术的争议中，应当避免在争议作品之间泛泛地进行“相似”的对比，要把被控侵权作品与主张权利的作品的独创性部分进行一一对比，结合“接触”的事实是否存在来分析相同或相似是因二者之间有接触联系造成，还是各自独立创作纯属巧合的雷同，还是由于对同一传统文化的利用不可避免的结果，进而分析判断是否构成侵权。第三步，民间文学艺术衍生作品中经常出现对同一民间故事、传说、民歌等等进行利用和再创作的情形，因此在对比中也要注意把不受《著作权法》保护的对象，如主题、思想、题材等等排除在对比的范围之外，直接认定这部分的相同和相似不构成侵权。二审法院在本案中总结出来的“三步判断法”既尊重历史与民间文学艺术的创作和发展规律，也尊重现行法律规定和作者原创性劳动，体现了著作权法原理和侵权判定基本方法在新领域的运用和发展，在现行法律规定尚不完善的情况下，保证了同类案件裁判的内在统一性与稳定性。

2. 二审法院认为，虽然黄自修的《妈勒带子访太阳》与南宁市艺术剧院的《妈勒访天边》之间不构成改编法律关系，南宁市艺术剧院也没有直接接触到黄自修的作品，但是，从涉案的民间文学艺术被发掘、流传和发扬的过程来看，黄自修的作品与南宁市艺术剧院的作品客观上存在着承前启后的联系，后者从前者中间接受益，由于南宁市艺术剧院在审理中也一直本着实事求是、协商解决的态度处理纠纷，在法院主持的调解中也同意给黄自修作适当补偿，因此二审法院根据本案的实际情况，创造性地运用《民法通则》第四条有关公平原则的规定，酌情确定由南宁市艺术剧院给黄自修适当的经济补偿。民间文学艺术是宝贵的文化遗产，在代代相传和缓慢地变化中发展和流传，因此对民间文学艺术的创造、保存和发展者之间进行合理的、公平的惠益分享不仅符合民间文学艺术产生和发展的规律，也有利于鼓励民间文学艺术的保存和传承。二审法院结合本案的客观实际情况，谨慎地发挥了司法的能动性，弥补现有法律之不足，就民间文学艺术的“惠益分享”问题作出了一个首开先例的判决，既保护民间文学艺术衍生作品的著作权，也鼓励民间文学艺术的保存和传承，获得了良好的法律效果和社会效果，对推动我国传统文化法律保护事业的发展具有非常积极和深远的意义。

（广西壮族自治区高级人民法院　廖冰冰）

70. 郭昆诉黄振翘等著作权侵权案

（一）首部

1. 判决书字号

一审判决书：江苏省南通市中级人民法院（2007）通中民三初字第0059号民事判决书。

二审判决书：江苏省高级人民法院（2008）苏民三终字第0207号民事判决书。

2. 案由：著作权侵权纠纷。

3. 诉讼双方

原告（上诉人）：郭昆，男，1945年8月17日生。

委托代理人：金海涛，江苏省南京市玄武区工商局退休干部。

被告（被上诉人）：黄振翘，男，1936年1月16日生。

委托代理人：冒展藻，上海中医药大学附属岳阳中西医结合医院职员。

被告（被上诉人）：上海世纪出版股份有限公司科学技术出版社（以下简称科技出版社），住所地：上海市卢湾区瑞金二路450号。

负责人：毛文涛，该社社长。

委托代理人：吕淑琴，上海市中信正义律师事务所律师。

委托代理人：董美根，上海市中信正义律师事务所律师。

被告（被上诉人）：南通新华书店有限责任公司（原名为南通市新华书店，以下简称南通新华书店），住所地：江苏省南通市人民中路80号。

法定代表人：毕云森，该店经理。

委托代理人：马中华，江苏南通通南律师事务所律师。

4. 审级：二审。

5. 审判机关和审判组织

一审法院：江苏省南通市中级人民法院。

合议庭组成人员：审判长：马晓春；代理审判员：陶新琴、金玮。

二审法院：江苏省高级人民法院。

合议庭组成人员：审判长：吕娜；审判员：徐美芬；代理审判员：施国伟。

6. 审结时间

一审审结时间：2008年6月16日。

二审审结时间：2008年11月18日。

（二）一审诉辩主张

原告郭昆诉称：原告撰写的《"血友汤"治疗血友病的临床研究》（以下简称《"血友汤"临床研究》）一文发表在《江苏中医》杂志 1994 年第 15 卷第 3 期。该文系统阐述了"血友汤"治疗血友病的基础、方法、疗效等，是原告多年从事中医治疗血友病研究的心血结晶。黄振翘等未经原告同意，在其主编的《实用中医血液病学》一书第 570 页、第 578 页等处剽窃、篡改、歪曲原告《"血友汤"临床研究》一文中的核心精华部分，表现在：（1）尽管在《实用中医血液病学》一书的文后注脚和参考文献中注明了有关内容引自原告的文章，但未经原告本人同意将原告文章中的内容充实到其自己的著作中属于剽窃；（2）《实用中医血液病学》中将原告文章中辩证论治中的处方中药十二味改为九味，使原本完整的"血友汤"处方人为残缺，并将不可分割的辩证加减内容全部删除，是对原告文章的篡改；（3）原告文章中出于维护自身权利和继续研究的需要，没有列出处方中所用中药的剂量，《实用中医血液病学》一书凭空捏造了每味中药的剂量，严重歪曲了原告的作品；（4）"血友汤"是原告总结发明的治疗血友病的中药复方汤剂名称，《实用中医血液病学》一书中也用"血友汤"的方名，是对原告冠名权的侵犯和掠夺。综上，黄振翘等人对原告《"血友汤"临床研究》一文进行剽窃、篡改、歪曲，严重侵犯了原告的作品完整权，应根据《著作权法》的规定承担相应的法律责任。科技出版社出版了该书、南通新华书店销售了该书，均构成侵权。故请求法院判令：黄振翘和科技出版社分别在《光明日报》及《新华日报》第一版显要位置刊登消除侵权行为影响、向原告赔礼道歉的声明；黄振翘和科技出版社在重印或再版《实用中医血液病学》一书时，删除书中剽窃、篡改、歪曲原告作品的部分；黄振翘、科技出版社和南通新华书店共同赔偿原告经济损失（包括原告为制止侵权行为所支付的合理费用）3 万元；本案全部诉讼费用由三被告承担。

被告黄振翘辩称：本人只是《实用中医血液病学》一书的主编，书中有关血友汤的论述并非本人所写。本人没有义务也没有能力校对近百万字的全书所有注脚，即使发生侵权，本人也没有过失，不应承担责任。郭昆所诉侵权不成立。《实用中医血液病学》一书第 570 页关于血友汤的论述与《"血友汤"临床研究》一文中关于血友汤的论述不同，是两种不同的研究成果。该书第 578 页关于"血友汤"的内容属于合理使用范畴，也不构成侵权。"血友汤"这一名称是对"治疗血友病的中药汤剂"这一思想观念的有限表达，郭昆对"血友汤"这一名称不能主张著作权。综上，请求驳回郭昆的诉讼请求。

被告科技出版社辩称：原上海科学技术出版社已经变更，由我社承继其全部权利义务。《实用中医血液病学》中关于"血友汤"的论述，有的属于不同成果，有的是合理使用，都不构成侵权。作者不侵权，我们作为出版社也不存在侵权。且我社在出版该书过程中无过错，尽到了合理注意义务。请求驳回郭昆的诉讼请求。

被告南通新华书店辩称：郭昆诉状中所诉的"南通书城新华书店"名称不正确，我店的诉讼主体资格由法院依法确认。如果认为我店是本案适格被告，则我店销售的图书都有合法来源，我们已经尽到了合理注意义务，即使侵权事实存在，我店也不承担赔偿责任。请求驳回郭昆的诉讼请求。

（三）一审事实和证据

江苏省南通市中级人民法院经审理查明：郭昆于 1994 年 3 月 5 日在江苏省卫生厅主办的公开出版物《江苏中医》1994 年第 15 卷第 3 期"临床研究"栏目，发表了论文《"血友汤"临床研究》一文。全文分为摘要和正文两大部分，正文包括"临床资料"、"治疗方法"、

“治疗结果”、“典型病例”、“讨论”五个部分。该文介绍了作者根据多年临床经验，自拟“血友汤”治疗26例血友病的治疗方法、治疗结果等情况，并从理论上进行了探讨研究。其中，在该文“讨论”部分的“辩证论治”章节中，郭昆详细阐述了其自拟的“血友汤”的方药组成和理由：首选补而不腻的太子参和治脾气虚弱的潞党参、炙黄芪益气扶正，摄血健脾为君；配当归、首乌、鸡血藤养益肝肾，补血生血而运脾为臣；因气易随血失，阳亦受损而致虚火上越，故以温补回阳的附片制伏虚火而引火归元，与补气药同用可敛散失之元阳，调补脏腑经络之阳气；加之紫草、茜草、锦纹止血活血，祛瘀生新而醒脾为佐；另加酸敛固涩的乌梅启骨之牖，专长引诸药入骨，与补脾调和诸药的甘草同用，入肝脾二经为引。概言之，方中运、醒、理、健、补五法相互关联，达脾健生血旺盛，因摄有权。若出血在胸腹，加行气散血的川芎；若出血在五官，可重用牛膝引血下行；若出血在关节，且见畸形，加龟板、鳖甲软坚散结，强腰益肾，以利骨骺受损后的修复。

2006年7月4日，郭昆在南通新华书店购买了上海科学技术出版社2005年5月第1版第1次印刷的《实用中医血液病学》一书。该书分为上、中、下三篇，上篇为中医血液病学基础，中篇为中医血液学病症，下篇为西医血液学疾病。全书收集了国内大量文献资料，内容丰富、翔实，是一部中医血液病学专著和专业参考书。全书共计39章，94.7万字，由48名编写人员编写，主编为黄振翘、梁冰、陈信义、周永明等四人。

该书“下篇”第三十六章“出血性疾病与凝血障碍”第四节“血友病”一文的作者为邱仲川、赵琳，该节专门论述了中医药治疗血友病的病因病机、诊断、症候学特征、辩证思路、治疗和护理康复。在“治疗”部分的论述中，又分别阐述了治疗总则、急证处理、辩证论治、其他论治、中西医结合治疗、其他疗法和疗效判定标准。其中的“其他论治”部分（全书的第570页）有以下63字的叙述：“（一）健脾生血方药运用：血友汤。党参20g，黄芪20g，当归15g，首乌15g，鸡血藤15g，制附片10g，紫草10g，茜草10g，锦纹10g。每日一剂，水煎服。[郭昆，等．江苏中医，1994，15（4）：41—42]。”同章第六节“出血性疾病的中医药研究进展”一文的作者为陈菲、黄振翘，该节总结了包括血友病在内的出血性疾病中医药治疗的研究成果、进展和展望。在其中的“临床观察”部分总结、概述了过敏性紫癜、特发性血小板减少性紫癜、血友病、弥散性血管内凝血等四种出血性疾病的临床观察结果。在“血友病”的临床观察中则分别介绍了郭氏、赵氏、李氏、胡氏的研究成果。其中“郭氏”即指本案郭昆，相关的叙述（全书中自第578页至第579页）如下：“郭氏等从脾论治，用血友汤治疗26例，其中甲型14例，乙型12例，观察时间最长9年多。最快的1剂出血即止，一般3—5剂，青紫肿胀包块消失，26例全部有效，治疗前后因子Ⅷ：C、因子Ⅸ：C有显著差别（P＜0.001），认为近期疗效和远期随访都比较满意。”在该节所附的“参考文献”第[10]项（全书第581页）指明：“郭昆．血友汤治疗血友病的临床研究．江苏中医，1994，15（3）：41。”

郭昆认为，《实用中医血液病学》一书第570页和第578页至第579页有关血友汤的叙述共计近200字，侵犯了其发表的《“血友汤”治疗血友病的临床研究》一文的著作权，遂提起本案诉讼。

另查明：上海科学技术出版社于2005年经中共上海市委宣传部批准变更为科技出版社，作为上海世纪出版股份有限公司的下属分支机构，领有营业执照。

还查明：南通新华书店为独立法人，虽然在其销售发票上印有“南通书城”的字样，但该店并无名为南通书城的分支机构。该店销售的《实用中医血液病学》具有合法来源。

上述事实有下列证据证明：

1. 1994 年第 15 卷第 3 期《江苏中医》杂志。

2. 上海科学技术出版社 2005 年 5 月出版的由黄振翘、梁冰、陈信义、周永明主编的《实用中医血液病学》一书及南通市新华书店的购书发票。

3. 科技出版社与黄振翘等人签订《实用中医血液病学》一书的图书出版合同。

（四）一审判案理由

江苏省南通市中级人民法院根据上述事实和证据认为：

1. 黄振翘、科技出版社、南通新华书店均是本案适格的被告。《实用中医血液病学》一书在中医血液病学研究主题下汇编了 48 名作者的作品，并将所有作品按中医血液病学的基础理论、各种中医血液学病症的治疗、西医血液学疾病的中医药治疗的顺序分为上、中、下三篇，全书系统、全面阐述了中医血液病学的研究成果，在内容的选择和编排上体现了汇编人的创造性劳动，属于我国《著作权法》保护的汇编作品。

根据我国《著作权法》的规定，汇编作品的著作权由汇编人享有，两人以上合作创作作品的著作权由合作作者共同享有，《实用中医血液病学》一书的汇编人是包括主编黄振翘在内的 15 名编委，故该书著作权由 15 名编委共同享有。在该作品发生侵权时，所有编委成员应承担连带的法律责任，被侵权人可以选择对编委全体成员或部分成员主张全部权利。所以本案郭昆以该书主编黄振翘为被告，向其主张赔偿等责任，不违反法律规定。同时，虽然郭昆指控的部分侵权内容（《实用中医血液病学》第 570 页相关内容）的真正作者是邱仲川和赵琳，但在总体上，汇编作品对外以汇编人为权利人，所以在汇编作品发生侵权时，不论是其中的原作品发生侵权还是汇编作品本身在内容选择编排上发生侵权，汇编作品的著作权人都应对外承担侵权责任。法律并没有要求权利人区分汇编作品和其中原作品的双重著作权而分别向著作权人主张权利。至于汇编人对外承担侵权责任后是否对原作品的作者追究责任，可由汇编人另行处理。所以黄振翘关于其不是本案适格被告的抗辩主张不能成立。

《实用中医血液病学》一书上注明的该书出版者为上海科学技术出版社，目前该社已经变更为科技出版社，是领有营业执照的企业法人的分支机构，属于《民事诉讼法》规定的可以作为民事诉讼当事人的其他组织。所以科技出版社是本案适格被告。

南通新华书店是企业法人，郭昆起诉状中表述的“南通书城新华书店”并不存在。南通新华书店承认郭昆提供的购书发票是其出具，《实用中医血液病学》一书是其出售。本案郭昆真正指向的被告是南通新华书店，其也参加了本案诉讼。故将南通新华书店作为本案被告不违反法律规定。

2. 郭昆对《“血友汤”临床研究》一文享有著作权，对“血友汤”三字不享有著作权。郭昆《“血友汤”临床研究》一文是其本人在研究以我国传统中医药知识治疗血友病的科学领域内的智力成果，该文根据其多年临床经验，运用临床资料、典型病例，介绍其自拟中医药方药“血友汤”治疗血友病的方法和结果，并在此基础上进行了理论探讨，具有独创性，构成我国《著作权法》所称之作品，应受《著作权法》的保护。

郭昆有权对其自拟的中药方药进行命名，其将由太子参、党参，黄芪、当归、首乌、鸡血藤等十二味中药组成的方药命名为“血友汤”并无不当。但郭昆对其自拟方药的命名并不能产生著作权的法律效力。因为《著作权法》保护的是具有独创性的思想观念的表述，而不保护思想观念本身。“治疗血友病的中药汤剂”就是血友病中医药治疗研究领域内的一个思想观念，不受《著作权法》的保护。“血友汤”三个字只是对这一思想观念的简略表达，而且是唯一或者是有限的表达，所以也不受《著作权法》的保护。

3.《实用中医血液病学》第570页和第578页相关内容均不构成侵权。《实用中医血液病学》一书第570页的内容表达的是一个由九味中药组成的有剂量、可以用于临床治疗的中药方剂；其随后的引注部分“[郭昆，等．江苏中医，1994，15（4）：41—42]”只是表明前述“血友汤”中药方剂这一研究成果借鉴了郭昆文章中的相关思想。郭昆对《“血友汤”临床研究》一文的表达形式享有著作权，但该文中所反映的“血友汤”的中药组成成分这一内容本身并不属于《著作权法》保护的客体，郭昆对此中药组成成分不能主张著作权。所以《实用中医血液病学》一书第570页的相关内容只是借鉴郭昆原文中的思想观点，并不是抄袭、篡改郭昆原文。当然，《实用中医血液病学》一书第570页中的引注方式不够详尽，客观上可能引起读者误解。为避免读者误解，该书如再版，应当注意规范文章的引注行为，以使读者能够明确地区分引注的相关内容是对原文的引述还是只是借鉴相关作品的思想。

《实用中医血液病学》一书第578页至第579页的内容属于引用，且符合合理使用的要件，不构成侵权。首先，此处引用郭昆作品的目的正当，是作者为了说明自己关于出血性疾病的中医药研究进展方面的观点而间接、概括地引用《“血友汤”临床研究》中的内容，不具有商业性质和盈利目的，完全是为了学术研究的需要；其次，此处引用郭昆作品的程度适宜。本处引用郭昆作品的内容仅有111字，仅占其原作近2000字中的很小部分，占新作品《实用中医血液病学》全书字数95万字的比例更是微小，引用程度没有超过必要限度；再次，本处引用的郭昆作品性质是已公开发表作品，并且注明了原作品的作者、名称、出处，符合《著作权法》规定的合理使用的要求。故《实用中医血液病学》一书此处的引用属于对作品的合理使用，不需经过郭昆许可，也无需向其支付报酬。

（五）一审定案结论

江苏省南通市中级人民法院依照《中华人民共和国著作权法》第二十二条第一款第（二）项、《中华人民共和国著作权法实施条例》第二条的规定，判决如下：

驳回郭昆的诉讼请求。

案件受理费1210元、邮寄费800元、其他诉讼费用1000元，合计3010元，均由郭昆承担。

（六）二审情况

1. 二审诉辩主张

上诉人郭昆上诉称：（1）一审判决认定事实错误。将第578页至579页和第581页认定为“引用”，而将第570页的内容认定为是“借鉴”了郭昆思想观念，自相矛盾。既然第570页声明是引用，则应当忠实于原著，而不应将原文中的十二味中药变成了九味，还被加入了剂量，侵犯了原作品的完整性和不被篡改的权利。被上诉人明显抄袭了上诉人专著中的核心章节，并非单纯地借鉴了“思想观念”。“血友汤”三字是人人可写、可说、可用的，但是上诉人血友汤中药组成内容已成专著，是独创性的智力成果，任何人是不可抄袭篡改的。一审判决将上诉人作品的核心成果“血友汤”从整个作品中划分开来，认为整个作品受《著作权法》保护，而其中的“血友汤”三个字不受《著作权法》保护，缺乏科学依据和法律依据。第578页至579页的内容不属于法律规定的合理引用，构成侵权。（2）一审判决适用法律错误，既已认定《实用中医血液病学》为汇编作品，却没有援引《著作权法》关于汇编作品相关条款的规定。综上，被上诉人侵权事实清楚，证据确凿，请求撤销一审判决，依法改判支持上诉人一审的诉讼请求。

被上诉人黄振翘辩称：我们的作品与郭昆的作品不同，我们已写明了方剂的用量，只是参考了郭昆的论文思想，不构成侵权。“血友汤”属于思想的有限表达，不属于作品。请求驳回上诉，维持原判。

被上诉人科技出版社辩称：一审判决认定事实清楚，适用法律正确，请求驳回上诉，维持原判。

被上诉人南通新华书店辩称：一审判决认定事实清楚，适用法律正确，请求驳回上诉，维持原判。

2. 二审事实和证据

江苏省高级人民法院经审理查明：一审法院查明的事实属实。

3. 二审判案理由

江苏省高级人民法院根据上述事实和证据认为：

（1）郭昆对“血友汤”这一名称不享有著作权。本案中，郭昆固然有权将其自拟的由十二味中药组成的用以治疗“血友病”的方剂命名为“血友汤”，但正如郭昆在上诉状中所陈述的那样，这种根据治疗病症的名称对中医药方剂进行命名的方式，是中医药方剂命名中的通常做法之一。由于“血友汤”这一中药方剂名称是“治疗血友病的中药汤剂”这一思想的简略表达形式，该表达方式是中医药方剂命名的惯常表述，不具备作品的独创性要件，故“血友汤”这一名称不属于我国《著作权法》保护的作品范畴。

（2）黄振翘等人编写《实用中医血液病学》一书第570页的内容不构成侵权。首先，《实用中医血液病学》一书第570页的表达与郭昆《“血友汤”临床研究》一文“辩证论治”部分的表达不同，不构成复制或抄袭。其次，《实用中医血液病学》一书第570页的内容也不构成对《“血友汤”临床研究》一文的篡改，属于一种合理借鉴。《实用中医血液病学》第三十六章第四节“血友病”一文的作者在学习借鉴郭昆《“血友汤”临床研究》一文中记载的“血友汤”十二味中药组成成分的基础上，通过对治疗血友病的中药方剂进行再研究，特别是对“血友汤”十二味中药组成成分进行筛选并明确赋予每味中药以剂量，从而形成了自己的研究成果，即《实用中医血液病学》一书第570页记载的由九味中药组成且有明确剂量的“血友汤”方剂。法院认为，借鉴不同于引用。引用必须尊重作者原意，不能断章取义，而借鉴强调的是创新，如果一味要求借鉴者忠实于作者原有的研究成果而不能有所突破，否则即认定构成侵权的话，则明显有违鼓励科学技术创新、推动科学技术发展进步的根本目的。因此，郭昆关于第570页的内容歪曲、篡改了其《“血友汤”临床研究》一文中记载的核心成果的上诉理由不能成立，法院不予支持。

（3）黄振翘等人编写《实用中医血液病学》第578页至579页中的内容属于我国《著作权法》规定的合理使用情形，不构成侵权。本案中，黄振翘等人所撰写的第578页至579页不仅介绍了郭氏即本案郭昆在其已发表的《“血友汤”临床研究》一文中所记载的其运用血友汤治疗血友病人的例数、治疗服药的剂数、观察疗效的天数、临床观察结果，同时还介绍了赵氏、李氏、胡氏等人的相关研究成果。上述引用的目的是为了介绍和说明关于血友病中医药临床治疗的进展情况，引用的内容只有100字左右，占全文篇幅的比例很小，并且指明了作者姓名和作品名称，符合我国《著作权法》规定的合理使用的条件，不构成对郭昆著作权的侵犯。

（4）关于本案的法律适用问题。本案中，就《实用中医血液病学》这本书整体而言，由于该书是由48名作者撰写的若干作品汇编而成的中医血液病学专著，在内容的选择和编排上体现了汇编人员的创造性劳动，符合《著作权法》所规定的汇编作品的特征，属于汇编作品。但就该书中被郭昆指控侵权的第三十六章第四节“血友病”一文和第六节“出血性疾病的中医药研究进展”一文而言，该两章节分别由不同作者独立创作完成，体现了作者的独创性，构成《著作权法》保护的独立的文字作品，并不属于《著作权法》规定的汇编作品。因此，一审判决依据《著作权法》关于作品的相关规定认定黄振翘等人的行为不构成著作权侵权并无不当。

综上，郭昆的上诉理由不能成立，其上诉请求法院不予支持。一审判决认定事实清楚，适用法律正确，应予维持。

4. 二审定案结论

江苏省高级人民法院依照《中华人民共和国民事诉讼法》第一百五十三条第一款第（一）项之规定，判决如下：

驳回上诉，维持原判决。

二审案件受理费人民币550元，由郭昆负担。

（七）解说

本案中，原告郭昆指控被告黄振翘等人侵犯其著作权的主要理由是认为被告编写的《实用中医血液病学》一书抄袭、篡改了其公开发表的《“血友汤”临床研究》一文中的核心成果即“血友汤”的十二味中药组成成分。原告郭昆之所以败诉，是因为其错误地理解了作为《著作权法》保护对象的作品的内涵，将不属于《著作权法》保护对象的中药组成成分这一技术信息作为作品而主张著作权，最终导致了败诉的结果。

从广义上讲，著作权法、专利法和技术秘密所保护的对象都属于一种智力创作成果，但保护的侧重点是不同的。著作权保护的智力创作成果主要体现在作者对其智力创作成果的表达即作品上，而专利权和技术秘密保护的智力创作成果主要体现为依据一定的思想和理论研究开发出来的技术实施方案。一项具体的技术方案可以受到《专利法》和《反不正当竞争法》（技术秘密）的保护，而阐发、论述该项技术方案的文章，则可以受到《著作权法》的保护。凡符合《著作权法》规定的作品条件的，就应当受到《著作权法》的严格保护；对不构成作品的，权利人的权益可能得到其他法律的保护，但不能得到《著作权法》的保护。换言之，对于向人民法院以不受《著作权法》保护的作品提起著作权侵权诉讼的当事人，是不能获得胜诉结果的。

本案中，原告郭昆据以主张权利的依据是其撰写并发表的《“血友汤”临床研究》一文，其指控被告侵犯的是其在该文中记载的核心研究成果即其自拟的“血友汤”的十二味中药组成成分。就原告郭昆所创作的《“血友汤”临床研究》一文而言，该文是郭昆本人根据其多年以传统中医药知识治疗血友病的临床经验独立创作完成的，运用临床资料和典型病例，介绍其自拟的中药方剂“血友汤”治疗血友病的方法和结果，并在此基础上进行了理论探讨，表达方式亦具有独创性，属于《著作权法》所保护的作品。具体到该文中记载有十二味中药组成成分的“讨论”章节的“辩证论治”这一段落而言，该段落详细阐述了选择太子参、潞党参等十二味中药作为“血友汤”组成成分的原因和药理机制，并根据治疗血友病的需要，将各种中药的用途、名称和使用目的有层次有序地进行了描述，该表达具有独创性，亦属于《著作权法》保护的作品范畴。但就该段落中所披露的组成“血友汤”的太子参、潞党参等十二味中药组成成分这一内容和信息而言，其反映的是利用中药治疗血友病的一种技术信息。

中药方剂作为一种技术信息，权利人可以选择不对外公开将之作为技术秘密加以保护；如果符合专利申请条件的，也可以选择通过申请专利获得专利保护，却不能对此主张著作权保护。因为著作权保护的是思想的独创性表达而不是思想本身，方剂组成成分属于思想内容范畴且其表达只是将若干中药药名进行排列组合，表达方式亦不具有独创性，故不能主张著作权保护。本案中，原告郭昆对其研制“血友汤”的十二味中药组成成分，没有选择作为技术秘密保护或者通过申请专利获得专利保护，而是选择在其公开发表的文章中予以披露。而该信息一经公开，则成为可以公知公用的知识，任何人都可以使用该作息或利用该信息进行再研究、再创作。《实用中医血液病学》一书的相关作者在学习借鉴原告郭昆在其文章中披露的“血友汤”组成成分这一研究成果的基础上，结合自身研究，形成了由其中九味中药组成且有明确剂量的“血友汤”方剂，是一种正当的再研究、再创作行为，不构成对郭昆著作权的侵犯。

（江苏省高级人民法院　陈芳华）

71. 广东中凯文化发展有限公司诉大连网星天地文化发展有限公司侵犯著作财产权案

（侵权判定、赔偿数额）

（一）首部

1. 判决书字号：辽宁省大连市中级人民法院（2008）大民四初字第71号民事判决书。

2. 案由：侵犯著作财产权纠纷。

3. 诉讼双方

原告：广东中凯文化发展有限公司（以下简称中凯公司）。住所地：广东省广州市白云区机场路118－122号广东省像城三楼3号。

法定代表人：郭岳洲，该公司执行总裁。

委托代理人：刘利明，辽宁华辰律师事务所律师。

被告：大连网星天地文化发展有限公司（以下简称网星公司），住所地：辽宁省大连市中山区隆盛巷4号。

法定代表人：李长凯，该公司经理。

4. 审级：一审。

5. 审判机关和审判组织

审判机关：辽宁省大连市中级人民法院。

合议庭组成人员：审判长：白波；审判员：逄春盛；代理审判员：谷东芳。

6. 审结时间：2008年8月1日。

（二）诉辩主张

原告中凯公司诉称：中凯公司通过合法途径取得了影片《搭讪法则》（《恋爱法则》）的信息网络传播权，授权类型为独家，授权期限自2006年1月19日至2009年1月18日。网星公司在未经许可的情况下擅自在其网吧内播放影片《搭讪法则》，其行为已经侵犯了中凯公司的合法权益。为此提起诉讼，请求判令被告网星公司：立即停止影片《搭讪法则》的非法网络传播行为；赔偿经济损失3万元；赔偿公证费800元、查档费50元、交通费1000元。承担本案全部诉讼费用。

被告网星公司未予答辩。

（三）事实和证据

辽宁省大连市中级人民法院经审理查明：案涉电影《THE ART OF SEDGCTION》又名《ART OF SEDGCTION》，中译名《恋爱（的）法则》、《狐狸精PK采花贼》、《搭讪（的）法则》等。

2005年12月25日，韩国映画社青于蓝株式会社（Chungeorahm Film）出具《版权证明书》、《版权委托书》各一份。《版权证明书》载明：映画社青于蓝株式会社拥有电影《ART OF SEDGCTION》的所有版权；该电影的主演为SON，YAE－JIN，SONG，IL－KOOK，制作于2005年，导演为OH，KI－HUAN。《版权委托书》载明：映画社青于蓝株式会社确认按照2005年12月23日签订的音像制品发行权授予合同（合同号码：CERHV－051223）授权于广东山力文化发展有限公司中华人民共和国地区的独家所有音像版权（包括但不局限于DVD，VCD）及独家信息网络传播权，版权期限自获得政府相关部门的审批日算起3年。前述《版权证明书》、《版权委托书》业经韩国公证机关公证和我国驻韩国使馆认证。

2006年4月27日，映画社青于蓝株式会社与广东山力文化发展有限公司签订《影片〈THE ART OF SEDGCTION〉音像制品发行权授予合同补充协议》，约定：本补充协议是双方于2005年12月签订的韩国影片《THE ART OF SEDGCTION》（中文暂定名：《恋爱法则》）音像制品发行权授予合同（编号CERHV－051223）不可分割的一部分，相抵触的条款以本补充协议为准；授权范围为该电影音像制品（包括但不限于VCD、DVD、CD－R等所有音像产品）在中国境内（香港、台湾地区、澳门除外）的独家专有出版、出租、制作、复制、发行权及独家信息网络传播权；该电影的信息网络传播权是独家的，未经广东山力文化发展有限公司授权，包括映画社青于蓝株式会社在内的任何第三方不得非法使用；授权期限为3年，自取得中国相关部门批文之日起计；合同价格为保证金2万美元，在审批通过后按当时汇率以人民币转账方式支付，本保证金为纯收入。

2006年1月18日，国家版权局著作权合同登记第13993号批复记载：出版单位为北京东方影音公司；制品名称中文《恋爱的法则》，原文《THE ART OF SEDGCTION》；出版形式为VCD、DVD；合同有效期自审批通过之日起3年；合同登记号为国权像字29－2006－0036号。同年2月20日，中华人民共和国文化部进口音像制品批准单记载：进口单位北京东方影音公司；原产地韩国；发行载体VCD/DVD；版权提供单位Chungeorahm Film；节目名称及批准文号为《恋爱的法则》、文像进字（2006）138号。其后，广东山力文化发展有限公司通过北京东方影音公司出版发行了上述影片音像制品。

2007年5月25日，广东山力文化发展有限公司与原告中凯公司签订《版权转让合约》，约定：广东山力文化发展有限公司同意将包括案涉影片在内的164部节目所拥有的全部版权转让给中凯公司；节目有效授权期限按每个节目的原合同的实际期限为准，授权区域为中国（香港、澳门、台湾地区除外）；该合同列明了所有节目的版权期限、金额等，其中本案所涉影片在金额一栏中标注为5000元、2000元。同年6月1日，广东山力文化发展有限公司与原告中凯公司签订《补充协议》，约定：前述《版权转让合约》所转让的全部权利包括上述节目的信息网络传播权。

原告中凯公司提交的DVD出版物彩封记载如下内容：韩国卖座劲爆爱情喜剧《狐狸精PK采花贼》（《THE ART OF SEDGCTION》，又名《恋爱的法则》），主演孙艺珍、宋一国，“中凯文化”总策划。该光盘盘面记载如下内容：“吸性大法”“THE ART OF SEDGCTION”“恋爱的法则”，中凯·山力荣誉出品。该DVD出版物彩封及光盘盘面均记载：北京东方影音公司出版，ISRC CN－A13－06－0014－0/V. J9，国权像字29－2006－0036号，文像进字（2006）138号。

2007年10月11日，原告中凯公司向辽宁省大连市公证处申请保全证据公证。原告中凯公司的委托代理人王守贞来到位于大连市中山区民生路靠近天津街的“网星天地”网吧，经公证员现场监督，王守贞在该网吧188号电脑完成以下操作：点击桌面上的“影音天地”，进入域名“http：//192168001211. icafe. vv8. com/default. asp”的页面；在该页面“找片”右侧的栏中输入“搭讪的法则”后，点击“本地搜索”进入搜索结果页面；在该页面点击“搭讪的法则”，进入“搭讪的法则”海报页面；点击该页面中海报下方的“立即播放”，“搭讪的法则”影片开始播放。辽宁省大连市公证处将截屏的文件记录刻录成光盘，并于2007年10月20日出具了（2007）大证经字第5667号公证书。

原告中凯公司为本案支付了查档费50元、公证费800元，为包括本案在内的9宗案件共支出差旅费1000元。

上述事实有下列证据证明：

1. 辽宁省大连市公证处（2007）大证经字第5667号公证书。
2. 进口音像制品批准单。
3. 韩国映画社版权证明公证认证书。
4. 韩国映画社授权广东山力文化发展有限公司版权公证认证书。
5. 音像制品发行权授予合同补充协议。
6. NO. 0013993国家版权局著作权合同登记批复。
7. 广东山力文化发展有限公司与原告中凯公司签订的版权转让合约。
8. 广东山力文化发展有限公司与原告中凯公司签订的补充协议。
9. 广州市白云区公证处（2008）穗白内经证字第99号公证书。
10. 广州市天河区人民法院（2007）天法知民初字第179号民事判决书。
11. 公证费、工商查询费、交通费收据。
12. 音像制品《恋爱法则》实物光盘。

（四）判案理由

辽宁省大连市中级人民法院根据上述事实和证据认为：原告中凯公司享有案涉影片的信息网络传播权；被告网星公司未经权利人许可，在其“网星天地”网吧局域网上向不特定公众提供案涉影片播放服务，其行为侵犯了原告中凯公司享有的信息网络传播权，依法应当承担停止侵害、赔偿损失的民事责任。

（五）定案结论

辽宁省大连市中级人民法院依照《中华人民共和国民事诉讼法》第一百三十条、《中华人民共和国著作权法》第十条第一款第（十二）项、第十一条第四款、第四十七条第（一）项、第四十八条、最高人民法院《关于审理著作权民事纠纷案件适用法律若干问题的解释》

第七条、第二十五条第一款、第二款之规定，作出如下判决：

1. 被告网星公司立即停止侵犯原告中凯公司对电影《THE ART OF SEDGCTION》〔又名《ART OF SEDGCTION》，中译名《狐狸精 PK 采花贼》、《恋爱（的）法则》、《搭讪（的）法则》〕享有的信息网络传播权；

2. 被告网星公司于本判决生效之日起 10 日内赔偿原告中凯公司经济损失 6000 元；

3. 被告网星公司于本判决生效之日起 10 日内赔偿原告中凯公司为制止本案侵权支出的合理开支 1000 元；

4. 驳回原告中凯公司的其他诉讼请求。

本案案件受理费 596 元，原告中凯公司负担 465 元，被告网星公司负担 131 元。

（六）解说

本案的焦点在于：原告中凯公司是否享有案涉影片的信息网络传播权，以及如何确定侵权损害赔偿数额。

1. 原告中凯公司是否享有案涉影片的信息网络传播权。根据《著作权法》第十一条第四款规定，如无相反证明，在作品上署名的公民、法人或者其他组织为作者。根据最高人民法院《关于审理著作权民事纠纷案件适用法律若干问题的解释》第七条第一款规定，当事人提供的涉及著作权的底稿、原件、合法出版物、著作权登记证书、认证机构出具的证明、取得权利的合同等，可以作为证据。本案原告中凯公司提交、由韩国映画社青于蓝株式会社出具的《版权证明书》、《版权委托书》，业经公证认证；其中的《版权证明书》可以证明韩国映画社青于蓝株式会社系案涉影片的作者；《版权委托书》及原告中凯公司提交的《影片〈THE ART OF SEDGCTION〉音像制品发行权授予合同补充协议》，可以证明映画社青于蓝株式会社就案涉影片已授予广东山力文化发展有限公司音像版权和信息网络传播权等独家权利；国家版权局著作权合同登记批复、文化部进口音像制品批准单可以证明案涉影片业经行政主管部门批准、可在我国境内公开发行；广东山力文化发展有限公司与原告中凯公司签订的《版权转让合约》、《补充协议》以及案涉影片正版 DVD 制品、广州市天河区人民法院（2007）天法知民初字第 179 号民事判决书，可以证明原告中凯公司业已受让了案涉影片的信息网络传播权等权利。据此，应当认定原告中凯公司享有案涉影片的信息网络传播权。

2. 如何确定本案的侵权损害赔偿数额。根据《著作权法》第四十八条规定，侵权人应当按照权利人的实际损失给予赔偿；实际损失难以计算的可以按照侵权人的违法所得给予赔偿；前述实际损失或违法所得不能确定的，根据侵权行为的情节给予 50 万元以下的赔偿。鉴于原告中凯公司在本案中不能提供证据证明其因侵权所受的实际损失，被告网星公司侵权违法所得亦无法查清，受诉法院依据涉案作品的类型、同类作品信息网络传播的合理使用费用、侵权行为的性质、后果等情节综合确定赔偿数额。为此，对原告中凯公司因被告网星公司侵权行为所致经济损失，法院酌定为 6000 元；对原告中凯公司为制止被告网星公司侵权所支付的合理开支，包括查档费、公证费和差旅费，法院确定为 1000 元。前述经济损失的酌定数额，各地法院之间差距较大，除地区经济发展不平衡的因素外，司法实务中尚应加强法院案例的指导作用，力求同案同判、司法统一。

（辽宁省大连市中级人民法院　谷东芳）

72. 北京慈文影视制作有限公司诉深圳市腾讯计算机系统有限公司侵犯著作财产权案

（信息网络传播权、网络公司审查义务）

（一）首部

1. 判决书字号

一审判决书：深圳市南山区人民法院（2007）深南法知民初字第37号民事判决书。

二审判决书：深圳市中级人民法院（2008）深中法民终字第6号民事判决书。

2. 案由：侵犯著作财产权纠纷。

3. 诉讼双方

原告（上诉人）：北京慈文影视制作有限公司（以下简称北京慈文公司）。

法定代表人：马中骏，该公司董事长。

委托代理人：庄舰兵，上海天闻律师事务所律师。

委托代理人：戎朝，上海天闻律师事务所律师。

被告（被上诉人）：深圳市腾讯计算机系统有限公司（以下简称腾讯公司）。

法定代表人：马化腾，该公司总经理。

委托代理人：徐炎，该公司法律顾问。

委托代理人：孟春婷，该公司法律顾问。

第三人：广东中凯文化发展有限公司（以下简称中凯公司）。

法定代表人：郭岳洲。

委托代理人：王志平，广东任高扬律师事务所律师。

4. 审级：二审。

5. 审判机关和审判组织

一审法院：深圳市南山区人民法院。

合议庭组成人员：审判长：江波；人民陪审员：陆明铠、吴楚章。

二审法院：深圳市中级人民法院。

合议庭组成人员：审判长：于春辉；审判员：祝建军；代理审判员：蒋筱熙。

6. 审结时间

一审审结时间：2008年1月23日。

二审审结时间：2008年8月15日。

（二）一审情况

1. 一审诉辩主张

原告诉称：2007年4月20日，北京慈文公司发现腾讯公司的网站（www.qq.com）及软件（软件名称QQLive，中文名QQ直播）按照事先安排好的时间表，向公众提供电视剧

《神雕侠侣》的定时在线播放服务。经北京慈文公司审查确认，腾讯公司在其网站和软件中播放的涉案电视剧，与北京慈文公司拥有著作权的电视剧作品《神雕侠侣》相同，而北京慈文公司从未许可腾讯公司通过互联网向公众按照事先安排的时间表定时播放上述作品。腾讯公司的行为严重侵犯了北京慈文公司权益，并给北京慈文公司造成重大经济损失。为维护其合法权益，北京慈文公司依据《中华人民共和国著作权法》及相关法律法规诉至法院，请求判令：(1) 腾讯公司立即停止对北京慈文公司享有的著作权的侵害，停止提供涉案电视剧作品的定时在线播放服务；(2) 腾讯公司在其经营的网站主页及《中国电视报》上发表声明，向北京慈文公司公开赔礼道歉；(3) 腾讯公司赔偿北京慈文公司经济损失，为调查腾讯公司侵权行为和起诉腾讯公司所支出的合理费用，以上金额合计人民币 33 万元；(4) 腾讯公司承担本案全部诉讼费用。

被告辩称：(1) 被告在收到起诉状以后就立即停止播放涉案电视剧；(2) 被告从第三人处获得了播放涉案电视剧的授权，并向第三人支付了版权许可费；(3) 被告在播放涉案电视剧之前对第三人的权利已尽了合理的注意义务；(4) 被告向公众播放涉案电视剧是免费的，没有任何收益，也没有广告收入；(5) 原告对于其赔偿要求没有任何的事实证明。请求法院依法驳回原告诉讼请求。

第三人辩称：(1) 第三人未侵犯原告著作权中的人身权，不应向原告承担赔礼道歉的民事责任；(2) 原告主张巨额赔偿没有事实依据，应根据侵权获利数额作为计算损害赔偿的依据。请求法院根据案件的事实，依法作出合理裁决。

2. 一审事实和证据

深圳市南山区人民法院经审理查明：2005 年 4 月 1 日，北京慈文公司取得电视剧《神雕侠侣》的制作许可证，许可证号为甲第 149 号。随后北京慈文公司与苏州慈文影视制作有限公司（以下简称苏州慈文公司）、北京福缘四海影视文化艺术有限公司（以下简称福缘四海公司）共同拍摄制作了电视剧《神雕侠侣》。2006 年 2 月 7 日，国家广播电影电视总局授予北京慈文公司（广剧）剧审字（2006）第 011 号《国产电视剧发行许可证》，同意电视剧《神雕侠侣》在全国范围内发行，在适当时段播出。2006 年 2 月 8 日，北京慈文公司与苏州慈文公司、福缘四海公司三方共同签订《版权声明书》，约定自拍摄完毕、著作权产生之日起，电视剧《神雕侠侣》的国内外版权以及与版权有关的各项权利（包括信息网络传播权）全部转让给北京慈文公司；在该电视剧作品遭受不法侵害时，北京慈文公司有权以原始著作权人的身份独自行使独占的、排他的诉讼与非诉讼权利。随后，由九洲音像出版公司出版，第三人中凯公司独家发行了涉案电视剧《神雕侠侣》的 DVD 版。

2006 年 4 月 19 日，苏州慈文公司（甲方）与第三人中凯公司（乙方）签订一份《补充协议》，约定双方同意将电视剧《神雕侠侣》（41 集）的总版权费下调至人民币 620 万元；苏州慈文公司将该电视剧基于 IP 点对点的视频网络点播权和经过 DRM（数字版权管理认证）技术加密后的下载权免费授予第三人中凯公司，授权期限为三年，授权类型为非独家许可；苏州慈文公司允许第三人中凯公司将上述授权进行转授权，但在第三条（c）项约定："乙方理解并考虑到慈文公司与 MSN、TOM、腾讯、新浪、空中网、猫扑、互联星空以及优度长期以来的合作关系，乙方同意不将'本授权'转授权给上述公司。"

为与腾讯公司进行合作，第三人中凯公司将上述《补充协议》中涉及商业秘密及不得转授权给腾讯公司的部分涂黑后通过互联网传送给腾讯公司，该协议第三条（c）项被涂黑后为："乙方理解并考虑到慈文公司与████████长期以来的合作关系，乙方同意不将'本授权’转授权给上述公司。”2006 年 8 月 25 日，第三人中凯公司与腾讯公司签订《电视互动项目合作协议》，约定由第三人中凯公司向腾讯公司提供影视节目在腾讯公司的 QQLIVE 软件中进行 24 小时轮播，腾讯公司每月向第三人中凯公司支付许可费人民币 1 万元，双方约定合作期限为一年。同日，第三人中凯公司向腾讯公司出具一份《授权书》，授权腾讯公司行使电视剧《神雕侠侣》的信息网络传播权，许可使用的方式仅限于由 QQLIVE 软件支持的、在深圳市腾讯计算机系统有限公司经营管理的电视互动平台上进行 24 小时轮播，授权区域为中华人民共和国境内，授权类型为普通许可，授权期限为一年。2006 年 9 月 19 日，腾讯科技（北京）有限公司通过转账的方式向第三人中凯公司汇款人民币 2 万元，腾讯公司称该款项为腾讯科技（北京）有限公司替腾讯公司向第三人中凯公司支付的两个月的许可费，第三人中凯公司对腾讯公司的上述说法予以确认。2006 年 10 月 30 日，第三人中凯公司向腾讯公司出具一份《授权许可目录》，请求腾讯公司确认 2006 年 9 月至 10 月通过 QQLIVE 软件平台播放的电视剧和电影，目录中有包括涉案电视剧在内的 9 部电视连续剧以及 48 部电影。

2007 年 4 月 20 日，上海市静安区公证处经北京慈文公司申请，对北京慈文公司委托代理人戎朝浏览 www. qq. com 网页和用 QQLIVE 软件播放电视剧《神雕侠侣》的过程和内容进行证据保全公证，并于 2007 年 5 月 10 日出具了（2007）沪静证经字第 1110 号《公证书》。北京慈文公司提交该《公证书》用以证明：（1）www. qq. com 是腾讯公司经营的网站，QQLIVE 是腾讯公司的增值业务：（2）QQLIVE 能为腾讯公司带来较大的收益；（3）腾讯公司通过 QQLIVE 软件播放了涉案电视剧；（4）腾讯公司通过 QQLIVE 播放涉案电视剧的方式是按照事先安排好的时间表定时播放。腾讯公司确认该《公证书》的真实性和合法性没有异议，但认为该证据只能证明：（1）腾讯公司经营的 QQLIVE 没有收取任何费用，是免费项目；（2）QQLIVE 的收益来自超级女生的网络投票，与本案无关；（3）该《公证书》并没有显示 QQLIVE 中有广告播放。本院对该《公证书》的真实性和合法性予以确认，对该证据相应的证明内容结合全案予以综合认定。

经比对，腾讯公司通过 QQLIVE 播放的涉案电视剧与北京慈文公司拥有著作权的电视剧《神雕侠侣》相同。

另查明：北京慈文公司为本案支出公证费人民币 1000 元，律师费人民币 30000 元。

3. 一审判案理由

深圳市南山区人民法院根据上述事实和证据认为：本案的争议焦点包括：（1）腾讯公司的行为是否构成侵权；（2）腾讯公司对第三人中凯公司的权利来源是否尽到了合理的审查义务；（3）腾讯公司在使用涉案电视剧的过程中是否具有过错；（4）第三人中凯公司是否应当承担责任。

关于本案的第一个争议焦点，北京慈文公司许可第三人中凯公司进行转授权的对象并不包括腾讯公司，故腾讯公司实质上并未获得北京慈文公司的授权，其通过 QQLIVE 在线播放涉案电视剧的行为实际上已经侵犯了北京慈文公司对涉案电视剧享有的著作权，腾讯公司的行为构成侵权。

关于本案的第二个争议焦点，首先，北京慈文公司、苏州慈文公司与福缘四海公司共同签署的将涉案电视剧的全部著作权转让给北京慈文公司的《版权声明书》，是三家公司真实意思的表示，并于法不悖，应合法有效，但该《版权声明书》的内容不得对抗善意第三人；其次，腾讯公司与第三人中凯公司签订《电视互动项目合作协议》时审查了涉案电视剧的正版 DVD 光盘及苏州慈文公司与第三人中凯公司签订的《补充协议》，正版 DVD 光盘显示第三人中凯公司是涉案电视剧的发行方，《补充协议》显示第三人中凯公司从涉案电视剧原始著作权人处获得授权并可以转授权；再次，第三人中凯公司将《补充协议》中不得转授权给腾讯公司的部分涂黑的理由是内容涉及商业秘密，同时鉴于腾讯公司与北京慈文公司并无合作关系，不符合《补充协议》中约定的第三人中凯公司不得转授权的单位的特征，故腾讯公司有理由相信北京慈文公司与第三人中凯公司约定不得转授权的公司中不包括自己。综上，腾讯公司对第三人中凯公司的权利来源已经尽到了合理的审查义务。

关于本案的第三个争议焦点，首先，腾讯公司通过 QQLIVE 在线播放涉案电视剧时已向第三人中凯公司支付了相应的许可使用费；其次，腾讯公司使用涉案电视剧的方式符合第三人中凯公司许可腾讯公司使用涉案电视剧的方式，即由 QQLIVE 软件支持的、腾讯公司经营管理的电视互动平台上进行 24 小时轮播；再次，QQLIVE 是一款采用 IP 点对点流媒体播放技术的软件，故腾讯公司通过 QQLIVE 软件在线播放涉案电视剧的行为未超出第三人中凯公司可以转授权的权利范围。故腾讯公司在使用涉案电视剧的过程中不具有过错。

关于本案的第四个争议焦点，苏州慈文公司与第三人中凯公司签订《补充协议》时，苏州慈文公司的签约代表为北京慈文公司的法定代表人马中骏，故本院认定北京慈文公司知晓并同意苏州慈文公司与第三人中凯公司签订《补充协议》，该《补充协议》合法有效，第三人中凯公司合法享有行使涉案电视剧《神雕侠侣》基于 IP 点对点的视频网络点播权或进行转授权的权利。同时第三人中凯公司应遵守双方限制转授权对象的约定，故第三人中凯公司将涉案电视剧《神雕侠侣》的信息网络传播权授权给腾讯公司的行为已经违反了《补充协议》的约定，构成违约，应当承担相应的违约责任。

综上，北京慈文公司是涉案电视剧的著作权人，其著作权受法律保护。腾讯公司未经北京慈文公司许可，使用了北京慈文公司享有著作权的涉案电视剧，构成侵权，应当承担停止侵权的民事责任，由于腾讯公司在审查第三人中凯公司的权利来源和使用涉案电视剧的过程中不存在过错，故对北京慈文公司要求腾讯公司赔偿损失及公开赔礼道歉的诉讼请求，法院不予支持。第三人中凯公司违反《补充协议》的约定，构成违约，应当承担违约赔偿责任。对于第三人中凯公司应当赔偿的数额，鉴于双方没有约定，法院根据第三人中凯公司的获利、违约程度、违约行为的情节、北京慈文公司支付的合理开支等因素依法确定，酌定为人民币 50000 元。

4. 一审定案结论

深圳市南山区人民法院根据《中华人民共和国合同法》第一百一十九条第二款、第一百零七条，《中华人民共和国著作权法》第四十七条第（一）项，《中华人民共和国民事诉讼法》第五十六条第二款之规定，判决如下：

（1）腾讯公司立即停止通过 QQLIVE 软件在线播放电视剧《神雕侠侣》的行为；

（2）第三人中凯公司于本判决生效之日起 10 日内赔偿北京慈文公司经济损失人民币 50000 元；

（3）驳回北京慈文公司其他诉讼请求。

如果未按本判决指定的期间履行给付金钱义务，应当依照《中华人民共和国民事诉讼法》第二百二十九条之规定，加倍支付迟延履行期间的债务利息。

（三）二审诉辩主张

上诉人（原审原告）北京慈文公司上诉称：（1）请求法院确认被上诉人向公众提供《神

雕侠侣》是按照事先安排的时间表，定时在线播放的服务，超出第三人中凯公司可以授权的“基于IP点对点的视频网络点播权”的权利范围，被上诉人在审查权利来源和使用电视剧过程中存在过失；(2) 由被上诉人赔偿北京慈文公司经济损失；(3) 上诉人认为原审判决数额过低，请求法院依法改判，判决被上诉人赔偿北京慈文公司经济损失人民币22万元、为调查和起诉腾讯公司侵权行为所支出的合理费用人民币3万元。以上金额合计人民币25万元。

被上诉人（原审被告）腾讯公司辩称：原审判决认定事实清楚，适用法律正确，请求二审法院维持原判。

（四）二审事实和证据

深圳市中级人民法院经审理，确认了一审法院认定的事实和证据。

（五）二审判案理由

深圳市中级人民法院根据上述事实和证据认为：我国《著作权法》第十条第一款第（十二）项规定：“信息网络传播权，即以有线或者无线方式向公众提供作品，使公众可以在其个人选定的时间和地点获得作品的权利。”本案系被上诉人腾讯公司在其经营的网站上，向公众提供电视剧《神雕侠侣》作品，公众通过互联网可以收看到该电视剧，其特征属于信息网络传播。

被上诉人腾讯公司在网上传播《神雕侠侣》作品，来源于第三人中凯公司的授权，因此首先应当审查第三人中凯公司有无获得授权的问题。第三人中凯公司与苏州慈文公司签订合同，以合同形式获得电视剧的IP点对点视频网络点播权和经过DRM技术加密下载权。下载权显然在本案中不适用。本案中被上诉人所提供的是按照事先安排的时间表定时在线播放，不具备互动性的播放服务，所向公众提供的是类似于电视的播放服务。但是，第三人中凯公司并未取得《神雕侠侣》网上类似于电视的传播权。

第三人中凯公司是否构成侵犯上诉人《神雕侠侣》著作权，应当从两方面审查，即第三人中凯公司是否获得权利人的授权，以及授权腾讯公司在电视互动平台播放是否超出其获得权利人的授权范围。第三人中凯公司根据合同获得《神雕侠侣》在互联网上IP点对点的视频网络点播权和经过DRM技术加密的下载权，因此第三人中凯公司只是获得了著作财产权的部分权利，该授权是经过限定的，不得超出限定范围。第三人中凯公司与腾讯公司之间签订的《电视互动项目合作协议》是第三人中凯公司提供影视节目在腾讯公司的电视互动平台上进行24小时轮播。该电视互动平台上进行24小时轮播与第三人中凯公司从权利人获得的授权不同，明显超出了权利人的授权范围。另外，第三人中凯公司在获得权利的《补充协议》中称：第三人中凯公司同意不将“本授权”转授权给腾讯公司等网络公司。现第三人中凯公司又与腾讯公司合作播放《神雕侠侣》电视剧，足以证明第三人中凯公司侵权的故意。

腾讯公司在其网站上播放《神雕侠侣》电视剧是依据其与第三人中凯公司之间的协议，而第三人中凯公司本身就没有《神雕侠侣》电视剧在互联网上24小时轮播的权利，第三人中凯公司是超授权范围的转授权，腾讯公司播放《神雕侠侣》电视剧侵犯了上诉人的著作权。腾讯公司是否承担赔偿责任，应当审查腾讯公司是否尽到其审查义务。腾讯公司应尽到的审查义务，不但要审查主体的合法性、作品行政审批手续，还应审查与其签订合同的当事人是否是权利人，转授权是否在其转授权的授权范围内，转授权应当提交授权权利来源的合同原件，无法提交原件，应当提交未经修改的复制件，并须向原权利人核实授权合同的真实性及其内容。本案第三人中凯公司只是向腾讯公司提供了其与苏州慈文公司之间签订的协议的复制件，且该复制件多处涂黑，掩盖了重要的协议内容。腾讯公司从《神雕侠侣》电视剧的标注完全可以知道著作权人，却未和著作权人联系核实，而草率与第三人中凯公司签订协议。为此，腾讯公司没有尽到审查义务，应当承担赔偿责任。

综上，第三人中凯公司和腾讯公司未经上诉人同意，擅自合作使用《神雕侠侣》电视剧，在腾讯公司网站上滚动播放，侵犯了上诉人的著作权，应当承担停止侵权、连带赔偿经济损失的责任。上诉人在诉讼期间要求腾讯公司和第三人中凯公司承担连带赔偿责任，理由成立，本院予以支持。原审法院认定被上诉人腾讯公司不承担赔偿责任错误，本院予以纠正。腾讯公司和第三人中凯公司合作在网站上播放《神雕侠侣》电视剧，并不涉及著作人身权，因此上诉人要求腾讯公司和第三人中凯公司向其公开赔礼道歉，证据不充分，本院不予支持。原审判决认定事实基本清楚，审理程序合法，但处理结果有误，应予以纠正。

（六）二审定案结论

深圳市中级人民法院依照《中华人民共和国民事诉讼法》第一百五十三条第一款第（三）项、《中华人民共和国著作权法》第十条第一款第（十二）项、第四十七条第（一）项的规定，判决如下：

1. 维持深圳市南山区人民法院（2007）深南法知民初字第37号民事判决第一项；

2. 变更深圳市南山区人民法院（2007）深南法知民初字第37号民事判决第二项为：深圳市腾讯计算机系统有限公司、广东中凯文化发展有限公司于本判决生效之日起10日内连带赔偿北京慈文影视制作有限公司人民币15万元；

3. 驳回上诉人其他上诉请求。

（七）解说

本案涉及以下几个问题：

1. 本案的性质是否为信息网络传播权。本案系腾讯公司在其经营的网站上，向公众提供电视剧《神雕侠侣》作品，是按照事先安排的时间表定时在线播放，属于《著作权法》规定的以无线方式向公众提供作品的性质，符合信息网络传播权特征。为此，本案应当定性为信息网络传播权。

2. 中凯公司有无涉案类似电视传播权。中凯公司以合同形式获得《神雕侠侣》作品IP点对点的视频网络点播权和经过DRM技术加密的下载权。IP点对点的视频网络点播，是将作品以技术手段存放于互联网的服务器，用户可以在不同的时间、地点，随时以链接的方式下达指令，获取完整的作品。观看过程中，可以随意拖拉或者跳跃。定时播放是在一个频道中编排了不同作品的定时播放。不同的作品按照服务提供商编排的时间表进行排列，在特定时间段将电视剧播放出来。无论用户是否接受，服务器均在通过信息网络向外界广播，用户只是被动接受。用户在某个时间段只能看到服务商该时间段提供的作品，它意味着用户不能在其选定的时间、地点观看该作品。用户不能选择重新开始或者结束，也不能拖拉，观看过程不具有互动性。因此，IP点对点的视频网络点播与定时播放有着实质性区别。中凯公司取得作品IP点对点的视频网络点播权，不等于同时取得了作品定时播放权。腾讯公司所提供的《神雕侠侣》电视剧，是按照事先安排的时间表定时在线滚动播放，不具备互动性的播放服务，属于类似于电视的播放服务。腾讯公司在线滚动播放《神雕侠侣》电视剧，缺乏基本的权利依据。

3. 网络公司的审查义务判断原则（即腾讯公司是否尽到审查义务）。这里所指的审查义务是合理的审查义务，审查义务不能超出网络公司的审查能力，但也应当尽到基本的审查义务。对从事该业务的专业单位，审查义务要求相对严格。衡量网络公司是否尽到合理的审查义务，应当从以下几方面进行审查：

第一，与网络公司接触的主体。网络公司在互联网上传播他人某一作品，必然要与某一单位或者个人接触。该接触人可能是著作权人也可能不是著作权人。是否著作权人，应当核实其身份是否与已经公开作品上署名的著作权人一致。合法出版的影视作品均有明确的制片人、投资人、出品人等标注。网络公司很容易辨认向网络公司许可、转让作品使用权的单位是否著作权人。若非著作权人本人或者集体管理者，就必须进一步审查该接触人是否拥有许可他人使用、转让作品使用权的权利。一般情况，该接触人必须提交著作权人与其之间的书面授权书或者书面合同，以证明其拥有许可他人使用的权利。本案，与腾讯公司接触的单位是中凯公司，而不是著作权人原告，因此中凯公司向腾讯公司提交了其与苏州慈文公司之间的合同。腾讯公司应当重点审查中凯公司提交的权利来源材料，应当从形式要件和实质要件进行审查，必要时（即在对合同内容不明确时），可以向著作权人核实。因为，影视作品已经明确标注了制片人等信息，腾讯公司不可能不清楚著作权人，也不存在无法找到著作权人的情形。

第二，向网络公司许可使用、转让作品使用权的单位，所提供的材料是否符合证据的基本形式要件。非著作权人欲许可网络公司使用作品，必须提交著作权人与其之间的书面授权书或者书面合同。该书面合同等材料应当是原件，传真件、复印件不具有证明力。如果该书面合同等材料来源于境外，还必须具有一定的公证认证程序。本案，中凯公司向腾讯公司提交权利来源证据的合同是传真件，且该合同传真件还有几条内容被涂黑，无法看到具体内容。这样的材料，不符合证据的基本形式要件，也不符合商业交易惯例。然而腾讯公司接受了该涂改过的传真件材料，没有向中凯公司提出质疑，更没有向著作权人即本案原告进行核实。

第三，向网络公司许可使用、转让作品使用权的单位，是否拥有许可他人使用作品的专有权利。著作权分为人身权和财产权，人身权一般不能转移，财产权可以通过合同形式进行转让或者许可他人使用。但是，财产权的表现形式很多，著作权人可以全部，也可以部分转让或者许可他人使用，以获得经济利益。本案，中凯公司通过合同形式，获得了涉案影视作品的 IP 点对点的视频网络点播权和经过 DRM 技术加密的下载权。很明显，中凯公司没有获得涉案影视作品的全部财产权，其获得的权利只是涉及网络传播和下载的部分权利。本案中凯公司及腾讯公司均是从事该行业的专业单位，应当清楚 IP 点对点的视频网络点播和经过 DRM 技术加密的下载的基本含义，它明显不同于涉案对影视作品的滚动播放。可以认定，中凯公司及腾讯公司知道中凯公司并没有获得涉案影视作品的类似于电视播放形式在网上传播的权利。

第四，提交的权利来源材料中有无对网络公司许可使用、转让作品使用权的限制条款。著作权人出于对市场的划分，或者经营上的考虑，对其作品财产权的部分权利，在一定范围内和时间内，以书面的形式转让或独占许可他人使用。基于合同获得的权利，只能在合同约定的范围内实施，不得超出合同范围，也不能超出合同中明确限定的许可对象。本案，中凯公司获得涉案影视作品的权利只限于 IP 点对点的视频网络点播权和经过 DRM 技术加密的下载权，且对中凯公司实现权利的范围进行了明确的约定，不得将涉案影视作品许可给包括腾讯公司在内的几家网络公司使用。且不谈中凯公司有无涉案作品的类似电视播放的网络传播权，只谈中凯公司许可他人使用作品的范围，显然中凯公司违反了著作权人与其之间的明确约定。为此，腾讯公司根本就没有注意到著作权人的限定合同条款内容，更谈不上尽到审查义务。

综上，中凯公司未获得涉案影视作品的类似电视传播权，被告在其公司经营的互联网上轮播影视作品的性质是类似电视传播，被告未尽到基本的审查义务，中凯公司和被告在互联网上传播涉案影视作品侵犯原告著作财产权，且有明显故意，应当共同赔偿原告经济损失。

（广东省深圳市中级人民法院　于春辉）

73. 张劲扬诉宿迁市邮政局等著作权侵权案
（使用雕塑作品的摄影）

（一）首部

1. 判决书字号：江苏省宿迁市中级人民法院（2007）宿中民三初字第008号民事判决书。

2. 案由：著作权侵权纠纷。

3. 诉讼双方

原告：张劲扬。

委托代理人：龚媛（系原告之妻）。

委托代理人：刘建华，江苏宿迁义扬律师事务所律师。

被告：宿迁市邮政局，住所地：宿迁市发展大道60号。

法定代表人：杨波，该邮政局局长。

委托代理人：周顺义，该邮政局职工。

委托代理人：邱思广，该邮政局法律顾问。

被告：国家邮政局，住所地：北京市西城区北礼士路甲八号。

法定代表人：马军胜，该邮政局局长。

委托代理人：时金铭，该邮政局法律顾问。

4. 审级：一审。

5. 审判机关和审判组织

审判机关：江苏省宿迁市中级人民法院。

合议庭组成人员：审判长：王玮；审判员：万焱；代理审判员：赵振亚。

6. 审结时间：2008年5月28日。

（二）诉辩主张

原告诉称：原告于1986年独自创作完成雕塑作品《项羽》。该作品陈列在宿迁市项王故里。1996年经原告同意，该雕塑作品复制成花岗岩像。2003年5月1日被告宿迁市邮政函件局未经原告同意、未支付报酬，将原告雕塑作品《项羽》复制并使用在其制作的《宿迁项王故里》普通邮资封上（下称邮资封）。该邮资封由国家邮政局发行，邮票面值80分，邮票规格：48mm×36mm，邮资封规格：230mm×160mm，由江苏省邮电印刷厂印制。该邮资封的邮票图案主要部分即是原告雕塑作品《项羽》。邮资封首批发行500万枚，被告宿迁市邮政函件局实现收入600万元。2003年以后被告又发行该邮资封若干批。被告宿迁市邮政函件局作为制作申请发行《宿迁项王故里》普通邮资封的单位，不经原告同意使用原告的作品，侵犯了原告对其作品享有的署名、复制、发行、获得报酬等权利。被告国家邮政局是《宿迁项王故里》普通邮资封的发行单位，其不审查被告宿迁市邮政函件局有无经作者授权同意，就使用该作品，和被告宿迁市邮政函件局构成对原告著作权的共同侵权。故依法提起诉讼，请求依法判令：(1) 被告立即停止复制、发行、销售印有原告雕塑作品的《宿迁项王故里》专用普通邮资封；(2) 被告在全国性主流报纸上发表向原告赔礼道歉的声明；(3) 被告赔偿原告损失60万元；(4) 被告支付原告诉讼、聘请诉讼代理人、取证等费用。

在诉讼中，原告以宿迁市邮政函件局是宿迁市邮政局的下设单位，不具有法人资质，其行为由宿迁市邮政局承担法律责任为由，申请撤回对宿迁市邮政函件局的起诉。本院已经当庭予以准许。

被告宿迁市邮政局辩称：被告对原告作品是以合理的方式及在合理范围内进行使用，不构成侵权；原告诉讼请求与事实不符，被告的收入没有达到600万元；被告发行邮资封不是商业行为，没有盈利，相反亏损69万余元。请求法院驳回原告的诉讼请求。

被告国家邮政局辩称：原告起诉称答辩人未经原告同意使用其作品，与事实不符。答辩人作为邮资封的审核单位，已经审查了该邮资封的相关版权归属。答辩人没有实施侵权行为，请求驳回对答辩人的诉讼请求。

（三）事实和证据

江苏省宿迁市中级人民法院经公开审理查明：1986年原告张劲扬创作了《项羽》雕塑像作品（石膏）。1996年经原告张劲扬同意，宿迁市宿城区博物馆将《项羽》雕塑像复制成花岗岩像，现陈列于项王故里公园馆内。2003年初，经中共宿迁市委和中共江苏省委宣传部向国家邮政局报告，申请建议发行"江苏宿迁项王故里"邮资信封，并由宿迁市邮政局出具版权证明给江苏省邮政局，证明宿迁地方特色邮资信封邮资专用图"项王故里"的版权归宿迁邮政局，图稿创意设计者为宿迁邮政局工作人员张锐，在该邮资封邮票上使用了原告创作的《项羽》雕塑像的摄影像。该邮资封由国家邮政局经审批、发行500万枚，在发行过程中，由宿迁市邮政局进行印制、销售，国家邮政局按照每一邮资封100元的审核标准，收取4.77万元的申报费用。

上述事实有下列证据证明：

1.1995年12月，淮阴市人民政府颁发的荣誉证书，内容为：张劲扬同志：您的作品《项羽》（雕塑）荣获淮阴市人民政府第二届文学艺术奖二等奖。特发此状，以资鼓励。

2.2003年6月13日，宿迁市宿城区博物馆证明，主要内容：《项羽》雕塑像于1986年完成（石膏），1996年经作者张劲扬同志同意，复制成花岗岩像。

3. 邮资信封若干个，从2003年到2007年各种版本，邮资有80分、120分，邮资信封上的邮票图案印有《项羽》雕塑作品。

4. 江苏省宿迁市公证处公证书（〔2007〕宿证民内字第1276号），申请人：张劲扬，公证事项：对"中国邮政报网"发表的"借得东风好行船——《江苏宿迁项王故里》专用邮资封开发小记"进行证据保全。主要内容：2003年4月，宿迁市邮政局借助政府力量，成功开发了以"项王故里"专版邮票为主要特征，以宿迁新貌为个性化特色的500万枚专用邮资图系列信封。

5. 宿迁市公证处出具的收费收据，缴款人张劲扬，保全证据600元。

6.2003年4月9日，中国共产党江苏省委员会宣传部给国家邮政局的报告（苏宣〔2003〕24号），主要内容：宿迁市委、市政府为利用邮资信封这一特有的载体在国内、省内广泛宣传宿迁、招商引资，拟选定唯一能够作为宿迁标志的"江苏宿迁项王故里"图案作为邮资图稿发行邮资信封，请国家邮政局予以支持。

7.2003年4月20日，中共宿迁市委给国家邮政局的函，内容为：经贵局审定后的"江苏宿迁项王故里"邮资信封邮资图设计方案，经市委领导审阅，其图案及名称均准确无误，建议发行。

8. 宿迁市委办公室2003年15号文件，关于在全市推广使用宿迁专版邮资信封的通知，要求各部门印制该邮资信封。

9.2003年3月20日，宿迁市邮政局出具给江苏省邮政局的版权证明，证实申报的宿迁地方特色邮资信封邮资专用图"宿迁项王故里"的版权归宿迁市邮政局，图稿创意设计者为宿迁市邮政局工作人员张锐。

另查明：对于原告主张的律师费1万元，由于原告没有在本院限定的时间内提供合法票据，本院依法不予确认。

（四）判案理由

江苏省宿迁市中级人民法院根据上述事实和证据认为：被告宿迁市邮政局在没有经过原告同意的情况下，使用原告创作的雕塑作品《项羽》，国家邮政局虽尽到合理审查义务，但是发行了该邮资封，造成了侵权后果，两被告的行为构成对原告《项羽》作品著作权的侵权。但是两被告并无侵权的意思联络，侵权过错程度不同，应根据各自过错承担相应的侵权责任。

（五）定案结论

江苏省宿迁市中级人民法院依照《中华人民共和国民事诉讼法》第一百二十八条，《中华人民共和国著作权法》第四十六条、第四十八条，最高人民法院《关于审理著作权民事纠纷案件适用法律若干问题的解释》第二十条第三款规定，作出如下判决：

1. 被告国家邮政局立即停止发行"宿迁项王故里"邮资信封；宿迁市邮政局立即停止印制、销售"宿迁项王故里"邮资信封；

2. 被告宿迁市邮政局在本判决生效后10日内对侵犯原告《项羽》作品著作权的行为，向原告书面赔礼道歉（书面道歉内容需经本院审核）；

3. 被告宿迁市邮政局赔偿原告损失4万元，被告国家邮政局补偿原告损失1万元；

4. 驳回原告其他诉讼请求。

如果未按照本判决指定的期间履行给付金钱义务，应当依照《中华人民共和国民事诉讼法》第二百三十二条之规定，加倍支付迟延履行期间的债务利息。

案件受理费9800元，由原告负担4000元，被告宿迁市邮政局负担4800元、被告国家邮政局负担1000元。

（六）解说

本案的争议焦点为：（1）两被告是否侵犯原告对《项羽》雕塑作品的著作权；（2）被告国家邮政局是否为侵权责任承担主体，应承担何种民事责任；（3）如果被告构成侵权，是否应并应以何种方式赔礼道歉及赔偿损失的数额为多少。

关于第一个争议焦点，首先，被告宿迁邮政局通过摄影方式复制原告《项羽》雕塑作品，并没有征得原告同意。其主张系合理使用的法律依据是《著作权法》第二十二条第

（十）项的规定，“在下列情况下使用作品，可以不经著作权人许可，不向其支付报酬，但应当指名作者姓名、作品名称，并且不得侵犯著作权人依照本法享有的其他权利：……（十）对设置或陈列在室外公共场所的艺术作品进行临摹、绘画、摄影、录像；……。”最高人民法院《关于审理著作权民事纠纷案件适用法律若干问题的解释》第十八条规定：“著作权法第二十二条第（十）项规定的室外公共场所的艺术作品，是指设置或者陈列在室外社会公众活动场所的雕塑、绘画、书法等艺术作品。对前款规定艺术作品的临摹、绘画、摄影、录像人，可以对其成果以合理的方式和范围再行使用，不构成侵权。”本案中，由于争议的《项羽》雕塑作品不是室外社会公共场所的艺术作品，不能适用以上法律规定。由于被告在设计邮资封时，使用了《项羽》雕塑作品且没有征得原告同意亦没有支付报酬，故被告宿迁邮政局的行为构成侵权。

对于国家邮政局是否构成侵权，首先，《邮政法》（2009 年修订前）第十七条规定：“邮票、邮资信封、邮资明信片、邮资邮筒等邮资凭证由国务院邮政主管部门发行，任何单位或者个人不得伪造。”根据以上规定，邮资封由国家邮政局负责发行，本案争议的邮资封虽由宿迁市邮政局印制销售，但是以国家邮政局的名义对外发行，故国家邮政局是本案争议邮资封的发行者；其次，最高人民法院《关于审理著作权民事纠纷案件适用法律若干问题的解释》第二十条第三款规定：“出版者尽了合理注意义务，著作权人也无证据证明出版者应当知道其出版涉及侵权的，依照民法通则第一百一十七条第一款的规定，出版者承担停止侵权、返还其侵权所得利润的民事责任。”对于国家邮政局是否尽到合理审查义务，国家邮政局已经举证。从其举证情况看，国家邮政局是在宿迁邮政局出具版权证明且经有关党政部门共同推荐的情况下，经审核发行该邮资封，该证据能够证明国家邮政局已经尽到合理审查义务。但是其发行行为仍构成侵权，应承担停止侵权的责任。

关于第二个争议焦点，对于被告国家邮政局提出的主体问题，虽然国家邮政体制在2005 年进行了改革，由新组建的中国邮政集团公司经营邮票发行业务，但是本案涉及的邮资封系国家邮政局审批发行，中国邮政集团公司系新组建的公司，国家邮政局并没有提供证据证明以前涉及邮票发行业务系中国邮政集团公司的行为，且无证据证明涉及本案的债权债务已经转移。故对被告国家邮政局提出的主体问题不予采纳。

关于第三个争议焦点，对于侵权责任的承担，由于双方不能就本案涉及的著作权使用达成一致意见，故对原告要求被告立即停止复制发行销售印有原告雕塑作品的“宿迁项王故里”专用普通邮资封的请求，依法应予以支持。

对于原告要求两被告在全国性主流报纸上发表向原告赔礼道歉的声明。首先，国家邮政局在发行该邮资封时，已经尽到合理审查义务，根据最高人民法院《关于审理著作权民事纠纷案件适用法律若干问题的解释》第二十条第三款规定，国家邮政局虽承担停止侵权的责任，但不必承担向著作权人赔礼道歉的责任。对于被告宿迁市邮政局，因该邮政局确实系为宣传宿迁形象，应市委市政府要求设计该邮资封，虽使用《项羽》雕塑作品，但并没有歪曲或贬损该作品，没有给作品造成负面影响。该行为的性质虽不是公益事业，但也非纯粹的商业使用，具有一定的社会效益功能。结合《项羽》雕塑作品的社会影响，对原告要求被告在全国性主流报纸上向原告赔礼道歉的方式，不予支持。法院要求，被告宿迁市邮政局对侵犯原告著作权的行为以书面方式通过法院向原告进行赔礼道歉。

对于侵权所造成的赔偿数额，根据《邮政法》的相关规定，国家邮政局属于公用事业单位，邮政业务的基本资费，由国务院物价主管部门制定，报国务院批准。邮票的印制发行具有行业特定性，邮票作为邮资凭证使用时，邮政企业要付出一定的劳务，邮票的面值、发行量的确定，也与商业性的营利行为不同。故原告要求按照发行量乘以邮票价值来确定销售收入，并乘以10%的版税来计算赔偿数额明显不妥。两被告主张发行该邮资封亏损，同意给2至3万元予以补偿的理由亦不能成立。由于不能确定发行该邮资封的数额，两被告的获利情况以及原告因此所遭受的损失，对于本案的侵权赔偿数额的确定，法院综合考虑侵权人的过错、侵权程度以及损害后果来确定。首先，对于被告宿迁市邮政局，系本案邮资封的设计者，其使用原告《项羽》作品没有经过著作权人同意，并通过自己出具版权证明获得该邮资封的发行，系侵犯原告《项羽》作品的直接侵权者。但是考虑到宿迁市邮政局确系应宿迁市委市政府扩大宣传宿迁的要求，设计该邮资封，而且项羽作为出生于宿迁的历史人物，具有代表宿迁形象的作用。从该邮资封来看，《项羽》雕塑像是邮票图面的一个组成部分，从侵权后果看并没有修改、贬损该作品。故法院酌定由宿迁市邮政局赔偿原告4万元。其次，国家邮政局作为本案争议邮资封的发行者，已经尽到合理审查义务，其不具有侵权的直接故意，其审批发行该邮资封是在江苏省委宣传部、中共宿迁市委递交报告申请建议发行的情况下，批准发行的。其在发行过程中，也没有实际印制、销售该邮资封。但是被告国家邮政局收取了4.77万元的申报费用，该费用虽不是国家邮政局的合理利润，但是可以作为参考。在发行该邮资封的运作过程中，毫无疑问，国家邮政局亦有相关费用的付出，其中包括非直接金钱性质的人力资源的投入，该费用也无法予以精确的计算，故酌定其在合理范围内承担发行者返还利润的责任。确定由国家邮政局补偿原告1万元。

综上，被告宿迁市邮政局在没有经过原告同意的情况下，使用原告创作的雕塑作品《项羽》，国家邮政局虽尽到合理审查义务，但是发行了该邮资封，造成了侵权后果，两被告的行为构成对原告《项羽》作品著作权的侵权。但是两被告并无侵权的意思联络，侵权过错程度不同，应根据各自过错承担相应的侵权责任。

（江苏省宿迁市中级人民法院　周　辉）

74. 合肥荣事达洗衣机有限公司诉重庆美意电器有限公司等侵犯商标专用权案

（定牌加工合同关系中的侵权认定）

（一）首部

1. 判决书字号

一审判决书：四川省成都市中级人民法院（2007）成民初字第298号民事判决书。

二审判决书：四川省高级人民法院（2007）川民终字第594号民事判决书。

2. 案由：侵犯商标专用权纠纷。

3. 诉讼双方

原告（上诉人）：合肥荣事达洗衣机有限公司（以下简称荣事达公司），住所地：安徽省合肥市长江西路669号。

法定代表人：方洪波，该公司董事长。

委托代理人（一审）：龚丽娟，该公司职员。

委托代理人（二审）：程远龙，该公司职员。

被告（被上诉人）：重庆美意电器有限公司（以下简称美意公司），住所地：重庆市北碚区郭家沱113号。

法定代表人：汪洋，该公司董事长。

委托代理人（一、二审）：杜文斌，该公司员工。

委托代理人（一、二审）：邱胜奎，该公司员工。

被告（被上诉人）：梅再光，男，汉族，1947年12月16日生。

委托代理人（一、二审）：杨德君，四川守民律师事务所律师。

4. 审级：二审。

5. 审判机关和审判组织

一审法院：四川省成都市中级人民法院。

合议庭组成人员：审判长：张俊；代理审判员：钟晞鲲；人民陪审员：李卫平。

二审法院：四川省高级人民法院。

合议庭组成人员：审判长：颜桂芝；审判员：刘巧英；代理审判员：陈洪。

6. 审结时间

一审审结时间：2007年6月19日。

二审审结时间：2008年2月2日。

（二）一审诉辩主张

原告诉称：合肥荣事达集团有限责任公司（以下简称荣事达集团）是第654828号和第654829号“荣事达”文字、图形商标的商标注册权人，该商标在1999年被国家工商局认定为“中国驰名商标”。荣事达公司是荣事达集团的下属子公司，是国内洗衣机制造行业中唯一获得“荣事达”商标许可使用权的企业。重庆荣事达洗衣机有限公司（以下简称重庆公司）曾于2003年底以前按其与荣事达集团、荣事达公司的定牌生产协议生产过“荣事达”洗衣机，但协议约定产品不得由重庆公司自行销售，且协议期限到2003年底为止。但重庆公司2004年仍然在其生产的洗衣机上使用“荣事达”商标。重庆公司变更为美意公司后，2006年9月，美意公司将大量标注为重庆公司生产的“荣事达”牌洗衣机销往四川成都、广安、南充等地市场，其外包装、产品说明书、保修卡等都标注“荣事达”商标。重庆公司2004年生产“荣事达”牌洗衣机的行为和美意公司2006年9月销售“荣事达”牌洗衣机的行为严重损害了荣事达公司的商标专用权。梅再光系上述侵权产品成都地区的批发零售商，未尽到进货审查的法定义务，与美意公司构成共同侵权。请求人民法院判令美意公司、梅再光停止侵害“荣事达”商标权的行为；连带赔偿荣事达公司经济损失30万元。

被告美意公司辩称：重庆公司在2004年股权转让完成前，是依照其与荣事达公司相关协议合法生产“荣事达”牌洗衣机的，该使用商标的行为不属于《商标法》第五十二条第（一）项规定的商标侵权行为。美意公司销售的是重庆公司合法生产的“荣事达”牌洗衣机，该销售行为不属于《商标法》第五十二条第（二）项规定的商标侵权行为。荣事达公司与重庆公司之间是加工承揽关系，美意公司是重庆公司权利义务的继受者，有权在荣事达公司违反回购约定时行使留置权，故应当驳回荣事达公司的诉讼请求。

被告梅再光辩称：其在购买荣事达洗衣机时，通过调查得知该洗衣机并不存在侵犯原告商标专用权的情形，其系合法取得并能说明提供者，不应承担赔偿责任。成都市工商局已经认定梅再光销售行为没有违法，故应当驳回荣事达公司的诉讼请求。

（三）一审事实和证据

四川省成都市中级人民法院经审理查明：1993年，合肥洗衣机总厂向中华人民共和国国家工商行政管理局商标局（以下简称国家商标局）申请注册了第654828号和第654829号"荣事达"文字和图形商标，核定使用商品为第7类，即洗衣机、食品加工机。2001年8月，经国家商标局核准，合肥洗衣机总厂将上述两个商标转让给荣事达集团。2003年7月，荣事达集团办理了上述两个商标续展注册，续展注册有效期自2003年8月21日至2013年8月20日。荣事达集团与荣事达公司先后签订了两份商标使用许可合同，第一份合同（未注明签订时间）约定：荣事达集团独家许可荣事达公司在生产的家用电动洗衣机上使用第654828号和第654829号"荣事达"文字及图形商标，期限自2004年1月1日起至2006年12月31日止；双方于2007年1月1日签订的第二份合同约定：荣事达集团许可荣事达公司在洗衣机产品上独占使用第654828号和第654829号"荣事达"文字及图形商标，期限自2007年1月1日起至2008年12月31日止。2007年1月30日，荣事达集团出具授权书，授权荣事达公司以自己的名义就美意公司及梅再光侵害"荣事达"注册商标专用权提起诉讼。

原重庆公司系荣事达公司子公司。2003年1月1日，荣事达集团与重庆公司签订协议，约定荣事达集团许可重庆公司自2003年1月1日起至2003年12月31日止无偿使用第654828号和第654829号"荣事达"文字及图形商标。2003年1月1日，荣事达公司、重庆公司、荣事达集团签订三方协议，约定重庆公司定牌生产"荣事达"牌系列产品，产品交由荣事达公司买断销售，重庆公司不得擅自销售，否则应承担侵害商标专用权的法律责任；合同有效期从2003年1月1日至2003年12月31日。2004年3月1日，荣事达公司与重庆公司签订了维修费协议，协议载明：自1999年起，重庆公司生产的"荣事达"牌洗衣机全部交由荣事达公司统一对外销售，不得自行对外销售；协议约定，截至2004年2月底重庆公司生产的"荣事达"牌洗衣机所需的全部维修费用，由重庆公司承担。

2004年3月2日，荣事达公司与现代电器香港有限公司（以下简称现代公司）签订股份转让协议，约定：荣事达公司将其持有的重庆公司100%的股权转让给现代公司；转让在办理工商变更登记后完成；转让完成日后，重庆公司不再使用与"荣事达"相关的商标及标识；变更后的重庆公司与荣事达公司及荣事达集团应签订《商标使用许可补充协议》，约定荣事达公司与重庆公司所签订的《商标使用许可合同》自行终止。协议还载明："除非本协议另有约定，'重庆公司'均应包括重庆荣事达洗衣机有限公司的资产及其业务"，并约定了荣事达公司在签订协议后一星期内支付重庆公司在协议签订日所欠货款共计2300万元等事宜。股份转让时，重庆公司尚有库存"荣事达"牌洗衣机。2004年5月10日，重庆公司办理了工商变更登记，其股东变更为现代公司，名称变更为美意公司。

2006年4月，美意公司向重庆市政府及北碚区政府相关部门请示将库存洗衣机变现，以解决职工安置问题补偿资金缺口。2006年6月22日，美意公司与广欣电器商行签订购销合同，约定美意公司向广欣电器商行出售洗衣机6000台，价款210万元；所销售的"荣事达"牌洗衣机有合法的商标使用权，不存在任何侵犯商标使用权问题。上述合同约定的洗衣机中，包含了广欣电器商行代梅再光购买的"荣事达"牌洗衣机800台。2006年9月2日，梅再光将价款支付给了美意公司。

2006年9月，梅再光销售了部分“荣事达”牌洗衣机。同月19日，成都市工商局直属二分局公平交易执法大队接荣事达公司举报，到成都市五块石电子电器市场扣留了梅再光准备出售的“荣事达”牌洗衣机752台，上述洗衣机标明由重庆公司生产，标明的出厂日期分别为2003年10月、2003年12月、2004年2月，部分未标明出厂日期，外包装和机身上均使用了与第654828号和第654829号“荣事达”文字及图形商标相同的商标。

上述事实有下列证据证明：

1. 原告、被告双方无争议的证据，即第654828号、第654829号“荣事达”文字、图形商标的商标注册证；荣事达集团出具的“授权书”；荣事达集团与荣事达公司签订的“商标使用许可合同”；荣事达公司与现代公司的股权转让协议、重庆公司2003—2005年度审计报告、美意公司工商登记资料。

2. 2004年3月1日，荣事达公司与重庆公司签订的《“荣事达”牌洗衣机（重庆产）维修费协议》（以下简称《维修费协议》）。载明：截至2004年2月底重庆公司生产的“荣事达”牌洗衣机所需的全部维修费用由重庆公司承担。

3. 本院根据美意公司的申请到成都市工商行政管理局直属二分局调取的该局关于《维修费协议》系荣事达公司提交的情况说明。

4. 重庆公司2004年2月到3月的生产安排表6份，载明生产洗衣机的型号、数量等。

5. 重庆市北碚区经济委员会出具的说明。

6. 2006年6月22日，广欣电器商行与美意公司签订的购销合同。

7. 2006年9月19日成都市工商局调查告知书；2007年3月19日成都市工商局解除行政强制措施通知书。

8. 2003年1月1日，重庆公司、荣事达公司、荣事达集团签订的《“荣事达”牌定牌生产产销三方协议》（以下简称《三方协议》）。

9. 2006年9月19日，成都市工商行政管理局制作的《现场检查笔录》2份，载明现场存放的“荣事达”牌洗衣机均标明由重庆公司生产，标明的出厂日期分别为2003年10月、2003年12月、2004年2月，部分未标明出厂日期。

10. 2006年9月2日，美意公司向梅再光出具的收据。

（四）一审判案理由

四川省成都市中级人民法院根据上述事实和证据认为：关于荣事达公司的诉讼主体资格。最高人民法院《关于审理商标民事纠纷案件适用法律若干问题的解释》第四条第二款规定，在发生注册商标专用权被侵害时，独占使用许可合同的被许可人可以向人民法院提起诉讼；排他使用许可合同的被许可人可以和商标注册人共同起诉，也可以在商标注册人不起诉的情况下，自行提起诉讼；普通使用许可合同的被许可人经商标注册人明确授权，可以提起诉讼。根据商标许可使用合同的约定及荣事达公司的陈述，荣事达公司在2004年1月1日至2006年12月31日期间是“荣事达”文字及图形商标普通使用许可合同的被许可人，在2007年1月1日至2008年12月31日期间是独占使用许可合同的被许可人。本案涉及的被控侵权行为发生在2004年和2006年，荣事达公司有权在荣事达集团的授权下，提起商标侵权诉讼。

关于2004年重庆公司使用“荣事达”商标生产洗衣机的行为是否构成侵犯注册商标专用权的问题。2003年1月1日签订的《三方协议书》期限届满后，虽然重庆公司与荣事达公司未续签合同，但在2004年5月10日重庆公司的股权转让和名称变更完成前，双方存在着事实上的定牌加工关系，认定理由如下：其一，2004 年 3 月 1 日，双方当事人订立的《维修费协议》中，有重庆公司承担 2004 年 2 月底生产的“荣事达”牌洗衣机的维修费和产品交由荣事达公司统一对外销售的约定；其二，在 2004 年 3 月 2 日的股权转让协议中，荣事达公司认可转让完成日后，重庆公司不再使用与“荣事达”相关的商标及标识；变更后的重庆公司与荣事达公司、荣事达集团应签订终止商标许可使用的《商标使用许可补充协议》。而双方约定“转让完成日”为“工商变更登记后”，重庆公司股权转让工商变更登记的时间为 2004 年 5 月 10 日。以上事实表明，荣事达公司对重庆公司股权转让完成前即 2004 年 5 月 10 日前生产“荣事达”洗衣机的行为予以认可，并仍然要求产品由荣事达公司统一对外销售，因此双方存在着事实上的定牌加工合同关系。定牌加工合同本质上是一种加工承揽合同，在该合同中，在商品上标注商标的行为形式上是提供加工制造劳务的生产者所实施，但此时的商标使用者本质上应为委托生产者。委托生产者以委托承揽人加工制造并在加工制造的产品上标识其注册商标的方式，实际行使了对其注册商标的专有使用权。故在定牌加工合同关系中，商标侵权的成立与否取决于定牌加工委托方是否是合法的商标权利人或被许可人。根据委托方荣事达公司与荣事达集团的商标使用许可合同的约定，荣事达公司在 2004 年有在家用电动洗衣机上使用“荣事达”文字及图形商标的商标使用权，故加工方重庆公司在其生产的洗衣机上使用“荣事达”商标的行为不属于《中华人民共和国商标法》第五十二条第（一）项“未经商标注册人的许可，在同一种商品或者类似商品上使用与其注册商标相同或者近似的商标的”侵权行为，不构成侵犯注册商标专用权行为。

关于美意公司和梅再光销售“荣事达”牌洗衣机的行为是否构成侵犯商标专用权的问题。重庆公司与荣事达公司在《三方协议》及事实上的定牌加工合同关系存续期间，双方在《维修费协议》中均确认了产品全部交由荣事达公司统一对外销售，重庆公司不得自行对外销售的约定。美意公司和梅再光销售了定牌加工合同禁止生产方销售的“荣事达”牌洗衣机，该行为是否属于商标侵权，应当根据《中华人民共和国商标法》关于侵犯注册商标专用权的规定认定。《中华人民共和国商标法》第五十二条列举了五种侵犯注册商标专用权的行为，其中第（二）项规定“销售侵犯注册商标专用权的商品的”是侵犯注册商标专用权行为，美意公司和梅再光销售的“荣事达”牌洗衣机是重庆公司根据《三方协议》及事实上的定牌加工合同所生产，属于合法使用注册商标的商品，不是侵犯注册商标专用权的商品，故美意公司和梅再光的销售行为不属于《中华人民共和国商标法》第五十二条第（二）项规定的侵权行为。虽然 2003 年 1 月 1 日《三方协议》约定重庆公司擅自销售应承担侵害商标专用权的法律责任，但该约定没有法律上的依据，不能据此认定两被告构成商标侵权。

综上所述，美意公司和梅再光的行为不构成侵犯商标专用权。荣事达公司要求美意公司和梅再光承担侵权责任的诉讼请求本院不予支持。美意公司和梅再光认为其不构成商标侵权的辩解意见本院予以采纳。美意公司销售“荣事达”牌洗衣机是否应承担违约责任或其他侵权责任，以及行使留置权的抗辩意见能否成立的问题不属于商标侵权案件的审理范围，本院不予审查认定。由于两被告行为不构成侵权，对荣事达公司主张的损失赔偿问题，本院亦不予审查认定。

（五）一审定案结论

四川省成都市中级人民法院依照《中华人民共和国民事诉讼法》第一百三十四条第一款、第二款、第三款，《中华人民共和国商标法》第五十二条之规定，作出如下判决：

驳回原告合肥荣事达洗衣机有限公司的诉讼请求。

本案案件受理费7010元，财产保全费2020元，共计9030元，由原告合肥荣事达洗衣机有限公司承担。

（六）二审情况

1. 二审诉辩主张

上诉人（原审原告）上诉称：荣事达公司在《三方协议》期满后没再向美意公司下达需求计划，美意公司此后任何生产“荣事达”产品的行为均未取得荣事达公司的授权，均应认定为侵权行为。2003年12月31日后双方不可能存在事实上的定牌加工关系。《股权转让协议》之约定是股权转让双方对“荣事达”相关知识产权权利的重申，决不能片面地理解为是荣事达公司对美意公司侵犯“荣事达”相关知识产权的一种默认。美意公司在《三方协议》终止后，未取得荣事达公司授权的情况下，非法生产“荣事达”牌洗衣机，然后由美意公司委托梅再光进行销售，其侵权行为及侵权事实清楚，请求撤销原判，支持荣事达公司的诉讼请求。

被上诉人（原审被告）美意公司答辩称：在《三方协议》后，美意公司生产的荣事达产品是经过荣事达公司许可和授权的。《维修费协议》以法律形式固定了2004年2月间美意公司受荣事达公司安排生产产品的事实。《股权转让协议》所表达的真实意思客观地证明了美意公司在股权转让完成日前拥有“荣事达”商标的使用权。荣事达公司在上诉状中的表述不仅不符合事实，且给美意公司造成严重的声誉损害，请求驳回上诉，维持原判。

被上诉人（原审被告）梅再光答辩称：同意美意公司答辩意见，其通过合法渠道取得产品，不构成侵权，请求驳回上诉，维持原判。

2. 二审事实和证据

四川省高级人民法院经审理查明的事实与一审一致；在二审举证期限内，原告、被告均未提交新证据。

3. 二审判案理由

四川省高级人民法院认为：关于荣事达公司的诉讼主体资格问题。《中华人民共和国商标法》第五十三条规定：“有本法第五十二条所列侵犯注册商标专用权行为之一，引起纠纷的，由当事人协商解决；不愿协商或者协商不成的，商标注册人或者利害关系人可以向人民法院起诉，也可以请求工商行政管理部门处理”；最高人民法院《关于审理商标民事纠纷案件适用法律若干问题的解释》第四条规定：“商标法第五十三条规定的利害关系人，包括注册商标使用许可合同的被许可人、注册商标财产权利的合法继承人等。在发生注册商标专用权被侵害时，独占使用许可合同的被许可人可以向人民法院提起诉讼；排他使用许可合同的被许可人可以和商标注册人共同起诉，也可以在商标注册人不起诉的情况下，自行提起诉讼；普通使用许可合同的被许可人经商标注册人明确授权，可以提起诉讼。”本案中，根据荣事达集团与荣事达公司签订的《商标许可使用合同》约定，荣事达公司在2004年1月1日至2006年12月31日期间是“荣事达”文字及图形商标普通使用许可合同的被许可人，在2007年1月1日至2008年12月31日期间是独占使用许可合同的被许可人。本案涉及的被控侵权行为发生在2004年和2006年，因此，荣事达公司在本案中有权在荣事达集团的授权下以自己的名义向人民法院提起商标侵权诉讼，其依法具备诉讼的主体资格。

关于2004年重庆公司使用“荣事达”商标生产洗衣机的行为是否构成侵犯注册商标专用权的问题。重庆公司与荣事达公司虽然在2003年1月1日签订的《三方协议》期限届满后未续签合同，但重庆公司2004年使用“荣事达”商标生产洗衣机的行为不构成对荣事达公司的注册商标专用权的侵犯。其理由为：重庆公司在2004年5月10日股权转让和名称变更完成前，其与荣事达公司存在事实上的定牌加工关系。第一，2004年3月1日，重庆公司与荣事达公司签订的《维修费协议》中，约定自1999年起，重庆公司生产的“荣事达”品牌洗衣机全部交由荣事达公司统一对外销售；重庆公司承担截至2004年2月底生产的“荣事达”牌洗衣机所需的全部维修费；第二，在2004年3月2日荣事达公司与现代公司签订的《股权转让协议》中，荣事达公司认可转让完成日后，重庆公司不再使用与“荣事达”相关的商标及标识；变更后的重庆公司与荣事达公司、荣事达集团应签订终止商标许可使用的《商标使用许可补充协议》，而《股权转让协议》中约定的转让完成日为工商变更登记后，重庆公司股权转让工商变更登记的时间为2004年5月10日。因此，上述《维修费协议》和《股权转让协议》的约定内容表明，荣事达公司对重庆公司股权转让完成前即2004年5月10日前生产“荣事达”洗衣机的行为予以认可，并仍然要求产品由荣事达公司统一对外销售，因此双方存在着事实上的定牌加工合同关系。在定牌加工合同关系中，商标侵权的成立与否取决于定牌加工委托方是否是合法的商标权利人或被许可人。根据委托方荣事达公司与荣事达集团的《商标使用许可合同》的约定，荣事达公司在2004年有在家用电动洗衣机上使用“荣事达”文字及图形商标的商标使用权，故加工方重庆公司在其生产的洗衣机上使用“荣事达”商标的行为不属于《中华人民共和国商标法》第五十二条第（一）项所规定的“未经商标注册人的许可，在同一种商品或者类似商品上使用与其注册商标相同或者近似的商标的”侵权行为，不构成侵犯注册商标专用权。

关于美意公司和梅再光销售了定牌加工合同禁止生产方销售的“荣事达”牌洗衣机，该行为是否构成商标侵权的问题。应根据《中华人民共和国商标法》关于侵犯注册商标专用权的规定来认定这一行为性质。根据《中华人民共和国商标法》第五十二条第（二）项规定，销售侵犯注册商标专用权的商品的是侵犯注册商标专用权行为。本案中，美意公司和梅再光销售的“荣事达”牌洗衣机是重庆公司根据《三方协议》及事实上的定牌加工合同所生产，属于合法使用注册商标的商品，不是侵犯注册商标专用权的商品，故美意公司和梅再光的销售行为不属于《中华人民共和国商标法》第五十二条第（二）项所规定的侵权行为。虽然2003年1月1日《三方协议》中约定有重庆公司擅自销售“荣事达”牌产品应承担侵害商标专用权的法律责任，但该约定没有法律上的依据，故不能据此认定美意公司和梅再光构成商标侵权。

4. 二审定案结论

四川省高级人民法院依照《中华人民共和国民事诉讼法》第一百五十三条第一款第（一）项之规定，判决如下：

驳回上诉，维持原判。

（七）解说

本案是一例定牌加工合同关系下的商标侵权纠纷。在案件审理过程中，二审判决理由与一审完全相同，更进一步强调了应根据《商标法》所明文规定的侵权行为类型来判断某一行为是否侵犯了注册商标专用权，销售行为的侵权性质以所销售的物品系侵权产品为前提。

1. 定牌加工合同关系的认定。从《合同法》第十条的规定可知，当事人间所订立的合同可采取书面、口头或行为等其他方式；只有在法律或行政法规有强制性规定的情况下，才必须采用书面形式订立合同。用文字记载当事人间意思一致的表示即为书面合同，以对话表达的一致意思表示为口头合同，而特定的行为也可以表达出双方的合意。本案中，荣事达公司与重庆公司之间的书面定牌加工合同关系依约终止于 2003 年 12 月 31 日；但是，荣事达公司否认 2003 年 12 月 31 日之后，其与重庆公司之间存在事实上的定牌加工合同关系，荣事达公司与现代公司所签订的《股权转让协议》并不能作为荣事达公司对重庆公司继续使用“荣事达”商标以生产洗衣机的认可。但是，2004 年 3 月 1 日，荣事达公司与重庆公司签订了《维修费协议》，约定重庆公司应承担其截至 2004 年 2 月底生产的“荣事达”牌洗衣机的维修费；2004 年 3 月 2 日，荣事达公司与现代公司签订了《股权转让协议》，约定转让在办理工商变更登记后完成；转让完成日后，重庆公司不再使用与“荣事达”相关的商标及标识；此外，该转让协议中还确认了股权转让时，重庆公司尚库存有“荣事达”牌洗衣机，从荣事达公司实施的上述一系列行为可以推断出，其同意重庆公司继续使用“荣事达”商标生产洗衣机，该许可至股权转让完成之日止。而重庆公司的实际生产行为与荣事达公司以行为方式作出的意思表示达成一致，足以构成事实上的合同关系。至于该合同关系的性质，鉴于双方曾经存在的书面定牌加工合同，以及行为内容来看，仍应属于定牌加工性质，即重庆公司受荣事达公司委托，使用荣事达公司享有使用权的“荣事达”商标进行洗衣机的生产，但所有生产出的洗衣机应全部由荣事达公司回购，重庆公司无权自行销售。即使荣事达公司在本案起诉时认为不能从其于 2004 年的两次签约行为中推断出其具有许可重庆公司在书面合同终止后继续使用“荣事达”商标的意思表示，但其签订《维修费协议》和《股权转让协议》的行为及其具体条款都足以使重庆公司认为自己在特定时间段内得到了这样的许可；且荣事达公司在签约时并未向重庆公司提出商标侵权的主张，因此，其在重庆公司进行了实际生产后再否认许可的意思表示，主张重庆公司侵犯商标权的行为，与诚实信用原则不符。

2. 定牌加工合同关系中的侵权问题。定牌加工合同应属于委托合同的一种，即加工方接受委托，进行实际生产；至于产品的销售，则依双方约定，通常是由委托方全部回购再进行统一的销售。在市场日趋一体化的今天，不同地区之间的劳动力价值存在巨大差异，因此，许多国内外的知名品牌拥有者为了降低成本，往往乐于寻找劳动力低廉地区的厂家生产这些使用了知名品牌的产品。为了控制质量、保证品牌的声誉和权威性，这些品牌的拥有者要求实际生产厂家只负责生产而禁止其销售，以防混淆市场，造成其自有品牌的商标侵权或不正当竞争。本案就是一个实例。“荣事达”作为一个国内知名的洗衣机品牌，被许可给重庆公司使用于其生产的洗衣机上，且所有洗衣机由委托方回购，重庆公司不得自行销售。虽然品牌拥有者与生产厂家之间签订的可能是许可合同，但因为其被禁止销售所生产的产品，因而有别于通常意义上的许可协议，而应属于定牌委托加工合同。从客观行为上来看，定牌加工合同关系中使用某一特定商标的是生产厂家；但从法律的角度来考察，使用这一特定商标的仍是定牌加工合同关系中的委托方，生产厂家在此仅具有“生产工具”的作用。本案中的两审判决均认为“荣事达”商标的注册人为荣事达集团，荣事达公司获得了该商标的独占许可使用权，系该商标的合法使用人。根据前述原理，在荣事达公司与重庆公司存在书面或事实上的定牌加工合同关系的前提下，重庆公司生产“荣事达”洗衣机的行为应被视为荣事达公司在自行使用该商标，当然属于合法使用，不存在商标侵权。

3. 美意公司（原重庆公司变更而来）及梅再光销售“荣事达”洗衣机的行为是否构成商标侵权。商标侵权行为的种类由《商标法》明文规定，其范围不能由当事人的约定任意缩小或扩大。涉及本案的侵权行为类别的法律依据为《中华人民共和国商标法》第五十二条第

（二）项，即销售侵犯注册商标专用权的商品的是侵犯注册商标专用权行为。仅从该法条的字面意思即可看出，销售行为构成商标侵权的前提是所销售的产品系侵犯注册商标专用权之物；若该被销售之物合法，则销售行为的侵权性就丧失了依托。本案中，两被告所销售的“荣事达”洗衣机为合法使用“荣事达”商标而生产的商品，具有合法性，因而，两被告的销售行为均不构成侵权。虽然2003年1月1日的《三方协议》确立了荣事达公司与重庆公司之间的书面定牌加工合同关系，且在此基础上后又建立有事实上的定牌加工合同关系，但其中所约定的擅自销售行为将导致侵害商标专用权的法律责任，应属于签约双方对法律的理解偏差，不可作为判断两被告销售行为性质的依据。

美意公司的销售行为不构成商标侵权并不意味着其在上述行为中不存在过错。鉴于美意公司由重庆公司变更而来，其理应承受重庆公司所负有的义务，继续遵守重庆公司所作出的约定。重庆公司与荣事达公司之间就定牌加工作出了全部回购、生产厂家不得对外销售的约定。虽然这一约定仅被固化在书面合同中，但由于后来的事实定牌加工合同关系在此书面合同基础上建立，合同双方也未作出修改相关约定的意思表示，则秉承诚实信用的原则，美意公司不能仅认可对其有利的事实合同关系，而否认该合同关系中包含有禁止擅自销售的条款，美意公司应遵守这一约定。由此可见，美意公司的商标侵权行为虽不成立，但其可能存在违约行为，荣事达公司向其提起的商标侵权之诉虽然败诉，但仍可以违约为由向美意公司主张权利。

至于梅再光，如前所述，其不具有商标侵权行为。此外，梅再光与荣事达公司之间并不存在任何约定，更未涉及是否有权销售的问题，梅再光通过正规渠道购得“荣事达”洗衣机再进行销售的行为不具有违法性。

（四川省成都市中级人民法院　陈瑞子）

75. 鲁道夫·达斯勒体育用品波马股份公司诉朱彬雄侵犯商标专用权案

（销售商免责事由）

（一）首部

1. 判决书字号：广东省佛山市南海区人民法院（2008）南民知初字第43号民事判决书。

2. 案由：侵犯商标专用权纠纷。

3. 诉讼双方

原告：鲁道夫·达斯勒体育用品波马股份公司（PUMA AKTIENGESELLSCHAFT RUDOLF DASSLER SPORT），住所地：德意志联邦共和国赫左根奥拉克。

法定代表人：博克·迪特（Bock Dieter）、梗斯勒·马丁（Gansler Martin）、蔡次·若根（Zeitz Jochen）。

委托代理人：拜成，广东三环汇华律师事务所律师。

委托代理人：郭宁亮，广东三环汇华律师事务所实习律师。

被告：朱彬雄，男，1973年2月1日生，汉族，广东省东源县人，佛山市南海区和顺好又利超市经营者。

委托代理人：陆垂军，广东南天明律师事务所律师。

4. 审级：一审。

5. 审判机关和审判组织

审判机关：广东省佛山市南海区人民法院。

合议庭组成人员：审判长：叶志标；审判员：陈嘉昇、邓春燕。

6. 审结时间：2008年3月31日。

（二）诉辩主张

原告诉称："PUMA"、"豹图形"和"PUMA及豹图形"三个商标为原告独创并使用于运动衣、拖鞋、背包等商品上，是在世界范围内大量和长期使用的世界驰名品牌。原告于1978年在中华人民共和国注册上述商标后，在中国进行了广泛使用。由于原告商品质量上乘，加上大量广告宣传，上述商标在运动衣、拖鞋等商品上获得了巨大成功。

被告经营的佛山市南海区和顺好又利超市（以下简称好又利超市）销售的拖鞋使用了原告的"PUMA及豹图形"商标，其行为侵犯了原告的注册商标专用权，并对原告的声誉造成恶劣影响。故起诉请求判令：（1）被告立即停止销售印有"PUMA及豹图形"商标的拖鞋（即公证书第一页照片右下图所示）；（2）被告在《佛山日报》和《南方都市报》上登文赔礼道歉，说明事实真相，消除影响；（3）被告赔偿原告经济损失5万元。

被告辩称：（1）被告主观上没有侵权的故意和过错，不知道所售拖鞋系侵权商品，且该商品来源于佛山市南海区南国小商品城富历鞋业经营部（以下简称富历经营部），有合法来源，不应承担赔偿责任，同时请求追加提供侵权商品的富历经营部为共同被告；（2）被告开办的超市地处农村，位置偏僻规模很小，并未因销售侵权商品获利，而拖鞋并非原告生产销售的主要商品，即使构成侵权对原告造成的损失和影响也极其轻微。

（三）事实和证据

广东省佛山市南海区人民法院经公开审理查明：经中华人民共和国国家工商行政管理总局商标局核定，原告是"PUMA及豹图形"商标的注册人，注册号码为570147，注册商标的续展有效期自2001年10月30日至2011年10月29日，核定使用商品类别为第25类，包括体育用鞋和便鞋等商品。

2007年8月20日，原告委托韦小娟到被告经营位于南海区里水镇的好又利超市，购买了三双拖鞋等商品，并从该店取得发票一张。广州市海珠区公证处对上述购买过程进行了公证，并将购买取得的拖鞋予以封存。

经比对，公证封存的拖鞋鞋面印有一只向右跃起的类似豹的动物图案，豹形动物图案右下方还标有英文字母"PUMA"。

上述事实有下列证据证明：

1.（2006）南公证内字第19770号公证书。

2. 被告工商登记资料。

3.（2007）南公证内字第21327号公证书、冯学荣转委托书。

证据1～3，原告用以证明原、被告主体资格情况及原告有合法的授权委托手续。

4. 中华人民共和国国家工商行政管理总局商标局第570147号商标注册证，证明原告享有“PUMA 及豹图形”注册商标的专用权。

5.（2007）穗海证经字第 3338 号公证文书。

6. 公证封存实物。

证据 5～6，原告用以证明被告销售涉案侵权商品的事实。

（四）判案理由

广东省佛山市南海区人民法院根据上述事实和证据认为：原告是核定使用在第 25 类商品上第 570147 号“PUMA 及豹图形”图文组合注册商标的注册人，其注册商标专用权应受法律保护。

根据《中华人民共和国商标法》第五十二条第（一）、（二）项之规定，未经商标注册人许可，在同种或类似商品上使用与其注册商标相同或者近似的商标，或者销售侵犯注册商标专用权的商品，均属侵犯注册商标专用权的行为。该法第五十六条第三款规定，销售不知道是侵犯注册商标专用权的商品，能证明该商品是自己合法取得并说明提供者的，不承担赔偿责任。因此，判断被告的行为是否构成侵权，首先判断其销售的侵权商品是否与原告注册商标核定使用的商品同种或者类似；其次判断被控侵权商标与原告注册商标是否相同或近似；最后判断被告是否知道其销售的商品是侵犯注册商标专用权的商品，且能否证明该商品是合法取得并说明提供者，即主观上是否存在过错，是否尽了合理注意义务。

第一，在判断商品是否类似方面，根据最高人民法院《关于审理商标民事纠纷案件适用法律若干问题的解释》第十一条第一款、第十二条规定，类似商品是指在功能、用途、生产部门、销售渠道、消费对象等方面相同，或相关公众一般认为其存在特定联系、容易造成混淆的商品；认定商品是否类似，应以相关公众对商品的一般认识综合判断；《商标注册用商品和服务国际分类表》、《类似商品和服务区分表》可以作为区分类似商品的参考。被告销售的涉案拖鞋，无论从功能、用途、销售渠道、适用人群等方面考虑，均与原告注册商标核定使用的便鞋类似，应认定两者为类似商品。

第二，在商标是否相同或近似的判断标准方面，根据上述司法解释第九条规定，商标相同是指被控侵权的商标与原告的注册商标相比较，二者在视觉上基本无差别；商标近似是指其文字的字形、读音、含义或图形的构图、颜色，或者其各要素组合后的整体结构相似，或者其立体形状、颜色组合近似，易使相关公众对商品来源产生误认或认为其来源与原告注册商标的商品有特定的联系。在判断原则上，该解释第十条规定，认定商标是否相同或者近似，应以相关公众的一般注意力为标准，在对比对象隔离的状态下，对商标的整体及主要部分进行比对，并考虑请求保护注册商标的显著性和知名度来判断商标是否近似。经比对，涉案拖鞋上使用的商标为“PUMA”及向右跃起的类似豹的动物图案，与原告的“PUMA 及豹图形”商标相比，其英文字形、豹形图案的整体形态、图文组合的结构等方面基本相同，区别仅在于豹形动物位于“PUMA”英文字母左上方且跳跃方向相反。考虑到原告商标的知名度、相关公众对拖鞋商品施以的注意力程度等因素，相关公众在隔离状态下选择商品时，不会注意到涉案拖鞋所使用商标与原告注册商标的细微差别，会将被告销售的涉案拖鞋误认为是原告的商品或者认为其来源与原告注册商标的商品有特定联系，故应认定涉案拖鞋上使用的商标与原告的注册商标近似。

第三，在判断被告主观上是否存在过错，是否尽了合理注意义务方面，要结合被侵权商标的知名度和被告的识别能力合理界定其注意义务的大小。因原告的“PUMA 及豹图形”系列商标是国际知名的商业标识，在我国又经过长期使用，为广大消费者所熟悉，享有较高的知名度和显著性，而被告是专门从事商品零售业的商场经营者，具有专业的商品经营管理经验，其识别商品及商标真伪的能力应比一般消费者更高，更应对原告的相关商品及其使用的商标有所了解，在进货或者销售过程中，应当注意到涉案拖鞋的价格远低于原告注册商标的商品，若被告在进货时尽到合理的注意义务，当能避免侵权行为的发生，故被告关于不知道所销售的是侵犯注册商标专用权商品的辩解理据不足，不予采纳。

被告虽然辩称其销售的侵权商品来源于富历经营部，并提供了富历经营部的工商登记资料及《富历鞋业百货单据》作为证据，但因该进货单记载的交易商品名称、型号均不能与被告销售的涉案商品一一对应，不足以证明所售商品来自富历经营部。且因被告进货价格畸低，主观上应知所售乃侵权商品，即使侵权商品来自富历经营部，亦不能视为有合法来源，故对被告关于侵权商品有合法来源的辩解不予采纳。

综上，被告销售涉案拖鞋的行为侵犯了原告的注册商标专用权，原告请求被告停止侵权、赔偿损失，于法有据，应予支持。

关于被告请求追加提供侵权商品的批发商——富历经营部为共同被告的问题。因作为零售商的被告与作为批发商的第三人是两个互相独立的责任主体，现有证据不足以证明两者存在共同的侵权过错，即使侵权商品来自富历经营部，后者构成侵权，两者也不存在承担连带责任的关系问题。同时原告是否起诉富历经营部是其诉权选择问题，不影响本案的审理，况且原告已明确反对在本案中一并追究富历经营部的责任，故本院不同意追加作为批发商的富历经营部为本案的共同被告。

在赔偿数额方面，《中华人民共和国商标法》第五十六条第一款、第二款规定，侵犯商标专用权的赔偿数额，为侵权人在侵权期间因侵权所获得的利益，或者被侵权人在被侵权期间因被侵权所受到的损失，包括被侵权人为制止侵权行为所支付的合理开支。侵权人因侵权所得利益或者被侵权人因被侵权所受损失难以确定的，由人民法院根据侵权行为的情节判决给予人民币 50 万元以下的赔偿。因当事人均不能举证证明被告的侵权获利情况，也不能证明原告因侵权所受的损失，根据最高人民法院《关于审理商标民事纠纷案件适用法律若干问题的解释》第十六条，由本院根据被告侵权行为的性质、期间、后果，结合原告商标的声誉及制止侵权行为的合理开支等因素确定。考虑到被告销售的是 5 至 6 元的低货值商品，且经营场地位于南海区的远郊小镇等因素，本院酌定被告赔偿原告经济损失 1.8 万元。原告要求赔偿 5 万元过高，超出部分不予支持。

对于原告关于判令被告在《佛山日报》和《南方都市报》上登文赔礼道歉、消除影响的请求。从法律依据而言，赔礼道歉不是侵害商标权的民事责任承担方式，从权利属性而言，商标权是无形财产权，侵犯商标权实质上是侵犯财产权，不应适用赔礼道歉这种作为侵害人格权的责任承担方式。虽然被告的侵权行为难免给原告的商标信誉造成一定的不良影响，但考虑到被告经营的好又利超市位于佛山市南海区里水镇和顺，销售范围不大，影响较小，判令其停止侵权并赔偿损失已可消除其侵权行为给原告商标造成的不良影响，故本院不支持原告关于要求被告登报赔礼道歉、消除影响的诉讼请求。

（五）定案结论

广东省佛山市南海区人民法院依照《中华人民共和国商标法》第五十二条、第五十六条之规定，判决如下：

1. 被告朱彬雄在本判决生效之日起立即停止侵犯原告鲁道夫·达斯勒体育用品波马股份公司第 570147 号“PUMA 及豹图形”注册商标专用权的行为，即停止销售（2007）穗海证经字第3338号公证文书所附第一页照片右下图所示标有“PUMA及豹图形”注册商标的拖鞋；

2. 被告朱彬雄于本判决生效之日起10日内赔偿原告鲁道夫·达斯勒体育用品波马股份公司经济损失人民币18000元；

3. 驳回原告鲁道夫·达斯勒体育用品波马股份公司的其他诉讼请求。

本案受理费2050元（原告已预交），由原告负担550元，被告负担1500元，被告负担的份额应于上述判决付款时迳付还予原告，本院不另收退。

（六）解说

本案的焦点在于侵犯注册商标专用权案件中销售商免责事由的认定问题。

鉴于销售商在促进商品流通中的巨大作用及不同于生产商的特殊地位，在商品流通的种类、数量如此繁杂庞大的情况下，确实不排除一些销售者从正当渠道采购商品时，由于缺乏相应的辨别能力和专业知识，购进一些貌似合法实则侵权的商品，如果对其采购商品时一律科以过高的审查注意义务，不但不符合保护善意第三人的民法原则，而且势必大大加重其经营成本和经营风险，损害社会公共利益。为了平衡知识产权权利人的利益与社会公共利益的关系，《商标法》第五十六条第三款规定：“销售不知道是侵犯注册商标专用权的商品，能证明该商品是自己合法取得的并说明提供者的，不承担赔偿责任。”这一规定在把证明主观上无过错和商品有合法来源的举证责任明确归于销售商的同时，实际上也给销售商提供了一个避风港，只要销售商举证证明自己的销售行为满足上述条件，即可免除赔偿责任。

实践中，被告基本都会向法院提供其购买侵权商品的交易单据、合同乃至上手批发商的营业执照等证据，证明其销售的侵权商品是自己合法取得并能够说明提供者，以此主张免除其赔偿责任。由于现实的市场交易中不规范的交易盛行，尤其是中小型商户的单笔交易额度较小、交易对象及内容经常发生变化、交易次数频繁等特点，决定了被告提供的交易单据多为记载简单的出货单、进货单、收据，鲜有正式交易合同及商业发票，而《商标法》对合法来源的举证标准又无具体的规定，造成实践中对如何举证才符合合法来源的举证要求分歧很大。

我们认为，根据《商标法》第五十六条第三款，销售商不承担赔偿责任必须同时满足两个条件：一是主观上不知道所销售的是侵权商品；二是能证明该商品是自己合法取得并说明提供者。

首先，关于认定销售商是否知道所售乃侵权商品，应结合以下几个因素界定其注意义务的大小及注意程度的高低：

一是销售商的识别能力。销售商作为专门从事商品零售业的商场经营者，一般都应当具有比较专业的商品经营管理经验，其识别商品及商标真伪的能力应比一般消费者更高，尤其是经营规模较大、经营比较规范的大型商户，其识别能力应当更高，故销售商识别商标真伪的能力应与其经营规模成正比关系。

二是被侵权商标的知名度。知名度高、市场号召力大的商标更应为广大消费者尤其销售商所认知，销售商客观上更加容易求证其来源，核实其真伪。销售商更应了解知名商标被仿冒的风险远高于普通商标，所以销售商注意义务的大小、注意程度的高低应与被侵权商标知名度的高低成正比关系。

三是销售商采购及零售侵权商品的价格。作为专门从事商品零售业的销售商，其对相关商品的市场零售价、合理进货价应当了解，如果商品采购价、零售价在缺乏正当理由的情况下明显畸低，则主观上应有过错之嫌。

值得注意的是，审判实践中对销售者应当如何审查进货渠道有不同的看法，有人主张严格主义，即要求不论何种情形下，销售商在进货前一定要对上游供货商的商标注册证明、商标权人的许可销售证明、商品的认证标志及名优标志等质量标志的使用权证进行审查，在确认所供商品上标示的商标等商业标识均系有权机关核准颁发之后方能进货，否则视为没尽合理注意义务。我们认为，这种观点不太切合当今商品流通环节丰富、流通节奏快捷的现状，过分加大销售商的注意义务。尤其是对大量不知名的普通商标的商品，权利人出于管理能力、成本等各方面的考虑，不大可能在各个流通环节均如此规范地给相应经销商出具如此完备的授权凭证，应当结合被侵权商标的知名度，根据具体的案件确定销售商审查内容的多寡、注意程度的高低。对于知名商标可以参照该意见执行，对于不知名的普通商标，销售商只要证明其进货渠道合法即可，不能片面加重其注意义务。

其次，关于证明侵权商品合法来源的举证标准。我们认为，销售商应当提供诸如交易合同、进货单、付款凭证（发票、收据等），以及其他关于商品采购渠道、交易场所、供货方资料（包括姓名、名称、住址、营业执照）等方面的证据。针对实践中有权利人以其商品有特定的经销渠道作为认定销售商有过错的依据，认为只有来自权利人的才算来源合法。我们认为，这种观点不符合自由市场交易的精神，不利于市场经济的发展，只要有合法的进货渠道就应认定为来源合法。又有人认为，没有正式的交易发票，不能视为有合法来源。我们认为，行为人是否开具发票，只是涉及交易环节是否规范的问题，至多亦是涉及违反税务法规的行政违法行为，不能据此否定作为民事法律关系的交易行为的发生，只要当事人有充分完备、能证明商品出处的交易凭证，都应当对交易的事实予以认定。

（广东省佛山市南海区人民法院　陈嘉昇）

76. 中山市嘉丹婷日用品有限公司诉广州市伊亿莉化妆品有限公司侵犯商标专用权案

（一）首部

1. 判决书字号：广东省广州市白云区人民法院（2008）云法民三初字第 2 号民事判决书。

2. 案由：侵犯商标专用权纠纷。

3. 诉讼双方

原告：中山市嘉丹婷日用品有限公司，住所地：中山市小榄镇东区深涌第二工业区。

法定代表人：黄才荣，该公司董事长。

委托代理人：马骝，男，1976 年 5 月 14 日生。

委托代理人：孙洪艳，广东环球经纬律师事务所律师。

被告：广州市伊亿莉化妆品有限公司，住所地：广州市白云区龙归镇永兴村第十三经济社陈太路自编328号和旱圳博。

法定代表人：陈进顺，该公司总经理。

委托代理人：魏济民，广东华瑞兴律师事务所律师。

委托代理人：方琼燕，广东华瑞律师事务所律师助理。

4. 审级：一审。

5. 审判机关和审判组织

审判机关：广东省广州市白云区人民法院。

合议庭组成人员：审判长：何倩丽；人民陪审员：罗汝标、罗枣红。

6. 审结时间：2008年5月23日。

（二）诉辩主张

原告中山市嘉丹婷日用品有限公司诉称：原告于2004年6月7日向国家工商行政管理总局商标局在第3类申请注册“梦幻海马”商标，2007年4月7日国家工商行政管理总局商标局核准注册，有效期至2017年4月6日，注册号：4105281，核准在“浴液”、“化妆品”等商品上使。原告于2002年3月开始在沐浴露（即浴液）产品上使用“梦幻海马”商标，直至起诉之日，原告不间断地在各大电视台及其他媒体投放该商标的产品广告，给广大消费者留下深刻的印象。被告大量生产、销售了“伊丽莱梦幻海马”沐浴露，该产品正面显要位置突出使用了与原告注册商标相同的“梦幻海马”标识。在未经原告依法许可授权前提下，被告擅自使用原告的注册商标，从而误导消费者，使消费者产生混淆。所以，被告的行为已严重侵犯了原告的注册商标专用权。故原告诉至法院，请求判令：(1) 被告立即停止生产、销售侵犯原告注册商标专用权的侵权产品。(2) 被告支付注册商标侵权赔偿金50万元。(3) 被告在《法制日报》上向原告公开道歉，道歉内容和方式需经过原告的认可。(4) 本案诉讼费用由被告承担。

被告广州市伊亿莉化妆品有限公司辩称：(1) 我方认为原告第三项诉讼请求不明确。(2) 我方认为本案的争议是商标侵权纠纷。而我方并不构成商标侵权，主观上讲，我方不具有侵权的故意；客观上讲，我方也没有实施侵权的行为，被告使用“梦幻海马”图案的行为是合理使用。“梦幻海马”是文字与图案的结合，我方有自己的商标“伊丽莱”，我方至原告起诉之后才知道“梦幻海马”已被原告于2007年4月7日注册。经我方调查，有多家公司在使用“梦幻海马”作为其产品名称。根据《商标法实施条例》第四十九条的规定，我方认为“海马”是香水的原料，是沐浴露及其他产品的主要原料，能使产品产生香气纯正、留香持久的效果，另外因该型沐浴露使用后香气萦绕，留香持久，令人心旷神怡，自然而然产生“梦幻”的感觉，“梦幻”这个词语也是该系列沐浴露效果功能的一种延伸，因此，原告的“梦幻海马”商标为描述性商标，其既含有沐浴露的主要原料，又包含了使用该沐浴露后效果功能的一种延伸表达，显著性极弱，其无权阻止被告的合理使用。另外，被告并没有将“梦幻海马”文字作为商标使用，只是说明商品的特性，不会误导消费者，使消费者产生混淆。而且，原告虽然将“梦幻海马”注册为商标，但在沐浴露上并没有将其作为商标使用，只是表明了系列产品的名称。原告是恶意注册该商标。最后，我方在收到法院的相关诉讼文书后，已立即停止生产销售被控侵权的产品。(3) 关于原告要求我方在全国性的报纸上道歉的诉请，我方认为商标权属于财产权，并非人身权，不适用公开赔礼道歉的形式，原告要求被告公开道歉没有法律依据。(4) 我方认为原告要求合理费用的诉请没有依据，原告的商标于2007年注册，其在使用注册商标时也是作为一个系列产品的名称来使用，而不是标识为注册商标，且原告也没有相应的证据证明合理费用的支出明细票据。综上，请求法院驳回原告的诉讼请求。

（三）事实和证据

广东省广州市白云区人民法院经公开审理查明：2004 年 6 月 7 日，原告向国家工商行政管理总局商标局申请对“梦幻海马”商标进行注册。2007 年 4 月 7 日，该局向原告颁发了第 4105281 号“梦幻海马”商标注册证，核定使用商品类别为第 3 类浴液、漂泊剂（洗衣用）、去渍剂、鞋蜡、研磨膏、香精油、化妆品、牙膏、芬芳袋（干花瓣与香料的混合物）、宠物用香波。该注册商标有效期限至 2017 年 4 月 6 日。

2007 年 10 月 16 日，原告的委托代理人马骝向中山市菊城公证处申请保全证据公证。该处公证员及工作人员随马骝于同日来到中山市小榄镇大信新都汇二楼商场化妆品专区。马骝在该专区选购了一瓶“elires 伊丽莱梦幻海马”香水沐浴露，付款后该商场开具了号码为 08874169 的发票给马骝。上述购买过程由该处公证员及工作人员在现场见证，并对所购买的物品进行了封存。该公证处于 2007 年 10 月 18 日对上述保全证据过程出具了（2007）菊证内字第 2369 号《公证书》予以证明，并附有号码为 08874169 的发票复印件。该发票上载明：顾客名称为原告，品名规格为伊丽莱梦幻海马沐浴露，单价为 16.8 元，昆山润华商业有限公司中山小榄分公司在该发票上加盖了发票专用章。经庭审现场拆封公证处封存的沐浴露，在该沐浴露的外包装上部标有被告的商标“elires 伊丽莱”，中部标有“梦幻海马”字样及海马的图案，右下部标有“升级配方”、“香水沐浴露”等字样。被告确认被封存的沐浴露是由被告生产的。

2007 年 10 月 31 日，华娱卫视广播有限公司向原告发函，说明自 2005 年 7 月起，原告在华娱卫视发布了其生产的系列产品电视广告，其中包括了“澳雪梦幻海马沐浴露”产品的电视广告。

2007 年 11 月 1 日，广东南方电视台广告部出具《证明函》，证实原告旗下品牌“澳雪梦幻海马香水沐浴露”从 2006 年 1 月 1 日起至今陆续在该电视台投放电视媒体广告。

2007 年 11 月 2 日，广东电视台出具《证明函》，证实原告旗下品牌“澳雪梦幻海马香水沐浴露”从 2007 年 3 月 1 日起至今陆续在该电视台投放电视媒体广告。

另查明：原告生产的洗涤用品被选定为中国跳水队自 2004 年 9 月 30 日至 2008 年 9 月 30 日期间的专用产品。在 2005 年 9 月 20 日，原告被广东省用户委员会评价用户满意度为 80.5 分。

2008 年 3 月 12 日，被告到广州市妇女儿童用品公司购买了澳雪梦幻海马香水沐浴露、澳雪梦幻海马柔肤清爽沐浴露、澳雪梦幻海马润肤止痒沐浴露各 1 支（单价分别为 18 元、16 元、15.5 元），沐浴露的外包装上部标有原告的商标“ACCEN 澳雪”，中部分别标有“梦幻海马香水沐浴露”、“梦幻海马柔肤清爽沐浴露”、“梦幻海马润肤止痒沐浴露”等字样及海马的图案，下部标有“融合法国香水精华＋PCANa”字样。

原告要求被告赔偿经济损失 50 万元，但未提供其实际损失或被告违法所得的证据。

上述事实有下列证据证明：

1. 原告的营业执照，证明原告的主体资格。

2. 被告的工商登记资料，证明被告的主体资格。

3. 商标注册证，证明原告是“梦幻海马”商标的专用权人。

4. 公证书及被封存的被控侵权产品实物。

5. 被告生产的侵权产品图片。

6. 原告注册商标产品在各大电视台的广告播出证明，证明原告早已大力推广和使用“梦幻海马”商标。

7. 广东增值税发票，证明原告自2002年开始使用“梦幻海马”商标。

8. 证书、荣誉证书、评价证书，均证明原告在化妆品行业的地位。

9. 商标的详细信息，证明原告注册商标的详细情况。

（四）判案理由

广东省广州市白云区人民法院根据上述事实和证据认为：原告作为注册商标“梦幻海马”的商标权人，其商标专用权依法应受到保护，而不论原告在使用该商标时是否对其进行标注。本案中，被告所生产的带有“梦幻海马”字样的沐浴露，将“梦幻海马”作为商品名称，与原告的注册商标核定使用的商品为同类商品，故可以确认被告构成商标侵权行为，被告依法应承担相应的民事责任。因此，对于原告要求被告停止侵权行为的请求，合理合法，应予以支持。对于被告辩称其为合理使用的问题，法院认为“梦幻海马”属于臆造词，而并非描述性词汇，故被告称其为叙述性使用的理由并不成立。虽然原告将涉案商标使用于商品包装上时，更倾向于作为商品的系列名称的用途，且获得注册的时间并不长，原告还同时在其商品上使用了更具知名度的“澳雪”商标，但并不影响原告对该注册商标享有的专用权。因此，对于被告的抗辩，法院不予采纳，但是在考虑原告的商标价值时应作为参考的依据，该商标的价值明显低于原告在其商品中同时使用的“澳雪”商标。

另外，由于原告未能提供被告在侵权期间所获得的利益及原告因被侵权所受到的直接损失的证据，故法院对原告主张的损失的赔偿金额不予全部支持。根据法定赔偿的法律规定，结合原告的商标价值、商标的实际使用情况以及被告侵权的主观情况、期间、后果等因素综合确定赔偿数额。

此外，关于原告要求被告向其公开道歉的诉讼请求，法院认为，赔礼道歉主要是侵犯人身权利的一种民事责任承担方式，而原告指控被告侵犯的商标权属于财产权利，鉴于原告未能提供证据证实被告的行为对其商誉等造成不良影响以及被告有侵权的故意，故本院不予支持。

（五）定案结论

广东省广州市白云区人民法院依照《中华人民共和国商标法》第五十六条第二款，《中华人民共和国商标法实施条例》第四十九条、第五十条第（一）项的规定，作出如下判决：

1. 被告广州市伊亿莉化妆品有限公司立即停止生产、销售侵犯原告中山市嘉丹婷日用品有限公司商标专用权的商品；

2. 被告广州市伊亿莉化妆品有限公司于本判决生效之日起10日内赔偿原告中山市嘉丹婷日用品有限公司损失12000元；

3. 驳回原告中山市嘉丹婷日用品有限公司的其他诉讼请求。

（六）解说

本案主要涉及以下法律问题：

1. 商标专用权受法律保护，不以是否标注注册标记为条件。2001年《商标法》明确了一个关键性的问题，即标注注册标记不再是认定侵权的前提条件。换句话说，商标注册人有权标明，而不是必须标明“注册商标”或者注册标记®或TM；当然，如果使用注册标记，就必须规范地标注在商标的右上角或者右下角。本案中，被告以原告没有在其使用于商品上的“梦幻海马”商标标注注册标记为由，认为原告在其商品上使用“梦幻海马”仅是作为系列商品的名称使用，而不是作为商标使用，缺乏依据。对于被告该抗辩意见，法院没有采纳。当然，并不是使用在商品上的所有文字或图形都可视作商标注册人对商标的使用，关键还是要通过该文字或图形使用的目的及方式去认定。本案中，原告使用“梦幻海马”文字的目的，的确存在区分其不同系列商品的意图，但是更重要的是，“梦幻海马”属于臆造词，作为商标具有先天的显著性，因此，原告使用“梦幻海马”的目的更多的是为了区分商品的来源，故法院认定本案中“梦幻海马”作为原告享有商标专用权的注册商标应受到法律的保护。

2. 如何评判这类辅助性商标的价值。目前，很多企业为了保护其产品在市场上的竞争力，往往注册多个商标并同时使用于自己的商品上，增加商标的显著性，使自己的商品区别于其他竞争对手的商品。本案中，原告作为“浴液”、“化妆品”等商品的生产者，其已注册了“澳雪”商标使用于涉案商品上，且原告在对其涉案商品进行宣传及销售的过程中，更突出地使用“澳雪”商标，对于大部分消费者而言，“澳雪”商标比“梦幻海马”商标更具有显著性，因此，在评判这类型的辅助性商标时，应考虑其辅助性的作用，所以，法院在酌情判决被告对其侵权行为应承担的赔偿责任时，将其作为一个重要的酌情事实依据，因此，判决被告应向原告承担12000元的损失赔偿责任。

（广东省广州市白云区人民法院　何倩丽）

77. 金城集团有限公司诉重庆蔚然科技发展有限公司侵犯商标专用权案

（一）首部

1. 判决书字号：重庆市第五中级人民法院（2008）渝五中民初字第51号民事判决书。

2. 案由：侵犯商标专用权纠纷。

3. 诉讼双方

原告：金城集团有限公司，住所地：江苏省南京市白下区中山东路518号。

法定代表人：王坚，该公司董事长兼总经理。

委托代理人：吴春鹂，该公司法务部部长助理。

委托代理人：唐咏梅，重庆星全律师事务所律师。

被告：重庆蔚然科技发展有限公司，住所地：重庆市九龙坡区白市驿海龙村工业园。

法定代表人：曾蔚，该公司董事长。

委托代理人：龙云辉，中豪律师集团（重庆）事务所律师。

委托代理人：廖翔，中豪律师集团（重庆）事务所律师。

4. 审级：一审。

5. 审判机关和审判组织

审判机关：重庆市第五中级人民法院。

合议庭组成人员：审判长：杨光明；审判员：张小明；代理审判员：朱理。

6. 审结时间：2008年6月17日。

（二）诉辩主张

原告金城集团有限公司（以下简称金城公司）诉称：金城公司是中国摩托车主要生产企业、国家高新技术企业、国家863计划CIMS工程应用示范企业、国家“守合同重信用”企业。原告金城公司在国内注册了一系列商标，包括：第692667号“JINCHENG”商标，核定使用商品为摩托车及零部件，续展注册有效期自2004年6月7日至2014年6月6日；第729732号“CJ”商标，核定使用商品为摩托车，续展注册有效期自2005年2月14日至2015年2月13日；第629349号“金城”商标，核定使用商品为摩托车，续展注册有效期自2003年2月10日至2013年2月9日。金城公司的上述商标已被认定为中国驰名商标，在海外也有很高的知名度，并且已在数十个国家、地区及国际组织进行了注册。对于上述商标，金城公司已向国家海关总署申请办理了《海关申请知识产权保护证书》。2008年2月，金城公司发现被告在其组织生产并出口到尼日利亚的两批摩托车整套散件（分别为960辆和720辆，申报货值为604800美元）上擅自使用了上述商标，侵犯了金城公司的注册商标专用权。该两批货物现已被重庆海关查获，而且被告还存在多次侵犯金城公司注册商标专用权的行为。被告的行为严重侵害了金城公司的合法权益，遂诉至法院，请求：（1）判令被告立即停止生产和销售侵犯原告注册商标专用权的产品的行为；（2）判令被告赔偿原告损失人民币100万元；（3）判令被告在《知识产权》上刊登启事，就其侵权行为消除影响；（4）诉讼费由被告承担。在庭审过程中，原告当庭把第（2）项诉请变更为“判令被告赔偿原告损失人民币793257.40元”，把第（3）项诉请明确为“判令被告在《中国知识产权报》上刊登启事，就其侵权行为消除影响”。

被告重庆蔚然科技发展有限公司（以下简称蔚然公司）当庭辩称：（1）被告从未生产过争议产品，也不具备生产能力；（2）涉案产品是根据尼日利亚进口商的要求在中国国内市场上购买的，被告销售涉案产品用于出口，因而只是销售商；（3）被告在销售涉案产品时不知道是侵权产品，因而不承担赔偿责任；（4）原告要求赔偿的费用中有关海关的费用没有实际发生，有些费用支出不在合理范围之内，因而不应赔偿；（5）被告没有获利，原告没有损失；（6）诉讼费不应由被告承担。

（三）事实和证据

重庆市第五中级人民法院经公开审理查明：金城集团有限公司是涉案三个注册商标的合法权利人：（1）“金城”文字商标，商标注册证号为第629349号，核定使用商品为第12类的摩托车，续展注册有效期自2003年2月10日至2013年2月9日；（2）“JINCHENG”拼音商标，商标注册证号为第692667号，核定使用商品为第12类的摩托车及零部件，续展注册有效期自2004年6月7日至2014年6月6日；（3）“CJ”图形商标，商标注册证号为第729732号，核定使用商品为第12类的摩托车，续展注册有效期自2005年2月14日至2015年2月13日。1996年8月7日，经上述三个商标的原注册人国营金城机械厂申请，国家工商行政管理局商标局核准将上述三个商标的商标注册人名义变更为现在的“金城集团有限公司”。1999年12月29日，国家工商行政管理局商标局发布了

《关于认定“金城”商标为驰名商标的通知》〔商标监（1999）643 号〕，该通知记载，金城公司注册并使用在摩托车商品上的“金城”商标为驰名商标。在该通知所附的“金城”商标图样中，包含了“金城”、“JINCHENG”和“ ”三个商标。

2008 年 2 月，金城公司向重庆海关举报，蔚然公司出口的摩托车涉嫌侵犯金城公司的海关保护备案商标权。重庆海关发现蔚然公司于 2008 年 2 月 19 日申报出口的两批无品牌的摩托车散件存在侵权嫌疑，遂通知金城公司。金城公司接到海关通知后，分别于 2008 年 2 月 20 日和 2 月 22 日通过电汇方式向重庆海关缴纳了两批货物的担保金各 10 万元。2008 年 2 月 21 日，金城公司派人会同重庆海关工作人员在重庆查验了该两批货物，并拍摄了相关照片。2008 年 2 月 25 日，重庆海关向蔚然公司法定代表人曾蔚送达了渝关法扣字〔2008〕001 号和渝关法扣字〔2008〕002 号扣留凭单。重庆海关依据 001 号扣留凭单对 800720080078005687 号报关单下的 960 套摩托车散件及随附的商标标贴予以扣留，依据 002 号扣留凭单对 800720080078005697 号报关单下的 720 套摩托车散件及随附的商标标贴予以扣留。重庆海关扣留两批货物后，于 2008 年 3 月 26 日将涉案货物转运至重庆太平洋保税仓储有限公司保税仓库。

根据金城公司的申请，本院从重庆海关调取了涉案两批货物的海关报关资料。根据 800720080078005687 号海关出口货物报关单的记载，经营单位和出口单位均为蔚然公司，申报现场为重庆九龙坡港，运抵国为尼日利亚，成交方式为 FOB，货物件数为 1920 件，商品名称为摩托车散件（点燃内燃式汽油机/AX100/100CC），货物数量为 960 套（辆），单价为 360 美元，总价为 345600 美元。7744785 号出口许可证在备注栏内记载有“全车 CKD”字样，原、被告在庭审中均认可“全车 CKD”即为全车散件。该出口许可证所附的 2007NIG01101 号销售合同记载，购买方为“CROWNMAIDE NIGERIA LIMITED”，装运港为中国重庆。该出口许可证所附的装柜明细表记载，该批货物分装在 4 个集装箱中，货物名称为 AX100 发动机和 AX100 车体包（整车散件）。根据 800720080078005697 号海关出口货物报关单的记载，经营单位、出口单位、申报现场、运抵国、成交方式、商品名称等均与 800720080078005687 号海关出口货物报关单的记载相同。另外，800720080078005697 号报关单的货物件数为 1440 件，货物数量为 720 套（辆），单价为 360 美元，总价为 259200 美元。7744786 号出口许可证在备注栏内也记载有“全车 CKD”字样，该出口许可证后亦附有 2007NIG01101 号销售合同。该出口许可证所附的装柜明细表记载，该批货物分装在 3 个集装箱中，货物名称为 AX100 发动机和 AX100 车体包（整车散件）。

2008 年 3 月 26 日，本院根据金城公司的申请，对海关扣留的货物进行证据保全。本院在重庆太平洋保税仓储有限公司保税仓库进行了现场勘验，随机选取其中一个集装箱内的三种纸箱（大中小）进行勘验，现场拍照，从大箱中提取了摩托车散件实物一套（含倒车镜、里程表、大灯、消音器、挡泥板、导流罩、套锁及钥匙），提取了中箱一箱（内含发动机），从小箱中随机提取了商标标牌两套（含车架标牌、油箱贴、前标贴、不干胶贴）。摩托车散件实物显示，倒车镜上使用了 JINCHENG 两个标识；里程表上使用了 和 JINCHENG 两个标识；大灯上使用了 JIN CHENG 标识；消音器上使用了 

两个标识；挡泥板上使用了 标识；导流罩上

使用了 标识；套锁钥匙上使用了 和 两个标识；发动机的左右两边分别使用了 标识。与货物随附的商标标牌有四种，分别是车架标牌、油箱贴、前标贴和不干胶贴。车架标牌上使用了 两个标识，还有“金城集团有限公司”这一厂商名称；油箱贴上使用了 标识；前标贴上使用了 标识；不干胶贴上使用了 标识。发动机实物和消音器实物以及现场拍照的照片显示，发动机上的 标识被印有“朝晖”字样的标牌所覆盖，消音器上的 标识被印有“Carefully Scalds”（小心烫伤）的不干胶贴所覆盖。被告蔚然公司在庭审中当庭表示，上述标签是应进口商的要求由被告附贴上去的。

对于涉案摩托车散件实物上使用的商标，被告当庭认可，除了挡泥板和导流罩上使用的“ ”商标与金城公司注册的“ ”商标相似外，其余商标均与金城公司的相应注册商标相同。对于涉案商标标牌上的商标，被告认可均与金城公司的相应注册商标相同。

上述事实有下列证据证明：

1. 第692667号商标注册证及相应的核准变更商标注册人名义证明、核准续展注册证明。

2. 第729732号商标注册证及相应的核准变更商标注册人名义证明、核准续展注册证明。

3. 国家工商行政管理局商标局《关于认定金城商标为驰名商标的通知》〔商标监(1999) 643号〕。

4. 第629349号商标注册证及相应的核准变更商标注册人名义证明、核准续展注册证明。

5. 2008年2月21日，重庆海关查验涉案货物时原告拍摄的照片（13张）。

6. 2008年3月26日，法院和重庆海关工作人员查验涉案货物时原告拍摄的照片（16张）。

7. 金城集团有限公司于2008年4月12日出具的证明。

8. 江苏金长江环保汽摩消声器有限公司出具的江苏18506953号增值税专用发票。

9. 丹阳市凯华实业有限公司出具的江苏18453882号增值税专用发票。

10. 重庆市建盛灯具有限责任公司重庆00251935号增值税专用发票。

11. 江苏金长江环保汽摩消声器有限公司出具的江苏01247501号增值税专用发票。

12. 江苏金长江环保汽摩消声器有限公司出具的江苏04864387号增值税专用发票。

13. 丹阳市凯华实业有限公司出具的江苏04862869号增值税专用发票。

14. 重庆海关认定进出口货物知识产权状况通知书（渝关知认字〔2008〕001号）。

15. 重庆海关认定进出口货物知识产权状况通知书（渝关知认字〔2008〕002号）。

（四）判案理由

重庆市第五中级人民法院根据上述事实和证据认为：涉案挡泥板和导流罩上的 商标与金城公司的注册商标 构成相似商标，其余摩托车散件上使用的拼音商标、图形商标和车架标牌上的文字商标与原告金城公司相应注册商标构成相同商标；涉案被控侵权商品与原告涉案三个注册商标核定使用的商品属于相同商品。被告不仅实施了在同种商品上使用与原告涉案注册商标相同或类似的商标的行为，还实施了销售涉案被控侵权商品的行为。原告的最初诉请中所谓的"《知识产权》"含义模糊，包括了杂志和报纸两种媒体，原告在庭审中对此作出澄清，属于明确诉讼请求而不是变更诉讼请求。

被告蔚然公司未经商标注册人许可在同一种商品上使用与原告涉案注册商标相同或者近似的商标，并且销售了侵犯注册商标专用权的商品，构成侵犯原告金城公司的商标专用权，应该承担停止侵权、消除影响、赔偿损失的民事责任。但是原告主张的赔偿数额过高，本院不予全部支持。被告关于受他人委托将涉案商品运输出境、其销售行为发生在我国境外、其不知涉案商品为侵权商品因而不承担赔偿责任等抗辩不能成立，本院不予支持。

（五）定案结论

重庆市第五中级人民法院依照《中华人民共和国民法通则》第一百一十八条、《中华人民共和国商标法》第五十二条、第五十六条、最高人民法院《关于审理商标民事纠纷案件适用法律若干问题的解释》第九条、第十六条、最高人民法院《关于民事诉讼证据的若干规定》第二条、《中华人民共和国民事诉讼法》第六十四条、第一百二十八条之规定，作出如下判决：

1. 被告重庆蔚然科技发展有限公司立即停止使用原告金城集团有限公司的涉案三个注册商标（商标注册证号：第 629349 号、第 692667 号、第 729732 号），立即停止销售侵犯原告上述三个注册商标专用权的商品；

2. 被告重庆蔚然科技发展有限公司赔偿原告金城集团有限公司经济损失和其他合理费用共计人民币 50 万元；

3. 被告重庆蔚然科技发展有限公司在《中国知识产权报》上刊登启事，就其侵权行为消除影响。

如果未按本判决指定的期间履行给付金钱义务，应当依照《中华人民共和国民事诉讼法》第二百二十九条之规定，加倍支付迟延履行期间的债务利息。

本案受理费 14800 元，财产保全费 5000 元，证据保全费 5000 元，共计 24800 元，由原告金城集团有限公司负担 6200 元，被告重庆蔚然科技发展有限公司负担 18600 元。

（六）解说

1. 涉案被控侵权商品上的标识与原告涉案注册商标的关系以及被控侵权商品与原告注册商标核定使用的商品之间的关系。根据最高人民法院《关于审理商标民事纠纷案件适用法律若干问题的解释》第九条，如果被控侵权的商标与原告的注册商标相比较，二者在视觉上基本无差别，属于相同商标；如果被控侵权的商标与原告的注册商标相比较，对于文字商标而言，若字形、读音、含义相似，对于图形商标而言，若图形的构图及颜色相似，易使相关公众对商品的来源产生误认或者认为其来源与原告注册商标的商品有特定联系，则属于相似商标。对比涉案倒车镜、里程表、消音器、套锁钥匙、车架标牌和前标贴上使用的各种图形

商标 与原告的注册商标 ，两者在视觉上基本无差异，属于相同商标；对比倒车镜、里程表、大灯、消音器、套锁钥匙、发动机、油箱贴、不干胶贴上使用的各种 JINCHENG 拼音商标变体与原告的注册商标 JINCHENG，拼音字母完全相同，字母顺序相同，只是在字体上有些差异。但是这种差异极其细微，在隔离观察的条件下，不至于使相关公众在视觉上产生影响。同时，原告的注册商标 JINCHENG 是由 8 个拼音字母组合而成的字母商标，并未对其中的任何字母进行图形化的艺术处理，所以本案中字体的变化对于相关公众的认知并不重要。涉案挡泥板和导流罩上的 商标与金城公司的注册商标 构成相似商标，其余摩托车散件上使用的拼音商标、图形商标和车架标牌上的文字商标与原告金城公司相应注册商标构成相同商标；涉案被控侵权商品与原告涉案三个注册商标核定使用的商品属于相同商品。

2. 被告是否实施了使用与原告涉案注册商标相同或类似商标的行为？对于这一问题，应该根据双方举示的证据及其证明力综合判断。根据《中华人民共和国民事诉讼法》第六十四条、最高人民法院《关于民事诉讼证据的若干规定》第二条的规定，当事人对自己提出的诉讼请求所依据的事实或者反驳对方诉讼请求所依据的事实有责任提供证据加以证明。本案中，原告举示的被告采购有关涉案摩托车零部件的 6 张购货发票证明，被告分别从不同的零部件生产商那里采购了不同的零部件。这些零部件虽然不是被告直接生产，但是被告购买后把各类零部件分拣出来，按照整车配套方式分装到三类纸箱中，小箱装商标标贴，中箱单独装发动机，大箱则装除发动机外的其他散件。这些零部件例如倒车镜、里程表、大灯、消音器、套锁及钥匙、发动机，以及随附标贴上都使用了与原告的涉案三个注册商标相同的商标，挡泥板和导流罩上则使用了与原告的注册商标 相似的商标。被告的这一行为构成《商标法》上在同一种商品上使用与其他人注册商标相同或者近似商标的行为。

3. 被告的行为是否构成侵权？根据《商标法》第五十二条的规定，未经商标注册人的许可在同一种商品或者类似商品上使用与其注册商标相同或者近似的商标的行为和销售侵犯注册商标专用权的商品的行为均属侵犯注册商标专用权。本案中，被告在涉案挡泥板和导流罩上的 商标与金城公司的注册商标 构成相似商标，在其余摩托车散件和随附标牌上使用的拼音商标、图形商标、文字商标与原告金城公司的相应注册商标构成相同商标，被告当庭对此也予以认可。这一商标使用行为未取得商标权人的许可，同时，被控侵权产品与原告涉案注册商标的核定使用商品相同。因此，被告的行为构成未经商标注册人的许可在同一种商品或者类似商品上使用与其注册商标相同或者近似的商标，侵犯了原告的涉案三个注册商标的专用权。由于被控侵权产品上未经原告许可使用了与原告涉案注册商标 JINCHENG、 和 金城 相同的商标以及相似的“ ”商标，属于侵犯注册商标专用权的产品，被告蔚然公司销售涉案被控侵权产品的行为同样也构成侵犯原告涉案注册商标专用权。

（重庆市第五中级人民法院　冯海波）

78. 意大利 Camoga 公司诉盐城凯摩高机械制造有限公司商标侵权及不正当竞争案

(一) 首部

1. 判决书字号：江苏省盐城市中级人民法院（2007）盐民三初字第 36 号民事判决书。

2. 案由：商标侵权及不正当竞争纠纷。

3. 诉讼双方

原告：意大利 Camoga 公司（Camoga S. p. A.），住所地：意大利米兰 Antonio Oroboni 路 27 号。

法定代表人：斯契蒂·阿尔伯特（Alberto Mascetti），该公司独任董事。

委托代理人：李金红，江苏君远律师事务所律师。

委托代理人：李淑君，江苏君远律师事务所律师。

被告：盐城凯摩高机械制造有限公司（以下简称盐城凯摩高），住所地：江苏省盐城市盐都区大冈镇宁盐路西侧。

法定代表人：吴凤尧，该公司董事长。

委托代理人：曹军，该公司商标法律顾问。

委托代理人：陈国和，江苏盐城法岭律师事务所律师。

4. 审级：一审。

5. 审判机关和审判组织

审判机关：江苏省盐城市中级人民法院。

合议庭组成人员：审判长：陈健；代理审判员：葛丹峰、吴名。

6. 审结时间：2008 年 5 月 5 日。

(二) 诉辩主张

原告诉称：原告创建于 1947 年，是具有国际影响力的著名皮革片皮机制造企业。1999 年 2 月和 10 月，原告先后在互联网上注册了“www. camoga. com”和 www. camoga. it 域名。2001 年 7 月，原告根据《商标国际注册马德里协定》申请了国际商标注册，其拥有的“CAMOGA”注册商标已受到中国法律的保护。2002 年 4 月，原告在中国江苏南京独资设立了下属子公司南京凯摩高机械制造有限责任公司（以下简称南京凯摩高），并许可该公司使用其“CAMOGA”商标。2006 年原告通过市场调查和客户反映发现，被告盐城凯摩高擅自注册了“www. camoga. net”和“www. chinacamoga. com”域名，并通过上述域名在互联网上发布同类产品的商业信息。被告不仅将原告知名商标“CAMOGA”的中文名称“凯摩高”登记为企业字号，还将该字号在相同商品中作为商业标识突出使用。此外，被告在产品促销中直接将其企业名称“盐城凯摩高机械制造有限公司”恶意标注为“Yancheng Camoga Machinery Co. Ltd”，造成了相关公众的混淆和误认。被告的上述行为已严重侵犯了原告的商标专用权并构成对原告产品的不正当竞争。据此，诉请：

(1) 认定“CAMOGA”商标为驰名商标；（2）判令被告注销“www.camoga.net”和“www.chinacamosa.com”域名，并赔偿原告损失人民币 44 万元；（3）判令被告公开在《南方周末》、《盐城晚报》等报纸上向原告赔礼道歉，消除侵权影响；（4）判令被告停止使用“凯摩高”企业字号及“Yancheng Camoga Machinery Co. Ltd”的英文名称；（5）判令被告承担本案全部诉讼费用。

被告辩称：（1）被告的两个域名是通过合法程序注册后使用的，其在主观上无过错，网页发布的是真实信息，在客观上也不足以使人产生与原告公司的混淆，现被告已停止使用上述两个域名，原告要求被告赔礼道歉的理由不能成立；（2）原告拥有的“CAMOGA”商标，在我国的销量相对较少，投入的宣传不够，其品牌的公众知晓度不高，且被告产品与原告产品相类似，故“CAMOGA”不具有认定为驰名商标的法定条件；（3）“凯摩高”字号为被告依法取得，与“CAMOGA”商标有着本质区别。原告投资的南京凯摩高非本案当事人，且注册地与被告不在同一行政区域，被告企业名称下标注的英文为“Yancheng Kaimogao Machine Co. Ltd.”，与“CAMOGA”无相同或类似之处。故被告并未侵犯原告的商标权及企业名称权。原告的诉求无法律和事实依据，请求法院驳回原告的全部诉讼请求。

（三）事实和证据

江苏省盐城市中级人民法院经公开审理查明：原告 Camoga 公司创建于 1947 年，是意大利一家以生产制鞋皮革片皮机为主的著名企业。1999 年 2 月和 10 月，原告先后在互联网上注册了“www.camoga.com”和 www.camoga.it 域名。1979 年 10 月，原告在意大利本国将“CAMOGA”在第七类 37645 号上注册为商标。2001 年 7 月，原告根据《商标国际注册马德里协定》向世界知识产权组织国际局申请了“CAMOGA”商标的国际注册，注册号为第 07 类 763059 号。商标图形为斜方形花体字，核定范围为鞋靴及皮具工厂用机械，特别是鞋靴绱装机及皮革处理机械。同时申请在包括中国在内的协定成员国获得商标保护，已依法取得其“CAMOGA”注册商标在中国的法律保护。2002 年 4 月，原告在中国南京独资设立了下属子公司南京凯摩高，并许可该公司使用其“CAMOGA”商标。之后，原告在中国国内“CAMOGA”系列产品的开发和推广均通过其下属子公司南京凯摩高进行运作，并在同行业领域内产生了一定的影响力与知名度，“CAMOGA”产品标识也获得了一定程度的商业信誉和价值。2006 年 2 月 20 日，被告盐城凯摩高在中国盐城注册成立，其企业经营范围核定为制鞋机械的生产和销售。2006 年 3 月和 11 月，被告在互联网上分别注册了 www.chinacamoga.com 和 www.camoga.net 两个公司域名，用于其鞋机类产品的宣传与推广。2006 年原告通过市场调查和客户反映发现，被告盐城凯摩高注册了包含有其企业字号及商标“CAMOGA”字样的网络域名，并通过上述域名在互联网上发布同类产品的商业信息。原告于 2006 年 9 月 13 日在中国南京市公证处以公证的方式对相关证据进行了固定和保全。2006 年 9 月，中国国际皮革展览会在中国上海举行。原、被告均在展会上对其鞋机产品进行展示和宣传。在该展会上，被告展示的鞋机产品上均有“凯摩高”的商业标识，并将其企业名称在展位上用英文标注为“Yancheng Camoga Machinery Co. Ltd”，同时还印制了含有“凯摩高”字样的产品宣传册和公司名片。2006 年 6 月到 12 月，因被告在相同市场上以“盐城凯摩高机械制造有限公司”的名义销售带有“凯摩高”标识的制鞋片皮机产品，来自中国国内上海、青岛、成都、东莞等地的产品经销商向原告的中国子公司南京凯摩高发出商业询问函，询问了解盐城凯摩高与原告子公司南京凯摩高之间的法律关系。

另查明：原告发现被告注册了包含有“CAMOGA”字样的商业网络域名以及使用“盐

城凯摩高机械制造有限公司”的企业名称在中国国内相同市场上销售带有“凯摩高”标识的制鞋片皮机后，采取了一系列维权措施，并支出了一定的费用。共支出律师代理费、材料翻译费、公证费、境外证据公证费等合计人民币6.7万元。

上述事实有下列证据证明：

1.“CAMOGA”商标注册的证明文件及关于“CAMOGA”商标由来的说明。证明原告为“CAMOGA”注册商标的合法所有人，“CAMOGA”注册商标在中国受中国法律保护，“CAMOGA”商标具有极强的显著性。

2.凯摩高公司网络域名注册情况说明。证明原告合法注册的域名“www.camoga.com”和www.camoga.it受法律保护。

3.凯摩高公司及其子公司工商登记资料。证明原告及其国内全资子公司均系合法成立，其民事权利受法律保护。

4.（2006）宁证内民字第9078号公证书。证明被告注册的商业域名侵犯了原告的商标专用权。

5.（2006）宁证内民字第9077号公证书。证明被告在同类产品上使用中文“凯摩高”作为商业标识和企业字号，并且其企业字号英文标注为“CAMOGA”。

6.2007年9月Directory展会会刊材料。证明被告在2007年9月份的展会宣传材料中将其企业名称“盐城凯摩高机械制造有限公司”标注为“Yancheng Camoga Machinery Co.Ltd”并且使用“www.chinacamoga.com”的网络域名。

7.国内4家“CAMOGA”产品经销商询问函。证明被告在同类产品上标识“凯摩高”字样，使相关公众对商品来源发生混淆。

8.原告聘请律师合同、律师费发票、材料翻译费发票、公证费发票、境外证据材料公证费证明文件。证明原告为制止侵权支付的各项费用为人民币6.7万元。

9.被告企业法人营业执照。用以证明盐城凯摩高系合法注册成立，其企业名称权受法律保护。

10.被告网络域名注册情况。用以证明被告的域名注册符合法律规定。

（四）判案理由

江苏省盐城市中级人民法院根据上述事实和证据认为：“CAMOGA”商标系原告Camoga公司根据公司三个创始人姓名的前两个字母组合而成的臆造性文字商业标识，具有很强的显著性。该商标文字早在1979年已在意大利本国注册，2001年又通过国际注册，获得了中国法律的商标保护权。多年来，原告及其中国子公司通过市场开发和产品宣传，使得“CAMOGA”产品在我国鞋机行业内拥有较高声誉并为相关公众所熟知，其“CAMOGA”商标在中国同行业领域内也获得了较高的知名度和影响力，应当认定该商标具有一定的商业品牌价值，能够获得较高程度的法律保护。本案被告盐城凯摩高系与原告经营相同产品同行企业，在国内市场经营中具有竞争性。从企业的成立时间、投资规模、经营范围、产品影响等因素进行综合考量，被告都无法与原告相提并论。被告将原告“CAMOGA”商标文字注册为网站域名进行商业宣传，并在产品展会上，将其企业字号译为“CAMOGA”。在主观上，被告不能对其上述行为作出合理解释，在客观上对他人的在先权利未履行合理的避让义务，已足以导致相关公众对其产品的来源发生混淆或误认。被告显然是在模仿及攀附原告公司“CAMOGA”商标的良好声誉形象，以取得不正当商业利益。根据我国法律相关规定，应认定被告的行为已构成商标侵权和不正当竞争，应当承担相应的法律责任。但由于原告不能证明“CAMOGA”商标和其中文译名“凯摩高”在中国市场经营中已形成为相关公众所认可的唯一、专有的联系，从法律的层面，尚不能从商标相似性的角度对其“凯摩高”中文译名提供市场独占的法律保护。

（五）定案结论

江苏省盐城市中级人民法院依照《中华人民共和国民法通则》第四条、第一百三十四条第一款第（一）、（七）、（九）项，《中华人民共和国反不正当竞争法》第二条第一、二款、第二十条，《中华人民共和国商标法》第五十二条第一款第（五）项、第五十六条，以及最高人民法院《关于审理涉及计算机网络域名民事纠纷案件适用法律若干问题的解释》第四条、第五条、第八条的规定，作出如下判决：

1. 被告盐城凯摩高于本判决生效之日起，立即停止对原告 Camoga 公司的商标侵权行为和不正当竞争行为；

2. 被告盐城凯摩高于本判决生效之日起停止使用并撤销“www.camoga.net”和“www.chinacamoga.com”域名；

3. 被告盐城凯摩高不得在其企业名称的英文翻译中出现“CAMOGA”字样，并销毁带有“CAMOGA”字样的广告宣传品；

4. 被告盐城凯摩高在本判决生效之日起 15 日内在《中国知识产权报》、《盐城晚报》上刊登公告（内容须经法院审核），消除对原告 Camoga 公司的不良影响；

5. 被告盐城凯摩高于本判决生效之日起 10 日内赔偿原告 Camoga 公司经济损失人民币 60000 元；

6. 驳回原告 Camoga 公司的其他诉讼请求。

案件受理费 8700 元，由原告 Camoga 公司负担 7225 元，被告盐城凯摩高负担 1475 元。

（六）解说

本案是一起较为典型的“傍名牌”知识产权侵权纠纷。从法律适用角度看，本案法律关系复杂，证据繁多，原告的诉求囊括了网络域名、商标、企业字号、商标译名的保护范围、驰名商标认定等多重知识产权法律保护问题。

本案在审理过程中，合议庭对于被告将原告的注册商标和企业字号“CAMOGA”作为公司网络域名以及恶意翻译本公司企业名称的行为构成商标侵权及不正当竞争意见一致。但对于被告在同类产品中使用中文“凯摩高”商业标识以及将“凯摩高”作为企业字号的行为是否构成侵权的问题产生了分歧。这个问题是本案法律适用的一大难点，它涉及一个外国商标译名的法律保护问题。我们认为，被告使用中文“凯摩高”作为企业字号以及产品标识的行为尚不构成对原告的侵权。主要基于以下理由：

首先，原告 Camoga 公司是在意大利注册的一家外国公司，企业名称为“Camoga S.p.A.”，其核心字号“Camoga”与中文“凯摩高”在表现形式上并不相同。虽然原告在中国国内设立了全资子公司“南京凯摩高”，但在法律上，原告和其子公司是两个独立的民事法人主体，其经营行为产生的法律上的权利义务关系并不相同，故不能认为被告的企业注册侵犯了原告的企业名称权。

其次，本案中关于商标译名的法律保护问题是审判中的一大难点，对此相关法律尚无明确规定。根据我国商标立法的基本精神以及知识产权法律保护的基本法理，认为商标译名的法律保护应建立在该译名同该商标文字之间已形成唯一对应关系的基础之上，这种联系和指向的确定性则要以相关公众的认知度为衡量标准。若商标的译名与商标之间在相关公众中已建立起唯一、固定的联系，则可从商标相似性的角度提供相应的法律保护。结合本案进行分析，由于原、被告经营是同类产品，要认定被告产品上的“凯摩高”商业标识构成对原告“CAMOGA”商标的侵权，原告必须要有充分的证据证明中文“凯摩高”和“CAMOGA”商标文字之间存在唯一、特定的联系和指向。从原告举证的情况看，虽然原告公司“CAMOGA”牌鞋机系列产品在同行业领域有一定的影响力和知名度，但原告及其南京子公司在中国市场上对其“CAMOGA”产品的宣传和销售中从未突出使用过中文“凯摩高”的商业标识。为了体现公平、公正的司法理念，合理衡平双方当事人的利益，该案在司法的具体工作措施上也突破了法官坐堂问案以及当事人简单举证的传统模式，变被动听证为能动司法。在案件审理中，我们充分运用了互联网平台，向广东、山东、福建、江苏等地的十多家制鞋企业和行业协会就“CAMOGA”和“凯摩高”的商标对应问题展开市场调查，在此实证分析的基础上，结合原告的举证情况，得出了原告在中国国内市场营销中未能建立“CAMOGA”商标与中文“凯摩高”标识之间的唯一、特定联系，相关领域和公众尚未形成中文“凯摩高”文字系“CAMOGA”商标专用中文音译的结论。故现有条件下，在法律上尚不能认定中文“凯摩高”和“CAMOGA”商标之间具有相似性，也就不能认定被告使用中文“凯摩高”商业标识的行为对原告构成侵权。

（江苏省盐城市中级人民法院　吴　名）

79. 翁立克诉上海浦东伊维燃油喷射有限公司等职务发明设计人报酬案

（报酬计算依据的确定）

（一）首部

1. 判决书字号

一审判决书：上海市第一中级人民法院（2005）沪一中民五（知）初字第220号民事判决书。

二审判决书：上海市高级人民法院（2008）沪高民三（知）终字第23号民事判决书。

2. 案由：职务发明设计人报酬纠纷。

3. 诉讼双方

原告（上诉人）：翁立克，男，汉族，1941年10月8日生。

委托代理人（一、二审）：陶鑫良，上海市华诚律师事务所律师。

委托代理人（一、二审）：沙海涛，上海市华诚律师事务所律师。

被告（上诉人）：上海浦东伊维燃油喷射有限公司，注册地：上海市浦东大道2748号。

法定代表人（一审）：白洪法，该公司董事长。

法定代表人（二审）：李健劲，该公司董事长。

委托代理人（一、二审）：李勇，男，汉族，1966年1月20日生，上海电装燃油喷射有限公司总经理。

委托代理人（一审）：徐青，男，汉族，1964 年 4 月 5 日生，上海电装燃油喷射有限公司职员。

委托代理人（二审）：戴晓伟，上海市天宏律师事务所律师。

被告（被上诉人）：上海柴油机股份有限公司，注册地：上海市浦东大道 2748 号，主要营业地：上海市军工路 2636 号。

法定代表人：陈龙兴，该公司董事长。

委托代理人（一、二审）：朱妙春，上海朱妙春律师事务所律师。

委托代理人（一审）：戴晓伟，上海市天宏律师事务所律师。

委托代理人（二审）：陈产林，男，汉族，1941 年 12 月 6 日生。

4. 审级：二审。

5. 审判机关和审判组织

一审法院：上海市第一中级人民法院。

合议庭组成人员：审判长：黎淑兰；代理审判员：郑军欢、刘静。

二审法院：上海市高级人民法院。

合议庭组成人员：审判长：朱丹；审判员：于金龙、张晓都。

6. 审结时间

一审审结时间：2007 年 12 月 25 日。

二审审结时间：2008 年 4 月 18 日。

（二）一审诉辩主张

原告诉称：原告在上海浦东伊维燃油喷射有限公司（以下简称伊维公司）任职期间，先后研发完成了“P7N 型喷油泵总成”和“PE 型喷油泵总成”科技成果，其中含有“喷油泵挺柱体滚轮锁簧装置”、“矩形截面柱塞弹簧喷油泵”2 项职务发明。2001 年 4 月 17 日，伊维公司的母公司上海柴油机股份有限公司（以下简称上柴公司）向中华人民共和国国家知识产权局（以下简称国家知识产权局）申请了专利并于次年 1 月 23 日获得授权。2003 年 11 月 1 日，上柴公司与伊维公司签订合同将涉讼专利无偿转让给伊维公司。2003 年 11 月 4 日，伊维公司与案外人上海电装燃油喷射有限公司（以下简称电装公司）签订了《P7、PE 型柴油喷射泵技术转让协议》，该协议所涉 P7 型柴油喷射泵技术中应用了 1 项专利“喷油泵挺柱体滚轮锁簧装置”，PE 型柴油喷射泵技术中应用了涉讼的 2 项专利。电装公司根据上述协议应向伊维公司支付人民币 250 万元的入门费和产品净售价 4%的技术提成费。至 2005 年 12 月 31 日，电装公司已支付了“P7 型柴油喷射泵技术”提成费人民币 598 万余元，以及“PE 型柴油喷射泵技术”入门费人民币 250 万元和提成费人民币 1090 万余元。此外，伊维公司还自行生产、销售过使用了涉讼专利的相关产品。原告认为，其系“P7N 型喷油泵总成”和“PE 型喷油泵总成”科技成果的第一完成人和主要贡献者，也是“喷油泵挺柱体滚轮锁簧装置”和“矩形截面柱塞弹簧喷油泵”的唯一发明人，所享有的职务报酬权益包括：（1）伊维公司许可他人实施专利时的职务报酬；（2）伊维公司自行实施专利的职务报酬；（3）伊维公司许可他人实施科技成果中技术秘密成果时的职务报酬；（4）伊维公司自行实施科技成果中技术秘密成果时的职务报酬。诉讼过程中，经两次调整报酬主张之范围，原告最终明确在本案中仅要求两被告支付上述第（1）部分即“许可他人实施专利时的职务报酬”，保留对第（2）、（3）、（4）部分职务报酬权益另行主张之权利。原告同时认为，对于使用了 1 项专利的科技成果，专利在“P7N 型喷油泵总成”中的技术贡献率至少为 50%，对于使用了2项专利的科技成果，该2项专利在“PE型喷油泵总成”中的技术贡献率至少为70%，《中华人民共和国专利法实施细则》规定从许可实施专利收取的使用费纳税后提取不低于10%作为报酬支付给设计人，《关于进一步加强本市知识产权工作的若干意见》和上海市人民政府发布的《关于实施〈上海中长期科学和技术发展规划纲要（2006—2020年）〉若干配套政策的通知》均规定专利权人在专利许可他人实施后可在税后收益中提取不低于30%作为设计人的报酬，根据以上法律和政策的规定，两被告应当从已收取的专利使用费中提取不低于30%的比例作为职务报酬支付给原告，故请求法院判令两被告向原告支付截至2007年4月的两项职务发明创造专利许可使用费之职务报酬人民币200万元。

两被告共同辩称：（1）涉讼专利不是原告在被告伊维公司任职期间完成的，而是由被告上柴公司的相关人员在1994年完成的，伊维公司许可案外人使用专利自然无需向其工作人员支付报酬；（2）被告上柴公司转让专利未获任何利益，且这两项专利已是无效专利，不应向原告支付报酬；（3）两项专利只是相关喷油泵总成中的零部件，其在喷油泵总成中的贡献度为3.65%，故原告所主张的报酬金额是不合理的。

（三）一审事实和证据

上海市第一中级人民法院经审理查明：原告翁立克自1995年12月15日伊维公司成立之日起一直担任该公司的总工程师，2005年3月退休。

1995年12月7日的伊维公司章程显示，上柴公司是伊维公司的股东之一，其出资占伊维公司注册资本的90%。

2001年4月17日，上柴公司向国家知识产权局申请名称为“喷油泵挺柱体滚轮锁簧装置”和“矩形截面柱塞弹簧喷油泵”实用新型专利，2002年1月23日被授予专利权，专利号为ZL01238898.X和ZL01238896.3，专利证书上所列设计人均为翁立克。

2003年9月，上柴公司与伊维公司就包括涉讼专利在内的3项专利权转移问题共同在书面情况说明上签章确认：“由于上海浦东伊维燃油喷射有限公司是上海柴油机股份有限公司的一个子公司，其专利申请统一由上海柴油机股份有限公司出面办理，因此当时专利权人落款为上海柴油机股份有限公司，目前市场经济意识增强，涉及知识产权归属问题，上述三项专利应该归属上海浦东伊维燃油喷射有限公司，要求申请办理专利权转移法律手续。”同年11月1日，双方签订了2份《专利权转让合同》，约定上柴公司将ZL01238898.X和ZL01238896.3专利权无偿转让给伊维公司。“矩形截面柱塞弹簧喷油泵”专利权转让登记日为2004年2月27日，“喷油泵挺柱体滚轮锁簧装置”专利权转让登记日为2004年4月23日。

2003年11月4日，伊维公司（许可方）与电装公司（被许可方）签订《P7、PE型柴油喷射泵技术转让协议》1份，约定前者授予后者享有根据所提供的技术情报和专利由后者生产、使用、销售合同产品的非独占性权利，后者需支付款项包括：（1）入门费系不退还费用，P7型柴油喷射泵（以下简称P7泵）为人民币零万元，PE型柴油喷射泵（以下简称PE泵）为人民币250万元；（2）技术提成费系不退还费用，为被许可方在本协议期限内销售或以其他方式处理的合同产品净售价的4%……该协议附件Ⅰ为P7、PE型柴油喷射泵技术特性；附件Ⅱ“专利清单”列明的专利为专利号ZL01238898.X和ZL01238896.3专利；附件Ⅲ列明了“技术情报”的具体内容。

被告伊维公司当庭陈述，《P7、PE型柴油喷射泵技术转让协议》所涉P7泵总成技术中含有“喷油泵挺柱体滚轮锁簧装置”一项专利，PE泵总成技术中含有涉讼的两项专利。原告对这一陈述予以认可。

庭审时，原、被告均确认被告伊维公司已收到电装公司支付的协议约定之入门费人民币250万元，原告亦确认被告伊维公司提供的自伊维公司与电装公司签订协议至2007年4月份提成费收取情况汇总表中扣除各项税额（营业税、附加税、企业所得税）之前的提成费数额：P7泵2003年、2004年、2005年、2006年、2007年1月至4月的提成费收入分别为303227.66元、4000821.22元、1678563.97元、2267125.80元、912224.01元；PE泵2003年、2004年、2005年、2006年、2007年1月至4月的提成费收入分别为282654.95元、5448673.97元、5175504.24元、3827915.48元、1383375.81元。

经被告伊维公司计算，P7泵提成费收入扣除营业税、附加税和企业所得税之后2003年、2004年、2005年、2006年、2007年1月至4月的净收益分别为243438.74元、3211959.30元、1347593.12元、1820105.27元、732356.24元；PE泵入门费收入扣除营业税、附加税和企业所得税之后的净收益为2007062.50元，PE泵提成费收入扣除营业税、附加税和企业所得税之后2003年、2004年、2005年、2006年、2007年1月至4月的净收益分别为226922.46元、4374331.68元、4155024.19元、3073146.25元、1110608.68元。原告对于被告伊维公司计算税后净收益应扣除的税种及其相应税率没有异议，但对是否存在减免税即相关税额是否已实际缴纳提出质疑。被告伊维公司表示汇总表中涉及的税额已实际缴纳，不存在减免税情况。

2005年7月7日，中华人民共和国国家知识产权局专利复审委员会（以下简称专利复审委）受理了电装公司于同日对ZL01238898.X和ZL01238896.3专利权提出的无效宣告请求。2005年12月23日，专利复审委以与专利权利要求所要求保护的技术方案相同的产品已经在专利申请日前公开销售即不具有新颖性为由作出宣告ZL01238898.X和ZL01238896.3实用新型专利权全部无效的决定，所依据的证据是电装公司提交的伊维公司于1999年8月31日向上柴公司开具的增值税专用发票及上柴公司的装配明细表。就无效宣告请求审查决定书生效与否之事实，被告伊维公司称因其工作人员错将向法院提起行政诉讼的诉状寄给了专利复审委，导致北京市第一中级人民法院以不符合在诉讼时效内起诉的立案要求为由未予受理并向其发送了退件通知。

上海市科技咨询服务中心根据法院委托，就涉讼专利在相关喷油泵总成中的技术比重（即涉讼专利从技术角度分析在相关喷油泵总成中作用的量化）问题出具了沪科技咨询服务中心（2006）鉴字第027号《技术鉴定报告书》，该项鉴定将喷油泵总成整体技术分为引进技术、群体自主开发技术和自主开发取得知识产权的专利技术，鉴定结论为：含有“喷油泵挺柱体滚轮锁簧装置”一项专利的喷油泵总成整体技术中，引进技术的技术贡献率约占50%，在消化、吸收引进技术过程中群体自主开发技术的技术贡献率约占45%，ZL01238898.X实用新型专利的技术贡献率约占5%；含有“喷油泵挺柱体滚轮锁簧装置”和“矩形截面柱塞弹簧喷油泵”两项专利的喷油泵总成整体技术中，引进技术的技术贡献率约占40%，在消化、吸收引进技术过程中群体自主开发技术的技术贡献率约占50%，ZL01238898.X和ZL01238896.3两项实用新型专利的技术贡献率约占10%。

就P7泵和PE泵总成技术在伊维公司与电装公司于2003年11月4日签订的《P7、PE型柴油喷射泵技术转让协议》所涉全部转让/许可内容中的技术比重问题，上海市科技咨询服务中心出具了沪科技咨询服务中心（2006）鉴字第027—1号《补充鉴定报告书》，报告认为创造P7泵和PE泵价值的诸要素主要为技术（设计、工艺）、制造、管理三方面，总成技术则包括技术（设计、工艺）和制造两个方面，其中涉讼两项专利应归结为协议合同产品的设计技术范畴，在对协议附件 III“技术情报”内容进行具体分析的基础上，补充鉴定结论为：P7 泵和 PE 泵总成技术在协议所涉全部转让内容中的技术比重为 70%左右；管理体系在协议所涉全部转让内容中的比重为 30%左右。

上述事实有下列证据证实：实用新型专利证书、伊维公司章程、关于实用新型专利权转移的情况说明、《专利权转让合同》、《P7、PE 型柴油喷射泵技术转让协议》、专利登记簿副本、无效宣告请求审查决定书、《技术鉴定报告书》和《补充鉴定报告书》等。

（四）一审判案理由

上海市第一中级人民法院根据上述事实和证据认为：原告翁立克是“喷油泵挺柱体滚轮锁簧装置”和“矩形截面柱塞弹簧喷油泵”实用新型专利的设计人，有权就该两项职务发明创造主张合理的报酬。被告伊维公司许可案外人电装公司实施上述专利收取了使用费，应从中提取一定比例作为报酬支付给原告。至于被告上柴公司是否应承担连带责任，一方面上柴公司于 2003 年 11 月 1 日与伊维公司签订协议将涉讼专利无偿转让的实质是解决知识产权实际归属问题，且原告也主张涉讼职务发明是在伊维公司任职期间完成的；另一方面与案外人电装公司就包括专利在内的技术许可使用签订协议的是伊维公司，从中获取收益的也是伊维公司。基于以上两点原因，原告要求上柴公司承担报酬支付的连带责任于法无据。

（五）一审定案结论

上海市第一中级人民法院依照《中华人民共和国专利法》第十六条、第四十七条，《中华人民共和国专利法实施细则》第七十六条的规定，作出如下判决：

1. 被告上海浦东伊维燃油喷射有限公司应于本判决生效之日起 10 日内从许可上海电装燃油喷射有限公司实施专利号为 ZL01238898. X“喷油泵挺柱体滚轮锁簧装置”和专利号为 ZL01238896. 3“矩形截面柱塞弹簧喷油泵”两项实用新型专利所收取的使用费中提取人民币 276461. 57 元作为报酬支付给原告翁立克；

2. 原告翁立克的其余诉讼请求不予支持。

（六）二审情况

1. 二审诉辩主张

翁立克上诉称：请求撤销原审判决，判令伊维公司与上柴公司向其支付涉案专利许可使用费的职务报酬人民币 200 万元。主要理由是：第一，《技术鉴定报告书》与《补充鉴定报告书》根本不具可靠性和合理性，一审判决据以认定的涉案专利之技术贡献和涉案转让费中的“喷油泵总成技术之比重”及其职务报酬的“计算基数”完全属于认定事实错误。《技术鉴定报告书》提出的“技术贡献率构成”，既未经过事实调查，又未进行必要的技术分析。《补充鉴定报告书》中“P7 泵和 PE 泵总成技术在协议所涉全部转让内容中的技术比重为 70%左右；管理体系在协议所涉及全部转让内容中的比重为 30%左右”的结论，没有事实依据。30%的报酬“提取比例”只是普通情况下所适用的提取比例，鉴于本案的实际情况，提取比例可以进一步提高至 50%，甚至更高。第二，一审判决没有查清涉案技术转让费（提成费）是否纳税以及免税的情况，致使计算基数有误，属于认定事实不清。第三，一审判决认定要求上柴公司承担相应阶段职务报酬支付之连带责任的诉求“于法无据”，属于适用法律不当。2004 年 4 月 23 日以前，“喷油泵挺柱体滚轮锁簧装置”的专利权人是上柴公司，2004 年 2 月 7 日以前，“矩形截面柱塞弹簧喷油泵”的专利权人是上柴公司，上柴公司应当依法承担相应期间内职务发明报酬纠纷的相应法律责任。第四，因伊维公司与上柴公司的责任致使涉案专利权被宣告无效，造成预期利益损失，“计算报酬时间段”应延伸至涉案专利权的届满期限 2011 年 4 月。

针对翁立克的上诉请求，上柴公司答辩称：两份鉴定报告是科学的、严谨的，鉴定结论是基本准确的。并认为涉案专利权被宣告无效，并非恶意，按 30%提取专利使用费比例过高，上柴公司不应该承担连带责任。伊维公司答辩称：其同意上柴公司的答辩意见，并称自己不存在免税的情况。

伊维公司上诉称：请求撤销原审判决，并依法改判。主要理由是：第一，涉案专利权已经无效，伊维公司不应支付相关报酬。第二，一审判决报酬按 30%提取不合理。第三，一审判决伊维公司承担 80%的鉴定费不合理，应根据责任比例分摊。

针对伊维公司的上诉请求，翁立克答辩称：其不同意伊维公司的上诉请求，专利使用费的提取是下有保底，上不封顶；本案过错在于伊维公司和上柴公司，伊维公司应当承担大部分鉴定费。上柴公司答辩称：其同意伊维公司的上诉意见。

2. 二审事实和证据

二审中，各方当事人均未向法院提供新的证据材料。

上海市高级人民法院经审理查明：原审判决认定的事实属实。

3. 二审判案理由

上海市高级人民法院认为：一审法院委托上海市科技咨询服务中心对涉案技术问题进行鉴定，程序合法，鉴定专家在充分听取各方当事人的意见、全面查阅了各方当事人提供的与鉴定相关的材料，并结合鉴定专家的专业知识与经验，所得出的鉴定结论应予以采信。翁立克称《技术鉴定报告书》与《补充鉴定报告书》不具可靠性和合理性，并无充分的事实与法律依据，法院不予支持。根据《专利法实施细则》的规定，伊维公司的义务是从许可实施涉案专利收取的使用费纳税后提取不低于 10%作为报酬支付给翁立克，一审法院已经将专利使用费提取比例调高到 30%，已经给涉案专利设计人翁立克充分的照顾，现翁立克要求将提取比例提高到 50%，甚至更高，没有法律依据，法院不予支持。上诉人翁立克的第一条上诉理由不能成立。

根据财政部、国家税务总局《关于企业所得税若干优惠政策的通知》（财税字〔1994〕001 号）的规定，企业事业单位进行技术转让，以及在技术转让过程中发生的与技术转让有关的技术咨询、技术服务、技术培训的所得，年净收入在 30 万元以下的，暂免征收所得税。但其前提条件是要经税务机关审核。根据财政部、国家税务总局《关于贯彻落实〈中共中央、国务院关于加强技术创新，发展高科技，实现产业化的决定〉有关税收问题的通知》（财税字〔1999〕273 号）的规定，对单位和个人（包括外商投资企业、外商投资设立的研究开发中心、外国企业和外籍个人）从事技术转让、技术开发业务和与之相关的技术咨询、技术服务业务取得的收入，免征营业税。但免税必须经过审批程序：纳税人从事技术转让、开发业务申请免征营业税时，须持技术转让、开发的书面合同，到纳税人所在地省级科技主管部门进行认定，再持有关的书面合同和科技主管部门审核意见证明报当地省级主管税务机关审核。翁立克并未提供其所称免税事项所涉及的审核方面的证据；况且，即使如翁立克所主张，伊维公司享受了相应的税收优惠，考虑到一审法院已经将专利使用费提取比例调高到 30%，翁立克以是否纳税以及免税的情况未查清为由，要求增加其专利使用费提取数额的主张，法院亦不予支持。

一审法院已经充分地论述上柴公司不应当与伊维公司承担连带责任的事实与理由，翁立克并未提出新的事实与理由，上诉人翁立克要求上柴公司应当与伊维公司承担连带责任的主张，法院不予支持。

按《专利法》及其实施细则的规定，作为发明人或者设计人报酬的专利使用费分成，是对实施相应专利已经实现利益的分成，并不包括对期待利益的分成。上诉人要求“计算报酬时间段”应延伸至涉案专利的届满期限 2011 年 4 月，以求对预期利益进行分成，没有法律依据，法院不予支持。

一审判决伊维公司支付翁立克的专利使用费分成，是涉案专利被宣告无效之前的专利使用费分成，该专利使用费是伊维公司已经实现的涉案专利许可使用费，本案也不存在专利权人伊维公司的恶意给被许可人电装公司造成损失的情形，根据《专利法》的规定，伊维公司并无义务返还被许可人电装公司在涉案专利权被宣告无效之前已经收取的专利使用费。上诉人伊维公司关于涉案专利权已经无效，伊维公司不应支付相关报酬的上诉理由不能成立。

一审判决根据本案的具体情况，适当调整专利使用费分成比例，并酌情确定鉴定费分配比例，并未滥用自由裁量权，上诉人伊维公司相应的上诉理由，法院不予支持。

综上所述，上诉人翁立克与上诉人伊维公司的上诉请求与理由没有事实和法律依据，均应予驳回。

4. 二审定案结论

上海市高级人民法院依照《中华人民共和国民事诉讼法》第一百五十三条第一款第（一）项、第一百五十八条之规定，作出判决如下：

驳回上诉，维持原判。

（七）解说

根据相关法律规定，专利权人一般在两种情况下应当从中提取一定比例作为报酬支付给职务发明设计人：一是专利权人自行实施发明创造专利后获得了利润（税后）；二是专利权人许可他人实施专利收取了使用费（税后）。因此，审理此类案件必须确定以下几方面的内容：计算报酬的时间段、该时间段内已产生的利润或已收取的使用费、提取比例。当专利产品并不是一个可以单独出售而仅仅是某一完整产品中的零部件时，则还牵涉到该零部件在完整产品中技术贡献率的确定问题。

1. 职务发明设计人只能主张专利权有效期内的报酬，且专利权被宣告无效不当然免除专利权人的报酬支付义务。一般情况下，职务发明设计人所能主张的是专利权有效期内的报酬，故从专利申请日起若有利润或使用费产生，专利权人都应向发明设计人结算报酬。本案中，原告主张自涉讼专利被许可实施开始至 2007 年 4 月的报酬。对此，法院认为，涉讼两项专利权已于 2005 年 12 月 23 日被宣告无效，在无证据表明该两项专利仍处于有效法律状态的情况下，原告只能要求被告伊维公司支付专利权被宣告无效前基于专利许可使用费的收取所应提取的相应报酬。

此外，被告以宣告无效的专利权视为自始即不存在为由认为不应向原告支付专利报酬。然而，《专利法》第四十七条第二款规定，宣告专利权无效的决定，对已经履行的专利实施许可合同，不具有追溯力。也就是说，专利权人在专利权被宣告无效前所收取的许可使用费是不需要退还的，被告欲以专利无效之事实免除自己向原告支付职务发明报酬的意见不能成立。不过，笔者认为，如果专利权是因不具有创造性而被宣告无效的话，应当可以考虑职务发明报酬是否还有支付基础的问题。

2. 作为零部件的专利在产品中的技术贡献率可作为确定所应用之专利对应收益的计算

依据。当专利本身是一个完整产品时，计算报酬只需查明该产品的许可使用费（税后）即可，但当专利仅仅是一个完整产品的某个组件且不能单独出售时，就必须在查明完整产品许可使用费的同时确定专利在该产品中的技术比重，据此才能确定专利被应用中所对应之收益。技术比重系业内对专利创造性和实用性程度评价的一种量化，可以通过技术评估或鉴定的方式予以认定。

就本案而言，首先，从《P7、PE型柴油喷射泵技术转让协议》相关条款分析，被告伊维公司依协议所收取的款项之对价为技术情报及相关权利，而协议附件III所列“技术情报”内容又不完全都是合同产品P7泵和PE泵总成技术直接对应之载体。依据补充鉴定结论所确定的比重，被告伊维公司收取的合同款项中的70%左右才是与喷油泵总成技术许可相关的使用费。其次，由于涉讼专利只是喷油泵总成技术中的一部分，那么应当再依据专利在P7泵或PE泵中的技术贡献率来确定喷油泵总成技术的许可使用费中与专利相关的费用。依鉴定报告结论，P7泵总成技术许可使用费中的约5%为该产品所应用之专利“喷油泵挺柱体滚轮锁簧装置”对应之收益，PE泵总成技术许可使用费中的约10%为该产品所应用之两项专利对应之收益。最后，相关法律、法规已明确规定计算报酬的基数是税后收益，且在伊维公司与电装公司的协议中也约定税款由许可方伊维公司自行缴纳，原告提出的减免税情形又缺乏证据予以佐证。综上分析，涉讼专利报酬的计算基数应将被告伊维公司收取的协议款项纳税后乘以70%，再乘以专利在合同产品中技术贡献率，以此方式计算至2005年底之前，被告伊维公司许可电装公司在P7泵中使用“喷油泵挺柱体滚轮锁簧装置”专利所获得的税后净收益为168104.69元（计算结果取小数点后两位，下同），许可电装公司在PE泵中使用涉讼两项专利所获得的税后净收益为753433.86元。

3. 报酬计算的提取比例可视情调高。《专利法实施细则》（2010年修订前）第七十六条规定：“被授予专利权的国有企业事业单位许可其他单位或者个人实施其专利的，应当从许可实施该项专利收取的使用费纳税后提取不低于10%作为报酬支付发明人或者设计人。”法院认为，该实施细则只是确定了一个最低比例，具体取值多少应视具体案情而定。本案中，法院注意到，在原告提起诉讼不久，电装公司即向专利复审委宣告涉讼专利权无效，且所依据的证据持有人应为本案两被告，暂且不论存在关联关系的两被告之间的销售事实是否足以否定专利新颖性的问题，从被告伊维公司在收到无效宣告请求审查决定后3个月内未能采取有效措施挽救专利权的消极行为来看，无效宣告事实的发生显然事出有因，其后果直接致使原告根据涉讼专利在专利权期限届满之前继续被推广应用所产生的经济效益而主张报酬的权利行使不能，考虑到这一因素，法院认为可以将提取比例适当调高至30%。当然，在同类案件处理过程中，涉讼专利创造性的高低也可以作为是否应适当调高提取比例的因素之一。

（上海市第一中级人民法院　刘　静）

80. 谢礼荣诉洪桂敏侵犯专利权案

（同一产品上实用新型和外观设计专利侵权判定）

（一）首部

1. 判决书字号：云南省昆明市中级人民法院（2007）昆民六初字第115号民事判决书。

2. 案由：侵犯专利权纠纷。

3. 诉讼双方

原告：谢礼荣，男，汉族，1972年9月26日生。

委托代理人：董丹敏，云南海合律师事务所律师。

被告：洪桂敏，男，汉族，1971年2月16日生。

委托代理人：徐颖，云南天途律师事务所律师。

4. 审级：一审。

5. 审判机关和审判组织

审判机关：云南省昆明市中级人民法院。

合议庭组成人员：审判长：曹军；代理审判员：王虹、陈红。

6. 审结时间：2008年1月9日。

（二）诉辩主张

原告诉称：2006年8月1日，原告分别以“珍珠釉栏杆”和“表面涂有珍珠釉的栏杆”为名称向国家知识产权局申请专利，并被授予外观设计专利（专利号为：ZL200630021063.1）和实用新型专利（专利号为：ZL200620022252.5），该两项专利合法有效。被告自2006年9月至今生产销售外形、用途与原告专利产品相同的陶瓷栏杆，给原告造成经济损失。故诉至法院，请求判令：（1）被告停止侵权行为；（2）被告赔偿原告损失326250元；（3）本案诉讼费由被告承担。

被告辩称：被告没有生产或销售过陶瓷栏杆，更没有生产或销售过外形和用途与原告专利产品相同的陶瓷栏杆，没有侵犯原告专利权，被告不是本案的适格当事人，不应承担民事责任，请法庭驳回原告的诉讼请求。

（三）事实和证据

云南省昆明市中级人民法院经公开审理查明：2006年8月1日，原告申请了一项名为“珍珠釉栏杆”的外观设计专利（专利号：ZL200630021063.1）和一项名为“表面涂有珍珠釉的栏杆”的实用新型专利（专利号：ZL200620022252.5），并分别于2007年5月30日和2007年8月8日获得授权。其中“表面涂有珍珠釉的栏杆”的实用新型专利权利要求书载明：一种表面涂有珍珠釉的栏杆，其特征为：栏杆为中空体，栏杆的两端为四方体、通过圆弧过渡面与四方体连接的部分分别设有一个或多个圆弧凸台、位于两端圆弧凸台间的栏杆中段为不等直径的其上可彩绘图画的柱体。2007年3月25日，证人周劲峰以15元人民币向被告购买了一支被控侵权产品，同年6月27日，又向被告支付定金200元人民币定购650支被控侵权产品，单价为9元人民币，被告妻子以被告名义填开了付款证明单。原告认为被告销售的陶瓷栏杆侵犯了其专利权，遂诉至本院。原告申请本院对被告销售的被控侵权产品陶瓷栏杆及销售账目进行证据保全，本院同意了原告的申请，保全了被告的被控侵权陶瓷栏杆两支。

上述事实有下列证据证明：

1. ZL200630021063.1外观设计和ZL200620022252.5实用新型专利证书及授权文本，证明原告拥有该两项专利权及专利权的保护范围。

2. 证人周劲峰的证人证言及付款证明单，证明其分别于2007年3月25日和2007年6月27日到被告处购买被控侵权产品，被告妻子以被告名义开具了付款证明，证实被告销售过被控侵权产品。

3. 通过证据保全的被告销售的产品。

（四）判案理由

云南省昆明市中级人民法院根据上述事实和证据认为：首先，原告欲证明被告侵犯其实用新型专利权，应当由原告提交证据证明被告销售的被控侵权产品落入了原告实用新型专利的保护范围。根据《中华人民共和国专利法》第五十六条第一款规定："发明或者实用新型专利权的保护范围以其权利要求的内容为准，说明书及附图可以用于解释权利要求。"最高人民法院《关于审理专利纠纷案件适用法律问题的若干规定》第十七条第一款对《专利法》第五十六条第一款中的专利权保护范围进行了解释，即专利权的保护范围应当以权利要求书中明确记载的必要技术特征所确定的范围为准，也包括与该必要技术特征相等同的特征所确定的范围。本案中原告实用新型专利权利要求书中明确记载的必要技术特征为：一种表面涂有珍珠釉的栏杆，其特征为：栏杆为中空体，栏杆的两端为四方体、通过圆弧过渡面与四方体连接的部分分别设有一个或多个圆弧凸台、位于两端圆弧凸台间的栏杆中段为不等直径的其上可彩绘图画的柱体。同时，该实用新型专利说明书解释该专利的目的在于提供一种结构新颖、易生产、光泽好的表面涂有珍珠釉的栏杆。根据《中华人民共和国专利法实施细则》第二十一条第一、二款规定，权利要求书应当有独立权利要求，独立权利要求应当从整体上反映发明或实用新型的技术方案，记载解决技术问题的必要技术特征。由此可见，本案原告实用新型专利的独立权利要求不仅包括栏杆的结构特征，也包括在栏杆表面涂有珍珠釉这一技术特征。而通过将原告上述实用新型专利的必要技术特征与本院证据保全到的被告销售的陶瓷栏杆实物进行比对可以看出，虽然被告销售的陶瓷栏杆在结构特征上也为中空体，栏杆两端也为四方体，圆弧过渡面与四方体连接的部分设有多个圆弧凸台，且位于两端圆弧凸台间的栏杆中段也为不等直径的可彩绘图画的柱体，但其表面却没有涂有珍珠釉。原告也没有提交证据证明被告销售的被控侵权产品具有表面涂有珍珠釉这一技术特征。因此，被告销售的被控侵权产品没有落入原告实用新型专利的保护范围，被告没有构成对原告实用新型专利权的侵犯。

其次，对外观设计专利的侵权判断应当以法律规定的外观设计的保护范围为准，根据《专利法》第五十六条第二款规定："外观设计专利权的保护范围以表示在图片或者照片中的该外观设计专利产品为准。"在专利的侵权判断上，应将被控侵权物与外观设计专利图片比较，两者相同或相近似，被控侵权物则落入专利保护范围。本案中，将保全到的被控侵权产品与外观设计专利图片比较可以看出，被控侵权产品陶瓷栏杆为中空体，栏杆的两端为四方体，通过栏杆圆弧过渡面与四方体连接的部分分别有多个圆弧凸台，位于两端圆弧凸台之间的栏杆中段为直径不一的其上可彩绘图画的柱体，与原告外观设计专利图片的相应部分相近似，被控侵权产品落入原告外观设计专利保护范围。此外，原告外观设计专利的申请日为2006年8月1日，授权公告日为2007年5月30日，而证人周劲峰分别于2007年3月25日和同年6月27日向被告购买被控侵权产品的过程，均足以证明被告销售被控侵权产品的行为持续到外观设计专利授权公告之后的事实。《专利法》第十一条第二款规定："外观设计专利权被授予后，任何单位或者个人未经专利权人许可，都不得实施其专利，即不得为生产经营目的制造、销售、进口其外观设计专利产品。"因此，被告洪桂敏销售与原告外观设计专利相近似的产品，侵犯了原告的外观设计专利权，应承担停止侵权、赔偿损失的法律责任。

对于原告要求被告赔偿损失326250元的诉讼请求，由于原告的销货单及销货记录所反映的产品销售价格均会受市场波动等综合因素影响，不能直接指向是因被告侵权行为所致价格变动，且对原告的损失和被告的获利所做的总结算亦属于原告单方面的理解，不能以此作为赔偿依据。本院综合考虑被告侵权行为的性质、情节以及原告为制止侵权支出的合理费用等因素，确定被告洪桂敏赔偿原告经济损失及合理费用合计20000元。

（五）定案结论

云南省昆明市中级人民法院依照《中华人民共和国专利法》第十一条第二款、第五十六条，《中华人民共和国专利法实施细则》第二十一条第一、二款，最高人民法院《关于审理专利纠纷案件适用法律问题的若干规定》第十七条第一款，《中华人民共和国民事诉讼法》第六十四条第一款的规定，作出如下判决：

1. 被告洪桂敏立即停止销售侵犯原告外观设计专利的产品；

2. 被告洪桂敏于本判决生效之日起10日内赔偿原告经济损失及合理费用合计20000元；

3. 驳回原告谢礼荣的其他诉讼请求。

案件受理费6234.25元、保全费1644.75元，由原告谢礼荣负担3151.6元，由被告洪桂敏负担4727.4元，被告洪桂敏负担部分于付款时一并支付原告。

（六）解说

本案为一种产品有实用新型和外观设计两项专利侵权判定的案件。其中实用新型专利的独立权利要求的结构特征与外观设计专利的设计要点基本重合，但由于两种不同类型的专利保护内容及侵权判断标准有所不同，因而导致同一产品上的两种专利侵权构成存在差异：

1. 实用新型和外观设计两种不同类型专利的区分。实用新型是指对产品的形状、构造或者其结合所提出的适于实用的新的技术方案，而外观设计是指对产品的形状、图案或者其结合以及色彩与形状、图案的结合所作出的富有美感并适于工业应用的新设计。可见，实用新型涉及的是技术方案，或技术方面的创造，一般对产品的结构、性能、技术进步等具有积极作用，因而其专利权保护的是技术构思或者技术方案；而外观设计仅涉及产品的外观，属于视觉性的发明创造，具有视觉效果，与技术无关，基本不包括结构设计，只是赋予产品一个装饰性的外表或样式，因而其专利权保护的则是产品的富于美感的外观。

2. 实用新型专利和外观设计专利侵权判定的区别。首先，两种专利权所保护的范围不同。我国《专利法》及相关的司法解释明确规定，发明或者实用新型专利权的保护范围以其权利要求的内容为准，说明书及附图可以用于解释权利要求。具体讲，实用新型专利权的保护范围应当以权利要求书中明确记载的必要技术特征所确定的范围为准，也包括与该必要技术特征相等同的特征所确定的范围。而外观设计专利权的保护范围以表示在图片或者照片中的该外观设计专利产品为准。其次，两种专利侵权判定的视角不同。获得实用新型专利的关键因素在于创造性，也称为非显而易见性，该专利保护的重点在于技术方案的创造性，即本领域普通技术人员所不能做到的智力成果，因而其专利侵权判定的视角为本领域普通的技术人员；而获得外观设计专利的核心在于新颖性和富有美感的设计，其相对于实用新型表现出显而易见的特点，且外观设计所针对的对象就是一般消费者，因而其专利侵权判定的视角为一般消费者。再次，两种专利权侵权判定的标准不同。实用新型专利侵权判定的标准为等同原则，即被控侵权产品的技术特征与权利人实用新型专利的必要技术特征是否相同或者相等同，其中等同是指与所记载的技术特征以基本相同的手段，实现基本相同的功能，达到基本相同的效果，并且本领域的普通技术人员无需经过创造性劳动就能够联想到的特征；而外观设计专利侵权的判定标准为相同或者相近似，即按照一般消费者的眼光，被控侵权产品的外观在视觉上具有美感的特征或者总体印象与权利人的外观设计相同或者相近似，造成消费者混淆误认。

结合本案来看，就实用新型专利而言，原告该项专利必要技术特征不仅包括陶瓷栏杆的结构特征，还包括在栏杆表面涂有珍珠釉这一技术特征，而被控侵权产品只在结构特征上与原告专利有相同之处，但不具有表面涂有珍珠釉这一技术特征，本领域普通技术人员不通过创造性劳动无法联想到该特征，因而被控侵权产品与原告专利既不相同也不等同；就外观设计专利而言，按照一般消费者的视角，将被控侵权产品的整体外观及设计要点与原告该项专利反映在图片或者照片中的立体或者平面外观进行一一比对，可以判断出两者相近似，足以造成消费者的混淆误认。因此，尽管同一产品上的实用新型专利和外观设计专利的技术特征和设计要点存在交叉和重合，但从两种不同类型的专利特点、性质、保护范围和侵权构成标准进行严格区分，法院最终判定被告侵犯了原告的外观设计专利权而未侵犯实用新型专利权与专利司法保护的制度相一致。

（云南省昆明市中级人民法院　曹　军）

81. 诺瓦提斯公司（Novartis AG）诉重庆新原兴药业有限公司专利侵权案
（间接侵权）

（一）首部

1. 判决书字号

一审判决书：重庆市第一中级人民法院（2008）渝一中民初字第133号民事判决书。

二审判决书：重庆市高级人民法院（2008）渝高法民终字第230号民事判决书。

2. 案由：专利侵权纠纷。

3. 诉讼双方

原告（被上诉人）：诺瓦提斯公司（Novartis AG），住所地：瑞士巴塞尔 Lichts trasse 35号。

共同授权代表：Peter de Weerd 和 Morri Clive。

委托代理人（一、二审）：陈文平，北京市金杜律师事务所律师。

委托代理人（一、二审）：丛莉，北京市金杜律师事务所工作人员。

被告（上诉人）：重庆新原兴药业有限公司，住所地：重庆市渝北区工业园区 11 号。

法定代表人：张恩甫，该公司董事长。

委托代理人（一、二审）：袁国印，重庆法霖律师事务所律师。

委托代理人（一、二审）：张坪，该公司副总经理。

4. 审级：二审。

5. 审判机关和审判组织

一审法院：重庆市第一中级人民法院。

合议庭组成人员：审判长：赵志强；代理审判员：钟拯、谭颖。

二审法院：重庆市高级人民法院。

合议庭组成人员：审判长：李佳；代理审判员：肖艳、李剑。

6. 审结时间

一审审结时间：2008 年 8 月 4 日。

二审审结时间：2008 年 12 月 19 日。

（二）一审诉辩主张

原告诉称：原告是 93103566. X 号发明专利（申请日为 1993 年 4 月 2 日，公告授权日为 1999 年 6 月 2 日，发明名称为“嘧啶衍生物及其制备方法和用途”）的专利权人。被告在其网站（www. cqpharm. cn）的产品介绍中列明出售甲磺酸伊马替尼及其中间体吡啶胺、硝胍苯 CAS：152460－08－07、哌嗪苯甲酸 CAS：106261－49－8、硝基物 CAS：152460－09－8、氢化物 CAS：152460－10－1 和伊马替尼 CAS：152459－95－5。被告还在 2007 年 11 月 6 日向调查人员出售了甲磺酸伊马替尼和其中间体哌嗪苯甲酸、氢化物（氨基物）。原告认为，被告未经原告许可生产、销售和许诺销售的甲磺酸伊马替尼和伊马替尼产品落入了原告专利的权利要求 1—3、5 和 27 中，构成对原告专利权的直接侵权。被告制造、销售和许诺销售的哌嗪苯甲酸（CAS：106261—49—8）、硝基物（CAS：152460—09—8）和氢化物（CAS：152460—10—1）是制造专利产品甲磺酸伊马替尼和伊马替尼的关键部件，而且没有其他商业用途。被告明确作为“伊马替尼中间体”提供这些中间体，明显具有教唆和诱导第三人使用这些中间体制造专利产品伊马替尼/甲磺酸伊马替尼的故意，因而构成间接侵权。原告请求判令被告：（1）立即停止侵权行为；（2）赔偿原告经济损失 50 万元人民币；（3）赔偿原告为此诉讼所支出的其他一切费用（包含但不限于律师费）并承担本案的诉讼费。

被告辩称：（1）涉案的相关产品系被告为实验而在实验室所生产，被告没有生产经营目的；（2）涉案的相关中间体具有其他商业用途，故不是侵权产品；（3）被告已经删除了企业网站中的有关甲磺酸伊马替尼及其中间体的产品介绍。

（三）一审事实和证据

重庆市第一中级人民法院经公开审理查明：原告是 93103566. X 号发明专利（申请日为 1993 年 4 月 2 日，公告授权日为 1999 年 6 月 2 日，发明名称为“嘧啶衍生物及其制备方法和用途”）的专利权人。该专利至今合法有效。其专利权利要求 1、2、3、5 和 27 的内容如下：

1. 一种式 I 的 N-苯基-2-嘧啶胺衍生物，

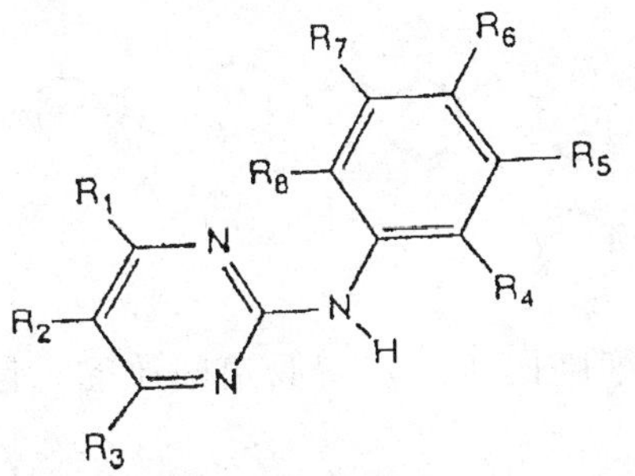

（Ⅰ）

其中，R_1 是以环碳原子相连的且氮原子未被氧取代或被氧取代的吡啶基；R_2，R_3 和 R_8 均为氢；R_7 为硝基、氟取代的低级烷氧基或结构式Ⅱ所示的基团：

-N（R_9）-C（=X）-（Y）$_n$-R_{10}（Ⅱ）

其中，R_9 是氢或 C_1-C_4 烷基；X 是氧；Y 是氧或 NH 基团；n 是 0 或 1；和 R_{10} 是一种至少有 5—10 个碳原子的脂肪族基团、C_5-C_6 环烷基、吡啶基、噻吩基、萘基或是未取代或被下列基团取代的苯基：氰基、C_1-C_4 烷基、（4-甲基-哌嗪基）-C_1-C_4烷基、C_1-C_4 烷氧基、卤素、或羧基；和 R_4，R_5 和 R_6 各自独立地为氢、C_1-C_4 烷基或三氟甲基。

或有至少一个成盐基团的此种化合物的一种盐。

2. 根据权利要求 1 的式Ⅰ的一种化合物，

其中，R_1 以环碳原子相连的且氮原子未被氧取代或被氧取代的吡啶基；R_2 和 R_3 均为氢；R_4 为氢或 C_1-C_4 烷基；R_5 是氢、C_1-C_4 烷基或三氟甲基；R_6 是氢；R_7 为硝基、氟取代低级烷氧基或结构式Ⅱ的基团；其中 R_9 为氢，X 是氧，n 是 0；R_{10} 是有 5－10 个碳原子的脂肪族基团、未被取代或被下列基团取代的苯基：氰基、C_1-C_4，烷基、（4-甲基-哌嗪基）-C_1-C_4 烷基、C_1-C_4 烷氧基、卤素或羧基、C_5-C_6 环烷基、吡啶基、噻吩基或萘基；和 R_8 为氢。

或有至少一个成盐基团的此种化合物的一种药物可接受的盐。

3. 根据权利要求 1 的式Ⅰ的一种化合物，

其中，R_1 吡啶基或 N-氧化吡啶基，每一个均以碳原子相连；R_2 和 R_3 均为氢；R_4 是氢或 C_1-C_4 烷基；R_5 是氢、C_1-C_4 烷基或三氟甲基；R_6 为氢；R_7 为硝基、氟取代低级烷氧基或结构式Ⅱ的基团，其中 R_9 为氢，X 是氧，n 是 0；

R_{10} 是以碳原子相连的吡啶基、未被取代或被下列基团取代的苯基：卤素、氰基、C_1-C_4 烷氧基、羧基、C_1-C_4 烷基或 4-甲基-哌嗪基-甲基，或 C_5-C_7 烷基、噻吩基、2-萘基或环己基，和 R_8 是氢。

或有至少一个成盐基团的此种化合物的一种药物可接受的盐。

5. 根据权利要求 1—3 任一项的式Ⅰ化合物，其中 R_4 为 C_1-C_4 烷基，或有至少一个成盐基团的此类化合物的一种药理上可接受的盐。

27. 根据权利要求 1 的 N-｛5-［4-（4-甲基哌嗪基甲基）苯甲酰胺基］-2-甲基苯基｝-4-（3-吡啶基）-2-嘧啶胺或它的一种药理上可接受的盐。

重庆市公证处对下列事实进行了公证：

1. 2006 年 12 月 22 日，被告网页（http：//www.cqpharm.cn）的“最新产品”栏中有甲磺酸伊马替尼的介绍，具体内容为：甲磺酸伊马替尼（新）；结构式：

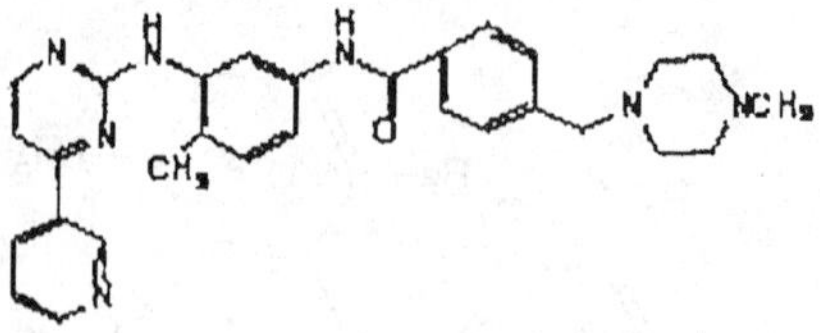

用途：用于治疗慢性粒细胞白血病及胃肠道间质瘤；包装规格：100g/袋、500g/袋；价格面议。

2.2006年12月22日，被告工作人员在被告办公场所向原告取证人员表示该公司研发了甲磺酸伊马替尼并做成原料药，该药在瑞士诺华公司有专利，要到2013年才过专利保护期。并表示要买1公斤以上的货才能买样品，同时展示了小袋装白色粉末状物品，介绍说是甲磺酸伊马替尼的样品。被告产品介绍资料载明了相关产品的化学名及结构式，相关产品名称是：①甲磺酸伊马替尼；②甲磺酸伊马替尼中间体硝基物［化学名：N-（2-甲基-5-硝基苯基）-4-（3-吡啶基）-2-嘧啶氨］；③甲磺酸伊马替尼中间体氢化物（化学名：N-（2-甲基-5-氨基苯基）-4-（3-吡啶基）-2-嘧啶氨）；④甲磺酸伊马替尼中间体伊马替尼（化学名：4-［（4-甲基-1-哌嗪）甲基］-N-｛4-甲基-3-［［4-（3-吡啶）-2-嘧啶］氨基］苯基｝-苯胺）

3.2007年11月5日，被告网页（http：//www.cqpharm.cn）的“最新产品”栏中有伊马替尼中间体（Imatinib Intermediates）的介绍，具体内容为：（1）吡啶胺；（2）硝胍苯CAS：152460-08-07：（3）哌嗪苯甲酸CAS：106261-49-8；（4）硝基物CAS：152460-09-8；（5）氢化物CAS：152460-10-1；（6）伊马替尼CAS：152459-95-5。用途：治疗慢性粒细胞白血病及胃肠道间质瘤药物伊马替尼的中间体；包装规格：100g/袋、500g/袋、20kg/桶；价格面议。

4.2007年11月6日，原告取证人员在被告“供销科”办公室购买了“氢化物（氨基物）”、“哌嗪苯甲酸”、“甲磺酸伊马替尼”的样品各一包（每包20克），并取得金额为3600元的收据一张。被告出具的氨基物、哌嗪苯甲酸《检验证书》显示：氨基物，批数量10kg，检验日期2007年11月1日；哌嗪苯甲酸，批数量30kg，检验日期2007年10月27日。

庭审中，被告承认，其提供的氢化物（氨基物）、哌嗪苯甲酸、甲磺酸伊马替尼的结构式与其在网页和宣传资料中宣称的结构式相符。

上述事实有下列证据证明：

1. 中华人民共和国国家知识产权局《发明专利说明书》，说明书载明：专利号93103566.X，发明名称为“嘧啶衍生物及其制备方法和用途”，专利权人诺瓦提斯公司，申请日1993年4月2日，优先权日1992年4月3日，颁证日1999年3月18日，授权公告日1999年6月2日。

2.《专利登记簿副本》两份，载明：涉案专利有效。

3. 中华人民共和国重庆市公证处（2006）渝证字第27442、27443号，（2007）渝证字第26865、26875号《公证书》4份及涉案产品实物3份，前述4份公证书记载被告实施了相关涉案行为。

（四）一审判案理由

重庆市第一中级人民法院根据上述事实和证据认为：

1. 被告是否实际实施了原告所指控的行为？原告指控，被告实施了生产、销售和许诺销售甲磺酸伊马替尼及相关中间体。被告对生产、销售和许诺销售甲磺酸伊马替尼及中间体氢化物（氨基物）、哌嗪苯甲酸无异议，对许诺销售中间体硝基物无异议，但否认生产、销售了伊马替尼和硝基物。本院认为，硝基物、伊马替尼是生产甲磺酸伊马替尼的必备中间体，被告生产了甲磺酸伊马替尼，又未说明其中间体的来源，且被告在其网站上明确表示出售该中间体，故本院认定被告生产了该中间体。至于被告是否实际销售了硝基物和伊马替尼的问题，原告并未就该事实举证而被告予以否认，根据最高人民法院《关于民事诉讼证据的若干规定》第二条“当事人对自己提出的诉讼请求所依据的事实或者反驳对方诉讼请求所依据的事实有责任提供证据加以证明。没有证据或者证据不足以证明当事人的事实主张的，由负有举证责任的当事人承担不利后果”的规定，本院无法认定被告已经实际销售了硝基物和伊马替尼。综上，本院认定被告实际实施的相关行为为：生产、销售和许诺销售甲磺酸伊马替尼及其中间体氢化物（氨基物）、哌嗪苯甲酸；生产、许诺销售中间体硝基物和伊马替尼。

2. 被告生产的伊马替尼、甲磺酸伊马替尼是否落入原告专利的保护范围？根据原告专利权利要求书及说明书，原告专利的独立权利要求有多项。本案中，原告据以提出专利侵权诉讼请求的是原告专利权利要求1、2、3、5、27。其中，权利要求1为独立权利要求，权利要求2、3、5、27为该独立权利要求的从属权利要求。显然，相对于权利要求2、3、5、27，权利要求1的保护范围最大。原告请求以前述从属权利要求确定保护范围，本院予以准允。现就被告产品与原告相关权利要求中的技术特征比对如下：

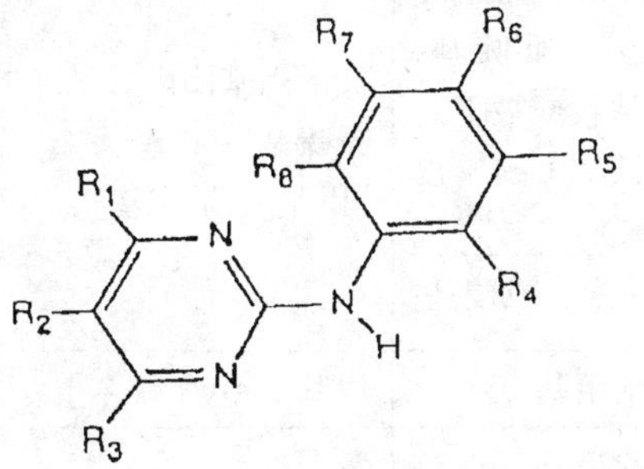

（Ⅰ）

vs.

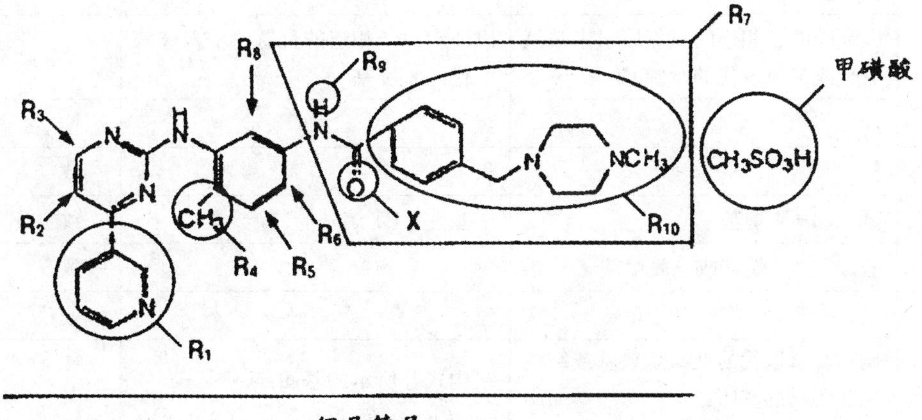

伊马替尼

基团代号	权利要求	伊马替尼	结论
	权利要求 1		
R1	以环碳原子相连的且氮原子未被氧取代或被氧限代的吡啶基	以环碳原子相连的且氮原子未被氧取代的吡啶基	一致
R2	氢	氢	一致
R3	氢	氢	一致
R8	氢	氢	一致
R7	硝基、氟取代的低级烷氧基或结构式Ⅱ所示的基团： -N（R_9）-C（= X）-（Y）$_n$-R_{10} （Ⅱ）	结构式Ⅱ所示的基团： -N（R_9）-C（= X）-（Y）$_n$-R_{10} （Ⅱ）	一致
R9	氢或 C_1-C_4 烷基	氢	一致
X	氧	氧	一致
（Y）n	Y 是氧或 NH 基团，n 是 0 或 1	n 为 0	一致
R10	一种至少有 5-10 个碳原子的脂肪族基团、C_5-C_6 环烷基、吡啶基、噻吩基、萘基或是未取代或被下列基团限代的苯基：氰基、C_1-C_4 烷基、（4-甲基-哌嗪基）-C_1-C_4 烷基、C_1-C_4 烷氧基、卤素、或羧基	被下列基团限代的苯基：（4-甲基-哌嗪基）-甲基 [甲基=C_1 烷基]	一致
R4	氢、C1-C4 烷基或三氟甲基	甲基［=C1 烷基］	一致
R5	氢、C1-C4 烷基或三氟甲基	氢	一致
R6	氢、C1-C4 烷基或三氟甲基	氢	一致
	权利要求 2		
R1	以环碳原子相连的且氮原子未被氧取代或被氧取代的吡啶基	以环炭原子相连的且氮原子未被氧取代的吡啶基	一致
R2	氢	氢	一致
R3	氢	氢	一致
R4	氢、C1-C4 烷基	甲基［=C1 烷基］	一致
R5	氢、C1-C4 烷基或三氟甲基	氢	一致
R6	氢	氢	一致
R7	硝基、氟取代的低级烷氧基或结构式Ⅱ所示的基团： -N（R_9）-C（= X）-（Y）$_n$-R_{10} （Ⅱ）	结构式Ⅱ所示的基团： -N（R_9）-C（= X）-（Y）$_n$-R_{10} （Ⅱ）	一致
R9	氢	氢	一致

基团代号	权利要求	伊马替尼	结论
X	氧	氧	一致
n	0	0	一致
R10	有 5-10 个碳原子的脂肪族基团、未取代或被下列基团取代的苯基：氰基、C_1-C_4 烷基，（4-甲基-哌嗪基）-C_1-C_4 烷基、C_1-C_4 烷氧基、卤素、或羧基，C_5-C_6 环烷基、吡啶基、噻吩基或萘基	被下列基团取代的苯基：（4-甲基-哌嗪基）-甲基 ［甲基＝C_1 烷基］	一致
R8	氢	氢	一致
	权利要求 3		
R1	吡啶基或 N-氧化吡啶基，每一个均以碳原子相连	以环碳原子相连的吡啶基	一致
R2	氢	氢	一致
R3	氢	氢	一致
R4	氢、C1-C4 烷基	甲基［＝C1 烷基］	一致
R5	氢、C1-C4 烷基或三氟甲基	氢	一致
R6	氢	氢	一致
R7	硝基、氟取代的低级烷氧基或结构式Ⅱ所示的基团： -N（R_9）-C（＝X）-（Y）$_n$-R_{10} （Ⅱ）	结构式Ⅱ所示的基团： -N（R_9）-C（＝X）-（Y）$_n$-R_{10} （Ⅱ）	一致
R9	氢	氢	一致
X	氧	氧	一致
n	0	0	一致
R10	以碳原子相连的吡啶基、未被取代或被下列基团取代的苯基：卤素、氰基、C_1-C_4 烷氧基、羧基、C_1-C_4 烷基或 4-甲基-派嗪基-甲基、或 C_5-C_7 烷基、噻吩基、2-萘基或环已基	被下列基团取代的苯基：4-甲基-哌嗪基-甲基	一致
R8	氢	氢	一致
	权利要求 5		
R4	根据权利要求 1-3 任一项结构式Ⅰ的化合物，基人中 R4 为 C_1-C_4 烷基	结构式Ⅰ的化合物，其中 R4 为甲基［烷基］	一致

基团代号	权利要求	伊马替尼	结论
	权利要求 27		
	N-｛5-［4-（4-甲基哌嗪基甲基）苯甲酰胺基］-2-甲基苯基｝-4-（3-吡啶基）-2-嘧啶胺或它的一种药理上可接受的盐	伊马替尼或甲碘酸伊马替尼	一致

被告宣传资料上记载的伊马替尼的化学名为4-［（4-甲基-1-哌嗪）甲基］-N-｛4-甲基-3-［［4-（3-吡啶）-2-嘧啶］氨基］苯基｝-苯胺，显然，该名称与伊马替尼的结构式并不对应，其命名的母核应当是苯甲酰胺而不是苯胺。根据化学物质命名方法，该化学名与N-｛5-［4-（4-甲基哌嗪基甲基）苯甲酰胺基］-2-甲基苯基｝-4-（3-吡啶基）-2-嘧啶胺所指称的是同一结构式，只不过前者在命名时是以苯甲酰胺基为母核，而后者以嘧啶胺基为母核。

从上述列表中可以看出，被告生产的伊马替尼产品落入了原告涉案专利权利要求1、2、3、5、27的保护范围。根据原告专利权利要求书，原告专利权利要求1的保护范围还包括“有至少一个成盐基团的此种化合物的一种盐”，权利要求2、3的保护范围还包括“有至少一个成盐基团的此种化合物的一种药物可接受的盐”，权利要求5的保护范围还包括“有至少一个成盐基团的此种化合物的一种药理上可接受的盐”，权利要求27的保护范围还包括N-｛5-［4-（4-甲基哌嗪基甲基）苯甲酰胺基］-2-甲基苯基｝-4-（3-吡啶基）-2-嘧啶胺的一种药理上可接受的盐。被告生产的甲磺酸伊马替尼的结构式中包含吡啶基、嘧啶基、哌嗪基等成盐基团，是伊马替尼的一种盐。同时，根据被告网站介绍，甲磺酸伊马替尼可“用于治疗慢性粒细胞白血病及胃肠道间质瘤”，因而是一种药物。即甲磺酸伊马替尼是有至少三个成盐基团的伊马替尼的一种药物可接受（或药理上可接受）的盐，因此也落入了原告专利权利要求1、2、3、5、27的保护范围。

3. 涉案中间体硝基物、氢化物（氨基物）和哌嗪苯甲酸是否具备其他商业用途？原告认为，前述中间体除用于制造甲磺酸伊马替尼外并无其他商业用途。被告予以否认。本院认为，被告对其主张该三种中间体有其他商业用途的事实负有举证义务，但其并未举证，根据最高人民法院《关于民事诉讼证据的若干规定》第二条之规定，本院根据现有证据认定前述中间体除用于生产甲磺酸伊马替尼外无其他商业用途。

4. 被告实施的涉案行为是否以经营为目的？被告认为，其提供给原告的产品系被告为实验而在实验室所生产，且在提供时向受供者说明了样品只能作为实验室研究使用而不能直接用于生产，收取3600元仅是样品的试药成本和实验室工作人员的补贴，故其前述行为不具备经营目的。本院认为：首先，被告陈述的前述事实并无相关证据予以证明，且原告不予认可，本院难以采信；其次，在实验室生产与为实验而生产是不同的概念，前者强调的是生产地点，后者强调的是生产目的，在实验室生产并不一定只有实验目的。即使被告产品是在实验室生产，但其将产品向外提供（或销售），显然已超出其实验目的，该行为也必然将挤占原告专利产品的市场；再次，被告网页上对涉案产品的名称、包装规格、价格进行了详细介绍，该事实本身就能说明被告具有经营目的；最后，被告出具的检验单显示，其生产的甲磺酸伊马替尼中间体氨基物单批数量为10kg，哌嗪苯甲酸单批数量为30kg，该规模与实验目的明显不相匹配。基于此，本院认为被告的抗辩意见不能成立，其涉案行为具有明显的经营目的。

5. 被告涉案行为是否构成侵权？原告专利权合法有效，应予保护。《中华人民共和国专利法》第十一条第一款规定："发明和实用新型专利权被授予后，除本法另有规定的以外，任何单位或者个人未经专利权人许可，都不得实施其专利，即不得为生产经营目的制造、使用、许诺销售、销售、进口其专利产品，或者使用其专利方法以及使用、许诺销售、销售、进口依照该专利方法直接获得的产品。"第五十六条第一款规定："发明或者实用新型专利权的保护范围以其权利要求的内容为准，说明书及附图可以用于解释权利要求。"被告未经原告许可擅自生产的伊马替尼和甲磺酸伊马替尼产品落入了原告专利的保护范围，因而构成侵权。

至于被告未经原告许可生产、销售和许诺销售中间体氢化物（氨基物）、哌嗪苯甲酸以及生产、许诺销售中间体硝基物的行为性质问题，本院认为：首先，根据本案查明的情况，该三种中间体除用于制备伊马替尼和甲磺酸伊马替尼外并无其他商业用途，被告出售该三种中间体必然导致买受人将其用于制造侵犯原告专利权的伊马替尼和甲磺酸伊马替尼产品；其次，被告在其网站上明确说明前述中间体为制造伊马替尼和甲磺酸伊马替尼的中间体，故被告对其行为必然导致前述后果是明知的。基于此，尽管前述中间体并未直接落入原告专利保护范围，但被告制造、销售该中间体必然导致买受人实施侵犯原告专利权的行为，且被告对该后果是明知的，故被告构成间接侵权。

6. 责任承担。如前所述，被告的涉案行为侵犯了原告的专利权。根据《中华人民共和国专利法》第十一条第一款之规定，被告应当承担停止侵权、赔偿经济损失的民事责任。原告要求被告停止相关侵权行为并赔偿原告经济损失和原告为本案诉讼所支付的费用的诉讼请求理由成立，本院予以支持。鉴于本案的原告损失和被告获利均无法查明，本院将依照最高人民法院《关于审理专利纠纷案件适用法律问题的若干规定》第二十一条的规定酌情确定。在酌情确定赔偿金额时，本院综合考虑的因素有：（1）本案专利类型为药物发明专利；（2）被告在实施涉案侵权行为时明知伊马替尼和甲磺酸伊马替尼是原告专利产品，被告存在侵权故意；（3）被告网站上宣称其出售的甲磺酸伊马替尼中间体产品有20kg/桶的包装规格，被告出具的检验单显示，其生产的甲磺酸伊马替尼中间体氨基物单批数量为10kg，哌嗪苯甲酸单批数量为30kg，故被告生产涉案侵权产品具有相当规模（被告声称其不具备网站上所宣传的生产能力，但未举证证明，且与其出具的检验单相矛盾，故对被告前述抗辩意见本院不予支持）；（4）被告出售甲磺酸伊马替尼及其中间体氢化物（氨基物）、哌嗪苯甲酸各20克的价格为3600元，单位平均价格（60元/克）较高；（5）原告能够证明被告已经销售了甲磺酸伊马替尼及其中间体氢化物（氨基物）、哌嗪苯甲酸，但未能证明被告实际销售过伊马替尼和硝基物。综合前述因素，本院酌情确定被告应当赔偿的金额为30万元（包括原告为制止被告侵权行为所支付的合理费用）。

（五）一审定案结论

重庆市第一中级人民法院依照《中华人民共和国专利法》第十一条第一款、第五十六条第一款、第五十七条第一款，最高人民法院《关于审理专利纠纷案件适用法律问题的若干规定》第二十一条，《中华人民共和国民事诉讼法》第一百二十八条和最高人民法院《关于民事诉讼证据的若干规定》第二条的规定，作出如下判决：

1. 被告重庆新原兴药业有限公司立即停止生产、销售和许诺销售甲磺酸伊马替尼及其中间体氢化物（氨基物）、哌嗪苯甲酸的行为，立即停止生产、许诺销售甲磺酸伊马替尼中间体硝基物和伊马替尼的行为；

2. 被告重庆新原兴药业有限公司立即赔偿原告诺瓦提斯公司（Novartis AG）经济损失

30 万元（包括原告为制止被告侵权行为所支付的合理费用）。

本案受理费 8800 元，由被告重庆新原兴药业有限公司负担。

（六）二审情况

1. 二审诉辩主张

上诉人上诉称：（1）哌嗪苯甲酸及哌嗪苯甲酸二盐酸盐早在 1986 年 5 月 28 日申请的专利中被合成，并且用于制备其他化合物，故生产销售哌嗪苯甲酸及哌嗪苯甲酸二盐酸盐不构成侵权；（2）30 万元赔偿额过高。故请求撤销一审判决第一项中关于“重庆新原兴药业有限公司立即停止生产、销售和许诺销售哌嗪苯甲酸的行为”的判决事项，并改判赔偿金额。

被上诉人辩称：（1）被告还在继续侵权；（2）关于生产销售哌嗪苯甲酸不构成间接侵权的上诉请求，重庆新原兴药业有限公司没有在上诉期限内提出，应视为放弃对该项判决的上诉权；其提交的发明专利申请说明书也不符合新证据的条件，二审不应予以考虑。即使哌嗪苯甲酸确实具有其他商业用途，重庆新原兴药业有限公司故意诱导、教唆直接侵权的行为也构成间接侵权。

2. 二审事实和证据

重庆市高级人民法院经审理查明：上诉人在二审开庭审理前提交了一份发明名称为“苯并噻嗪二氧化物的衍生物的制备方法”的发明专利申请审定说明书，申请日为 1986 年 5 月 28 日，申请人为美国辉瑞有限公司。该说明书披露了一些化合物的制备方法，这些化合物作为已知的消炎和镇痛 OXICAM 类药的前体药物形式，在治疗上有用的。该说明书中的实验方法制备 C 合成了哌嗪苯甲酸二盐酸盐半水合物，该半水合物在制备 P 中用于生成哌嗪苯甲酰氯二盐酸盐，而后者是该说明书权利要求书所披露的新化合物之一的起始原料。被上诉人在二审中承认哌嗪苯甲酸二盐酸盐与哌嗪苯甲酸盐是同一种化合物。

被上诉人在二审开庭审理前提交了一份（2008）京方圆内经证字第 69834 号公证书，该公证书记录了至 2008 年 10 月 17 日止，重庆新原兴药业有限公司的网站（http：//www.cqpharm.cn）上仍然存在侵权内容。

二审查明的其他事实与一审查明的事实相同。

3. 二审判案理由

重庆市高级人民法院根据上述事实和证据认为：上诉人在法定期限内提交的上诉状只涉及赔偿额的问题，在本院开庭审理前才提出了针对哌嗪苯甲酸的补充上诉请求，因此，应当认定其在法定上诉期限内提出的上诉请求的范围只限于赔偿额问题。本院对上诉人在上诉期满之后提出的补充上诉请求，依法不予审理。

虽然不予审理，本院可以对上诉人提出的关于哌嗪苯甲酸的问题作一个说明。根据其在二审中提供的发明名称为“苯并噻嗪二氧化物的衍生物的制备方法”的发明专利申请审定说明书，哌嗪苯甲酸或其盐酸盐曾经作为中间体用于合成某种已知药物的前体药，因此可以认为哌嗪苯甲酸具有其他用途。但是即便如此，上诉人在网站、书面宣传材料以及实际销售行为中明确将哌嗪苯甲酸作为甲磺酸伊马替尼的中间体进行许诺销售和销售。上诉人二审审理期间才提供其他用途证据的做法也证明了上诉人在本案纠纷发生前并没有意识到哌嗪苯甲酸尚具有其他用途，而是完全将其用于制造甲磺酸伊马替尼的。因此，上诉人销售和许诺销售哌嗪苯甲酸就是为了诱导直接侵权的发生，已经构成对涉案专利的间接侵权。当然，由于哌嗪苯甲酸具有其他用途，并非专门用于制造甲磺酸伊马替尼，上诉人只要不以任何能够让人把哌嗪苯甲酸和伊马替尼或甲磺酸伊马替尼联系起来的方式销售哌嗪苯甲酸，法律都是允许的。一审法院在判决“重庆新原兴药业有限公司立即停止生产、销售和许诺销售甲磺酸伊马替尼及其中间体氢化物（氨基物）、哌嗪苯甲酸的行为”的时候，已经包含了这一层意思。

关于赔偿额的问题。一审判决已经对判决重庆新原兴药业有限公司赔偿30万元的原因进行了充分阐释，理由正当、并无不妥。重庆新原兴药业有限公司二审只是重复一审的抗辩理由，并没有提出任何新的证据进行反驳。此外，根据被上诉人二审提交的公证书，重庆新原兴药业有限公司仍然继续在网上许诺销售相关产品，侵权故意明显，不具有任何减轻其责任的因素。因此，本院对其要求减少赔偿金额的上诉主张不予支持。

4. 二审定案结论。

重庆市高级人民法院依照《中华人民共和国民事诉讼法》第一百五十三条第一款第（一）项的规定，判决如下：

驳回上诉，维持原判。

本案二审案件诉讼费5800元，由重庆新原兴药业有限公司负担。

（七）解说

本案涉及的主要问题是专利间接侵权问题。

专利间接侵权是与专利直接侵权相对应的概念，是指行为人行为本身并不构成专利直接侵权（即未完整的实施他人专利），但却诱导、怂恿、教唆他人实施专利直接侵权的行为。专利间接侵权的最早判例是美国1871年Wallace v. Holmes案。该案原告拥有一项有关煤油灯的专利，该煤油灯由灯头和灯罩组成，其发明点在于灯口部分的设计，被告仅仅制造和销售灯头，购买者只需要购买一个灯罩就可以组成专利产品。被告以全面覆盖原则作为抗辩理由，认为其产品并不具备专利的全部技术特征因而不构成侵权。法官最终判定被告侵权成立，并指出：“当专利产品由几个零件组成，其中每一个零件缺少了其他零件就没有使用价值的时候，几个人合起来制造和销售专利产品，每个人只制造和出售了其中一个零件，如果法律允许他们以每一个零件不构成侵权为借口来逃避侵权责任时，专利的价值就会被削弱。在这种情况下，这些人通过他们的一致行动造成了专利侵权后果，应当作为共同侵权人承担法律责任，在本案中，虽然被告事先没有和生产灯罩的人达成生产专利产品的协议，但没有灯罩，灯口本身是没有使用价值的。每卖出一个灯口，被告就等于是向顾客提出有关专利侵权的提议，顾客通过购买灯口接受了被告这个提议，法院由此可以推断出被告和顾客的确采取了一致的行为。共同造成了专利侵权的结果。”该理论得到了美国理论界和实务界的普遍认可。美国于1952年修订专利法时，在第271条对间接侵权进行了规定，此后又在1984年和1988年对该条进行了修订，其内容是：“任何人积极行为，导致对专利权的侵害应当承担侵权责任”；“任何人出售已经取得专利权的装置的部件、制成品、零件的组合或者合成物，出售用于实施已经取得专利权的方法中的材料或者设备（属于该方法发明的主要组成部分）的，而且明知上述物品不属于基本不构成专利权用途的生活必需品或商品的，应当承担连带侵权责任。”继美国之后，欧盟、英国、德国、法国、日本、韩国、中国香港等国家和地区也先后建立了专利间接侵权制度。

我国《专利法》没有专利间接侵权的规定，但法院在司法实践中一般都承认该制度。如北京市高级人民法院《专利侵权判定若干问题的意见（试行）》（2001年制定）第七十八条规定：“间接侵权一般应以直接侵权的发生为前提条件，没有直接侵权行为发生的情况下，不存在间接侵权。”第七十九条规定：“发生下列依法对直接侵权行为不予追究或者不视为侵犯专利权的情况，也可以直接追究间接侵权行为人的侵权责任：（1）该行为属于《专利法》

第六十三条所述的不视为侵犯专利权的行为；（2）该行为属于个人非营利目的的制造、使用专利产品或者使用专利方法的行为。”第八十条规定：“依照我国法律认定的直接侵权行为发生或者可能发生在境外的，可以直接追究间接侵权行为人的侵权责任。”基于现行《专利法》无间接侵权规定的现状，法院多以共同侵权理论来处理此类案件，其引用的法律依据为《民法通则》第一百三十条“二人以上共同侵权造成他人损害的，应当承担连带责任”、最高人民法院《关于贯彻执行〈中华人民共和国民法通则〉若干问题的意见（试行）》第一百四十八条“教唆、帮助他人实施侵权行为的人，为共同侵权人，应当承担连带民事责任”的规定。

理论界和实务界对应当承认专利间接侵权并无异议，争议在于间接侵权成立的条件。“从属说”认为，专利间接侵权行为需以直接侵权成立为前提。“独立说”认为，间接侵权行为是一种独立的侵权行为，是否存在直接侵权行为不影响间接侵权行为的成立。“折衷说”认为，间接侵权一般应以直接侵权的发生为前提条件，但在特定条件下，也可以直接追究间接侵权行为人的侵权责任。北京市高级人民法院的规定就是典型的“折衷说”。

本案中，法院采用的是“独立说”。二审法院指出，即使哌嗪苯甲酸具有其他用途，但上诉人（被告）销售和许诺销售该产品就是为了诱导直接侵权的发生，仍然构成间接侵权。这里有两个推断：一是尽管被告有诱导他人直接侵权的故意，但由于哌嗪苯甲酸有其他用途，故购买人不一定会实施直接侵权行为；二是如果被告只有许诺销售行为而尚未实施销售时，直接侵权行为也就不可能发生。显然，法院并未要求直接侵权行为已经发生，只基于被告有侵权故意且已实施可能导致他人实施原告专利的行为，就直接认定被告间接侵权成立。

知识产权制度的根本在于建立权利人与社会公众间的利益平衡，以实现鼓励发明创造并最终促进社会整体进步的目的。知识产权保护力度的选择取决于如何更好地实现利益平衡。有关间接侵权学说的争论，其实质就是保护力度的争论，从理论本身很难有优劣之分。在知识产权制度目的固定的前提下，理论选择的依据是国情的需要。基于我国知识产权意识相对薄弱，侵权行为普遍而权利人维权成本高昂的现实，选择“独立说”或许是改变前述现实的最佳途径。

（重庆市第一中级人民法院　赵志强）

82. 广东通宇通讯设备有限公司诉摩比天线技术（深圳）有限公司侵犯实用新型专利权案

（一）首部

1. 判决书字号

一审判决书：广东省深圳市中级人民法院（2005）深中法民三初字第329号民事判决书。

二审判决书：广东省高级人民法院（2008）粤高法民三终字第9号民事判决书。

2. 案由：侵犯实用新型专利权纠纷。

3. 诉讼双方

原告（上诉人）：广东通宇通讯设备有限公司（以下简称通宇公司），住所地：广东省中山市火炬开发区火炬大道9号—1。

法定代表人：吴中林，该公司总经理。

委托代理人：王向东，广东中亿律师事务所律师。

被告（被上诉人）：摩比天线技术（深圳）有限公司（以下简称摩比公司），住所地：广广东省深圳市罗湖区莲塘鹏基工业区705栋三层东。

法定代表人：胡翔，该公司董事长。

委托代理人（一审）：赵彦雄，广东国欣律师事务所律师。

委托代理人（一审）：王海波，该公司职员。

委托代理人（二审）：胡玉智，男，汉族，1968年6月25日生。

4. 审级：二审。

5. 审判机关和审判组织

一审法院：广东省深圳市中级人民法院。

合议庭组成人员：审判长：于春辉；代理审判员：蒋筱熙、祝建军。

二审法院：广东省高级人民法院。

合议庭组成人员：审判长：张学军；代理审判员：孙明飞、岳利浩。

6. 审结时间

一审审结时间：2007年9月3日。

二审审结时间：2008年6月23日。

（二）一审诉辩主张

原告诉称：通宇公司系专业生产通讯器材的企业。2001年之前，包括通宇公司在内的国内外同行业企业所生产的小灵通基站天线都存在天线内进水、进水后水分无法排出，天线、馈线分体设置、安装繁琐、连接不牢等问题。后通宇公司经自己的独创性劳动，提出了一种技术方案，很好地解决了小灵通基站天线内水分无法排出、天线馈线分体设置、安装繁琐、连接不牢等问题，并于2001年5月16日获得了实用新型专利（专利号为ZL01235887.8）。摩比公司未经通宇公司许可，即按照通宇公司的专利进行生产销售，严重侵害了通宇公司的专利权。通宇公司分别于2004年3月4日、2004年12月8日派人以普通消费者身份向摩比公司购买了其侵犯专利权的产品，并委托深圳市公证处对购买过程进行了公证。另外，通宇公司还提供由国家知识产权局针对原告专利（专利号ZL01235887.8）出具的检索报告。其结论为："全部权利要求1—3符合《专利法》第二十二条有关新颖性和创造性的规定。"通宇公司认为，专利所提出的技术方案很好地解决了（当时的）现有技术无法解决的技术难题，摩比公司在通宇公司获得专利权之后，按照专利所公开的技术方案进行生产、销售未获得其允许，也未向其支付任何费用，严重侵害了通宇公司的专利权，应承担停止侵权、赔偿损失等责任。请求人民法院依法判令：（1）摩比公司立即停止侵权，停止生产、销售侵权产品，销毁库存的侵权产品及制造侵权产品的模具，并按照证据保全确定的被告获取的侵权产品的利润赔偿通宇公司经济损失2000万元；（2）摩比公司赔偿通宇公司因调查侵权行为的证据产生的费用12633.5元；（3）由摩比公司承担本案全部诉讼费用。

被告辩称：通宇公司的专利应为无效专利。被控侵权产品的技术特征与专利的技术特征不同，被控侵权产品不存在凸台的技术特征。所谓的"侵权产品的利润"应当是该可分性配件本身的销售利润，而非整个天线的销售利润。请求驳回通宇公司的诉讼请求。

（三）一审事实和证据

广东省深圳市中级人民法院经公开审理查明：2001年5月16日，通宇公司就“一种伸进型全向天线馈电结构”向国家知识产权局申请实用新型专利，国家知识产权局于2002年4月17日予以专利授权并公告，专利号为ZL01235887.8。通宇公司按期交纳了上述专利的专利年费，上述专利处于有效状态。

起诉时，通宇公司向法院提交了国家知识产权局2004年5月20日出具的实用新型专利检索报告，该报告显示，通宇公司涉案专利具备新颖性、创造性。

通宇公司起诉后，摩比公司在答辩期内向国家知识产权局专利复审委员会提出宣告该专利无效的申请。2005年4月26日，摩比公司向法院申请中止诉讼。2005年5月9日，国家知识产权局专利复审委员会受理了摩比公司的上述无效宣告申请。2005年10月18日，原审法院裁定中止了本案诉讼。2005年12月26日，国家知识产权局专利复审委员会作出无效宣告请求审查决定，宣告通宇公司涉案专利权利要求1无效，在权利要求2、3的基础上维持涉案专利权有效。通宇公司不服国家知识产权局专利复审委员会的上述决定，向人民法院提起行政诉讼，要求撤销上述决定，上述行政诉讼经过了一、二审审理。2007年6月19日，北京市高级人民法院终审判决维持了专利复审委员会的上述决定。通宇公司向原审法院提出了恢复审理申请书，法院于2007年8月6日恢复了本案的审理。

涉案专利权利要求书描述专利的技术特征为：权利要求1：一种伸进型全向天线馈电结构，包括金属固定套、金属连接器和电缆，金属固定套与金属连接器连接在一起，其特征是金属连接器的外侧铣有平台，平台与金属固定套的内表面形成通道，通道将天线罩内腔与外部连通。权利要求2：根据权利要求1所述的一种伸进型全向天线馈电结构，其特征在于电缆直接套进金属连接器的里面，在金属连接器的尾部和与之相邻的电缆的外层浇铸有密封橡胶套。权利要求3：根据权利要求1或2所述的一种伸进型全向馈电结构，其特征在于在金属连接器外层设有凸台，凸台与金属固定套的尾端有一定的距离。

本案经过专利权无效宣告程序后，通宇公司明确要求保护的涉案专利权的范围为权利要求3，但不包括引用权利要求2的技术特征。

通宇公司指控摩比公司侵犯其涉案专利权，通宇公司认为“摩比公司销售的所有型号之小灵通全向天线均侵害了通宇公司的涉案专利权”。2004年3月4日和2004年12月8日，通宇公司以普通消费者的身份，两次到位于广东省深圳市南山区西丽茶光工业区15栋摩比天线技术（深圳）有限公司经营处，购买了被控侵权物，通宇公司支付购买被控侵权物的费用人民币6320元，摩比公司作为出卖人出具了收款收据。通宇公司对这两次购买行为申请公证，为此，深圳市公证处分别出具了（2004）深证内染字第3296、5212号公证书。支付公证费人民币6000元，支付工商查询费人民币276元。

本案在审理过程中，通宇公司为指控摩比公司侵犯其涉案专利权，申请法院对被控侵权物及相关财物账册进行证据保全。2005年3月30日，法院依法采取了相应保全措施，在摩比公司深圳市南山区西丽茶光工业区15栋摩比天线技术（深圳）有限公司经营处，保全了被控侵权物样本及相关财务账册。在摩比公司经营处查封、扣押的被控侵权物样本为PHS基站天线。通宇公司主张，法院保全到的其余型号之小灵通全向天线均侵犯了通宇公司涉案专利权，并选择以型号为MB1900—0A—9T20—C30小灵通全向天线作为与涉案专利比对的对象。

通宇公司指控的被控侵权物的技术特征为，一种伸进型全向天线馈电结构，包括金属固定套、金属连接器和电缆，金属固定套与金属连接器连接在一起，其特征是金属连接器的外侧铣有平台，平台与金属固定套的内表面形成通道，通道将天线罩内腔与外部连通，金属连接器的一端大致呈小圆柱状，以该小圆柱状为参照，金属连接器的另一端是高出小圆柱状的轴肩（或台阶），而不是凸台，轴肩（或台阶）中间位置的一端有凹陷，在该凹陷处的上下端用螺丝将金属连接器与电缆固定，远离金属连接器小圆柱状之轴肩（或台阶）的一端为螺纹，通过与金属固定套内部螺纹的拧接，实现金属连接器与金属固定套的连接与定位。通宇公司的原名称为“中山市通宇通讯设备有限公司”，后变更名称为“广东通宇通讯设备有限公司”。

（四）一审判案理由

广东省深圳市中级人民法院根据上述事实和证据认为：本案争议的焦点为，被控侵权物的技术特征与通宇公司要求保护的专利技术特征是否相同或等同？

通宇公司要求保护的涉案专利技术特征为：一种伸进型全向天线馈电结构，包括金属固定套、金属连接器和电缆，金属固定套与金属连接器连接在一起，其特征是金属连接器的外侧铣有平台，平台与金属固定套的内表面形成通道，通道将天线罩内腔与外部连通，金属连接器外层设有凸台，凸台与金属固定套的尾端有一定的距离。

通宇公司指控的被控侵权物的技术特征为，一种伸进型全向天线馈电结构，包括金属固定套、金属连接器和电缆，金属固定套与金属连接器连接在一起，其特征是金属连接器的外侧铣有平台，平台与金属固定套的内表面形成通道，通道将天线罩内腔与外部连通，金属连接器的一端大致呈小圆柱状，以该小圆柱状为参照，金属连接器的另一端是高出小圆柱状的轴肩（或台阶），而不是凸台，轴肩（或台阶）中间位置的一端有凹陷，在该凹陷处的上下端用螺丝将金属连接器与电缆固定，远离金属连接器小圆柱状之轴肩（或台阶）的一端为螺纹，通过与金属固定套内部螺纹的拧接，实现金属连接器与金属固定套的连接与定位。

通过对比，被控侵权物的技术特征与通宇公司要求保护的专利技术特征不同。理由是，通宇公司专利技术中的金属连接器外层结构设有凸台，而被控侵权物相对应部分的结构特征为轴肩（或台阶），凸台与轴肩（或台阶）的结构形状是不同的，因为按照机械原理，凸台是相对于上下两个小圆柱面为参照而凸出的部分，而轴肩（或台阶）则是相对于一个小圆柱面为参照而高出的部分。通宇公司专利技术中凸台起定位作用，即当金属连接器的螺纹与金属固定套进行拧接的时候，凸台起轴向定位的作用；而被控侵权产品的结构中并没有作为轴向定位的凸台，其是通过金属连接器一端之轴肩（或台阶）上的螺纹，与金属固定套的螺纹通过拧接实现轴向定位。同时，被控侵权产品金属连接器之轴肩（或台阶）的中间位置，还有凹陷，在该凹陷处的上下端用螺丝将金属连接器与电缆固定。因此，被控侵权产品的技术特征与通宇公司要求保护的涉案专利之技术特征，既不相同也不等同，未落入涉案专利权的保护范围。

（五）一审定案结论

广东省深圳市中级人民法院依据最高人民法院《关于民事诉讼证据的若干规定》第二条之规定，判决如下：

驳回通宇公司的诉讼请求。

本案案件受理费人民币 110073.17 元，证据保全费人民币 50 元，审计费人民币 3000 元，均由通宇公司负担。

（六）二审情况

1. 二审诉辩主张

上诉人通宇公司上诉称：原审判决认定事实错误，被控侵权产品侵犯通宇公司本案专利权。理由为：(1) 原审判决认为专利技术中的金属连接器外层结构设有凸台，被控侵权产品相对应部分的结构特征为轴肩（或台阶），并以凸台与轴肩（或台阶）的结构形状不同为由认定被控侵权产品不构成侵权不妥。因为凸台与轴肩（或台阶）并不是规范技术用语，没有严格的界限。(2) 被控侵权产品的凸台中间位置有一个凹陷部位，这只是一个增加的技术特征，并不影响被控侵权产品构成侵权。因此，请求撤销原判，改判支持通宇公司原审诉讼请求。

被上诉人摩比公司答辩称：原审认定事实清楚，适用法律正确，请求驳回上诉，维持原判。

2. 二审事实和依据

广东省高级人民法院经审理，确认一审法院认定的事实和证据。

另查明：涉案专利的说明书载明："本实用新型的目的是提供一种伸进型全向天线馈电结构，它通过在金属连接器与金属固定套之间形成通道，使天线罩内腔与外部连通，从而使天线罩内外气压能基本一致，使雨水不能从底部吸入，同时利用通道能将进入天线罩里面的雨水快速排出。……在金属连接器外层设有凸台，凸台与金属固定套的尾端有一定的距离，这样一来使雨水不容易从金属连接器底端吸进到天线罩里面。"国家知识产权局专利复审委员会第 7881 号无效宣告请求审查决定书以涉案专利权利要求 1 不具有实质性特点和进步，不符合《专利法》有关创造性的规定为由，宣告涉案专利权利要求 1 无效，在权利要求 2、3 的基础上维持专利权有效。该无效宣告请求决定书被北京市第一中级人民法院第（2006）一中行初字第 513 号行政判决书和北京市高级人民法院第（2007）高行终字第 131 号行政判决书维持。

3. 二审判案理由

广东省高级人民法院根据上述事实和证据认为：专利权的保护范围应当以权利要求书中明确记载的必要技术特征所确定的范围为准，也包括与该必要技术特征相等同的特征所确定的范围。由于涉案专利被部分宣告无效，通宇公司明确要求以权利要求 3 作为本案保护范围，并且不引用权利要求 2 的技术特征。本院确认涉案专利保护范围包括如下必要技术特征：A. 一种伸进型全向天线馈电结构，包括金属固定套、金属连接器和电缆，金属固定套与金属连接器连接在一起；B. 金属连接器的外侧铣有平台，平台与金属固定套的内表面形成通道，通道将天线罩内腔与外部连通；C. 在金属连接器外层设有凸台，凸台与金属固定套的尾端有一定的距离。

通宇公司在原审中选择被控侵权产品小灵通全向天线中的型号为 MB1900—0A—9T20—C30 的产品作为与涉案专利进行对比的对象。该被控侵权产品包括如下技术特征：a. 一种伸进型全向天线馈电结构，包括金属固定套、金属连接器和电缆，金属固定套与金属连接器连接在一起；b. 金属连接器的外侧铣有平台，平台与金属固定套的内表面形成通道，通道将天线罩内腔与外部连通；c. 在金属连接器外层设有凸台，凸台与金属固定套的尾端基本持平。

经对比，被控侵权产品的技术特征 a 和 b 分别与专利技术特征 A 和 B 相同。被控侵权产品的技术特征 c 与专利技术特征 C 不相同。因此，被控侵权产品的技术特征与专利必要技术特征不相同。

涉案专利被部分宣告无效前的发明目的是提供一种伸进型全向天线馈电结构，它通过在金属连接器与金属固定套之间形成通道，使天线罩内腔与外部连通，从而使天线罩内外气压能基本一致，使雨水不能从底部吸入，同时利用通道能将进入天线罩里面的雨水快速排出。权利要求1因缺乏创造性被宣告无效后，说明现有技术已经可以实现上述发明目的。被维持的权利要求3的发明目的是在金属连接器外层凸台与金属固定套的尾端之间保持有一定的距离，从而使雨水不容易从金属连接器底端吸进到天线罩里面。本领域的普通技术人员通过阅读专利权利要求书和说明书可以判断出，金属连接器外层凸台与金属固定套的尾端之间的距离应当足够长，足以实现上述发明目的。而本案被控侵权产品金属连接器外层凸台与金属固定套的尾端基本持平，这就使"雨水不容易从金属连接器底端吸进到天线罩里面"的发明目的难以实现。由此可见，本案专利技术特征与被控侵权产品技术特征的不同既不在于所谓"凸台"与"轴肩"的结构形状不同，也不在于被控侵权产品尚有专利技术特征所不具备的"轴肩的中间位置还有凹陷"的技术特征，而恰恰是由于被控侵权产品关于在金属连接器外层凸台与金属固定套的尾端基本持平这一技术特征与专利权利要求的技术特征C不相同。

综上所述，被控侵权产品的技术特征没有覆盖涉案专利的全部技术特征，不构成侵权。原审判决未严格按照侵犯专利权纠纷的对比步骤进行判断，把被控侵权产品附加的技术特征认定为与涉案专利必要技术特征相区别的技术特征不妥，应予纠正；但不致影响被控侵权产品未侵犯涉案专利权的结论的正确性，二审法院予以支持。

4. 二审定案结论

广东省高级人民法院依照《中华人民共和国民事诉讼法》第一百五十三条第一款第（一）项之规定，判决如下：

驳回上诉，维持原判。

（七）解说

本案涉及的问题是：当权利要求书的用语不明确时，如何解释权利要求？

专利权人将其发明的构成通过专利权利要求用语言的形式表述出来。在使用语言描述技术方案时，因为语言的多义性和不确定性，难免会出现含糊、歧义等词不达意的现象，或者出现一词多义的现象。这时就需要通过权利要求解释来消除歧义，合理确定专利的保护范围。

关于如何解释专利权利要求，专利法律、法规和司法解释都有规定。《中华人民共和国专利法》（2008年修订前）第五十六条第一款规定："发明或者实用新型专利权的保护范围以其权利要求的内容为准，说明书及附图可以用于解释权利要求。"《中华人民共和国专利法实施细则》（下称《专利法实施细则》）中规定了对专利说明书和权利要求书的撰写要求。这些规定是专利申请人起草专利申请文件的规则和依据，也是解释权利要求的参考。《专利法实施细则》（2010年修订前）第二十条规定："权利要求书应当说明发明或者实用新型的技术特征，清楚、简要地表述请求保护的范围……权利要求书中使用的科技术语应当与说明书中使用的科技术语一致……权利要求书中的技术特征可以引用说明书附图中相应的标记……附图标记不得解释为对权利要求的限制。"最高人民法院《关于审理专利纠纷案件适用法律问题的若干规定》第十七条规定："专利法第五十六条第一款所称的'发明或者实用新型专利权的保护范围以其权利要求的内容为准，说明书及附图可以用于解释权利要求'，是指专利权的保护范围应当以权利要求书中明确记载的必要技术特征所确定的范围为准，也包括与该必要技术特征相等同的特征所确定的范围。等同特征是指与所记载的技术特征以基本相同的手段，实现基本相同的功能，达到基本相同的效果，并且本领域的普通技术人员无需经过创造性劳动就能够联想到的特征。”最高人民法院的意见也可见于对一些个案的批复，如针对广东省高级人民法院（2004）粤高法民三终字第158号民事案件的请示，最高人民法院（2006）民三他字第19号批复指出：“根据《中华人民共和国专利法》第五十六条第一款的规定，发明或者实用新型专利权的保护范围以其权利要求的内容为准，说明书及附图可以用于解释权利要求。对于权利要求记载的技术特征，应当首先以说明书及附图为依据进行解释。权利要求书等有关表述歧义，不能直接得出具体、确定、唯一的解释的，应当依据所属领域的技术人员通过阅读权利要求书和说明书及附图，对实现要求保护的技术方案得出具体、确定、唯一的解释，以达到确定该专利保护范围的目的。”

在司法实践中，除了根据上述规定采用说明书和附图对权利要求进行解释外，还经常参考辞典等工具书、专利审查档案等其他资料对权利要求进行解释。

在专利侵权诉讼中，使用说明书解释专利权利要求的情形主要有三种：一是当事人对权利要求中的用语的含义出现争议时，可以使用说明书进行解释；二是如果权利要求中的用语在表面上具有较宽的含义，法院会根据说明书对权利要求的含义作出限制解释，以使权利要求书得到说明书的支持；三是如果通过分析说明书，认为权利要求中的某个技术特征不是实现专利发明的必要技术特征，而是属于可以省略的附加技术特征，则使用说明书对权利要求作出扩大解释，该技术特征对于专利的保护范围没有限定作用。这种情形目前在司法实践中持非常审慎的态度。

具体到本案，主要是采用说明书对权利要求进行解释。涉案专利权利要求的技术特征包括：“一种伸进型全向天线馈电结构，包括金属固定套、金属连接器和电缆，金属固定套与金属连接器连接在一起；金属连接器的外侧铣有平台，平台与金属固定套的内表面形成通道，通道将天线罩内腔与外部连通；在金属连接器外层设有凸台，凸台与金属固定套的尾端有一定的距离。”只有通过对权利要求的解释，确定凸台与金属固定套的尾端“一定的距离”的合理长度，才能公正处理本案。通过阅读说明书，本发明的目的是使“雨水不容易从金属连接器底端吸进到天线罩里面”。据此可以得出金属连接器外层凸台与金属固定套的尾端之间的距离应当足够长，以足以实现上述发明目的。而被控侵权产品金属连接器外层凸台与金属固定套的尾端基本持平，这就使“雨水不容易从金属连接器底端吸进到天线罩里面”的发明目的难以实现。法院最终得出不构成侵权的结论。这属于上述使用说明书解释权利要求的第二种情形，对权利要求作出了限制解释。

（广东省高级人民法院　岳利浩）

83. 江苏拜特进出口贸易有限公司等诉许赞有与知识产权有关的损害赔偿案

（一）首部

1. 判决书字号

一审判决书：江苏省南京市中级人民法院（2007）宁民三初字第 382 号民事判决书。

二审判决书：江苏省高级人民法院（2008）苏民三终字第 0071 号民事判决书。

2. 案由：与知识产权有关的损害赔偿纠纷。

3. 诉讼双方

原告（上诉人）：江苏拜特进出口贸易有限公司（以下简称拜特公司），住所地：江苏省淮安市经济开发区厦门路 6 号。

法定代表人：刘义海，该公司董事长。

委托代理人：汪旭东，南京知识律师事务所律师。

委托代理人：王晓婕，南京知识律师事务所律师。

原告（上诉人）：江苏省淮安市康拜特地毯有限公司（以下简称康拜特公司），住所地：江苏省淮安市经济开发区厦门路 6 号。

法定代表人：刘义波，该公司董事长。

委托代理人：汪旭东，南京知识律师事务所律师。

委托代理人：王晓婕，南京知识律师事务所律师。

被告（上诉人）：许赞有，男，1948 年 1 月 8 日生，汉族，住所地：江苏省连云港市海州砚池街 16 组。

委托代理人：刘子阳，山东北极之星律师事务所律师。

4. 审级：二审。

5. 审判机关和审判组织

一审法院：江苏省南京市中级人民法院。

合议庭组成人员：审判长：夏雷；代理审判员：殷源源、徐新。

二审法院：江苏省高级人民法院。

合议庭组成人员：审判长：王成龙；代理审判员：王天红、袁滔。

6. 审结时间

一审审结时间：2007 年 10 月 22 日。

二审审结时间：2008 年 5 月 30 日。

（二）一审诉辩主张

原告拜特公司、康拜特公司诉称：2004 年 4 月 6 日、19 日，许赞有分别以拜特公司、康拜特公司侵犯其 01333737.8 号“地毯（竹）”外观设计专利权为由，向南京市中级人民法院起诉，案号为（2004）宁民三初字第 63 号、（2004）宁民三初字第 79 号。经许赞有申请，南京市中级人民法院于 2004 年 4 月 6 日冻结拜特公司、康拜特公司银行存款 30 万元，5 月

13 日扣押拜特公司通过南京海关出口的地毯产品，冻结拜特公司、康拜特公司银行存款 240 万元。

2005 年 8 月 18 日，国家知识产权局专利复审委员会以 7432 号无效审查决定，宣告该专利全部无效，并经北京市高级人民法院终审维持。为此，拜特公司、康拜特公司请求：（1）判令许赞有赔偿：①由于银行账户被冻结，拜特公司、康拜特公司向他人以月息 1%借款，扣除法院冻结存款的利息差，总计差额为 164327.01 元；②因不能履行与安立（香港）有限公司 PIN960/04 号合同，支付赔偿金 4 万美元，按照当时外汇牌价 8.265 计算，折合人民币 33.06 万元；③法院自 2004 年 4 月 20 日至 2007 年 3 月扣押拜特公司和康拜特公司库存竹地毯产品 1069 块，折合价值 145782.2 元，利息损失 51023.77 元；④自 2004 年 5 月 13 日至 2007 年 3 月被南京海关扣押 6930 块竹地毯，折合损失 945061.43 元，利息损失 321320.89 元，运费、报关费、商检费、港口费、掏箱费、集装箱暂存费共计 45200 元。（2）由许赞有承担本案全部诉讼费用。

被告许赞有辩称：（1）拜特公司、康拜特公司全部诉讼请求的法律依据系《民事诉讼法》第九十六条，没有任何实体法依据；（2）拜特公司、康拜特公司诉因系许赞有涉讼专利权被宣告无效，由此即认为许赞有在专利有效期内提出财产保全申请错误没有法律依据；（3）依据《专利法》第四十七条的规定，宣告无效的专利权视为自始即不存在，但只有当专利权人的恶意给他人造成损失的，才应当承担赔偿责任。拜特公司、康拜特公司提交的证据并不能证明该事实，故其诉讼请求不应支持。

（三）一审事实和证据

江苏省南京市中级人民法院经审理查明：2001 年 6 月 13 日，许赞有向国家知识产权局申请“地毯（竹）”外观设计专利，2002 年 3 月 6 日获得授权并公告，专利号为 01333737.8。

2004 年 4 月 6 日，在审理（2004）宁民三初字第 63 号一案中，根据许赞有申请，南京市中级人民法院冻结康拜特公司银行存款 30 万元。2004 年 8 月 6 日，南京市中级人民法院判令康拜特公司立即停止生产、销售侵犯许赞有 01333737.8 号“地毯（竹）”外观设计专利权产品的行为；赔偿许赞有 18 万元等。康拜特公司不服，向江苏省高级人民法院提起上诉。

同年 4 月 20 日，在审理（2004）宁民三初字第 79 号一案中，根据许赞有的申请，南京市中级人民法院裁定拜特公司、康拜特公司自裁定送达之日起立即停止生产、销售与许赞有 01333737.8 号“地毯（竹）”外观设计专利相同或相近似的产品，并就地查封拜特公司、康拜特公司全部库存的涉嫌侵权产品 1110 块。

同年 5 月 10 日，拜特公司为履行与安立（香港）有限公司 2004 年 1 月 27 日签订的总价款约为 73 万美元的出口销售合同，在南京海关申报出口合同项下价款为 11 万美元、数量为 6930 块的与许赞有涉讼专利相同的竹地毯产品时，被南京海关以该批产品涉嫌侵犯许赞有已办理海关知识产权保护的专利权为由予以扣押；5 月 13 日，根据许赞有申请，南京市中级人民法院裁定查封并扣押该批产品。因未能履约，拜特公司于 2004 年 7 月向安立（香港）有限公司支付赔偿款 4 万美元。

同年 10 月 9 日，依许赞有申请，南京市中级人民法院裁定冻结拜特公司和康拜特公司 240 万元的银行存款或等值其他财产。

拜特公司和康拜特公司在银行账户被冻结期间，向袁玄等个人借款逾 90 万元，并按照月息 1%支付了利息。

2005年2月16日，南京市中级人民法院作出（2004）宁民三初字第79号判决，判令康拜特公司、拜特公司立即停止生产、销售侵犯许赞有01333737.8号“地毯（竹）”外观设计专利权产品的行为；赔偿许赞有122万元等。康拜特公司和拜特公司不服，向江苏省高级人民法院提起上诉。

2004年5月1日，浙江省安吉县雪强竹木制品有限公司和浙江省安吉县人民政府就许赞有涉讼专利向国家知识产权局专利复审委员会提出无效宣告申请。2005年8月18日，国家知识产权局专利复审委员会作出第7432号审查决定，宣告该专利权全部无效。该审查决定被北京市高级人民法院终审维持。2006年10月26日，江苏省高级人民法院对前述两起上诉案件分别作出（2005）苏民三终字第44号和69号终审判决，判令撤销南京市中级人民法院的一审判决，驳回许赞有的诉讼请求。经查，此前被南京海关扣押的涉案侵权产品已被拍卖，获价款15万元，用于充抵部分拖欠的仓储费用。

因银行账户被冻结，拜特公司遭受经济损失19152.51元，康拜特公司遭受经济损失28461.76元。

上述事实有下列证据证明：

1. 拜特公司、康拜特公司提交的江苏省南京市中级人民法院（2004）宁民三初字第63号之一、（2004）宁民三初字第79号之一、（2004）宁民三初字第79号之二民事裁定书。

2. 北京市高级人民法院（2006）高行终字第256号行政判决书。

3. 拜特公司与安立（香港）有限公司所签合同。

4. 江苏省高级人民法院（2005）苏民三终字第44、69号民事判决书。

5. 许赞有提交的国家知识产权局专利复审委员会第5846号、6023号无效宣告请求审查决定书。

6. 北京市第一中级人民法院（2004）一中行初字第549号行政判决书。

7. 江苏省高级人民法院（2004）苏民三终字第110号民事判决书。

（四）一审判案理由

江苏省南京市中级人民法院认为：

1. 本案不适用我国《专利法》第四十七条第二款的规定。许赞有主张，依据我国《专利法》第四十七条第二款的规定：“宣告专利权无效的决定，对在宣告专利权无效前人民法院作出并已执行的专利侵权的判决、裁定，……不具有追溯力”，因而其不应承担任何赔偿责任。法院认为，本款所说的“裁定”是指涉及“专利侵权”的裁定，即人民法院对于相关的专利侵权案件经过审理后作出认定侵权成立的生效裁判的，就该案作出并已执行的裁定，不包括在此前专利侵权案件审理中所作出的有关财产保全，以及“先行责令被告立即停止侵犯专利权行为”的程序性裁定，故许赞有以此作为适用法律的抗辩依据，不符合法律规定，不予采纳。就该条款中“……因专利权人的恶意给他人造成的损失，应当给予赔偿”中“恶意”的解释问题，法院认为，因本案中关于财产保全和“先行责令被告立即停止侵犯专利权行为”的裁定并非系该条款中所称裁定的内容，故申请人是否存在“恶意”，不应予以理涉。

2. 就许赞有财产保全的申请造成拜特公司和康拜特公司的财产损失，许赞有应给予赔偿。理由是：财产保全是指在有关民事案件中，可能因当事人一方的隐匿、转移、出卖等行为，或者有毁损、灭失等危险以及其他原因，使审理案件的人民法院的判决不能执行或者难以执行时，人民法院根据有利害关系的当事人的申请或者依职权主动自行裁决，对与案件有关的财产或当事人双方所争议的标的物，采取查封、扣押、冻结、变卖以保存价款或者责令当事人及时处理并保存价款等强制性保全措施。由于财产保全措施程序性审查的基本特质，有可能造成被申请人的财产损失，因此，为了防止财产保全被滥用，我国《民事诉讼法》一方面规定了财产保全应当具备的条件、范围等，另一方面又规定了申请不当的法律后果，即《民事诉讼法》第九十六条规定："申请有错误的，申请人应当赔偿被申请人因财产保全所遭受的损失。"同时，为了避免被申请人因申请错误所遭受的损失得不到及时赔偿，还规定法院可以责令申请人提供担保；申请人不提供担保的，驳回申请。本案中，许赞有在提出财产保全的申请时，已向法院提供了担保。

虽然我国《民事诉讼法》对财产保全申请错误的具体情形未作出明确规定，但在司法实践中，对于申请人在案件实体审理中败诉的，也应当认定属于申请错误的情形之一，这不仅符合《民事诉讼法》的立法本意，也符合有关侵权损害赔偿的民法基本理论。

具体而言，首先，当事人申请财产保全的目的是为了保证将来作出的判决能够得到有效执行，而生效判决之所以能被执行的前提和基础是申请人要求给付的诉请得到法院的支持，如果其诉请没有获得支持，意味着其申请失去应有的基础，必然是错误的。

其次，我国《民事诉讼法》对申请错误的法律后果作出了明确规定，并规定当事人申请财产保全应当提供担保，否则将驳回申请，其目的就在于使被申请人可能因申请错误而遭受的损失切实得到赔偿。对此，申请人在申请财产保全时，对因申请不当可能承担的赔偿后果应当知悉。按照民法意义上的权利与义务相适应原则，享有相关民事强制措施利益的同时，也应承担可能面临的风险责任。

再次，申请人的诉请是否能被生效判决支持，在申请财产保全时是无法通过法院的程序性审查认定的，只有通过实体审理并在作出最终生效判决后才能予以确认。因此，当事人在申请财产保全时，不仅要对其诉讼请求能否得到法院支持这一诉讼风险进行判断，还要对可能因申请错误所承担的法律责任进行权衡。在此基础上，才能够慎重地决定是否有必要申请财产保全。一旦申请错误，并由此给被申请人造成损害的，理应承担相应的赔偿责任。根据以上理由，本案中，鉴于许赞有享有的专利权被宣告无效，导致最终败诉，足以认定其申请财产保全错误，因此，许赞有应承担相应的赔偿责任。

3. 就许赞有"先行责令被告立即停止侵犯专利权"的申请造成拜特公司和康拜特公司的财产损失，许赞有也应给予赔偿，但因拜特公司和康拜特公司违反法院已生效的相关裁定所造成的财产损失，不应予以赔偿。

首先，根据最高人民法院《关于对诉前停止侵犯专利权行为适用法律问题的若干规定》第十七条"专利权人或者利害关系人向人民法院提起专利侵权诉讼时，同时提出先行停止侵犯专利权行为请求的，人民法院可以先行作出裁定"的规定，本案属该种情形，在适用法律和相关司法解释上，与诉前停止侵犯专利权行为应同样对待。

前述规定第六条第一款还规定："申请人提出申请时应当提供担保，申请人不提供担保的，驳回申请。"第二款规定："……人民法院确定担保范围时，应当考虑责令停止有关行为所涉及产品的销售收入，以及合理的仓储、保管等费用；被申请人停止有关行为可能造成的损失，以及人员工资等合理费用支出；其他因素。"第十三条规定："申请人不起诉或者申请错误造成被申请人损失的，被申请人可以向有管辖权的人民法院起诉请求申请人赔偿，也可以在专利权人或者利害关系人提起的专利权侵权诉讼中提出损害赔偿的请求，人民法院可以一并处理。"由此可见，申请人在提出"先行停止侵犯专利权行为"申请时，同样应该提供担保，并对可能因申请错误造成的损失须承担法律责任。并且，申请采取该法律措施将面临更大的诉讼风险，申请人更须谨慎。

本案的关键在于申请人是否存在申请错误。而要判定申请人是否申请错误，关键是申请人起诉后的诉讼请求能否得到法院生效裁判的支持。本案中，许赞有作为涉讼外观设计的专利权人，在诉讼中向法院提出“先行停止侵犯专利权行为”的申请，虽然被法院准许并下达裁定，其诉讼请求也被一审判决予以支持，但在二审期间，许赞有涉讼专利被宣告无效。根据我国《专利法》第四十七条第一款规定：“宣告无效的专利权视为自始即不存在。”故许赞有所提出的“先行停止侵犯专利权行为”申请基础丧失，最终其诉讼请求被二审法院驳回，据此应当认定许赞有“申请错误”，对被申请人由此造成的财产损失应予赔偿，结合拜特公司和康拜特公司诉讼请求，该财产损失包含两项：（1）因不能履行与安立（香港）有限公司PIN960/04号合同，支付赔偿金4万美元；（2）法院自2004年4月20日起扣押拜特公司和康拜特公司库存竹地毯产品1110块所造成的损失。

其次，拜特公司和康拜特公司所主张的自2004年5月13日至2007年3月被南京海关扣押6930块竹地毯，折合损失945061.43元，利息损失321320.89元，运费、报关费、商检费、港口费、掏箱费、集装箱暂存费共计45200元，系其违反人民法院已生效的裁定，自行造成的损失，应不予赔偿。

我国《专利法》已赋予对抗有效专利权的救济措施。我国《专利法》第四十五条规定：“自国务院专利行政部门授予专利权之日起，任何单位或者个人认为该专利权的授予不符合本法有关规定的，可以请求专利复审委员会宣告该专利权无效。”即便被诉侵权人不提出无效申请，有证据证明该专利在申请日以前已经构成专利法意义上的公开的，还可以提出其实施“公知设计”、不构成侵权等抗辩主张。在专利权人依法提出“先行停止侵犯专利权行为”申请，并提供担保的情况下，被申请人对人民法院已作出“责令停止侵犯专利权行为”裁定，应严格遵守。只有在遵守法院发生法律效力的裁定情形下造成的经济损失，才是合理的经济损失。如违反裁定所造成的损失，属不合法行为所致，系自行扩大的经济损失，不应得到赔偿，甚至还应受到相应民事制裁。本案中，拜特公司、康拜特公司在人民法院已下达生效裁定的情况下，本应立即停止生产、销售与许赞有01333737.8号“地毯（竹）”外观设计专利相同或相近似的产品，并可在如许赞有败诉的情况下寻求赔偿，但拜特公司仍以履行合同为由，公然违反人民法院生效裁定，出口销售涉嫌侵权产品，由此所造成的被扣押和查封产品的货值损失，以及运费、报关费、商检费、港口费、掏箱费、集装箱暂存费等损失后果系其违法行为所致，属自行扩大造成的损失，理应由其自行承担。

4. 就许赞有申请财产保全措施错误给拜特公司和康拜特公司造成损失的赔偿，拜特公司和康拜特公司主张，按照法院实际冻结其账户资金数额和冻结期间向他人以1%月息借款与同期存款利息差额计算，而许赞有首先不同意赔偿请求，即便赔偿请求成立，也认为应按照同期存、贷款利息差额计算，拜特公司和康拜特公司所主张的计算方式事实依据不足，且无法律根据，不应予以支持。

法院认为，该损失的计算，应以人民法院实际冻结拜特公司和康拜特公司账户的资金数额和冻结期间同期存、贷款利息差作为赔偿依据。理由是：（1）众所周知的事实是，银行贷款的利率应明显低于月息1%。拜特公司和康拜特公司向私人以明显高于同期银行贷款利率的利息借贷，属不恰当扩大损失的行为，不应予以支持；（2）拜特公司和康拜特公司认为，由于银行账户被冻结，故贷款无法实现，但未就此事实提交证据。拜特公司和康拜特公司亦不能证明，即便在银行账户被冻结情况下，以高于同期银行贷款利率两倍多向个人借款系唯一融资渠道，故拜特公司和康拜特公司主张以1%月息与同期存款利率差额作为损失计算依据，缺乏事实和法律依据；（3）拜特公司和康拜特公司还认为，按照最高人民法院《关于人民法院审理借贷案件的若干意见》第六条“民间借贷的利率可以适当高于银行的利率，各地人民法院可根据本地区的实际情况具体掌握，但最高不得超过银行同类贷款利率的四倍（包含利率本数）。超出此限度的，超出部分的利息不予保护”之规定，1%月息并不属畸高情形。法院认为，上述意见系人民法院审理借贷案件的指导原则，而本案解决的是该月息数额是否在损害赔偿案件中应予采信的问题，因此与上述意见中当事人双方、案件类型等方面存在诸多不同之处，故该规定在本案中不宜适用。综上，拜特公司和康拜特公司主张的赔偿计算方式不予支持。

就拜特公司主张的因不能履行与安立（香港）有限公司PIN960/04号合同，支付赔偿金4万美元（按照支付当时人民币与美元的外汇牌价1美元约兑换人民币约8.265元计算，折合人民币33.06万元），该笔损失系法院根据许赞有申请，作出“先行责令被告立即停止侵犯专利权行为”的裁定，拜特公司不能履行相应合同所致，故应由许赞有赔偿。

就被扣押和查封在其库房内的竹地毯产品1110块，拜特公司和康拜特公司主张许赞有对其中的1069块进行赔偿，应予准许。双方就计算方式难以达成一致意见，一审法院根据公平合理原则，确定计算依据是，按照拜特公司与安立（香港）有限公司PIN960/04号合同，每块竹地毯出口单价为16.5美元，被南京海关扣押的6930块竹地毯货值总计114345美元，按扣押时的人民币和美元外汇牌价1美元兑换人民币约8.265元计算，折合人民币945061.4元。后为清偿仓储费用，该批产品被以15万元人民币价款拍卖。故两者差价为795061.4元，平均每块竹地毯的差价为114.7元。也即，如拜特公司出口销售1069块竹地毯，货值总计应约为17638.5美元，按扣押时的人民币和美元外汇牌价1美元兑换人民币约8.265元计算，折合人民币约145782.2元。现如通过拍卖等方式再行销售该批产品，可能获得的价款约为23000元，两者差价约为122782元，法院以此作为赔偿该笔损失的依据。拜特公司和康拜特公司主张应按照该批产品在查封和扣押时每块16.5美元的价格计算损失，并承担相应利息，法院认为，由于该批产品虽被查封和扣押，但并未实际灭失，故该种计算方式并不合理，不予支持。

（五）一审定案结论

江苏省南京市中级人民法院依照《中华人民共和国民法通则》第五条、第一百零六条第二款，《中华人民共和国民事诉讼法》第九十六条，最高人民法院《关于诉前停止侵犯专利权行为适用法律问题的若干规定》第十三条之规定，判决如下：

1. 许赞有于判决生效之日起10日内赔偿由于其申请财产保全措施给拜特公司造成的经济损失19152.51元，赔偿给康拜特公司造成的经济损失28461.76元；

2. 许赞有于判决生效之日起10日内赔偿由于其申请“先行责令被告立即停止侵犯专利权行为”给拜特公司造成的支付他人违约金损失330600元；

3. 许赞有于判决生效之日起10日内赔偿由于其申请“先行责令被告立即停止侵犯专利权行为”给拜特公司和康拜特公司造成货物因长期被查封和扣押所致产品价值折损经济损失122782元，并给付按同期银行贷款利息计算的自2004年4月20日至执行判决时的利息；

4. 驳回拜特公司和康拜特公司其他诉讼请求。

案件受理费20027元（按照庭审中变更后的标的计算），由拜特公司、康拜特公司各承担5013.5元，许赞有承担10000元。其他诉讼费用600元，由拜特公司、康拜特公司和许赞有各承担200元。

（六）二审情况

1. 二审诉辩主张

拜特公司和康拜特公司上诉并答辩称：（1）由于银行账号和资金冻结，为了维持正常的生产经营，拜特公司和康拜特公司在无法从银行获得贷款的情况下，迫不得已向私人借款，且借贷利息并未超出最高人民法院《关于人民法院审理借贷案件的若干意见》规定的民间借贷利率的上限，由此造成的损失应当由许赞有赔偿。（2）一审判决认定海关扣押地毯所造成的损失系拜特公司违反人民法院生效裁定所致，因而不应赔偿，是不正确的。许赞有的财产保全措施被认定错误并被解除，而被扣押的货物全部灭失，拜特公司由此所遭受的损失理应得到赔偿。因此，请求撤销原判第一、四项，改判支持其诉讼请求，本案一、二审诉讼费用由许赞有负担。

许赞有上诉并答辩称：一审认定许赞有申请财产保全、诉前临时措施错误，并判令许赞有承担相应的赔偿责任，没有法律依据。许赞有采取被诉维权措施时，涉案专利尚处于有效状态。许赞有依据《民事诉讼法》及《专利法》的有关规定，向法院提起诉讼，申请法院采取财产保全、诉前临时措施，均属合法维权行为。涉案专利权虽然此后被宣告无效，但依据《专利法》有关规定的精神，许赞有也不应当承担赔偿责任。因此，请求撤销原判，改判驳回拜特公司、康拜特公司的全部诉讼请求，本案一、二审诉讼费用由拜特公司、康拜特公司负担。

2. 二审事实和证据

江苏省高级人民法院确认了一审法院认定的事实和证据。

3. 二审判案理由

江苏省高级人民法院认为：

（1）拜特公司和康拜特公司因许赞有申请财产保全和先行责令其立即停止侵犯专利权而遭受的损失应当由许赞有赔偿。

许赞有主张，根据我国《专利法》第四十七条第二款的规定，其不应赔偿拜特公司和康拜特公司的损失。法院认为本案不适用该款的规定。该款的裁定是指，在宣告专利权无效的决定作出之前，人民法院在认定侵权成立的案件中作出并已执行完毕的裁定。宣告专利权无效的决定，对此类裁定不具有追溯力。而本案中，人民法院应许赞有申请作出财产保全和先行责令拜特公司和康拜特公司立即停止侵犯专利权的裁定的时间虽然在宣告专利权无效的决定作出之前，但人民法院最终并未支持许赞有的诉讼请求，而是认定拜特公司和康拜特公司不构成对许赞有涉案专利权的侵犯。显然，本案所涉及的裁定不属于人民法院认定侵权成立的案件中作出的裁定，而是人民法院认定不构成侵权的案件中作出的裁定。因此，许赞有关于依据我国《专利法》第四十七条第二款的规定，宣告专利权无效的决定对本案所涉及的裁定不具有追溯力，因而其不应赔偿拜特公司和康拜特公司损失的主张，没有法律依据，法院不予支持。

许赞有申请财产保全和先行责令拜特公司、康拜特公司立即停止侵犯专利权错误。首先，根据我国《民事诉讼法》第九十六条和最高人民法院《关于对诉前停止侵犯专利权行为适用法律问题的若干规定》第十三条的规定，申请人申请财产保全和先行责令被告立即停止侵犯专利权错误的，应当对被申请人因此而遭受的损失给予赔偿。其次，根据我国《民事诉讼法》的立法精神，申请人最终败诉应当是申请错误的认定标准之一。据此，如果申请人的诉讼请求没有得到人民法院生效判决的支持，就意味着申请人申请财产保全和先行责令被告立即停止侵犯专利权存在错误。在本案中，许赞有指控拜特公司和康拜特公司侵犯其专利权，申请人民法院采取财产保全、先行责令拜特公司和康拜特公司立即停止侵犯专利权，其诉讼请求最终没有得到人民法院生效判决的支持，这就意味着许赞有的上述申请错误。对拜特公司和康拜特公司因此而遭受的损失，依据我国《民事诉讼法》和最高人民法院《关于对诉前停止侵犯专利权行为适用法律问题的若干规定》的有关规定，许赞有理应给予赔偿。

许赞有认为，在提起诉讼时，其专利权曾两次被提起无效宣告申请，最终均被维持有效，其不可能预见到会败诉。对此法院认为，专利的稳定性具有一定的相对性，一项有效的专利权随时都存在被宣告无效的可能。因此，在提起诉讼时专利权有效，并不意味着许赞有最终必然胜诉。作为专利权人，许赞有对此应当是明知的。此外，财产保全和先行责令被告立即停止侵犯专利权是在认定侵权成立的判决作出之前对被申请人的权利采取的限制措施，必然会给被申请人造成一定的损失。鉴于此，法律并未将申请财产保全和先行责令被告立即停止侵犯专利权规定为申请人维权必须要采取的措施，是否提出申请由申请人自行决定。同时，为了有效弥补错误申请给被申请人造成的损失，法律规定申请人在申请财产保全和先行责令被告立即停止侵犯专利权的同时应当提供相应的担保。据此，对其申请财产保全和先行责令被告立即停止侵犯专利权的风险，申请人也应当是明知的。因此，许赞有在其申请财产保全和先行责令拜特公司、康拜特公司立即停止侵犯专利权时，应充分意识到其提出该申请的风险。许赞有关于其申请没有过错因而不应承担相应赔偿责任的主张没有法律依据，法院不予支持。

（2）关于许赞有应当承担的赔偿额。拜特公司和康拜特公司认为，在银行账户均被冻结的情况下，其无法从银行取得贷款，只能向个人借款，且1%的月息没有超出最高人民法院《关于人民法院审理借贷案件的若干意见》第六条规定的利率上限。拜特公司和康拜特公司因此而遭受的利息损失与许赞有申请财产保全有直接的因果关系，许赞有对此应予赔偿。法院认为，对无法从银行取得贷款的主张，拜特公司和康拜特公司并未提供证据予以证明，因此，其向个人以1%的月息借款所遭受的利息损失只能认定为其自行扩大的损失，不应由许赞有赔偿。一审法院以人民法院实际冻结拜特公司和康拜特公司账户的资金数额和冻结期间同期银行存贷款利息差作为赔偿依据并无不当，应予维持。

一审法院先行责令立即停止侵犯专利权的裁定下达之后，拜特公司和康拜特公司无视该裁定继续出口6930块地毯，从而被南京海关扣押，造成货物全部灭失，是拜特公司和康拜特公司违法行为造成的损失。该损失应由拜特公司和康拜特公司自行负担，不应由许赞有赔偿。根据最高人民法院《关于对诉前停止侵犯专利权行为适用法律问题的若干规定》第六条第二款的规定，对许赞有“先行责令被告立即停止侵犯专利权”的申请，“人民法院确定担保范围时，应当考虑责令停止有关行为所涉及产品的销售收入，以及合理的仓储、保管等费用；被申请人停止有关行为可能造成的损失，以及人员工资等合理费用支出；其他因素。”这就意味着，拜特公司和康拜特公司如果认为许赞有申请先行责令其立即停止侵犯专利权错误的，其可以请求许赞有赔偿上述担保范围内的损失。但本案中拜特公司和康拜特公司并未提出该项诉讼请求，故对该部分损失，不予理涉。

4. 二审定案结论

江苏省高级人民法院依照《中华人民共和国民事诉讼法》第一百五十三条第一款第（一）项之规定，判决如下：

驳回上诉，维持原判。

二审案件受理费人民币20027元，由许赞有负担人民币10013.5元，拜特公司和康拜特公司负担人民币10013.5元。

（七）解说

本案涉及的焦点问题在于《专利法》第四十七条第二款的“裁定”的范围、认定财产保全申请错误的标准以及申请保全错误的赔偿范围。

1. 如何理解《专利法》第四十七条第二款规定的裁定的范围。专利权被宣告无效，专利权被视为自始即不存在，尚未履行的专利许可合同以及尚未履行的法院判决、裁定将不再履行，这是合理的。但是，如果规定无效宣告对于所有已经履行的合同和判决、裁定都具有追溯力，则不尽合理，同时也难于执行，不利于社会的稳定。正是基于这一考虑，《专利法》第四十七条第二款区分两种情形分别作出规定：（1）宣告专利权无效的决定，对在宣告专利权无效前人民法院作出并已执行的专利侵权的判决、裁定，已经履行或者强制执行的专利侵权纠纷处理决定，以及已经履行的专利实施许可合同和专利权转让合同，不具有追溯力；（2）因专利权人的恶意给他人造成的损失，应当给予赔偿。根据该款的规定，人民法院认定专利侵权成立的判决、裁定执行完毕之后，专利权被宣告无效的，被告无权再次提起诉讼以撤销原来作出的认定侵权成立的判决、裁定，要求原来的专利权人返还已获得的损害赔偿金。但是如果原专利权人的行为有恶意的，比如提出实用新型或外观涉及专利申请，利用《专利法》对这两种专利申请不进行实质审查的规定获得专利权，在明知其专利是无效专利的情况下，与他人订立专利权转让合同或许可合同，或者提起侵权诉讼，给他人造成损失的，则应在宣告其专利权无效之后，承担赔偿责任。显然，该款的裁定是指，在宣告专利权无效的决定作出之前，人民法院在认定侵权成立的案件中作出并已执行完毕的裁定。除专利权人有恶意的外，宣告专利权无效的决定，对此类裁定不具有追溯力。而本案中，人民法院应许赞有申请作出财产保全和先行责令拜特公司和康拜特公司立即停止侵犯专利权的裁定的时间，虽然在宣告专利权无效的决定作出之前，但人民法院最终并未支持许赞有的诉讼请求，而是认定拜特公司和康拜特公司不构成对许赞有涉案专利权的侵犯。因此，本案所涉及的裁定不属于人民法院认定侵权成立的案件中作出的裁定，而是人民法院认定不构成侵权的案件中作出的裁定。本案不适用该款的规定。许赞有依据《专利法》第四十七条第二款主张，宣告其专利权无效的决定对其申请财产保全和先行责令拜特公司和康拜特公司立即停止侵犯专利权的裁定不具有追溯力，因而其对拜特公司和康拜特公司因其申请保全错误而遭受的损失不应承担赔偿责任，系其对《专利法》的误解所致。许赞有的主张不可能得到法院的支持。

2. 如何理解财产保全申请有错误。本案是一起被申请人因申请人申请错误而向人民法院起诉要求申请人赔偿损失的典型案例，判决书对如何认定申请保全错误具有一定借鉴意义。

专利的稳定性具有一定的相对性，一项有效的专利权随时都存在被宣告无效的可能，特别是对于不需要经过实质审查就可获得专利权的实用新型和外观设计专利而言更是如此。因此，在提起诉讼时专利权有效，并不意味着权利人最终必然胜诉。而且保全措施是在认定侵权成立的判决作出之前对被申请人的权利采取的限制措施，必然会给被申请人造成一定的损失。鉴于此，法律并未将申请财产保全和先行责令被告立即停止侵犯专利权规定为申请人维权必须要采取的措施，是否提出申请由申请人自行决定。为了有效弥补错误申请给被申请人造成的损失，法律规定申请人在申请财产保全和先行责令被告立即停止侵犯专利权的同时应当提供相应的担保。因此，许赞有在申请财产保全和先行责令拜特公司、康拜特公司立即停止侵犯专利权行为时，应充分意识到其提出该申请的风险。由于许赞有没有正确评估诉讼风险，由此给他人造成的损失，许赞有理应给予赔偿。

3. 如何确定申请保全错误的赔偿范围。申请保全错误造成被申请人损失，实质上属于一种侵权行为，申请人对被申请人应当承担相应的赔偿责任。法院在处理这类案件时，应当从侵权行为民事责任的一般构成要件，即行为的违法性、行为人的主观过错、损失的存在及损失与侵权行为之间存在因果关系等方面加以分析，并根据过错责任等原则，合理地作出处理。特别是应当正确认定应由申请人承担赔偿责任的损失范围。一般来说，被申请人损失主要包括：（1）对被申请人的财物、资金、账户等采取保全措施，影响其生产经营活动的正常进行，使被申请人遭受的利润损失；（2）因查封、扣押被申请人产品，使其不能履行已与他人签订的合同，承担违约责任而造成的损失；（3）因对被申请人的某项特定物，如车辆、船舶、房屋的财产证照等采取保全措施，致使其不能实施或完成某项特定活动而遭受的损失；（4）责令停止有关侵犯专利权行为所涉及的产品的销售收入，以及合理的仓储、保管费用；被申请人停止有关行为可能造成的其他损失，以及人员工资等合理费用支出等。值得注意的是，对于虽然申请有错误，但与错误申请之间没有因果关系的损失、被申请人有条件避免而没有采取措施予以避免而出现的损失，以及因被申请人违法行为造成的损失，申请人不应承担赔偿责任。而对于因不可抗力致使被查封物品在保全期间毁损或灭失的，应当根据公平原则，免除或减轻申请人的赔偿责任。

本案中，拜特公司不能履行与安立（香港）有限公司合同而支付的 4 万美元赔偿金、拜特公司和康拜特公司被扣押和查封在其库房内的竹地毯产品的市场差价损失均属于许赞有申请保全错误造成的损失，应由许赞有赔偿。但拜特公司和康拜特公司以高于同期银行贷款利率向私人借款所产生的高出银行贷款利息的损失，由于拜特公司和康拜特公司没有举证证明无法从银行取得贷款，属于其自行扩大的损失，不应由许赞有赔偿。在人民法院已下达生效裁定的情况下，拜特公司、康拜特公司本应立即停止生产、销售与许赞有 01333737.8 号“地毯（竹）”外观设计专利相同或相近似的产品，并可在许赞有败诉的情况下寻求赔偿，但拜特公司仍以履行合同为由，公然违反人民法院生效裁定，出口销售涉嫌侵权产品，由此所造成的被扣押和查封产品的货值损失，以及运费、报关费、商检费、港口费、掏箱费、集装箱暂存费等损失后果系其违法行为所致，属自行扩大造成的损失，也不应由许赞有赔偿。

（江苏省高级人民法院　王天红）

84. 太极集团重庆涪陵制药厂有限公司诉沈阳恒久生物保健品有限公司等擅自使用知名商品特有包装、装潢案

（一）首部

1. 判决书字号：重庆市第五中级人民法院（2007）渝五中民初字第 225 号民事判决书。

2. 案由：擅自使用知名商品特有包装、装潢纠纷。

3. 诉讼双方

原告：太极集团重庆涪陵制药厂有限公司，住所地：重庆市涪陵区太极大道1号。

法定代表人：白礼西，该公司董事长。

委托代理人：易恩华，太极集团有限公司法律顾问。

委托代理人：李燕，太极集团有限公司法律顾问。

被告：沈阳恒久生物保健品有限公司，住所地：辽宁省沈阳市东陵区东沟301号。

法定代表人：吴宏伟，该公司总经理。

被告：重庆市渝中区恒春堂药房，住所地：重庆市渝中区枇杷山正街130号。

负责人：谢兰，该药房投资人。

委托代理人：丁军，重庆渝一律师事务所律师。

委托代理人：彭晓芬，该药房职工。

4. 审级：一审。

5. 审判机关和审判组织

审判机关：重庆市第五中级人民法院。

合议庭组成人员：审判长：曹柯；代理审判员：陈秀良、杨丽霞。

6. 审结时间：2008年3月21日。

（二）诉辩主张

原告太极集团重庆涪陵制药厂有限公司（以下简称太极涪陵制药厂）诉称：原告生产的“曲美”减肥胶囊在减肥市场上具有极高的声誉和市场占有率。两被告擅自生产和销售的“曲线美”减肥胶囊，与“曲美”减肥胶囊的包装、装潢近似，使普通消费者难以区分，从而侵犯了原告的合法权益，遂诉至法院，请求：（1）判令被告沈阳恒久生物保健品有限公司停止生产、销售侵权产品，被告重庆市渝中区恒春堂药房停止销售侵权产品；（2）判令两被告撤回在市场上销售的全部侵权产品并交原告销毁；（3）判令被告沈阳恒久生物保健品有限公司赔偿原告经济损失15万元，被告重庆市渝中区恒春堂药房在不能说明产品合法来源的情况下与被告沈阳恒久重庆市渝中区公司承担连带赔偿责任；（4）判令两被告承担原告侵权调查费1428.09元；（5）判令两被告承担本案诉讼费用。

被告重庆市渝中区恒春堂药房（以下简称恒春堂药房）辩称：被告恒春堂药房销售的商品具有合法来源且被告恒春堂药房没有义务知道所销售的商品侵犯了原告的权利，要求驳回原告太极涪陵制药厂对其的诉讼请求。

被告沈阳恒久生物保健品有限公司（以下简称沈阳恒久公司）未作答辩。

（三）事实和证据

重庆市第五中级人民法院经公开审理查明：原告太极涪陵制药厂从2000年起开始生产盐酸西布曲明胶囊，商品名为“曲美”减肥胶囊。原告生产的“曲美”减肥胶囊于2001年12月获得了国家重点新产品证书，于2003年4月11日获得了重庆市人民政府颁发的科学技术进步奖证书，于2006年7月17日获得了重庆市科学技术委员会颁发的高新技术产品认定证书，并曾于2003年10月被评为2002～2003年度中国药店杂志社店员推荐率最高品牌。2000年9月25日，原告太极涪陵制药厂的母公司太极集团有限公司还就“曲美”减肥胶囊的包装盒向国家知识产权局申请了外观设计专利并于2001年5月30日获得了授权。2001年到2007年，原告太极涪陵制药厂以及太极集团有限公司先后与巩俐等明星签订了广告代言合同宣传“曲美”减肥胶囊，并且在中央电视台等媒体上面向全国连续发布电视广告，在重庆的多条公交线路上也发布了车身广告宣传“曲美”减肥胶囊。2007年，原告太极涪陵制药厂分别与辽宁、天津、河北等全国多个地区的销售单位签订了区域分销协议，销售“曲美”减肥胶囊。2007年4月19日，原告从被告恒春堂药房处购买了被告沈阳恒久公司生产的“曲线美”减肥胶囊，发现其使用的包装、装潢与原告生产的“曲美”减肥胶囊所使用的包装、装潢相似，遂提起诉讼，要求追究二被告的侵权责任。

另查明：被告恒春堂药房于2006年6月4日与被告沈阳恒久公司曾签订一份质量保证协议书，约定被告沈阳恒久公司向被告恒春堂药房提供符合企业标准和国家卫生食品要求的保健食品。当日，被告恒春堂药房从被告沈阳恒久公司处购进了30盒“曲线美”减肥胶囊，总金额480元。之后，被告沈阳恒久公司向被告恒春堂药房提供了其公司营业执照、税务登记证、中国商品条码系统成员证书、组织机构代码证以及关于“曲线美”减肥胶囊的卫生许可证、企业标准、保健食品批准证书、检测报告等材料，证明被告沈阳恒久公司生产的“曲线美”减肥胶囊是一种具有减肥功能的保健食品，经检测符合相关标准，并取得了保健食品批准证书和卫生许可证。被告沈阳恒久公司还向被告恒春堂药房提供了案外人杨文玉申请“曲线美”商标的注册申请受理通知书和杨文玉于2005年6月1日许可被告沈阳恒久公司使用“曲线美”商标的商标许可使用授权书。

上述事实有下列证据证明：

1. “曲美”减肥胶囊包装盒，证明“曲美”减肥胶囊的包装、装潢。

2. 外观设计专利证书、专利公报和专利年费收据，证明“曲美”减肥胶囊包装盒获得了外观设计专利。

3. 国家重点新产品证书、科学技术进步奖证书和高新技术产品认定证书。

4. 店员推荐率最高品牌证书。

5. 关于聘请巩俐、关琦、范冰冰作为代言人的广告代言合同、在中央电视台播出广告以及发布车身广告的广告合同，证明“曲美”减肥胶囊的宣传情况。

6. 2007年“曲美”减肥胶囊区域总经销协议，证明“曲美”减肥胶囊的销售范围和销售金额。

7. “曲线美”减肥胶囊包装盒以及原告购买“曲线美”减肥胶囊的发票。

8. 被告恒春堂药房从被告沈阳恒久公司购买“曲线美”减肥胶囊的送货单。

9. 被告恒春堂药房与被告沈阳恒久公司签订的质量保证协议书、被告恒春堂药房在进货时要求被告沈阳恒久公司提交的营业执照、卫生许可证、税务登记证、中国商品条码系统成员证书、组织机构代码证、关于“曲线美”减肥胶囊的企业标准、批准证书和检测报告以及关于“曲线美”商标的注册申请受理通知书和商标许可使用授权书。

（四）判案理由

重庆市第五中级人民法院根据上述事实和证据认为：擅自使用知名商品特有包装、装潢的行为是指违反《反不正当竞争法》第五条第（二）项规定，擅自将他人知名商品特有的包装、装潢作相同或者近似使用，造成与他人的知名商品相混淆，使购买者误认为是该知名商品的行为。本案作为涉嫌擅自使用知名商品特有包装、装潢的案件，主要争议包括两个方面：一是“曲美”减肥胶囊是否属于知名商品；二是“曲线美”减肥胶囊是否擅自使用了“曲美”减肥胶囊特有的包装、装潢。

第一，“曲美”减肥胶囊是否属于知名商品。法院认为，知名商品是指在市场上具有一定知名度，为相关公众所知悉的商品。原告太极涪陵制药厂生产的“曲美”减肥胶囊获得了国家和重庆市的多项奖励，具有较高声誉。2001年至2007年间，通过明星代言、电视媒体、报刊和车身广告等方式，原告太极涪陵制药厂面向全国对“曲美”减肥胶囊进行了持续宣传，影响覆盖面较广。此外，原告太极涪陵制药厂生产的“曲美”减肥胶囊的销售区域遍布全国25个省、直辖市，覆盖了国内主要市场，证明“曲美”减肥胶囊已经具有较高的市场知名度，为消费者和行业内其他经营者、销售者等相关公众所熟知。因此，“曲美”减肥胶囊应属减肥药品领域内的知名商品。

第二，“曲线美”减肥胶囊是否擅自使用了“曲美”减肥胶囊特有的包装、装潢。法院认为，特有的包装、装潢是指非为相关商品所通用，并具有显著区别性特征的包装、装潢。其中，包装是指为识别商品以及方便携带、储运而使用在商品上的辅助物和容器；装潢是指为识别与美化商品而在商品或者其包装上附加的文字、图案、色彩及其排列组合。“曲美”减肥胶囊使用了呈长方体状的纸盒包装，该包装为胶囊类药品所通用，不具有区别商品来源的显著特征，因而不能构成“曲美”减肥胶囊特有的包装。在装潢方面，“曲美”减肥胶囊在其包装上使用了柠檬黄作底色；包装正面的左下角有深蓝色的“曲美”二字，且“曲”字中间的竖笔略呈“S”形，寓意女性身材的曲线；右上角有黑色“QUMEI”拼音字样，在拼音左边有“TAIJI”商标和红色“S”曲线，同样寓意女性身材；在拼音下方有“曲美”减肥胶囊的批准文号和两粒胶囊图案，而原告太极涪陵制药厂的名称标注在包装正面的右下角。法院认为，“曲美”减肥胶囊在装潢上采用柠檬黄作底色十分醒目，而寓意女性身材的“曲美”字样和“S”形图案占据了包装正面的主要位置是其显著特点，两粒胶囊的图案也表明了该药品的类型。另外，原告太极涪陵制药厂的名称以及药品的批准字号都以较小字体标注在不显眼的位置，使整个装潢和谐且富有美感。因此，“曲美”减肥胶囊的装潢具有区别商品来源的显著特征，应属于“曲美”减肥胶囊特有的装潢。

判断被告沈阳恒久公司生产、销售的“曲线美”减肥胶囊是否擅自使用了与“曲美”减肥胶囊近似的装潢，法院认为应当从“曲线美”减肥胶囊与“曲美”减肥胶囊在装潢上是否相似以及被告沈阳恒久公司使用该装潢的行为是否构成不正当竞争行为两个方面来进行认定。

对比“曲线美”减肥胶囊和“曲美”减肥胶囊的装潢，二者在长方体的纸盒包装上均以柠檬黄作底色，只是“曲线美”减肥胶囊的装潢底色色度稍亮；从包装正面的装潢进行对比，“曲线美”减肥胶囊在正面右下角标注了深蓝色的“曲线美”字样，其中“曲”字中间的竖笔同样呈“S”形，左上角有“QUXIANMEI”拼音和红色的“S”图案，旁边也有两粒胶囊图案，只是胶囊摆放的方向相反。而在“曲线美”减肥胶囊的包装正面，被告沈阳恒久公司的名称和“曲线美”减肥胶囊的批准文号同样用较小字体标注，使相关公众不能轻易识别。法院认为，对于商品装潢是否相似的判断应当根据装潢的主要部分和整体印象来作认定，并以一般购买者施以普通注意力是否会发生误认为标准。虽然“曲线美”减肥胶囊的装潢与“曲美”减肥胶囊在局部细节上存在区别，但从整体上观察，都是在柠檬黄的底色上突出标识了“曲美”或“曲线美”字样以及“S”形图案，并且在装潢的主要部分即“曲”字和“S”形图案、胶囊图案以及同拼音字体的组合等方面十分近似。因此，被告沈阳恒久公司在“曲线美”减肥胶囊上使用了与“曲美”减肥胶囊近似的装潢。

至于沈阳恒久公司的使用行为是否构成不正当竞争行为，法院认为应当考虑该使用行为是否损害了原告的合法权益。虽然“曲美”减肥胶囊是一种药品，“曲线美”减肥胶囊是一种保健食品，但“曲线美”减肥胶囊自称具有减肥功能并适宜于肥胖人群，与“曲美”减肥胶囊的疗效和治疗人群相同，且二者的销售渠道均是通过药房对外销售，消费人群是希望减肥的消费者。由于“曲线美”减肥胶囊使用了与“曲美”减肥胶囊近似的装潢，而被告沈阳恒久公司的名称和“曲线美”减肥胶囊作为保健食品的批准文号都以较小字体标注，容易被忽略，再加上“曲线美”减肥胶囊在销售渠道和消费对象等方面与“曲美”减肥胶囊相同，足以使一般购买者在仅施以普通注意力的情况下将“曲线美”减肥胶囊误认为是“曲美”减肥胶囊。因此，被告沈阳恒久公司在“曲线美”减肥胶囊上使用与“曲美”减肥胶囊特有装潢近似的装潢已经构成了不正当竞争行为。

综上所述，被告沈阳恒久公司生产、销售的“曲线美”减肥胶囊使用了与知名商品“曲美”减肥胶囊近似的装潢，足以造成购买者混淆，将“曲线美”减肥胶囊误认为“曲美”减肥胶囊，构成了擅自使用知名商品特有装潢的不正当竞争行为，违反了市场交易中应当遵循的诚实信用原则，损害了原告太极涪陵制药厂的合法权益，被告沈阳恒久公司应当承担停止生产、销售侵权产品并对原告太极涪陵制药厂进行赔偿的法律责任。由于被告沈阳恒久公司因侵权所得利益和原告太极涪陵制药厂因被侵权所受损失难以确定，法院根据侵权行为的性质、后果和知名商品的声誉与知名度等因素综合确定被告沈阳恒久公司赔偿原告太极涪陵制药厂经济损失 15 万元。被告恒春堂药房作为侵权产品的销售者应当停止销售侵权产品的行为，因其已经提供了所销售侵权产品的合法来源且对其销售行为没有过错，因而不应承担赔偿责任。至于原告太极涪陵制药厂要求二被告撤回在市场上销售的全部侵权产品并交原告销毁以及承担原告侵权调查费 1428.09 元的诉讼请求，因原告未能提供充分证据加以证明，法院不予支持。

（五）定案结论

重庆市第五中级人民法院根据《中华人民共和国反不正当竞争法》第五条第（二）项、第二十条、最高人民法院《关于审理不正当竞争民事案件应用法律若干问题的解释》第一条、第二条、第四条和《中华人民共和国民事诉讼法》第一百三十条之规定，作出如下判决：

1. 被告沈阳恒久公司立即停止侵权行为，包括停止生产、销售使用侵权装潢的“曲线美”减肥胶囊；

2. 被告恒春堂药房立即停止侵权行为，包括停止销售使用侵权装潢的“曲线美”减肥胶囊；

3. 被告沈阳恒久公司赔偿原告太极涪陵制药厂经济损失 15 万元；

4. 驳回太极涪陵制药厂的其他诉讼请求。

案件受理费 3329 元，由被告沈阳恒久公司承担。

（六）解说

《反正当竞争法》第五条第（二）项规定了擅自使用知名商品特有的名称、包装、装潢或者使用与知名商品近似的名称、包装、装潢，造成和他人的知名商品相混淆，使购买者误认为是该知名商品的行为属于不正当竞争行为，应当承担民事侵权责任。本案焦点在于对擅自使用知名商品特有装潢行为的认定。笔者认为，对于该行为的判定，主要应考虑以下四个方面：

1. 知名商品的认定。《反不正当竞争法》第五条第（二）项所规定的知名商品，是指在中国境内具有一定市场知名度，为相关公众所知悉的商品。人民法院在认定知名商品时，主要考虑商品的销售时间、销售区域、销售金额和销售对象以及对该商品进行宣传的持续时间、程度和地域范围、曾经作为知名商品受保护的情况等因素。笔者认为，市场知名度的范围应当包括与该商品有关的消费者和与商品营销有密切关系的其他经营者。其中，消费者既包括实际消费者也包括潜在消费者，而其他经营者则包括了经营渠道中涉及的人员以及同行业的其他人员。此外，如果某一商品虽然广为人知，但人们却对其并无好感，也不宜将该商品认定为知名商品。因此，笔者认为商品的市场知名度除了表示该商品为相关公众熟知外，还应当含有相关公众对商品认可的含义，而商品在国内行业的排名以及获得的荣誉称号均可以用于证明商品受社会公众认可的程度。本案中，原告太极涪陵制药厂生产的“曲美”减肥胶囊获得了国家和重庆市的多项奖励，具有较高声誉。2001 年至 2007 年间，通过明星代言、电视媒体、报刊和车身广告等方式，原告太极涪陵制药厂面向全国对“曲美”减肥胶囊进行了持续宣传，影响覆盖面较广。此外，原告太极涪陵制药厂生产的“曲美”减肥胶囊的销售区域遍布全国 25 个省、直辖市，覆盖了国内主要市场，证明“曲美”减肥胶囊已经具有较高的市场知名度和声誉，为消费者和行业内其他经营者、销售者等相关公众所熟知。因此，“曲美”减肥胶囊应属减肥药品领域内的知名商品。

2. 特有名称、包装、装潢的认定。知名商品的特有名称、包装、装潢是指具有区别商品来源的显著特征的商品名称、包装、装潢。对知名商品的保护反映了社会公众对商品知名后的普遍认同，其前提必然是该商品能够为公众所轻易识别。缺乏显著特征的商品名称、包装、装潢难以起到识别作用，自然不能受到法律保护。这类情况具体包括商品通用的名称、图形、型号；仅仅直接表示商品质量、主要原料、功能、用途、重量、数量及其他特点的商品名称；仅由商品自身的性质产生的形状和为获得技术效果而需有的商品形状以及使商品具有实质性价值的形状。不过，一些商品名称、包装、装潢虽然本身不具有显著特征，但经过长期使用以后，社会公众对该商品的名称、包装、装潢逐渐产生了较高的认知程度，这样的商品名称、包装、装潢也就产生了显著特征，因而也应当予以司法保护。本案中，“曲美”减肥胶囊使用了呈长方体状的纸盒包装，该包装为胶囊类药品所通用，所以不具有区别商品来源的显著特征，不能构成“曲美”减肥胶囊特有的包装。但在装潢方面，“曲美”减肥胶囊采用柠檬黄作底色十分醒目，而寓意女性身材的“曲美”字样和“S”形图案占据了包装正面的主要位置是其显著特点，两粒胶囊的图案也表明了该药品的类型，整个装潢和谐且富有美感。因此，“曲美”减肥胶囊的装潢具有区别商品来源的显著特征，属于“曲美”减肥胶囊特有的装潢。

3. 构成混淆和误认的标准。在判定擅自使用知名商品特有名称、包装、装潢的侵权行为时，被控商品是否和知名商品相混淆，是否导致购买者误认为是知名商品，是审判实践中的难点。笔者认为，应当参照商标相同或者近似的判断原则和方法，根据商品名称、包装、装潢的主要部分和整体印象是否构成相同或相近来进行认定，并且以一般购买者施以普通注意力是否会发生误认或者混淆为标准。凡使用相同或者视觉上基本无差别的商品名称、包装、装潢的，均应当视为足以造成和他人知名商品相混淆。此外，还应当包括足以使相关公众对商品的来源产生误认情况，具体是指导致相关公众误认为与知名商品的经营者具有许可使用、关联企业关系等特定关系。本案中，对比“曲线美”减肥胶囊和“曲美”减肥胶囊的装潢，虽然“曲线美”减肥胶囊的装潢与“曲美”减肥胶囊在局部细节上存在区别，但从整体上观察，都是在柠檬黄的底色上突出标识了“曲美”或“曲线美”字样以及“S”形图案，并且在装潢的主要部分即“曲”字和“S”形图案、胶囊图案以及同拼音字体的组合等方面十分近似，足以造成购买者混淆，在施以普通注意力的情况下将“曲线美”减肥胶囊误认为“曲美”减肥胶囊。

4. 商品类型的影响。在《反不正当竞争法》中对于擅自使用知名商品特有的名称、包装、装潢是否应局限于相同商品没有作出明确的规定。一般而言，在不相同的商品上使用名称、包装、装潢不容易造成混淆和误认，也就不构成擅自使用知名商品特有名称、包装、装潢的侵权行为。但如果商品名称、包装、装潢相同或相似，且在销售渠道、销售对象等方面也与知名商品相同，则仍然可能造成相关公众的混淆和误认，从而构成擅自使用知名商品特有名称、包装、装潢的不正当竞争行为。本案中，“曲美”减肥胶囊是一种药品，“曲线美”减肥胶囊是一种保健食品，应属于不同的商品类型。但“曲线美”减肥胶囊自称具有减肥功能并适宜于肥胖人群，与“曲美”减肥胶囊的疗效和治疗人群相同，且二者的销售渠道均是通过药房对外销售，而被告沈阳恒久公司的名称和“曲线美”减肥胶囊作为保健食品的批准文号都以较小字体标注，容易被忽略。所以，在“曲线美”减肥胶囊使用了与“曲美”减肥胶囊近似的装潢情况下，同样足以使一般购买者将“曲线美”减肥胶囊误认为是“曲美”减肥胶囊，构成对“曲美”减肥胶囊特有装潢的擅自使用行为。

综上所述，被告沈阳恒久公司生产、被告恒春堂药房销售的“曲线美”减肥胶囊使用了与知名商品“曲美”减肥胶囊近似的装潢，足以造成购买者混淆，将“曲线美”减肥胶囊误认为“曲美”减肥胶囊，已经构成擅自使用知名商品特有装潢的不正当竞争行为，违反了市场交易中应当遵循的诚实信用原则，损害了原告太极涪陵制药厂的合法权益，应当承担相应的法律责任。

（重庆市第五中级人民法院　曹　柯）

五、海商海事案例

85. 华泰财产保险股份有限公司诉天津轮船实业发展集团股份有限公司海上货物运输保险代位求偿案

(一)首部

1. 判决书字号：天津海事法院（2008）津海法商初字第89号民事判决书。

2. 案由：保险代位求偿纠纷。

3. 诉讼双方

原告：华泰财产保险股份有限公司，住所地：北京市西城区金融大街35号国际企业大厦。

法定代表人：王梓木，该公司总经理。

委托代理人：陈致平，上海明翰律师事务所律师。

委托代理人：梁亮，仁和海事咨询服务有限公司职员。

被告：天津轮船实业发展集团股份有限公司，住所地：天津市河东区津塘路38号丰盈公寓6号楼1102、1104室。

法定代表人：郭振江，该公司总经理。

委托代理人：刘佐明，北京市海通律师事务所律师。

委托代理人：袁伟明，北京市海通律师事务所律师。

4. 审级：一审。

5. 审判机关和审判组织

审判机关：天津海事法院。

合议庭组成人员：审判长：李秀杰；代理审判员：郑长伟、郭建君。

6. 审结时间：2008年11月18日。

(二)诉辩主张

原告诉称：2007年1月21日，被告所属“金盈（Jin Ying)”轮承载15袋铁三角、47托支架叉等货物由新港运往韩国银川港。被告的代理就上述两票货物签发了TUA—05号、TUA—08号清洁提单。同日，托运人河北华太进出口有限责任公司（以下简称华太公司）作为被保险人向原告投保协会一切险。同年1月31日，被告通知承运船舶“金盈”轮已于同年1月26日在韩国银川附近海域沉没，无法交付货物。原告作为保险人，依据保险合同支付保险赔款15901美元、47388美元，按付款当日汇率折合人民币为481116.65元，取得代位求偿权。请求法院判令被告赔偿货物损失人民币 481116.65 元及利息，并承担本案的诉讼费等相关费用。

被告辩称：(1) 原告起诉的对象并非被告，原告起诉的主体为“天津实业轮船发展集团股份有限公司”，而被告系“天津轮船实业发展集团股份有限公司”；(2) 原告并非本案适格的原告，签发保单的主体为“华泰财产保险股份有限公司河北省分公司”，因此该河北省分公司为涉案货物的保险人；(3) 本案事故系船长、船员驾驶船舶过失造成，被告依法可以免责；(4) 货损金额缺乏证据证明且原告索赔的损失金额错误。原告仅提交了一份商业发票，未能提供买卖合同、出口报关单据等来验证发票的真实性，因此请求法院认定其不能证明损失金额。此外，货损金额的计算按照货物的 CIF 价值计算，被告所赔付的保险赔款涵盖了10%的保险加成，不应作为其代位求偿的内容。

(三) 事实和证据

天津海事法院经审理查明：2007 年 1 月 21 日，被告所属中国籍“金盈 (Jin Ying)”轮承载 15 袋铁三角、47 托支架叉等货物由新港运往韩国银川港。天津新天国际船舶代理有限公司代被告就上述两票货物签发了 TUA－05 号、TUA－08 号清洁提单。同日，托运人华太公司作为被保险人投保协会一切险，投保金额分别为 15901 美元、47388 美元，华泰财产保险股份有限公司河北省分公司签发 118003501200700066、118003501200700064 号保险单。相应货物的商业发票金额分别为 14455 美元、43079.9 美元。同年 1 月 31 日，被告通知托运人、收货人“金盈”轮已于同年 1 月 26 日在韩国银川附近海域沉没。韩国海警在事故之后进行了调查，在接受调查时船长孟庆彪确认：为节省航行时间选择了较短的航线，对本次事故有过失；大副孙永利确认：没有充分考虑到韩国海岸附近的潮汐，第一次驾驶船舶经过涉案航线，因驾驶中的错误导致事故的发生。2007 年 2 月 23 日，韩国仁川检察院对孟庆彪、孙永利和本案被告提起诉讼，认为孟庆彪知道所选航线有危险性，但没有谨慎安全航行；孙永利没有在事故地点驾驶船舶的经验，没有谨慎处理，因其过失船舶搁浅、沉没；本案被告作为船长和大副的雇佣人承担责任。仁川地区法院作出简易判决，命令孟庆彪、孙永利、本案被告支付罚款。2007 年 8 月 15 日，原告依据保险合同向收货人金色贸易有限公司授权的金宏昌支付保险赔款 63289 美元，付款当日人民币兑美元的汇率为 7.6019：1。金色贸易有限公司向原告签署了赔款收据和权益转让书。

另查明：韩国首尔华桑检验公估有限公司受原告委托，对 2007 年 1 月 26 日“金盈”轮的事故出具检验报告。据该报告所述，1 月 26 日韩国当地时间 0555 时，“金盈”轮在向引航站行驶途中，船舶在 MINEOTAN 灯塔处岩石上搁浅，随后船舶断为两截，先后沉没。事故可归因于对“金盈”轮的不当操纵，由于强流和船长的疏忽，这种不当操纵未能使船舶保持既定航线。

上述事实有下列证据证明：

1. 提单及翻译件、发票及翻译件、船方通知及翻译件、保单。
2. 保险赔款支付凭证、收据及权益转让书。
3. 检验报告及附件。
4. 韩国海警对船长孟庆彪、大副孙永利的调查笔录及英文翻译。
5. 韩国海警调查结论及英文翻译。
6. 韩国检察官起诉书及英文翻译。
7. 韩国仁川法院判决书及英文翻译。

（四）判案理由

天津海事法院根据上述事实和证据认为：本案为海上货物运输合同保险代位求偿纠纷。原告依据提单对提单记载的承运人提起诉讼，有明确的对象即被告。因翻译的原因致使起诉状中被告的名称与其工商登记的中文名称不符，原告已申请更正，本案不存在诉讼主体上的错误。被告作为涉案运输的承运人，负有在卸货港完好交付货物的义务。被告主张涉案货物的保单由原告下属河北省分公司签发，原告无诉权。本院认为，华泰财产保险股份有限公司河北省分公司是原告设立的分支机构，其民事行为的法律后果由原告承担。我国的民事诉讼法律和司法解释确认了法人依法设立并领取营业执照的分支机构具有独立的诉讼主体地位，但并未排除法人就其分支机构的民事行为以自己的名义参加诉讼。原告的河北省分公司就涉案货物签发保单，是保险人。货损发生后，原告承担了其河北省分公司的保险赔付责任，原告有权行使其河北省分公司作为保险人的权利，依法向被告进行追偿。

本院还认为，据原告提交的检验报告和被告提交的韩国海警询问船长、大副的记录，“金盈”轮在狭窄航道航行时，因当时负责驾驶船舶的大副缺乏在事故地点航行的经验，船长未出于谨慎安全的考虑指导驾驶，致使船舶搁浅、沉没。涉案货物随船沉没，发生损失，其直接原因系“金盈”轮的大副未能以良好技术驾驶船舶，对水流强度、速度的影响估计不足，船长在缺乏狭窄水道驾驶经验的大副当班时，未予特别指导或协助，存在过失。依据我国《海商法》的有关规定，承运人对船员在驾驶船舶中的过失所造成的损失不负赔偿责任。原告主张被告选择非习惯安全航道属于绕航，不能享受免责。本院认为，“金盈”轮所行虽为狭窄水道，对其而言具有危险性，但该航道仍属可航水域，是地理航线，且该航线是为节省时间所选的较短的航线，不构成绕航，原告的主张不能成立，本院不予支持。

（五）定案结论

天津海事法院依照《中华人民共和国民事诉讼法》第六十四条第一款、《中华人民共和国海商法》第五十一条第一款第（一）项之规定，判决如下：

驳回原告华泰财产保险股份有限公司的诉讼请求。

（六）解说

本案原告索赔的货物损失是在船舶沉没时发生的，因此，船舶沉没的原因是否属于《海商法》规定的驾驶船舶过失免责是本案的关键。

驾驶船舶的过失是指船长、船员和引航员等在船舶航行或者停泊操纵上的过失。航行中，船舶操纵上的过失主要表现为：船长、船员或引航员违反国际性的或者地方性的避碰规则，或者其他航行规则，如没有在船舶航行中保持正规的瞭望，没有以安全航速行驶，没有采取避让行动，没有遵守有关港章、港规的规定等；在操纵和避让中没有运用良好的船艺和遵循海员通常做法的要求，如在狭水道航行没有做到备车、备锚，对本船的操纵性能不熟悉、不了解，对河口附近等泥沙容易淤积地区的水深变浅缺乏预见等；对当时的特殊情况缺乏应有的戒备，如冬季在高纬度地区航行突然遇到冰山缺乏戒备，对在航行中突然遭遇暴风雨缺乏戒备，对他船背离《国际海上避碰规则》缺乏戒备等。

对于涉案“金盈”轮沉没的原因，原告根据其提交的事故检验报告的记述：“事故可归因于‘金盈’轮偏离既定航线，致使船舶遭遇强水流，船长存在疏忽”，认为事故发生的原因系被告偏离习惯航线，绕航行为所致。对此，被告提出了异议，认为相关的英文应译为“事故可归因于操纵‘金盈’轮不当，由于强流的作用以及船长的过失使得该轮偏离了所行驶的航线”，可以印证被告的证据和主张，即事故系驾驶船舶的过失所致。检验报告中的英文表述为："From the above，we are of the opinion that the incident may be attributable to improper maneuvering of the 'Jin Ying' which failed to maintain her intended course due to strong current and gross negligence on the part of the master."对这段文字的翻译，双方当事人提出了不同的意见，法院认为，从该证据的英文原文看，事故原因结论的表述首先应为"综上，我们认为事故可归因于对'金盈'轮的不当操纵"，随后为"由于强流和船长的疏忽，这种不当操纵未能使船舶保持既定航线"。

同时，被告提供了韩国海警在调查船舶沉没后的油污责任时所做的讯问笔录。对大副的讯问笔录记载，发生船舶搁浅时，由大副驾驶船舶，因是第一次驾驶船舶经过该海峡，没有充分考虑到韩国海岸附近的潮汐，并且该狭水道有很多不明的暗礁，船舶搁浅，随后沉没。对船长的讯问笔录显示，虽然没有强制要求船长在发生事故的时段必须在驾驶室，但明知该区域危险而没有亲自驾驶，也没有给值班驾驶员适当的指示，船长确认自身存在过失。

两份讯问笔录与原告提供的检验报告关于事故原因的表述是一致的，可以得出这样的结论：涉案货物随船沉没，发生损失，其直接原因系"金盈"轮的大副未能以良好技术驾驶船舶，对水流强度、速度的影响估计不足，船长在缺乏狭窄水道驾驶经验的大副当班时，未予特别指导或协助，存在过失。即，货损系驾驶船舶的过失所致。

我国《海商法》第五十一条规定："在责任期间货物发生的灭失或者损坏是由于下列原因之一造成的，承运人不负赔偿责任：（一）船长、船员、引航员或者承运人的其他受雇人在驾驶船舶或者管理船舶中的过失；……"对于这一项免责规定，通常总称为航海过失免责，包括驾驶船舶的过失和管理船舶的过失。即，驾驶船舶的过失是我国《海商法》明确规定的承运人免责事由之一。

本案中，船载货物的损失是承运人的船员因驾驶船舶中的过失所造成的。如果根据民法基本归责原则即过错责任原则，海上货物运输合同中货方的合同相对方为承运人，即使货损是因船员个人的驾驶过失造成的，对货方而言也属应当归于承运人一方的过错，货损赔偿的法律后果应当由承运人承担。但是《海商法》特别确立了承运人的不完全过失责任原则，这是根据海运的特点规定的特别原则，应当在海运纠纷中优先适用。赋予承运人依据驾驶船舶的航海过失免除赔偿责任的权利，也恰恰体现了通过立法分散承运人对船员难以进行有效的控制和管理风险的本意。

（天津海事法院　郭建君）

86. 深圳市源达船务有限公司诉杨延春船员劳务合同案

（船长的民事赔偿责任、船公司内部规章制度的效力）

（一）首部

1. 判决书字号：广州海事法院（2008）广海法初字第118号民事判决书。

2. 案由：船员劳务合同纠纷。

3. 诉讼双方

原告：深圳市源达船务有限公司，住所地：广东省深圳市蛇口区新街口大厦F座904房。

法定代表人：杨达，该公司总经理。

委托代理人：尹年长，广东意合律师事务所律师。

被告：杨延春，男，汉族，1942年8月29日生，住广东省湛江市霞山区。

委托代理人：谭浩然，湛江海洋渔业公司退休职工。

4. 审级：一审。

5. 审判机关和审判组织

审判机关：广州海事法院。

合议庭组成人员：审判长：倪学伟；代理审判员：杨优升、莫菲。

6. 审结时间：2008年11月10日。

（二）诉辩主张

原告诉称：被告于2007年6月9日起受雇于原告，在原告经营的“富通2”轮上任船长，于7月10日私自离船和离职。被告离职后，原告发现其在任职期间组织并参与船员偷卖原告的油品10吨，并分得款项3000元。原告依据其2006年制定的《船员奖惩规定》，于2007年9月20日对被告处以9000元的经济处罚。另外，2007年7月9日，由于被告未能把握好航道情况和保持正规瞭望，导致“富通2”轮在湛江港宝满码头南约300米处搁浅，此次事故共造成原告直接经济损失70500元，原告就此依据法律和公司规定对被告处以6000元的经济处罚。请求法院判令被告向原告支付经济处罚金共计15000元、赔偿经济损失70500元及自2007年9月1日起至付清之日止按中国人民银行同期企业一年期贷款利率计算的利息，并承担本案的诉讼费和其他费用。

被告辩称：原告在既没有货主报案记录和公安侦查记录，又没有本人承认的情形下，指控被告参与偷卖原告油品10吨、分得款项3000元，并单方面依据其《船员奖惩规定》对被告处以3倍罚款计9000元，没有事实和法律依据。因船舶搁浅事故要求被告赔偿70500元和对被告6000元的经济处罚的诉讼请求，因被告已经受到湛江海事局的处罚，即已经承担了法律责任，则不应再向原告承担经济赔偿责任。故请求法院驳回原告的诉讼请求。

（三）事实和证据

广州海事法院经公开审理查明：被告受雇在原告所属的“富通2”轮担任船长，船员服务簿确定的在船工作时间为2007年6月9日至7月15日，共计36天。双方未签订书面劳动合同。

2007年7月9日0700时，“富通2”轮装载2000吨燃油从湛江港宝满码头出发，驶往广州。约0745时，“富通2”轮在宝满码头B1浮筒以南约300米处搁浅。1800时，该轮经“湛江清3”轮过驳400吨油后成功脱浅。湛江港区海事处经调查，于9月20日作出粤湛海事罚字〔2007〕050083号海事行政处罚决定书，其中记载：该事故搁浅原因是船长杨延春对航道情况未能把握好，未能保持正确瞭望，以致船舶偏离航道，驶入浅滩，构成搁浅小事故，违反了《中华人民共和国海上交通安全法》第九条以及《1972年国际海上避碰规则》的相关规定。鉴于当事人在事发后能及时采取过驳等措施，没有造成危害后果，且能主动配合应急反应工作，并对该案的调查处理提供了帮助，可对其减轻处罚。根据《中华人民共和国海上海事行政处罚规定》第三十五条等的规定，决定对当事人“富通2”轮船长杨延春处以罚款200元，并扣留其船员适任证书2个月（自2007年7月9日起至9月7日止）。被告已当场交纳罚款200元。原告为处理“富通2”轮的该次搁浅事故，先后支出过驳费20000元、油栏费2000元、搁浅水下探摸费16000元、搁浅检验费7000元及车费、食宿费、伙食费、招待费等304元，共计45304元。

2007年9月20日，原告发出关于对“富通2”轮原船长即被告的处理通报，记载：根据公司的《船员奖惩规定》第4条第4款的规定，决定对被告处以6000元的罚款，并从工资中扣除。

另查明：原告制定了船舶营运管理若干规定、船员岗位责任制、航行值班制度、停泊值班制度、装卸油职责分工和值班规则、交接班制度、安全生产制度、船舶保养制度及《船员奖惩规定》等一系列规章制度。其中，《船员奖惩规定》中关于对船员的惩罚有以下具体内容：因违章被海事主管部门罚款，可对直接责任者罚款1000元至2000元；发生海损、机损、货损等责任事故，损失在10000元至50000元，对此负直接责任者，可罚款2000元至4000元；发生海损、机损、货损等责任事故，损失在50000元至100000元，对此负直接责任者，可罚款4000元至6000元。该《船员奖惩规定》的附则部分有以下内容：船员奖惩的核实及手续办理由人事主管负责；本规定由公司制定、解释、监督检查；本规定自公布之日起施行。在庭审中，原告主张包括《船员奖惩规定》在内的有关规章制度均被放置于船上，并定期组织船员学习；被告对此予以否认，并表示不清楚上述规定。原告的委托代理人表示不清楚包括《船员奖惩规定》在内的规章制度在制定过程中是否经过职工代表大会或者全体职工讨论，亦不清楚是否履行与工会或职工代表平等协商的程序。

上述事实有下列证据证明：

1. 广州海事法院（2008）广海法初字第4号民事判决书及原告于2008年1月18日出具的证明，证明被告作为船长的任职时间、月工资标准。

2. 海事行政处罚决定书，证明“富通2”轮搁浅的事实及被告作为船长对此次事故应承担直接责任。

3. 费用单据以及湛江市霞山区新塘船舶服务站的证明，证明“富通2”轮搁浅事故给原告造成的经济损失。

4. 原告作出的关于对“富通2”轮原船长即被告的处理通报及EMS快递收据、回执，证明原告根据其制定的规章制度，对被告予以处罚，并将处理通报寄交被告。

5. 原告制定的船舶营运管理若干规定、船员岗位责任制、航行值班制度、停泊值班制度、装卸油职责分工和值班规则、交接班制度、安全生产制度、船舶保养制度和《船员奖惩规定》，证明原告制定了一系列规章制度。

（四）判案理由

广州海事法院根据上述事实和证据认为：本案是船员劳务合同纠纷。原、被告之间虽未签订书面的船员劳务合同，但被告实际在原告所属的“富通2”轮上担任船长，原告接受了被告提供的劳务，因而两者之间已成立事实上的船员劳务合同关系。该船员劳务合同关系是双方在平等自愿基础上的真实意思表示，不违反法律的强制性规定，故合法有效，有关当事人均应按其约定，依法享有权利，并切实履行义务。

对于被告担任“富通2”轮的船长，因疏忽瞭望导致船舶偏离航道而搁浅的事故，已有海事行政主管部门的结论性意见和行政处罚决定，即构成搁浅小事故、对被告处以罚款和扣留船员适任证书。被告作为“富通2”轮的船长，仅是受雇于原告的劳务人员，双方权利义务关系的主要体现是被告向原告提供劳务、原告向被告支付工资。被告并非原告的股东，不能分享运费等船舶经营的收入，相应地，亦不应对原告的经营损失承担责任。退而言之，如果作为船长的被告以其工资收入承担了赔偿责任，作为船舶所有人的原告不仅不必负担任何损失，根据其《船员奖惩规定》还可对被告处以罚款——航行事故不仅没有给船舶所有人造成损失，反而令其获得收益，此种结果显然是不合理的。船舶搁浅是被告因履行船长职务存在疏忽所致，但并非其主观故意的结果，亦非由其个人的非职务行为引起，因此，该搁浅事故造成的45304元损失应当由对船舶享有经营和收益权利的原告自行承担，不应由被告进行赔偿。原告请求判令被告承担事故损失的赔偿责任，没有法律根据，应予驳回。

根据《中华人民共和国劳动法》第四条“用人单位应当依法建立和完善规章制度，保障劳动者享有劳动权利和履行劳动义务”、第八条“劳动者依照法律规定，通过职工大会、职工代表大会或者其他形式，参与民主管理或者就保护劳动者合法权益与用人单位进行平等协商”的规定，原告可依法制定和完善公司的规章制度并要求其职工遵守，但在制定、修改或者决定有关劳动报酬、工作时间、劳动安全卫生、劳动纪律以及劳动定额管理等直接涉及劳动者切身利益的规章制度或者重大事项时，应当经过职工大会、职工代表大会等的讨论，或者与工会或者职工代表平等协商。原告制定的《船员奖惩规定》等规章制度显然直接涉及其职工的切身利益，然而根据庭审所查明的事实，没有证据显示原告在制定《船员奖惩规定》等规章制度时经过民主形式的讨论，亦无证据显示原告与工会或职工代表进行了平等协商。事实上，该《船员奖惩规定》的附则部分已经明确“本规定由公司制定、解释、监督检查”。可见，该规定是原告单方决定的结果，不符合法律上述规定的要求。原告在制定规章制度之后，还应进行公示或者明确告知，令职工知悉其中具体内容，方能使之实际遵守。鉴于原告与被告未签订书面的劳务合同，因而不可能将《船员奖惩规定》等规章制度载入合同之中。原告虽在庭审中主张其将《船员奖惩规定》等规章制度置于船上并定期组织船员学习，但未能举证证明其主张之真实性；而被告则否认其知悉原告存在上述规章制度。因此，没有证据证明原告向被告告知了《船员奖惩规定》的内容，更不能推定被告对此知悉并同意。原告无权依据自己单方面制定且并不为被告所知悉的《船员奖惩规定》来约束被告。根据最高人民法院《关于审理劳动争议案件适用法律若干问题的解释》第十九条“用人单位根据《劳动法》第四条之规定，通过民主程序制定的规章制度，不违反国家法律、行政法规及政策规定，并已向劳动者公示的，可以作为人民法院审理劳动争议案件的依据”的规定，原告请求对造成船舶搁浅事故的被告处以6000元罚款，缺乏依据，应予驳回。

关于原告主张被告组织并参与船员偷卖船上油品10吨的问题，因可能涉及刑事犯罪，不属于广州海事法院的管辖范围，故不予审判，由原告另寻其他途径解决。

（五）定案结论

广州海事法院根据《中华人民共和国民事诉讼法》第六十四条第一款，判决如下：

驳回原告深圳市源达船务有限公司对被告杨延春的诉讼请求。

案件受理费1938元，由原告负担。

（六）解说

本案是船员劳务合同纠纷。该案涉及船员劳动合同关系中的两个典型问题：一是船长是否应对其过失所致的事故损失向船公司（船舶的所有人、经营人或承租人等）承担民事赔偿责任？二是船公司能否以其制定的内部规章制度对船员进行处罚？两类问题在实务中普遍存在，但船公司为此直接诉至法院的案例却是鲜见。

1. 船长是否应对其过失所致的事故损失承担民事赔偿责任？船长全面负责船舶的管理

和驾驶，是船上职务和地位最高、权力和责任最大的人，其在职权范围内发布的命令，船员、旅客和其他在船人员都必须执行。那么，这是否就意味着船长必须对其过失所致的事故损失承担民事赔偿责任？笔者认为，并非如此。理由如下：

第一，民事赔偿责任的成立应有其相应的产生依据，并且公平合理。一方面，法律责任是行为人因违反法律义务所应承担的不利后果。不同性质的法律责任，其产生的依据不同：违反行政法律义务导致行政责任的产生；而违反民事法律义务则导致民事责任的产生。船长在保障水上人身与财产安全、船舶保安、防治船舶污染水域等方面具有独立决策权，责任重大，故海事行政管理法律对船长在安全航行方面的义务作出有关规定，以敦促其谨慎履行职责，如有违反就必须承担相应的行政责任。本案中，被告作为船长，因过失导致船舶搁浅事故的发生，海事行政部门依据《海上交通安全法》作出行政处罚决定，被告对其违反行政法的行为承担了行政责任。但是，民事法律中并未直接规定船长负有保护船舶、船载货物、船上其他财产的价值乃至船公司的利益不受损失的义务，船员劳务合同中亦未作此约定。因此，要求船长对事故所造成损失承担民事赔偿责任缺乏依据；以违反行政义务为由要求船长承担民事赔偿责任更不符合逻辑。另一方面，法律责任的设定应以有承担责任能力者为对象，否则便形同虚设。航运具有特殊风险，船舶本身及其所载货物往往价值巨大，船长的任何一个微小疏忽都有可能造成巨大经济损失，仅以劳动报酬作为收入来源的船长是不可能承担得起赔偿责任的；且根据权利义务对等的原则，船长仅是船公司的雇员，并不能分享船舶经营的收益，如被要求承担船舶经营中的损失，既不公平，亦非合理。若船公司能从对方船舶、保险公司等其他途径获得赔偿，再要求船长赔偿则无异于借事故获利，有悖于民事责任的补偿性原则，显属不合法。

第二，司法实践的结果应与立法目的相符，并契合宏观政策所需。船员是一类特殊的职业群体，并受到高度关注：国际劳工组织大会依据有关公约所制定的《2006 年综合海事劳工公约》被国际航运界所普遍接受，已有包括我国在内的 140 多个国家加入；国务院根据该公约及国内有关立法，于 2007 年 4 月 14 日颁布《中华人民共和国船员条例》，自同年 9 月 1 日起实施——此为国务院首次为特定职业立法。上述公约和国内立法的宗旨十分明确：强化管理，对船员实行特殊保护，维护其合法权益。原因在于：船舶经常性地长时间远离陆地、在恶劣天气条件下航行，船上的工作、生活条件艰苦，船员坚持和完成工作的难度、遭受工伤或患职业病的几率远高于从事陆地工作的其他职业，较大风险性和艰苦性使这一职业被列为世界十大最艰苦和危险的职业之一——立法对其予以特别保护，正是基于法律应有的公平正义和终极关怀的要求。我国是国际贸易大国，同时亦为航运大国，每年进出口贸易货物总量的 90％通过海运实现，国内贸易货物总量的近 50％通过水路运输实现，航运业为经济持续快速发展提供强有力的保障，并为国际贸易的顺利开展作出了重大贡献。但因职业的艰苦性和危险性，愿意从事船员职业的人员数量逐年呈下降趋势，许多船公司难以招聘到优秀的船员，直接影响了航运业及国际国内贸易的发展。因此，扶持和支持船员职业发展成为宏观政策和立法的必然选择。相应地，司法实践亦不应脱离社会经济的这一客观需要。船长作为船员职业群体中的精英，是一艘船舶的灵魂，其对于航行安全和航运效益的实现起着至关重要的作用；且培养一名优秀的船长还需要经过相当长的历程，有着相当大的难度，故更不宜对其过分苛求，尤其不应增加额外的责任压力。

2. 船公司能否以其制定的内部规章制度对船员进行处罚？《中华人民共和国海商法》第三十四条规定：“船员的任用和劳动方面的权利、义务，本法没有规定的，适用有关法律、行政法规的规定。”船员劳务合同在性质上属于劳动合同，故船员在劳动合同中的权利义务应由《劳动法》进行调整。

船公司有权根据其实际需要来制定企业内部规章制度，以便对其业务运作、员工行为等进行规范化管理。但是，船公司作为用人单位所制定的此类内部规章制度，若要对作为劳动者的船员具有约束力，就必须以合法为前提，包括符合法律的宗旨、原则以及一定的形式要求和内容要求。劳动法被公认属于社会法的范畴，而社会法要求对强者予以抑制、对弱者予以扶持，否则便不能达到平衡社会关系之目的。我国是人口资源大国，劳动力供大于求的现象突出，用人单位处于主动、强势的地位，劳动者处于被动、从属的地位，已是不争之事实，故追求实质公平、侧重保护劳动者合法权益成为劳动立法与司法实践的必然使命，《中华人民共和国劳动法》、《中华人民共和国劳动合同法》等开宗明义地对此予以肯定。判断用人单位内部规章制度能否具有约束力，首先应考察劳动者的知情权和选择权是否得到尊重和保障，即劳动者对与其劳动权利和义务有关的一切因素、条件、影响、后果均全面知晓并准确理解，然后按其自由意志作出接受与否的决定，此亦与有效民事行为所应具备的平等、自愿、公平、诚信的基本要求相符。《劳动法》第八条“劳动者依照法律规定，通过职工大会、职工代表大会或者其他形式，参与民主管理或者就保护劳动者合法权益与用人单位进行平等协商”的规定正是上述立法意图向实践转化的体现；以《劳动法》为立法依据的《劳动合同法》将此进一步具体化，在第四条中明确了用人单位制定特定类型的劳动规章制度的程序要求，当中特别强调劳动报酬、劳动纪律等直接涉及劳动者切身利益的规章制度在制定时须经平等协商、在实行时须明确告知。本案纠纷发生于《劳动合同法》实施以前，而《劳动法》对该争议问题又缺乏明确规定，如何准确理解和适用有关法律，从而作出恰当的裁判，成为法官面临的难题。经过审慎考虑，广州海事法院在综合法条内容、立法精神以及社会效果等因素之后，形成了上述由船公司单方制定的内部规章制度对其所属船员不具有约束力，船公司不能据此对船员进行处罚的最后裁判。

进一步考虑，若用人单位制定内部劳动规章制度时在形式上经过了《劳动合同法》第四条所要求的协商、公示或告知等程序，这些劳动规章制度是否就当然对劳动者具有约束力，劳动者一旦违反，用人单位就可据此进行处罚？笔者认为，不宜直接作机械化的判断，理由是：劳动合同为特殊民事合同，用人单位并非立法主体，其所制定的内部规章制度不具有强制力，在性质上属于劳动合同的格式条款，有效与否，仍应借鉴民事合同中确定格式条款效力的标准进行全面考量，包括个体劳动者对规章制度的知晓程度、理解程度和接受与否的真实意愿、规章制度的具体内容是否合理合法等。通过综合各方面要素进行判断，若存在劳动者不知情、违背劳动者的真实意愿、具体条款显失公平或违反法律强制性规定等情形，即使其制定过程符合《劳动合同法》的形式要求，亦不能认定其具有约束力。从而避免内部劳动规章制度沦为用人单位在实际中变更劳动合同内容、随意以“处罚”之名扣减劳动报酬等侵犯劳动者合法权益的工具。

我国目前拥有约155万船员，是世界上船员数量最多的国家，船员劳务合同纠纷在海事司法实践中十分常见。面对新形势下出现的新情况，在对个案进行审理的过程中，应注重对立法意图与基本原则的把握，力求实质公正的实现，并服务于构建和谐劳动关系，保障航运业乃至对外贸易、国民经济健康、快速发展的社会大局。

（广州海事法院　杨优升　莫　菲）

87. 王才贵等诉湛江市交通局地方公路管理总站等水上旅客运输人身损害赔偿案

（死亡赔偿金与精神损害抚慰金可否同时给付）

（一）首部

1. 裁判文书字号

一审判决书：广州海事法院（2008）广海法初字第25号民事判决书。

二审调解书：广东省高级人民法院（2008）粤高法民四终字第223号民事调解书。

2. 案由：水上旅客运输人身损害赔偿纠纷。

3. 诉讼双方

原告（被上诉人）：王才贵（系死者杨槐之妻）。

原告（被上诉人）：杨永界（系死者杨槐之子）。

原告（被上诉人）：杨永汉（系死者杨槐之子）。

原告（被上诉人）：杨永英（系死者杨槐之子）。

四原告共同委托代理人（一审）：钟永华、周封地，广东粤海律师事务所律师。

被告（上诉人）：湛江市交通局地方公路管理总站。

法定代表人：廖春波，该站站长。

被告（上诉人）：湛江市霞山区特呈岛渡口所。

法定代表人：陈沈养，该渡口所经理。

两被告共同委托代理人（一、二审）：尹年长，广东意合律师事务所律师。

4. 审级：二审。

5. 审判机关和审判组织

一审法院：广州海事法院。

合议庭组成人员：审判长：倪学伟；审判员：文静；代理审判员：杨优升。

二审法院：广东省高级人民法院。

合议庭组成人员：审判长：郑舜贤；代理审判员：李继、张磊。

6. 审结时间

一审审结时间：2008年4月14日。

二审审结时间：2008年8月26日。

（二）一审诉辩主张

原告诉称：2007年7月29日，杨槐乘坐“特机801”船，从湛江特呈岛到湛江霞山区海滨码头。由于两被告对“特机801”船管理不善，该船安全防护措施缺失，导致杨槐途中落水身亡。请求法院判令两被告连带赔偿四原告物质损害赔偿金95801.95元、精神损害抚慰金30000元，并承担本案的诉讼费。

两被告辩称：两被告已尽法律上的管理义务，死者杨槐具有完全民事行为能力，其落水身亡系个人行为，两被告对此无法预测和控制，不应对此承担责任。湛江市交通局地方公路管理总站另外辩称，其仅是受委托管理涉案船舶，并非《中华人民共和国海商法》意义上的船舶所有人，不应对原告的损失承担法律责任。

（三）一审事实和证据

广州海事法院经公开审理查明：死者杨槐出生于1931年8月13日，城镇居民，退休干部，小学文化程度，已婚。原告王才贵系杨槐的妻子，原告杨永界、杨永汉、杨永英系杨槐、王才贵夫妇的儿子。杨槐生前曾于2007年6月1日至9日在广东医学院附属医院住院治疗继发性贫血、慢性肾功能不全等病。

2007年7月29日早晨，杨槐一个人搭乘张国富的摩托艇从湛江霞山海滨码头到对岸的特呈岛，杨槐因头晕，让张国富的摩托艇开慢一点，平时5分钟的行程，结果用时20分钟，到特呈岛后因杨槐没有足够的现金付摩托艇费，张国富未收杨槐费用。约0805时，杨槐乘坐“特机802”船从特呈岛返回霞山海滨码头，其登船时由船上工作人员搀扶上船并安排座位坐下。据在船上过渡的许团在法庭上作证证实，杨槐上船后，被安排坐在船前部右边的座位上，当时还有一个老太婆坐在一起聊天。约0815时，船行至油轮锚地处，不知何因，杨槐从右边的座位站起来，绕过许团的粤G36771汽车后从船的左边落海，许团即第一个呼叫有人落海。随后，船上工作人员立即开展救生工作，但最后证实杨槐已溺水身亡。

经查，在“特机802”船的两侧，均有绞锚机，该处没有固定的栏杆，而用活动的铁链连接。该处未设立警示标志。

原告为料理丧事共支付交通费420元，支付通讯费以7、8月份的电话费差额计245.05元。杨永界误工损失134.70元；杨永汉为料理丧事误工5天，误工损失416元；杨永英为料理丧事误工13天，误工损失364元。王才贵事发时已75岁，不应有误工损失。

另查明：《广东省2007年度人身损害赔偿计算标准》规定，广东省一般地区城镇居民人均可支配收入为每年16015元，职工平均工资为每年28025元。

“特机801”、“特机802”船为被告湛江市交通局地方公路管理总站（以下简称公路管理总站）所有，由被告湛江市霞山区特呈岛渡口所（以下简称特呈渡口所）经营。“特机801”船系钢质车客内河渡船，1980年2月3日在广东新会船厂建成，船长39.40米，型宽8.40米，型深2米，总吨171，净吨123，载重吨114。“特机802”船系钢质车客内河渡船，1979年11月1日在广东新会船厂建成，船长38.80米，型宽8.40米，型深2米，总吨171，净吨123。特呈渡口所持有的水路运输许可证有效期为2008年1月9日至2011年1月8日，经营范围是霞山至特呈车辆、旅客运输。特呈渡口所未向法庭提供案发当时有效的水路运输许可证。

上述事实有下列证据证明：

1. 杨槐的家庭关系证明书、户口簿、身份证。

2. 湛江市公安局水上派出所证明。

3. 湛江市海事局船舶登记证明。

4. 湛江市开发区南珠大酒家证明、湛江市麻章粮食储备库证明。

5. 杨永汉、杨永界电话费发票。

6. 客运发票。

7. “特机801”、“特机802”船舶基本信息。

8. 应原告申请，本院经调查取得了湛江市公安局霞山分局现场勘验记录和霞山公安分局水上派出所询问笔录。

9. 事业单位法人证书、企业法人营业执照。

10. “特机 801”船舶证书、“特机 802”船舶证书。

11. 湛江市公安局水上派出所询问笔录。

12. 杨槐的病历。

（四）一审判案理由

广州海事法院根据上述事实和证据认为：本案是一宗水上旅客运输人身损害赔偿纠纷。杨槐与被告特呈渡口所之间成立了事实上的水路旅客运输合同关系，该合同合法有效。杨槐系该旅客运输合同的旅客，而特呈渡口所为该合同之承运人，双方当事人得依法享有权利，并应承担相应义务。作为承运人之特呈渡口所，有义务将旅客安全运抵目的地，倘若未适当履行该义务造成旅客人身伤亡的，应承担相应赔偿责任。根据国家法定船舶登记机关签发的船舶证书的记载，被告公路管理总站是“特机 802”船的所有权人。公路管理总站作为船舶所有权人，即是该旅客运输合同的实际承运人，亦负有安全运输旅客的义务，其未适当履行该义务造成旅客人身伤亡，亦应承担相应赔偿责任。根据《中华人民共和国海商法》第一百二十三条“承运人与实际承运人均负有赔偿责任的，应当在此项责任限度内负连带责任”的规定，被告公路管理总站和特呈渡口所应对杨槐的死亡承担连带赔偿责任。公路管理总站关于船舶只是根据政府指令登记在名下，实际上不享有对船舶占有、使用、收益、处分的权利的抗辩理由，与法律规定不符，该抗辩理由不能成立。

由于事发船舶绞锚机处有一开口，而该处没有警示标志，且在杨槐向该位置靠近时，被告没有及时提醒并加以阻止，这是造成杨槐落海的主要原因，因而被告应承担主要责任。杨槐已经 76 岁高龄，且有病在身，他育有三个健康成年儿子，根据法律，其子对杨槐有监护的法定义务，在杨槐外出，尤其是搭乘摩托艇、渡船等具有高度危险的交通工具在海上旅行时，其子更应随身搀扶、妥为照料，以免发生不测。驾驶摩托艇的张国富师傅尚且知道老人头晕，要将摩托艇开慢很多，而其三个健康成年儿子竟然没有一个人在其身边尽法定的监护义务，是为过失，其子对杨槐的死亡除了因未履行监护义务而应在内心深感愧疚和深深自责之外，还应当承担一定的法律责任。杨槐上渡船后，船方已安排座位让其坐下，而杨槐却在船舶航行途中擅离座位，横穿船舶，走向不安全的地方，以致遭遇不测，杨槐对该不幸事件的发生也有一定的责任。综上，被告应承担杨槐死亡事件 51％的责任，原告方面应承担 49％的责任。

死者杨槐出事时年龄已超过 75 岁，根据最高人民法院《关于审理人身损害赔偿案件适用法律若干问题的解释》第二十七条、第二十九条的规定，死亡赔偿金按 5 年计算，当地城镇居民人均可支配收入为每年 16015 元，5 年共计 80075 元；丧葬费按 6 个月当地职工平均工资计算，当地职工平均工资为每年 28025 元，故丧葬费共 14012.50 元。四原告办理丧事支出交通费 420 元，误工损失共 914.70 元，通讯费 245.05 元。死亡赔偿金是对死亡者家庭整体减少的收入的赔偿，而精神损害赔偿是对死者家属精神的抚慰，两者并不矛盾，故原告精神损害抚慰金的诉请予以支持；考虑到杨槐已 76 岁高龄、患病在身，尤其是其子未尽到监护责任等因素，被告酌情给予 5000 元的精神损害抚慰金为宜。以上赔偿金额总计为 100667.25 元，两被告连带承担 51％的责任，即 51340.30 元。

（五）一审定案结论

广州海事法院依照《中华人民共和国海商法》第一百一十四条第三款、第一百一十五条第一款和第一百二十三条之规定，判决如下：

1. 被告公路管理总站、特呈渡口所连带赔偿原告王才贵、杨永界、杨永汉、杨永英死亡赔偿金、丧葬费、交通费、误工费、通讯费、精神损害抚慰金共计51340.30元；

2. 驳回原告王才贵、杨永界、杨永汉、杨永英的其他诉讼请求。

案件受理费2816元，由原告王才贵、杨永界、杨永汉、杨永英负担1667元，被告公路管理总站、特呈渡口所负担1149元。

（六）二审情况

一审宣判后，被告公路管理总站、特呈渡口所不服原审判决提起上诉。经二审法院主持调解，双方当事人达成和解协议，由特呈渡口所向王才贵、杨永界、杨永汉、杨永英支付杨槐死亡赔偿金45000元，该款在协议订立时即支付15000元，余款30000元分三个月付清。如特呈渡口所未能按本调解协议履行付款义务，其同意按（2008）广海法初字第25号判决确定的数额赔偿给王才贵、杨永界、杨永汉、杨永英。

（七）解说

本案是因被告在履行水路旅客运输合同过程中的违约行为，侵害到旅客的人身权益而引起的纠纷。依照《合同法》的规定，原告可以选择要求被告承担违约责任或者侵权责任。原告以被告对“特机801”船管理不善，该船安全防护措施缺失，导致杨槐途中落水身亡为由，要求被告承担违约责任，故本案的审理涉及以下争议点：

1. 违约行为是否应承担精神损害赔偿责任？精神损害，也称非财产损害，指财产损害之外的一切不利益，表现为自然人精神痛苦或精神利益的丧失或减损。违约行为应承担的是继续履行、采取补救措施或者赔偿损失等违约责任，主要是一种财产赔偿责任，且赔偿的范围不得超过违反合同一方订立合同时预见到或者应当预见到的因违反合同可能造成的损失。在违约之诉中原则上不允许请求非财产损害赔偿，但涉及人格权利益的合同则例外。首先，违约中产生精神损害的情形往往发生侵权责任与违约责任的竞合。所有产生精神损害的违约行为中都存在侵权。在有关人格权利益的合同中，因违约方的违约行为导致人身伤害或违约行为使严重精神损害成为一种特别可能的结果，在此情况下，违约行为很容易引发非财产损害，应当允许债权人请求非财产损害赔偿。其次，此类合同当事人在订约时有理由预知违约行为将导致除金钱损害外的精神损失，违约方对非违约方的精神损害的赔偿只是对非违约方可得利益损失之补偿，使合同达到适当履行之效果，此时违约方承担精神损害赔偿责任并没有违反赔偿可预见损失的原则。因此，在涉及人格利益的合同中可以向违约方请求精神损害赔偿。在本案旅客运输合同中，承运人应在约定期间内将旅客安全运输到约定地点，对旅客的人身安全保障义务也是承运人应尽的合同义务之一，故在此合同中，承运人履行合同义务涉及旅客的人身利益，承运人违反其应履行的义务，将导致旅客的人身安全受到威胁，从而造成受害人精神、心理上的损害，对此，承运人也应予以赔偿。

2. 受害人请求赔偿死亡赔偿金可否同时请求精神损害抚慰金？最高人民法院《关于确定民事侵权精神损害赔偿责任若干问题的解释》（以下简称《解释》），肯定了当自然人因生命权、健康权、身体权等“物质性人格权”和姓名权、肖像权、名誉权、荣誉权等“精神性人格权”遭受非法侵害时可以向法院起诉请求赔偿精神损害。《解释》规定了侵权人因侵权致人精神损害时，应承担停止侵害、恢复名誉、消除影响、赔礼道歉等责任，其中造成严重后果的，还应赔偿相应的精神损害抚慰金。一方面，《解释》的规定将精神损害赔偿的范围从“精神性人格权”扩大到“物质性人格权”；另一方面，《解释》第九条又限制了精神损害抚慰金的适用范围，规定了致人死亡的，精神损害抚慰金为死亡赔偿金，以防止过分加重侵权人一方的负担。《解释》之所以将死亡赔偿金认定为精神损害抚慰金，是因为损害赔偿旨在填补损害，使其尽可能回复到受损害前的状态，赔偿应与损害大小一致，故此《民法通则》规定，受害人死亡的，加害人应支付丧葬费及赔偿死者生前扶养的人必要的生活补助费等费用。其中"被扶养人生活费"采用了生活来源丧失说，即受害人死亡，其亲属丧失了原有扶养费供给来源，从而使生活来源丧失，加害人应当给予一定的生活补助，使死者亲属的生活来源能够恢复。即赔偿损害的结果，是使受害人亲属保持损害发生之前的生活水平，不得使其感觉到生活水平比没有损害事故发生时有所降低或提高。而在《道路交通事故处理办法》、《产品质量法》、《消费者权益保护法》等法律法规中，在规定了"被扶养人生活费"之外，又增加了死亡赔偿金。对于该死亡赔偿金的性质，上述几个法律法规没有作出界定，《解释》对受害人发生的物质损失已经给予补偿之外再给予的死亡赔偿金，定义为精神损害抚慰金。在最高人民法院《关于审理人身损害赔偿案件适用法律若干问题的解释》中，死亡赔偿金则改为采用继承丧失说，以因受害人死亡导致的家庭整体收入的减少为标准计算死亡赔偿金，即死亡赔偿金已成为对损害造成的经济损失的一种物质补偿，与精神损害抚慰金是为了填补、抚慰家属失去亲人遭受的痛苦对其精神上的赔偿相比，死亡赔偿金的性质、作用已发生改变，已从精神损害抚慰金变为对死者家庭整体减少的收入的赔偿，因此受害人亲属在获得死亡赔偿金外，还可以要求加害人赔偿精神损害抚慰金。

（广州海事法院　文　静）

88. 方爱军等诉陈业山等船舶碰撞挖砂设施人身伤亡损害赔偿案

（过失相抵原则）

（一）首部

1. 判决书字号

一审判决书：广州海事法院（2007）广海法初字第175号民事判决书。

二审判决书：广东省高级人民法院（2008）粤高法民四终字第84号民事判决书。

2. 案由：船舶碰撞挖砂设施人身伤亡损害赔偿纠纷。

3. 诉讼双方

原告（上诉人）：方爱军，男，1970年5月20日生，系死者匡小琴之配偶。

原告（上诉人）：方林，男，1991年6月15日生，系死者匡小琴之子。

法定代理人：方爱军，系原告方林之父。

原告（上诉人）：方园，女，1992年7月20日生，系死者匡小琴之女。

法定代理人：方爱军，系原告方园之父。

原告（上诉人）：陈国英，女，1950年10月1日生，系死者匡小琴之母。

上述四原告共同委托代理人（一、二审）：胡建华，广东广深律师事务所律师。

被告（上诉人）：陈业山，男，1969年2月15日生，住广东省汕头市龙湖区。

委托代理人（一审）：杨启宏，广东中大中律师事务所律师。

委托代理人（一审）：陈占立，男，1960 年 6 月 4 日生。

委托代理人（二审）：陈卓嘉，广东加力律师事务所律师。

被告（被上诉人）：陈沛鑫，男，1966 年 9 月 23 日生，住广东省汕头市澄海区。

委托代理人（一审）：黄民峨，广东赛博律师事务所律师。

4. 审级：二审。

5. 审判机关和审判组织

一审法院：广州海事法院。

合议庭组成人员：审判长：詹卫全；审判员：张科雄；代理审判员：陈丹。

二审法院：广东省高级人民法院。

合议庭组成人员：审判长：欧阳振远；审判员：郑舜贤；代理审判员：张磊。

6. 审结时间

一审审结时间：2007 年 9 月 17 日。

二审审结时间：2008 年 4 月 12 日。

（二）一审诉辩主张

四原告共同诉称：2006 年 12 月 11 日，匡小琴应“粤汕头货 2081”船船员李建和的邀请到该船上玩耍。晚上 8 时许，当李建和驾驶“粤汕头货 2081”船航行至韩江西溪下陈村河段时，舵把碰撞到停泊在旁边的被告陈沛鑫所有的挖砂设施的锚绳，致使舵把弹起，将站在船上的匡小琴打落水中，匡小琴溺水死亡。李建和系被告陈业山的雇员，其在从事雇佣活动中致使匡小琴溺水身亡；李建和在长达几个月的时间里经常邀请匡小琴上船玩耍，陈业山未能尽到管理义务。因此，被告陈业山应当承担匡小琴溺水死亡的主要责任。被告陈沛鑫在挖砂设施停航时未开启信号灯，也应对此次事故承担一定的责任。请求判令二被告向原告方支付丧葬费、死亡赔偿金、尸体火化费、被抚养人生活费、亲属办理后事的交通费、住宿费、误工费、伙食补助费，以及精神损害抚慰金，以上各项共计 242851.25 元，并承担本案诉讼费。

被告陈业山辩称：（1）匡小琴上船玩耍不属于李建和的职务行为。（2）匡小琴不顾陈业山的制止，擅自进入陈业山船舶，且其不识水性，自身存在严重过错，该过错与本案事故存在直接的因果关系，应当由匡小琴自己承担主要责任。（3）被告陈沛鑫的挖砂设施未开启灯光，锚绳横跨江面，致使“粤汕头货 2081”船舵叶被锚绳缠绕而引发匡小琴落水，陈沛鑫和李建和应当按各自过错承担责任。（4）原告主张的赔偿项目重复、金额夸大。请求驳回原告诉讼请求。

被告陈沛鑫辩称：（1）本案的事实不清，事故责任未明。（2）挖砂设施的所有人和经营人是陈雁明，不是陈沛鑫。即使挖砂设施的所有人是陈沛鑫，因本案是侵权纠纷，工人为陈雁明所雇佣，本案事故与陈沛鑫无关。（3）本案事故是由“粤汕头货 2081”船操作不当造成的，即使陈沛鑫是挖砂设施的所有人，因该设施的作业工人已经尽到谨慎的义务，陈沛鑫也不应承担责任。（4）原告方的索赔数额夸大，关于精神损害抚慰金的索赔不符合有关司法解释的规定。

（三）一审事实和证据

广州海事法院经审理查明：2006 年 12 月 11 日 1940 时，“粤汕头货 2081”船空船从新津河外砂下埔桥上沙场启航开往潮安县江东装沙。当时李建和驾驶船舶，陈锐君在船舱睡觉。船上还有匡小琴。匡小琴不是船上驾驶或作业人员，不识水性，其与李建和相识，李建和将其带至船上，在该船上连续生活约14天至15天。

12月11日1740时，挖砂设施从潮安昆三村出发开往韩江西溪下陈村河段进行挖沙作业。1800时，挖砂设施到达韩江西溪下陈村河段抛锚，挖砂设施上有作业人员王勇和刘小平。挖砂设施横向锚泊在河中，尾部有锚绳连到河中央的沙洲上面。约1830时，该挖砂设施开始进行挖沙作业，但没有悬挂相应的警示灯号。

12月11日2050时，“粤汕头货2081”船到达韩江西溪下陈村河段，准备绕过正在锚泊作业的挖砂设施。当时东北风3—4级，多云，气温15—22摄氏度，流向西溪上游至下游，流速约0.1米/秒，能见度良好。

挖砂设施上的作业人员王勇发现后，用手电筒照射对方，示意该船不要从尾部通过。“粤汕头货208”船减速从挖砂设施的尾部通过，船尾舵叶钩住挖砂设施的锚绳，导致“粤汕头货2081”船摇晃，舵杆打到正在船尾甲板上晾衣服的匡小琴，匡小琴落水。

匡小琴落水后，李建和立即叫醒陈锐君一同下水施救，并要求挖砂设施协助救人。王勇开了一艘小船帮忙寻找。李建和报警并电话联系“粤汕头货2081”船所有人陈业山，王勇电话联系挖砂设施所有人。2140时，王勇锯断挖砂设施尾部的锚绳，启动机器离开现场。澄海110中心接到报案后，指令汕头市公安局上华派出所和汕头澄海海事处到现场开展施救工作，陈业山派小艇协助施救，未能发现落水者匡小琴的踪迹。

12月16日，匡小琴的尸体在出事现场附近水域被找到，经汕头公安局澄海分局法医尸检鉴定为溺死。

本案事故发生后，汕头市公安局上华派出所于2006年12月11日、12日对事故进行调查。汕头澄海海事处于12月18日、19日对事故进行调查，并于2007年1月10日出具《“粤汕头货2081”船与挖砂设施碰撞事故调查报告》。事故调查报告对事故原因分析如下：(1)“粤汕头货2081”船的过失。①该船驾驶员在对挖砂设施未有全面了解的情况下，不走主航道而抄近路从挖砂设施尾部通过，导致舵叶钩住挖砂设施的锚绳，船摇晃，舵杆打到在船尾甲板上晾衣服的人员而落水溺水；②该船驾驶员瞭望疏忽，对挖砂设施的警告未引起重视，未能及时改走主航道；③该船船员擅自带无关人员上船，并在无任何保护措施的情况下让其在驾驶甲板活动。(2)挖砂设施的过失。①挖砂设施锚泊不当，在通航水域锚泊挖沙作业，锚索过长；②锚泊挖沙作业时没有悬挂相应警示灯号。事故调查报告对事故责任认定如下：“粤汕头货2081”船违反了《内河交通安全管理条例》第六条、第九条、第十五条的规定，疏忽瞭望，在对挖砂设施动态不明情况下不走主航道，而抄近路从挖砂设施尾部通过，应负主要责任；挖砂设施违反了《内河交通安全管理条例》第七条、第二十四条的规定，锚泊未按规定显示信号，应负次要责任。

另查明：“粤汕头货2081”船原船名为“粤澄海货0162”，船籍港汕头，属自卸沙船(内河)，总吨77，主机功率99.3千瓦，长33.4米，宽6.6米，钢质船，所有人和经营人均为陈业山，持有有效的船舶适航证书及船舶防止油污证书。本航次船员2人，驾驶员李建和持有内河船员四等二副证书，水手陈锐君无持证。

挖砂设施主机功率22马力，操作人员2人，王勇和刘小平均为受雇人员，均没有相应的资格证书。该设施未持有合格的检验证书，未经海事管理机构依法登记并持有登记证书。挖砂设施的所有人为陈沛鑫。

另外，江西省修水县渣津镇水车村委会出具证明，证明该村村民方衍元、方会生、方爱军三人前往澄海处理匡小琴落水身亡事故。匡小琴的亲属为办理匡小琴丧葬事宜，产生住宿费1280元、交通费1062元，支付了尸体火化费1980元。

在事故发生后，陈业山分两次借给原告方亲属方衍元共计4000元，作为处理匡小琴后事所用。

江西省修水县渣津镇朴田村委会及修水县公安局渣津分局出具证明，证明渣津镇朴田村二组匡国求、陈国英夫妇，共有儿女四个，大女儿匡小琴嫁与渣津镇水车村四组方爱军为妻。

（四）一审判案理由

广州海事法院根据上述事实和证据认为：本案是一宗船舶碰撞挖砂设施引起的人身伤亡损害赔偿纠纷，原告方作为死者匡小琴的近亲属，有权对匡小琴的死亡赔偿提起诉讼。根据查明的事实，“粤汕头货2081”船驾驶员李建和疏忽瞭望，在对挖砂设施未有全面了解的情况下，不走主航道而抄近路从挖砂设施尾部通过，违反了《内河交通安全管理条例》第十五条的规定；船员李建和擅自带与船舶航行、生产无关的人员匡小琴上船，并在无任何保护措施的情况下让其在驾驶甲板活动，违反了《内河交通安全管理条例》第九条第二款的规定。挖砂设施未经检验和登记，其作业人员不具备相关适任证书，违反了《内河交通安全管理条例》第七条的规定；挖砂设施锚泊不当，在通航水域锚泊挖沙作业，锚索过长，作业时没有悬挂相应警示灯号，违反了《内河交通安全管理条例》第二十四条的规定。匡小琴作为与“粤汕头货2081”船驾驶或作业无关的人员，擅自登船，且不识水性，在没有任何保护措施的情况下在驾驶甲板上活动，对其溺水死亡的发生也有一定过错。由于“粤汕头货2081”船和挖砂设施的上述过失行为，以及匡小琴本人的过失，直接结合造成了“粤汕头货2081”船尾舵叶被挖砂设施的锚绳钩住，导致在“粤汕头货2081”船上的匡小琴溺水死亡。

根据最高人民法院《关于审理人身损害赔偿案件适用法律若干问题的解释》（以下简称《人身损害赔偿解释》）第九条第一款关于“雇员在从事雇佣活动中致人损害的，雇主应当承担赔偿责任；雇员因故意或者重大过失致人损害的，应当与雇主承担连带赔偿责任。雇主承担连带赔偿责任的，可以向雇员追偿”的规定，“粤汕头货2081”船的所有人陈业山、挖砂设施所有人陈沛鑫应对其所雇船员或作业人员在从事雇佣活动中致使匡小琴溺水死亡承担赔偿责任。

《中华人民共和国民法通则》第一百三十条规定：“二人以上共同侵权造成他人损害的，应当承担连带责任。”《人身损害赔偿解释》第三条第一款规定：“二人以上共同故意或者共同过失致人损害，或者虽无共同故意、共同过失，但其侵害行为直接结合发生同一损害后果的，构成共同侵权，应当依照民法通则第一百三十条规定承担连带责任。”据此，“粤汕头货2081”船的所有人陈业山与挖砂设施的所有人陈沛鑫应当对其雇员的过失造成匡小琴溺水死亡承担连带赔偿责任。

匡小琴作为与“粤汕头货2081”船驾驶或作业无关的人员，擅自登船，且不识水性，在没有任何保护措施的情况下在驾驶甲板上活动，对其溺水死亡的发生也有一定过错，依照《中华人民共和国民法通则》第一百三十一条关于“受害人对于损害的发生也有过错的，可以减轻侵害人的民事责任”的规定，可以减轻侵害人陈业山和陈沛鑫的民事赔偿责任，由受害人匡小琴承担10%的责任。

根据《人身损害赔偿解释》并参照《广东省2006年度道路交通事故人身损害赔偿计算标准》，本案人身损害赔偿范围包括：（1）死亡赔偿金93810元；（2）丧葬费11553元；（3）方林的被抚养人生活费3836元、方园的被抚养人生活费5868元、陈国英的被抚养人生活费18123元；（4）匡小琴亲属办理丧葬事宜支出的交通费1062元、住宿费1280元、误工费470元、伙食补助费1350元；（5）综合考虑本案侵权人的过错程度、侵权行为造成的后果、受诉法院所在地平均生活水平以及匡小琴在本案事故中溺水死亡有一定过错等因素，确定精神损害抚慰金的数额为人民币5000元。

被告陈业山、被告陈沛鑫应连带赔偿原告方的死亡赔偿金、丧葬费、被抚养人生活费、死者亲属办理丧葬事宜支付的交通费、住宿费、误工费、伙食补助费，按以上各项赔偿数额扣减匡小琴自身承担的10%。被告陈业山借予死者亲属办理匡小琴后事的4000元，在两被告应连带赔偿原告方的丧葬费中扣减。原告请求的尸体火化费与丧葬费的请求重复，不予支持。

上述事实有下列证据证明：

1. 法医学尸体检验鉴定书鉴定结论、殡葬许可证及火化证、江西省修水县渣津镇水车村村委会出具的证明、户籍证明、江西省修水县渣津镇朴田村村委会出具的证明、“粤汕头货2081”船的所有权登记证书、借条。

2. “粤汕头2081”船与挖砂设施碰撞事故调查报告、水上交通事故报告书、水上交通事故调查询问览录、关于挖砂设施的所有人确认书、李建和的船员适任证书。

（五）一审定案结论

广州海事法院依照《中华人民共和国民法通则》第一百零六条、第一百三十条、第一百三十一条的规定，判决如下：

1. 被告陈业山、被告陈沛鑫连带赔偿原告方爱军、方林、方园、陈国英因匡小琴死亡的死亡赔偿金84429元、丧葬费6398元；

2. 被告陈业山、被告陈沛鑫连带赔偿原告方林被扶养人生活费3452元、方园被扶养人生活费5281元、陈国英被抚养人生活费16311元；

3. 被告陈业山、被告陈沛鑫连带赔偿原告方爱军、方林、方园、陈国英为办理匡小琴丧葬事宜支付的交通费、住宿费、误工费、伙食补助费共计3746元；

4. 被告陈业山、被告陈沛鑫连带赔偿原告方爱军、方林、方园、陈国英精神损害抚慰金5000元；

5. 驳回原告方爱军、方林、方园、陈国英其他诉讼请求。

本案受理费4943元，由原告方负担2422元，被告陈业山、被告陈沛鑫共同负担2521元。

（六）二审情况

1. 二审诉辩主张

上诉人方爱军、方林、方园、陈国英上诉称：（1）本案是一起特殊侵权性质的人身损害赔偿案件，适用的是严格责任原则，不应适用过失相抵。一审法院以匡小琴有“一定过错”而判决承担10%的责任，不符合法律规定。本案匡小琴的上船和不识水性不构成重大过失，按照《人身损害赔偿解释》第二条也不应自己分担责任来减轻被上诉人的责任。（2）精神损害抚慰金5000元太少。请求在原审判决的基础上，增加50000人民币。

上诉人陈业山上诉称：（1）一审判决认定死者匡小琴承担10%的责任与其在事故中的过错程度不相适应，认定过轻。（2）船员李建和在本案中存在重大过失，本案应当将李建和列为共同被告，与陈业山承担连带责任。请求撤销原审判决，改判由死者匡小琴承担50%

的过错责任。

方爱军、方林、方园、陈国英针对陈业山的上诉辩称：陈业山作为雇主未尽到管理上的义务，应对其雇员致人死亡事故对外承担责任。匡小琴不应承担责任。请求改判由陈业山承担全部责任。

2. 二审事实和证据

广东省高级人民法院经审理，确认了一审法院认定的事实。

3. 二审判案理由

广东省高级人民法院根据上述事实和证据认为：根据《中华人民共和国民法通则》第一百三十一条及《人身损害赔偿解释》第二条第一款的规定，可以减轻或免除赔偿义务人的赔偿责任的条件，在于受害人不但对损害的发生有过错，且过错必须达到重大过失程度。只有一般过失则不减轻赔偿义务人的赔偿责任。判断一般过失、重大过失标准为：(1) 违反法定注意义务（如严格的禁止性规定、明确的作为或不作为要求）为重大过失；(2) 违反善良管理人（理性人、一般人）在一般情况下的注意义务为一般过失。本案中，“粤汕头货 2081”为自卸沙船，法律规定属于国家禁止载客的货轮。匡小琴作为一般成年人，应当知道自己是与“粤汕头货 2081”货轮的驾驶、生产无关的人员，其搭乘货轮，且在该船上连续生活约 14 至 15 天之久，这是属于国家有关水上交通安全法律所禁止的。尤其是匡小琴未经自救逃生训练，不识水性，又独自一人到没有任何护栏、危险性极大的甲板上活动，对事故的发生和导致自己死亡，负有重大过失责任。对此，原审判决匡小琴本人承担 10%责任，合情、合理、合法、恰当，予以维持。本案两方上诉人关于匡小琴不应承担责任或者承担责任过轻的上诉理由均不成立，应予以驳回。基于上述事实和理由，原审判决赔偿精神损害抚慰金 5000 元亦是适当的，予以维持。

根据《人身损害赔偿解释》第九条的规定，受害人可以选择向雇主主张权利，也可以选择向雇主和雇员同时主张权利，请求承担连带责任。本案原告只选择向雇主陈业山主张权利，而不向雇员李建和主张权利，不违反法律规定。上诉人陈业山请求将雇员李建和列为本案被告，并与陈业山承担连带责任，事实和法律依据不足，不予采纳。

综上所述，原审判决程序合法，适用法律和处理结果正确，予以维持。

4. 二审定案结论

广东省高级人民法院根据《中华人民共和国民事诉讼法》第一百五十三条第一款第（一）项的规定，作出如下判决：

驳回上诉，维持原判。

（七）解说

《民法通则》第一百三十一条规定：“受害人对损害的发生也有过错的，可以减轻侵害人的民事责任。”该条规定确立了民事赔偿的过失相抵原则。这一原则源于衡平理念及诚实信用原则，其立法本意在于公平分担责任，不得以因自己过失所产生之损害转嫁于他人。对这一原则的适用，在审判实践中却难以把握。本案是一宗因船舶碰撞挖砂设施造成的人身损害赔偿案件，裁判中适用了过失相抵原则。

1. 过失相抵的构成要件。过失相抵原则的构成要件：(1) 损害结果的同一性。受害人的过错所致损害，与加害人的过错造成的损害必须同一，而且这两个过错行为结合导致损害发生或扩大。(2) 原因力的竞合。受害人的过错行为与损害的发生或扩大之间存在因果关系，且助成了损害的发生或扩大。(3) 受害人主观上有过失。

上述构成要件中，最难把握的就是受害人过失的认定，因为过失本身就是一个不确定的概念。作为过失相抵构成要件的受害人的过失，与加害人的过失内涵不同。加害人的过失意味着加害人违反了法定的不得侵害他人权利的义务。受害人的过失又称为非真正意义上的过失，不以违反法律义务为前提，而是受害人对自己人身或财产利益未尽到合理的注意，此种对自己的疏忽懈怠不仅使自己处于不安全的状态中，而且使他人处于负责任的不安全状态中，由加害人负担全部损害责任，有失公平。从受害人过失的内涵上看，过失相抵不仅体现公平正义的要求，且对于督促和教育当事人的合理行为，特别是促使受害人采取合理措施注意自身的人身安全，从而预防和减少损害的发生，具有积极的意义。

本案中，匡小琴并非工程船上的驾驶人员或作业人员，到船上生活，且未经自救逃生训练，不识水性，又独自一人到没有任何护栏、危险性极大的甲板上活动，其对自己的人身安全未尽到合理的注意，其过失行为与挖砂船及挖砂设施驾驶人员的过失行为相结合，导致了其在事故中死亡，虽然各方行为作用在程度上有差别，但都是损害产生的共同原因。上述事实均已符合过失相抵原则的构成要件。

2. 过失相抵的适用范围及其限制。《人身损害赔偿解释》对过失相抵原则在侵权责任中的适用及其限制作出了解释。其第二条规定："受害人对同一损害的发生或者扩大有故意、过失的，依照民法通则第一百三十一条的规定，可以减轻或者免除赔偿义务人的赔偿责任。但侵权人因故意或者重大过失致人损害，受害人只有一般过失的，不减轻赔偿义务人的赔偿责任。适用民法通则第一百零六条第三款规定确定赔偿义务人的赔偿责任时，受害人有重大过失的，可以减轻赔偿义务人的赔偿责任。"

笔者认为，《人身损害赔偿解释》第二条应包含以下三个层次的含义：(1) 在以过错责任为归责原则的一般侵权案件中，加害人仅为一般过失，受害人对同一损害的发生或扩大有过失的，可以减轻或免除赔偿义务人的赔偿责任；(2) 加害人因故意或重大过失致受害人受到损害，只有在受害人的过失达到重大过失或故意的，才可以减轻加害人的赔偿责任。(3) 在以无过错责任为归责原则的特殊侵权案件中，限于受害人有重大过失时，才可以减轻加害人的赔偿责任。

上述解释将受害人的过错程度分为"一般过失"与"重大过失"。如何区分"一般过失"与"重大过失"，民法理论上采用注意义务的判断标准。对应注意程度的三个等级，过失程度分为三种：(1) 善良管理人的注意义务，指通常合理人的注意或者与某一职业群体、某一专业领域的理性人通常具有的知识经验、技术水平的注意。应尽善良管理人的注意义务而欠缺者，为轻过失。(2) 与管理自己事务为同一程度之注意，其注意程度通常较善良管理人的注意程度低。应尽与处理自己事务为同一注意而欠缺者，为一般过失。(3) 普通人的注意，指一般人所能注意的起点，其注意义务程度最低，即已经接近客观上能注意的极限。欠缺普通人的注意的，为重大过失。上述是学理上的分类，审判实践中，法官应根据具体案情，在全面分析双方实施行为时的主观状态、行为的选择自由、行为的方式及对损害发生的作用力等基础上，综合考虑相关因素进行客观的判断，有些案件还需要结合法官的自由裁量进行价值判断。

本案挖沙船驾驶员李建和疏忽瞭望，不走主航道而抄近路从挖砂设施尾部通过，挖砂设施在通航水域锚泊挖沙作业，锚索过长，作业时没有悬挂相应警示灯号，双方这一系列的行为，违反了有关水上交通安全法规的规定，已构成重大过失，属于重大过失侵权的情况，根据《人身损害赔偿解释》第二条的规定，只有在受害人的过失达到重大过失或故意的，才可以减轻加害人的赔偿责任。匡小琴作为一般成年人，应当知道自己是与挖沙船的驾驶、生产无关的人员，其在该货船上连续生活半个月之久，是国家有关水上交通安全法规所禁止的，且匡小琴未经自救逃生训练，不识水性，独自一人到没有任何护栏、危险性极大的甲板上活动，其应当预见到其行为的危险性及发生损害结果的可能性，却未采取合理的注意措施保护自身安全，违反了普通人对自己人身安全的注意义务，对事故的发生及导致其自己死亡有重大过失。此时，本案适用过失相抵减免加害人责任的主、客观条件均已成就，法院得依职权适用过失相抵原则，减轻加害人的责任。

3. 确定减免赔偿数额的标准。对确定减免赔偿额的标准，有三种观点：(1) 比较过失说。通过确定并比较加害人和受害人的过失程度，来决定责任分担。(2) 比较原因力说。原因力是指在构成损害后果的共同原因中，每一个原因行为对于损害结果的发生或者扩大所发挥的作用力。通过比较原因力大小来确定加害人和受害人各自应承担的损害后果。(3) 折中说。同时考虑受害人过失的程度以及过失行为对损害后果的原因力大小，确定减免额。

本案一审法院在确定减免赔偿额时，综合考虑了加害人和匡小琴各自的过失行为对本案事故发生及匡小琴死亡所发挥的作用力的大小，以及双方的过失程度，确定由受害人匡小琴承担10%的过失责任。该责任分担的处理，既充分保护受害人利益，又兼顾公平正义，符合过失相抵制度的立法本意。对此，二审法院予以了肯定和维持。

（广州海事法院　陈　丹）

89. 中华人民共和国汕头海事局诉信盈海运有限公司等海难救助报酬案

（海难救助）

(一) 首部

1. 判决书字号：广州海事法院（2007）广海法初字第352号民事判决书。

2. 案由：海难救助报酬纠纷。

3. 诉讼双方

原告：中华人民共和国汕头海事局（以下简称汕头海事局），住所地：广东省汕头市海滨路47号。

法定代表人：江德亮，该局局长。

委托代理人：许光玉、周崇宇，广东纵信律师事务所律师。

被告：信盈海运有限公司（HSIN YING SHIPPING CO.，LTD.）（以下简称信盈公司），住所地：英属维尔京群岛陶托娜商业街3321号P.O.信箱。

法定代表人：苏先泽，该公司董事长。

委托代理人：吕越瑾，广东法制盛邦律师事务所律师。

被告：信成（香港）海运有限公司［EVER SUCCESS（HK）SHIPPING COMPANY LIMITED］（以下简称信成公司），住所地：香港特别行政区九龙尖沙咀天文台道5—9号汉国尖沙咀中心17楼5—7室。

法定代表人：苏先泽，该公司董事长。

委托代理人：吕越瑾，广东法制盛邦律师事务所律师。

4. 审级：一审。

5. 审判机关和审判组织

审判机关：广州海事法院。

合议庭组成人员：审判长：詹思敏；审判员：詹卫全；代理审判员：平阳丹柯。

6. 审结时间：2008年7月3日。

（二）诉辩主张

原告汕头海事局诉称：2007年2月26日，信盈公司所属、信成公司经营的“信盈(HSIN YING)”轮在台湾海峡遇险，船上主机失控且遭遇大风浪。为保证船舶安全，“信盈”轮船长和信盈公司分别请求汕头海事局尽快派船前往救助。汕头海事局收到救助请求后，当即派出“海巡31”轮前往救助。3月2日，经过汕头海事局历时4天的救助，“信盈”轮和船上船员及货物均安全抵达汕头南澳锚地。4月17日，“信盈”轮的保险人中国人民财产保险股份有限公司福州分公司（以下简称福州人保）就上述海难救助，为信盈公司和信成公司向汕头海事局出具了300万元（以下如无特指，均为人民币）的信用担保。4月26日，信盈公司向汕头海事局出具《确认书》，确认上述救助事实，并授权信成公司处理因此产生的救助报酬事宜。信盈公司保证对信成公司签订的和解协议项下的救助报酬承担连带支付责任。汕头海事局与信成公司于同日就首期救助报酬及担保事项达成协议。信成公司按约定向汕头海事局支付了首期救助报酬50万元。“信盈”轮为2000年建造的载货量为9220吨的钢质船舶，保险金额为400万美元。遇险时，该轮主机故障，失去动力，手操舵失灵，且遭遇大风浪，船舶随时可能因漂流造成触礁、沉没、发生人员伤亡，进而可能发生污染事故，严重破坏周边环境。汕头海事局派往救助的“海巡31”轮为我国交通部海事局吨位最大、装备最先进的船舶，功率为11600千瓦，续航、抗风能力强，造价约为1.5亿元。在天气、海况十分恶劣的情况下，汕头海事局根据其丰富的海难救助经验，及时有效地调度救助船舶和人员，充分发挥其专业技能，经过4天的救助工作，“信盈”轮和船上船员及货物均安全抵达锚地，避免了“信盈”轮在无动力情况下漂流触礁、污染海域的危险，救助效果良好。综合考虑上述因素，此次海难救助的报酬应为200万美元。扣除信成公司已支付的50万元首期救助款（折合66082.50美元），信盈公司和信成公司还应向汕头海事局支付1933917.50美元。据此，根据《1989年国际救助公约》和《中华人民共和国海商法》（以下简称《海商法》）的规定，请求判令信盈公司和信成公司向汕头海事局连带支付救助报酬1933917.50美元（折合人民币14632600元）及自2007年3月3日起至实际支付之日止按中国人民银行同期贷款利率计算的利息，并由信盈公司和信成公司负担本案诉讼费用。

被告信盈公司和信成公司共同辩称：(1) 对“信盈”轮实施救助的行政主管机关是交通部东海救助局，汕头海事局在本次救助作业中起到的作用只是对海事事故的调查和处理，是其作为海事行政机关的职责范围，即使产生费用，也是正常的行政开支。(2) 信盈公司和信成公司从未委托汕头海事局救助“信盈”轮，汕头海事局无权根据“无效果、无报酬”原则请求救助报酬。(3) 假如汕头海事局认为其实施的是救助作业，本案则存在两个救助作业，一个是在弃船之前的救助作业，一个是在弃船之后的救助作业。“海巡31”轮仅参与了第一个救助作业，但没有效果，因此其根据“无效果、无报酬”原则请求救助报酬不应获得支持。(4) 本次救助为雇用救助，而非“无效果、无报酬”的合同救助。汕头海事局没有实际实施“东海救 131”轮从事的上述第二次救助作业，无权请求救助报酬。(5)“海巡 31”轮并未起到护航作用，即使“海巡 31”轮真的起到护航作用，其行为也属于行政行为，无权收取费用，且汕头海事局未举证证明其是“海巡 31”轮的船舶所有人或经营人，无权请求救助报酬。(6) 本次救助不属于强制救助，汕头海事局无权根据《海商法》第一百九十二条的规定请求救助报酬。(7) 汕头海事局履行的是其职责范围内的公务，产生的仅是日常行政监管性开支，即使根据《海商法》第一百九十二条的规定，其也不能按照“无效果、无报酬”原则获得救助报酬。此外，按照“无效果、无报酬”原则请求救助报酬的一个前提条件是被救助船舶处于危险之中，而“东海救 131”轮实施第二次救助作业时，“信盈”轮是比较安全的，没有处于危险之中。(8) 汕头海事局对本次救助作业所起的作用有限，最多为控制救助作业，其获得的救助报酬理当少于实际实施救助的“东海救 131”轮获得的报酬。(9) 即使汕头海事局按照“无效果、无报酬”原则请求救助报酬，根据《海商法》第一百八十条的规定和《中华人民共和国交通部国际航线海上救助打捞收费办法》(以下简称《救助收费办法》) 的规定，其也不能获得救助报酬或获得的救助报酬应非常低，不应超过 456576 元。

(三) 事实和证据

广州海事法院经公开审理查明：“信盈”轮系钢质干货船，船长 100.04 米，船宽 25.00 米，型深 7.50 米，总吨位 5264，净吨位 1579。该轮的所有人为信盈公司，经营人为信成公司。

“海巡 31”轮系钢质公务船，船长 112.80 米，型宽 13.80 米，型深 6.50 米，总吨位 3403，净吨位 1021，主机功率 11600 千瓦，船舶所有人和经营人均为广东海事局。“海巡 31”轮造价为 1.498 亿元。

2006 年 10 月，信盈公司和信成公司为“信盈”轮向福州人保投保一切险附加战争险，保险金额为 400 万美元，保险期限为 2006 年 11 月 1 日至 2007 年 10 月 31 日。

2007 年 2 月 26 日，“信盈”轮装载河沙 9220 吨航行至台湾海峡南口，距澎湖花屿岛约 50 海里处，因主机出现故障导致该轮失控。事故现场持续东北风 7 至 8 级，阵风 9 级，浪高 4 至 5 米，长涌浪，能见度 3 至 5 海里。事故经过如下：0615 时，右主机出现故障。0620 时，右主机突然自动停车，船舶左右摇摆大约 25 度，船舶处于非常危险的状态，右主机无法使用，且无备件可用，单靠船员无力修复。0700 时，船长命令二副发出求救信号。1402 时，“海巡 31”轮抵达现场，汕头海事局指定“海巡 31”轮为现场指挥船，指挥事故现场的救助船舶进行救助。1450 时，右主机再次失控，无法使用，单靠左车无法把握船身，操纵更加困难，纵倾异常剧烈，横摇 25 度左右，随时有倾覆的危险。1502 时，“东海救 131”轮抵达现场。1550 时，考虑到自事故发生以来持续东北风 7 至 8 级，阵风 9 级，涌浪 4 至 5 米，且气象没有好转迹象，该轮干弦 (1.5 米) 较低，稳性消失角为 31 度，且货舱为一个开敞式舱口，现场风浪较大，船舶抛锚后偏荡严重，横摇达 20 几度，海水不停地冲刷舱口围，货舱右侧河沙部分已被淘刷下海，船舶出现横倾，现场情况异常紧急，船舶随时面临倾覆危险，船长马上和公司联络，公司同意船员离船，并向“海巡 31”轮提出救助请求，要求将所有人员转移到“海巡 31”轮。1700 时左右，“信盈”轮船员所乘救生艇成功靠上“海巡 31”轮，船员全部登上“海巡 31”轮，全体船员成功获救。“信盈”轮船上存 0 号柴油 170 吨左右。自“信盈”轮船员撤离到“海巡 31”轮后，船长及轮机长、大副每天都在与救助单位“海巡31”轮及“东海救131”轮保持联系，极力动员船员配合有关单位进行施救，同时心系“信盈”轮，和“海巡31”轮一道在附近看守“信盈”轮以防意外。

2月27日，信盈公司致汕头海事局的函件记载：由于信盈公司“信盈”轮在台湾海峡中间出现主机失控，考虑到大风浪因素影响信盈公司船舶的安全，所以请求汕头海事局“海巡31”轮前往协助救助。

“海巡31”轮2007年2月26日至3月2日的航海日志记载：2007年2月26日0859时，接到汕头海事局总值班室通知，在东经118°25′、北纬23°13′“信盈”轮遇险；0900时，通知有关人员作起锚准备；0928时锚离底，全速开往事故现场；1200时，开往台湾海峡搜救，天气情况：东北风7至8级，海浪5至6级；1406时抵达遇险船舶现场；1502时，“东海救131”轮抵达事故现场；1525时，“信盈”轮告知其手操舵失灵，只能在机舱用应急舵，右主机失灵，船舶摇摆剧烈；1600时天气情况：东北风7至8级，海浪5至6级；1700时，“信盈”轮所有17名船员被救上“海巡31”轮；2000时天气情况：东北风7级，海浪5级；2000时后，继续在“信盈”轮附近值守监管；2400时天气情况：东北风7至8级，海浪5级。2月27日，在“信盈”轮附近水域待命、锚泊值守，对“信盈”轮监视正常，风力由7至8级转为5至6级，海浪为4至5级。2月28日，“海巡31”轮处于锚泊状态，继续监护“信盈”轮，东北风6至7级，海浪4至5级。3月1日，“海巡31”轮继续在“信盈”轮附近锚泊、监管，风力由6级转为3级，海浪由4至5级转为3级；0900时，开始起锚；1326时，“东海救131”轮拖缆带上“信盈”轮；1345时，“东海救131”轮起拖“信盈”轮，拖带长度650米；1400时开始，为拖航船护航；2130时，指挥“云海”轮避让拖带船队；2142时指挥“向力”轮避让拖带船队。3月2日0033时，指挥“YUNYIN”轮避让拖带船队；0048时指挥“通州89”轮避让拖带船队；0232时指挥“YUECHAO5”轮避让拖带船队；0310时指挥“圣串达6”轮避让拖带船队；0330时，指挥“金银达1”轮避让拖带船队；0730时，“信盈”轮抵深澳锚地，“信盈”轮解拖抛锚；1125时，靠妥汕头港客运码头。1650时，与“信盈”轮船东交接清楚，将17名船员交给“信盈”轮船东代表。

3月2日，上海东海救助技术服务中心发给信成公司的收费通知单记载，交通部东海救助局“东海救131”轮已完成对“信盈”轮的拖救、守护作业，现将本次作业时间和应付费用结算如下：累计作业时间101.5小时，其中守护作业时间67.5小时（折合2.8天），拖救承包价36万元，守护费15万元/天×2.8天＝42万元，合计费用78万元。

汕头海事局与信成公司签订的《协议书》记载：2007年2月26日，“信盈”轮在台湾海峡遇险，船上主机失控且遭遇大风浪，“信盈”轮船长请求汕头海事局尽快派船前往救助。2007年2月27日，信盈公司向汕头海事局发函请求派遣“海巡31”轮前往救助。2007年2月26日，汕头海事局安排“海巡31”轮前往“信盈”轮遇险地点进行救助。经过4天的救助作业，“信盈”轮及船上全部17名船员安全抵达南澳锚地，汕头海事局成功地完成了对船舶、人员及货物的救助，救助效果良好。信成公司同意在签订本协议之日起5日内，将50万元或根据本协议签署之日的汇率基准价计算的等值美元汇至汕头海事局指定账户，作为汕头海事局救助“信盈”轮的首期救助报酬，双方确认前述50万元首期救助款将在双方最终达成和解协议或法院生效判决确定的应由信成公司支付汕头海事局的救助报酬总额中相应扣减。汕头海事局收到上述50万元首期救助款和担保函之日起，“信盈”轮即可办理出港手续，以便“信盈”轮随时起航。

4月17日，“信盈”轮的保险人福州人保就本案赔偿款项，为信盈公司和信成公司向汕头海事局出具了300万元的信用担保。

4月18日，交通部东海救助局出具的《关于“信盈”轮拖救、守护费用的情况说明》记载，受信成公司福州代表处委托，交通部东海救助局所属“东海救131”轮（9140马力）于2月26日至3月2日在东山外海域，对主机故障的“信盈”轮实施了拖救、守护，并按双方协议收取78万元作业费用。交通部东海救助局费率标准为：拖救航行费率1.5元/小时·马力，本次拖救作业1.5元/小时·马力×9140马力×34小时，守护费率1元/小时·马力，本次拖救作业1元/小时·马力×9140马力×67.5小时，合计费用1083090元。

4月30日，信成公司向汕头海事局支付了64946.87美元（折合人民币50万元）。

5月9日，信成公司向上海东海救助技术服务中心支付了“信盈”轮拖救守护服务费78万元。

上述事实有下列证据证明：

1. 信盈公司致汕头海事局的函件。

2. “海巡31”轮航海日志。

3. 海图。

4. “信盈”轮船舶登记证书。

5. 船舶保险单。

6. “海巡31”轮船舶国籍证书。

7. 购建固定资产验收单。

8. “海巡31”轮参加救助“信盈”轮人员名单。

9.《确认书书》。

10. 授权委托书2份。

11.《协议书》。

12. 汇出汇款暨收取手续费证明书。

13. 担保函。

14. “信盈”轮救助报酬谈判备忘录。

15. 关于协商“信盈”轮救助报酬事宜的往来函件10份、电子邮件3份。

（四）判案理由

广州海事法院根据上述事实和证据认为：本案是一宗海难救助报酬纠纷。本案中被救助船舶最先到达地为广东省海域，依照《中华人民共和国民事诉讼法》第三十二条关于“因海难救助费用提起的诉讼，由救助地或者被救助船舶最先到达地人民法院管辖”的规定，本院对本案具有管辖权。

因本案被告信盈公司住所地在英属维尔京群岛，具有涉外因素，原、被告虽然未就解决争议所适用的法律作出约定，但在诉讼中信盈公司和信成公司主张本案纠纷适用《中华人民共和国海商法》处理；汕头海事局还主张优先适用《1989年国际救助公约》，但不排除《海商法》的适用。汕头海事局主张适用的《1989年国际救助公约》的有关规定与《海商法》的规定一致，且不排除《海商法》的适用，因此，应当认定原、被告双方均同意适用《海商法》。依照《海商法》第二百六十九条的规定，本案应当适用中华人民共和国法律。

本案事实中，双方当事人争议的焦点归纳为四个问题，合议庭分析及处理意见分述如下：

1. 信盈公司与汕头海事局是否存在救助合同关系？据本案查明的事实，信盈公司因

“信盈”轮遇险向汕头海事局请求救助，汕头海事局派“海巡31”轮前往进行救助，因此，双方当事人意思表示真实一致。依照《海商法》第一百七十五条第一款关于“救助方与被救助方就海难救助达成协议，救助合同成立”的规定，双方之间救助合同关系成立，该合同没有违反我国现行法律、行政法规的强制性规定，应合法有效，双方当事人均应依约履行。

汕头海事局是海事行政主管机关，本次救助作业属于“国家有关主管机关从事或者控制的救助作业”。依照《海商法》第一百九十二条关于“国家有关主管机关从事或者控制的救助作业，救助方有权享受本章规定的关于救助作业的权利和补偿”的规定，汕头海事局作为本次救助作业的救助方，对其从事或者控制的救助作业，有权享受《海商法》第九章规定的关于救助作业的权利和补偿。信盈公司和信成公司认为本次救助不属于强制救助，汕头海事局无权依照《海商法》第一百九十二条的规定请求救助报酬，该主张没有事实和法律依据，不予支持。

2. 汕头海事局是否有权获得救助报酬？第一，本次救助标的是法律所承认的。本次救助标的是“信盈”轮，该轮是《海商法》第三条所称的船舶，是《海商法》所承认的救助标的。

第二，“信盈”轮处于海上危险之中。根据上述查明的事实，信盈公司所属的“信盈”轮在台湾海峡中间出现主机失控，并遭遇到大风浪，船舶抛锚后偏荡严重，横摇达20几度，随时面临倾覆危险。并且船公司同意全体船员离船，全体船员转移至“海巡31”轮。虽然在“东海救131”轮实施拖带作业时，天气、海况有所好转，但此时“信盈”轮船员已经全部离船，加上“信盈”轮主机失控，“信盈”轮仍然处于危险之中。直至“信盈”轮被拖带至南澳锚地时，“信盈”轮才完全脱离危险。因此，从“信盈”轮开始面临危险至到达南澳锚地之前的整个过程来看，“信盈”轮面临的危险是客观存在的。信盈公司和信成公司认为船员离船后“信盈”轮没有危险，没有事实依据。

第三，汕头海事局实施了救助行为且救助行为是自愿的。根据上述查明的事实，汕头海事局在本次事故中，成功救助了“信盈”轮的17名船员，并在整个救助过程中从事了搜救、值守、监管、护航和指挥的工作。“海巡31”轮虽然没有直接从事拖带作业，但其在救助过程中值守、监管、护航和指挥对成功救助“信盈”轮起到了不可或缺的作用。因此，“海巡31”轮实施的上述行为属于救助行为。信盈公司和信成公司认为汕头海事局没有从事救助行为的主张没有事实依据，不予支持。

在救助过程中，信盈公司没有对汕头海事局的救助行为作出明确而合理的拒绝救助的意思表示。汕头海事局对“信盈”轮也没有法律规定或合同约定的救助义务，其从事的救助行为是自愿的。

第四，救助行为有效果。从整个救助过程来看，“信盈”轮和船上全部船员及货物最终成功抵达深澳锚地，成功获救，因此，本次救助效果良好。本次的救助作业是由汕头海事局和交通部东海救助局共同实施的，并不存在信盈公司和信成公司主张的两次救助作业。信盈公司和信成公司认为汕头海事局的救助行为没有救助效果没有事实依据，不予支持。

综上，汕头海事局实施的救助符合海难救助的构成要件，取得了救助效果，其有权依照《海商法》第一百七十九条关于“救助方对遇险的船舶和其他财产的救助，取得效果的，有权获得救助报酬；救助未取得效果的，除本法第一百八十二条或者其他法律另有规定或者合同另有约定外，无权获得救助款项”的规定，获得本次救助作业的救助报酬。

3. 汕头海事局请求的救助报酬的数额及利息。信盈公司和汕头海事局没有约定救助报酬的数额，也未约定计算救助报酬的方式，因此，汕头海事局请求的救助报酬应依照《海商法》第一百八十条的规定确定。

（1）“信盈”轮面临的危险和“海巡31”轮所冒的风险。“信盈”轮在台湾海峡中间出现主机失控，并遭遇到大风浪，事故现场持续东北风7至8级，阵风9级，浪高4至5米，长涌浪，船舶抛锚后偏荡严重，横摇达20几度，随时面临倾覆危险。并且船公司同意全体船员离船，全体船员转移至“海巡31”轮后，无人操纵船舶。根据事故当时天气情况和船舶情况来看，“信盈”轮面临很大危险。即使后来天气、海况有所好转，但此时“信盈”轮船员已经全部离船，加上“信盈”轮主机失控，“信盈”轮仍然面临较大危险。“海巡31”轮在此种情况下对“信盈”轮进行救助，冒了一定风险。

（2）汕头海事局耗费的救助成本和提供服务的及时性。汕头海事局使用了“海巡31”轮从事救助，该轮是南海海区千吨级公务船，造价1.498亿元，价值巨大。本次救助过程历时约4天，其中“海巡31”轮停泊时间约44小时，航行时间约54.5小时，该轮在整个救助过程中没有发生任何故障。该轮主机功率11600千瓦，由此产生的油料、物料、人力等费用较大。

“海巡31”轮的所有人和经营人虽然均为广东海事局，但广东海事局与汕头海事局存在隶属关系，汕头海事局实际使用了“海巡31”轮。广东海事局与汕头海事局就“海巡31”轮的占有、使用和收益的关系属于另一法律关系，不属于本案的审理范围。汕头海事局实际使用了“海巡31”轮从事救助作业，应当享有因此而产生的权利。信盈公司和信成公司认为汕头海事局未举证证明其是“海巡31”轮的船舶所有人或经营人，无权请求救助报酬，该主张没有事实和法律依据，不予支持。

“信盈”轮于2007年2月26日0700时发出求救信号，“海巡31”轮于2007年2月26日0900时作起锚准备，1406时抵达事故现场，因此，汕头海事局的救助行动是及时的。

（3）汕头海事局在救助船舶、其他财产和人命方面的技能和努力。汕头海事局在整个救助过程中从事了搜救、值守、监管、护航和指挥的工作，整个救助作业连续进行了约4天时间。汕头海事局成功救助“信盈”轮全部17名船员，由于“信盈”轮船员熟悉该轮的情况，将全体船员转移至“海巡31”轮对成功救助“信盈”轮也是有帮助的。并且，汕头海事局在“东海救131”轮拖带过程中指挥多艘船舶成功避让，使“信盈”轮和船上货物成功脱险，整个救助过程没有造成其他损失。上述救助行为是在天气、海况十分恶劣、“信盈”轮主机失控的情况下实施的。因此，汕头海事局在救助过程中，体现了一定的技能和努力。

（4）救助的效果。“信盈”轮保险金额为400万美元，依照《海商法》第二百二十条关于“保险金额由保险人与被保险人约定。保险金额不得超过保险价值；超过保险价值的，超过部分无效”的规定，“信盈”轮船舶价值不少于400万美元。从本次救助作业的结果来看，“信盈”轮和船上船员及货物均安全抵达汕头南澳锚地，安全脱险，因此，救助效果良好。

综合以上因素，考虑该救助报酬不得超过获救船舶的价值，并体现对救助作业的鼓励，确定汕头海事局请求的救助报酬为200万元。信盈公司和信成公司认为汕头海事局获得的救助报酬不应超过“东海救131”轮获得的报酬，但“东海救131”轮获得的报酬不是确定本案救助报酬的考虑因素，信盈公司和信成公司的主张没有事实和法律依据，不予支持。汕头海事局主张的200万美元的救助报酬过高，对于高于200万元的部分也不予支持。信盈公司已向汕头海事局支付了50万元救助报酬，汕头海事局还应获得150万元救助报酬。

信盈公司和信成公司主张即使汕头海事局按照“无效果、无报酬”原则请求救助报酬，根据《海商法》第一百八十条的规定和《救助收费办法》的规定，其也不能获得救助报酬或获得的救助报酬应非常低，不应超过456576元。合议庭一致认为，信盈公司和信成公司的上述主张没有事实和法律依据，理由如下：第一，《救助收费办法》属于部门规章，并非法律或行政法规，应当依照《海商法》第一百八十条的规定确定本案救助报酬。第二，《救助收费办法》已于2007年11月4日废止。第三，《救助收费办法》于1991年制订，根据目前的物价水平来看，其规定的收费标准过低，已明显不适合于目前的实际情况。

关于汕头海事局请求的救助报酬的利息。汕头海事局与信盈公司没有约定救助报酬的支付期限，事后也未达成补充协议，也无参照的合同有关条款和交易习惯，依照《中华人民共和国合同法》第六十二条关于“履行期限不明确的，债务人可以随时履行，债权人也可以随时要求履行，但应当给对方必要的准备时间”的规定，汕头海事局应当给信盈公司支付救助报酬的必要的准备时间。合议庭一致认为，完成救助作业后两个月的准备时间较为合理，救助报酬的利息应从2007年5月3日起算。汕头海事局请求从2007年3月3日起计算救助报酬的利息，不予支持。150万元救助报酬的利息应自2007年5月3日起至应当支付之日止按中国人民银行同期流动资金贷款利率计算。

4. 信成公司是否应承担连带责任？信盈公司虽然保证对信成公司与汕头海事局签订的和解协议项下的救助报酬承担连带支付责任，但信成公司并未与汕头海事局就救助报酬达成最终的和解协议，并且依照《海商法》第一百八十三条关于“救助报酬的金额，应当由获救的船舶和其他财产的各所有人，按照船舶和其他各项财产各自的获救价值占全部获救价值的比例承担”的规定，救助报酬应由获救船舶或其他财产的所有人承担。“信盈”轮的所有人为信盈公司，本案救助报酬及利息应由信盈公司承担，汕头海事局请求信成公司连带支付救助报酬没有事实和法律依据，不予支持。

（五）定案结论

广州海事法院依照《中华人民共和国海商法》第一百七十五条第一款、第一百七十九条、第一百八十条、第一百八十三条、第一百九十二条的规定，作出如下判决：

1. 被告信盈公司向原告汕头海事局支付救助报酬150万元及自2007年5月3日起至本判决确定的应当支付之日止按中国人民银行同期流动资金贷款利率计算的利息；

2. 驳回原告汕头海事局的其他诉讼请求。

本案受理费108826元，由原告汕头海事局负担97670元，被告信盈公司负担11156元。被告信盈公司应于判决生效之日起10日内向本院支付其所负担的受理费，原告预交的该11156元受理费退还原告。

（六）解说

本案涉及的主要问题是国家主管机关对财产进行的海难救助是否有权获得救助报酬。

关于该问题，理论上有不同观点，各国国内法对此的态度也并不一致，可分如下几种做法：(1) 完全肯定公共当局有此种权利与补偿；(2) 有条件地肯定公共当局享有这种权利；(3) 否认公共当局有此种权利与补偿。《1989年国际救助公约》第五条关于“公共当局控制的救助作业”的规定为：“1. 本公约不影响国内法或国际公约有关由公共当局从事或控制的救助作业的任何规定。2. 然而，从事此种救助作业的救助人，有权享有本公约所规定的有关救助作业的权利和补偿。3. 负责进行救助作业的公共当局所能享有的本公约规定的权利和补偿的范围，应根据该当局所在国的法律确定。”这里的公共当局应相当于国家主管机关。《海商法》第一百九十二条规定：“国家有关主管机关从事或者控制的救助作业，救助方有权享受本章规定的关于救助作业的权利和补偿。”国家有关主管机关应指实际负责海上安全，有资格组织海难救助的机关，如海事局。所谓从事或控制，是指国家主管机关使用自己的人力、物力和财力直接参加救助作业，或者基于职责，组织、协调、指挥海难救助作业，即间接地进行救助，以最大限度地减少财产和环境损失。有观点将上述规定理解为：国家有关主管机关进行的救助履行的是职责范围内的公务，发生的仅是日常行政监管性的开支，不能请求救助报酬，但受其控制进行救助作业的救助方的权利和补偿，则不得因此受到影响。

笔者认为，从公约和《海商法》的规定来看，应该是比较明确的，即肯定国家有关主管机关的救助报酬请求权。考虑到目前我国有关主管机关自有的人力、物力不足，需要指派调用他人的船舶等物资对遇难船舶等财产进行救助的情况时有发生，而有关主管机关所花费的成本却难以收回的现状，对有关法律规定作出上述理解也是合理的。1910 年救助公约问世以后，不少国家通过国内立法，先后承认了政府公务船舶和军用船舶的救助报酬请求权，这也体现了“鼓励社会参与海难救助”的基本思想。特别是目前油污损害及妨害交通安全的海上交通事故时有发生，救助费用高昂，如果完全由国家有关主管机关承担这些义务而不能享有有关的权利和补偿，无疑对国家利益也是一种损害。因此，国家有关主管机关对其从事或者控制的救助作业，有权享受关于救助作业的权利和补偿。

国家有关主管机关进行的救助可能包括三种类型：纯救助、合同救助和强制救助。海难救助合同是非要式合同，只要双方当事人意思表示一致即成立。本案中的海难救助就属于合同救助，汕头海事局实施的救助符合海难救助的构成要件，取得了救助效果，其有权获得本次救助作业的救助报酬。救助报酬的数额则应当依照《海商法》第一百八十条的规定确定。但在确定主管机关可以获得的救助报酬的因素时，应与通常评定救助报酬的标准有所不同。因为主管机关控制的救助作业通常涉及其职责范围的行政行为，主管机关所用设备由国家为其配备，人员工资由国家为其划拨，因此，救助报酬的确定应考虑到这些因素，不宜太高。

但对于强制救助来说，救助报酬的确定则有其特殊之处。《中华人民共和国海上交通安全法》第三十一条规定：“船舶、设施发生事故，对交通安全造成或者可能造成危害时，主管机关有权采取必要的强制性处置措施。”《1989 年国际救助公约》第九条规定：“本公约中的任何规定，均不得影响有关沿海国的下述权利：根据公认的国际法准则，在发生可以合理地预期足以造成重大损害后果的海上事故或与此项事故有关的行动时，采取措施保护其岸线或有关利益方免受污染或污染威胁的权利，包括沿海国就救助作业作出指示的权利。”上述规定都是关于强制救助的规定。强制救助一样可以产生救助款项的请求权。但强制救助是行政机关的强制性行为，体现着公权力，行政机关与被救助人之间并非处于平等的民事主体地位，故强制救助似乎可不受传统海难救助制度中“无效果，无报酬”原则的约束，即使强制救助未成功，被救助人仍需补偿行政机关在强制救助中支出的费用。因为强制性措施是主管机关在特定情形下迫不得已采取的，同时，强制措施乃是由于肇事危害者的危害或危机行为被迫采取的，在风险巨大的情形下，不能苛求主管机关采取的措施必须成功有效。强制救助所付出的代价尽管无效果，但仍应得到代价补偿。

（广州海事法院　郛文俊）

90. 广州市海珠区人民检察院诉陈忠明水域污染损害赔偿案

（公益诉讼检察机关主体资格）

（一）首部

1. 判决书字号：广州海事法院（2008）广海法初字第382号民事判决书。

2. 案由：水域污染损害赔偿纠纷。

3. 诉讼双方

原告：广州市海珠区人民检察院，住所地：广州市海珠区宝岗大道1095号。

法定代表人：李善炽，该检察院检察长。

委托代理人：梁钊鸿，该检察院民事行政检察科科长。

委托代理人：刘强，该检察院助理检察员。

被告：陈忠明，男，汉族，1973年10月25日生，住广西壮族自治区桂平市马皮乡加石村。

4. 审级：一审。

5. 审判机关和审判组织

审判机关：广州海事法院。

合议庭组成人员：审判长：程生祥；审判员：熊绍辉；代理审判员：辜恩臻。

6. 审结时间：2008年12月9日。

（二）诉辩主张

原告诉称：被告于2007年9月在其承租的广州市海珠区华洲街土华华泰大道临编8号独资设立了新中兴洗水厂，在既无营业执照，也无向环保部门申请排污许可的情况下，擅自从事漂洗等业务。在漂洗作业中，新中兴洗水厂主要使用洗衣粉、酵素粉、草酸等洗涤剂，混同服装中的染料，漂洗所产生的污水由洗衣机排出，经车间内的集水池简单沉淀后直接排入该厂所在工业区的下水道流入石榴岗河。该厂自成立至2008年6月期间，除因故停工外，实际开工时间8个多月，平均每天排放污水40吨，合计排放污水9600吨。因没经过污水净化处理，导致排放的污水中SS、CODcr、磷酸盐、色度含量均超过《水污染物排放限值》所规定的标准，使污水排放口附近的河道地表水被严重污染。为维护公共环境安全，保护公众利益，特提起诉讼，请求法院判令被告承担新中兴洗水厂的污水直接排入石榴岗河所造成的环境影响经济损失费等各项费用共计117289.20元，并承担本案的受理费及财产保全费用。

被告经广州海事法院依法传唤，无正当理由未出席庭审。

（三）事实和证据

广州海事法院经公开审理查明：2007年9月，被告向广州市越和华贸易有限公司（以下简称越和华公司）租用广州市海珠区华洲街土华华泰大道临编8号面积大约220多平方米的厂房，独资设立广州市新中兴洗水厂，从事牛仔服装加工、漂洗业务。被告与越和华公司约定的租赁期限是2007年9月1日至2008年3月，合同期满后双方并未续签合同，但被告继续经营，越和华公司亦继续收取租金。

被告未办理工商营业执照和排污许可证。新中兴洗水厂在生产过程中主要使用洗衣粉、酵母素、草酸等洗涤剂，其漂洗污水由洗衣机排出后，流到车间内的集水池，简单沉淀后直接排入该厂所在工业区的下水道，再排入石榴岗河。被告未在厂内设立污水净化处理设备。至2008年5月份，被告实际从事经营共8个月，平均每天排放污水约40吨。

海珠区环保局发现被告违法排放污水的行为之后进行了调查，并委托广州市环境保护科学研究院对被告违法排放污水对环境的影响、产生的经济损失及治理费用等相关问题进行分析评估。广州市环境保护科学研究院对新中兴洗水厂的工厂污水总排污口污水及工厂污水和工业区污水汇合后污水进行监测，于2008年5月21日进行采样，于同年6月份出具《广州市海珠区新中兴洗水厂废水直接排入石榴岗河环境影响评估报告》。该评估报告记载：石榴岗河位于广州市海珠区中东部，河流呈东西走向，全长5.7公里，下游直通珠江官洲水道，上游连接淋沙涌、后滘涌、西碌涌、北濠涌，通向珠江后航道。石榴岗水闸至后航道河道长度3000米，该区域所属位置属工农业用水区。经采样监测证实，新中兴洗水厂工厂污水总排污口污水CODcr含量超过《水污染物排放限值》（DB44/265—2001）的标准值近5倍，色度和磷酸盐超过《水污染物排放限值》（DB44/26—2001）的标准值2倍多，总磷虽然没有标准，但浓度相对来说也较高；工厂污水和工业区污水汇合后污水的CODcr含量超过标准值4倍多。评估报告认为，新中兴洗水厂抽取石榴岗河的水作为生产用水，同时将未经处理的生产废水直接排入石榴岗河，直接影响了石榴岗河的水质。其造成的直接经济损失为监测费用7806元，需补缴纳的水资源费312元，需缴纳的环境影响经济损失费109171.20元，合共117289.20元。同时，要恢复该处河道的生态环境，其他的间接损失以及后续生态恢复费用很高，具体数额尚待准确计算。

广州市环境保护科学研究院持有的《建设项目环境影响评价资质证书》记载该院的证书等级为甲级，证书编号为国环评证甲字第2802号，有效期至2010年12月24日，评价范围为环境影响报告书类别——甲级：轻工纺织化纤、冶金机电、交通运输、社会区域。

上述事实有下列证据证明：

1. 租赁场地（临租）合同书、越和华公司企业基本注册资料。

2. 广州市新中兴洗水厂送货单、广州市海珠区环境保护局对陈忠明的询问笔录、海珠区环保局对梁顺流的询问笔录、海珠区环保局对杨文开的询问笔录、海珠区环保局现场检查笔录、海珠区环保局约谈通知书及存根、现场检查的图片。

3. 广州市环境保护科学研究院出具的《广州市海珠区新中兴洗水厂废水直接排入石榴岗河环境影响评估报告》。

（四）判案理由

广州海事法院根据上述事实和证据认为：本案为通海水域污染损害赔偿纠纷。《中华人民共和国水法》第三条规定："水资源属于国家所有。"《中华人民共和国民法通则》第七十三条规定："国家财产属于全民所有。国家财产神圣不可侵犯，禁止任何组织或者个人侵占、哄抢、私分、截留、破坏。"国家所有的水资源不容许任何单位或个人的违法行为加以滥用或破坏。水资源被滥用或破坏，国家有权通过司法程序向违法行为人要求赔偿，弥补水资源遭受的损害。检察机关作为国家的法律监督机关，其检察权包括保护国家财产和资源免遭违法行为侵害，以及在国家财产和资源遭受违法行为侵害时有权代表国家提起诉讼。本案受污染的海珠区石榴岗河水域属于国家所有的水资源，该水域位于原告的辖区，也属于本院的管辖范围，因此，原告有权就被告的违法行为造成的损害向本院提起诉讼。

根据《中华人民共和国水污染防治法》第二十条、第二十一条、第二十二条、第二十四条的规定，国家实行排污许可制度，直接或者间接向水体排放工业废水的企业、事业单位和个体工商户，应当取得排污许可证，缴纳排污费用，并按照规定设置排污口。被告抽取石榴岗河水作为生产用水，在没有领取工商营业执照和排污许可证，没有交纳排污费，也没有设置相应的排污设施的情况下，从事牛仔服装加工、漂洗业务，并向石榴岗河直接排放生产污水，其行为违反了上述法律规定。根据广州市环境保护科学研究院出具的评估报告，新中兴洗水厂工厂污水总排污口污水的CODcr含量、色度和磷酸盐均超过《水污染物排放限值》所规定的标准，已经严重危害了石榴岗河的水质。根据最高人民法院《关于民事诉讼证据的若干规定》第四条第一款第（三）项的规定，因环境污染引起的损害赔偿诉讼，由加害人就法律规定的免责事由及其行为与损害结果之间不存在因果关系承担举证责任。被告未出席庭审，也未举证证明其行为与石榴岗河水质的污染之间没有因果关系，应承担举证不能的后果，认定石榴岗河水质污染与被告的违规排放污水行为之间存在因果关系。根据《中华人民共和国民法通则》第一百零六条和第一百二十四条的规定，被告应对其违规排污行为造成的环境损害承担民事责任。

广州市环境保护科学研究院是对环境影响评价具有资质的鉴定机构，对其鉴定结论予以采信。该鉴定报告认定的损失中，水资源费312元和环境影响经济损失费109171.20元是被告的侵权行为所造成的直接损失，被告应予以赔偿；监测费用7806元系因被告的违法行为，并为评估损失而产生的必要费用，应由被告负担。原告系代表国家提起本案诉讼，原告受偿的款项应如数上交国库。

（五）定案结论

广州海事法院根据《中华人民共和国民法通则》第七十三条、第一百二十四条、第一百三十四条第一、二款，《中华人民共和国环境保护法》第四十一条第一、二款，《中华人民共和国水污染防治法》第八十五条第一、二款，《中华人民共和国民事诉讼法》第一百三十条的规定，判决如下：

被告陈忠明赔偿环境污染损失和费用共117289.20元，由原告受偿后上交国库。

本案案件受理费2646元由被告负担，被告应向本院缴纳。财产保全受理费1020元由原告负担，本院予以免交。

（六）解说

本案是一宗由检察机关作为原告代表国家提起的水域污染民事公益诉讼案件，该案的审理具有一定的示范意义。

1. 检察机关作为原告提起本案诉讼的主体资格问题。被告违规排放污水的行为污染了广州石榴岗河水域。根据《中华人民共和国水法》第三条“水资源属于国家所有”和《中华人民共和国民法通则》第七十三条“国家财产属于全民所有。国家财产神圣不可侵犯，禁止任何组织或者个人侵占、哄抢、私分、截留、破坏”的规定，国家有权通过司法程序向侵害国家水资源的被告要求赔偿，被告应承担相应的民事责任。问题是何人可以代表国家对侵权行为人提起侵权损害赔偿之诉？虽然，目前的理论界对公益诉讼的呼声很高，并且对检察机关代表国家提起公益诉讼给予了高度肯定，但是，司法界对这一问题仍有疑虑。本案经广州海事法院审判委员会讨论之后，决定立案审理。其理由主要如下：（1）国家所有的财产遭受损害，可以通过司法途径寻求民事救济。(2) 现行法律虽然没有明确授权检察机关作为原告代表国家提起公益诉讼，但也没有禁止。检察机关作为国家的法律监督机关，其检察权包括保护国家财产和资源免遭违法行为侵害，以及在国家财产和资源遭受违法行为侵害时有权代表国家提起诉讼。(3)《中华人民共和国刑事诉讼法》第七十七条规定："被害人由于被告人的犯罪行为而遭受物质损失的，在刑事诉讼过程中，有权提起附带民事诉讼。如果是国家财产、集体财产遭受损失的，人民检察院在提起公诉的时候，可以提起附带民事诉讼。"从法理上而言，刑事诉讼中的附带民事诉讼与一般的民事诉讼并没有本质上的不同。虽然，这一规定不能推论出法律已经明确检察机关可以代表国家单独提起民事诉讼，但是，这一规定表明立法将检察机关作为公共利益的代表，也表明了由检察机关代表国家提起公益诉讼的可行性。

2. 水污染侵权责任的认定。环境侵权行为属于特殊侵权行为，实行举证责任倒置原则。即使是在公益诉讼中，原告是国家机关，这一规则也并不因此改变。根据最高人民法院《关于民事诉讼证据的若干规定》第四条第一款第（三）项的规定，因环境污染引起的损害赔偿诉讼，由加害人就法律规定的免责事由及其行为与损害结果之间不存在因果关系承担举证责任。本案中，原告提供了环保局的询问笔录等证据证明被告实施了违规排放污水的行为，并提供了广州市环境保护科学研究院出具的《广州市海珠区新中兴洗水厂废水直接排入石榴岗河环境影响评估报告》证明被告的行为污染了石榴岗河，而被告未出席庭审，也未举证证明其行为与石榴岗河水质的污染之间没有因果关系，应承担举证不能的后果，认定石榴岗河水质污染与被告的违规排放污水行为之间存在因果关系。

环境损害的认定是本案的一个难点。原告提供了由广州市环境保护科学研究院出具的《广州市海珠区新中兴洗水厂废水直接排入石榴岗河环境影响评估报告》。广州市环境保护科学研究院具有的资质是环境评价，其采用瞬时点源法进行环境影响评价，并根据水污染的个案特点，认为石榴岗河水质的破坏可以通过稀释法加以恢复，进而计算出环境影响经济损失费。严格而言，目前我国并没有专门针对水污染损害的鉴定机构，对水污染损害的评估也缺乏统一和权威的规范和方法。在现有的条件下，笔者认为广州市环境保护科学研究院的评估报告可以作为本案认定损失的依据。

3. 相关程序的问题。笔者认为，民事公益诉讼属于民事诉讼，程序适用上应适用现行《民事诉讼法》和《海事诉讼特别程序法》。但是，公益诉讼毕竟有不同于一般民事诉讼之处，在本案的审理中也有相应的体现。

(1) 管辖问题。本案属于陆源污染水域导致的纠纷。根据法释〔2001〕27 号最高人民法院《关于海事法院受理案件范围的若干规定》，因船舶排放、泄漏、倾倒油类、污水或者其他有害物质，造成水域污染；以及因海上或者通海水域的航运、生产、作业或者船舶建造、修理、拆解或者港口作业、建设，造成水域污染、滩涂污染的纠纷案件由海事法院受理。陆源污染造成的水域污染虽然未在该规定中明确列明，但是，陆源污染与上述污染造成的污染损害的区别仅在于污染源不同，就纠纷而言具有同质性，因此，陆源污染海域、水域损害赔偿纠纷可纳入"海事侵权纠纷案件"一类，属于海事法院专属管辖的范围。并且，2006 年最高人民法院《关于海事审判工作发展的若干意见》明确"适时调整海事法院的案件管辖范围，有关陆源污染海域及通海可航水域案件应当由海事法院管辖"。

本案受污染的海珠区石榴岗河水域位于原告的辖区，原告有权就被告的违法行为造成的损害向海事法院提起诉讼。海事法院的专属管辖不受检察机关的层级关系所影响，虽然，本案是由区级检察院提起的诉讼，广州海事法院仍享有管辖权。

（2）诉讼费的缴纳、诉讼保全的担保问题。鉴于目前检察机关并没有针对公益诉讼的专项资金，并且，根据诉讼费用交纳办法，原告只是预交诉讼费用，本案中对检察机关予以缓交诉讼费用。

关于诉讼保全的担保问题。鉴于上述同一理由，且根据我国《民事诉讼法》第九十二条第二款的规定，人民法院采取财产保全措施，可以责令申请人提供担保；申请人不提供担保的，驳回申请。申请人在财产保全案件中提供担保并不是必需的，人民法院可以根据实际情况裁量是否责令申请人提供担保。此外，担保的作用在于，申请人错误申请财产保全造成被申请人损失，被申请人的利益能有保障。检察院申请保全错误的话，其给对方当事人造成的损失应由国家财政来支出赔偿，没有必要事先提供担保。因此，对检察机关免于提供财产保全担保。

（广州海事法院　辜恩臻）

六、商事程序性案例

91. 北京华联集团投资控股有限公司诉福慧网络科技（上海）有限公司等损害公司利益赔偿管辖权异议案

（一）首部

1. 裁定书字号：北京市第二中级人民法院（2009）二中民初字第04906号民事裁定书。

2. 案由：公司的控股股东、实际控制人、董事、监事、高级管理人员损害公司利益赔偿纠纷。

3. 诉讼双方

原告：北京华联集团投资控股有限公司，住所地：北京市西城区阜外大街1号（四川经贸大厦2层203室）。

法定代表人：吉小安，该公司董事长。

委托代理人：王雪华，北京市环中律师事务所律师。

委托代理人：刘净，北京市环中律师事务所律师。

被告：福慧网络科技（上海）有限公司，住所地：上海市张江高科技园区牛顿路200号一号楼七层D座。

法定代表人：吴东明，该公司董事长。

委托代理人：陈耀权，北京市天同律师事务所律师。

委托代理人：郭香龙，北京市天同律师事务所律师。

被告：福慧网络科技（上海）有限公司北京分公司，住所地：北京市崇文区东兴隆街58号401室。

负责人：张沧益，该分公司总经理。

委托代理人：陈耀权，北京市天同律师事务所律师。

委托代理人：郭香龙，北京市天同律师事务所律师。

被告：吴昕达，男，1968年4月3日生，住台湾地区台北市。

委托代理人：朱林海，上海市锦天城律师事务所律师。

委托代理人：鲍方舟，上海市锦天城律师事务所律师。

被告：甘添信，男，1950年5月5日生，住台湾地区台北市。

委托代理人：包伟，上海市锦天城律师事务所律师。

委托代理人：李熙杰，上海市锦天城律师事务所律师。

第三人：华联新光百货（北京）有限公司，住所地：北京市朝阳区建国路87号。

法定代表人：吉小安，该公司董事长。

委托代理人：陆峻熙，北京市康达律师事务所律师。

委托代理人：孟永乐，北京市康达律师事务所律师。

4. 审级：一审。

5. 审判机关和审判组织

审判机关：北京市第二中级人民法院。

合议庭组成人员：审判长：闫飞；代理审判员：贾申、李晶雪。

6. 审结时间：2009年4月23日。

（二）诉辩主张

1. 原告诉称：2006年3月28日，第三人华联新光百货（北京）有限公司（以下简称合资公司）注册成立，股东及持股比例分别为：原告北京华联集团投资控股有限公司（以下简称华联集团）持股40%，新光百货投资（香港）有限公司（以下简称香港新光公司）持股40%，得瑞投资（香港）有限公司（以下简称得瑞公司）持股10%、良木投资（香港）有限公司（以下简称良木公司）持股10%。

根据《合资合同书》以及合资公司《章程》规定，合资公司实行总经理负责制，总经理负责合资公司的日常经营管理工作。合资公司总经理由香港新光公司提名，副总经理由总经理推荐，由董事会聘任。合资公司成立后，香港新光公司提名其母公司台湾新光公司总经理吴昕达出任合资公司的总经理，吴昕达又提名台籍人员甘添信作为合资公司的副总经理，合资公司的其他高级管理人员也由总经理选定。

2006年8月、2007年6月，在未依据合资公司《章程》第十二条规定报经董事会批准的情况下，吴昕达、甘添信先后与不具备法定资质要求的福慧网络科技（上海）有限公司（以下简称福慧公司）恶意串通，采用非法手段使得合资公司与福慧网络科技（上海）有限公司北京分公司（以下简称福慧北京分公司）签署弱电工程及弱电增设工程《工程合同书》，金额高达2700余万元。迄今，福慧北京分公司已经从合资公司处非法收取了2200余万元，经合资公司聘请的造价审核机构初步审核估算，工程款保价金额虚报高达500万元。

原告认为，福慧公司作为台湾新光公司以及香港新光公司的关联企业，并无法定的弱电工程专项承包资质。为使福慧公司顺利承包合资公司商场弱电工程，吴昕达、甘添信利用对合资公司经营权的掌控，采取一系列非法手段，与福慧公司恶意串通，使得福慧北京分公司与合资公司签订合同，并获得巨额非法利益，侵害了合资公司及各非关联股东的合法权益。原告作为合资公司的股东，已经于2008年8月及11月两次向合资公司发函，要求合资公司起诉福慧公司以及吴昕达、甘添信等高管人员，但合资公司至今未能提起诉讼。故原告根据法律规定，要求法院判令：（1）确认合资公司与福慧北京分公司签订的弱电工程《工程合同书》损害了合资公司利益，属无效合同；（2）对合资公司与福慧北京分公司之间的《工程合同书》进行工程价款造价核算，并据此进行工程价款结算，多退少补；（3）四被告对因其损害合资公司利益所造成的合资公司的损失承担赔偿责任；（4）四被告承担本案的全部诉讼费用。

2. 被告福慧公司、福慧北京分公司在答辩期间提出管辖权异议认为：（1）与福慧公司及福慧北京分公司有关的诉讼请求应提交仲裁。①涉案工程合同约定了仲裁条款。合资公司与福慧北京分公司签署的弱电工程《工程合同书》、弱电增设工程《工程合同书》中均明确约定，“双方如发生争议，应及时协商解决，若协商不成，任一方均可向中国国际经济贸易仲裁委员会北京总会申请仲裁”。②本案争议事项均在约定的仲裁事项范围之内。根据仲裁法解释，华联集团要求确认涉案工程合同无效，并要求对涉案工程合同进行造价审核，并据此进行工程款结算的争议事项均在约定的仲裁事项范围之内。③仲裁条款的效力及于华联集团。根据《公司法》第一百五十二条规定，华联集团提起的股东代表诉讼是基于公司法律救济请求权产生的，诉讼结果均直接归于公司。公司行使诉权受到的约束以及被告享有的对公司的抗辩权，在代表诉讼中均应及于股东。对此类问题，最高人民法院已在法经〔1994〕269 号《关于中外合资经营企业对外发生经济合同纠纷控制合营企业的外方与卖方有利害关系，合营企业的中方应以谁的名义向人民法院起诉问题的复函》中明确，“由于合资经营合同与对外购买设备的合同中都订有仲裁条款，因此，其纠纷应提交仲裁裁决，法院不应受理。”（2）华联集团未履行《公司法》规定的前置程序，无权提起本案股东代表诉讼。《公司法》第一百五十二条规定，股东提起代表诉讼，必须履行法定的前置程序，首先竭尽公司内部救济，即：股东应当首先书面请求监事会或者不设监事会的有限责任公司的监事，或者董事会或执行董事向人民法院提起诉讼。只有在监事会、监事、董事会或执行董事收到前述书面请求后拒绝提起诉讼，或者自收到请求之日起 30 日内未提起诉讼，或者情况紧急、不立即提起诉讼将会使公司利益受到难以弥补的损害的，提出书面请求的股东才有权为公司利益，以自己的名义直接向人民法院提起诉讼。他人侵犯公司合法权益，给公司造成损失的，有限责任公司的股东也可以依照前述程序，向法院提起诉讼。本案中合资公司未设立监事会和监事，因此竭尽公司内部救济意味着要求董事会提起相关诉讼。华联集团提出两次致函合资公司，按照公司《章程》第 15 条规定，理应由董事长吉小安先生召集董事会对该事项进行审议。但 2008 年 11 月和 12 月董事会通知中的议题均不包括华联集团函件所提内容。吉小安利用华联集团和合资公司董事长的双重身份，故意不召开董事会，人为地屏蔽合资公司董事会就华联集团函相关内容发表意见的机会，并企图以此规避仲裁。故此，华联集团在提起股东代表诉讼前，并未真正履行法定前置程序，亦未用尽公司内部救济，且本案中不存在情况紧急、不立即提起诉讼会使公司利益受到难以弥补损害之情形。根据《公司法》第一百五十二条之规定，应依法驳回华联集团的股东代表诉讼。（3）福慧公司认为，即使本案纠纷归法院主管，也应依法将本案移送福慧公司住所地有管辖权的法院审理。福慧公司住所地在上海市，而本案另两位自然人被告住所也不在北京市。根据《民事诉讼法》“原告就被告”的原则，应将本案移送福慧公司住所所在地上海市有管辖权的人民法院审理。

华联集团对福慧公司、福慧北京分公司提出的管辖权异议答辩称：（1）本案系侵权之诉，不是合同之诉。本案不是合资公司与施工企业福慧公司及其北京分公司之间因《工程合同书》的订立、履行等事项发生的争议，而是关于福慧公司及其北京分公司与合资公司高管原总经理吴昕达、副总经理甘添信等人共同侵害合资公司利益，共同实施侵权行为的争议。因此，福慧公司及其北京分公司错误理解了本案性质。华联集团并不是《工程合同书》签订主体，《工程合同书》中的仲裁条款在本案中根本不适用，其“与福慧公司及福慧北京分公司有关的诉讼请求应提交仲裁”的理由不能成立。另，关于福慧公司及福慧北京分公司援引的最高人民法院法经〔1994〕269 号复函，是针对购销合同纠纷，对本案侵权纠纷并无参考作用。相反，最高人民法院（2005）民四终字第 1 号民事裁定书的意见完全支持华联集团的主张。（2）福慧华联集团是否具备提起本次诉讼的主体资格及是否履行了提起诉讼前置程序与福慧公司及福慧北京分公司提起的管辖权异议没有任何关联关系，福慧公司及北京分公司的该观点不能支持其提出的管辖权异议。华联集团依法行使股东代位诉讼权利提起本次“高级管理人员损害公司利益赔偿纠纷”之诉，完全满足了法定的前置程序，完全满足了法律规定的起诉条件。华联集团先是在2008年7月董事会会议上由委派的董事提出要求合资公司对福慧公司等施工企业采取法律行动的议案，又于2008年8月和11月两次发函给合资公司，但吴昕达、甘添信利用实际掌控合资公司经营权的地位未及时采取行动，使得合资公司的合法权益时刻陷入不法侵害的危险状态以及遭受到现实的威胁。因此，股东代位诉讼的事实和法律依据充分。(3) 根据《民事诉讼法》的规定，因侵权行为提起的诉讼，由侵权行为地或者被告住所地人民法院管辖。同一诉讼的几个被告住所地、经常居住地在两个以上人民法院辖区的，各该人民法院都有管辖权。本案侵权行为地和结果发生地均在北京，且被告福慧北京分公司的住所地在北京，被告甘添信的经常居住地也在北京，因此北京市第二中级人民法院有管辖权。

3. 被告甘添信、吴昕达在答辩期间提出管辖权异议认为：(1) 本案系争是合资公司股东之间的股东纠纷，应当且已经按照仲裁协议的约定提交香港国际仲裁中心仲裁解决。华联集团于2007年8月挑起股东纠纷，并抛出违规关联交易之说，股东纠纷持续至今并已提交仲裁。《合资合同书》约定：“凡因本合同的解释或履行或与本合同有关而引起的任何争议、争论或索赔，合资各方应尽量通过友好协商解决。如果在任何合资一方向合资他方提出该等争议、争论或索赔后60天内，合资各方不能通过协商达成解决办法，任何合资一方有权将该等争议、争论或索赔提交香港国际仲裁中心进行仲裁。”香港新光公司、良木公司已经于2008年12月9日按《合资合同书》约定的争议解决方式向华联集团发送仲裁通知。华联集团回函同意接受仲裁，并于2009年2月6日发出《对仲裁通知的答复》提出反请求，要求确认香港新光公司、良木公司包括关联交易在内的违约行为，并承担违约责任。目前，关于合资公司股东纠纷的仲裁正在进行中。此外，华联集团在国台办协调、外来函件中均将本案系争的合资公司与福慧北京分公司订立《工程合同书》的程序及所涉工程款的结算、审计等引发的纠纷作为合资公司股东纠纷，对香港新光公司、良木公司提出主张。综上，本案系争实为合资公司股东之间的纠纷，华联集团主张的“香港新光公司委派的高级管理人员存在非法关联交易侵害合资公司利益”实质上是香港仲裁所需要解决的股东纠纷的争议焦点。华联集团事实上造成北京市第二中级人民法院与香港国际仲裁中心在同一时间处理同一纠纷的局面，可能造成就同一纠纷作出不同裁判结果的情况。根据法律规定和合资合同的约定，本案争议作为股东纠纷应提交香港国际仲裁中心进行仲裁，华联集团起诉不符合人民法院受理条件，应予裁定驳回。(2) 本案争议按合资公司《章程》规定应提交香港国际仲裁中心仲裁。根据《公司法》规定，公司章程对公司、股东、董事、监事、高级管理人员具有约束力。吴昕达是合资公司总经理，甘添信是副总经理，均为合资公司高级管理人员。华联集团是合资公司股东。因此，《章程》对吴昕达、甘添信和华联集团均有约束力，华联集团要求吴昕达、甘添信承担责任也是因为认为二人违背并规避了《章程》中报请董事会程序的规定。《章程》约定了以仲裁方式解决争议，“凡因本章程的解释或履行或与本章程有关而引起的任何争议、争论或索赔，投资者应尽量通过友好协商解决。争议产生后的60天内，争议各方不能通过协商达成解决办法，任何一方有权将该等争议、争论或索赔提交香港国际仲裁中心进行仲裁”。并且按照《仲裁法》的规定，华联集团与吴昕达、甘添信之间的纠纷属于其他财产权益纠纷，可以仲裁解决。因此，华联集团在诉状中诉请是主张吴昕达、甘添信应当就其违反和规避《章程》之行为承担赔偿责任之纠纷，该纠纷系作为因《章程》之履行而引起之争议、争论、索赔，应当依照章程规定提交香港国际仲裁中心仲裁。华联集团的起诉不符合人民法院受理条件，应当裁定驳回起诉。

华联集团对吴昕达、甘添信提出的管辖权异议答辩称：(1) 本案诉争纠纷的法律性质为侵权之诉，而非违约之诉。本案案由是“公司的控股股东、实际控制人、董事、监事、高级管理人员损害公司利益赔偿纠纷”，且华联集团提起诉讼的事实依据也是因为吴昕达、甘添信违反法律规定和公司章程，利用关联交易损害合资公司利益，故华联集团根据《公司法》第一百五十二条有关股东代表诉讼的规定依法提起诉讼。因此，本案涉及的是因高级管理人员在执行职务时违反法律、公司章程的规定损害公司利益而引起的侵权法律关系，本案诉争纠纷的法律性质为侵权之诉，与吴昕达、甘添信认为的股东违约之诉在诉因、诉讼主体、法律关系、案件事实、适用法律等方面均有本质不同。(2) 合资公司《章程》规定的仲裁条款不适用于本案。主体上，吴昕达、甘添信并非《章程》约定的投资者，而《章程》规定的仲裁条款的适用对象仅限于作为合资公司投资者的股东，吴、甘二人并非合资公司股东，故不能援引该仲裁条款主张管辖权异议；法律性质上，本案的法律性质与合资公司《章程》约定的仲裁范围不同。《章程》约定仲裁事项属于因《章程》的解释或履行引起的投资者之间的纠纷，而不包括合资公司与管理人之间因侵权引发的纠纷。遵守《章程》系公司高级管理人员的法定义务而非约定义务，《公司法》明确规定了人民法院有权受理股东代表诉讼，吴昕达、甘添信援引《章程》中的仲裁条款提出异议违背了《公司法》的此项规定。

(三) 判案理由

北京市第二中级人民法院认为：本案华联集团根据我国《公司法》提起股东代表诉讼，主张福慧公司、福慧北京分公司、吴昕达、甘添信损害合资公司利益并对损失承担赔偿责任，实质上属于侵权之诉，在法律关系主体、客体和内容上均不同于合资公司股东之间的违约之诉，亦不应受合资公司与福慧北京分公司之间仲裁条款的约束。且依据合资公司《合资合同书》、合资公司《章程》中仲裁条款的内容，该仲裁条款仅对合资公司的投资者即股东有约束力，不能约束甘添信和吴昕达。关于福慧公司及福慧北京分公司提出的股东代表诉讼应履行《公司法》规定的前置程序的问题，并不属于管辖权异议阶段的审理范围，本院不予支持。因此，根据我国《公司法》第一百五十二条的规定，华联集团可以将福慧公司、福慧北京分公司、吴昕达、甘添信列为本案被告。我国《民事诉讼法》第二十九条规定：“因侵权行为提起的诉讼，由侵权行为地或者被告住所地人民法院管辖。”《民事诉讼法》第二十二条第三款规定：“同一诉讼的几个被告住所地、经常居住地在两个以上人民法院辖区的，各该人民法院都有管辖权。”因福慧北京分公司在本院辖区，故本院对本案有管辖权。综上，福慧公司、福慧北京分公司、吴昕达、甘添信提出的管辖权异议理由均不成立，本院予以驳回。

(四) 定案结论

北京市第二中级人民法院依据《中华人民共和国民事诉讼法》第二十二条第三款、第二十九条、第三十八条、第一百四十条第一款第（二）项、第二款之规定，裁定如下：

驳回被告福慧网络科技（上海）有限公司、福慧网络科技（上海）有限公司北京分公司、吴昕达、甘添信对本案提出的管辖权异议申请。

(五) 解说

本案是我国新《公司法》正式施行后北京市第二中级人民法院受理的第一起股东代表诉讼。原告起诉后，四被告主要以合资合同、公司章程和工程合同中存在仲裁条款为由提出管辖权异议，认为应由约定的仲裁机构仲裁。针对被告提出的异议，法院必须在正确认定本案纠纷的法律性质和涉案仲裁条款约束的对象后作出裁判。

1. 本案股东代表诉讼的法律性质。股东代表诉讼，又称派生诉讼，一般是指当公司的董事、监事、高级管理人员等主体侵害了公司权益，而公司怠于追究其责任时，符合法定条件的股东可以自己的名义代表公司提起诉讼。

我国新《公司法》第一百五十条规定："董事、监事、高级管理人员执行公司职务时违反法律、行政法规或者公司章程的规定，给公司造成损失的，应当承担赔偿责任。"第一百五十二条第一款规定："董事、高级管理人员有本法第一百五十条规定的情形的，有限责任公司的股东、股份有限公司连续一百八十日以上单独或者合计持有公司百分之一以上股份的股东，可以书面请求监事会或者不设监事会的有限责任公司的监事向人民法院提起诉讼；监事有本法第一百五十条规定的情形的，前述股东可以书面请求董事会或者不设董事会的有限责任公司的执行董事向人民法院提起诉讼。"第二款规定："监事会、不设监事会的有限责任公司的监事，或者董事会、执行董事收到前款规定的股东书面请求后拒绝提起诉讼，或者自收到请求之日起三十日内未提起诉讼，或者情况紧急、不立即提起诉讼将会使公司利益受到难以弥补的损害的，前款规定的股东有权为了公司的利益以自己的名义直接向人民法院提起诉讼。"第三款规定："他人侵犯公司合法权益，给公司造成损失的，本条第一款规定的股东可以依照前两款的规定向人民法院提起诉讼。"

上述规定初步勾勒了公司内外的原因使得公司权益受侵害而公司又不积极主张时，股东代为起诉的条件和途径。公司权益受到侵害是股东代表诉讼的基础，因此股东代表诉讼实质上是股东代位公司提起的侵权之诉。诉讼主体上，公司股东具有原告资格，侵犯公司权益的高级管理人员、董事、监事及他人均属于适格的被告。也就是说侵权主体既可能是公司内部的自然人，也可能是公司外部自然人、法人和其他组织。而公司作为利益相关方，可以列为第三人参加诉讼。一般说来，股东代表诉讼应源于某基础法律关系，比如公司高管、董事或监事通过某些交易损害公司利益，这些交易行为便是导致侵权的基础法律关系，如工程合同、购销合同、投资合同等。但根据《公司法》的规定，股东代表诉讼具备独立的诉因和法律事实，存在独立的诉讼主体和法律关系，因此，已经和基础法律关系脱离开来，形成了独立于基础法律关系的诉讼标的。

本案中华联集团起诉吴昕达、甘添信和福慧公司，认为存在关联交易，虚报工程款造价，损害公司利益的情形。基础法律关系应该是吴昕达、甘添信代表合资公司与福慧公司签订的工程合同，基于此合同关系，原告作为公司股东认为被告从中串通牟利，公司又怠于行使权利，即直接根据《公司法》上股东代表诉讼的规定将四被告诉诸法庭，实质上成为一起侵权纠纷。因此，处理本案的管辖问题应按照《民事诉讼法》上关于侵权纠纷的管辖原则，即被告所在地或侵权行为地法院管辖。

2. 仲裁条款是否约束本案的诉讼主体。被告福慧公司、吴昕达、甘添信提出管辖异议，认为本案应提交仲裁解决是被告各方主要的申请理由。实质上，被告提出的是本案的主管问题。仲裁作为解决争议的一种重要方式，应当以仲裁当事人之间存在仲裁协议为必要基础。

本案中，一方面，华联集团与福慧公司之间并无仲裁协议。虽然合资公司与福慧公司之间存在工程合同并约定仲裁，但该仲裁条款不能当然约束合资公司的股东华联集团。最高人民法院《关于适用〈中华人民共和国仲裁法〉若干问题的解释》中仅规定："当事人订立仲裁协议后合并、分立的，仲裁协议对其权利义务的继受人有效。当事人订立仲裁协议后死亡的，仲裁协议对承继其仲裁事项中的权利义务的继承人有效。债权债务全部或者部分转让的，仲裁协议对受让人有效。”笔者认为，目前只有符合上述企业合并、分立，自然人死亡和债权债务转让三种情形的，才能在新的主体间视为仲裁协议有效。本案股东代表诉讼不符合上述情况，因此华联集团与福慧公司之间的纠纷是不能通过仲裁解决的。如果法院认为应仲裁解决而裁定驳回起诉，仲裁裁决又将面临当事人以“无仲裁协议或超出仲裁范围”为由申请撤销的风险。另一方面，合资公司《章程》虽然对公司高级管理人员、董事、监事均有约束力，但根据章程中的规定，仅对于投资者之间的争议提交某仲裁委员会仲裁解决。本案的诉讼主体并非投资者（股东），《章程》中关于仲裁解决争议的上述条款显然不适用，而被告提出的本案根源在于股东纠纷并不能成为法律上的管辖异议理由，理应予以驳回。

（北京市第二中级人民法院　贯　申）

92. 昆明聚仁兴橡胶有限公司破产重整案

（一）首部

1. 裁定书字号

受理裁定书：云南省昆明市中级人民法院（2008）昆民重整字第1－1号民事裁定书。

终结裁定书：云南省昆明市中级人民法院（2008）昆民重整字第1－14号民事裁定书。

2. 案由：申请破产重整。

3. 重整申请人：昆明聚仁兴橡胶有限公司（以下简称聚仁兴公司），住所地：昆明市佴家湾325号百合大院1栋1单元301室。

法定代表人：李天兴，该公司总经理。

4. 审级：一审。

5. 审判机关和审判组织

审判机关：云南省昆明市中级人民法院。

合议庭组成人员：审判长：李志昆；审判员：陈林、何海燕。

6. 审结时间：2008年11月4日。

（二）重整申请情况

聚仁兴公司，前身为景洪聚仁兴橡胶有限公司，主营天然橡胶经销。聚仁兴公司橡胶一厂系公司的二级法人单位，主要负责对天然橡胶产品进行加工生产，公司和胶厂均为独立核算单位。截至2007年9月公司和胶厂累计负债共计200779653.8元，其中公司欠53529400元，胶厂欠147250253.8元，公司和胶厂实有资产及债权83626812.66元，其中固定资产为36607400.27元，资产负债率为240%。公司和胶厂于2007年9月末处于停产状态。聚仁兴公司规模在同类型企业中属于全国最大的，具有一定优势，且公司品牌具备一定知名度，具备通过重整使企业起死回生的条件，在此情况下向昆明市中级人民法院提出重整申请。

（三）事实和证据

云南省昆明市中级人民法院经审理查明：聚仁兴公司，前身为景洪聚仁兴橡胶有限公司，主营天然橡胶经销，公司登记机关为昆明市工商行政管理局，注册资金2000万元人民币，截至2007年9月30日，企业在册职工为245人，绝大多数为农民工，少数为城镇下岗职工和应届毕业大学生。

聚仁兴公司从事橡胶经营加工业务13年，根据多年经验积累，发现国内标20号橡胶有很大需求空缺，于2005年6月28日设立一厂运行生产。2005年、2006年产量分别达到1.3万吨、3.5万吨。由于这两年的橡胶行情基本一路上涨，利润空间很大，公司经营决策层作出错误决策，强行上了4条生产线。与此同时，工厂管理经营不善，加之2007年橡胶价格一路下滑，致使公司出现严重亏损，出现停产局面。截至2008年3月10日，聚仁兴公司的负债总额为人民币206136500元，净资产为-16427.64万元。为使企业摆脱困境，聚仁兴公司向本院提出重整申请。

我院在立案审查后，于2008年3月10日裁定依法受理聚仁兴公司申请重整案。并于同日指定云南恒业律师事务所为重整管理人（管理人选定的具体情况如下：首次采用抽签、摇珠及竞标三种方式相结合，从省高院确定的64家社会中介机构中，由本院成立的评审委员会最终选定了云南恒业律师事务所为本重整案件的管理人）。

重整程序开始后，重整管理人于3月11日接管了聚仁兴公司的财产、印章、账簿、文书等资料，并对债务人的财产、财务、人员、印章证照进行了盘点，制作了相应的盘点清册。3月12日，管理人又依据本院批准同意聚仁兴公司在重整期间自行管理财产和营业事务的申请，将接管的以上财产及资料移交给该公司。管理人调查了债务人的财产状况，并制作了财产状况报告。在此基础上，依据《破产法》的规定形成了《关于同意聚仁兴公司继续经营的报告》，经本院5月20日批复同意在管理人的监督下由聚仁兴公司继续自行营业。聚仁兴公司自2008年5月31日至2008年8月31日共生产经营橡胶4550吨，营业额达到11386万元，向管理人报交利润（不含税）2827125元。8月20日，管理人向本院提交了《管理人报酬方案》，本院经审查后依法予以确定，并要求管理人在第一次债权人会议上报告方案内容，并应将最终确定的《管理人报酬方案》内容列入重整计划草案。

聚仁兴公司重整案件的第一次债权人会议于8月28日召开，会上对该公司的担保债权、劳动债权、税务债权及普通债权四类债权进行了核查，形成了债权确认决议，其中担保债权人（抵押及质押担保）3户，债权数额48151309.78元，劳动债权人23人，债权数额197944.3元，税务债权人3户，债权数额337322.89元，普通债权人49户，债权数额157090374.22元；通报了《管理人工作报告》及《管理人报酬方案》；会议表决同意设立债权人委员会，并投票选出了候选人。会后，本院于9月11日书面决定认可了债权人委员会的成员。

依照《破产法》第七十九条及第八十条规定，债务人或者管理人应当自人民法院裁定债务人重整之日起6个月内，同时向人民法院和债权人会议提交重整计划草案。债务人自行管理财产和营业事务的，由债务人制作重整计划草案。第八十一条规定了重整计划草案应当包括下列内容："（一）债务人的经营方案；（二）债权分类；（三）债权调整方案；（四）债权受偿方案；（五）重整计划的执行期限；（六）重整计划执行的监督期限；（七）有利于债务人重整的其他方案。"2008年9月9日，聚仁兴公司依据以上法律规定向本院提交了《重整计划草案》（以下简称《草案》）。该《草案》主要内容如下：

1. 重整经营方案包括了经营方式的调整和组合，生产经营的供销保障，生产成本的损耗控制，内部管理的机制调整，重整的融资途径和方法，生产经营的计划目标，管理人报酬方案，重要问题处理建议方案等内容。

2. 债权调整及清偿方案内容如下：劳动债权不做调整，在取得利润不低于运营所需的条件下优先偿还，工伤赔偿根据实际盈利分几次逐一偿还；税务债权向税务机关申请减免滞纳金，经过调整后一次性偿还；普通债权按照债权金额的90％偿还。

3. 重整计划执行期限及执行监督期限为5年。

《破产法》第八十四条规定："人民法院应当自收到重整计划草案之日起三十日内召开债权人会议，对重整计划草案进行表决。出席会议的同一表决组的债权人过半数同意重整计划草案，并且其所代表的债权额占该组债权总额的三分之二以上的，即为该组通过重整计划草案。债务人或者管理人应当向债权人会议就重整计划草案作出说明，并回答询问。"据此，本院在收到该《草案》后决定于10月7、8、9三日召开债权人会议，对重整计划草案进行表决。

聚仁兴公司的四类债权人分组按时参与了债权人会议，债务人及管理人对《草案》进行了说明，并回答了债权人的询问，债权人对《草案》讨论后，分组表决结果如下：担保债权组、劳动债权组、税务债权组全票同意《草案》，普通债权组的债权人过半数同意《草案》，并且其所代表的债权额占该组债权总额的三分之二以上。

2008年10月13日，聚仁兴公司重整管理人向本院提出申请，称聚仁兴公司重整案经过债权人会议分组表决，各表决组均表决通过《草案》，请求本院批准重整计划。

（四）判案理由

云南省昆明市中级人民法院认为：依照《破产法》第八十六条规定："各表决组均通过重整计划草案时，重整计划即为通过。自重整计划通过之日起十日内，债务人或者管理人应当向人民法院提出批准重整计划的申请。人民法院经审查认为符合本法规定的，应当自收到申请之日起三十日内裁定批准，终止重整程序，并予以公告。"合议庭经审查后认为，管理人申请符合《破产法》规定，应当裁定批准《重整计划草案》，并且终止重整程序。

理由如下：(1) 在重整期间，债务人的经营状况及财产状况没有出现继续恶化的情形，相反生产经营能力和效益逐月提升；不存在债务人欺诈、恶意减少债务人财产或者其他显著不利于债权人的行为。(2)《重整计划草案》内容完整、全面，符合《破产法》第八十一条的规定，包括了债务人的重整经营方案、债权分类、债权调整方案及受偿方案、重整计划的执行期限及重整计划执行的监督期限、管理人报酬方案。(3) 表决通过《重整计划草案》的程序符合法律规定。依法对债权人进行了分组，分组进行了讨论、并由债务人及管理人进行了说明，回答了债权人的提问。分组表决由债权人代表进行了监票，表决结果由昆明市国证公证处进行了现场公证。各表决组均通过《草案》，重整计划即为通过。

综上，聚仁兴公司重整案于2008年10月7日、8日、9日经普通债权组、担保债权组、劳动债权组、税务债权组的债权人会议分组表决，分组表决由债权人代表进行了监票，表决结果由昆明市国正公证处进行了现场公证，各表决组均通过《草案》，表决程序符合《破产法》第八十四条的规定，该《草案》内容符合《破产法》第八十一条的规定。

（五）定案结论

云南省昆明市中级人民法院依照《中华人民共和国企业破产法》第八十六条第二款之规定，依法裁定：

1. 批准昆明聚仁兴橡胶有限公司重整计划；

终止昆明聚仁兴橡胶有限公司重整程序。

（六）解说

1. 法院在把握有限责任公司申请重整案件的受理尺度时，既要防止债务人利用重整程序妨碍债权人实现债权，同时又应当保护债务人合理地通过重整程序挽救公司从而更好地保护债权人的权利。

本案合议庭在收集、整理、分析了大量国内外理论、实务界资料的基础上，经过多达十数次的讨论、合议，最终形成以下的统一观点：第一，现行法律规定侧重在形式审查，且审查的依据是破产法律规定的受理条件，审查的目的在于决定是否予以受理以开始破产程序，审查的主要内容包括申请人是否适格，申请材料是否齐备和法院有无管辖权等问题。第二，就债务人的权利滥用问题，债权人的救济途径主要体现于《破产法》第七十八条的规定，即在重整期间，有下列情形之一的，经管理人或者利害关系人请求，人民法院应当裁定终止重整程序，并宣告债务人破产：（1）债务人的经营状况和财产状况继续恶化，缺乏挽救的可能性；（2）债务人有欺诈、恶意减少债务人财产或者其他显著不利于债权人的行为；（3）由于债务人的行为致使管理人无法执行职务。第三，对缺乏“壳资源”的有限责任公司是否具备重整可能的判断，属于债权人等利害关系人权利范围内所作出的商业判断，法院不应过多涉及。

2. 重整过程中管理人的选择问题也是本案的一个关键。如何依照法律规定确定重整管理人无先例可循。合议庭经过认真研究分析后，在云南省高级人民法院根据最高人民法院《关于审理企业破产案件指定管理人的规定》编制的《管理人名册》确定的64家社会中介机构范围内，首次采用抽签、摇珠及竞标三种方式相结合，由本院组织专门的评审委员会最终选定了云南恒业律师事务所为本重整案件的管理人。

3. 有限责任公司重整的基础，人的因素占较大比重。纵观国内破产重整案件过去往往局限于上市公司，上市公司哪怕资产已经一无所有，还可以借“壳资源”进行重整。而有限责任公司一般规模小，到破产重整环节，往往已无资源可供破产重整，债权人也就无法问津，故而干脆选择放弃，所以聚仁兴公司重整能否成功关键在于如何协调债权人与公司之间的利益。

本案重整过程中，通过债权转股权的方式尽量减少企业负债数额；通过债权收购、通过债务重组方式有效整合债权人中支持企业重整的力量；通过内部管理的机制调整，解决管理方面存在的缺陷和问题；通过优化债务人公司的资产组合提高企业运行效率；通过改变原来单一、盲目的经营模式，充分利用债务人公司的经营资源，针对不同情况采用不同的经营方式，确保了收益的获取；在重整计划中通过设置融资途径和方法，为今后企业的可持续发展提供资金支持。

4. 重整制度是新《破产法》中新创设的程序，在各国破产法规中均是一种挽救债务人的有效制度。重整程序启动的时间提前；启动主体的多元化，使得重整程序处于最优先的地位。它能够终止所有的执行程序，包括担保物权人对担保物的执行；重整程序具有较强的强制性，这一强制性不仅表现在重整计划草案被债权人会议各个小组包括股东组一致通过时，对那些反对的少数债权人也具有强制适用的效力，《破产法》从多个方面强化了重整制度对于债务人的挽救作用

破产重整制度的设立目的在于挽救陷入困境的企业，但即使是濒临破产的企业也要承担相应的社会责任。法院在审理此类案件时，不仅要密切关注企业本身的存活度和行业环境，不能简单地“一破了之”，同时也要注意对债权人、破产企业员工权利的维护，特别是通过

重整制度，有效平衡作为债务人的企业、债权人、破产企业员工三者之间的利益，形成“留住企业，安定员工，保障债权”的三赢局面，实现经济效果、法律效果和社会效果的有机结合。

5. 重整计划如果最终未能执行的后续情况。《破产法》第九十三条规定债务人不能执行或者不执行重整计划的，人民法院经管理人或者利害关系人请求，应当裁定终止重整计划的执行，并宣告债务人破产，进入破产清算程序。

（云南省昆明市中级人民法院　李志昆）

93. 中国农业银行苏州市吴中支行等申请雅新电子（苏州）有限公司破产重整案

（破产重整）

（一）首部

1. 裁定书字号：江苏省苏州市吴中区人民法院（2008）吴民破字第1－2号民事裁定书。

2. 案由：申请破产重整。

3. 诉讼双方

申请人：中国农业银行苏州市吴中支行，住所地：苏州市东吴北路138号。

负责人：王毅，该支行行长。

申请人：中国建设银行股份有限公司苏州吴中支行，住所地：苏州市东吴北路51号。

负责人：华耀其，该支行行长。

申请人：中国银行股份有限公司苏州吴中支行，住所地：苏州市东吴北路108号。

负责人：张姝，该支行行长。

申请人：中国工商银行股份有限公司苏州吴中支行，住所地：苏州市宝带东路398号。

负责人：吴敏，该支行行长。

申请人：中国民生银行股份有限公司苏州分行，住所地：苏州工业园区星海街200号。

负责人：艾民，该支行行长。

被申请人：雅新电子（苏州）有限公司，住所地：苏州市吴中经济开发区。

法定代表人：黄恒俊，该公司董事长。

重整管理人：安永华明会计师事务所上海分所。

负责人：黄敬安。

4. 审判机关和审判组织

审判机关：江苏省苏州市吴中区人民法院。

合议庭组成人员：审判长：陆雪昌；审判员：孙宝华、金美珍。

5. 审结时间：2008年12月19日。

（二）破产申请情况

2008 年 4 月 25 日，申请人中国农业银行苏州市吴中支行等以债务人雅新电子（苏州）有限公司（以下简称苏州雅新公司）不能清偿到期债务且其资产不足以清偿全部债务为由，向吴中区人民法院申请对苏州雅新公司进行重整。

（三）事实和证据

苏州市吴中区人民法院经公开审理查明：苏州雅新公司于 2002 年 4 月 29 日经江苏省苏州市工商行政管理局批准注册成立，由创新国际股份有限公司和雅新投资（苏州）有限公司共同投资设立，所占股份分别为 77.5%和 22.5%，注册资本 4000 万美元，系外商独资企业。① 经营范围包括：生产新型平板显示器件、数字电视机、数字照相机、新型电子元器件、柔性线路板及相关产品。创新国际股份有限公司和雅新投资（苏州）有限公司均为雅新实业股份（台湾）有限公司的全额子公司。2007 年 5 月，由于雅新实业股份（台湾）有限公司公告其上年度财务报表存在潜在错误，台湾地区证券交易所停止该公司股票交易。2007 年 11 月 14 日，台湾地区士林地方法院裁定雅新实业股份（台湾）有限公司破产重整，并将雅新实业股份（台湾）有限公司的管理权裁定由重整人行使，雅新实业股份（台湾）有限公司的重整人赴苏州接管了苏州雅新公司后，于 2008 年 1 月 22 日宣布放弃对苏州雅新公司的主导权。

雅新实业股份（台湾）有限公司重整期间，台湾地区士林地方法院限制该公司、同时也是苏州雅新公司的法定代表人离开台湾地区。同时，由于苏州雅新公司关联企业多，经营不独立，管理混乱，导致不能支付到期债务，生产经营陷入困境。由于银行借款不能按期归还，苏州雅新公司的 15 家债权人银行组成银行团并签订框架协议，成立了债权银行协调小组，推举 5 家银行作为代表，向苏州市吴中区人民法院申请对苏州雅新公司破产重整。

吴中区人民法院认为：根据《中华人民共和国企业破产法》第七条第二款、第七十条、第七十一条的规定，苏州雅新公司不能清偿到期债务，并且明显缺乏清偿能力，符合法律规定的破产重整条件，于 2008 年 4 月 29 日裁定：准予对苏州雅新公司重整。

裁定宣布后，苏州雅新公司的重整工作依法按以下步骤进行：

1. 选任管理人、管理人接管苏州雅新公司

吴中区人民法院于 2008 年 4 月 25 日收到中国农业银行苏州市吴中支行等 5 家银行破产重整申请，同月 29 日通知苏州雅新公司临时负责人。在其收到重整申请后，法院对其进行了法律释明，该临时负责人没有对重整申请提出异议，并表示放弃异议期，吴中区人民法院便于 29 日裁定受理并送达苏州雅新公司。由于本案受理时，苏州尚无破产管理人名册，为贯彻公平公正原则，吴中区人民法院以报纸公告方式公开招聘管理人，同时债权人银行组成的银行团向吴中区人民法院推荐了管理人。裁定当日，吴中区人民法院指定银行团推荐的安永华明会计师事务所上海分所作为重整管理人，接管了苏州雅新公司。

2. 第一次债权人会议及债权的申报、审核和确认

2008 年 5 月 8 日，吴中区人民法院在《人民法院报》刊登受理苏州雅新公司破产重整申请公告，要求债权人自公告之日起 30 日内申报债权。并公告了第一次债权人会议召开时间。对于苏州雅新公司账面有记载的 478 家债权人，吴中区人民法院委托管理人全部用挂号

---

① 2003 年 9 月 1 日，创新国际股份有限公司在苏州另投资设立雅新线路板（苏州）有限公司，注册资本 5000 万元。吴中区人民法院于 2008 年 4 月 29 日同时受理了雅新线路板（苏州）有限公司重整案，由同一合议庭审理，并于 2008 年 12 月 19 日裁定批准雅新线路板（苏州）有限公司重整计划，并终止该公司重整程序。

信通知。公告期内，共计378家债权人申报了债权，申报债权总额为人民币14.9624亿元。

2008年6月28日，吴中区人民法院主持召开苏州雅新公司重整案第一次债权人会议。267家境内外债权人派代表出席了会议，占申报债权人总数的70.63%。法院向债权人宣布了债权人会议的职权，重整管理人汇报债权申报和核查情况、通报审查管理人的费用报酬、决定苏州雅新公司继续生产事宜。管理人对债权人申报的债权进行了登记和审核后，将审核结果分别以确认债权或拒绝申报的方式通知各债权申报人。债权申报总额为人民币14.9624亿元，受理债权总额为人民币10.9136亿元。债权人对管理人确认的债权无异议的，管理人提请债权人会议表决通过；债权申报人对管理人的确认结果有异议的，向吴中区人民法院提请裁定。根据债权异议人的申请，2008年10月15日，吴中区人民法院分别对苏州雅新公司重整案中有关债权申报异议进行了裁定，确认中国农业银行苏州市吴中支行等债权人的债权成立，上海崇友电梯安装工程有限公司等债权人申报的债权不成立。确认雅新电子（苏州）有限公司的债务为12.93022亿元，其中员工债权13笔，税务债权3笔，有担保的债权10笔，普通债权346笔。

重整期间，吴中区人民法院委托江苏中天资产评估事务所有限公司对苏州雅新公司进行资产评估。2008年8月5日，江苏中天资产评估事务所有限公司向吴中区人民法院出具评估报告书。评估报告显示，苏州雅新公司资产评估值为-21970.42万元。

3. 引进战略投资人

自接管苏州雅新公司以来，管理人安永华明会计师事务所上海分所按照公开、公平、公正的原则展开了寻找战略投资人的工作，在《华尔街日报（亚洲版）》、《南华早报》、《中国日报》等媒体上发布了引进投资者的广告。先后有花旗国际亚太企业创投公司、昌升国际投资集团、美国亿泰证券集团、创研科技（香港）有限公司等20多家潜在投资人前来接洽，但由于对投入大量资金且一次性偿还大部分债务没有达成一致，这些潜在投资人均放弃了投资。最后，通过对投资者实力与重整方案的评估，选定悦虎电路有限公司（英文名 Tiger Builder Consultant Ltd.）为投资人。该投资人的重整思路是：投入营运资金，摆脱公司困境，变更公司股权，整合两个公司的资源，形成“线路板生产＋电子组装＋实验室”的经营模式，切断苏州雅新公司与台湾雅新公司以及其他关联公司的联系，杜绝苏州雅新公司的资金和利益输出，并提出了偿还所有债权的清晰的还款计划，获得了管理人的推荐以及主要债权人的共同接纳和支持。

4. 第二次债权人会议通过重整计划

2008年10月8日，管理人向吴中区人民法院递交了苏州雅新公司的《重整计划草案》，该草案计划：投资人悦虎电路有限公司投入3500万元人民币①，获得苏州雅新公司100%股权和经营权。苏州雅新公司的法律主体不发生变化，100%偿还经法院确认的所有债务，偿债方案是：员工债权、税款在2009年4月25日前全额清偿；200多家8万元以下的小额债权在2009年6月25日前全额清偿；债权银行垫付的重整申请费用在2009年6月25日前全额清偿；非小额普通债权及优先担保债权将从2009年第三季度起至2012年第一季度按比例偿还；银行债权本金自2012年第二季度起分四年按比例偿还，并在2016年第二季度至第四季度通过融资方式偿还银行贷款余额；银行债权中2008年4月29日之前结欠的贷款利息从2009年第三季度起分三年摊还。

① 包括向雅新线路板（苏州）有限公司的投资在内。

2008年11月8日，吴中区人民法院召开第二次债权人会议，对管理人提交的苏州雅新公司《重整计划草案》进行表决。第二次债权人会议分员工债权、税务债权、担保债权、普通债权、出资人五个组对《重整计划草案》进行表决，并由公证员对重整草案投票表决进行现场公证。表决结果为：员工债权、税务债权组100%通过；担保债权组12人出席，11人赞成，表决赞成的债权人所代表的债权额占该组债权总额的比例为93.21%；普通债权组248人出席，240人赞成，表决赞成的债权人所代表的债权额占该组债权总额的比例为81.20%。由于苏州雅新公司的净资产为负，原出资人权益调整为零，原出资人代表反对。管理人与原出资人代表进行协商后，再次表决，原出资人代表仍未同意。吴中区人民法院又委托上海市高级人民法院备选鉴定机构名册中具有资产评估资格的上海长信资产评估有限公司对原资产评估报告出具专家意见，上海长信资产评估有限公司认为，该评估报告基本符合规范，方法选择及实质性价值使用合理，评估结论客观真实。

(四) 判案理由

江苏省苏州市吴中区人民法院根据上述事实和证据认为：苏州雅新公司《重整计划草案》出资人组未能通过，但出资人组也未就投反对票作出任何说明。根据《中华人民共和国企业破产法》规定，若部分表决组未通过重整计划草案的，管理人可以与之协商，该表决组可以在协商后再表决一次。为此，第二次债权人会议后，管理人再次与出资人组进行了协商，出资人组以重整计划未能为其提供经济利益为由再次反对通过，对《重整计划草案》涉及其权益调整部分未提出任何解决方案，也未对江苏中天资产评估事务所有限公司出具的净资产评估报告提出异议。因此，出资人组以《重整计划草案》未能给其提供经济利益为由投反对票，理由不充分，本院不予支持。关于江苏中天资产评估事务所有限公司出具的净资产评估报告，本院征询了上海市高级人民法院备选鉴定机构名册中具有资产评估资格的上海长信资产评估有限公司的意见，上海长信资产评估有限公司认为，该评估报告符合规范，方法选择及实质性价值使用合理，评估结论公平公正。故本院确认江苏中天资产评估事务所有限公司出具的净资产评估报告合法有效。根据该评估报告，苏州雅新公司的净资产为负数，即苏州雅新公司已资不抵债，该公司的财产已全部成为债权人的清偿财产，出资人对公司的财产已无实质利益。本院认为，管理人提交的《重整计划草案》对出资人权益的调整公平公正，并且公平对待同一表决组的成员，所规定的债权清偿顺序符合法律规定。

(五) 定案结论

江苏省苏州市吴中区人民法院依照《中华人民共和国企业破产法》第八十六条第二款、第八十七条之规定，作出如下裁定：

1. 批准雅新电子（苏州）有限公司重整计划；
2. 终止雅新电子（苏州）有限公司重整程序。

(六) 解说

本案是《企业破产法》实施以来将重整制度成功运用于非上市大型外资企业的典型案例之一。在案件审理过程中，法院正确适用法律，程序严格公正，坚持原则性与灵活性相结合，消除重整进程中的各种障碍，实现清理债务与拯救企业的双重目标，在考虑利害关系人的同时，兼顾了社会利益。

重整制度重点在于对已经发生破产原因但又有挽救希望的企业，依赖债务人自身力量，在债权人的谅解协助下，自救自助以完成重整工作。因此，重整计划草案能否被多数债权人通过，重整程序能否完成，不但是各方利益博弈的结果，也有赖于重整程序进程安排科学合理。人民法院应当均衡考量债权人、债务人利益，立足于社会公共利益适当介入破产程序中各方当事人的意思自治，苏州市、吴中区两级政府组成雅新重整案工作组，并多次召开协调会议，营造了苏州雅新公司重整的良好外部环境。吴中区人民法院居于监督指导地位，在出资人组反对重整计划的情况下，从维护债权人和职工整体利益的角度出发，在不损害出资人权益的基础上裁定苏州雅新公司进入重整程序，批准重整计划。

本案审理中遇到的具体法律问题主要有：

1. 重整计划置换公司股权，人民法院能否批准的问题。企业重整往往涉及对原股东股权的削减和股东权益的重新分配。在企业资不抵债的情况下，如果立即进入清算程序，股东将不可能获得任何分配。因此在理论上可以将出资人权益调整为零。但是这并非唯一的调整方案。如果重整计划草案立足于仍然需要依靠债务人股东的资金注入、债务人关联企业的原料供应或者销售渠道、与债务人股东关联紧密的原管理层的管理能力等，那么在债权人与债务人的利益博弈过程中，亦完全可能出现为债务人股东保留一定份额出资人权益的结果。实务中，也存在新投资者给予原股东象征性地保留5%以下的股份、或给予原股东一定情况下的优先认股权的情形。根据《企业破产法》第八十七条第二款规定，在重整计划草案对出资人（原股东）权益的调整公平、公正的情况下，法院可以强制批准重整计划草案。本案中，重整计划草案将原股东的权益削减为零。法院认为，一方面，由于企业净资产为负，如果依照破产清算程序，原股东所能获得的清偿比例为零，因此，依据“重整计划所获得的清偿比例不低于破产清算程序所获得的清偿比例”的原则，对苏州雅新公司原股东权益调整为零并不违背公平、公正原则；另一方面，重整计划草案立足于切断苏州雅新公司与台湾雅新公司以及其他关联公司的联系以杜绝苏州雅新公司的资金和利益的不当输出，债务人股东在企业重整计划中并无任何作用，没有为其关于保留一定出资份额的要求提供实质上的贡献与对价。因此，吴中区人民法院批准了重整计划草案。为确保资产评估的公平公正，吴中区人民法院在已经对苏州雅新公司进行资产评估的基础上，又委托权威的评估机构对原资产评估报告出具专家意见，为批准计划草案作出最终判断提供科学依据。

2. 破产申请期间对破产企业资产、财务与技术资料的保护问题。债权人提出破产申请后，在法院决定受理前的异议期间内，法院必须采取一定措施防止破产企业利用7天的异议期转移资产、隐匿、毁损企业技术和财务资料等恶意行为。为解决上述问题，吴中区人民法院通过向债务人进行法律释明等方式促使债务人放弃异议期，做到当日裁定、当日指定管理人并当日接管企业，确保了重整企业的财产、技术不被转移，计算机不被未经授权操作。如果债务人不放弃异议期，法院也可以根据《企业破产法》第四条规定“破产案件审理程序，本法没有规定的，适用民事诉讼法的有关规定”，对被申请人采取诉前保全措施。

本案在审理中尝试了一些新做法：

1. 重整管理人的选任，采取了公告选任和银行团推荐相结合的方法。《企业破产法》规定，管理人可以由有关部门、机构的人员组成的清算组或者律师事务所、会计师事务所、破产清算事务所等机构担任。但《企业破产法》实施以来，律师事务所和会计师事务所作为破产企业管理人效果不尽如人意。主要原因在于，目前各地缺乏专门的破产管理事务所，而律师事务所缺少专业理财人才，会计师事务所缺少法律专业人才，并且都普遍缺少破产管理经验。如果企业需要恢复生产，管理人普遍缺乏公司运营经验。更重要的是，由于重整程序中的管理人担负重要职责，其管理水准与尽责程度对债权人利益攸关。因此，吴中区人民法院采取了由主要债权人（银行团）向法院推荐管理人的做法，并接受银行团的请求，指定了国际四大会计师事务所之一的安永华明会计师事务所作为重整管理人。实践表明这种做法取得了很好的效果。

2. 成立银行团。《企业破产法》没有银行团的规定。本案中，15 家银行是最大的债权人，银行之间因贷款种类多样，法律权益不一，利益发生冲突。银行团组成之前，多家银行分别起诉苏州雅新公司，申请公司破产清算。由苏州市银监分局牵头，组成银行团并签订框架协议后，银行间的意见得到了统一，做到了行动步调一致，并高票通过重整计划草案。此外，他们还成立了债权银行协调小组，推举 5 家银行作为代表，提议召开协调会，处理重整事务，并针对苏州雅新公司的突发事件授权协调小组紧急处理，使重整涉及银行的事务得以顺利进行。

3. 采用网络表决方式。《企业破产法》第八十七条规定，在部分表决组未通过重整计划草案时，债务人或者管理人可以同反对组协商，并由其再表决一次。苏州雅新公司原股东代表在第二次债权人会议上反对重整计划草案，由于其身在海外，管理人与其协商，再进行第二次表决有实际困难，对此，管理人与之在网络上进行协商，并采取网络表决的方式让其再次行使表决权，保证了原股东的程序权利。

（江苏省苏州市吴中区人民法院　钱东辉　金美珍）

94. 中瀚企业投资有限公司执行异议案

（一）首部

1. 裁定书字号

原审裁定书：北京市门头沟区人民法院（2008）门执异字第 1 号民事裁定书。

复议裁定书：北京市第一中级人民法院（2008）一中执复字第 1302 号民事裁定书。

2. 案由：执行异议。

3. 争议双方

异议人（复议申请人）：中瀚企业投资有限公司（以下简称中瀚公司），住所地：北京市石景山区八大处高科技园区西井路 19 号。

法定代表人：梁宝华，该公司总经理。

委托代理人：周坚，江苏博爱星律师事务所北京分所律师。

委托代理人：汤志铭，江苏博爱星律师事务所北京分所律师。

被异议人（复议被申请人）：中元国信信用担保有限公司（以下简称中元国信公司），住所地：北京市朝阳区新源西路松榆花园御景园二层。

法定代表人：卓华，该公司董事长。

委托代理人：杨浩，该公司法务专员。

委托代理人：张伟，该公司法务专员。

4. 审级：复议。

5. 审查机关与审查组织

原审法院：北京市门头沟区人民法院。

合议庭组成人员：审判长：孙建国；审判员：朱少峰、杨金忠。

复议法院：北京市第一中级人民法院。

合议庭组成人员：审判长：阎军；代理审判员：冯更新、闫文强。

6. 审结时间

原审审结时间：2008 年 6 月 16 日。

复议审结时间：2008 年 11 月 4 日。

（二）诉辩主张

异议人述称：我司与中元国信信用担保有限公司就本案所涉及的债务及利息和其他债务已于 2007 年 4 月达成了新的债权债务协议，此协议已取代北京市公证处（2006）京证经字第 19385 号公证书公证的还款协议，故本案北京市公证处作出的（2006）京证经字第 19385、19386、22872 号公证书已丧失法律文书的效力，不具有强制执行的效力，依据《中华人民共和国民事诉讼法》第二百三十三条的规定，请求本案终止执行。

被异议人辩称：我司向中瀚公司发出履行债务通知书只是催促履行，并不妨碍案件的执行和影响中瀚公司履行清偿义务，催债通知书不是我司与中瀚公司达成的新的债权债务协议。因此，中瀚公司的异议不成立，请求法院驳回异议申请。

（三）事实和证据

北京市门头沟区人民法院经公开审理查明：中元国信公司于 2007 年 4 月 2 日向中瀚公司发出中元国信（监管）履字 2007 第 003 号履行应偿债务通知书（以下简称 003 号通知书），通知书中写明截至 2007 年 3 月 31 日中瀚公司拖欠中元国信公司贷款、担保费、利息、违约金及滞纳金的数额；明确要求中瀚公司于 2007 年 3 月 31 日之前清偿全部欠款本金及利息、罚息、违约金、滞纳金。

上述事实有下列证据证明：中元国信（监管）履字 2007 第 003 号履行应偿债务通知书。

（四）裁判理由

北京市门头沟区人民法院根据上述事实和证据认为：中元国信（监管）履字 2007 第 003 号通知书是中元国信公司向中瀚公司发出的催债通知书，且通知书中明确要求中瀚公司于 2007 年 3 月 31 日之前清偿欠款本金及利息、罚息、违约金、滞纳金。中瀚公司在收到该通知后，并未按期偿债。虽然异议双方对回执是否有“同意在一年之内还清债务”的字样持不同看法，但无论有无该句话，不影响对该通知书性质的认定。即使有这句话，那么异议人承诺的还款期限与被异议人要求的还款期限仍不相符合，说明双方并未就债务清偿期限达成一致意见，因而不能认定该通知书为双方达成的新的债权债务协议。综上所述，异议人中瀚公司提出的异议理由不成。

（五）定案结论

北京市门头沟区人民法院依照《中华人民共和国民事诉讼法》第一百四十条第一款第（十一）项的规定，作出如下裁定：

驳回异议人中瀚企业投资有限公司的异议申请。

（六）复议情况

1. 复议诉辩意见

复议申请人（原异议人）中瀚公司述称：请求撤销北京市门头沟区人民法院于 2008 年

6月16日作出的（2008）门执异字第1号民事裁定书；驳回被复议人强制执行申请；依法作出中止执行或终结执行之裁决。事实和理由如下：（1）中元国信公信与中瀚公司双方达成的《还款协议》经北京市公证处公证赋予强制执行效力，《还款协议》规定严格的强制执行程序和前提条件，但中元国信公司没有按强制执行必经程序进行，该《还款协议》及公证文书不符合强制执行的条件。2006年8月11日，中元国信公司与中瀚公司签订《还款协议》，约定债务为26767643.33元，分别于2006年8月31日和2006年10月30日分二期还清，并在《还款协议》第4.3c条款约定："出现本合同第4.3a条款第4.3b条款之一的，乙方将向甲方送达《履行应偿债务通知书》、《担保费催收通知书》、《监管费催收通知书》、《违约通知书》，并向甲方送达《强制执行提示通知书》将相关情况向甲方告知。"《还款协议》第4.4条款约定："乙方在申请强制执行证书时，应承担相应的举证义务并提供以下文件保证向北京公证处完全、正确地披露甲方履行债务的情况：乙方应该在北京市公证处的监督下向甲方发出《履行应偿债务通知书》、《担保费催收通知书》、《监管费催收通知书》、《违约通知书》，其中应注明甲方已偿还/未偿还债务的数额等情况，并向甲方送达《强制执行提示通知书》将相关情况向甲方告知。"该《还款协议》由北京市公证处进行公证，并由北京市公证处作出了北京市公证处原（2006）京证经字第19385号法律文书。但中元国信公司并没有履行上述义务，因此，中元国信公司向法院申请强制执行公证文书约定的程序和条件不成就。（2）中元国信公司申请强制执行（2006）京证经字第19385、19386、22872号公证债权文书违反了双方当事人所达成一致的书面意见，《还款协议》及公证文书已被新的债权债务协议所取代。在门头沟区人民法院执行本案过程中，中元国信公司与中瀚公司于2007年1月15日达成新的62515719.14元还款协议（已包括了原公证法律文书中的债权金额），当日再次向我方提出偿还62515719.14元的主张，并于2007年4月11日又一次达成了对账协议（新债权债务包括了原公证法律文书中的债权金额），双方多次达成的总债务协议不仅包括了北京市公证处（2006）京证经字第19385号强制执行法律文书《还款协议》中的债务，还包括了该《还款协议》中的债务的新增利息等款项，以及其他债务。复议申请人认为双方达成多次对账协议（新债权债务协议）已取代经北京市公证处（2006）京证经字第19385号强制执行法律文书公证的《还款协议》。申请执行人已放弃了原北京市公证处（2006）京证经字第19385号强制执行法律文书公证的《还款协议》强制执行申请权，该《还款协议》从2007年1月15日起对双方当事人不具有法律约束力。（3）根据《中华人民共和国公证法》第三十七条规定，（2006）京证经字第19385、19386、22872号强制执行法律文书已因中元国信公司提出强制执行申请不符合强制执行程序和前提条件而丧失强制执行的效力。（4）门头沟区人民法院审查执行异议不符合《中华人民共和国民事诉讼法》相关规定。门头沟区人民法院在审查中没有根据执行异议的证据和事实作出客观判断，而且其要求必须提交书面的异议申请书才予以审查，无故剥夺当事人的基本诉讼权利。综上，请求法院依据《民事诉讼法》第二百三十二条、第二百三十三条第（二）、（六）项、第二百三十四条规定撤销北京市门头沟区人民法院之裁定，并作出中止或终结执行案件之裁定。

复议被申请人（原被异议人）中元国信公司辩称：其答辩意见与原审中的答辩意见相同，另外，对方提交的003号履行应偿债务通知书回执上的文字性描述是对方在加盖公章之后私自添加的，由于其提交的主要证据是变造的，所以其主张不能成立。

2. 复议事实和证据

北京市第一中级人民法院经公开审理，确认了一审法院认定的事实和证据。

3. 复议裁判理由

北京市第一中级人民法院根据上述事实和证据认为：依据法律规定，当事人订立合同应采取要约、承诺方式。本案中，003号通知书不是合同要约，更不是新的债权债务协议，中瀚公司提出的双方已于2007年4月达成新的债权债务协议的主张，无事实及法律依据，本院不予支持。中瀚公司提出中元国信公司并未履行公证书约定的申请强制执行证书所必经的程序和手续以及提出《还款协议》已经被2007年1月15日双方达成的对账协议所替代的主张，因中瀚公司未在原审中提出上述主张而且其已经在另案中提出上述请求并经法院受理审查，因此，本院对上述请求不予审查。综上所述，原审裁定认定事实清楚、适用法律正确，中瀚公司提出的复议理由，证据不足，本院不予支持。

4. 复议定案结论

北京市第一中级人民法院依照《中华人民共和国民事诉讼法》第一百四十条第一款第（十一）项之规定，作出如下裁定：

驳回中瀚企业投资有限公司的复议申请，维持原裁定。

（七）解说

1. 本案审查程序的确定。本案应首先对案件性质予以定性，不同的案件性质导致审查程序的不同。就本案的异议申请内容而言，可能引起执行异议审查程序与不予执行公证债权文书审查程序的竞合。两个审查程序具有诸多不同之处：首先，审查程序适用的法律不同，前者主要适用《民事诉讼法》第二百零二条的规定，而后者主要适用《民事诉讼法》第一百一十四条第二款的规定；其次，两个程序启动的复议程序所依据的法律规定也有所不同，前者仍然是《民事诉讼法》第二百零二条及其司法解释，而后者的复议程序得依据北京市高级人民法院制定的《关于民事执行中建立复议制度的若干规定》，两个程序的审查期限都不尽相同；再次，审查的内容不同，前者是针对法院的具体执行行为进行审查，而后者是针对执行依据即公证债权文书是否有错进行审查。在本案的审查过程中，原审法院并未清晰明确异议人提出申请的性质以及所适用的审查程序，从其使用的当事人称谓来看，应该是将其作为执行异议进行审查。复议法院在询问中再次确认其为执行异议审查。但就本案而言，其实质应是不予执行公证债权文书审查，因为执行异议审查应该有具体的法院执行行为，异议人认为执行行为违法才能提出，而本案并不存在这样的行为，而且执行异议仅对法院的执行行为进行程序审查，而本案的焦点仍在对执行依据的作出是否得当方面进行审查。

2. 公证债权文书的强制执行力。中瀚公司在其复议理由中提出公证债权文书已经丧失强制执行力，而执行法院未经审查即予以立案执行明显不当。该理由涉及公证债权文书强制执行力的取得时间问题，即公证债权文书强制执行力是在该文书作出之日起即依法取得还是由人民法院经过审查予以确认后方能取得。笔者认为，公证债权文书与仲裁裁决一般，在其生效之时即取得相应的强制执行力，法院对其强制执行力的审查得依一方当事人的申请而启动，非经法院审查并裁定不予执行，其强制执行力不会灭失。因中瀚公司未在原审中提出该项理由，且该理由的基础仍然是其原审中的异议理由，故复议法院在裁定理由中对其未予陈述。

3. 执行异议的审查程序。中瀚公司在其复议理由中提出原审法院异议审查程序违法，而有关执行异议的审查程序并未有法律规定，无章可循，因此，复议法院对原审法院的审查程序并未苛求，亦未将其列入审查之列。

4. 复议阶段新增事实与理由的处理。中瀚公司提出的第一个理由即中元国信公司并未履行公证书约定的申请强制执行证书所必经的程序和手续与第二个理由即《还款协议》已经被2007年1月15日达成的对账协议所替代，均未曾在原审中主张，前者是新增加的，后者是对原审主张的修正，这些都是关键的能够影响定案的事实理由，但在原审中并没有提出，该如何处理？从诉讼学的原理来看，复议审查应该是针对原审法院的审查行为进行判断，而不是对原纠纷的重新审查，因此，在原审中并没有主张的事实理由在复议期间主张的，应该不予支持。如果复议法院对该事实予以审查并依此作出判断，相当于剥夺了各方当事人的复议权利，与诉讼法的基本原则不符。较为妥当的处理方法应是撤销原裁定，让原审法院重新审查事实。但因中瀚公司之后又再度以新增事实理由向原审法院提出执行异议并被立案受理，因此，复议法院对新增的事实理由未予审查。

（北京市第一中级人民法院　薛圣海）

95. 朱静军诉山东省临沂市莒南县交通局等交通事故损害赔偿执行案

（扣划款项）

（一）首部

1. 执行依据：江苏省江阴市人民法院（2006）澄民一初字第1149号民事判决书。

2. 案由：道路交通事故损害赔偿纠纷。

3. 诉讼双方

申请执行人：朱静军，男，1981年8月7日生，汉族。

被执行人：山东省临沂市莒南县交通局（以下简称莒南县交通局），住所地：山东省临沂市莒南县。

被执行人：柏仕军，男，1974年4月16日生，汉族。

4. 执行机关和执行员

执行机关：江苏省江阴市人民法院。

执行员：吴海强。

5. 执结时间：2008年2月5日。

（二）案情

2004年10月22日，柏仕军驾驶莒南县交通局洙边交通管理所（以下简称洙边交管所）的山东QG3635拖拉机变型运输机由江阴市璜塘镇峭岐社区返回周庄镇纺织城；20时15分许，由西向东途经江阴市周庄镇龙西路、纺织城十字路口地段左转弯时，变型运输机右前角与朱静军驾驶的宗申125—36型二轮摩托车前部相撞，造成朱静军跌地受伤，双方车辆受损的交通事故。事故发生后，江阴市公安局交通巡逻警察大队经调查认定：柏仕军负此事故的主要责任，朱静军负此事故的次要责任。

（三）审理

江苏省江阴市人民法院经公开审理查明：2004年10月22日，柏仕军驾驶登记车主为洙边交管所的山东QG3635拖拉机变型运输机由江阴市璜塘镇峭岐社区返回周庄镇纺织城；20时15分许，由西向东途经江阴市周庄镇龙西路、纺织城十字路口地段左转弯时，变型运输机右前角与相对方向朱静军驾驶的宗申125—36型二轮摩托车前部相撞，造成朱静军跌地受伤，双方车辆受损的交通事故。同年11月17日，江阴市公安局交通巡逻警察大队出具交通事故认定书，认定：柏仕军夜间驾车，行经没有交通标志、标线控制的十字路口左转弯时，未按规定让行，与相对方向摩托车发生相撞，违反《中华人民共和国道路交通安全法实施条例》第五十二条第（三）项之规定，其过错行为是造成此事故的直接原因；朱静军夜间驾车行经岔路口未保持安全车速，违反《中华人民共和国道路交通安全法》第四十二条之规定，其过错行为是造成此事故的一定原因。根据《中华人民共和国道路交通安全法实施条例》第九十一条以及《交通事故处理程序规定》第四十五条第一款第（二）项之规定，柏仕军负此事故的主要责任，朱静军负此事故的次要责任。

另查明：山东QG3635拖拉机变型运输机系柏仕军于2004年2月18日购买。同月20日，柏仕军与洙边交管所签订挂靠协议书。同月23日，该车辆以洙边交管所为车主办理了机动车登记手续。洙边交管所系交通局下属的非法人机构。

江苏省江阴市人民法院根据上述事实认为：赔偿义务人是指因自己或者他人的侵权行为以及其他致害原因依法应当承担民事责任的自然人、法人或者其他组织。柏仕军驾驶挂靠在洙边交管所的山东QG3635拖拉机变型运输机与朱静军驾驶的摩托车发生交通事故造成朱静军受伤，并且其系山东QG3635拖拉机变型运输机的实际所有人，故其作为直接侵权人应当对朱静军的损失承担民事赔偿责任。参照江苏省高级人民法院《2001年全省民事审判工作座谈会纪要》规定，挂靠经营的机动车发生交通事故造成他人损害的，应由挂靠人与被挂靠人承担连带赔偿责任。挂靠人与被挂靠人之间约定被挂靠人对交通事故的后果免责的，仅在双方之间具有约束力，不能对抗第三人。洙边交管所与柏仕军之间存在挂靠关系，故山东QG3635拖拉机变型运输机发生交通事故后，被挂靠人应与柏仕军承担连带赔偿责任。因洙边交管所系交通局下属部门，不能独立承担民事责任，故洙边交管所应承担的民事赔偿责任应由交通局承担。所以，被挂靠人洙边交管所上级管理部门交通局应与挂靠人柏仕军承担连带赔偿责任。

江苏省江阴市人民法院根据《中华人民共和国道路交通安全法》第七十六条第一款，《中华人民共和国民法通则》第一百一十九条、第一百三十一条，最高人民法院《关于审理人身损害赔偿案件适用法律若干问题的解释》第十七条、第十八条、第十九条、第二十条、第二十一条、第二十二条、第二十三条、第二十五条之规定，作出如下判决：原告朱静军因交通事故造成的损失为：医疗费687662.37元、误工费9130元、护理费398080元、住宿费680元、住院伙食补助费11412元、残疾赔偿金232829.10元、精神损害抚慰金40000元，合计人民币1379793.47元。由被告莒南县交通局、柏仕军在应当投保的最低保险责任限额内连带赔偿50000元；超出保险责任限额部分，由被告柏仕军赔偿930855.43元，被告莒南县交通局与柏仕军承担连带赔偿责任，柏仕军已赔偿2000元，尚应支付928855.43元。上述赔偿款978855.43元由被告柏仕军、莒南县交通局于本判决发生法律效力之日起10日内支付；驳回原告朱静军的其他诉讼请求。

莒南县交通局不服江苏省江阴市人民法院作出的一审判决，上诉至江苏省无锡市中级人民法院。2007年4月16日，江苏省无锡市中级人民法院作出（2007）锡民终字第0123号民事判决：驳回上诉，维持原判。

（四）执行

由于被执行人到期未履行生效法律文书确定的义务，朱静军于2007年5月16日向江苏省江阴市人民法院申请强制执行。江苏省江阴市人民法院于5月24日送达执行令，被执行人莒南县交通局经多次传票传唤，均无正当理由拒不到庭，也未有任何自动履行的态度。另一被执行人柏仕军系外来务工人员，在执行过程中虽对其司法拘留15日，但柏仕军未履行生效法律文书确定的义务。

2007年9月10日上午10时42分，执行人员在对被执行人莒南县交通局下属的临时性机构岚济公路莒南施工指挥部（以下简称指挥部）在莒南县农村信用合作联社城区信用社（以下简称信用社）设立的9160627002010001６969账户进行查询余额时，信用社谎称电脑系统坏掉，拒不提供该账户余额情况。而事后监控录像显示，自11时03分左右至11时16分左右的时间段内，旁边柜台的工作人员接待了指挥部的相关人员，将指挥部9160627002010001６969账户上的1267650元转移至临沂市交通局在中国建设银行股份有限公司临沂市中支行开设的账号为37001828601050003308的账户上，直至11时30分，信用社还坚持称电脑系统已坏掉且尚未恢复。基于以上查明的事实，江苏省江阴市人民法院于2007年9月12日作出（2007）澄执字第1577号民事裁定：扣划被执行人莒南县交通局存入指挥部在信用社开设的9160627002010001６969账户上被转移至临沂市交通局在中国建设银行股份有限公司临沂市中支行开设的37001828601050003308账户上的存款人民币105万元。

临沂市交通局于2007年9月12日提出执行异议，请求撤销江苏省江阴市人民法院作出的（2007）澄执字第1577号民事裁定，将扣划的105万元人民币退还异议人。江苏省江阴市人民法院于2007年10月29日作出（2007）澄民执异字第9号民事裁定，驳回临沂市交通局提出的执行异议。临沂市交通局于2007年12月26日对（2007）澄民执异字第9号民事裁定向江苏省无锡市中级人民法院提起复议，无锡市中级人民法院认为，原审法院裁定驳回临沂市交通局的异议并无不当，依法应予维持，并于2008年2月2日作出（2008）锡执异复字第002号民事裁定：驳回临沂市交通局的复议申请。维持江苏省江阴市人民法院（2007）澄民执异字第9号民事裁定。

（五）解说

本案在执行中主要涉及以下两个争议焦点：

1. 指挥部在法院查询其账户余额时的转移资金行为是否合法？有观点认为，指挥部将其9160627002010001６969账户上的资金转移至临沂市交通局在中国建设银行股份有限公司临沂市中支行开设的37001828601050003308账户上时，本案执行人员尚未对9160627002010001６969账户予以冻结，而仅向信用社出具了查询账户余额的手续，查询是人民法院向银行等金融机构调查被执行人的存款情况，虽然其目的是为了了解被执行人履行债务的能力，为冻结和划拨存款做准备工作。但查询措施的性质决定了它仅仅是一种对目标账户进行有效控制前的准备性措施，它与对资金账户采取的冻结措施有本质的区别。所以，指挥部在法院查询其账户余额时的转移资金行为并无不当。

执行法院认为，在一般情况之下，法院仅对目标账户进行查询而未予以冻结时，被执行人在该账户上的正常资金流动，执行法院是无权进行干涉的。但本案中9160627002010001６969账户上的1267650元人民币资金的转移是一种非正常的资金转移。

最高人民法院《关于人民法院执行工作若干问题的规定（试行）》（以下简称《规定》）

第一百条规定："案外人与被执行人恶意串通转移被执行人财产的，人民法院可以依照民事诉讼法第一百零二条的规定处理。"《规定》中已明确指出，只要"恶意串通转移被执行人财产的"法院就可以依法对行为人进行处理。这里讲的是"被执行人财产"而非"被执行的财产"，"被执行人财产"的外延比"被执行的财产"的外延要广得多，它既包括了正在被执行的被执行人的财产，也包括没有被执行的被执行人的其他财产，可以指被执行人的任何可供执行的财产。

在财产被转移的时间上，《规定》第一百条中也未加以限制。而最高人民法院《关于适用〈中华人民共和国民事诉讼法〉若干问题的意见》（以下简称《意见》）第一百二十三条第（一）项规定，"在法律文书发生法律效力后隐藏、转移、变卖、毁损财产，造成人民法院无法执行的"，可以依照《民事诉讼法》第一百零二条第一款第（六）项的规定处理。由此可见，只要转移行为发生在法律文书发生法律效力后，案外人与被执行人恶意串通转移被执行人财产的，都是法律所禁止的违法行为，都应当受到法律追究。

而本案中，执行人员在对916062700201000016969账户进行余额查询时，信用社不仅谎称电脑系统坏掉，拒不协助人民法院执行公务，而且同时配合被执行人将法院拟查询的该账户上的1267650元转移至临沂市交通局在中国建设银行股份有限公司临沂市中支行开设的账号为37001828601050003308的账户上，信用社显然是在与被执行人恶意串通转移财产。这种行为的违法特征与《规定》第一百条所述完全一致。所以，指挥部在法院查询其账户余额时转移资金的行为具有严重的违法性。

2. 扣划被转移至临沂市交通局在中国建设银行股份有限公司临沂市中支行开设的37001828601050003308账户上的存款105万元人民币是否合法，即该105万元人民币是否为适格的可执行财产？有意见认为，第一，在物权法理论上，货币是一种特殊的物。货币的所有权与占有不可分割并且货币的所有者与占有者是一致的，称为"所有与占有一致"原则，法谚谓"货币属于其占有者"。本案中，不管指挥部将916062700201000016969账户上的1267650元人民币资金转移的行为是否合法，客观后果是该1267650元人民币资金已经在临沂市交通局在中国建设银行股份有限公司临沂市中支行开设的37001828601050003308账户上了，也就是说此时临沂市交通局已经是该1267650元人民币资金的所有权人。虽然信用社确实是在与被执行人恶意串通实施转移被执行人财产的违法行为，但案外人临沂市交通局是善意的并且其已经合法拥有了该1267650元人民币资金所有权。所以，法院不能随意扣划临沂市交通局37001828601050003308账户上的资金，而应去追究被执行人及信用社的责任。第二，《规定》第一百条所述的是案外人与被执行人恶意串通转移财产的程序上的责任规定，不是实体法上的规定。实体法上案外人是否要承担财产返还的责任，即法院是否可以将已经恶意转移的财产从案外人处追回，现在是无明文规定的。既然如此，就应该从保护善意第三人的角度出发，不应直接由法院从善意第三人处追回已经被恶意转移的被执行人财产，而应由权利人另案通过诉讼程序主张权利。所以，持有这种观点的同志认为执行法院所扣划的105万元人民币非适格的可执行财产。

另有意见认为，虽然在物权法原理上，临沂市交通局是善意的并且其已经合法拥有了该1267650元人民币资金的所有权。但问题是其取得该1267650元人民币资金所有权是无偿取得的，并未支付相应的对价或有合法的事由。这一点在江苏省无锡市中级人民法院（2008）锡执异复字第002号民事裁定书中已有相应的阐述。如果由申请执行人在另案中主张权利，一方面会增加申请执行人的诉累，另一方面，操作起来也存在障碍。因为临沂市交通局在本案中与申请执行人没有直接的法律关系，申请执行人没有向临沂市交通局主张权利的法律基础。如果执行法院不直接追回，不仅临沂市交通局将会因为他人的违法行为无偿取得财产，与公平正义的法律精神相悖，而且也会严重影响强制执行的严肃性，增加法院执行工作的难度。

因此，由法院直接对被恶意转移的由案外人无偿取得的财产予以追回就不失为一种可行的操作方法。这样做不仅未侵犯案外人临沂市交通局的合法权益，而且在坚持以事实为根据，以法律为准绳的司法原则的基础上确保了强制执行的效率。执行法院在目前无相应的明文法律规定的前提之下扣划被转移至临沂市交通局在中国建设银行股份有限公司临沂市中支行开设的37001828601050003308账户上的105万元人民币存款的执行措施值得推广。

在当前执行难已经成为一项法院工作难点，甚至已经成为一个社会问题的背景之下，该案件的执行有效地保护了作为社会弱势群体的申请执行人的合法权益，并且也有效地对妄图利用法律漏洞规避执行的违法者进行了有效的威慑，取得了较好的社会效果。

（江苏省江阴市人民法院　吴海强）